光　緒
嘉興府志

第三册

［清］許瑶光　修　吳仰賢　等纂

嘉興市地方志編纂室　編校

上海古籍出版社

嘉興府志卷四十一

官師表六

武秩案歷代武職官及國朝設立滿、漢、水、陸等營，員數俱詳《武備》，茲不重敘。

	鎮遏使	都將	統軍	鎮將	鎮守	鎮撫	
唐長慶年		王逸平望成副。					
吳越	吳公約 吳重裕公約子，襲拜西佳鎮遏使兼義和鎮。 王逵之嘉興鎮。 屠龍驤吳越功臣，越州都指揮使，環智子，漢川鎮。	曹圭天寶中任。					
宋宣和年	朱勝非秀州控扼使。		王子武秀州統軍，有平寇功。				
開禧年			王復古				
淳祐年			尚景 邢子政				
德祐年			胡全 以上四人俱澉浦鎮。 劉英乍浦統制。				
元至元年	楊思諒澉浦招討使，見《永安湖碑記》。 王熔澉浦鎮守招討使，見《永安湖碑記》[1]。			隋世昌樓霞人，以安撫使鎮澉浦，有獲海寇功，進階安遠大將軍。	張士特海鹽千戶。		
至大年					劉昌登州人。 錢國馮臨安人，兼酒稅、河泊課。 陳景純 以上三人俱嘉興萬戶。	朱勉之嘉興千戶。	

【校注】

　　[1] 按：趙若源《復永安湖碑記》："海鹽本嘉興屬邑，州南四十五里有湖曰永安，周圍十二里，瀦水灌溉。歸附初，至元丁丑（1277），澉浦鎮守王招討熔假軍權而淫毒縱己欲，以誅求力偪鄉夫圍湖成田三頃八十畝，令駱興立戶，每秋輪糧三十八石。至元己丑（1289），歸之楊招討思諒。"故此二人任澉浦鎮守招討使時間，"王熔"在前，"楊思諒"在後。

明		浙西參將	備倭把總案舊《志》有海寧衛所、澉浦所、乍浦所各職，皆詳於《縣志》中，今不備載。				
正統年			崔源 陳文 劉清 崔端 劉瑄 葛寬 海《志》作葛奎。 黎端 劉澤 嚴齡 李瑄 王英 刑相 嚴明 陳傑 張鯤 白泰 楊和 顧邦重 黎秀 崔鼎 陳鳳 劉臣 李忱 金濂 張鈇 王應麟 丁僅				
嘉靖年		湯克寬 盧鏜 王元伯 丁僅 趙龍 楊繪 王棟 張四維 盧綺	樂填 是年加欽依。 楊憲 祈雲龍 以都指揮體統行事。 章延廩 潘吉				
隆慶年		胡守仁 王尚文 狄從夏	季金				
萬曆年		季金陞 董汝梅 李應麒	王三錫 陳良玭 文棟				

續　表

明		浙西參將	備倭把總案舊《志》有海寧衛所、澉浦所、乍浦所各職，皆詳於《縣志》中，今不備載。			
		張應選 王接武 金秉鉞 王桂 王元周 黃嘉謀 李遇文 萬邦孚 魯璋 馬如錦 董永遠 季裕徵 杜璧 張景房陞。	陳洪範 梁文元 戴敏忠 張景房 陳禄 郭大忠 陳夢斗 趙文憲 王逢源 崔天賜 范涵 胡廷相			
天啟年		江之清 焦續後 案浙西參將、備倭把總姓名，俱見《海鹽圖經》，餘無考。	湯鉞 趙應科			
崇禎年		邱上儀武進人，武進士，從《續圖經》補。 周一誠應天進士，見《題名碑》。	翁偉從平湖《志》增。			

國朝	副都統	協領	佐領	防禦	驍騎校	筆帖式	
雍正七年	傅森鑲黃旗人。	阿爾法鑲黃旗人，左營左翼。 拴柱正藍旗人，左營左翼。 拉什泰鑲紅旗人，左營右翼。	阿爾法兼管左營鑲黃旗。 蘇巴里正黃旗人，左營黃旗。 甯柱正白旗人，左營蒙古正白旗。 明亮正紅旗人，左營蒙古正紅旗。 蠻色鑲白旗人，左營鑲白旗。 拉什泰兼管左營鑲紅旗。 拴柱兼管左營正藍旗。 伊勒圖鑲藍旗人，左營鑲藍旗。	常保正白旗人，左營蒙古正白旗。 黑子正白旗人，左營鑲白旗。 薩爾泰鑲紅旗人，左營鑲紅旗。 鄔林阿正紅旗人，左營鑲藍旗。	富德鑲黃旗人，左營鑲黃旗。 虎什泰正黃旗人，左營正黃旗。 雅柱正白旗人，左營蒙古正白旗。 拜思呼浪正紅旗人，左營蒙古正紅旗。 佛紹鑲白旗人，左營鑲白旗。 富爾賽正紅旗人，左營鑲紅旗。 色楞泰正白旗人，左營正藍旗。 西楞泰鑲藍旗人，左營鑲藍旗。		

國朝	副都統	協領	佐領	防禦	驍騎校	筆帖式
八年		也楞泰正白旗人，右營左翼。白京《乍浦志》作北京正黃旗人，右營右翼。	黑子左營鑲黃旗。妞妞鑲黃旗人，右營蒙古鑲黃旗。白京兼管右營正黃旗。也楞泰兼管右營正白旗。忒什保正紅旗人，右營正紅旗。色克圖鑲白旗人，右營鑲白旗。常奎鑲紅旗人，右營蒙古鑲紅旗。薩爾哈岱正藍旗人，右營正藍旗。塔岱鑲黃旗人，右營鑲黃旗。	色楞泰左營鑲白旗。富山泰鑲藍旗人，右營正白旗。石壽正紅旗人，右營正紅旗。查楞泰鑲白旗人，右營鑲白旗。石保柱鑲藍旗人，右營蒙古鑲紅旗。	彭壽鑲黃旗人，右營蒙古鑲黃旗。巴圖正黃旗人，右營正黃旗。墨達色正白旗人，右營正白旗。巴金泰正紅旗人，右營正紅旗。普廉鑲黃旗人，右營鑲白旗。納里渾正黃旗人，右營蒙古鑲黃旗。鄔楞泰正紅旗人，右營正藍旗。有舒鑲藍旗人，右營鑲藍旗。善泰鑲黃旗人，右營正藍旗。	色爾圖滿洲鑲藍旗。永泰滿洲正黃旗人。
九年		明亮蒙古。				
十年			石壽右營正紅旗。			
十一年			烏林阿左營正黃旗。石保柱右營蒙古鑲黃旗。	巴金泰右營正紅旗。		
十二年	薩爾哈岱陞杭州將軍。	薩爾哈岱右營右翼。	薩爾哈岱兼管右營正黃旗。查楞泰右營正藍旗。	富德左營鑲白旗。虎什泰左營鑲藍旗。	哈楞泰正白旗人，右營正黃旗。	
十三年		鄔林阿左營左翼。色克圖右營右翼。	鄔林阿兼管左營正藍旗。色克圖兼管右營正黃旗。巴金泰右營鑲白旗。	納里渾左營蒙古正白旗。富爾賽左營鑲紅旗。普廉右營鑲白旗。稚柱右營蒙古鑲紅旗。	賽堪正藍旗人，左營鑲黃旗。常林正紅旗人，左營正黃旗。納黑圖鑲黃旗人，左營蒙古正白旗。查藍泰正黃旗人，左營鑲紅旗。伊什泰鑲黃旗人，右營正黃旗。	

國朝	副都統	協領	佐領	防禦	驍騎校	筆帖式
					戳渾泰 鑲黃旗人，右營鑲白旗。 成楊 正黃旗人，右營蒙古鑲紅旗。	
乾隆元年			虎什泰 左營正黃旗。	善泰 左營鑲藍旗。 有舒 右營正紅旗。	三保 正黃旗人。左營蒙古正紅旗。 富龍 正白旗人，左營正藍旗。	
二年			富善泰 鑲黃旗人，右營正紅旗。	黑達色 右營正白旗。	赫忒黑 鑲藍旗人，右營鑲藍旗。	
三年			善泰 右營正黃旗。 富德 左營鑲白旗。	常林 左營鑲白旗。 佛紹 左營鑲藍旗。 成楊 右營蒙古鑲紅旗。	達蘭泰 鑲黃旗人，右營蒙古鑲黃旗。 佈爾納 鑲黃旗人，右營正白旗。	
四年				賽堪 左營鑲白旗。	鄔蘭泰 鑲紅旗人，左營正黃旗。 張瑣 正白旗人，左營鑲白旗。 伊哈納 鑲黃旗人，左營鑲紅旗。 有慶 正黃旗人，左營鑲藍旗。 敷成阿 正藍旗人，右營蒙古鑲紅旗。	
五年				富龍 左營鑲藍旗。	海霖阿 正黃旗人，左營鑲黃旗。	來寶 滿洲正黃旗人。
六年		塔岱 右營左翼。	佛紹 左營鑲黃旗。 塔岱 兼管右營正白旗。			齊斌 蒙古鑲白旗人。
七年			普廉 右營鑲藍旗。	查蘭泰 左營鑲藍旗。 鄔楞泰 右營鑲白旗。	媽善 鑲紅旗人，左營正藍旗。	
八年	額爾登 正紅旗人。		富爾賽 左營鑲白旗。	張瑣 左營鑲紅旗。	額爾忒 正藍旗人，右營正藍旗。	

國朝	副都統	協領	佐領	防禦	驍騎校	筆帖式
九年		善泰左營右翼。	賽堪左營鑲紅旗。		常明鑲紅旗人,左營鑲白旗。巴棱泰正藍旗人,右營正紅旗。	
十年			鄔蘭泰左營鑲白旗。		三格正黃旗人,左營正黃旗。哈善正藍旗人,左營鑲藍旗。	
十一年		佛紹左營右翼。	查蘭泰左營鑲黃旗。佛紹兼管左營正黃旗。	海霖阿左營鑲白旗。		六什八滿州正白旗人。查勒哈布《乍浦志》作查爾哈布,滿洲正黃旗人。
十二年			海霖阿左營鑲白旗。	媽善左營鑲白旗。	霍齡鑲藍旗人,左營鑲黃旗。瑪森泰鑲黃旗人,左營正藍旗。	
十三年			媽善左營鑲白旗。張瑣左營鑲藍旗。	常明左營鑲白旗。哈善左營鑲紅旗。三格左營鑲藍旗。納黑圖右營蒙古鑲紅旗。	關福鑲白旗人,左營鑲白旗。	
十四年			有舒右營正紅旗。	戳温泰右營正白旗。伊什泰右營鑲白旗。	薩本泰鑲黃旗人,左營正黃旗。固稜泰正藍旗人,左營蒙古正白旗。黑色鑲藍旗人,左營鑲藍旗。夫蘭泰鑲黃旗人,左營鑲藍旗。夫拉塔鑲白旗人,右營鑲白旗。	保住蒙古正白旗人。
十五年			哈善左營鑲紅旗。戳渾泰右營鑲白旗。	赫忒黑右營正紅旗。	隆魁正黃旗人,左營鑲紅旗。德柱正黃旗人,右營正黃旗。	

續　表

國朝	副都統	協領	佐領	防禦	驍騎校	筆帖式
					伊成額 正紅旗人,右營鑲白旗。 八什 鑲藍旗人,右營鑲藍旗。	
十六年	卓蕭 正藍旗人。			霍齡 左營鑲紅旗。 佈爾納 右營正白旗。 德柱 右營正白旗。	和爾德納 正白旗人,左營鑲黃旗。 敦達利 正紅旗人,右營正白旗。 蘇楞額 鑲紅旗人,右營正紅旗。 彭格 正白旗人,右營正藍旗。	
十七年		鄂金 正藍旗人,左營左翼,在京副參領外補。 媽善 左營右翼。 查楞泰 右營右翼。 滿色 鑲黃旗人,右營右翼,在京副參領外補。 常奎 蒙古。	媽善 兼管左營正黃旗。 納黑圖 左營蒙古正白旗。 納里渾 左營蒙古正紅旗。 三格 左營鑲白旗。 鄂金 兼管左營正藍旗。 滿色 兼管右營正黃旗。 查楞泰 兼管右營正白旗。 伊什泰 右營正藍旗。	達蘭泰 左營蒙古正白旗。 關福 右營鑲紅旗。 三保 右營蒙古鑲紅旗。	蘇綳泰 鑲白旗人,左營鑲白旗。 圖郎阿 正紅旗人,右營正黃旗。	
十八年				八什 右營鑲白旗。	巴格 鑲藍旗人,左營蒙古正紅旗。 薩斌阿 鑲白旗人,右營蒙古鑲黃旗。 紀柱 鑲藍旗人,右營鑲藍旗。	
十九年				彭格 右營鑲白旗。		
二十年	德馨 鑲黃旗人。	石保柱 蒙古。	佈爾訥 右營正紅旗。 德柱 右營鑲白旗。	瑪森泰 左營鑲紅旗。 伊成額 右營正白旗。	色勝 正黃旗人,左營鑲黃旗。 蘇巴爾罕 正白旗人,左營蒙古正白旗。 哈蘭泰 鑲黃旗人,左營正藍旗。	

國朝	副都統	協　領	佐　領	防　禦	驍騎校	筆帖式	
					黑楞厄正黃旗人，右營鑲白旗。納生泰鑲白旗人，右營正藍旗。		
二十一年			三保右營蒙古鑲紅旗。	蘇楞額右營正紅旗。敷成阿右營蒙古鑲紅旗。	夫明阿正紅旗人，左營鑲黃旗。色廉鑲白旗人，右營正紅旗。頌達爾西鑲紅旗人，右營蒙古鑲紅旗。		
二十二年	圖克善鑲紅旗人。		瑪森泰左營鑲藍旗。蘇楞泰右營正藍旗。	隆魁左營鑲白旗。薩本泰左營鑲藍旗。紀柱右營正白旗。	百森泰鑲紅旗人，左營正黃旗。明玉正紅旗人，左營蒙古正紅旗。碩明阿正紅旗人，左營鑲白旗。齊三泰鑲藍旗人，左營鑲紅旗。六什八右營鑲紅旗。		
二十三年			紀柱右營正紅旗。納生泰右營正白旗。圖郎阿右營正紅旗。蘇斌阿右營蒙古鑲紅旗。	夫蘭泰左營鑲紅旗。喜柱鑲白旗人，右營蒙古鑲黃旗。富永鑲白旗人，右營正黃旗。法哈力鑲藍旗人，右營正白旗。四雅圖正紅旗人，右營正藍旗。	八十一正藍旗人，左營鑲藍旗。	常清滿洲正白旗人。	
二十四年	英泰正黃旗人，奉義侯。		薩本泰左營鑲紅旗。隆魁左營鑲藍旗。	碩明阿左營鑲白旗。哈爾泰左營鑲藍旗。	鄔明泰鑲紅旗人，左營鑲黃旗。阿隆阿正藍旗人，左營鑲白旗。五齊哈鑲紅旗人，右營鑲白旗。	色克滿洲鑲藍旗人。	

國朝	副都統	協領	佐領	防禦	驍騎校	筆帖式
二十五年		納里渾蒙古。	達蘭泰右營蒙古鑲紅旗。彭格右營鑲藍旗。	色廉右營鑲白旗。	夫成泰鑲白旗人，左營正藍旗。非雅柱正白旗人，右營正白旗。富昌鑲紅旗人，右營正紅旗。	
二十六年	滿色明福鑲藍旗人。	海霖阿左營右翼。彭格右營右翼。佛林保鑲黃旗人，右營右翼，在京副參領外補。	夫蘭泰左營鑲黃旗。海霖阿兼管左營正黃旗。哈蘭泰左營鑲白旗。碩明阿左營鑲紅旗。薩斌阿右營蒙古鑲黃旗。佛林保兼管右營正黃旗。彭格兼管右營正白旗。圖郎阿右營鑲藍旗。	頒達爾西左營蒙古正白旗。百森泰左營鑲紅旗。六什八右營正紅旗。	僧額正紅旗人，左營正黃旗。哈捧阿正藍旗人，左營蒙古正紅旗。敦柱正黃旗人，左營蒙古鑲紅旗。	
二十七年	舒景阿正黃旗人。		頒達爾西左營蒙古正白旗。明玉右營蒙古鑲黃旗。	蘇巴爾罕左營蒙古正白旗。八十一左營鑲白旗。齊三泰左營鑲藍旗。明玉右營蒙古鑲紅旗。	百稜泰鑲黃旗人，左營鑲紅旗。夫通阿鑲藍旗人，左營鑲藍旗。伊青額正白旗人，右營鑲藍旗。	
二十八年		隆魁左營右翼。	隆魁兼管左營正黃旗。納生泰右營鑲白旗。六什八右營正藍旗。	富昌右營正白旗。富永右營正紅旗。喜柱右營蒙古鑲紅旗。	特通阿鑲紅旗人，左營蒙古正白旗。圖挖強阿正白旗人，左營鑲藍旗。百齡平湖張《志》作栢齡，正紅旗人，右營蒙古鑲黃旗。舒明阿鑲黃旗人，右營正紅旗。	
二十九年		碩明阿左營右翼。	碩明阿兼管左營正藍旗。百森泰左營鑲藍旗。	僧額左營鑲紅旗。	五十一鑲黃旗人。左營鑲黃旗。岱敏鑲藍旗人，左營正黃旗。	

國朝	副都統	協領	佐領	防禦	驍騎校	筆帖式	
					富僧阿正藍旗人，左營正藍旗。 喜成正藍旗人，右營正藍旗。		
三十年			八十一左營鑲黃旗。 僧額左營鑲紅旗。 富永右營正藍旗。	百稜泰右營鑲白旗。 圖挖強阿左營鑲紅旗。	雍恰佈正白旗人，左營蒙古正白旗。		
三十一年		觀音保鑲黃旗人，右營左翼，在京副參領外補。 舒楞額正白旗人，右營右翼，在京副參領外補。	舒楞額兼管右營正黃旗。 觀音保兼管右營正白旗。 伊青額右營正紅旗。 色廉右營鑲白旗。	五齊哈左營正白旗。 伊青額右營正紅旗。 非雅柱右營鑲白旗。	常清左營鑲白旗。 靈格鑲藍旗人，左營鑲紅旗。 穆克登額正藍旗人，左營鑲藍旗。 白泰鑲白旗人，右營正黃旗。 倭克金泰鑲黃旗人，右營正白旗。 達公阿鑲黃旗人，右營鑲白旗。 英登額鑲藍旗人，右營鑲藍旗。		
三十二年			齊三泰左營鑲藍旗。 蘇巴爾罕右營蒙古鑲紅旗。	富僧阿左營鑲藍旗。 舒明阿右營正紅旗。	豐伸鑲紅旗人，左營正藍旗。 丑格正白旗人，右營正紅旗。		
三十三年			五齊哈左營鑲藍旗。	敦柱左營蒙古正白旗。	福賚鑲白旗人，右營蒙古鑲紅旗。 巴什齊正黃旗人，右營鑲藍旗。		
三十四年			百稜泰左營鑲黃旗。	四雅圖右營正白旗。 白泰右營鑲白旗。	明山鑲紅旗人，右營正黃旗。 準保正黃旗人，右營正白旗。 景明鑲藍旗人，右營正藍旗。	福志滿洲正黃旗。	

續　表

國朝	副都統	協領	佐領	防禦	驍騎校	筆帖式	
三十五年	常復正白旗人。		舒明阿右營鑲白旗。	五十一右營鑲白旗。丑格右營正紅旗。哈捧阿右營蒙古鑲紅旗。	貴保正黃旗人,左營鑲黃旗。敷稜泰鑲黃旗人,左營蒙古正紅旗。		
三十六年				岱敏左營鑲黃旗。	色布星額鑲紅旗人,左營鑲紅旗。阿倫泰鑲藍旗人,右營正紅旗。		
三十七年		伊青額右營左翼。	富僧阿左營鑲黃旗。岱敏左營鑲白旗。伊青額兼管左營正藍旗。	常清左營鑲白旗。穆克登額左營鑲藍旗。達松阿右營正白旗。	常松保鑲黃旗人,左營正黃旗。清泰正紅旗人,左營鑲藍旗。六什五平湖張《志》作留什五,鑲白旗人,右營鑲白旗。棲炳阿正黃旗人,右營正藍旗。		
三十八年	勒克正黃旗人,奉恩將軍。	頒達爾西蒙古。	頒達爾西兼管左營正黃旗。哈捧阿左營蒙古正紅旗。經明鑲藍旗人,右營正紅旗。達松阿右營鑲藍旗。	百齡左營蒙古正紅旗。豐伸左營鑲紅旗。準保右營正白旗。	雙永鑲藍旗人,左營鑲白旗。查勒杭阿鑲藍旗人,左營正藍旗。占泰正白旗人,右營蒙古鑲黃旗。色靈額鑲黃旗人,右營正白旗。		
三十九年			準保右營正紅旗。	巴什齊右營正白旗。明山右營鑲白旗。雍恰布右營蒙古鑲紅旗。	和哷伍鑲黃旗人,左營蒙古正紅旗。烏爾卿額正藍旗人,右營鑲藍旗。		
四十年		僧額左營左翼。	穆克登額左營鑲紅旗。百齡右營蒙古鑲黃旗。僧額兼管右營正黃旗。	福賫左營蒙古正白旗。	志永正白旗人,右營正黃旗。阿津泰鑲紅旗人,右營蒙古鑲紅旗。		
四十一年				清泰左營鑲藍旗。	常亨保鑲黃旗人,左營鑲藍旗。		

國朝	副都統	協領	佐領	防禦	驍騎校	筆帖式	
四十二年		岱敏左營右翼。	豐伸左營鑲白旗。常清左營鑲紅旗。岱敏兼管右營正白旗。平湖張《志》作左營正黃旗。	貴保左營鑲白旗。常松保左營鑲紅旗。	富昌正黃旗人,左營鑲黃旗。		
四十三年			貴保左營鑲藍旗。明山右營鑲白旗。	阿侖泰右營鑲白旗。六什五右營鑲白旗。	烏運佈正藍旗人,左營正黃旗。明保正白旗人,右營正紅旗。福志右營鑲白旗。		
四十四年	永慶正白旗人,二等昭毅伯,陞江寧將軍。	豐伸左營左翼。達松阿右營右翼。	達松阿兼管左營正白旗。清泰左營鑲白旗。雍恰佈右營蒙古鑲黃旗。豐伸兼管右營正黃旗。阿倫泰右營鑲藍旗。	色布星額左營鑲白旗。雙永左營鑲藍旗。志永右營正白旗。烏爾卿額右營正紅旗。	齊親圖左營蒙古正白旗。常伸保正黃旗人,左營鑲白旗。武爾公阿正白旗人,左營鑲紅旗。安圖正藍旗人,左營正藍旗。色克精額鑲藍旗人,右營蒙古鑲黃旗。色克通阿鑲藍旗人,右營正紅旗。	福昇滿洲正白旗人。	
四十五年		貴保左營右翼。法永鑲白旗人。	法永兼管左營正黃旗。色布星額左營鑲藍旗。貴保兼管右營正白旗。福賚右營蒙古鑲紅旗。	阿津泰左營蒙古正白旗。敷稜泰右營蒙古鑲紅旗。	塔青阿正藍旗人,左營蒙古正紅旗。泰安保正紅旗人,右營正黃旗。齊南保正黃旗人,右營蒙古鑲紅旗。敷松阿鑲白旗人,右營鑲藍旗。		
四十六年			常松保左營鑲藍旗。六什五右營正藍旗。	常亨保左營鑲白旗。富昌左營鑲紅旗。	諸敏鑲藍旗人,左營鑲藍旗。強都正紅旗人,左營鑲藍旗。恩特赫正黃旗人,右營鑲白旗。圖瓦謙佈正白旗人,右營正藍旗。		

續　表

國朝	副都統	協領	佐領	防禦	驍騎校	筆帖式	
四十七年		清泰左營右翼。	敷稜泰左營蒙古正紅旗。貴保左營鑲白旗。烏爾卿額右營正紅旗。清泰兼管右營正白旗。	齊清圖左營蒙古正白旗。僧額左營鑲白旗。敷松阿右營正紅旗。色靈阿左營鑲白旗。塔青阿右營。	伊昌阿正紅旗人，左營蒙古正白旗。伊克談佈正紅旗人，右營正白旗。海柱鑲藍旗人，右營鑲藍旗。		
四十八年		明山右營左翼。	明山兼管右營正藍旗。志永右營鑲白旗。	色克精額左營蒙古正白旗。色克通阿右營正紅旗。	穆騰阿鑲紅旗人，左營蒙古正紅旗。公額納鑲黃旗人，右營蒙古鑲紅旗。		
四十九年		常松保左營右翼。雍恰佈蒙古。	雙永左營鑲黃旗。雍恰佈兼管左營正黃旗。常松保兼營右營正黃旗。	烏運佈左營鑲藍旗。恩特赫右營正白旗。泰安保右營正白旗。	福允正黃旗人，右營正黃旗。阿津泰右營蒙古鑲黃旗。全保住正白旗人，右營正黃旗。福昇右營正紅旗。禄泰鑲白旗人，右營鑲白旗。	玉麟滿洲鑲黃旗人。佛保柱蒙古鑲紅旗人。	
五十年			富昌左營鑲白旗。色克精額右營蒙古鑲黃旗。色克通阿右營鑲藍旗。	伊昌阿左營蒙古正白旗。武爾公阿左營鑲紅旗。伊克談佈左營正紅旗。	納蘇肯正藍旗人，左營蒙古正白旗。台費音正黃旗人，左營鑲紅旗。穆克登佈鑲藍旗人。		
五十一年	舒楞額正白旗人。			常伸保左營鑲白旗。穆騰阿右營蒙古鑲紅旗。			
五十二年	科淩阿正紅旗人。		常伸保左營鑲紅旗。	安圖左營正白旗。	永全保鑲黃旗人，左營蒙古正紅旗。經恒鑲藍旗人，左營鑲白旗。常亨保左營正藍旗。純泰鑲黃旗人，左營正藍旗。		

國朝	副都統	協領	佐領	防禦	驍騎校	筆帖式	
五十三年		烏爾卿額正藍旗人。	色靈額鑲黃旗人。伊克談佈正紅旗人。	公額訥鑲黃旗人。	棲星阿正白旗人。靈格正白旗人。		
五十四年			公額訥蒙古鑲黃旗人。	圖瓦謙佈正白旗人。	岳明正黃旗人。明興正白旗人。愛隆阿正藍旗人。德坤正黃旗人，左營鑲黃旗。		
五十五年			安圖正藍旗人。穆騰阿蒙古鑲紅旗人。	岳明正黃旗人。福昇正白旗人。	格捧額鑲藍旗人。靈昌鑲黃旗人。		
五十六年	雅爾泰正藍旗人。	福賚蒙古鑲白旗人。	烏運佈左營鑲黃旗。	福雲右營鑲白旗。強都正紅旗人。永全保蒙古鑲黃旗人。	玉麟鑲黃旗人，左營鑲黃旗。福雲正黃旗人。聰福鑲紅旗人。噶爾杭阿鑲白旗人。善親圖蒙古鑲白旗人。		
五十七年		富昌左營右翼，更名富青。永全保蒙古鑲黃旗人。富昌兼管右營正白旗。	福雲左營鑲白旗。訥蘇肯蒙古正藍旗人。阿津泰蒙古鑲紅旗人。	台費音正黃旗人。	圖勒斌阿鑲藍旗人。強謙佈蒙古正紅旗人。圖敏保蒙古鑲藍旗人。	海貴鑲黃旗人。	
五十八年		常伸保正黃旗人，左營右翼。永志正白旗人。福雲	強都正紅旗人，更名阿勒金圖。台費音正黃旗人。岳明正黃旗人。	經恒鑲白旗人，左營鑲白旗。噶爾杭阿左營鑲白旗。江阿正黃旗人。聰福鑲紅旗人。格捧額鑲藍旗人。靈格正白旗人。	江阿正黃旗人，左營鑲白旗。阿林鑲黃旗人，左營鑲白旗。穆魯訥正藍旗人。查勒哈岱鑲紅旗人。連福蒙古正藍旗。		

續　表

國朝	副都統	協領	佐領	防禦	驍騎校	筆帖式
五十九年		噶爾杭阿左營左翼。公額納蒙古鑲黃旗。	噶爾杭阿左營鑲白旗。江阿正黃旗人，左營鑲白旗。格捧額鑲藍旗人。	圖勒斌阿左營鑲白旗。常亨保鑲黃旗人，左營鑲紅旗，改名恒保。靈昌鑲黃旗人。愛隆阿正藍旗人。善親圖蒙古鑲藍旗人。	舒林佈鑲黃旗人。百明正紅旗人。噶勒弼岱鑲紅旗人。雅哈圖蒙古正白旗人。	
六十年	本志蒙古鑲白旗，世襲三等輕車都尉。	格捧額鑲藍旗人。	聰福鑲紅旗人。善親圖蒙古鑲白旗人。	圖敏保蒙古鑲藍旗人。	圖明阿鑲藍旗人，左營正藍旗。定柱正藍旗人。阿爾佈禪蒙古鑲紅旗人。	額勒基音圖鑲黃旗人。觀山蒙古鑲藍旗人。
嘉慶元年		福雲右營右翼。	格瑋額左營正藍旗。靈格正白旗人，右營正藍旗。百明左營鑲黃旗。	百明正紅旗人，左營鑲藍旗。明興正白旗人，右營正紅旗。玉麟鑲黃旗人，左營鑲紅旗。阿林鑲黃旗人，左營鑲藍旗。	托恩多正白旗人，左營鑲紅旗。烏珍鑲紅旗人，左營鑲白旗。海拉遜正藍旗人，左營鑲黃旗。六達色鑲白旗人，左營鑲白旗。海靈阿鑲黃旗人，左營正黃旗。安全鑲黃旗人，右營正紅旗。齊青阿正白旗人，右營鑲藍旗。	海貴復任左翼。佛保柱復任右翼。
五年		江阿正黃旗人，左營右翼。	圖勒斌阿鑲藍旗人，左營鑲黃旗。阿林左營鑲白旗。江阿右營正白旗。	舒林佈左營鑲黃旗。穆魯納正藍旗人，左營鑲藍旗。	全福左營正黃旗。	額勒基音圖復任右翼。
六年			愛隆阿正藍旗人，右營正紅旗。	噶爾弼岱右營鑲白旗。	海貴右營鑲藍旗。	
七年					德鏘右營正白旗。志成右營鑲紅旗。	兵良左翼。

國朝	副都統	協　領	佐　領	防　禦	驍騎校	筆帖式	
八年			玉麟左營鑲黃旗。穆魯納左營鑲黃旗。圖敏保鑲藍旗人，右營鑲紅旗。靈昌鑲黃旗人，右營鑲藍旗。	圖明阿左營鑲紅旗。托恩多左營鑲紅旗。安全右營正白旗。	薩勒杭阿左營正藍旗。法柱右營正紅旗。		
九年	喜卜産鑲藍旗人。	穆魯納左營左翼。靈昌右營左翼。靈格右營右翼。	靈格左營正白旗。訥蘇肯左營正紅旗。噶爾杭阿左營鑲白旗。靈昌左營正藍旗。穆魯納右營正黃旗。福雲右營正藍旗。格捧額右營鑲藍旗。	阿爾佈禪左營正白旗。雅哈圖正白旗人，右營鑲紅旗。	春阿左營正黃旗。常興右營正紅旗。喜蒼左營鑲紅旗。葉佈充額右營鑲黃旗。尼春托昂阿右營鑲紅旗。		
十年	西淩阿	穆騰阿蒙古。	穆騰阿左營正黃旗。雅哈圖右營鑲藍旗。噶勒弼岱右營鑲白旗。	齊肯阿右營鑲白旗。常興右營鑲紅旗。	圖塔佈右營鑲藍旗。		
十一年					揆禄左營正紅旗。		
十二年				強謙佈右營鑲紅旗。	蘇楚納左營正白旗。額勒基音圖左營鑲藍旗。	觀山復任右翼。	
十三年			阿爾佈禪左營正紅旗。	海靈阿右營正紅旗。	烏新左營正紅旗。清安右營正黃旗。		
十四年				葉佈充額左營正白旗。	穆嚨阿左營鑲白旗。		
十五年			舒林佈左營鑲黃旗。		岳良右營鑲白旗。查蘭泰右營鑲藍旗。	經林左翼。	
十六年		愛隆阿右營右翼。	愛隆阿左營正白旗。齊青阿右營正紅旗。葉佈充額右營鑲紅旗。	尼克托昂阿左營正白旗。喜蒼左營鑲白旗。	福廣左營鑲紅旗。定保左營鑲紅旗。		

國朝	副都統	協領	佐領	防禦	驍騎校	筆帖式
十七年		聰福右營左翼。聰福左營正藍旗。	安全左營鑲紅旗。	德鏘右營正紅旗。法柱右營鑲白旗。清安右營正白旗。	嵩山右營正白旗。伍勒登佈右營正紅旗。志通右營鑲紅旗。	伍林佈右翼。
十八年		阿爾佈禪蒙古。	阿爾佈禪左營正黃旗。圖明阿		克猛額右營正黃旗。哈郎阿右營正藍旗。	
十九年	西格	噶勒弼岱右營左翼。	強謙佈左營正紅旗。噶勒弼岱左營正黃旗。法柱右營鑲白旗。	春阿左營鑲紅旗。查蘭泰右營鑲白旗。烏新右營鑲紅旗。	珠爾杭阿左營正黃旗。春相左營正紅旗。強格左營鑲藍旗。特明阿右營正藍旗。經林右營鑲藍旗。	
二十年					巴圖嚕阿右營鑲紅旗。	固瑚吞左翼。
二十一年	黑爾格訥	舒林佈左營左翼。圖明阿左營右翼。	托恩多改名都忠,左營鑲黃旗。春阿左營鑲白旗。喜蒼左營鑲藍旗。舒林佈右營正黃旗。圖明阿右營正白旗。尼克托昂阿右營鑲紅旗。清安右營正藍旗。	穆嚕阿左營鑲白旗。定保左營鑲紅旗。福廣左營鑲藍旗。克猛額右營鑲白旗。岳良右營正白旗。	福元左營正黃旗。敷倫左營鑲白旗。伍林佈右營正黃旗。金玉右營正白旗。強謙右營鑲白旗。	清靈右翼。
二十二年		安全右營右翼。	查蘭泰左營鑲黃旗。安全左營正白旗。穆嚕阿左營鑲紅旗。克猛額右營鑲藍旗。	蘇楚納左營正白旗。強格左營鑲白旗。伍勒登佈右營正紅旗。經林右營鑲白旗。	圖敏圖左營正白旗。招保左營鑲紅旗。祥麟左營正藍旗。揆玉左營鑲藍旗。穆啷阿右營正紅旗。岳克清阿右營鑲藍旗。	
二十四年					固瑚吞左營鑲紅旗。	

國朝	副都統	協領	佐領	防禦	驍騎校	筆帖式	
二十五年		查蘭泰右營左翼。雅哈圖蒙古。	福廣左營鑲黃旗。雅哈圖左營正黃旗。查蘭泰左營正藍旗。烏新右營鑲黃旗。伍勒登佈右營正藍旗。	敷倫左營鑲藍旗。春格右營鑲紅旗。	清靈左營正紅旗。克星額左營鑲白旗。觀全右營鑲紅旗。	德克濟布鑲黃旗人,左翼。穆克登阿鑲白旗人,右翼。	
道光元年		克猛額左營左翼。	強格左營鑲紅旗。岳良左營鑲藍旗。克猛額改名格猛額,右營正黃旗。定保右營鑲藍旗。	經禄左營正白旗。珠爾杭阿左營鑲白旗。福元左營鑲紅旗。伍林佈右營正紅旗。岳克清阿右營正白旗。	經明左營正黃旗。豐伸額左營鑲紅旗。巴杭阿左營鑲藍旗。百全右營鑲黃旗。經固納右營正黃旗。訥勒亨額右營鑲藍旗。		
二年		福廣左營右翼。	珠爾杭阿左營鑲黃旗。福元左營鑲白旗。福廣右營正白旗。經林右營鑲白旗。經禄右營鑲紅旗。	圖敏圖左營正白旗。祥麟左營鑲白旗。克星額左營鑲紅旗。	清瑞左營鑲黃旗。該哈蘇左營正白旗。東明左營正紅旗。色奇音圖左營鑲白旗。		
三年	黃文煜		伍林佈左營鑲藍旗。春格右營鑲紅旗。	觀全左營正白旗。強謙右營鑲紅旗。特明阿右營鑲白旗。清靈右營鑲紅旗。	敷克精阿左營正藍旗。明恒左營正白旗。強謙圖右營鑲紅旗。常恒右營正藍旗。		
四年	哈興阿鑲紅旗人。		特明阿鑲黃旗人,右營正紅旗。	經固訥鑲白旗人,右營正紅旗。穆啷阿正白旗人,右營鑲白旗。	常玉正白旗人,右營正紅旗。德克濟布鑲黃旗人,右營鑲白旗。	勒爾經阿鑲藍旗人,左翼。	
五年		烏新蒙古。	烏新左營正黃旗。觀全右營鑲黃旗。	百全正白旗人,左營正白旗。	多慶鑲紅旗人,右營鑲黃旗。敷青阿鑲白旗人,右營正黃旗。蘇繡圖正白旗人,右營鑲藍旗。		

國朝	副都統	協　領	佐　領	防　禦	驍騎校	筆帖式	
六年			敷倫 正黃旗人,右營鑲白旗。	明恒 正白旗人,右營正白旗。	明安 鑲白旗人,右營正白旗。		
七年			經固訥 左營鑲白旗。	清瑞 正白旗人,左營鑲紅旗。 巴杭阿 鑲黃旗人,右營鑲藍旗。 德克濟佈 右營正紅旗。	定興 鑲黃旗人,左營鑲黃旗。 鏘柱 正白旗人,左營鑲藍旗。 慶玉 鑲藍旗人,右營鑲白旗。		
八年		強格 鑲藍旗人,左營右翼。	德克濟佈 左營鑲紅旗。 清靈 鑲紅旗人,右營鑲黃旗。 強格 右營正白旗。 明恒 正白旗人,右營正藍旗。	該哈蘇 正白旗人,左營正白旗。 蘇繙圖 右營正紅旗。 常玉 右營正白旗。 東明 正藍旗人,右營鑲紅旗。	額特赫 正藍旗人,左營正白旗。 忠興 鑲紅旗人,左營正紅旗。		
九年		強謙佈 蒙古。	強謙圖 左營正黃旗。 該哈蘇 左營正紅旗。 東明 右營鑲紅旗。	多慶 左營正白旗。 強謙圖 鑲白旗人,右營鑲紅旗。	齊車訥 鑲紅旗人,右營鑲黃旗。 安明 正白旗人,右營正紅旗。 珠赫訥 鑲紅旗人,右營鑲紅旗。 懷塔佈 正藍旗人,右營鑲藍旗。		
十年		珠爾杭阿 正白旗人,右營右翼。	穆啷阿 左營鑲黃旗。 珠爾杭阿 左營正白旗。	敷青阿 右營鑲白旗。	貴順 正白旗人,右營正黃旗。		
十一年			蘇繙圖 右營正紅旗。	明安 右營正紅旗。	穆青阿 正黃旗人,左營鑲黃旗。 英登佈 正黃旗人,左營正黃旗。 勒爾經阿 左營鑲紅旗。 果仁佈 鑲紅旗人,右營正白旗。		
十二年					詳純 正白旗人,左營正藍旗。	恒奎 正紅旗人,左翼。	

國朝	副都統	協領	佐領	防禦	驍騎校	筆帖式	
十三年	成順鑲黃旗人。			定興左營鑲紅旗。	穆克登阿鑲白旗人，左營鑲藍旗。	納勒黑泰鑲藍旗蒙古人，右翼。	
十四年				英登佈左營鑲白旗。			
十五年	覺羅善英鑲紅旗人。		敷青阿左營鑲藍旗。常玉右營正紅旗。	果仁佈右營鑲白旗。安明右營正白旗。	聰喜鑲藍旗人，左營正黃旗。德順鑲藍旗人，左營鑲藍旗。英登阿鑲紅旗人，右營鑲紅旗。		
十六年		敷倫右營左翼。清靈蒙古。	清靈左營正黃旗。敷倫左營正藍旗。多慶右營鑲黃旗。明安右營鑲白旗。	忠興右營正白旗。慶玉右營正紅旗。	多仁圖正藍旗人，左營正紅旗。存明鑲黃旗人，右營正白旗。龍福正藍旗人，右營正紅旗。雙春正白旗人，右營鑲白旗。該杭阿正白旗人，右營正藍旗。星額特依鑲藍旗人，右營鑲藍旗。		
十七年		定保正紅旗人，左營右翼。	定保右營正白旗。英登佈右營鑲藍旗。	勒爾經阿左營鑲白旗。穆精額正黃旗人。	特克星佈正黃旗人，左營鑲黃旗。靈奎鑲藍旗人，左營鑲白旗。		
十八年	長喜鑲黃旗人，二十二年甼夷陣亡。	敷青阿右營右翼。	果仁佈左營鑲黃旗。敷青阿左營正白旗。安明左營鑲白旗。穆精額左營鑲藍旗。	存明右營正紅旗。貴順右營鑲白旗。龍福右營正白旗。	賞安鑲藍旗人，左營鑲紅旗。常明正白旗人，右營正黃旗。		
十九年				祥純左營鑲藍旗。	依勒哈畬鑲藍旗人，左營正藍旗。波勒忠武正白旗人，右營正白旗。恒奎右營正紅旗。祥瑞鑲紅旗人，右營鑲白旗。	祥英鑲黃旗人，左翼。	

國朝	副都統	協　領	佐　領	防　禦	驍騎校	筆帖式	
二十年			忠興 右營鑲紅旗。	多任圖 正藍旗人，左營正白旗。 額特赫 右營鑲紅旗。	恒奎 左營正黃旗。 喜慶		
二十一年	伊里佈 滿洲鑲黃旗人。 吳必淳 漢軍正紅旗人。						
二十三年					禄鏘		
二十四年			倭仁布		吉慶		
二十六年				祥英			
二十七年					喜鏘		
二十八年		德順 多仁圖	恒太 穆精額				
二十九年					忠良		
咸豐元年	穆克德納 滿洲鑲白旗人。					繼福 喜禄	
二年		穆克德克	英登阿	德克登額			
三年			順興		保山		
四年			吉慶	松壽	文秀 吉興 忠安泰		
五年					繼福		
六年	來存 滿洲鑲黃旗人。	桂禄	伊里布 佛爾國春	恒升 波多坤 慶玉	圖瓦布納 竟成		
七年			隆慶	阿林圖	有恒 喜禄 德瑞		
九年	錫齡阿 蒙古正白旗人，十一年三月禦賊陣亡。		巴達囕佈	祥福	坤山		
十年		巴達囕佈 伊車布 以上二員俱陣亡。	波多坤 德克登額 陣亡。 阿林圖 陣亡。 慶玉 陣亡。 祥福 祥英	忠安泰 圖瓦布 陣亡。 有恒 陣亡。 竟成 陣亡。 文秀 陣亡。 吉興 保山 嵩壽 喜禄	榮陞 添禄 經存 慶瀛 經福 榮祥 喀吞 以上俱陣亡。 繼奎	繼禄	

續　表

國朝	副都統	協　領	佐　領	防　禦	驍騎校	筆帖式
十一年	傑純蒙古鑲白旗人，十二月在杭州禦賊陣亡。					
同治二年	明興		祥英	喜禄	文秀	
八年	富爾蓀	文秀	德楞額	坤山	元能	吉煊

右係鎮守乍浦滿營武職，其綠營、協標、水師各員，另列於左。

	副將 遊擊	水師 遊擊、參將。水師副將	中軍 都司、守備。水師都司	左營守備	右營都司 右營守備	水師守備	衛守備 千總、把總、員弁兹不備載。
順治二年	李棲鳳甘肅人，官少師左都督，開府郡中。李遇春中元朴榆林衛人，左都督，鎮守郡中。馮源淮涿州武舉。以下副將駐府城。						劉維澤大興武進士。
六年					馬騰蛟陝西將材。		
七年					王三謨江寧武舉，右營都司。張時雨陝西人，右營都司，駐乍浦，沒於寇。		
九年	張國勳宣城人。		雷鳴國陝西人。		甯可敬遼東人，右營都司。		
十年					劉英天津人。以下守備。李奉雲固原行伍。張應貴順天人。		
十一年	吳光斗鑲藍旗人。是年改遊擊，移駐海鹽。以下均遊擊。		王家棟榆林人，是年以中軍都司裁缺去任。				蘇重晉武進武進士。
十三年			鄭鈺大興人，剿寇戰歿。以下守備。	鄭鈺中軍兼任。			

續　表

	副將 遊擊	水師 遊擊、參將。 水師副將	中軍 都司、守備。 水師都司	左營守備	右營都司 右營守備	水師守備	衛守備 千總、把總、 員弁茲不備載。
十五年	郭光斗正黃旗人。				談宗道武進武進士。		
十七年	陳一安江南武舉。						張遇留寶雞武解元。
十八年			秦鑑山西人。				
康熙元年			陶士葵鳳陽人。				
二年					李奉雲復任。		劉國佐濱州武舉。
三年	楊倫遼東將材。		洪應祖湖廣人。				
六年							俞成都順天武舉。
七年			齊允祥宛平人。				
十年			晉大忠趙城人。				葉蓁精遠衛人,將材。
十一年	高汧清苑進士。						
十二年					孫篤允韓城武舉。		
十五年					林一奉樂亭將材。		
十六年	張文明南陽人。		薛受益高密人。		朱秉正京衛武進士。		
十七年			張文福黃縣人,遊擊。				
十八年							李世榮京衛武舉。
十九年	許一卿紹興効用。						
二十五年			俞京新建武進士。		柴京澤太平武進士。		
二十八年							張鳳儀直隸武進士。
二十九年					李應祥順天人。		
三十年	呂之麟永城行伍。						

續　表

	副將 遊擊	水師 遊擊、參將。 水師副將	中軍 都司、守備。 水師都司	左營守備	右營都司 右營守備	水師守備	衛守備 千總、把總、 員弁兹不備載。
三十一年	蔡錦 晉江將材，海《志》作蔡綿。		嚴勝 泰和行伍。				
三十五年					黃謙 濟陽武舉。		
三十六年	張應福 晉江行伍。						
三十七年							王章 信陽武進士。
三十九年			徐斌 祥符行伍。				
四十年	蔡廷弼 德化武舉。						
四十三年					王珍 漳浦行伍。		張友心 上元廩生。
四十八年			張又良 晉江行伍，兼左營。		孫世雄 錢塘行伍。		
五十年	何肇彩 福建行伍，是年仍設副將，駐府城。以下皆副將。			張又良 中軍兼任，移駐海鹽。			
五十二年			王禄 寧夏衛人，兼左營。				謝建德 大興議敘。
五十三年					馬天喜 襄陽行伍。		
五十七年	袁國琮 江南進士。						
五十九年							閣璥 山西左衛人，議敘。
六十年	申文星 陽曲武舉。						
六十一年	任尚禮 署。		倪齊賢 金華行伍，兼左營，從《續圖經》增。				
雍正元年	顧宏亮 鑲黃旗人。						
二年		黃天寅 澄海進士，任游擊，是年始設。	張文英 江夏行伍，兼左營。以上二人從《續圖經》增。		姜光祖 建德行伍。	祝陞 同安人，是年始設。	

續　表

	副將 遊擊	水師 遊擊、參將。水師副將	中軍 都司、守備。水師都司	左營守備	右營都司 右營守備	水師守備	衛守備 千總、把總、員弁茲不備載。
三年					林正遠鑲藍旗漢軍，平湖 王《志》：廣東人。	李敬鎮海行伍。	袁佑明榆林行伍。
六年		柳進忠晉江行伍，任游擊。			孫宏士漢軍鑲黃旗。	涂彬建寧人。	吳耀祖高郵進士，海《志》作吳輝祖。
七年		王緒級固原人，署。	呂上懋南都人，是年中軍都司復設，駐府城。以下都司。		王祿兼任。張文英武進行伍。		
八年	施廷尊鑲黃旗人。						
九年		柳進忠是年始改參將。		吳輝祖衛守備調。	王延祥建德行伍。		張文英江夏行伍。
十年		裴鉽武陵行伍。				韓國榮同安行伍。	
十三年				陳君兆榆林衛行伍。			章勇江西新城人。
乾隆元年			張鎬成成都進士，署。				
二年	裴鉽參將陞。	姜方同安行伍。	王瑄濟寧行伍。		黃耀正白旗人。	魏川連江人。	
三年	倪鴻範晉江武舉。						
四年					徐照銅山武舉。		
五年					鄭有德閩縣行伍。右營千總署，海《志》漏。郭騰蛟寧夏行伍。		
六年		黃壽饒平行伍。					
七年			陳文英臨安行伍。		鄭宇河間行伍。		
八年				楊泰襄陽行伍。			
九年	陳文英都司署。靳光瀚山東行伍署。	張燦惠來人。					

	副將 遊擊	水師 遊擊、參將。水師副將	中軍 都司、守備。水師都司	左營守備	右營都司 右營守備	水師守備	衛守備 千總、把總、員弁茲不備載。
十一年	靳維楓中牟進士。					江起蛟鎮海行伍。	
十二年		洪龍同安人。					
十三年	董正剛羅源廩生。	魏宗聖永嘉行伍。	楊泰守備署。				
十四年	巴哈那正白旗人署。魏寧都司兼署。		魏寧滿洲鑲紅旗人。		董世昌鄞縣行伍。		
十五年				張泰本營千總。王達先仙居行伍。			馬乾純寧夏廩生。
十六年	魏宗聖參將兼署。納昇額鑲黃旗人。						
十七年	和均正白旗漢軍,佐領,改名立柱。	顧金策崇明行伍。	師漢章榆林行伍。			陸鯨鎮海人。	
十八年				董世昌右營兼署。			
十九年						郁志貴鎮海行伍。左營是年增爲兩營。鮑睿山陽行伍,右營。	
二十年		江起蛟守備陞。	和督滿洲筆帖式。	薛奪魁閩縣武舉。			
二十二年						金彪金華行伍。左營。	
二十三年	常齡正白旗人。						
二十四年	和督都司署。福勒和滿洲人。	龔宣通州〔武〕進士。	薛奪魁守備陞。	戴君恩天台行伍。			
二十五年		黃天球晉江行伍。			張國鎮連城武舉。	余啟賢定海行伍,右營。	游繼程莆田廩生。
二十六年		湯雲龍泰州行伍。					
二十七年			劉永昌金堂〔武〕進士。	楊城宛平行伍。			
二十八年				趙斌太平行伍。			

續　表

	副將 遊擊	水師 遊擊、參將。 水師副將	中軍 都司、守備。 水師都司	左營守備	右營都司 右營守備	水師守備	衛守備 千總、把總、 員弁茲不備載。
二十九年	李杰龍汶上〔武〕進士,署。趙凱河南行伍署。張世英南龍行伍。	陳朝瑗晉江廕襲。				陳大魁平和行伍,右營。	
三十年	福祿滿洲人,署。						李星永州武舉。
三十一年				劉體治杭州駐防漢軍裁改綠營。			
三十二年	和督復署。孟大傑河南行伍署。	劉尚義通州行伍。	胡斌玉山武舉。	董必貴漢軍人。			
三十三年		王作濱南漳廕監生。				馬蛟蓬萊行伍,右營。	
三十四年	阿克東阿滿洲鑲黃旗人。						洪哲燕漢軍鑲黃旗人。
三十五年			薩炳阿滿洲人。				
三十六年	俞化龍都司署。富隆阿滿洲侍衛署。豐伸泰正紅旗人。		俞化龍元和行伍。			鄭朝佐順德監生,左營。羅英笈右營。	
三十七年	巴楞蒙古鑲白旗人。				王成名華亭行伍。	吳國龍黃巖行伍,左營。	
三十八年		馬蛟守備陞。				周玉駒臨海武舉,右營。	楊有聲銅山武舉。
四十年		徐國貴崇明行伍。	王成名守備署。徐兆吉巴縣行伍。			馮颺鄞縣武舉,右營。	柳俊賢雲南進士。
四十一年				金世明杭州漢軍。	陳隆耀太平行伍。		
四十三年	李安邦崇明行伍,署。索費英阿滿洲鑲黃旗人,軍功。					俞世盛鎮海武舉,左營。	蘇蘭亭徐溝武舉。
四十五年			金世名守備署。羅名世上元武舉。		陳耀湖州協千總署。		

續　表

	副將 遊擊	水師 遊擊、參將。水師副將	中軍 都司、守備。水師都司	左營守備	右營都司 右營守備	水師守備	衛守備 千總、把總、員弁兹不備載。
四十六年	羅名世 都司署。	楊紀 丹徒行伍。					
四十七年	花尚阿 蒙古人署。						
四十九年	哈攀鳳 肅甯〔武〕進士署。	李定國 華亭武舉。					彭元勇 湖口武舉。
五十年	實誠 滿洲佐領。						
五十一年			金世明 守備復任。 劉大勳 甘泉行伍。				
五十二年					楊光仁 和行伍,署。 羅世斌 鳳陽武舉。		
五十三年		董步雲署。				袁日榛 左營。 黃孛恩 右營。	龐彌嫻 汶上武舉。
五十四年	馬勇 河南進士,署。	侯振 清江武舉。					
五十五年	孫岳齡 山東進士,署。			沈廣 錢塘武舉,本營千總署。			
五十六年	劉大勳 都司署。 邊羽若 諸暨武舉署。 愛新泰 滿洲軍功。	陳標署。	陳鐸 滋陽行伍署。 劉世豪 甘泉行伍。	林大彪 永嘉武舉。	季逢春 烏程行伍,本營千總署。 周雄 錢塘行伍。		
五十七年		詹殿擢署。 黃馨爵				王連元 左營。 蔡起發	
五十八年	劉大勳復署。 岳璽 滿洲人,軍功,署。 關保 滿洲軍功。	周雄 守備署。	林大彪 守備署。 楊進才 靈州行伍。				
五十九年		楊光署。 王良駿				嚴日新 左營。 孫大剛 右營。	佛保 漢軍武舉。
嘉慶元年		嚴日新 守備署。 詹殿擢				毛源可 江山人,署左營。	

續　表

	副將 遊擊	水師 遊擊、參將。 水師副將	中軍 都司、守備。 水師都司	左營守備	右營都司 右營守備	水師守備	衛守備 千總、把總、 員弁茲不備載。
二年		李鋐署。 楊光署。 吳奇貴署。 陳國棟次年沒於海洋。				孫大魁定海人,署左營。	董人鸞豐潤武生。
三年						陳天佑臨海人,署左營。 朱天奇署右營。	
四年	陳文瑞晉江行伍。	周雄署。 倪定得 珠保柱鑲黃旗人,署。	林大彪守備復署。 馬殿榜鄞縣武舉,署。			劉成業鎮海人,署右營。 周國泰鎮海人,署左營。 周振鎮海人,署右營。	
五年	劉國慶泰州武狀元。	余金標寧海人,署。 王國麟署。	王國麟懷寧行伍。			方雲龍定陶人,署右營。 徐廷豹定海人,署右營。	艾仲舉漢軍人,署。 吳楚英漢川人,署。 祖鳳藻漢軍人署。
六年		許松年瑞安人,署。 魏成德閩縣人。 黃飛鵬連江人,署。 魏成德復任。	錢萬選署。			朱天奇黃巖人,左營。	王世仲漢軍人。
七年	董士瑞署。		王詔乾川進士。			方雲龍復署。	
八年	劉國慶回任。	許松年復署。				沈烜鄞縣人,署左營。 藍玉田定海人,署右營。	
九年						陳運泰西安人,署左營。 鄭祥瑞定海人,左營。	
十年		黃象新詔安人。				陳寶貴黃巖人,左營。 周之翰永嘉人,右營。	
十一年				陳三祝	馬殿魁鄞縣人。		
十二年	侯瓚順天武榜眼,署。		朱謙仁和人。				

	副將 遊擊	水師 遊擊、參將。水師副將	中軍 都司、守備。水師都司	左營守備	右營都司 右營守備	水師守備	衞守備 千總、把總、員弁兹不備載。
十三年	劉國慶回任。	邱章龍嚴州進士。	朱謙署。			熊廷楊黃巖人,左營。	
十四年			王詔回任。			李增階同安人,右營。	
十五年		陳琴閩同安人。					
十六年	鄧士洪署。	王朝清黃巖人,署。				程尚蛟永康人,左營。	
十七年	侯璜						周天樞霸州人,署。張夢熊鳳陽進士,署。董成榮六安人。
十八年	章杞署。					王宗澤鄞縣人,左營。武定大定海人,右營。	
十九年		吳定邦慈谿進士。	吉元志西安人。				
二十年	曾大觀黃陂武榜眼。				何峻挺江山人。		
二十二年		陳運泰西安人,署。				方啟華樂清人,右營。	
二十四年		程尚蛟永康人。					
二十五年							張萬琇大興人,署。周天樞復署。
道光元年	德昌署。					錢夢虎寧海人,左營。	
二年	博勒恭武正白旗人,署。慶康正白旗人。						劉剛兆成人。
四年		邵永福江陰人。			朱祖望山陰人。	夏沛霖定海人,左營。何毓俊定海世襲雲騎尉,右營。	馮克容慶雲人,署。
五年	佛保正白旗人,署。葉長春		王蔭階仁和人。	金文榮湯溪人。			滕景龍武邑〔武〕進士。

	副將 遊擊	水師 遊擊、參將。 水師副將	中軍 都司、守備。 水師都司	左營守備	右營都司 右營守備	水師守備	衛守備 千總、把總、 員弁茲不備載。
六年	果善 正黃旗人。						
七年		王忠元 象山人,署。	經文岱 鑲紅旗人。				
八年	李萬清 署。					孫鼎鼇 鎮海人,署左營。 夏沛霖復任。 孫鼎鼇復署。 蔡得祥 定海人,署右營。	
九年	魏朝臣 甘肅進士。	王國華 黃巖人,署。				蔡得祥任,左營。 朱昌熾 鎮海人,署右營。	
十年		丁鍾傑 南匯人,署。 林鎮江 黃巖人,署。			蔣德潮	陸昌言 鎮海人,署左營。	孫文注 銅仁人,署。
十一年	奎善 正黃旗人。				張紹恩 永嘉人。	蔡得祥復任。 朱麟標 鎮海人,右營。	陳元斌 長寧人,署。
十二年	博勤恭武	王國華復署。			葉炳南 西安人。	程尚蛟署左營。 陸昌言復署。	彭國瑞 江西人,署。
十三年		葛雲飛 山陰人,署。				朱昌熾復署。	陳大本 濰縣進士。
十四年						童載瑜 鄞縣廩生,署左營。	
十五年		張君昌 定海人,署。			蔣德潮復任。	劉鵬飛 鎮海人,右營。	
十六年		姜希珮 上海世襲雲騎尉。	張衍魯署。	蔣德潮署。	李繩淦 鄞縣人。	朱昌熾復署。	
十七年	文惠 鑲白旗人。 費宗葵 江蘇人。			蔡長謀 定海人。			
十八年		邵永福署。	趙旺 赤城人。				季光弼 寶應人,署。 侯世光 武清人,署。
十九年		鄭宗凱 黃巖人,署。 符國華 秀水人,署。 王國渠 黃巖人,署。		許萬青署。		張紹廷 黃巖人,左營。	袁來宣 遵化人,署。

續　表

	副將 遊擊	水師 遊擊、參將、水師副將	中軍 都司、守備、水師都司	左營守備	右營都司 右營守備	水師守備	衞守備 千總、把總、員弁玆不備載。
二十年	李漸磬署。	鄭宗凱				周德洪署左營。	
二十一年		池建功署。				朱昌熾左營。周德洪署右營。	宋永清
二十二年	福禧滿洲人。	林亮光 朱昌熾署。李漸磬署。林亮光回任。		顏長春甘肅西寧鎮千總署。	王清揚署。李繩淦回任。朱振麟署。金文著甘肅皋蘭人。	林飛熊署左營。董大鵬鄞縣人,署右營。	楊芸生
二十三年	張廣信署。吉祥署。福禧回任。	孫鼎鼇鎮海人。		許萬青署。邵占魁署。卓大林署。			
二十四年		李昌元署。孫鼎鼇回任。	陳夢彪黃巖武舉,署。舒林署。	應萬邦仙居武舉。	蔣勝發署。	林台三黃巖人,左營。	劉正銘
二十五年		池建功署,副將。是年改爲副將。	陳夢彪補授。葉舞墀鎮海千總,署水師,是年始設澉浦水師營都司。王廷鼇署水師。	馬錦彪署。	金文著回任。邵英豪署。陳夢彪兼署。李錫崙署。	王大魁署左營。林台三回任。	李同庚 史致瀛代。李同庚回任。
二十六年	吉祥復署。	孫鼎鼇	王廷豹代水師。		邵占魁署。何隆恩署。		
二十七年	百勝滿洲人。	葉萬清署。孫鼎鼇回任。	郭林一洛陽進士。	應萬邦回任。	全森永嘉人。	董大鵬補右營。陳懋煥署,右營。	
二十八年		葉舞墀署。	董大鵬署水師。			方天彪署右營。陳懋煥署左營。	
二十九年		羅建猷署。	羅朝輔黃巖人,騎都尉,任水師。	余照暘署。		董大鵬回任。	謝顯茂 陳迪怡
三十年		湯倫鎮海武舉。		邵英豪署。沈兆堂署。邵英豪復署。	余照暘署。俞日初署。	方天澍復署右營。	龔逢吉 鄒朝元四川武舉。
咸豐元年	毛亮署。	林正暘玉環廳人,署。	王維墉署水師。		林奎鄞縣人。	何堯宗黃巖人,右營。	廖壽彭
二年	田大武平利人。魁齡蒙古人,署。	池建功黃巖雲騎尉。	藍新浩署。郭林一回任。陳朝安黃巖人,任水師。	葉邦勳署。王榮春天台武舉。			龔逢吉

續　表

	副將 遊擊	水師 遊擊、參將。水師副將	中軍 都司、守備。水師都司	左營守備	右營都司 右營守備	水師守備	衛守備 千總、把總、員弁茲不備載。
三年	田大武回任。魁齡樂清調任，十年二月在杭州禦賊陣亡。	林正陽復署。張清標署。	何堯宗署水師。			林台三回任。蔡鑑署右營。	于國樑
四年			林奎署。		鄧鳳翔署。		
五年				邵英豪復署。		朱祥麟署左營。	
六年		林正陽					
七年		章飛熊署。	邵英豪署。王鳳標黃巖人，任水師。	曹廷標嘉興武舉，署。		何堯宗回任。	
八年		葉長青署。	郭林一回任。林奎復署。翁源署。	邵英豪復署。	林奎回任。鄧鳳翔復署。	武慶偉署右營。	吳文鈞
九年			邵英豪復署。	鄧鳳翔署。馬錦賢署。	侯秉誠仁和武舉。林丙南署。	張步階署左營。蔡鑑署左營。	瑞興
十年	邵英豪護理。張守元署。		尹殿祥仁和武舉，署水師。	林丙南署。曹廷標復任，殉難。	張宗乾署。		
十一年		余蓋臣永嘉人署。		裘關保會稽人。		王輔清署右營。何堯宗回任。	
同治二年						蔡鑑署左營。任顯章黃巖人，右營。	
三年	劉樹元善化人，署。	黃席珍湘陰人，署。	傅宏禧湖南人，代。鄭映玉臨海人，署水師。		侯秉誠回任。	鄭映玉署，左營。巢聲揚湘陰人，署左營。	
四年		張其光新會人，署。	張順標秀水人，署。洪際會定海廳人，水師。				凌長齡署。
五年	鄧玉林善化人，署。		侯秉誠署。		翁源仁和人署。		
六年	瞿先仲乾州廳人，署。		胡憲章鎮海人，署。		侯秉誠回任。		王殿龍漢軍舉人。
七年		陳紹吳川人，署。葉榮慶代。	周萬友寧鄉人，署。應炳南黃巖人，護水師。岑衡南海人，署水師。陳華亮臨湘人，署水師。	張順標署。	陶錦華臨海人署。	葉榮慶臨海人，左營兼代右營。尹殿祥署右營。	

續　表

	副將 遊擊	水師 遊擊、參將。水師副將	中軍 都司、守備。水師都司	左營守備	右營都司 右營守備	水師守備	衞守備 千總、把總、員弁茲不備載。
八年	侯定貴永綏廳人。蕭佑飛湘潭人署。	楊春和寧鄉人,署。	胡憲章回任。		侯秉誠回任。	任顯章回任。尹殿祥復署右營。	
九年	侯定貴回任。	周善初奉化武舉,署。楊春和復署。			陶錦華復署。		朱文炳淮安人,署。
十年					袁勝龍鄞縣人。	張琴鄞縣人,左營。朱寶雄海鹽雲騎尉署,右營。	孫悦恭新野進士。
十一年			黃坤剛揭陽人,署水師。沈鎮蕃黃巖人,任水師。	焦榮春太平人。方德寶錢塘人,署。焦榮春回任。		潘兆龍黃巖人,右營。	
十二年		丁雲友湘鄉人,署。					
十三年		盧成金同安人。	羅品莊平江人,署。胡憲章回任。			林鳴鑑黃巖人,右營。	申祐海鹽知縣兼理。王廷杰江蘇人,代。吳世相安徽人,署。孫悦恭回任。

嘉興府志卷四十二

名宦〔一〕

鄉賢之傳，或疑有私。名宦之傳，則罔非公道。非真有功，有德，有大節，足以垂後不朽，則當其至也，擁旄張蓋，勢赫赫然；及其去也，風流雲散，聲寂寂然矣。舊志首著節鎮、監司，次及守令，紀載嚴謹矣。茲者先夷燹，後粵匪，凡死事文武，均詳考其事蹟焉，餘亦采輿論以綴入，所謂有斐君子，終不可諼兮也。志名宦。

統轄武職附。

晉

高使君，碑作史君，古使字借。佚其名。建武中，出爲嘉興監屯校尉，領兵三千，屯田于此。久而鎮靜，歲遇豐稔，公儲有餘，累遷侍中、征虜將軍，授北海、信都二郡守。未之鎮，終于此。梁大通年，立廟祀之。至元《志》，另詳《祠祀》。

唐

張廷珪，字溫玉，濟源人。初，海鹽縣省入嘉興，百姓應奉，苦塗遠。開元五年，廷珪爲蘇州刺史，奏於舊海鹽縣吳禦越城西北復立縣治，又奏置澉浦鎮。卒，謚貞穆。新纂。

朱自勉，廣德中爲嘉禾屯田使。脩水利畎畝之政，民始殷富，邦人立石頌美。柳《志》。參舊《浙江通志》。

吳公約。黃巢之亂，公約隨董昌禦巢于西鄙，奏置都額于硤石，兼授義和鎮遏使。後其子重裕襲拜西佳鎮遏使，兼義和鎮事。見羅隱撰《吳公約碑》。趙《圖記》。

五代

曹信，仁和人。唐末兵興，信保臨平鎮，後移鎮嘉興。慈惠愛民，始城其地。詳《城池》。子珪嗣嘉興都將。乾寧中，淮人圍之。珪登樓，張樂縱酒，矢石交至，晏如也。寇不敢逼。吳越王壯其功，授蘇州刺史。及卒，嘉興民思之，立祠祀焉。柳《志》。參劉《志》。

宋

段少連，字希逸，開封人。爲兩浙轉運副使。秀州獄死無罪人，時少連在杭，吏畏恐，聚謀，僞爲死者服罪欵,未及綴屬,少連已拏舟入城,訊獄吏,俱[1]服請罪,以爲神明。《宋史》本傳。

章綜,浦城人。宣和初,提刑浙西。時嘉興民高安與陳某有怨,乘方臘起,誣爲盜,聚黨,闔門殛之。安以捕盜邀賞,綜廉得其情,實諸法,稱爲神明。趙《圖記》。　案《宋史・章棻傳》:"綜通判秀州,遷倉部員外郎。出,提點兩浙刑獄。"趙《圖記》云官終戶部員外郎者,誤。

王士言,武舉進士,累立戰功。宣和初,方臘爲寇。詔擇材略之士,馮熙載薦爲東南第二將,首解嘉興之圍。

楊存中,本名沂中,字正甫。崞縣人。爲閤門祗候。建炎二年,討賊徐明於嘉興,先登。主帥將屠城,存中力諫止之,戮其渠魁而已,郡賴以全。以上《宋史》本傳。

張宗顏,字希賢,延安人。張俊選爲統領,從俊討浙西寇。秀州軍校徐明以城叛,宗顏夜襲其城,明遁。後擢龍神衛四廂都指揮使。以上《宋史》本傳。

趙士醫,宗子,任秀州兵馬都監。建炎四年,烏珠入州,士醫乘城拒戰,城陷,死之。《宋史》附見《趙士㠌傳》。

黃灝,字商伯,都昌人。進士。歷太府寺丞,出知常州,提舉本路常平。秀州海鹽民伐桑柘,毀廬屋,殍殣盈野,或食其子,持一臂行乞,而州縣方督促逋欠。灝見,戚戚然。時有旨停[2]閣夏稅,遂奏乞併閣秋苗,不俟報行之。言者罪其專,移居筠州。已而寢謫命,止削兩秩,而從其蠲閣之請。《宋史》本傳。　案《宋史》:灝知常州,兼提舉常平,在光宗時。趙《志》以爲知秀州,一作常州。劉《志》以爲建炎知州,並誤。

趙善悉,淳熙九年知秀州。奉孝宗親札,開濬海鹽官塘,增置鄉底堰。新纂。

羅叔韶,字儀甫,四明人。以胄子登太常第。紹定三年,任澉浦監鎮。廉平多善績,始創官廨,鑿廨旁河數里。屬鎮人常棠爲《澉水志》。樞尹袁韶、憲使吳淵、倉使袁肅、太守黃壯猷交薦之於朝。去後,民立德政碑。新纂。

邢子政,淳祐七年鎮守澉浦鎮,統領水軍。嘗鑿泉黃道山,架屋以資汲者。《海鹽圖經》。

汪立信,臨卭人。淳祐進士。景定初,官浙西提點刑獄,即嘉興治所講行荒政。咸淳十年,爲端明殿學士、沿江制置使、江淮招討使。建康兵潰,扼吭而死。贈太傅。《宋史》本傳。

【校注】
　[1] 按:《宋史》卷二九七《段少連傳》作"具"。當作"具"。
　[2] 按:《宋史》作"倚",倚閣,宋公文用語。

元

隋世昌,棲霞人。善騎射,累戰功至宣武將軍。至元十四年,進安撫使,佩金虎符,鎮澉浦。十七年,以獲海賊有功,進安遠大將軍。卒,封定海郡侯。

趙賁亨,字文甫,冠氏人。由行軍千戶晉宣武將軍。至元十四年,盜發澉浦,朝廷檄賁亨討平之。後終處州路管軍萬戶。以上《海鹽圖經》。

徹里,燕只吉台氏。大德元年,拜江浙行省平章政事。江、浙稅糧甲天下,平江、嘉興、湖州三郡當江浙什六七,其地極下,水鍾爲震澤。震澤之注,由吳淞江入海。歲久,江淤塞,豪民利之,封土爲田,由是浸淫泛溢,敗諸郡禾稼。朝廷命行省疏導,發卒數萬人,徹里董其役,凡閱四月畢工,召入爲中書平章政事。《元史》本傳。

張廷玉,廣陵人。以江浙省掾督漕于嘉興郡。自兵興後,公私之舟皆爲戰艦。一有漕輓,則有司責舟于上農,上農僦之于舟民,舟民乘急而昂其直。上農告病,廷玉命有司如故法具舟,舟民要利愈甚,計費米六萬,廷玉不忍農之蒙害,乃減舟數之半,使往來轉載,省費三萬石,一時官民稱便。嘉興湯《志》。

瞻思,字得之,其先大食國人。至元三年,除僉浙西肅政廉訪司事,即按問都轉鹽運使、海道都萬户、行宣政院等官贓罪[1]。復以浙右諸僧寺私蔽猾民,有所謂道人、道民、行童者,類皆瀆常倫,隱徭役,使民力日耗,契勘嘉興一路,爲數已二千七百,乃建議請勒歸本族,俾供王賦。朝廷是之,著爲令。改浙東。以病免歸,卒。封恒山郡侯。《元史》本傳。

【校注】

[1] 按:《元史》卷一九《儒學二》:"瞻思,字得之……後至元三年,拜陝西行臺監察御史,即上封事十條……三年,除僉浙西肅政廉訪司事,即按問都轉運鹽使、海道都萬户、行宣政院等官贓罪。"故"至元三年"是"後至元三年","都轉鹽運使"是"都轉運鹽使"之誤。

明

費進,洪武初澉浦所千户。奉安慶侯命,度地築澉浦城。千户孫信建澉浦倉廒,千户朱貞建澉浦新倉。

王福,仁和人。洪武二十八年,以海運陞瀋陽中屯衞百户。子真,襲右所百户。孫輔、龍、韜、相,嘉靖三十二年禦倭寇于新塘嘴,戰没。

許卣,乍浦所千户。洪武三十四年,陞本衞指揮僉事。永樂四年,從張勝征交趾,屢戰有功。五年,從羅文攻廣原州天峰寨,殁于陣。卣在衞廉恕,人感之不忘。以上《海鹽圖經》。

王貴,本姓脱,其先康里國人。祖忠,洪武中入金山衞,歸附潁國公傅友德,隸永平衞。靖難初,累功授遵化衞指揮使,賜姓王氏。父得,洪熙中征迤北,没于陣。貴承襲。宣德十年,調海寧衞指揮僉事。貴卒,子俊嗣。俊卒,子軒嗣。軒性至孝,精占卜術。其孫勳,字世榮,正德己卯武科,有膽力,善射。乍浦有悍卒七人,時號七虎,上官令捕之。夜出詣境,悉得之無遺。《嘉禾徵獻録》。

余騰蛟,通州人。永樂時,襲澉浦所百户。建議開澉浦上河,軍民咸享其利。《海鹽圖經》。

崔信,冀州棗强縣人。永樂三年,以軍功陞大甯前衞中所正千户,予世襲。宣德二年調蘇州衞,守禦嘉興中左千户所正千户。其裔承襲者,曰勝,曰陞,曰恩,曰廷潤,曰宣,曰經奎,曰紹斌,曰嘉林,世守其職,並著勞績。吳《志》。參《崔氏族譜》。　案吳《志》誤以永樂中得軍功者爲崔拾貳,不知拾貳乃信父也。又,其裔無陞,而有甫祥。今並據《崔譜》正之。

夏原吉,字維喆,湘陰人。爲户部尚書,浙西大水,有司治不效。永樂元年,命原吉治之。原吉請循禹三江入海故蹟,濬吳淞江下流,上接太湖,而度地爲閘,以時蓄洩。從之。役十餘萬人。明年復行,浚白茆塘、劉家河、大黃浦。三年夏,浙西大饑,原吉率俞士吉、袁復及左通政趙居任往賑之,發粟三十萬石,給牛種。有請召民佃水退淤田益賦者,原吉馳疏止之。姚廣孝還自浙西,稱原吉曰:"古之遺愛也。"尋召還,理部事。《明史》本傳。

趙居任。永樂三年海溢塘圯,居任以右通政督浙西、蘇、松等九府水政。躬行海上,指授布置,併工修築,堅厚完固,至今賴之。劉《志》。

喻良,字顯忠,敘州人。爲御史。永樂初,治嘉興農政,往來阡陌,館西塘之福源宮。爲人溫厚愷悌,多惠政。東根古壩,其所築也。後遷苑馬卿去,祠在嘉善。袁《志》。

羅亨信,字用賓,東莞人。永樂進士,授工部給事中[1]。視浙水災,奏蠲嘉興、海鹽、崇德稅糧五十餘萬石。仕至左副都御史。《廣東通志》。

熊槩,字元節,豐城人。幼孤,隨母適胡氏,冒其姓。永樂進士。擢大理寺卿,與葉春同往巡撫。南畿、浙江設巡撫自此始。浙西豪持郡邑短長爲不法,海鹽民平康暴橫甚,御史捕之,遁去。會赦還,益聚黨八百餘人。槩捕,誅之。已,悉捕惡[2]數十輩,械至京,論如法,于是奸宄帖息。諸衛所糧運不繼,軍乏食。槩以便宜發諸府贖罪米四萬二千餘石贍軍,乃聞于朝。帝悅,諭戶部勿以專擅罪槩。還朝,始復姓,遷右都御史。《明史》本傳。案:槩任巡撫時尚未復姓,故舊《志》俱作胡槩。

李能,先世由寧波衛百戶升授千戶。能于永樂二十一年征長興受賞。傳至嘉元,舉武科,納級指揮僉事,督造捍海石塘,征倭,戰船轉漕,治兵,俱有聲績。《海鹽圖經》。

周忱,字恂如,吉水人。永樂進士。宣德五年,巡撫江南諸府,總督稅糧。正統六年,兼巡撫嘉、湖二府。時海鹽築捍海塘,一郡七縣,合役萬夫。費萬計,皆出忱度支。海不能爲患。浙江當造海船五十艘,須米千石。忱以成大事,不惜小費,第奏減二十石。報可。忱素樂易。先是,胡槩爲巡撫,用法嚴,忱一切治以簡易,告訐者輒不省。或面訐周:"公不及胡公。"忱笑曰:"胡卿勑旨,在驅除民害;朝廷命我,但云安撫軍民,委寄正不同耳。"後進工部尚書。《明史》本傳。參《世法錄》。

崔源,寧波衛指揮同知。正統七年,任備倭把總。潔己奉公,退食端坐無惰容。後征處州賊葉宗留,累功陞都指揮。守武義,賊復來攻,戰死。

陳文,字彥章,溫州衛指揮同知。天資仁厚,慕古好讀書,時延儒者講論經史。後以平處州寇功,陞都指揮,移鎮金華。以上《海鹽圖經》。 案《景泰續衛志》云:正統七年,設把總備倭,海寧總崔源其初菇也,陳文繼之,而王文祿《衛志》以陳文居首,崔源次之,未知孰是。

王文祿曰:浙東西四總,自正統間倭夷數犯,始設備倭把總。嘉靖三十六年,因倭夷內擾,加欽依,自樂塤始;加以都指揮體統行事,自祁雲龍始。聞諸獻老云:崔端之英邁忠勇,劉瑄之威重有謀,王英之沉雅剛介,卓乎不可及矣。黎端之嚴重,邢相之儒雅,嚴明之廉威,豈易得哉。予所及見者,顧邦重之才能有守,楊和之材識,崔鼎之清介,亦表表云。承平日久,力加振作,而海甸肅如者,其張寵之乎!又聞張鯤者,正德間征開化,守察西寨,路逢漆客巴元宗,縛之爲俘,控馬壯士侯左叩而諫曰:"曹彬不妄殺,子孫永昌,請釋之。"不聽,送都指揮李隆,竟斬焉。嗚呼!用兵當以此爲戒可也。此文可備掌故。附錄之。

徐榮,巢縣籍,世襲乍浦所百戶。正統八年,倭寇登岸,戰歿。子政銳襲。吳《志》。參《海鹽圖經》。

楊瑄,字廷獻,豐城人。景泰進士。任浙江副使,按行海道,禁將校私縱戍卒。修捍海塘,築海鹽堤岸二千三百丈,民得奠居,海鹽人祠祀之。《明史》本傳。

洪遠,字克毅,歙縣人。成化進士。任浙江按察僉事,鋤豪强,撫孤煢。歲饑,分賑嘉、湖。

傲朱子浙東舊法,行之二部,獨無流殍。尋轉副使、巡海道。仕至南京工部尚書。《分省人物考》。

劉寧,字時泰,襲衛指揮。性孝友,涉獵經史,署衛指揮二十五年,殫心撫恤兵餉,罔有滯缺。歲饑,移檄請賑。且捐俸助之,戎伍全活甚衆。每大比,設宴餞衛士之試者于西郊,或曠學廢職,貽戎胄以愧之。傳子銳,字蓄之,識政體,能詩。詳《海鹽・文苑傳》。吳《志》。參《海鹽圖經》。

黃光昇,晉江人。爲浙江水利僉事,嘉靖壬寅,海溢塘圮。光昇以典守之官塘不大壞不以聞,故往往後時而倍費,乃取千字文鐫于塘石,分令塘長,各典其號,稍壞即舉。不舉者罰,至今稱黃公塘。後官刑部尚書。劉《志》。參《道南源委》。

林文沛,長樂人。爲工部郎中。嘉靖中,海溢塘圮,奉勑督修。文沛講求遠計,修築天闕等塘。寅出酉入,廉靜不擾。暇進諸生,講授經義,宛如師友,百姓歌咏之。劉《志》。

彭雲,全椒人。衛指揮同知,撫士卒以仁。性至孝,父疾,割股療之。傳子大年,字蠡湖,有勇略。嘉靖丙午,倭犯唐家灣,散家財,募死士四十人,率之破倭,斬七級,倭遁去。卒,傳子紹賢,兼文武材,性寬大,所至多厚德。《嘉禾徵獻錄》。參《海鹽圖經》。

王忬,字民應,太倉人。嘉靖進士。三十一年,以浙江倭寇,命忬提督軍務,巡視浙江。先後上方略十二事,任參將俞大猷、湯克寬,又奏釋參將尹鳳、盧鏜擊[3]。賊首汪直及漳、泉羣盜連巨艦百餘蔽海至,濱海數千里同告警,上海及南滙、吳淞、乍浦、蓁嶼諸所皆陷,蘇、松、寧、紹諸衛所州縣被焚掠者二十餘,留內地三月,飽而去。忬遣將士逐燬其船五十餘艘。于是先所奪文武將吏俸,皆得復。尋以給事王國禎言,改巡撫。忬方視師閩中,賊大至,犯浙江,盧鏜等頻失利。御史趙炳然劾其罪,帝特宥忬,忬因請築嘉善、崇德、桐鄉、德清、慈谿、奉化、象山城,而恤被寇諸府。時已遣尚書張經總督諸軍,進忬右副都御史,巡撫大同。《明史》本傳。

湯克寬,鳳陽人。邳州衛指揮。嘉靖三十一年,任浙江參將。克寬器宇雄壯,臨敵果毅。先爲福建參將,會倭寇海上,巡撫王忬奏調守海鹽,至則簡卒伍,嚴號令,休兵養士以待。方經營間,倭數百突入乍浦,即帥衆往剿,賊遁,據高公山。克寬皷噪而登,殺賊四十餘人。未幾,倭大至,以三十七艘泊東關龍王塘,直抵城下,四面亟攻,城中震駭。克寬獎率官軍,百計捍禦,所部邳兵劉黑虎、黑煞神等三百餘人,並驍勇絶倫,分門督守。克寬親自繞城巡察,衣不解甲者五晝夜。賊知有備,去。調守金山,邑人議欲建祠祀之,未果。劉《志》。參《海鹽圖經》。

馬呈圖,字兆先,襲衛指揮僉事。嘉靖三十一年,倭犯海鹽,呈圖奮勇攻擊,生擒真倭二十四名。次年,倭首八大王等自青村登岇,官軍摧敗。呈圖提兵出城與戰,軍潰,直入賊圍,身被三十餘創,殞絶。祀英烈祠。子繼武襲。《浙江通志》。參《嘉禾徵獻錄》。

徐行健,合肥人。父玠,守禦乍浦,鋤強植善,汰革弊規,兵民帖服。幼時父訓之甚嚴,行健即以忠義自許,有膽略,勇決過人。承襲海寧衛指揮。嘉靖癸丑,倭犯海上,行健統兵守澉浦,訓練有法,倭攻之輒敗,不敢近。臨陣必書姓名於衣,以死自誓。橫經河、鳳凰山諸處屢戰捷,獲倭級百餘。丙辰四月,倭犯海鹽,行健率兵五百當之。倭分其衆,一由乍浦,一由北王橋,腹背夾攻。行健力戰,死。贈官,立廟。子志達,襲陞都指揮僉事;次子志伊,指揮僉事。

滿朝,字建臣,黑山人。世襲指揮同知,有氣節。嘉靖癸丑,守梁莊寨,倭酋八大王以賊四十二人由金山潛踰梁莊而南。朝所統兵甚少,奮勇率千户王繼隆,百户楊臣、康綏追及砂腰村。賊據民家,登屋揮旗。朝射之,殪。復有賊從白馬廟突出,朝力敵不支,死。繼隆等亦死。祀英烈祠。子子謙襲。子謙幼育于繼母，嘗擠之井不死，而事之益恭，壽一百一歲。孫上林，輪刀如飛，弓挽二石，後逐寇没于硤石。

康綬，嵩縣籍。乍浦所百户。嘉靖三十二年，禦倭寇于白馬廟，戰殁。以上《海鹽圖經》。

采煉，字叔鋼，定遠人。襲衛指揮。少負氣，有膽略，管陸路團操。嘉靖三十二年，倭犯新塘嘴，馬呈圖先馳，煉率澉浦所兵三百策應，手斬二賊，力屈，與指揮陳善道俱死。祀英烈祠。子鳳翱襲。《海鹽圖經》。參《嘉禾徵獻錄》。

盧鎧，處州衛指揮。嘉靖三十二年，攝參將，分守海鹽，追勦倭寇，多所斬獲。乍浦、沈家莊等大捷，皆由鎧統率兵船圍海口，截寇歸路也。歷官大都督。《海鹽圖經》。

姜楫，海寧所千户。嘉靖三十二年，征海寇，死海鹽城外。事聞，陞其子本所副千户。《浙江通志》。

王鎧，吳《志》作鐺。字海山，密雲人。世襲乍浦所正千户。持身剛介，好讀書，馭下有法。嘉靖三十二年，倭犯乍浦城，鎧率其子邦振分軍巷戰，力盡，被執不屈，罵賊死。與鎧同日死者，百户陳綬、冠帶總旗張儒。《海鹽圖經》。參平湖張《志》。

滿繼隆，乍浦所千户。嘉靖三十二年，追倭寇於白馬廟，戰殁。子國昌陞正千户。

楊臣，世襲乍浦所百户。嘉靖三十二年，禦倭寇於白馬廟，力戰死，後絕。

吕鳳，零陵人，襲澉浦所百户。嘉靖三十二年，率其子爵禦倭於新塘嘴，並戰殁。孫繼忠襲。以上《海鹽圖經》。

張經，榜姓蔡。字廷彝，侯官人。正德進士，除嘉興知縣。上下文移，自爲區畫，宿胥巨猾咸斂迹，無敢吐語。僉審糧役，皆訪其貧富，臨期去取，悉愜人心。值歲凶，賑，全活無算。召爲史科給事中，歷兵部尚書，以倭寇，命經總督江南、江北、浙江、山東、福建、湖廣諸軍，便宜行事。經徵兩廣狼土兵聽用。倭二萬餘，據柘林、川沙窪，其黨方踵至。經日選將練兵，爲搗巢計。以江、浙、山東兵屢敗，欲俟狼土兵至用之。及田州瓦氏兵至，欲速戰，經不可。東蘭諸兵繼至，經以瓦氏兵隸總兵官俞大猷，東蘭、那地、南丹兵隸游擊鄒繼芳，歸順及思恩、東莞兵隸參將湯克寬，分屯金山衛、閔港、乍浦，犄賊三面，以待永順、保靖兵之集。會侍郎趙文華以祭海至，與浙江巡按胡宗憲比，屢趣經進兵，經曰：“賊狡且衆，待永、保兵至夾攻，庶萬全。”文華再三言，經守便宜不聽。文華密疏經糜餉殃民，畏賊失機，欲俟倭飽颺，勦餘寇報功。帝怒，下詔逮經。方文華拜疏，永、保兵已至，其日即有石塘灣之捷。至倭突嘉興，經遣參將盧鎧督保靖兵援，以大猷督永順兵由泖湖趨平望，以克寬引舟師中路擊之，合戰於王江涇，斬賊首一千九百餘級，焚溺死者甚衆。自軍興來稱戰功第一。給事中李用敬、閩望雲[4]等言：“王師大捷，倭奪氣，不宜易帥。”帝大怒曰：“經欺誕不忠，聞文華劾，方一戰。用敬等黨奸。”杖於廷，斥爲民。經既至，備言進兵始末，且言：“任總督半載，前後俘斬五千，乞賜原宥。”帝終不納，論斬，天下冤之。隆慶初，復官。謚襄愍。《明史》本傳。參嘉興湯《志》。

胡宗憲，字汝貞，績溪人。嘉靖進士。三十三年，出按浙江。時歙人汪直據五島煽諸倭入寇，而徐海、陳東、麻葉等巢柘林、乍浦、川沙窪，日擾郡邑。帝命張經爲總督，李天寵撫浙江，又命侍郎趙文華督察軍務。倭寇嘉興，宗憲中以毒酒，死數百人。及經破王江涇，宗憲與有力。文華盡掩經功歸宗憲，經遂得罪。超擢宗憲總督、兵部右侍郎。初，宗憲令客蔣洲、陳可願諭日本國，遇汪直養子滶於五島，邀使見直。宗憲與直同鄉里，欲招致之。釋直母妻於金華獄，資給甚厚。洲等諭宗憲指。直大喜，因留洲而遣澂等護可願歸。宗憲厚遇澂，令立功，澂遂破倭舟山。宗憲請於朝，賜澂等金幣，縱之歸。澂大喜，以徐海入犯來告。亡何，海果引大隅、薩摩二島倭分掠瓜州、上海、慈谿，自引萬餘人攻乍浦，陳東、麻葉與俱。宗憲壁塘棲，與巡撫阮鶚相犄角。會海趨阜林，鶚遣游擊宗禮擊海於崇德三里橋，三戰三捷。既而敗死，鶚走桐鄉。賊乘勝圍之。宗憲計："與鶚俱陷無益。"遂還杭州，遣指揮夏正等持澂書要海降。時海病創，意頗動，因曰："兵三路進，不由我一人也。"正曰："陳東已他有約，所慮獨公耳。"海遂疑東。而東知海營有宗憲使者，大驚，由是有隙。正乘間說下海。海遣使來謝。解桐鄉圍，復巢乍浦。初，海入犯，焚其舟，示士卒無還心。至是，宗憲使人語海曰："若已內附，而吳淞江方有賊，何不擊之以立功，且掠其舸，爲緩急計。"海以爲然，逆擊之朱涇，斬三十餘級。宗憲令大猷潛焚其舟。海心怖，以弟洪來質。宗憲因厚遇洪，諭海縛陳東、麻葉，許以世爵，海果縛葉以獻。宗憲解其縛，令以書致東圖海，而陰泄其書於海。海怒。海妾受宗憲賂，亦說海。於是海復以計縛東來獻，率所部降。宗憲摩海頂，慰諭之。海自擇沈莊屯其衆。沈莊者東西各一，以河爲塹。宗憲居海東莊，以西莊處東黨。令東致書其黨曰："督府檄海，夕禽若屬矣。"東黨懼，乘夜將攻海。海挾兩妾走，間道中梢。明日官軍圍之，海投水死。遂俘洪、東、葉、五郎及海首獻京師。加宗憲右都御史。《明史》本傳。

　　阮鶚，號函峰，桐城人。嘉靖進士，官浙江提學副使。浙方苦倭寇，鶚下令諸生操弓矢，習射，作忠義之氣。擢右僉都御史，巡撫浙江。賊攻乍浦，追斬之。阜林賊奔桐鄉，鶚冒重圍，入桐鄉。賊多方攻擊，隨機應之，計窮遁去。後設伏擒巨魁陳東、麻葉、辛五郎，滅徐海，勦餘黨于舟山，擒斬殆盡，兩浙始得休息，士民思鶚德，相與立祠。《明史·胡宗憲傳》。參《獻徵錄》。

　　案：禦倭之有戰功方略者，尚有戚繼光、俞大猷諸人。前志既不載，攷其勳績，亦不盡屬嘉興，不備列。

　　宗禮，字周道，其先常熟人，隸籍於燕中。嘉靖武舉。由祖職署指揮僉事，任參將，奉命禦倭於浙。禮提兵掩擊，敗賊於新城堡，乘勝攻破新場。賊遁去，總督胡宗憲檄禮隨賊所向追勦之，連有吳江、嘉興之勝。至崇德縣，探倭至阜林，勢且犯杭，率兵往阜林迆西石橋止營禦之。倭萬餘，夾河來戰。禮統兵不滿九百人，殺傷甚多，賊敗去。番休來攻，三戰三北，死傷無算，軍大振。會石橋前鋒中賊砲，橋失守，禮被重傷，猶裹創奮臂戰，以衆寡不敵，兼乏食，軍無後救，力竭，仰天呼曰："死當滅賊以報國。"遂遇害。事聞，贈都督同知，謚忠壯，建褒忠祠於阜林，以時饗焉。《分省人物考》。

　　霍宗道，宗，一作賁。湮其籍貫。時爲裨將，與宗禮並奉命討賊。賊至，適遇宗道，張左右翼於城下，麾兵鏖戰，斬首數萬，因無援力竭，見禮死，亦自刎。時同死者，副將侯槐、何翔本、宋應瀾、楊巨、王相、賴恩、李錫。新纂。

　　彭應時，山陰人。中武科，爲鎮撫，以亢被黜。都御史王忬鎮浙，檄使練士。會參將盧鏜自松江擊走蕭顯，時有千總劉大仲率黨胡大少仲、吳蠻牛力戰死，應時截諸乍浦塘，爲賊所掩，乃奮鬪，被鎗墮馬死。性聰敏，能詩文。材力、武技蓋鄉里中，尤妙馳射，善撫士卒。《徐文長集》。

　　劉燾，天津人。嘉靖間，倭警起，爲浙西兵備道。燾精奇門風角之術，至郡，按圖視險，選將募兵，有乍浦、王江涇諸捷。著《浙西海防稿》行世。舊《浙江通志》。

　　朱輔，字翼公，公安人。成化進士。初任南陽同知，擢御史，轉嘉湖道。禦倭失援，爲所獲，弗屈死。倭首憐其忠，以屍還嘉興，民戴其德，衆爲營斂，賜祭贈官。祀鄉賢。《廣東通志》。

潘恩,字子仁,上海人。嘉靖進士。浙江參政,分守杭嘉湖道。方按部海鹽,而島寇猝至,圍之數十帀。時城無見兵,恩皷舞吏人,晝夜睥睨,間不少懈。賊知不可破,乃解。累遷右副都御史,巡撫河南。《徵獻錄》。

陳宗夔,湖廣人。先巡按福建,勦倭有功,改浙西兵巡道。嘉靖甲寅,兵寇蝟集,宗夔外禦內撫,確有碩畫。以不隨俯仰去。

姜廷頤,巴陵人。嘉靖癸丑,分巡浙西。時倭寇犯海鹽,廷頤衝圍入城,閱實埤守,皷勵士卒,與鄉士大夫講畫捍禦之方,不少懈,城賴以全。

李元律,字師吉,滋陽人。世襲衛指揮。祖振,力能拔樹,性至孝,親疾,衣冠不解。父煥,熟于《春秋》,能左右射。嘉靖甲寅,元律從參將盧鎧追倭寇於孟家堰,遇伏,力戰死。元律初爲諸生,有文名,應武舉,中第一人。

劉大仲,處州人,以把總守海鹽。孟家堰之戰,與指揮李元律、處州千户薛絅俱死之。以上吳《志》。

于守爵,襲澉浦所千户。嘉靖三十三年,勦倭寇,累功陞澉浦衛,署指揮同知。子時保襲。

方泰,字吉甫,儀真人。儒雅,善書法及詩。嘉靖丁酉武舉,署海寧衛指揮同知。以廉介恭勤著稱。嘉靖甲寅,倭寇來犯,帥兵追勦,屢有功。隆慶中,錄其勤事并其麾下方昇等一百二十九人,陞賞有差。著詩稿三卷。《海鹽圖經》參《嘉禾獻徵錄》[5]。

姚宏梁,海寧衛指揮。嘉靖乙卯九月,征倭寇於金山,進攻陶宅,同指揮邵鼎、生員于岳乘勝搗賊巢,皆戰殁。吳《志》。參《倭變志》。

丁僅,處州衛指揮。嘉靖三十四年,任參將,有勇略。子堯時亦知兵,同僅追倭廣陳,獲輜重三艘。倭據小營盤巡司,堅壘自守,攻破之。部下有得倭賄者,斬以狥。又與指揮徐行健追倭石墩海岸,獲級尤多。王江涇之戰,僅父子先登,衆倭披靡,官兵大捷。以上《海鹽圖經》。

張鈇,字寵之,台州衛指揮。嘉靖丙辰,攝參將事。築海鹽縣澉浦、乍浦、海寧三所,外埤防禦有賴,其禦箭牌火器諸攻守具,至今用之。

徐玠,合肥籍,世襲海寧衛指揮使。守禦乍浦時,鋤強植善,弊規革汰一新。玠子行健素以忠義自許。嘉靖丙辰,大艘倭寇登乍浦,進犯海鹽,行健率兵當之,腹背受攻,身被重創死,贈官,立廟。《海鹽圖經》。

姚岑,潛山人。襲澉浦所千户。嘉靖三十五年,禦倭寇于新塘嘴,戰殁。子思舜襲。《海鹽圖經》。參《嘉禾徵獻錄》。

陳文治,字國章,秀水人。衛指揮僉事,坐事戌新河所。嘉靖三十九年,參將戚繼光選入幕府,以斬倭級功,授海寧衛前所百户,稍遷指揮同知。以總兵昌平上首功不實,繫獄十餘年,死。

莊國禎,晉江人。嘉靖時爲兵備道,駐郡城,廉肅清慎。時倭警初平,民苦兵革。國禎持以鎮靜,務與民休息,修戰守備方略,未嘗以戎事擾民。按獄平反,不務深文。及去官,人思頌之。以上劉《志》。

王樵,金壇人。萬曆甲戌,治兵浙西,待下寬簡,不事聲色。生平志行醇白,民沐其惠。著有《尚書日記》及《詩文集》,士人多誦法之。袁《志》。

崔成俊,字朝彥。初爲諸生,受餼廩,中乙榜者再,後襲廱衛指揮,登萬曆癸酉、丙子、己卯三科武舉,以躅忤上官,遂罷。成俊深於經術,善屬文,著《祭書》《祭劍》等集以見志。卒時,遺命必用儒者服以葬。生平事父母孝，先世産悉讓二幼弟，傳子天賜，字青支。中萬曆三十二年武會試，陞指揮使，歷官廣東總兵。吳《志》。參《海鹽圖經》《嘉禾徵獻録》。

王啓予，中萬曆己卯、壬午、乙酉三科武舉，乙未成進士。以軍門中軍領水兵，防旅順，調征釜山，加守備職銜，賞銀鈔。子明翼以武舉陞備倭把總。《海鹽圖經》。

馬如錦，臨山衛指揮。萬曆三十年，任參將。邑有三虎搏人，率壯士射得之。邑中失火，夜半傳令撲滅，詰朝計功，賞士數十金，民釀錢以償。辭曰：“吾自行吾令，毋煩爾也。”卻之，遷漳潮副總兵。

張景房，常熟人。武進士。萬曆四十六年，任參將。時東南穀暴貴，邑中掠劫群起。景房部署將士，晝城爲四，令民各守其界，有作暴者縛之。民遂定，遷狼山副總兵。《海鹽圖經》。

詹應鵬，宣城人。萬曆進士。歷員外郎，出知嘉興府，旋陞本郡兵巡道。勤于吏治，摘發如神。時海氛未靖，例有春秋二汛，應鵬巡視沿海諸衝要，籌備多方。袁《志》。

焦續後，天啟三年任參將。翰林竑諸孫也。嘗平江南巨寇，殲山東妖賊，降其衆二萬餘。治兵海上，人素憚其威望，咸爲肅然。苕溪盜起，即率所部戍守之。《海鹽圖經》。

蔡懋德，字雲怡，崑山人。萬曆進士。授杭州推官，以清廉稱。崇禎庚午，備兵嘉湖，時劇盜屠阿丑聚黨劫掠，懋德以計擒之。著《勸民詞》四十條、《訓兵》三十六篇。擢山西巡撫，殉流寇之難。

宋繼登，字先之，萊陽人。萬曆進士。崇禎庚辰，任嘉湖巡道。歲饑，貧民棄子女于路者，日千計。四郊劫掠，有殺孤弱以爲食者。繼登立殲數人，檄郡縣設法賑糶，民賴以安。袁《志》。

侯峒曾，字豫瞻，嘉定人。天啟進士。分守嘉湖道，政務繁劇，不資幕客，治官書達旦不寐，嚴行保甲，匪類潛踪。定漕卒之亂，軍民畏服。後内擢通政使。殉難。嘉定《志》。

吳克孝，號魯崗，太倉人。崇禎進士。分巡嘉湖。甲申三月抵任，甫及旬，聞流寇陷京城，境内盜賊羣起。克孝練技勇，首捕青腰黨魁黃文、姚二等，立斃之。又劫鞘積盜葉六聚衆實繁，斗張三者負驍勇，皆次第擒梟[6]。于是餘黨數千，焚其籍不問，德威並布，民心始安。土弁屠某挾直指勢，藐視監司，假名召募，售其奸，克孝令健卒縛致，正其罪。乙酉解組將去，民倚以爲命，強留之，哭聲載道，至夜潛逸。《浙江通志》參袁《志》。

【校注】

　[1] 按：《明史》卷一七二：“羅亨信，字用實，東莞人。永樂二年進士。改庶吉士，授工科給事中。”故“用賓”是“用實”之誤，“工部給事中”是“工科給事中”之誤。

　[2] 按：《明史》卷一五九《熊槩傳》作“豪惡”，當據改。

　[3] 按：《明史》卷二〇四《王忬傳》：“奏釋參將尹鳳、盧鏜繫。”故“擊”是“繫”之誤，其人名爲盧鏜。

　[4] 按：《明史》卷二〇五《張經傳》：“給事中李用敬、閻望雲等言：‘……’”《明世宗實録》嘉靖三十三年正月甲子：“選授中書舍人郭立彦、行人閻望雲……爲給事中”故“聞望雲”是“閻望雲”之誤。

　[5] 《嘉禾獻徵録》：當是《嘉禾徵獻録》之誤。

　[6] 按：雍正《浙江通志》卷一四八《名宦三》“吳克孝”條作“有張三者負驍勇”。故“斗”當是“有”之誤。

國　朝

佟國器，奉天人。順治二年任嘉湖兵備道。禾郡西連太湖，東亘三泖，萑苻多匿奸。國器悉心勦禦,巨寇悉平。再任浙江按察使,陞江西巡撫。復調任浙江,熟悉瀕海情形,抵任即招降偽都督廖明旗,勦滅海逆阮六等,海疆寧謐,浙民賴之。《浙江通志》。

洪秉銓,字玉衡,仁和人。順治初,任嘉興府同知。時大兵南下,鹽民已歸順,澉人惑於浮言,聚衆戕參將周一誠,於是諸臺發兵勦澉。秉銓監諸軍之後,戒軍士勿入縣城,居民始獲安堵。邑人爲文頌其德,立碑學宮。新纂。

霍達,號魯齋,陝西人。進士。順治間分巡嘉湖,長於聽斷,吏胥不得上下其手。嘗夜出擒盜,盜畏之,終其任不敢入境。開澉城河,建真如塔,皆捐俸首倡,躬自經理。官至都御史。袁《志》。

李兆乾,階州人。順治十四年,以參政分守杭嘉湖道。太湖連接蘇、常,素稱盜藪。官兵捕,則遁去;退,則剽掠居民。兆乾設立水柵,簡練兵卒,隄防要害,躬率屬員,設伏搜捕,盜賊駭散,三郡以安。舊《浙江通志》。

郭光斗,漢軍正黃旗人。順治十五年任遊擊,築城濬濠,增兵益械,著有勞績。陞龍泉關參將,兵民立石紀善政。

王樑,山海關人。以殺賊功,授把總。順治十七年七月,陣亡含山。馬奔歸,對其妻垂淚。三院題詩,給銀一百二十兩,葬秦駐山。以上《海鹽續圖經》。

鄭鈺,大興人。任嘉興守備。順治十七年,會勦石門賊,力戰陣亡,賜恤蔭。《大清一統志》案:鈺字崑岡,由河南千總陞任海鹽中軍守備,尋陞湖廣鎮篁都司。部劄已到,時順治十六年,天下初定,盜賊尚多,有上寇陳標者,聚衆數千,在含山等處,勢甚猖獗。奉憲檄調會勦,或勸以陞任辭。鈺毅然不可,遂率本部兵前往,奮勇擊賊,斬級甚多,終以力屈而死。上官嘉其忠勇,具題廕一子世昌,入籍海鹽縣。

史燧,號曉瞻,溧陽人。進士。順治間,任嘉湖兵備道,和易持大體。值海寇侵境,地方震動。燧鎮靜不請兵,城門聽民出入,而暗伏兵于城外,以備不虞。晝夜躬自偵緝,不憚勞苦,奸宄屏息,民賴以安。

上官鑑,字金鑑,山西人。進士。順治庚子[1]任分巡道。持躬淳正,安靜不擾,以秩滿陞任去。以上袁《志》。

楊倫,遼東人。康熙三年,任遊擊。爲人樸誠恭謹,好與賢士大夫交。訓練戎伍,地方安輯。

張國臣,以把總分汛沈蕩。康熙十三年五月十九日,賊犯搶劫,被衆圍困,國臣冒鋒刃,遇害。

善泰,字仲憲,滿洲鑲黃旗人。康熙五十九年隨征西藏,屢著勞績。雍正七年,自杭州移駐乍浦,歷官左營右翼協領。入朝陛見,疊荷白金蟒服之賜。性淡泊,好吟咏。公退之暇,葛衣紃屨,乘欵段出遊,曬然如山翁澤叟也。著有《草竹軒詩》及詩餘、雜著若干卷。《乍浦備志》。

吳輝祖,高郵州人。雍正武進士。由海寧衛守備調任[2]。奉憲調赴海寧,監築尖山,開疏引河,並督澉浦土塘,陞象山都司。

黃天寅,澄海人。武進士。雍正二年,任乍浦水師遊擊,治兵嚴肅,有犯法,痛懲之,不輕革其糧。謂若輩本無賴子,利餉來吾營,吾蒞以刑威,冀其革面。若革其糧而縱逸之,彼衣食無資,其不至於作奸犯科者幾希矣。遇良善,輒勉以功名,屬弁有仕至提鎮者。居五載,以疾歸。以上平湖王《志》。

柳進忠，晉江人。雍正六年，任乍浦水師遊擊。時奸民奉橄鑿湯山，勢張甚。進忠密揭[3]總督李衛，請勒石永禁，乍浦以寧。九年改參將。《乍浦志》。

傅森，滿洲鑲黃旗人。雍正七年，任乍浦水師副都統。時新立駐防營，調劑兵民甚有法，兵有怙勢虐民者，輒痛懲之。後陞杭州將軍去，民焚香遮道，送者以千計。《九山續補志》。

薩哈爾岱[4]，滿洲正黃旗人。雍正八年，由京營防禦出爲乍浦佐領。十三年，陞協領，擢副都統。勤訓練，嚴約束，與將士諄諄，勗以廉恥。或麗於法，懲治無稍貸。性能飲，始服官，即自爲節制。及受閫寄，曰：“吾兵之或至鬭很者，酒也；其技擊不精良、身家不給者，亦酒也。欲嚴禁之，不可不身先。”遂絕酒。先是，爲卒伍時，隨征西藏有功，生平生長軍中，未嘗通曉漢文，凡筆帖式及屬弁有知書史者，時引與揖讓，俾講論古名臣大略。居官九年，遷浙江將軍。去之日，滿漢兵民及閩廣商旅餞送，多有泣下者。平湖王《志》。

甯武立，滿洲正藍旗人。繙譯進士。由部郎陞寧紹台道，署杭嘉湖道事。海鹽有永安湖，旁有民田八千餘畝，賴張老人閘以減水、孫家堰以蓄水。乾隆二十年間，海昌陳氏惑於風水，將閘堰互易改築，以致頻年患旱。民訟之官，案久不結。武立自往踏勘地勢，情形瞭如指掌，遂得復舊制焉。詳見《水利》。伊《志》。

圖克善，滿洲鑲紅旗人。乾隆二十二年，爲乍浦副都統。甫至官，適將軍來視師，參將助供億資。圖愕然，曰：“何與若事？”既而俯首，爲沉吟狀，留數金，餘却之，參將喜。越明日，將軍去。以衣物付質庫，還所留金。參將驚，爲同官道之。群以爲帥臣中之軒輊海瑞也。好讀書，且夕誦經史不輟，惟屏詩詞弗觀。曰：“是無益於身心政事者。”持身嚴肅，在內署，盛暑必冠帶，衣多疏布。任二年，以罣誤回京。僚屬知其貧，釀金爲贈，堅持弗受，鬻衣服器具以行。平湖王《志》。

劉元，陝西人。以軍功任澉浦守備。乾隆二十六年，居民失火。元親率兵目衝煙上屋救熄之，市中廬舍多賴以全，至今人猶道之。伊《志》。

帥承瀛，字仙舟，黃梅人。道光初年，巡撫浙江。知汪仲洋之能，拔補海鹽知縣，委辦塘工。又奏撥帑金十萬兩，發商生息，逐年修理，民獲安居。新纂。

程學啟，字方中，安徽桐城人。隸蘇撫李鴻章麾下，隨同帶領楚軍入滬，克復蘇、松，所向有功。嗣因恢復吳江，乘勝以水軍入澱，自平望進薄長虹橋、杉青閘，旌幟所至，賊沿塘營壘，剗削殆盡。先是，賊懼學啟鋒，閘以南填土壘石，斷木塞水道。及師至，兩岸觀軍容者如堵，役善汓者通之。民憤寇夙刺骨，俄頃疏濬成，戰艦遂直逼城下。學啟用兵，尚攻堅法，令兩兵肩砟砲、洋鎗。閘之，測量遠近，靡堅不摧。同治二年正月，命先鋒何安泰踏冰進攻，冒死擁上，中槍陣亡。學啟憤失良將，遂收隊蓄養士氣。未踰月，會同劉秉璋、潘鼎新、李昭慶各帥作犄角勢，分攻東、西、南三門。學啟獨北攻，踞坐近城秋涇橋最高頂，冒煙燄中指揮部伍，鎗丸掠額，勿顧也。於二月二十八日克復，報捷者至，創痛甚，舁歸營，養疴蘇州，旋卒。事聞，賜謚忠烈，建專祠。新纂。　參《忠義錄》。

何安泰，字階平，安徽舒城人。爲偏裨，時躬爨汲。一日，戰士接仗歸，腹枵甚，群詈其炊遲，安泰慰，且破釜謝不能。領隊者陽責之，而陰壯之。拔爲前鋒，每摧堅陷陣，能入能出。程學啟奇其才，恢復蘇、松，洊擢至參將，尋加提督銜。規取嘉興，礮轟城圮，乘間登陴，中鎗死。詔依提督例，賜邺死事，地方建祠。新纂。　參《忠義錄》。

黃金友，字益亭，湖南人。初從軍廣西，轉戰湖北、江西、安徽，積功至直隸遊擊，補用副將，賜勇號。咸豐十年，與提督米興朝軍浙江之平湖。十一年春，賊閒道破乍浦，遂據之。四月，東略姚廊,將窺金山。金友時營張堰,馳援,大破之,遂平新倉賊壘,賊氣奪。以前功升總兵。會知縣汪元祥乞師規復平湖,金友壯之,請提督曾秉忠撥水師四十艘。曾遣弟遊擊守忠赴援,并檄華亭、奉賢團軍,以五月朔誓師,進駐縣之廣陳。元祥率民兵迎勞,請為鄉導,一鼓破之。賊計窮,傾巢與嘉興援賊會,分道襲我軍,出四里橋,間道見有備,不戰退。金友迎戰於十字街,戰方酣,發火箭,賊披靡。金友右脇忽被創,猶誓死戰,士皆奮呼,無不一當百。然創發不能騎,從子海樓昇登舟至明珠庵。卒,聞於朝,以提督例賜郵,謚武烈。《浙江忠義錄》。

覃聯陞,字輔堂,四川雲陽人。隸鮑超軍。同治二年正月,統領浦東防務。時賊踞平湖乍浦,突至新倉,勢張甚。開濠,築東西營,功將半矣。聯陞整部至金絲娘橋,分兵截乍浦之賊,北趨新倉,圍賊營,先攻西營,破之,旋折而東,聯陞拔戟當先,躍馬至秦橋下,忽中火銃,部下請退,厲聲曰:“今解圍去,賊明日復來,民無噍類矣。不剿滅,吾死不瞑。”言訖,遂絕。眾感,出死力,然巨礮,轟破東營,焚賊船,斬首無算,賊自是不敢復東。聯陞積功至副將。大吏上其死事於朝,以總兵例賜恤。《浙江忠義錄》。

陳長瑞,鄞縣人。咸豐十一年五月間,澉浦義民沈掌大起兵攻賊,長瑞率營兵為前鋒。十三日進攻賊堡,焚城鄉偽官房屋十餘處,所向披靡。將抵璵城,薄暮驟雨,礮裂船沉,賊乘勢迎拒,力竭陣亡。事聞,得旨賜郵,入祀本籍、府城及陣亡地方昭忠祠,國史館立傳。新纂。

陳國棟,福建龍溪人,由行伍歷乍浦營參將。秉性果毅,膂力兼人。嘉慶三年八月,出洋攻盜,身自捩舵,鼓勇直前,猝中飛礮,死。柯介錫,鎮海人,乍浦營把總。以八年三月緝匪被戕。事皆先後上聞,得邀恩恤,祀昭忠祠。于《志》。

韋逢甲,山東人。以進士攝篆乍浦海防同知。時海疆久靖,道光壬寅,倏警報至,眾驚竄。率義勇沿海防堵,出禦敵,中礮,洞左脇不絕,其下昇至六度庵,卒。賜祭葬,恤襲。敕建五忠祠於省垣,逢甲與焉。新纂。

長喜,字怡亭,鑲黃旗人,乍浦水師副都統。道光壬寅四月,海氛熾,禦敵葫蘆城,受傷投水。前鋒校賞呵佈挽之出,瞋目叱止之,卒死於郡城三塔灣。《壬寅乍浦殉難錄》。

韓大榮,字耀峰,邑人,乍浦水師右營把總。道光壬寅,夷犯乍浦,大榮守觀山牛角尖寨。地當極衝,被刀去,指猶懲戰,中火槍死,恤襲如例。《壬寅乍浦殉難錄》。

該杭阿,乍浦右營正藍旗驍騎校。壬寅,夷陷浦城,值司北門管鑰。夷挾刀脅,褫其衣冠。乃兩手捧帽加首,據案坐罵,被牽至城隍廟見酋首。留廟廡,與之食。不食,遇人輒揮拳。夷伺稍疎,取神前爐灰塞喉,哽咽死。《當湖外志》。

史雲皋,湖州人,以澉浦把總分駐沈蕩汛。勤於緝捕,里民咸安。應調,紳耆請留,至今稱之。于《志》。

錫齡阿,旗人。咸豐年,由荊湘都統移篆乍浦。時寇猖,餉絀,恐軍士解體,妻胡扎爾氏出私蓄銀二千兩分給旗兵,曉以大義。同治壬戌三月九日,與寇相持惹山東寨。正轉戰間,鄰營米軍導賊登城,錫齡阿中火銃死。胡扎爾氏知事不濟,先縊死。長子榮祿伏劍死,次子榮耀巷戰死。邑人擇地珠山,建祠祀錫齡阿夫婦,與難者祔。事聞,賜謚武烈。參《乍浦節祠彙錄序》。

魁齡,字與九,蒙古鑲白旗人。嘉協副將,充咸豐庚申補行己未武闈監射官。試事未竣,粵匪蹂躪杭城。巡撫羅遵殿派守清波門。魁齡晝夜梭巡,聞福勝勇與賊通,城上下交語,即手刃勇以徇。二月,城潰,死之。賊退,跡其尸,從叢骸中搜得之,元如生,櫬至禾,未蓋棺,家人視含殮畢，顏色始變。事聞，賜卹予，謚恭介。新纂。

　　傑純，蒙古鑲白旗人。以駐防協領守杭州滿營功，擢寧夏副都統，改官乍浦副都統，仍留佐將軍瑞昌軍，結水營省城湧金、錢塘兩門外。咸豐辛酉冬，戰死於西湖六橋，得旨襃恤，予謚果毅。《節忠義錄駐防傳》。

　　王玉林，四川人。以兩江補用參將隸江蘇巡撫李麾下。同治癸亥，隨克楓涇，駐兵鎮南。十月進攻張涇滙，中槍，猶手刃數賊，歿於陣。玉林果敢善戰，每臨陣，身先士卒，馭軍嚴明。楓涇士民愛戴，設位請袝祀李主簿、錫。賴百戶恩。彰義祠。新纂。

　　曹廷標、鮑泉，皆嘉興武舉人。廷標以署嘉左營守備，庚申夏死郡城。泉以嘉善汛把總調省，派守清波門，辛酉冬死省城。俱賜卹。《忠義錄》有傳。

【校注】

　　[1] 順治庚干：順治間有庚寅年(1650)、庚子年(1660)，而無庚干年。民國《翼城縣志》卷二十六《人物》："上官鑑，字金(鑑，興賢坊人)。清順治丙戌(1646)進士。初任潞安府教授，陞國子博士，歷戶、吏二部主事，遷考功郎，出爲嘉湖僉事，終河南參議。"因上官鑑考中進士後，五遷其官，才任嘉湖分巡道，故疑"順治庚子"的可能性較大，干，是"子"之誤。

　　[2] 按：本《志》卷四十一《衛守備》："(雍正六年)吳耀祖。"光緒《海鹽縣志》卷二《職官表·衛守備》："吳輝祖高郵進士雍正六年衛守備九年，調營守備。"疑即"任海寧衛守備"。吳輝祖是，吳耀祖，非是。

　　[3] 揭：是"謁"之誤。

　　[4] 按：道光《乍浦備志》卷十八《宦績》："薩爾哈岱，滿洲正藍旗人。雍正八年由江寧駐防防禦調陞乍浦佐領。十二年，陞協領，擢任本營副都統……居官九年，遷浙江將軍。"另據《杭州將軍薩爾哈岱奏議覆乍浦水師營裁汰綠營水手折》(軍機處滿文錄副奏折，檔號：03 − 0171 − 0179 − 005)，"薩哈爾岱"是"薩爾哈岱"之誤。

嘉興府 郡佐教職首領附。

唐

　　趙居正，彭城人。天寶九載，爲吳郡太守。以嘉興、海鹽地廣，奏割華亭縣。又，海鹽多盜，置海寧鎮，節束之[1]。趙《圖記》。

【校注】

　　[1] 按：本《志》卷七《公署二》："寧海鎮　在海鹽縣東。唐天寶十載，太守趙居貞置。宋淳化二年，移置。今廢。"至元《志》。在縣東一里，元陷入海。"至元《嘉禾志》卷三《鎮市·海鹽縣》："寧海鎮　在縣東。考證：唐天寶十年，太守趙居正置，宋淳化二年移置。今廢。"故"海寧鎮"是"寧海鎮"之誤。

後　晉

　　錢元弼，崇德人。天福三年，始置秀州。元弼爲刺史，經營新治，以惠愛稱。終金吾上將軍。劉《志》。

宋

王恕,饒陽人。後唐時,童子及第,開寶中,知秀州。盜起,城陷,恕死之,其子濟方卯角,賊刃脅之,濟伏尸號痛,指賊曰:"父死,吾安用生,恨不能殺汝報讎耳。"賊義,釋之。官軍至,濟謁帥,陳討賊計。帥賜束帛,聞于朝,假驛以歸。後以死事孤試學士院,補官。趙《圖記》。　案:此附見《宋史·王濟傳》,云:"恕,開寶時知秀州。"疑有悮。

柳植,字子春,真州人。舉進士甲科,爲大理評事。遷著作郎,知秀州,擢知制誥,累遷吏部侍郎。植平居畏慎,寡言笑,所至官舍,蔬果不輒採,家無長物,時稱其廉。《宋史》本傳。

李餘慶,字昌宗,家于福之連江。起家應天府法曹參軍,後通判秀州。州近鹽場,餘慶作華亭、海鹽二監,以業盜販之民,歲入緡錢八十萬。又爲石堤,自平望至吳江五十里,以除水患。王安石《李餘慶墓誌》。

劉師道,字損之,一字宗聖,開封人。舉進士,歷知秀州。師道敏于吏事,所至有聲,吏民畏愛,加樞密院直學士。《宋史》本傳。

羅拯,字道濟,祥符人。第進士,歷知秀州。諸所興革,民便之。加天章閣待制。《宋史新編》。

耿肱,字天來,揚州人。祥符時知秀州,值郡治傾圮,肱創新之。又移建郡學,日偕諸儒談論經義。在官六載,清慎不擾。吳《志》。

錢藻,字純老,和州人。進士。大中祥符間判秀州[1],善持法,繫奸仆彊,郡中大治。終翰林學士。趙《圖記》。

麗籍,字醇之,武成人。及進士第,知秀州。累進天章閣待制、同中書門下平章事。以太子太保致仕,諡莊敏。籍曉律令,長于吏事,持法深峭,治民有惠愛。

葛宮,字公雅,江陰人。舉進士,知秀州。秀介江湖間,吏爲關涇瀆上,以徵往來。間有昬葬,趨期者多不克,宮命悉毀之。積官工部侍郎。以上《宋史》本傳。

葉清臣,字道卿,長洲人。天聖進士,知秀州,累遷兩浙轉運副使。太湖有民田,豪右據上游,水不得洩,而民不敢訴。嘗建議疏盤龍滙、滬瀆港,入于海,民賴其利。劉《志》。

聶厚載,皇祐中知秀州,剔奸弊,蘇窮困,以循政聞。趙《圖記》。

劉寧止,字無虞,歸安人。進士,知秀州。有文名,臨事慷慨。終吏部侍郎、徽猷閣學士。

丁銳,會稽人。熙寧中爲秀州司戶。在官著《仁政活民書》二卷行世。以上劉《志》。

李定,以孫覺薦,爲秀州軍事推官。歷太子中允、監察御史裏行。由選入爲御史,自定始。柳《志》。

孫洙,字巨卿,廣陵人。進士,補秀州法曹。初至,人以書生,易之。洙政理精練,素官無以過之。以艱去,吏民見思。趙《圖記》。

張先,字子野,烏程人。進士。元豐中判秀州,有俊才。尤工詩,曾建花月亭,有"雲破月來花弄影"之句。終都官郎中。劉《志》。

王覿,如皋人。進士,爲秀州司戶參軍。沈厚精敏,具文武才。州有嚴綜者,謀爲不軌。事覺,逮捕千餘人,綜竄跡不能得。覿至,以計獲綜,止坐預謀者七人,餘悉釋之。累官御史中丞、龍圖學士。趙《圖記》。參吳《志》。

　　韓瓘，字德全，開封人。參政億之曾孫。元豐間知秀州，涖官明敏，事無壅滯，吏不敢欺，人稱有忠獻家法。劉《志》。

　　沈括，字存中，錢塘人。進士，累官龍圖學士。元祐初，謫知秀州。博物洽聞，政事明敏，稱名守。趙《圖記》。

　　姚憲，字令則。紹興中以父舜明任，補海鹽丞，後知秀州。土豪錢安國匿，亡命爲盜，州縣莫敢詰。憲擒之，并其支黨悉置于法，焚其巢穴，州里遂安。浙西大水，民饑，憲請輸粟萬斛以賑。累官參知政事。劉《志》。

　　洪皓，字光弼，鄱陽人。進士。宣和中，爲秀州司錄。大水，民饑，發官廩平糶。不能自食者，煮粥食之。立屋于東南兩廢寺，男女異處，令嚴而惠徧。會浙東綱米四萬斛過城下，皓白守邀留以濟，守不可。皓曰：「願以一身易十萬命。」竟留之，全活萬五千餘户，州人呼爲「洪佛子」。後秀軍縱掠，過皓所治，相戒不犯。丁父憂，還里，留家于秀。建炎三年，奉使金，羈留十五年不屈，得歸。秦檜惡之，以謫死。諡忠宣。至元《志》。參劉《志》。

　　樓异，字試可，奉化人。宣和初，知秀州，以善理聞。值大旱，异案囚，釋冤者七十二人。不數日，大雨。累遷徽猷閣待制。劉《志》。參吳《志》。

　　宋昭年，宣和間知秀州。會方臘起，陷郡縣。昭年謂吾州次當受敵，繕修城隍爲備。已而，賊將方七佛引衆六萬攻城，昭年與統軍王子武死守。後大軍至，合擊之，斬首九千。朝廷嘉其功，進秩。柳《志》。參趙《圖記》。

　　章綡，字伯成，浦城人。建炎時，爲秀州判官。時水旱相繼，綡上疏請緩賦税，又奏置義倉。以忤時宰，報罷。尋復原官，先後在郡凡十八年。趙《圖記》。參吳《志》。　　案《建寧府志》：綡知秀州，非判官，在崇寧間，非建炎。

　　趙叔近，魏悼王五世孫。建炎元年，爲秀州守，杭卒陳通反，詔辛道宗將西兵討之。兵潰爲亂，抵秀州城下。叔近乘城諭以禍福，亂兵乃去。未幾，差權兩浙提刑。叔近以素隊數十人入城，賊[2]衆不解甲。叔近置酒，推誠待之，遂皆感服，城中稍定。叔近奏：通初無叛心，正緣賞不時給，遂至紛爭，請赦其徒二百餘人。帝許之。叔近還秀州。已而王淵兵至杭，詐傳呼云：「趙秀州來。」通郊迎，淵遂誅之。秀卒徐明爲亂，叔近撫定之。淵與叔近有隙，朝廷命張俊討徐明。俊，淵部曲，誣殺叔近。徐明等見叔近死，遂反，俊誅之。紹興九年，御史言叔近之冤，贈集英殿修撰。以上《宋史》本傳。參柳《志》。　　案：史又云王淵誣叔近通賊，奪職拘于州，以朱芾代之。芾肆殘虐，軍民怨憤。小卒徐明率衆囚芾，迎叔近領郡事。叔近不得辭，因撫之，請擇守于朝。奏未達，朝廷命張俊往討，領兵至郡，叔近出迎，俊叱令致對。方操筆，群刀遽前，斷其右臂。叔近呼曰：「我宗室也。」俊曰：「汝既從賊，何云宗室？」語未竟，已折首于地。徐明等見叔近死，遂反戈嬰城，縱火驅掠。翌日，俊斬關入，捕明等誅之。王明清《揮麈三錄》所載，亦與史相同。

　　程俱，字致道，衢州開化人。建炎中，爲太常少卿，知秀州。會車駕臨幸，賜對。俱言：「陛下德日新，政日舉，賞罰施置，仰當天意，俯合人心，則趙氏安而社稷固；不然，則宗稷危而天下亂，其間蓋不容髮。」高宗嘉納之。金兵南渡，據臨安，遣兵破崇德、海鹽，馳檄諭降。俱率官屬保華亭，留兵馬都監守城。時朝議主和，令俱遷避，促使管押錢幣，航海至永嘉。既朝見，以病丏歸。官終徽猷閣待制。《宋史》本傳。參趙《圖記》。

鄧根，字深伯，昭武人。進士。建炎初知崇德縣，有風力。高宗南渡，陳通叛于杭，根部槍杖手鮑貽遜與戰。辛道宗軍潰，賊勢益張。根善射，有勇略，卒誅通。次年五月，秀卒徐明叛，根討平之。後代程俱爲知州。兵燼後，經理有方，秀民賴之。《明一統志》。參柳《志》。

方滋，字務德，桐廬人。紹興初，守嘉興。急吏寬民，百廢具舉。徙建州學，以興教化，士感其德。趙《圖記》。

胡沂，字周伯，餘姚人。進士。紹興間，爲秀州軍事推官。時遷播之餘，民窮，盜起，獄訟繁興。沂務忠厚，不廢摘發，郡賴以安。終禮部尚書。劉《志》。參袁《志》。

徐蕆，字子禮，吳人。乾道間，知秀州。以文章飾吏事，無奇猛之政，吏民舉安。

汪義端，字充之，黟人。知秀州。有勢户數千畝不輸賦，義端責其輸，而以田歸之民。以上劉《志》。

呂正己，字穆叔，東平人。嘉定時，守嘉興。民好訟，正己教以善言，諭之，由是感悟。吳《志》。　按正己守郡在淳熙四年。吳《志》誤作嘉定。今改正，詳見《官師表》。

邱崈，字宗卿，江陰軍人。隆興進士。遷太常博士，出知秀州。時華亭縣捍海堰廢且百年，鹹潮歲大入，壞並海田，蘇、湖皆被其害。崈至海口訪遺趾，已淪沒。乃奏創築，三月堰成，三州瀉鹵復爲良田。累陞寶文閣學士、刑部尚書同知樞密院事。《宋史》本傳。　案趙《圖記》：崈子壽、邁爲司農卿，即移家崇德之保寧鄉。

鄭伯英，字景元，永嘉人。進士。乾道間判秀州，儁健果決，論事慷慨，志欲盡洗紹聖以來弊政，復祖宗之舊，不苟爲禄仕。以親老歸。趙《圖記》。

張瑄，字子律，寧州人。知嘉興府。中貴人藍氏殖產于崇德縣，名田過制，而役不及。有鍾淳者糾之，藍迫期去產以規免，官吏欲許之。瑄判曰：兩家物力相去遠甚，而藍又白脚，必如法乃可。一郡稱快。民張瑨得臨安營妓，與之歸，欲棄妻出子。其兄止之，復悖兄。兄以告，瑄爲逐妓，以大義開諭之。于是瑨兄弟夫婦父子如初。陸游《張瑄墓志》。

韓彦質，淳熙中知嘉興府。遇事精敏，無阿私，姦猾畏憚。未一年政成，優游撫馭，郡以無事。趙《圖記》。

孫夢觀，字守叔，慈谿人。進士。歷知嘉興府。蠲租税，省刑罰，有古循吏風。布衣蔬食，行節儉之化。歷官吏部侍郎。柳《志》。參趙《圖記》。

張元成，字純一。淳熙中，知嘉興府。善屬文，創撰《嘉禾志》五卷。累遷禮部侍郎。吳《志》。

唐璘，字伯玉，古田人。紹興間，爲監察御史，出知嘉興府，政通人和。及去，父老出涕遮送數十里不絕。官至太常卿。明《浙江通志》。

吳柔勝，字勝之，宣州人。淳熙進士，爲伊洛持敬之學。丞相趙汝愚知其賢，將寘之館閣，乃權差嘉興府教授。柔勝日切磨諸生，講學不怠。浙右大水，常平使委以荒政，竭力推行，多所全活。會汝愚去國，御史湯碩劾柔勝擅放田租，爲汝愚收拾人心，且主朱熹學，罷之。終知太平州，加祕閣修撰。劉《志》。

喬行簡，字壽朋，婺川人。學于呂祖謙之門，紹熙進士。歷官淮西轉運判官，知嘉興府。歷練老成，識量宏遠，居官知無不爲，好薦士，多至顯達。歷官少師，封魯國公。柳《志》。參趙《圖記》。

王介，字元石，金華人。趙《圖記》作平江人。紹熙進士，對策有直名。歷宗正少卿、中書舍人，出知嘉興府。歲餘去,民不忍舍。終知慶元府。趙《圖記》。

岳珂,彰德人。寧宗朝,權發遣嘉興軍府兼管內勸農事,有惠政。痛其祖武穆王爲秦檜所陷,政暇輒屏居郡治西北偏金佗坊,著《籲天辨誣》《天定錄》等書,題曰《金佗粹編》。又延里人關杙表卿續修《嘉禾志》十六卷。後家于郡,自號倦翁。柳《志》。參袁《志》、吳《志》。

吳潛,字毅夫,寧國人。嘉定進士,通判嘉興,權發遣嘉興府事。前守岳珂嘗欲營室養孤老,不果行。潛累括田得米二千七百石,聚無告者居焉。《宋史》本傳。參吳《志》。

彭欽,字仲恭,清江人。嘉定間,以父廕授軍器監主簿,調嘉興通判。監司表其廉平。劉《志》。

劉漢弼,字正甫,上虞人。嘉定進士,歷官著作郎。知嘉興府,嚴氣正性。終户部侍郎。趙《圖記》。

趙與訔,字中父,憲靖王伯圭曾孫。家歸安。以父廕歷監海鹽場、浙右茶鹽司主管文字、浙西提刑司幹辦公事,咸有政績。淳祐末,知嘉興府,治爲諸郡最。累官浙西安撫使。趙《圖記》。參趙孟頫《先侍郎阡表》。

謝堂,柳《志》作瑩。天台人。寶祐間來守是邦,以學、廟混出一門,於是闢大門于西偏,更造廟門,增創講堂。又置公田若干畝,以羡廩人士。後以選召爲大司農。柳《志》。

皮龍榮,字起霖,醴陵人。淳祐進士。遷著作郎。入對,因及真德秀、崔與之廉,龍榮曰:"今天下豈無廉者,願陛下崇奬之,以風天下。"帝以爲然。兼兵部郎官,差知嘉興府,有智略。景定二年,拜參知政事。《宋史》本傳。參趙《圖記》。　案:舊《浙江通志》稱,龍榮知嘉興,德政著聞,史傳略焉,附見于此。

陳塤,字和仲,鄞人。試省、部,皆第一。爲太常博士。娶史彌鞏女,而不附彌遠。出爲郡守,政因人情,民以休息。公庭虛閒,日進衿佩,與之問難,傍郡之士皆借廛來歸。彌遠死,召爲樞密院編修官。民涕泣請留,不報。終國子司業。劉《志》。參袁《志》。

陳著,景定中著作郎。上疏論賈似道害民,出知嘉興府。時徐經孫亦論似道,致仕去。經孫所舉陳茂廉,時爲公田官,分司嘉興,曰:"我不可以負徐公。"亦致仕去,時稱爲三烈。劉《志》。

趙景緯,字德夫,於潛人。咸淳間,知府事。以護根本,正風俗爲務。三乞辭,不許。終禮部侍郎。柳《志》。參袁《志》。

陳肖孫,奉化人。咸淳初,以善政事,由大理丞、户曹郎出知嘉興府。趙《圖記》。

案吳《志》,宋代府職名宦共五十二人,內林希、錢顗、毛滂,未詳政績。覿、滂入《嘉興流寓》,希見《官師表》。

【校注】

[1] 按:《宋史》卷三一七《錢明逸傳》:"錢藻字醇老,明逸之從子也。第進士,又中賢良方正科,爲秘閣校理。同修起居注、知制誥。加樞密直學士、知開封府。數求退,改翰林侍讀學士,知審官東院。卒,贈大中大夫。"曾鞏《故翰林侍讀學士錢公墓誌銘》:"公諱藻,字純老,封仁和縣開國伯,賜服金紫,年六十有一,元豐五年正月庚寅卒於位。""嘗通判秀州,知婺州,入判尚書考功,改開封府判官,出知鄂州……"(《元豐類稿》卷四二)錢藻卒于元豐五年(1082),上推六十年,則生於乾興元年(1022)。故錢藻"大中祥符間(1008~1016)判秀州"誤。

[2] 按:《宋史》卷二四七《宗室四·趙叔近》作"入賊城",當是。

元

高仁,字壽之,世居無棣縣。少以材推擇爲吏,歷嘉興路總管府治中。時列郡方祠奉帝師,凡庀材用,召匠傭,一出於民力。仁獨諭浮屠氏之籍於白雲中者,俾任其役。官無一粟之耗,民無半餉之勞,而祠事以儲。部使者以最聞。黃溍《高仁墓志》。

單慶,至元中爲郡經歷,延郡博士徐碩纂輯至元《嘉禾志》三十二卷。前此舊章,悉賴以考證云。吳《志》。

辛仲實,案舊《志》俱作仲實,誤。字仲和,彰德人。大德初,守郡。政事修明,興利舉廢,悉中民情。趙《圖記》。

高睿,河西人。大德間,歷官侍郎,出爲嘉興總管。盜晝掠民,久捕不得。睿下令,生擒之,遷廉訪使。劉《志》。

沈天祐,號一齋,杭州人。大德間爲本府教授。招經士,制古樂,歸疆復稅,給榜免役,三事有功學校。柳《志》。

和元昇,字仲德,東平人。泰定間爲守。有和平寬厚之稱。劉《志》。

李衎,字仲賓,汴人。大德中賢良方正,授嘉興路同知。時勢豪多涸湖爲田,民病旱潦,衎請設澮西都監營田司,剷去湖壩諸田。陞平江路水軍副都萬户。嗣見元政日非,隱居海鹽之苞溪。歿,即葬焉。子孫占籍,多聞人。于《志》。

褚不華,字君實,案前《志》俱作褚君實。考《元史》,即褚不華,君實其字也。今改正。石樓人。泰定中,授海道副千户,轉嘉興路治中。政事精明,奸猾屏息。他郡冤滯者,多赴訴之。後爲淮東廉訪副使,守危城。城陷,死節。追封衛國公。《元史》本傳。參趙《圖記》。

鄭大中,吳志作忠,誤。字義甫。延祐時,爲嘉興路推官。嘉興,浙西大郡,獄尤夥,大中決遣之數月,乃至無事。虞集《鄭大中墓碣》。

貢師泰,字泰甫,宣城人。舉茂才。延祐中,官編修,會修宋、遼、金史,忤當事意,出爲府治中。上下憚其廉明,久不調。尋卒[1]。

程榮秀,字孟敷,休寧人。延祐末路學教授,新陸宣公祠,訂正遺書,風厲學者,擢江浙儒學副提舉。以上趙《圖記》。

八札,案劉、袁、吳《志》,作八札崇,誤。至順時爲州守,建州學大成殿。卒于官,士子思之。吳《志》。

杜浦,柳《志》作溥。至正中爲嘉興路總管。廉正仁厚,勸農桑,除疾苦,尤以興學爲務,教化大行。柳《志》。

陳春,至正中爲路推官。時私鹽獄興,繫千餘人不決。春一訊,釋被誣者數百人。時方久旱,大雨驟至,人號爲陳公雨。

方道叡,字以愚,淳安人。進士。至正中,由編修任推官。凡聽讞,必解囚桎梏,賜之飲食,溫辭反覆,務得其情。民爲之語曰:“方公一斷,死而無怨。”官至員外郎。

陳良弼,字公甫,寧國人。至正間路學教授[2],律身教人,皆存古道。一錢斗粟,不入私室,修葺學宫,經費鉅萬,以屬良弼,辭非儒官所預。守益賢之。以上劉《志》。

劉貞,至正中爲嘉興路總管。時四方多難,貞政務寬仁,存問鰥寡,撫循貧乏,大興學校。及去任,人皆遮道,涕泣攀挽。柳《志》。

林邦福,字彥夫,瑞安人。爲陶莊務副使,時境大祲,民嘯聚,奪餓糧,至殺人。邦福承檄掩捕,盡得之。議法者悉置重典,邦福走告部使曰:"饑民瀕于死,爲亂,其情有可原者。"使者然之,減死數百人。趙《圖記》。

禿堅董阿良臣,以至正五年守嘉興。鮑恂學記謂其正己勤事,尤以學校爲先務。延名士爲訓導,以教諸子弟。倣科舉式,以會諸郡能文之士,期年而文化翕然。易櫺星門以石,建文昌祠。柳《志》。

李復,元末爲路同知。嘗立寨于王江涇,拒張氏。又路通守繆思恭,當張士信來攻,思恭拒于杉青閘,以火攻之。師大捷。吳《志》。

案吳《志》另列《宦跡類傳》。元時載有王總管,至元初,高田賊作,殉難,民立廟祀之。又,徐總管,延祐末重修路學。二人皆失名。又,陳宗義,至正末總管。張士誠圍嘉興,兵燹後,民廬爲墟。宗義拓基,建明倫堂,并四齋,學始大備。其他別無宦蹟。前《志》皆不立傳,附存于此。

【校注】

[1]　按:趙文華《嘉興府圖記》卷十《官師·人文一》:"貢師道,字道甫,宣城人。舉茂才,累國史院編修。會修宋、遼、金史,忤當事者,出爲府治中。上下憚其廉明。時凌師德爲總管,貪鄙,然以文章、政事自居,同官莫能抗,師道每繩切之。凌媿恨,稍裁檢。部使者賢師道,交薦之。久不調,尋卒。"《元史》卷一八七:"貢師泰,字泰甫,寧國之宣城人。泰定四年,釋謁出身,授從事郎、太和州判官。改徽州路歙縣丞,除紹興路總管府推官。入翰林爲應奉,遷宣文閣授經郎,歷翰林待制、國子司業,擢禮部郎中,遷吏部,拜監察御史。至正十四年,除吏部待郎。十五年,擢江西廉訪副使,遷福建廉訪使。居亡何,除禮部尚書。二十年,除户部尚書。二十二年,召爲秘書卿,行之杭之海寧,得疾而卒。"由此,任"府治中"的是"貢師道",非"貢師泰"。貢師泰未曾在嘉興路任過官。

[2]　按:嘉慶《嘉興府志》卷三十六《官師一·學職·元延祐》:"陳良弼教授。劉《志》列至正,誤。"陳良弼《重修廟學記》:"延祐丙辰十一月,仕爲嘉興學掾。始至大成殿下,撫心自矢,嘗欲新天下學校未能也,獨不能自新其學乎!"(《兩浙金石志》卷十五)延祐丙辰,即延祐三年(1316)。故"至正間"是"延祐年"之誤。

明

呂文燧,字仲明,永康人[1]。洪武元年,守嘉興。松寇錢鶴皋來襲城,文燧告急于行省。李文忠計擒之。諸將欲屠城,文燧爭曰:"據城者賊,民則何辜。"乃釋不屠。尋詔文燧持節諭闍婆國,道死,郡民巷哭之。已而私鹽獄興,有司以文燧常署牘,奏籍其家。上知其誠信,不圖奸利,且没于使事,特詔還之。趙《圖記》。

謝節,案舊《志》作謝士毅,失其名。字士毅。洪武初知府。時干戈甫定,節與民休息,勤于撫字。時出游讌,使民知太平氣象。柳《志》。

薛祥,字彥祥,無爲州人。洪武初,爲工部尚書。丞相胡惟庸惡之,左遷北平布政使。謫守嘉興,愛民節用,稱爲循良。惟庸誅,復爲工部尚書。趙《圖記》。

何敏中,廣信人。以才行卓異,舉爲令。洪武中,守嘉興。政聲茂著。劉《志》。

龐安,洪武中通判。是時,鹽政殊嚴,安獲鹽徒,械送京師,而以鹽賞捕獲者。户部以安違例取罪狀。安上書曰:"律者,萬世之常例者,一時之旨。今欲准例而行,則與給賞應捕之律相違,而使陛下失大信于天下也。"上是其言,詔如律。趙《圖記》。

趙豫,洪武末爲嘉興府推官,讞獄平恕。郡有貧民搆訟,繫獄久之,餒餉屢絶。豫審其情,使就食。民亦感服,不忍逸去。《明一統志》。參趙《圖記》。　案《明史·循吏傳》有趙豫,字定素,安肅人。永樂間爲員外郎,任松江府,有善政。未言其爲嘉興推官。存以俟考。

劉觀,洪武末知府,修舉學校,尊禮賢士,興利除害,境内肅然。劉《志》。

蔣廷瓚,洪武時通判。在郡九載,廉潔自矢。遷去時,止敝衣數篚。郡人鄒濟銘其墓,稱其在官時,布衣蔬食,不媿古之循吏。吴《志》。

楊得安,宜興人。監生,永樂初知府。政事和易,與物無競,寮寀咸推服之。擢僉都御史。劉《志》。

齊政,山陽人。進士。永樂中,知嘉興府[2],爲政勤慎。時徵役鑄錢,苦,妨農事。政編之爲三番,以期代,更迭役,而民不知勞。柳《志》。

戴㫤,字士儀,浮梁人。永樂中舉禮部乙科,訓導嘉興。㫤病文勝,先行檢,重經術,故士多實才,而㫤亦以績最,進德清教諭。父喪服闋,改慈谿,升教授,再莅嘉興,學者益衆。有富民數輩遣養子入學,㫤不可。民賂按察官,彊㫤。㫤執愈確,坐是忤意,竟以他事去。《徵獻録》。

劉燾,字尚載,太和人。監生。永樂中,自柳州移守嘉興,慈祥愷悌,不任刑威,郡人愛之。尋調寧波。歷守七郡,皆有惠政。劉《志》。

劉縉,字縉紳,淮安人。宣德初,由監生任嘉興府同知,剛決有爲,視事九年,以致仕去。柳《志》。

張恭,忻州人。宣德初,任嘉興府經歷。性剛直廉介,不攜家累,不宿衙舍,麤糲食,如寒士。不妄取予,人多稱之。先是,有尹道充者,安福人。任是職,亦有廉能之譽。柳《志》參吴《志》。

張魁,字萬選,新淦人。性寬厚和易,邃于《春秋》,工文詞。宣德初,以漢州教諭陞本府學教授。嚴條約,以身爲教。數年間,諸生奮起于學。第進士,捷鄉闈者視前爲盛。後以薦陞御史。柳《志》。

黄懋,字子勉,真定人。永樂進士。任嘉興知府,抑强扶弱,吏民畏懷。府中舊有持官吏短長夤緣爲姦者,嚴禁絶之。税銀有爲典守侵漁者,土貢有爲無賴子攬括者,懋一切繩之以法。大造學宮,課試諸生,月有勸懲。正統九年,海塘爲風潮激壞,懋奏築裹石塘。秩滿,陞福建左布政使。後卒,葬嘉興,子孫遂卜居焉。柳《志》。參《分省人物考》。　案袁《志》:懋墓在嘉興之北板坊。懋子中,舉浙江辛卯鄉試;孫瓛,成都府教授;瑾,茶陵州同知。八世孫掄,舉順治辛丑武進士。九鼎,禮部儒士,有德望,給帖蠲徭。其子金章以孝聞,附見于此。

王應清,江陵人。正統初,由監生擢嘉興同知。性寬易,言動安詳,持身清謹,得上下心。陞池州府知府。柳《志》。

舒敬,字守中,靖安人。進士。歷守嘉興,能燭吏民情僞。篤意教化,營郡、縣學,課諸生以道術,肄習四禮,燕語從容,咨訪得失,以忤中貴坐免。趙《圖記》。

楊繼宗,字承芳,陽城人。天順進士,授刑部主事。用王翱薦,擢嘉興知府。以一僕自隨,署齋蕭然。性剛廉孤峭,人莫敢犯。而時時集父老問疾苦,爲祛除之。大興社學,民間子弟八歲不就學者,罰其父兄;遇學官以賓禮。師儒競勸,文教大興。御史孔儒清軍,里老多撻死。繼宗榜曰:"御史杖人至死者,詣府報名。"儒怒。繼宗入見,曰:"爲治有體。公但剔姦弊,勸懲官吏。若比戶稽核,則有司事,非憲體也。"儒不能難,而心甚銜之。瀕行,突入府署,發篋視之,敝衣數襲而已。儒憨而去。中官過者,繼宗遺以菱芡、曆書。中官索錢,繼宗即發牒取庫金,曰:"金具在,與我印券。"中官咋舌不敢受。入覲,汪直欲見之,不可。憲宗問直:"朝覲官孰廉?"直對曰:"天下不愛錢者,惟楊繼宗一人耳。"九載秩滿,超遷浙江按察使。繼宗力持風節,而居心慈厚,自處必以禮。爲知府,謁上官必衣繡服,朝覲謁吏部亦然。或言不可,笑曰:"此朝廷法服也,此而不服,將安用之?"嘗監鄉試得二卷,具朝服再拜曰:"二子當大魁天下,吾爲朝廷得人賀耳。"及拆卷,王華、李旻也,後果相繼爲狀元,人服其鑑。《明史》本傳。　案趙《圖記》、劉《志》及明李樂《見聞雜記》,繼宗守嘉興,居常積粟,三年得數百斛。值歲饑,郡人賴是全活無算。後又饑,繼宗復發廩,不及關白督儲。督儲怒,行郡,案其事,方牒牘,旋風揭牘,空中鷹數十爪之去。督儲駭異,遂行。先後守郡凡九年,嘉禾生野。滿秩去,涕泣挽留者萬餘人。爲史傳所不載,附存于此。

楊冠,字尚文,欽州人。監生。成化改元,爲同知。佐郡最久,稱良吏。遷知平樂府。

徐霖,字用濟,金谿人。進士。知嘉興府。器宇沖雅,政事敦庬。成化二十三年夏旱,霖欲具題減賦,中有齟齬之者。霖再三申請,卒得蠲免,民永戴之。以上劉《志》。

柳琰,字邦用,儀真人。進士。弘治初守嘉興,廉慎淳確,政有條理。卒于官,士民惋惜之。方琰病劇,時僚友傷其廉,悉索琰在郡所積羨贖銀若干兩,請以歸之。琰曰:"吾豈以垂盡易所守哉!"言畢而逝。郡故無《誌》,琰始輯之。

梁材,字大用,大城人。進士。正德初守郡,精悍廉介,布衣蔬食。善摘發奸伏,左右莫敢近。吏牘章程,皆有限刻,一郡稱神明。以上趙《圖記》。

陳琳,字玉柔,莆田人。進士。爲御史,督南畿學政,忤劉瑾,謫同知嘉興。代材爲守,專務以德化民,請託不行,延獎諸生,興起道藝,士民愛之。終南京兵部侍郎。劉《志》

伍文定,字時泰,松滋人。進士。正德中嘉興同知。時江西姚源賊王浩八等流劫開化,都御史俞諫檄文定率兵進討。軍華埠,賊突至,文定擊敗之,追破其巢。諫上文定忠勇狀,詔所司獎勞。後佐王守仁擒宸濠,官終兵部尚書。《大清一統志》。參趙《圖記》。

李伸,字道甫,三原人。進士。守嘉興,以道自重,言笑不苟。對吏民不怒而威。有大豪侵官錢,事覺在繫。奸利益甚,伸廉得之,并收其子有殺兄謀奪其官者,不具輸狀。伸一訊遂服,於是奸惡束手,貴勢無敢以私撓之。每從博士弟子講學,相詰難,至忘等威。及遇事,無假毛髮。舉措因民,不干聲譽。去郡三十餘年,士民頌思如一日。趙《圖記》。

孟津,字有涯,信陽人。進士。正德中,以御史左遷府同知。莅官清白,不事矯飾,文名重于時。終南京大理卿。劉《志》。

徐盈,字子謙,貴溪人。正德末,守嘉興。值宸濠變,武宗南征所過,供億繁重。吏緣爲奸,盈鎮靜不擾,視他郡獨晏然。時常熟濬白茅港,當事者檄發郡丁數萬,盈曰:"白茅水患,于吾郡差緩,驅我民遠役,何忍?"移文助費,不就徵發。巡鹽御史行郡,鞭撻亭竈,勒報鹽丁,里胥乘機虐民,盈爭之。御史曰:"此有例。"盈曰:"例自公作,亦自公止。豈國憲耶?"獲止。加意學校,士皆興行,吏民守法,風俗一變。居六載,以讒免。郡人立石紀績。柳《志》本傳。

蕭世賢,桐城人。知嘉興府。歲旱,羨金千餘,減織造樣絹三百匹,立三館以造士,治行第一。擢去。《大清一統志》。

海瑞,字汝賢,瓊山人。舉人。署南平教諭,遷淳安知縣。都御史鄢懋卿行部過,供具甚薄。懋卿恚甚,屬巡鹽御史袁淳論瑞。時瑞已擢嘉興通判,坐謫興國州判。久之,擢户部主事,歷南右都御史[3]。卒,諡忠介。《明史》本傳。

何祉,字德徵,進賢人。嘉靖時爲郡守。有萬參政廷彩者,欲加賦什之一,名以淫潤。嘉興賦六十萬,其淫潤亦六萬餘。例自湖州參政,謂嘉、湖一也。白巡撫,欲如湖例,用代浙東災傷之輸運艘渡江之費。檄下,祉曰:“惡可言,嘉興固無淫潤,非湖比也。”乃自治文書,陳不可狀。參政怒,以爲抗己,督責愈嚴。間以言侵祉,祉弗爲動。卒如議報罷。祉于利害興革,未嘗有所輕議而潛運默成,民受其賜者多矣,非直以清白也。《箐齋雜著》。

王學孔,安福人。嘉靖初守嘉興,時旱蝗相仍,齋戒步禱,甘雨應時。歲復疫癘,乃大洗狴犴,又爲發粟賑饑,全活甚衆。聽訟未嘗妄笞一人,至豪右有權力者毫不假借。遷湖廣副使。劉《志》。

劉邦寀,字君亮,南昌人。王守仁弟子,舉人。嘉靖癸卯,由教諭陞嘉興府同知。清慎端恪,待民煦若慈母然。不可干以私,弭盜禁奸,發隱摘伏,地方賴之。《分省人物考》。參劉《志》。

趙瀛,三原人。嘉靖乙巳,知嘉興府。政尚剛毅,嚴禁賭博及婦女入市肆。疏濬城河,以其土運之南湖煙雨樓。時田糧多則,胥吏緣而爲奸,乃分田地、山蕩二則,賦額均平,百世賴之。又修輯《郡志》。有《史斷》《紺珠經》諸書。

劉慤,字致卿,萬安人。進士。嘉靖辛亥,守嘉興。值夏旱,慤率僚屬拜禱,月餘不懈,卒得澍雨,歲以大稔。癸丑,倭寇侵境,慤率軍民晝夜防守。每寇至,洞啟四門,納郊關男女,多所全活。時撫、按交集視師,添設督察大臣,經略嘉善、平湖、崇德、桐鄉諸縣,供億百出,慤殫力承事,不擾于民。有挾權凌之者,慤不爲屈。舊額,瀕海歲貢黃魚,慤以兵興,特疏奏請得停免。廉介之守,始終不渝。

張任,字希尹,嘉定人。進士。歷吏部郎中,謫嘉興同知。時倭寇侵境,軍費不貲。任與郡守劉慤協心撫字,民得安堵。後擢巡撫、都御史。

范鵬,字翼卿,四川人。舉人。嘉靖二十五年,除府同知。歷任八載,政尚寬和。以地遠告歸。以上劉《志》。

殷廷蘭,廣東人。嘉靖進士,授嘉興推官[4]。廉介端嚴,聽訟未常輕爲出入。不可干以私。互見《平湖縣名宦》。

羅拱辰,松陽人。嘉靖間,參將湯克寬移守金山,因以拱辰代攝,與倭戰,多斬馘功,擢本府同知,晉浙僉事。吳《志》。

侯東萊,掖縣人。進士。知嘉興府,問疾苦,重學校。時倭寇甫平,沿城增建敵樓,以備不虞。又,學宮侵壞,捐帑新之。官至刑部侍郎。劉《志》。參吳《志》。

蔡廷臣,江西人。嘉靖進士,任嘉興推官。抗直不阿,斷獄詳允,爰書悉出其手,吏胥莫敢爲奸。時有豪右軌法,必置諸理,不少貸。召爲御史,分守嘉湖,隨轉觀察使,民受其惠最久。

文彭,字壽承。長洲人。待詔徵明子。隆慶戊辰,以歲貢司訓府學[5],坦率和易,瀟灑出塵。精書畫,一時名公俱從之游。

李橡,豐城人。嘉靖進士。隆慶壬申,守嘉興。加意學校,集諸生論文講道,諄諄如家人父子。于民之窮獨者，撫摩尤摯，常令屬吏各捐羨餘，置義田，以惠貧民。又濬漕河，築海塘，至今稱便。蒞任四載，調守梧州，民懷之。立石三塔寺東。

蔡民望，舉人。隆慶庚午爲同知。謹厚篤實，人稱長者。署嘉善，刑清政簡，深得民心。

陳文炅，江西人。萬曆進士。丙子任推官，寬平有度。讞獄之暇，進諸生講論經義，品題科目，不爽尺寸。陞南刑部主事。以上劉《志》。

黃希憲，金溪人。進士。萬曆丁亥知嘉興府。以清白自盟，置天監簿登記曠鐩，毫不自私。聽訟必情理相參，人情帖服。尤勤課士，躬親校藝。時爲諭俗，文以諷戒之，民知所向，今所傳《資仕編》是其在官時所著也。劉《志》。參吳《志》。

黃清，掾吏也。先任台州府倅，有幹材。萬曆初，以薦擢嘉興府同知。時海塘傾圮，題請修築。清專理海塘，經營盡善。又開濬裏河，鑄鐵獸以鎮潮。一時稱能吏云。劉《志》。參袁《志》。

魏浣初，常熟人。進士。萬曆時教授，勤于講諭，從游盡知名士。屢爲考試官，得人最盛。擢吏部郎中。吳《志》。

王以修，達州人。進士。萬曆庚辰守嘉興。爲政先德化，而後刑罰。每聽訟，片言立決，人稱神明。守郡甫十月，以艱去，父老攀轅臥轍，至不得行。

方揚，歙縣人。嘉靖進士。萬曆時，以戶部郎謫嘉興同知。志行端方，兢兢以古人自律。時有胥吏，父死欲火化者，揚給棺以葬，因禁民火化。歲饑疫興，捐俸施藥。署嘉善篆，值丈田，善邑故多積弊，揚躬親覈刷，豪右不敢爲奸。公餘與諸生講論經學。有餽遺者，面斥之。尋擢杭州守。卒，囊無餘貨。

耿慎動，真定人。以鄉薦，初爲令。萬曆己丑，任嘉興府學教授。倜儻侃直，勤于課士。貧者，更賙恤之。陞藩府去。以上劉《志》。

曹代蕭，歸德人。萬曆甲午知嘉興府。宅心平恕，禁胥吏擾民。省罰鐩，剔奸蠹，甦舖戶，清驛傳，設社學、義冢，仁政纍纍。既去，民祠祀之。

曹光德，黃州人。進士。萬曆甲午任推官。在郡三載，纖毫不染于民。立政清簡，臨事坦白。憂去，惟圖書數篋而已。

朱邦喜，江西人。萬曆戊戌，任同知。才優煩劇，而性仁慈，羨餘不入一錢。署平湖，有惠政。清查尺籍，以除蠹。折疑獄，片言立解。佐郡十載，解組去，囊橐蕭然。

吳國仕，歙縣人。萬曆中知嘉興府。均平徭役，以甦民困。尤加意學校，每進諸生，講論經義。海塘傾圮，實心修築。遇旱步禱，輒獲甘雨。以上袁《志》。

鄭瑄字鴻逵，福建人。崇禎進士，知嘉興府。清操惠政，聞于時。明敏無留牘，聽斷善晰民情。遇有干請者，必折以理，不少借。革除吏弊，興起文教，修府學，建弘文館。濬城河，築官塘，以便往來。遷寧紹副使。士民刻像于石。累擢大理寺卿。袁《志》。參吳《志》。

李仕亨，晉江人。進士。崇禎初知府，立政寬大，民樂其和。時疫癘盛行，仕亨選醫官，設局施藥，民銜其德。袁《志》。

文德翼，號燈巖，九江人。崇禎進士，任推官。有屬吏，粵東人，餽端石。發之，白金也，封函如故，謝之曰："汝硯不可磨墨，却之。"其介而近人如此。隱居三十餘年，著書數十種，嘗刪定《宋史》。《皇華紀聞》。

鍾鼎臣，廣東新會人。進士。崇禎十七年，知嘉興府。乙酉城破，自縊于後堂。國朝乾隆四十一年,賜諡節愍。《欽定勝朝殉節諸臣録》。參盛禾《稼村筆記》。　　案:鼎臣,袁、吳二《志》皆失載。《稼村筆記》又有嘉興同知朱議㳖與鼎臣同時自縊于儀門,附見于此。

【校注】

　　[1] 按:《明史》卷一四一《吕文燧傳》:"吕文燧,字用明,永康人。"康熙《永康縣志》卷十《人物》:"吕文燧,字用明。爲人寬厚深謀。"故"仲明"是"用明"之誤。

　　[2] 按:齊政應列宣德年。嘉慶《嘉興府志》卷三十六《官師一·知府》:"宣德元年　齊政　山陽進士。趙、劉《志》俱誤列永樂中,今從王直《題名記》改正。"

　　[3] 按:《明史》卷二二六《海瑞傳》:"海瑞,字汝賢,瓊山人。舉鄉試。署南平教諭,遷淳安知縣……隆慶三年夏,以右僉都御史巡撫應天十府。萬曆十三年正月,召爲南京右僉都御史,道改南京吏部右侍郎,瑞已七十二矣。"故"南右都御史"是"南京右僉都御史"之誤。

　　[4] 按:光緒《惠州府志》卷二十一《選舉·舉人》:"(博羅縣)嘉靖甲午　殷廷蘭,嘉興推官,有傳。"卷三十二《人物·政績》:"殷廷蘭,博羅人。嘉靖甲午舉人,授嘉興理刑。每聽訟,詳審精密,郡無冤獄。會署平湖事,倭寇猝至,僅隔一水。時未有城,廷蘭令爲疑兵以禦,晝則揚兵,夜則列炬舟卒,市人應聲十萬師,賊駭遁,百姓歡呼相賀。廷蘭曰:'是倖也,不可以再。'亟申請築城以守,經畫措置,咸得其宜。"嘉靖甲午,即嘉靖十三年(1534)。由此,殷廷蘭是廣東博羅縣人,言"廣東人"似嫌泛。"嘉靖進士"是"嘉靖舉人"之誤。

　　[5] 按:本《志》卷三十六《職官·府學訓導》:"(嘉靖年)文彭。"萬曆《嘉興府志》卷九《郡職·府儒學》:"(嘉靖戊午)文彭,訓。"則文彭嘉靖戊午年(1558)任嘉興府學訓導,不是隆慶戊辰(1568)任。

國　　朝

　　史載,字筆公,蘭陽人。進士。順治十二年,知嘉興府。剛明正直,不畏強禦。每鞫盜,得實,立斃杖下,由是盜靖民安。性廉介,餽遺一切屏却。時郡學久圮,載發帑修葺,殿廡一新。祀名宦。《大清一統志》。參《浙江通志》。

　　嚴正矩,字方公,孝感人。進士。順治間,授嘉興推官。判決明允,案無滯牘。捐俸糶粟,以活饑民。陞杭州知府,歷户部左侍郎。祀名宦。《湖廣通志》。參《杭州府志》。

　　尹從王,字含美,山東人。進士。順治乙未,任推官。執法清嚴,一時豪右避跡。立漕糧官兑法,軍民不相見,至今遵行之。《大清一統志》。參袁《志》。

　　葉蘅,慈谿人。進士。順治庚子,爲嘉興教授。端謹善誘,來學者衆。遇貧士,輒資給之。著有《東西銘注》。

　　王師夔,南城人。舉人。康熙庚戌,知嘉興府。服官清慎,而時濟以威。俗多賭博者,廉訪一二,寘之法,風漸息。漕糧故多積弊,師夔屢爲禁革,胥吏不敢私派。民德之。

　　姜廷樨,字尚父,會稽人。康熙庚戌,爲嘉興教授。學問該洽,勤于課士。工詩。陞肥城知縣。以上吳《志》。

　　張作礪,字石齋,玉田人。康熙壬子,任嘉興同知。廉介自守。政寬大,不務矯刻。遇豪右,執法不少貸。凡四載,人畏而懷之。嘗攝石門縣事,却餽遺,革差擾。時值軍興,邑當衝道,作礪籌畫有方。于是兵守紀律,民皆安堵。祀名宦。袁《志》。參石門邑《志》。

　　盧崇興,字鼎卿,廣寧人。康熙十四年,知嘉興府。值閩藩初削,郡當孔道,儲糗糧,備供頓。督造戰艦,區畫有方,絲毫不以累民。捐俸修郡學及育嬰、養濟諸院。設義倉,置田若干畝,人稱之曰盧義田。著《守禾目記》六卷,祀名宦。《名宦册》。參《公舉事實》。

袁國梓,號丹叔,江南華亭人。順治六年進士。一時文名,與劉子壯、熊伯龍、王廣心、王庭相頡頏。以刑部郎出知山西平陽府,多惠政。康熙戊午,補衢州,移嘉興。首建併田併户,設板串,禁優免,恤賠荒諸議,以均田賦,悉可行之久遠。《議》見《藝文志》。公餘之暇,惟以吟咏自娛。撰《嘉興府志》二十卷。綜攬前《志》,成于一手,其持論動切民生,非徒捃摭遺聞而已。外所著有《齊政録》四卷,《求是堂制藝》一卷。

范光燮,鄞縣人。康熙丙辰爲嘉興府訓導。性剛正,諸生有過,輒召而面責之。生平好善不倦,聞有至行可嘉者,必請于學使獎勵焉。祀名宦。

季舜有,揚州人。監生。康熙戊午任同知。發奸摘伏,積弊盡革,所決多疑獄,人奉爲神明。祀名宦。

閆若琛字沛仲,太原人。進士。康熙壬子知嘉興府。居官嚴謹,門無私謁。治郡四載,百廢具興。以上吳《志》。

徐崇禮,字秩庵,漢軍鑲白旗人。康熙三十二年,知嘉興府。明敏善折獄,嚴保甲,設巷栅以弭盜賊。歲旱,步行數十里,竭誠祈禱。親歷原野,勸民播種。又請于上官,緩租設賑,民賴以全。以罣誤去,將出境,號泣攀留者數千人,挽其舟而還。越宿潛去,民思慕不置,塑像城隍廟祀之。

黃家遴,漢軍鑲白旗人。舉人。康熙三十五年,知嘉興府。勤敏有爲,以發奸摘伏爲己任。多善政,民懷其德。嘗輯《前太守楊貞蕭繼宗政績記》。其設施多所取法,暇與里中檢討朱彝尊、處士盛遠賦詩贈答,一時士風爲之興起。祀名宦。以上伊《志》。

佟賦偉,奉天人。康熙三十八年,知嘉興府。遇事仁恕,而奸猾自嚴憚之。城河堙塞,捐俸開濬。郡庠樂器,一一增修釐訂之。

臧憲祖,康熙丁亥知嘉興府。時委丈嵌田,履畝清釐,俾無隱佔。嵌田百年之爭,至是始息。濬溝渠,通漕利。祀名宦。

項鍾巖,字睦州,漢陽人。貢士。康熙壬午任通判,操守耿介,纖屑不取于民。督運巡鹽,並有惠績。

張含章,字豐村,漢軍鑲紅旗人。貢士。康熙丁亥任同知,屢攝郡邑篆。斷事精敏,人不敢干以私。丁亥戊子歲饑,奸民聚衆剽掠,含章捕首倡者,重懲之,民賴以安。

費源,字星來,湖州人。進士。康熙辛卯,爲嘉興教授。操履端方,士樂從之。著《古文詩藝》,重于時。以上吳《志》。

何鼎,字夏九,號晴山。舉人。世爲山陰人,寄籍于楚。康熙五十二年,知嘉興府。蒞任日,告友戚曰:“予今日越人也,明日嘉興守矣。”治嚴肅,絶苞苴,人不敢干以私。任一載,鐫秩,年七十餘,貧無以歸,僑寓禾中。卒,葬三塔寺後。伊《志》。

孟士模,字周木,會稽人。由烏程、淳安,補嘉興府訓導,振興多士,務砥名節。居十載,遷德清教諭。吳《志》。

吳永芳,字椒堂,漢軍正藍旗官生。康熙五十四年,知嘉興府。嘗以平湖陸隴其議從祀孔廟,詳請未行。雍正三年,增祀清獻于東廡,卒如其請。創建鴛湖書院,置膳田,以資膏火。葺學校,濬城河,重修《嘉興府志》十六卷。

江承炌,字搢五,號訒荭,歙縣人。以司曹出爲郡守。雍正二年,知嘉興府。嚴懲唆訟者,訟以息。徵收無浮額,常積穀備荒。葺海塘以捍患,民利賴之。

閻堯熙,字涑陽,夏邑人。康熙進士。雍正五年,知嘉興府。未蒞任,易服察民情。訪郡中無賴者,痛懲之。又於嘉善獲淫僧,立斃杖下。在任五年,屬吏非其時不接見,廉介有爲。民敬憚,以其姓稱之,曰"閻羅"。嘗植梅于庭,人以甘棠比之。

趙澧,安吉人。歲貢生。雍正六年,任嘉興府訓導。時文廟祭器多散失,澧捐俸增補之。典章文物,賴以不墜。以上伊《志》。

富紳,滿洲正藍旗人。筆帖式。乾隆元年,任乍浦理事同知。二年春,海寧築塘需石,移文採乍浦觀、陳諸山,民情洶懼。紳指陳利害,密揭總督嵇曾筠,得奉檄永禁。陞嚴州知府。《乍浦志》

郭廷翥,即墨人。舉人。總督郭琇子。乾隆二年,知嘉興府。蒞任日,惟挈二子自隨。性廉介,布衣蔬食,不名一錢。明于斷獄,多善政。嘉善奸民富大等,誘孩提殘損之。廷翥密訪,寘之法,人稱之曰郭青天。民有夤緣呈控者,邑令與上官皆準其狀。廷翥獨不許,忤上官,檄委攝他郡事去。後邑令及上官皆褫職,廷翥復蒞郡,先後凡八載。勤于造士,每月試諸生以詩古文,各就所長甄錄之。政簡刑清,訟庭草長。冬無裘,大吏知其貧,予之金,堅不受。府堂多植梅,有盛生者,僵立中道。適太守至,頭踏擁仆之,詢其故,以吟詩對。有"放衙静似呵蘭若,官與梅花一樣清"之句,至今傳誦。其清德槩可想見云。

附錄諸檢討錦詩《三水行》:"美太守也。郭使君奪赤子於豺虎之口,寒暑聽訟武林公館者二年,士民戴之。醜厲狙狂誰弋遏,取彼兇殘赤子活,人孰無情忘召芟。使君欲如水清,使君截犀如水明,使君持衡如水平。頑鈍不才邀上計,簞篋不飭希脫係,撫字勞勞挂吏議。"《清風行》:"悒然耆老何不樂,今年奪我使君郭。使君袖裏只清風,承家節操制府公。一錢不受過劉寵,宧橐蕭蕭兩肩聳。津頭不聞打皷船,秪憑鶴唳聲聞天。"

沈廷標,號賡堂。進士。仁和人。乾隆八年,任嘉興府教授。性直率,不苟言笑。訓士子以言行兼修,人欽其教。升萍鄉知縣。以上伊《志》。

林緒光,字鳳溪,閩縣人。舉人。歷知平湖縣,以清蠹宿蠹爲己任。邑有育嬰堂,所費不給,收嬰多轉送蘇州。緒光捐俸,置田五十餘畝,諸嬰始留育堂中。在任數載,有循聲。擢員外郎。以平湖錢糧註誤被逮,總督李衛辨釋之。後任乍浦同知,建九峰書院,延師訓課,士風日上。工書,喜爲詩。暇與諸生講學不倦。著有《獄中吟稿》《餘齋存稿》。陞雲南知府。平湖張《志》。

項喻,字藏恕,漢陽人。乾隆十四年,署嘉興府事。抑豪强,懲蠹役,誠求民瘼,以興利除弊爲己任。歷署郡守,補湖州府,所至多惠政。

李清時,字授侯,號惠園,安溪人。文貞公光地從孫。乾隆庚午,由翰林出知嘉興府。辛未南巡,時議自郡至杭開副河,清時以有妨于民,議從平望抵杭州,舟甚便,力言于上官,事得寢。蒞禾二載,絶請託,興禮教,廣書院規條,士子多所造就。歲旱步禱,霖雨立降。以憂去。累官山東巡撫。

保全,滿洲人。乾隆二十年署嘉興府事,值歲饑,爲民請賑,上官不允,力爭之,遂以調任去。

李星曜，銅山人。貢生。乾隆二十年，知嘉興府。歲饑，米價騰貴。星曜捐俸倡賑，獎勵富民輸粟以助，率七邑仿行之。嗣復請帑，開倉平糶，設法以濟，全活者甚眾。

曾曰理，字栗岩，南昌人。乾隆二十一年，知嘉興府。勤慎自矢，不名一錢，以清廉稱。調杭州守去，囊橐蕭然。歷浙江按察使。

淩樹屏，字保釐，烏程人。進士。乾隆二十二年，任嘉興府教授。學問該博，能文，善課士，月旦之評，不爽尺寸，禾中好學者多請業焉。著有《瓠息齋集》二十四卷。以上伊《志》。

張鎮，字東侯，海豐人。以保舉入仕。乾隆辛巳、癸未，兩知嘉興府。強幹有爲，讞獄無遁情。其有罔識輕重，自蹈重罪者，必平反之。曰：“吾敢紬法減之耶！民愚如盲者，墮溝中，一拯之耳。”以故言能吏者推焉。《杭州府志》

鄒應元，字清源，金匱人。進士。乾隆三十年，由紹興調知嘉興府。清理庶獄，案牘一空。郡中有知名士，皆延訪致之，一時士類爲之興起。居官有大疑獄，大利病，請于上官不得，力爭之，卒如其議而止，民安其政。調杭州府。《紹興府志》。

馮章宿，代州人。乾隆三十一年，知嘉興府。以仁慈爲本，恤刑罰，勤撫字。重修郡學，士民皆愛戴之。

李允升，長安人。進士。乾隆三十四年，知嘉興府。性和易，而遇事侃侃，不少假借。澉浦有孫家堰，蓄永安湖水以灌田。自改堰爲閘，水洩，田多荒。訟數年不決，允升相度水利，力請上官復之，民至今利賴焉。

陳夢說，號曉巖，絳縣人。以御史任浙江糧道，乾隆辛卯署嘉興府。有精嚴寺在秀水文廟南，僧重建，越舊制，殿高于文廟。夢說裁抑之，限以制，士民頌之。

范永澄，號半村，鄞縣人。進士。乾隆三十七年，任嘉興府教授。性和易，積學能文，循循善誘，弟子從游者眾。歷知山西石樓、徐溝二縣，升朔州知府。

王念典，字徽五，睢州人。舉人。乾隆三十七年，以挑發署孝豐縣。次年，補嘉興府經歷。清慎自矢，公餘輒訪寒素，杯酒論文，終日不倦。性至孝，以母老不克迎養，乞改教歸，作詩留別。邑人士多歌咏，以贈其行。

朱璋，號思齋，長洲人。乾隆四十年，以運副借補嘉興通判。明敏善折獄，民多赴訴之。每聽訟，許盡言，燭其情僞，片言立決。即予杖者，亦心折無怨。夜，每易服出，偵諸不法者，重懲之。于是宵小屏息，民畏而愛焉。判郡僅二載，調雲南鹽井提舉。以上伊《志》。

案吳《志》，後郡守立傳者凡十有四、同知一、通判一、教職五、經歷一，皆公舉事實，僅得其略。尚有郡守湯仁以勤敏稱，楊成龍以鯁直稱，通判吳貞開、吳天界，照磨張咏及副將張世英，詢之父老，皆有足稱者。然傳聞異辭，特識姓氏于此。

伊湯安，號小尹，滿洲正白旗舉人。出守處州。嘉慶元年，調任嘉興。治尚寬簡，潔己愛民，於士林尤加培植。時郡《志》閱八十年未修，公修輯詳備。後擢貴州觀察。子鍾昌，進士，官至刑部侍郎；次子繼昌，舉人，官至浙江布政使。于《志》。

李賡芸，字生甫，江南嘉定人。進士。歷宰孝豐、德清。嘉慶元年，調平湖。潔己愛民，盡心撫字。居官一以陸清獻爲法，釐革漕弊殆盡，民懷其惠，而吏凜其操。邑有同善會司事者，縛一人送縣，賡芸廉知其無罪，謂諸司事曰：“君輩既名同善會，詎宜枉誣良善！”眾皆駭服。一生通糧甚多，限十日完納，不數日繳送。疑之，密詢其錢所自來。則對以不忍負公，于今晨賣女作妾矣。賡芸惻然，亟邀買妾者至，則頹然老翁也。與之坐，而諭之曰："功令不得以士人女作妾，今當就汝家爲此女，擇一佳耦耳。"其人感愧，即指一幼孫之未締姻者，令婚娶焉。此尤其政績之可紀者。尋以治行第一，膺卓薦，擢同知，洊陞嘉興府同知，政如其初。以憂去。服闋，再起，益勵清廉。官終福建布政使，閩人爲立遺愛祠。平湖東門外慈雲閣亦設主供奉焉。賡芸事繼母孝。湛深經術，詩文亦別開一徑。著有《稻香吟館集》七卷。于《志》。

路鐸，字墨莊，湖北漢陽人。監生。由諸暨調平湖縣。性仁厚，民有薄譴，不忍施以蒲撻，亦不至廢法。前令王恒輯邑《志》，迄于乾隆己酉。鐸重修之，自庚戌後十五年事，賴以無缺。凡涖任六載，陞任同知而去。于《志》。

周鎬，字懷西，江南金匱人。舉人。由知縣擢嘉興海防同知，值海氛未靖，羽書絡繹，外輯商旅，内安士庶，民人德之。鎬生平宦蹟多在海疆，故于防海要務最明。與提督李長庚善，時長庚剿海匪蔡牽尚未奏功，鎬言："欲平海寇，必先翦其羽翼，如李祐降，而元濟擒；黃佐降，而楊太滅。此爲上計。"長庚深然之。尤善治農政，嘗諭鄉民曰："吾家世業農，凡耕耘收穫之事，無一不知。汝輩必不能欺我也。"詩有才力，古文宗法韓、歐。著有《犢山類稿》。官至福建汀漳龍道。于《志》。

王鳳生，字竹嶼，安徽婺源人。監生。父友亮，官至通政使，以詩文名公卿間。鳳生克承家學，才復沛然有餘。嘉慶十九年，以嘉興通判攝平湖縣事，吏治勤敏，終日坐堂皇。投牒者立爲剖決，不稍淹留，鄉民咸便之。乙亥春大饑，海上無業之徒乘勢欲行劫，鳳生恩威並用，境賴以安。邑中飲射讀法，保甲諸典廢弛已久，鳳生一一行之。尤能嚴禁教門，優待士子。其去也，人咸思之。官至兩淮鹽運使。于《志》。

何太青，字藜閣，廣東順德人。由翰林改知縣，歷宰餘杭、德清、仁和，擢嘉興府海防同知。所至有能聲，愛才若命。與士子討論詩文，晝夜不倦。性慷慨好施，戚友有求必應，雖一日揮霍千金，不惜也。癸未大水，皇然爲斯民畫生計。旋丁外艱。貧不能支，嚴冬風雪，身無敝裘，賣書籍以易薪米，客至不能具茶茗，而處之宴然。書法得柳意，詩亦清新拔俗。著有《遵路吟》等集。于《志》。

張光燾，號梅峴，仁和進士。由知縣改補府教授，性端厚廉謹，勸學不倦。身後一室蕭然。任禾中，猶有紹郡生徒摳衣來謁者。于《志》。

龍光甸，廣西臨桂人。由舉人出宰湖南黔陽，旋升乍浦同知。遇事敢爲，黜華崇實，濱海豪民痛懲，尤不遺餘力。乍浦故有九峰書院，光甸鼎新之。又捐廉修龍湫山祠。涖任三載，多善舉焉。所刊書籍，皆有關於世道人心者。後調玉環同知。新纂。

瑞元，字容堂，正白旗人。兩江制軍鐵保子。風流儒雅，提倡文教。邑有鴛湖書院，月設小課，朔望命題，嘉善黃安濤主講。署有梅花廳，爲補植數百本，列庭前，若排衙然。每逢政暇，召諸生，詢風俗，評材藝。道光十五年，倡捐修府學宮，增建騰蛟、起鳳兩橋，跨南北，俾肩摩轂擊者繞宮墻後，免塵囂。後洊擢至湖北按察使。粵寇初次陷省城，手刃姬妾、幼子以殉。事聞，賜卹予，謚端節。新纂。

于尚齡，字礴溪，江蘇金壇人。以同知權府篆。郡《志》自嘉慶庚申修纂後，閱四十年。搜求掌故，手自丹鉛。雖分類太繁，然咸豐以前數十年文獻足徵，亦資編纂之力。新纂。

徐敬，字信軒，江西臨川人。善擘窠書。畫墨竹，自嫌不由科目進。公餘銳意講求檇李文物,每作儒家言,與教授周栻相切劘。郡城屢經水患有圮壞者,廣延紳耆,分段捐修,雖暑雨,冠蓋憩郊外,板幹畚挶,恒親督焉。新纂。

馬昂霄,字雨峰,江蘇吳縣人。長身鶴立,才鋒峻豎,大挑分發浙江,由桐鄉令洊擢至郡守。下車整頓士習,開月課,甄優劣,訪知書院田畝有移易、侵蝕弊,飭監院釐剔,佃晰租,增膏火,無缺額。戊午科揭曉,徐生錦發解,乃決科冠軍者,士林咸稱之。咸豐庚申春,攝杭州府。視事甫五日,城破,賊驫至,昂霄衣冠投井死。得旨,優邮。新纂。

何紹祺,字子敬,湖南道州人。由孝廉官滇,移浙。尚書何文安公仲子,家世清華,與伯兄紹基俱善書法。居官以扶弱抑强,推誠寡過爲本。其守郡也,開濬城河,民不病汲。廣籌經費,培養士子,使寒畯無仰屋嗟所。著《滇浙牘存》,皆有關風教之言。擢署督糧道,辭官去。參《滇浙牘存》。

邢吉甫,字子伊,江寧人。守禾時,禾郡已被賊踞,自庚申夏至辛酉,防堵屬邑桐鄉縣,撫輯災黎,咸稱幹濟。後赴省被圍,殉難杭城。時有署通判沈裕申,江蘇如皋人,下檄亦在郡城陷後。留省贊畫軍務,同死於杭。見《忠義錄·職官表》。

蔡兆軺,字樸庵,建德人。咸豐壬子,以即用知縣改就教職,教授嘉興府學。請業者屢恒滿戶外。金陵警至,嘗語張詠,共誓刎頸。俄聞詠殉國,哭之慟,恨自死晚,投水卒。《忠義錄》有傳。

張詠,字梅臣,錢塘人。由諸生保舉,選授府學訓導。貌岸偉,慎言動。弟子進謁者,恒勸勉以忠義事。咸豐庚申春,羽書絡繹,與同寅論時事,每曰"吾輩冷官,不能挽强殺賊,一死報國。"四月二十六日賊至,僕從欲掖之行,叱之踉蹡而走。自題廡壁曰:"城存與存,城亡與亡。君臣之義,千古維彰。今也不然,目擊心傷。以扶名教,以振綱常。身不可辱,投水中央。"投頖池死,藁葬學之後圃。時賊括金銀,徧發地,其門人恐掘棄之,覓書,斗入危城,負骨出。其室人先以病卒新塍,義士鄭石甫復覓其棺,合葬於蒲鞋浜。閱四年,學燬幾盡,詠題壁仍屹立榛莽間。學使吳存義摹其跡,壁隨圮。知府許瑤光爲立碑表墓,新塍文士歲時有祭奠之者。《忠義錄》有傳。

張墉,陝西長安人。咸豐年,官西水驛丞。庚申,文報壅塞,知事不可爲,閤署不出,均殉難。《忠義錄》有傳。

嘉興縣教職佐貳附。

晉

王胡之,字修齡,琅邪臨沂人。少有風尚,善屬文辭。永和中爲嘉興令,歷侍中、丹陽令。《晉書·王廙傳》。參嘉興湯《志》。　案:史不言胡之爲嘉興令,柳《志》、趙《圖記》名宦亦未列入。惟嘉興湯《志》據陳與義閣帖釋文云:"胡之於永和中曾爲嘉興令。"今仍之。

南北朝

沈演之,字臺真,武康人。舉秀才。元嘉中爲嘉興令,有能名。歷吏部尚書、太子右衛率。

《南史》本傳。　案柳《志》，演之爲嘉興令，召入爲司徒祭酒。與史傳異。今據《南史》改正。又，柳《志》、趙《志》：演之墓在郡城北二十里。劉《志》以下皆因之。今考談鑰《吳興志》，演之墓在德清縣，則此郡、縣舊《志》，誤也。

唐

陸士修，字、里未詳。大曆間爲嘉興尉，與顏真卿善。顏守湖州，士修徃來禾、霅間，多聯句詩。峴山窲樽之咏，士修與焉。《檇李詩繫》。

高日倫，渤海人。監嘉興鹽十年，課特優，從百萬至三百萬，監人、賈人各得其所。貞元十七年，著作郎顧況爲《嘉興監記》，美使臣之得人。《唐文粹》。參嘉興湯《志》。

許某，佚其名，桐廬人。長慶中任嘉興令。方干贈以詩，有“檇李傳聞風俗好，重門夜不上重關”及“辛苦字人酬帝力，從容對客問家山”之句。至元《志》。參趙《圖記》。

宋

周沆，字子真，益都人。進士。慶曆中，知嘉興縣。當官謹嚴，鉏姦衛良。丞相富弼舉沆通判鳳翔府。去嘉興二十年，民猶思咏之，以爲前後無儷。仕至户部侍郎。《司馬溫公集》。參劉《志》。　案《宋史》本傳，不言沆知嘉興，然司馬溫公撰沆《神道碑》則云，監青州税，尋以憂去職。服除，知嘉興縣。較本傳爲詳。今從之。

王存，字正仲，丹陽人。慶曆進士。嘉興主簿。修潔自重，爲歐陽修、吕公著、趙槩所知。擢上虞令去。累遷尚書左丞。《宋史》本傳。

胡楚材，字公喬，壽昌人。明敏好學。慶曆六年進士。歷廣德、儀真判官，調嘉興尉，轉州幕。以剛直忤權貴。官止校書郎，遂隱居，以琴書自適。嘉興湯《志》。

蘇衮，武功人。皇祐間知嘉興縣，以文章政事稱。柳《志》。

韓晉卿，字伯修，安邱人。以五經中第。歷嘉興主簿，奏課第一。歷官大理卿。《宋史·循吏傳》。

高覿，字會之，宿州人。進士。熙寧間爲嘉興縣主簿，有循吏風。累官集賢院學士。《宋史》本傳。

錢穌，嘉祐中知嘉興縣，決獄如神。有邨叟告牛爲盜所殺，錢曰：“若亟歸，勿言報吾，但密召同邨解之，徧以肉餽所知，或有怨仇，即倍與。”叟如其言。翌日，果有人懷肉告叟私屠牛者。穌詰之，果告肉者所殺。嘉興湯《志》。

高元常，字復明，宿州人。祖覿，前嘉興主簿。元常幼開敏，試將作監主簿，後徙嘉興丞。嘉興劇縣，令不任事，嘗持檄出旁郡，訟牒如山。元常暫領其事，一朝剖遣立盡。先是，佃户靳輸主租，縣此多訟。元常揭而書曰：“田人田，嗇其入，杖且奪田。”民競往償，訟於是息。華亭户欺詐，田已穫而撥其荄，引水没之，歲比訴菑，吏不能察。元常行田爲十等，號參相驗，欺者輒得，民不能欺。《晁無咎集》。參嘉興湯《志》。

陸元光，字蒙老，歸安人。博學善吟咏。宣和初，爲嘉興令，後改晉陵。時州幕官有好讒謗，同列者一日聞蟬，陸即席賦云：“綠陰深處汝行藏，風露從來是稻粱。莫倚高枝縱繁響，也須回首顧螳螂。”其人聞而少戢。《庚溪詩話》參嘉興湯《志》。　案舊《志》，縣令陸蒙老有《嘉禾八詠》，詳《古蹟》，俱作蒙老名，元光字。今據《宋詩紀事》改正。

陳昱，紹興間知嘉興，以政事稱。柳《志》。

黄度，字文叔，新昌人。隆興元年進士。乾道中，知嘉興縣。訟牒紛紜，隨事裁決，略無凝滯。後歷官禮部尚書。《宋史》本傳參柳《志》。

李時習，毘陵人。進士。淳熙元年爲嘉興令，佐郡守張元成，延邑進士聞人綱撰《嘉禾志》五卷。嘉興湯《志》。

李陟，字弁升，内黄人。進士。淳熙中令嘉興，强果辦治以愛民，爲人所思。歷殿中丞。趙《圖記》。

徐彦明，字哲夫，餘姚人。進士。慶元時爲嘉興令，勤于政事。時流寇四起，率鄉勇晝夜巡視，民得安堵。頻歲旱蝗，濬河道以通水利，民甚賴之。吳《志》。

莫子文，字武仲，《吳江縣志》作仲武。吳江人。寶慶二年進士。知嘉興縣。考滿候代，會王疇奉使括田，法甚苛細。子文不從，疇譖之，田使劾其拒命，降宣義郎。制詞云：勤撫字，拙催科，賢者之常也。爾爲令，切切愛民，乃不能汲汲赴功，坐是爲使所劾，降爾一秩，非朕得已，然亦因是以知爾之爲人仁矣。田使見之，怒，持不與。後五年，始復其官。制詞又曰：君子之仕，利鈍亦何常之有。彼迎合，希進之。儔乃欲常利而無鈍。然至於時論，卒亦不能有其有也。頃奉行田令者，倚法而逞。爾制邑且受代，乃能力抗其鋒，期以不擾，雖主計之臣請黜爾，朕不爾忘也。五年之躓於今，而復士所當爲者不止此，其益勵所守，以副朕意。後吏部尚書趙以夫言其能拒括田之令，甘心受譴，不以病民，遷道州通判，累官至廣德軍兼管内勸農營田事。嘉興湯《志》。參《松陵文獻》。

陳德元，字元善，福安人。淳祐七年進士。任嘉興縣尉，以賢能稱。

葉恕佐，景定初令嘉興[1]。賈似道行公田之法，提領劉良貴劾恕佐以不即奉行，罷官。

易偉，字成大。父斗南，廬陵人。咸淳初爲常熟尉，因家崑山。偉負氣積學，能自卓立。試吏平江，調嘉興尉，擢浙省幕官，率職無怠。後以吉水州判官致仕。以上嘉興湯《志》。

張抃，咸淳五年知嘉興縣[2]。因主學張夢吉請興學校，以狀上之判府。知軍文及翁乃以西城舊驛爲學，兼置學田四十六頃。抃文學政事，著名一時。後文天祥辟爲參謀，永豐空坑之敗，同天祥子女闔門死焉。《宋史·文天祥傳》。參嘉興湯《志》。

吳思齊，字子善，麗水人。由任子入官。咸淳中，任嘉興縣丞。會令以言去，攝縣事。獄多留繫，思齊坐獄戶讞問，凡株連疑罪，悉簡出之，死刑多所平反。遇事不以勢移，不以貧屈，自號全歸子。袁《志》。

案嘉興湯《志》，宋縣令有孫復，以長水縣而誤也。《宋史》秀州有嘉興縣，無長水縣。歐陽修撰《復墓志銘》固云：徙知河南府長水縣。《志》失考也。又湯《志》：潛說友令嘉興，以惠愛及民，爲宰輔所賞。柳《志》稱，咸淳間，潛說友知是邑，有惠政。考《宋史》，說友爲賈似道、陳宜中黨，知平江府時，元兵至，以城降。乃貶南安軍，籍其家。然則説友爲令嘉興，雖有惠政，亦不足道。況《志》所言，初無實據，今刪去。又湯《志》採《夷堅志林》，又爲嘉興簿，無政績可紀，姓名已具於《表》，不贅。

【校注】

[1] 按：光緒《嘉興縣志》卷十八《名宦》“段浚”條末案：“《宋史·理宗記》：‘景定四年，官田所言知

嘉興縣段浚、知宜興縣葉惢佐(買)公田,不遵原制,詔罷之。　司《志》案,湯《志》誤以葉惢佐爲嘉興令,今改正。'"《續資治通鑑》卷一七七《宋紀》:"景定四年二月癸丑,賈似道以國計困於造楮,富民困於和糴,思有以變法而未得其說。知臨安府劉良貴、浙西轉運使吳勢卿獻買公田之策……夏四月丙寅,官田所言知嘉興縣段浚、知宜興縣葉惢佐買公田,不遵原制,詔罷之。"由此,葉惢佐當未於景定初知過嘉興縣。

[2] 按:至元《嘉禾志》卷二十二《嘉興縣學記》:"令尹、資中張君汴……廼亟請於邦君本心文公。"崇禎《嘉興縣志》卷十一《職官·令》:"咸淳　張汴,五年任,有傳。"故疑"張抃"是"張汴"之誤。

元

謝天錫,字純父,吳興人。至元間,授嘉興縣主簿。嘉興當孔道,地狹而民瘠,方歸附初,使者乘驛往來,日無慮以十數,科調繁興,天錫佐邑宰,一以寬恤爲事,民歡然供給,無敢後者。尉缺,天錫兼攝尉事,設方略治盜,盜是用弭。縣有疑獄,久不決。天錫廉得其實,一日命取網罟羅積水中,得枯骸,冤乃得白,民驚爲神。囚瘼者衆,天錫具湯藥、饘粥以給之,多所全活,民以佛子稱之。考滿,上官咸薦其能,而天錫浩然有歸休之志矣。嘉興湯《志》。　案趙孟頫所撰《天錫墓誌》:至元間爲嘉興簿。劉《志》作明初者,誤。

潘明之,至大間爲嘉興尉。與金華許謙友善,嘗稱明之英資挺特,德性剛明,傳朱、吕之學,能折節下士,在縣時嘗聘謙教縣之子弟,謙未赴,明之亦旋解官。嘉興湯《志》。

趙良弼,字君卿,東平人。延祐中爲嘉興路吏,遷嘉興縣尉,屢著善政。袁《志》。

楊森德,至元間知嘉興縣,興學校。柳《志》。

陳伯顏,字大有,睢州人。至正間尹嘉興,時兵興,徵調繁苛。伯顏寬假貧弱,細大無擾,而事亦辦給。禁暴戢奸,邑賴以安。趙《圖記》。

潘庭堅,字叔聞,太平人。至正庚寅任嘉興教諭,見學宮傾圮,白於縣令陳伯顏,捐俸修之。更稽學田租逋,爲興學公費。四閱月而成,規制與郡學等。陳遂有《重建大成殿記》[1]。嘉興湯《志》。

石光著,字仲明,海陵人。至正間,由長洲尹調嘉興。清潔有執持,興學勸禮,嚴制猾豪,細弱得所。柳《志》。

沈秉忠,至正間以江浙行中書省宣使來管嘉興驛事。嘉興介錢唐、姑蘇,爲衝要地,使舟、驛騎徃來如織,餼膳稍遲,則抽刀擊之,長吏不能禁。秉忠至,諭以利害,咸讋伏,相戒勿犯,民賴以安。調三公府宣使。

鐖穆而溥化,字弘道。至正二十三年以江浙行省宣使管嘉興驛。驛本煩劇,且壞于兵,溥化始置舟楫,以待往來。舟爲藩部官所據,過者輒鞭扑,郵吏譁于府縣,莫敢誰何。溥化痛懲其無賴者,自是帖然。以上嘉興湯《志》。

賀傑,元末嘉興萬户。值革命,解所佩金牌,投幽蘭井,遁居當湖以終。吳《志》。

【校注】

[1] 按:本《志》卷八《學校一·嘉興縣》:"至正十一年,縣尹陳伯顏重建大成殿。陳達《記》:'……'"崇禎《嘉興縣志》卷二《庠序》收陳達《嘉興縣儒學重建大成殿記》:"……明年春,邑儒沈溥、章璧以營造本末屬爲文記其實。達忝士子,誼何敢辭,敬摭其槩如右。"故"陳遂"是"陳達"之誤。

明

張雲,字從龍,洪武三年令嘉興。居六載,巡按御史袁某以清慎有爲,特異之。升山東濮州知州。柳《志》。

魏誠,河東人。洪武六年嘉興丞,撫新附之民,興學校,以善政聞。趙《圖記》。

徐本,字復初,江西人。洪武十年,知嘉興。爲政嚴明,長於撫字。值東作方興,躬親勸督,自爲《勸農文》,使民傳誦。鄉老至今稱其善政。柳《志》。

吳禮,德化人。監生。洪武中,由金華令調嘉興,以廉能著。官至雲南大理同知。吳《志》。

蔡楫,字汝濟,沛縣人。由人才擢監察御史。洪武三十一年,知嘉興。出滯囚二百餘人,勸率富民納逋糧四十八萬有奇。縣多亡賴,楫於縣廳置善、惡二牌,民有善則誌之,有過惡弗率教亦誌之。由是民感愧,皆趨善去惡。柳《志》。參《徵獻錄》。　案:吳《志》以蔡楫誤作嘉興知府,今訂正。

張進,字公迪,金壇人。洪武末任嘉興丞,爲政勤勵,雅好文學,吏民愛之。擢監察御史。嘉興湯《志》。

鄭深道,字文元,龍溪人。洪武舉人,被旨視兩浙鹽運使司獄,深道廉得數人非其罪,出之。比還,其人各懷白金尾舟後以謝。深道卻之,既復命,授程鄉縣教諭,改海豐,又改嘉興。秩滿,遷寧波府教授。嘉興湯《志》。

蕭福,閩縣人。洪武末,以儒士任嘉興典史,在公清勤。雖處卑職,理劇務,而讀書講學不輟。擢監察御史。劉《志》。

李孟璿,字南莊,海鹽人。祖元白,元時爲嘉興總管。孟璿,永樂初以經明行修薦歷嘉興、汝寧訓導,教養有法,士風蔚起。所著有《南莊集》。嘉興湯《志》。

趙緯,字大經。洪熙初浙江按察副使,謫嘉興典史。吏部侍郎黃宗載以清軍行部至嘉興,苦籍伍漏匿,軍民訐訟,分委有司,皆不能理,以屬緯。緯綜核搜剔,不旬月弊去籍清。宗載大異之,檄諸縣視以爲法。趙《圖記》。

傅霖,字良佐,貴溪人。宣德中,任嘉興管糧丞。督徵有法,賦完嘗爲諸邑先。且勤於幹辦,邑無墮事。升東平知府[1]。柳《志》。

顧儼,字廷望,其先吳縣人。正統戊辰,巡按御史齊某以經明行修薦授嘉興訓導。造士有方,多所成就。後擢監察御史。《天台縣志》。

蒙遜,字牧甫,龍南人。成化時爲嘉興令,值官塘傾圮,捐俸修築。獰賊郭阿謙嘯聚新豐,以計擒戮之。吳《志》。

陳璧,字瑞卿,高郵人。成化進士,知嘉興縣。性抗直,不折節權貴。凡上司以事臨者,與辨析民情利病,侃侃不撓,能以氣節服人。歷都察院右副都御史。嘉興湯《志》。

郭資,字逢源,福建人。進士。成化時,除嘉興令。持身廉潔,人不敢干以私。有兄弟訐訟,十餘年不能決。感資解勸,和好如初。擢御史。

張鏞,字析懷,麻城人。弘治初,爲嘉興令。甫入境,聞居民哀號聲,詢之,乃逋賦不能輸者,鏞惻然曰:“是皆長民者之不能均役故也。”力請于上官,緩徵輸,釐正戶籍田。三百畝以上者,先役之,貧民賴以無困。擢戶部郎。以上吳《志》。

甘應奎,江寧人。貢生。歷嘉興訓導,陞龍南教諭。勤于教士,雖隆寒盛暑,必冠服危坐,以督課業。

何天衢,字道亨,道州人。弘治進士,授嘉興令。縣多豪右,天衢至,誅悖逆,戒囂訟。治圮族,恤煢卭,緩逋役。六載,績用丕彰,擢監察御史,晉工部右侍郎。以上嘉興湯《志》。

洪範,字邦正,金谿人。進士。弘治末知嘉興,有治略。初至三月,如不事事者。吏卒頗侮慢之,不加筆笞,太守以爲庸。及編差糧長,太守語節推曰:“糧長,邑之重役,洪令不任事。君爲代之。”推曰:“此令長事也。代之,彼不堪。姑諭之意。”因召與語,範從容應曰:“某非不能爲,但無事,不欲擾耳。今既相責,某當爲之。”還,呼里書集庭中,焚香約明日審糧長,官與吏書有欺謾者,明神殛之。吏卒前侮慢者復笑之。杖而懸諸門,復申令曰:“聞審此役多集人,廢時日,致多嚇取人財。今我每區只用里老二人,敢有妄舉,毋貸。”庭中肅然。皆以實舉,盡日而畢。上諸府,守驚曰:“此重事,須日月乃辦,何草草乃爾?”範應曰:“知縣但爲之,盡日足矣。”及守覆核里老,皆曰:“自耳目所聞見,此役不擾而辦者,獨此令耳。”守歎曰:“賢哉,令乎!吾不足以知之。”自後治縣平易簡當皆如此,縣以無事。其鋤強右弱,廉靜寡欲,大類楊太守繼宗。士民爲之語曰:“洪令楊守,承前啟後。”召爲監察御史,終提舉副使[2]。趙《圖記》。

蔣達,字文孚,僑居江都。軍籍。正德進士,任嘉興知縣,擢御史。值宸濠叛,出兵江上,以勞遘疾。卒,贈光祿寺少卿。嘉興湯《志》。

鄭復,字一陽,龍溪人。舉人。正德間爲嘉興訓導,師範端嚴。歷樂清、樂昌、瀧水三縣令。告歸,林居二十年,四壁授徒,躬耕自給。嘉興湯《志》。

黃訓,字學古,歙縣人。嘉靖進士。爲嘉興令,爲政溫良,不干聲譽。升兵部主事。所著有《皇明經濟錄》《黃潭文集》《讀書一得》諸書。吳《志》。

黃獻可,字堯俞,莆田人。嘉靖進士。知武陵縣,調嘉興。愛民好士,儒學僻處城西,風氣不萃。獻可擇治東興聖寺址徙置之,自此人文蔚起。劉《志》。

盧梗,字木伯,崑山人。嘉靖進士,令嘉興。加意黌序,延名孝廉爲生儒師,日講月課,寒暑無間。捐俸置田二百七十畝給贍。又以田賦多則,建議均平,爲豪右所阻,未及行。劉《志》。參嘉興湯《志》。

張師載,字以道,潛江人。嘉靖進士,知嘉興縣。會編里甲,委曲調停,使貧富適均。先是,以海寇殺掠,人情洶洶思遁。師載曉以去止禍福。寇退,民安如堵。廉介自持,召去,行橐蕭然。官終巡撫都御史。

童憒,貴溪人。縣吏曹任嘉興縣典史,清苦執法,以誣黜。公論惜之。以上嘉興湯《志》。

張烈文,字元煥,雲南籍巢縣人。嘉興進士[3],令嘉興。誠慤謹愿,遇事兢兢,不苟言笑,始終一節。升南京戶部主事。葺有《文海流奇》等編。劉《志》。

劉鑑,字廷光,蕭縣人。嘉靖丙辰,以尤溪簿陞嘉興丞。持身廉潔,蔬食布衣,教民禮義。有貧民負馬丁錢,鬻子而貸,即蠲免以贖其子。陞山西太原前衛經歷。

郭東,字仁府,高平人。嘉靖進士,令嘉興。溫良慈愛,凡遇訐訟,每爲和解,不事鞭扑。催徵尚寬恕,亦無逋負。丁外艱去。

李時行,字少階,番禺人。嘉靖進士,宰嘉興,晉南京兵部主事。以事去官,不復有歸志。徧遊吳、越、齊、魯諸名山,所至寄情詩酒,超然物外,若無所攖于中者。以上嘉興湯《志》。

何源，字仲深，廣昌人。嘉靖進士，爲嘉興令。凡聽訟，曲直已判，徐復委曲開諭，皆得其情而去，公庭寂然。郭杰以鍛獄誣服，沈冤十年。廉知行奸謀殺者郭明也，釋杰而罪明，邑人稱神。歲當攢造，鄉官以受寄爲常。一日五鼓，遣吏取圖書實數，即集胥吏於衙，扃鑰之，一時不得高下其手，詭寄之弊十去七八。當道有總理鹽法者，欲增課額，源謂民方苦倭，萬一鹽徒朋引，禍且不測，止之。年饑，申請緩徵，通查五年銀米之餘，抵所請之數額不虧，而民自便。在任二年，官舍蕭然，民有喫水還錢之謠。內召，歷太常少卿。《徵獻錄》。

李寅賓，字于暘，婺源人。嘉靖進士。令嘉興三年，政平訟理，嚴而弗苛，節而有文，能而不矜，儉而有制。陞南京工部主事。

曹存，句容人。嘉靖壬戌，以鄉薦掌教嘉興。偭儻有大節，諸生初食廩，舊有贈金，悉却不受。月課，鎖門如闈，人稱爲嚴師。

陳延，吳縣人。嘉靖中歲貢。丙寅任嘉興訓導，以甄陶士類爲己任。持己恬淡，處世和易，未嘗有疾言遽色，循循善誘，被其延接者如坐春風中。陞桐鄉教諭，嘉之士負笈從者甚衆。

李士龍，字應明，嘉定人。歲貢。任嘉興教諭，修治廊廡，整理祭器，廟貌肅然。以上嘉興湯《志》。

龔勉，號毅所。無錫人。隆慶進士，知嘉興縣。宅心仁恕，蒞政寬平，以憂去。後爲嘉興守，尤著善政。歷浙江布政。

羅星，字拱北，南直太和人。隆慶進士。知嘉興縣，覈圖田，省坊役，申保甲，諸所興革，盡便于民。尤慎刑獄，囹圄屢空。村落間，經年無胥吏迹。擢大理評事。以上吳《志》。

張問達，字德孚，內江人。萬曆進士。知嘉興縣，編審里甲，不寄耳目於胥吏。富民不得規避，貧寠甦息。他若興學校，清義倉，厘注皆法度。擢御史。嘉興湯《志》。

顧雲程，號襟宇，常熟人。萬曆進士。初任淳安令，調嘉興。歲大稔，穀賤不售。舊例，徵賦以十月始，雲程至歲盡不徵，部使者怪之。正月朔，雲程集耆老問曰："穀價視冬時幾何？"曰："益一鐶矣。"曰："若是，趣完賦。"耆老曰："諾。"五日入四萬金，旦日上之，部使者異之。擢治行第一。嘉興何《志》。

鄒東魯，兗州人。萬曆間，以貢任嘉興縣丞。賦長歲有常饋，纖毫不受。又捐俸賞早畢賦者。清操益厲，鬻衣以供饘粥。居官六年，終始一轍。升魯府紀善，貧不能行，邑縉紳捐金助之。

鄭振先，字太初，武進人。萬曆進士。宰嘉興，年甚少。令[4]下嚴，胥徒市魁惴惴守功令。經理賦法，酌北運之宜，條上四款。一曰議改派，二曰議抵給，三曰議供應，四曰議捐解，無不曲中事窾，民困以蘇。建常平二倉，以供存拯。時有豪民匿賦者，廉得其實，戍其人而沒其田，以實倉贍學。會大浸，駕小舫，歷村落，問民疾苦，發滯穀萬斛，民得更生。設仁文書院，置義田，以興起斯文爲己任。以上嘉興湯《志》。

湯齊，號麗河，武進人。萬曆進士，知嘉興縣。清儉自砥，寬贖鍰，蠲羨耗，平縣役，釐積弊，民戴其德。縣向無專《志》，齊纂修之。仕至太僕卿。嘉興何《志》。

康元穗，字曰穎，安福人。萬曆進士，爲嘉興令。不能葬者，多棄棺郊外。元穗置漏澤園瘞之。汰運糧浮額，報最。升南禮部主事。《西江志》。

諸元道，字留方，餘姚人。萬曆舉人，任嘉興教諭。談析名理，揚抾藝文，弟子執贄請謁，不問贊而問業,有貧病不能支者,輒請之邑而賙助之。屬鄭令創仁文書院,設義田,以垂永久。元道躬歷荒野,覈定肥瘠,條議徵收,井井有法,自是公費有賴。遷湖廣醴陵令。

高座,字文峯,臨安人。萬曆歲貢,任嘉興教諭。課士有程,不廢寒暑。學宮傾圮,諷有司修葺。覈學田之隱匿者,以食貧士。後以諸生與范通判相角,學使者右范,諸生盡納章服求退,士論譁甚,高亦左遷,縉紳惜之。以上嘉興湯《志》。

張鳳翥,字澹存,宿松人。崇禎進士,知嘉興縣。初莅事,簡静無爲,或易視之。不一月,發弊懲奸,吏皆畏懾。民苦役久,值編審始,行均田法,至今倣行。興學校,勤月課,造就諸生。以憂去,後爲荆西道。嘉興何《志》。

羅炌,字然明,歙縣人。進士。崇禎間,知嘉興縣。徵糧有法,清操不苟,民有"一杯羅芥"之謠。興文學,修《縣志》,皆其實績。升任去。袁《志》。

林之蕃,字孔碩,閩縣人。崇禎進士,嘉興令。喜畫山水,落筆蒼潤。其爲吏清廉有聲,不善逢迎上官,遂爲鹺使者所劾,拂衣歸。《無聲詩史》。

【校注】

[1] 升東平知府:光緒《嘉興縣志》卷十八《名宦》作"薦升東平知州。"據《明史·地理志》,東平州,明洪武七年(1374)改東平府設,屬濟寧府。說宣德中知東平,以知州爲宜。

[2] 按:萬曆《嘉興府志》卷十四《名宦·嘉興縣》:"洪範字邦正,金谿人。進士。弘治末令嘉興。召爲監察御史,終提學副使。"光緒《嘉興縣志》卷十八《名宦》亦如此。故"提舉副使"是"提學副使"之誤。

[3] 按:萬曆《嘉興府志》卷十四《名宦·嘉興縣》"張烈文"條:"張烈文,雲南籍巢縣人。嘉靖癸丑(1553)進士,令嘉興。誠愨謹願,遇事務爲兢兢,不苟言笑。雖其明敏不足,而清慎始終一節。陞南京户部主事。葺有《文海流奇》等編。"康熙《蒙化府志》卷五《人物·鄉賢》:"張烈文,字元焕。嘉靖甲辰(1544)進士。廉介有爲。初授嘉興縣令,有惠政。升南京户部湖廣司主事,轉北直井陘按察司副使。士民愛戴,如赤子之愛母。生平無書不讀。博通古今,長於應變。歸里樂道逍遥,飄然有霞外之致。所輯有《百氏統要》《文海流奇》,梓傳於世。"故"嘉興"是"嘉靖"之誤。

[4] 令:光緒《嘉興縣志》卷十八《名宦》"鄭振先"條作"馭",當作馭。

國　朝

林逵,莆田人。舉人。康熙癸卯知嘉興縣,禮賢好士。徵輸,釐革夙弊,士民均愛戴之。

樊咸修,字慈東,三原人。進士。康熙戊辰知嘉興縣,寬猛得宜,民情帖服。邑有豪惡,翦除不遺。遇窮民,則加意撫恤之。擢給事中。以上吳《志》。

莫大勳,宜興人。康熙初,知嘉興縣。立官解白糧法,至今便之。《大清一統志》。

鮑鉁,字安之,奉天人。自康熙丁亥至乾隆壬戌間,凡三任長興令,有廉名。遷鹽運分司。乾隆八年,以鐫級改令嘉興。儉約彌甚,官廚至燃糠代薪。與邑人接,恂恂有儒者風。顧性亢直,於上官無所唯阿。踰年,調任海寧,諸翰林錦賦《雲中君》一篇贈之,并序其《于役》詩,謂"有魯山、次山風格"。所著《道腴堂詩》正續二十六卷,中有《載興集》三卷,在禾作也。

閻公銑,字悒甫,昌黎人。進士。乾隆十年,自縉雲令調嘉興,操守方正,人不敢干以私。民訟,立判其曲直。尤勤於課士。其後,遷黔中牧數年。解組歸,復來遊禾。禾人欲請爲書院長,以年老不果留。

沈莫尚，字禹聲，餘姚人。康熙舉人。乾隆十三年，爲嘉興教諭。品行端潔，課士嚴而有法。嘗捐俸，倡建尊經閣。邑人士樂從經訓者皆助成之，於是學制始大備。

楊承綜，字亮采，廣濟人。雍正拔貢。歷繁昌、蘭溪、浦江令。乾隆十三年，調任嘉興。釋誣盜，白冤獄。十六年，以南巡御舫所經，議改作宣公橋，橋通闤闠，行者日往來如織，承綜謂拆之非便，議遂寢。次年以竊案被劾，未幾歿于禾，人咸惜之。

阮培元，號篤庵，黃巖人。舉人。乾隆三十九年，爲嘉興縣訓導。學問該洽，爲文根柢經史。品端謹，蕭然一室。與諸生講學論文，孳孳不倦。

鄧曰治，字勸齋，英德人。由拔貢于乾隆五十年調知嘉興縣。居官以儉約風世，敝衣蔬食。性慈愛，不妄笞一人，民亦感而知勸。殷勤撫字，以良吏稱。蒞任六載，吏議去。去之日，老幼走送者數千人，牽衣泣別，肩輿不能行。以上伊《志》。

趙黻，號豈堂，直隸滿城舉人。由仙居縣于嘉慶七年調嘉興。在任二十年，潔己愛民，多惠政，升紹興同知。卒于官，貧弗克成禮。歸櫬過禾，士民哭奠以萬計。懸公遺像于郡廟之守一堂，歲祀勿替。有紳耆公舉略公任嘉興二十年，虛堂懸鏡，庭無雀角之爭；比戶編氓，人絕鴟張之習。敞弘文之館，捐廉籌及歲修。施普濟之堂，分俸並飲月米。煮賑則活人無算，除凶則安堵不驚。凡績之卓然可傳，皆事之顯而有據。所以滇左差歸之日，僉云還我使君。每當歲終伏臘之辰，人盡拜公遺像，允宜載之志乘，永作官型仰祈。采入輶軒，以孚輿論。于《志》。

徐榮，字鐵孫，漢軍正黃旗人。進士。起家博學能詩，精金石書畫。署嘉興縣，時會修郡《志》，充分纂，《儒行》《文苑》，屬稿居多，洊升閩汀漳龍道。率師援徽州，軍次漁亭，遇賊，戰死。奉旨入祀昭忠、名宦兩祠。《忠義錄》有傳。

楊裕深，字曉東，貴州貴筑縣人。以進士宰嘉興。道光時，乍浦海氛方熾，潰勇退入郡，飢攫渴奔，城內外皆罷市。亟出錢緡，令易器械，爲回籍資。其未去者，仍事剽掠。居民縛獻縣署，則糾衆鼓噪遮奪去，官不得伸其法。裕深令民廣樹巷柵，家自爲守，有竄入橫行者，格殺勿論。勇不得逞，遂散去。經略駐紮北教場，逸騎四出，至奪縣令自乘馬。裕深憤撲之，待罪軍門。經略直之賜赤捧二，植署前。軍士相戒勿犯，支應亦稍紓。後擢至兩浙鹽運使。新纂。

德成，字竹樓。漢軍。伉爽鋒屬，聽斷無積牘，調任鄞縣。會山石街土匪滋事，死於難。新纂。

朱緒曾，字述之，江蘇上元縣舉人。學問賅洽，重刊《棠陰比事》一書，爲鞫疑讞者法。道光己酉，水災籌賑，苦口勸導，人咸樂輸。梅里爲人文淵藪，重修竹垞䲤舫、曝書亭，校刊《梅里正續詩輯》。尤嗜古書，公餘屏驕從，走書肆，見宋元板本必購歸。解纂後，行囊惟書簏而已。新纂。

程夢麟，字聽溪，德清舉人。訓導嘉興，整頓堂課，闢署中月泉精舍，扃試諸生，獎勵優等。道光十五年，修理府學宮，隨知府瑞元督理工程，不憚勞瘁。捐俸修本學宮墻，興廢舉墜，列續學碑。夙精琴理。晚年以病乞歸，築貯雲樓于溪上，遠眺吳山。牓其楹曰"可談風月"、"不礙雲山"、"高風遠被"。禾人士猶深景仰焉。新纂。

瞿綬章，字潤甫，江蘇婁縣人。分防梅里，性寬厚，喜施醫藥。咸豐庚申四月，郡城陷，在鎮稟請巡撫王有齡札發鎗礮、火藥，會同鄰近硤石鎮集團聯絡。五月，提督張玉良飛書約期會剿，張師攻西北門，鎮團攻東南門。賊閉城死拒。時驅老弱出爲招撫之，獲諜者解張營，不戮於市

村,鎮賴以晏如。七月,張師潰,賊傾巢至。綬章頸被三創,遂仆他[1]。賊度已死,舍去。團勇
舁歸署,乃大呼曰:"我心猶未死也。"固守四廂三閱月,迄無濟,匍匐至漾葭灣,自沈死。事聞,
賜恤。《梅里殉難錄》《浙江忠義錄》。

【校注】

　　[1]按:光緒《梅里志》卷五《祠宇》:"嘉興縣丞瞿君綬章,字潤甫。江蘇婁縣人。由監生捐雜職,官
浙有年,以廉能稱。咸豐九年八月,授嘉興縣丞,分防駐里。七月二十一日,張帥師敗,退守省城。至二十
九日,賊傾巢至。大隊賊船由北塘口進。時已至午,力戰不退。或從桑樹中出而縱火,衆見煙焰四起,遂
潰。君振臂奮呼,無援應者,頸被三創,遂僕地。"故"他"是"地"之誤。

秀水縣

明

　　趙忠,盧龍人。由貢士授監察御史。秀水初析縣,出忠知縣事。勤敏才辨,有聲於時。

　　喻義,餘干人。宣德進士。知秀水縣,寬簡適宜,民安其業。以上柳《志》。

　　黃憲,萍鄉人。貢士。正統末,知秀水。善撫字,決獄稱平,薦年告治。時處州寇葉宗留爲
亂,幕府廉其才,命居民兵往剿,陣歿。邑人痛惜之。

　　韓啟,字景明,嵊縣人。正統中,學士吕原薦,授秀水訓導,造士有方。升德府紀善。

　　李伯璵,字君美,上海人。舉人。正統六年,秀水教諭。監司薦其文學,升淮府右長史。以
上趙《圖記》。

　　莊澈,江寧人。進士。天順四年,任秀水知縣。修葺學校。九年考滿,遷薊州知州。柳《志》
參劉《志》。

　　郭琪,字元圭,閩縣人。進士。成化己亥,以會稽令調秀水。暮夜有投金者,亟捕之。不
獲,暴其金於市。終琪任,人不敢干以私。劉《志》。

　　李暐,字應旦,閩縣人。初爲給事中,成化中以言事,出知秀水。下車,時值秋旱,力請緩
徵。是歲歉甚,上官追民逋賦,民不能償。具狀於督儲,言民困,難以奉公,請以己死易之。督
儲亦嘆服。擢監察御史。吳《志》。

　　孫樂,字夔卿,福山人。進士。正德元年,知秀水縣。卓犖有幹局,猾胥傝行,無敢舞文爲
姦者。召拜御史。劉《志》。

　　蘇恩,字從仁,江南華亭人。進士。正德中,知秀水。年少機警,蒞事縝密,抑强扶弱,號爲
賢令。召拜監察御史。趙《圖記》。

　　許瑛,當塗人。正德四年,由功曹任秀水簿。潔己愛民,士大夫爲《冰壺秋月歌》以美之。
歷官縣令。秀水李《志》。

　　劉夢陽,臨清人。進士。正德己巳知秀水。廉靜不擾,尤博學能文章。簿書有暇,即披典
籍,時或歌詠于堂皇。擢户部主事。

　　趙章,合州人。進士。嘉靖乙酉知秀水。性剛敏,執法不撓,所治即豪强,不少貸。下户羸
弱,必委曲訊鞫之,勿輕出入。敬禮賢哲,興學造士,士論歸之。以上劉《志》。

洪遇,歷城人。進士。嘉靖甲辰知秀水。先是,民覬輕役,多析户寄產。遇令民自疏歸併,賦均而不擾。歲大饑,不待上聞,發廩賑之,全活者無算。以艱去。明《浙江通志》。

王應顯,漳浦人。嘉靖進士。庚戌知秀水,攻苦茹淡。時倭寇患亟,應顯與郡守劉愨合謀守禦,日給糧餉,治器械,撫循士卒,夜巡行,城壘無頃刻息肩。士女避寇,從田間來以萬計。監司令由女牆縋入,毋啟門。應顯泣曰:"民衆縋者寡,賊猝至,盡捐鋒鏑矣。"令啟之,皆得入。甫畢而倭薄城,鮮遇害者。歷官太常卿。

陳松,青州人。進士。官御史,時嚴嵩柄國,同臺有非禮諂事者,邀松偕行,松大詈,嵩聞而憾焉。嘉靖甲寅,左遷秀水令。刻意爲民,鋤强扶弱,邑有柄臣子弟奴隸橫甚,松裁抑,不少貸。遷平涼同知。

王諷,祁門人。舉嘉靖丁酉鄉試第一。三十八年司邑教,銳意作人,立君、親、師三篇,揭《大學》《中庸》,訓于明倫堂。能詩文,有《石龍集》。

張道,字以中,湖口人。進士。隆慶己巳,由餘姚改秀水令。治獄,不煩敲扑。里中徭役,輒絮語慰勞之。婦孺以時入籲,雖牽裾引案,無慍容。士民懷德,毋敢撓法者。三載,召爲監察御史。

張綸,字宣甫,汶上人。性醇樸,少以聖賢自期。隆慶丁卯,以貢士來司訓。日進諸生,講道於尋樂軒。常布裘芒履,飯苜蓿,一室蕭然。諸生饋遺,峻却之,雖蔬果弗受。擢三河令。

由禮門,字中夫,杞縣人。進士。隆慶六年知縣事,軒豁明敏,凡所厘注,多革靡文。一本諸誠意,尤好汲引士類。時有議均里甲,槩及士夫者,禮門曰:"仕民有等,民子孫豈無登仕者?"此不均之均也。及編審,民帖然稱平。後升兵部主事。

朱來遠,字文臣,廬江人。進士。萬曆五年知縣事,明敏識大體,事無纖巨,立辦。嘗定踐更甚當,一人獨前爭,來遠謂之曰:"爾某所腴田,某所廣厦,非爾,誰任者?"其人皇恐,謝服。邑稱神明,報最。歷升太常少卿。以上劉《志》。

孫應溪,郭興人[1]。郭興疑有誤。監生。萬曆九年,授秀水主簿,廉潔自好。每夜易服出,宵小遁去,民得安枕。巡鹽緝捕,禁從者妄索。有幹才,聽訟無枉滯,輒立判。郡邑遺牘,皆願孫簿理。歷官通判。秀水任《志》。

陳九德,字懋夫,鎮海人,鎮海,一作漳浦[2]。進士。萬曆十一年,知縣事。樸茂澹泊,抵任時韋布蕭然,絳袍不具。與人恂恂誠篤。喜進諸生譚藝,每聽訟,不加鞭扑。詳審畢情,上下敬信之。他郡邑有牘不解者,輒移秀水。會暑月兼試兩邑士,積勞成疾,貧不能歛。邑人爲賻櫬以歸。

郭如川,字元至,富順人。進士。萬曆十四年,知縣事。歲荐饑,加意賑恤,全活以萬計。其治多尚清静,雅抱羸疾,一日行閭巷,三日卧齋閣中,豪猾舞文者亦頗衰止。非大獄,輒移鄉三老諭之息。饋遺無所受,請託不行。升禮部主事。以上劉《志》。

羅心樸,營山人。進士。崇禎間,令秀水。清慎敏達,勤于課士,遷湖州同知。謝政後,往來禾中,士林翕然依之。

李向中,字立齋,鍾祥人。崇禎末,以進士知長興縣,調秀水。潔已愛民,執法不撓。漕兑時運弁多橫索,向中下令,一切禁革。運弁蔣某率旗丁劫向中至漕艘,捶撻幾斃。閤郡奔救,以其事聞于巡撫,旗弁正法。初,邑屆編審,每僉報殷實户,吏胥上下其手,向中倡均里均田之議,後遵其法,民以不擾。以上秀水任《志》。

董用圓,一作童。嘉定人。秀水教諭。乙酉六月守城,城破,赴水死。國朝乾隆四十一年,奉旨入忠義祠。《欽定勝朝殉節諸臣錄》。　案袁《志》、吳《志》,僅見《職官表》中,作嘉興教諭龔用圓,俟考。

【校注】

[1] 按:嘉慶《丹徒縣志》卷十三《官師表·縣丞》:“明　孫應溪,博興人。監生。累官重慶府通判。”乾隆《通州志》卷六《官師·州同》:“孫應溪,山東博興人。監生。嘉靖十九年任。陞重慶府通判。”民國《重修博興縣志》卷十三《人物》:“孫應溪,不知所由仕。初爲汝寧府照磨,陞秀水主簿。清介能決疑獄,遷丹徒丞,再遷通州州同。以管收皇糧卻常例金,尋遷重慶府通判。乞歸,殂於道。”故“郭興”是“博興”之誤。

[2] 按:康熙《漳浦縣志》卷十二《選舉上·進士》:“萬曆十一年　陳九德,字懋夫,號振宇。秀水知縣,有傳。(今龍海市鎮海人)”(2004 年 12 月點校本)陳九德里貫“漳浦”。此處之鎮海,指位於閩南海邊的鎮海衛,即今龍海市鎮海鎮,當時屬漳浦縣。

國　朝

周之桂,字二峰,咸寧人。進士。順治丙戌知秀水縣。兵燹甫定,招徠撫字,民賴以寧。召爲給事中。

賈曾,字湛渠,無錫人。順治進士,知秀水縣。時海氛未靖,大兵南征,供應立辦,初不派擾閭閻。修學校,緩催科。暇[1]即集諸生課藝,面爲評閱。以漕兌詿誤,罷官去,士民思之。

王廷機,字定一,岐山人。進士。順治庚子,以丹陽令調知秀水。節儉平恕,遇事明敏,蒞任九載,吏民安之。擢南通州。以上秀水任《志》。

丁仁定,新建人。貢生。順治甲午秀水丞,收兌漕、白二糧,奉公守法。旗丁橫索雜耗,仁定力持不與。運弁加以橫逆,含憤自縊。邑人爲之訟冤,事聞,正運弁法。仁定祀名宦。袁《志》。

李見龍,字德中,蒙陰人。進士。康熙七年,知秀水縣。布衣蔬食,刻苦自勵。賦役驛遞,皆有條理,絶不累民。行取給事中。《浙江通志》。

蔡祖煐,湖廣人。康熙舉人,知秀水縣,廉介有幹才。時供應大差,人夫馬匹,絶不科派及民。官船往來,議毀民居,以通縴路,祖煐力持不可,乃已。後卒于官,貧不能還,邑人輸賻,歸其喪。袁《志》。

董懿,字千里,禄勸人。康熙恩貢。雍正九年,以縣丞擢知秀水縣。居官坦白,治尚清簡,操守廉介。每視事,小民有陳愬,雖婦女薄案前,無所阻。解任後,寄止僧舍。積逋盈千,民釀金以償,始得歸。就道日,數十里攀輿泣下,繪像尸祝。有送至滇中者。

魯克恭,字伯敬,豐潤人。乾隆十三年,知秀水縣。才識明敏,吏事裁決如流。其詩古文辭,並爲時所推重。好獎引士類,以文字請業者,無不詳細指授。開小西門水道,以通出入,民便之。爲令五載,積勞成疾,卒於官。身後蕭然,賴同官贈賻,得歸櫬。

李化楠,字廷節,羅江人。乾隆進士。初令餘姚,二十一年調秀水。大小案牘,皆親自詳斷。嘗言居官有六字訣,曰眼到、身到、心到。兼攝平湖,訟牘山積。化楠計日定程,飲食皆坐堂上,剖決一清。縱民觀聽,民歌曰:“雲霧七年,三月見天。”以治行薦,會憂去。歷官北路同知。以上伊《志》。

劉炳然，號藜閣。安徽懷寧舉人。由縉雲調任秀水，潔己奉公，愛民如子。凡聽訟，必愷切曉諭，無不帖服。卸篆日，送者遮道，至今民猶思之。于《志》。

余士琠，號菊農。山西鳳臺縣進士。道光壬寅，知縣事[2]。西鄉無賴子虞阿男者，聚衆抗租，號召鄰圩戽水於田，釘柵於浜，攔截催租進路，漕政幾誤。士琠單舸泊鎮，不假營兵，購線計擒，不旬日縛而戮諸市。新塍鎮秋毫無擾。新纂。

江忠源，字岷樵，湖南新寧人。由拔萃科舉於鄉，以鄉團擒猛匪功，得知縣來浙。道光己酉，委帮辦郡城荒政。適秀水戴令暴卒，時賑務方殷，代匱難其人，上游趣令攝篆，忠源亦以事權在手，得行其志，遂毅然受任。向來放賑者，分編貧戶丁口冊成，則官爲抽查，具文而已。忠源攜一僕，微服走窮鄉，數日而徧遇村翁田嫗，絮絮相勞，苦詰問，盡得其里正染指狀。歸，擒數輩，械以徇，餘皆股慄。終其事，無敢舞弊者。旋以憂去。後建功楚、粵，仕至皖撫，殉難廬州，賜諡忠烈，事具國史。新纂。

楊炳，字子萱，江西新城人。議敘官於浙，先任嘉興，移秀水。爲政持平恕，而除暴不畏彊禦。三店鎮有演習花鼓淫劇者，協營弁撲滅之，幾罹禍，卒搗其穴，四境肅然。有《惜味軒詩》四卷。後以玉環同知殉難省城。《忠義錄》有傳。

龔振麟，江寧人。有能名，後擢知台州府，殉難。馬桂林，金陵人。亦有能名，後任乍浦同知，殉難省城。《忠義錄》有傳。

傅汝梅，湖北人。縣丞，居官赤貧。庚申，城陷前一夕，攜僕費福張燈登陴，望火光，偵虛實。困圍城中，闔門死甘科衖寓舍。新纂。

熊士龍，江蘇清河人。庚申警報叠至，慮赭衣越獄，時查圄圄。四月二十六日，賊至。先縱囚，囚識士龍面，言於賊，被戕於古井庵前。《忠義錄》有傳。

【校注】

　[1] 暇：當是"暇"之誤。

　[2] 按：《明清進士題名碑録索引》："余士琠　安徽鳳台　清道光十五年三甲 122 名進士。"光緒《鳳臺縣志》卷九《選舉》："余士琠，道光乙未進士。有傳。"由此，余士琠籍貫"安徽鳳台"，非"山西鳳台"。

嘉興府志卷四十三

名宦二

嘉善縣

明

鄭時，字習之，沂州人。歲貢生。宣德初，知玉田縣，改嘉善。性坦易，不尚刑罰。時縣治初建，百事未舉，與僚佐夙夜經營，勞民動衆，而下無怨言。九載乞休。吳《志》。

楊懋，四川永寧人。宣德三年，任魏塘巡檢。地當松、秀要衝，有中使夜過，舟重，命懋括民舟挽之。懋怒，將檢閱其行裝。中使恐，夜易小舟去。有鹽徒行劫，懋率兵追捕，格鬬數十合，子殞賊手。官兵稍卻，懋氣益奮，卒縛渠魁，下獄梟市。臺府上其功，加主簿俸。時初分縣治，委懋經營，不逾年而官廨、學舍皆告成焉。《浙江通志》。參嘉善于《志》。

聶如斌，豐城人。宣德十年任典史職，董水利，令民廣築隄防。常潛乘小舸察民勤惰，以行勸懲。境內大水，憲臣驗荒者意有齟齬。如斌即自投田間，水深沒頂。憲臣動容，民得免稅。又以北鄉田久荒，民苦賠輸，督民高其圩塍，以備水患，民皆賴之。《浙江通志》。參吳《志》。

李遜，字時敏，南豐人。正統進士，知縣事。機警有吏才，下不能欺。性寬易，民有過，笞之，未嘗褫衣。九載將行，民詣上官乞留。事聞，進秩本府通判[1]。後以征閩寇督餉有功，陞知廉州府。吳《志》。參嘉善于《志》。

陳勗，字勉之，宜興人。任訓導。學問宏博，訓士子悉根義理。夜輒躬巡學舍，察諸勤惰。秩滿，拜監察御史。

沈律，字應和，崑山人。由舉人中禮部乙榜，授訓導。性坦易，作起士類，兩與福建、河南同考官。監生李蕚有母，妻喪不克葬，律首助之。陞昌黎教諭。

曾師孔，惠安人[2]。由舉人任教諭，勤于講授。諸生貧而無書者，購畀之。或有饋遺，拒不納。以上嘉善于《志》。

汪貴，字良貴，歙縣人。成化進士，知縣事。廉潔狷介，愛民如子，歲汰無名之費數十萬錢。倉庾、學校多其構葺。然性伉直，短于應對，不爲當道所容，又爲政不便豪猾，以是坐調。瀕行，橐篋蕭然，擁留者數千人。時華亭張莊簡公悅素知貴名，白其賢；冢宰王端毅公恕疏令復任。吳《志》。參嘉善于《志》。

王緒，字紹夫，樂平人。應天鄉試舉人，授訓導，立教尚嚴。時學宮就圮，緒不請有司，勸鄉之尚義者助建學門，溝[3]庫舍，甃石闌。新聖賢之像，飾祭祀之器，皆有程式。同時，訓導劉汝瞻，字民望，宣城人。歲貢生。爲人清約，講論斷斷，與緒寬嚴相濟。緒秩滿，擢知忠州。汝瞻在任六年，致仕。嘉善于《志》。參《浙江通志》。

潘瑜，龍溪人。隆慶衛籍監生，任邑丞。剛果有爲，不惕于勢。嘗謁臬司，隸卒二人至瑜館有所索。瑜留之，密往白于皋司[4]李延壽，壯之，即令推訊，二人伏辜。瑜剔刷百弊，奸豪屏跡。嘗廣學舍，置義田。陞長安知縣。嘉善于《志》。

劉子厲，字克溫，江西人。弘治進士。知縣事，性廉敏精悍，斷獄律比銖兩，重輕皆自出其手，胥吏奉成案而已。政雖嚴明，中實慈惠，操履清自。或以權勢臨之，屹然不動。三載，徵爲監察御史。《浙江通志》。參嘉善于《志》。

藍郁，字國馨，鹽城人。弘治進士。初知蘄陽，改任嘉善。操守廉潔，愛民好士，尤以厚風俗、袪民患爲亟。有訟者，輒以至誠動之，不任刑而民自服。甫一載，卒于官。嘉善于《志》。

區越，字文廣，新會人。弘治進士。正德元年，知縣事。少遊陳獻章之門，慈祥簡靜，得親民體，平居無疾言遽色，民甚懷之。擢戶部主事。

李錫，字天祐，登封人。監生。正德三年，任主簿。性侃直，有大節。八年，江西姚源洞盜起，犯衢州開化等縣。錫應選，率民兵往禦，至開化之馬金街，斬獲賊首三顆，力屈被擒，死于安仁之花橋，贈本縣知縣。後知縣張煥建尚節祠祀之。

王德明，字宗周，清苑人。正德進士。知封邱縣，改嘉善。持法平允，吏不能欺。當道文移，有不便者，默寢之。尤加意學校，禮貌諸生。累官山西巡撫、僉都御史。以上嘉善于《志》。參吳《志》。

倪瓛，字公在，咸寧人。正德進士。由諫垣謫邑丞。素簡伉。痛抑豪猾，詢求民隱，于財賦、水利之法靡不究心。創修縣《志》，建思賢書院，毀淫祠，嚴保甲，置義冢及社學。三載，擢任邱知縣。嘉善章《志》。參吳《志》。

郭田，字汝耕，長安人。正德進士。知長子縣，改任嘉善。性簡直，政令畫一。堅持冰蘗操，人有饋遺，輒峻拒之。嘗指白鏹，謂左右曰：“此能亡身敗家，爾等毋爲所污！”時有生員朱愚上書陳其過，即榜其書于縣門，引以自責。歷官布政司參議。

陳大韶，字舜舉，嵩明人。童時嘗道拾美珠飾，俟其主，還之。侍父謁選京師，父歿，萬里歸櫬，廬墓三年。母喪，廬墓如初。事聞，詔旌其門，尋以選貢授訓導。性淳篤，言若不出口，動以禮信自持，人稱爲毋欺先生。在任七年致仕。以上嘉善章《志》。

何天啟，字義吳《志》《浙江通志》俱作義。占，貴溪人。嘉靖進士。由諫垣謫丞，遷令嘉善。前此訟多停滯，天啟至三日，剖決無留，勾攝不遣隸卒，民無騷擾。值歲潦，力請蠲免，竟爲當道所阻，乃以贖鍰抵賦，由是益得廉譽。逾年，陞南雄府同知。

于業，字建公，金壇人。嘉靖進士，知縣事。性精敏，猾吏不能爲奸。歲祲，申請蠲貸，邑無饑民。爲政敦大體，延邑人陸坤、郁天民重修邑乘。置學田，旌節孝，尤勤考課，以振後學。三載，拜監察御史。官至北畿督學使者。以上吳《志》。參嘉善章《志》。

蔡煥，同安人。由選貢任崑山訓導。嘉靖癸卯，應天解元。署嘉善教諭，操履廉靖，嘗捐俸課士，士非公服，莫敢燕見。所談惟經義史學，諸生咸畏慕之。後以賢聞召爲都察院司務。歷官臨安知府。嘉善章《志》。

陳道基，字以忠，晉江人，同安籍。嘉靖進士。知縣事，性簡易，御下以寬。凡訊囚，期于開釋，三年未嘗入一重辟。遇豪猾，重懲之，不少貸。故事，日輪里長一人，供役所費不貲。道基酌一年公用之數計派，有逋負鬻妻孥以償者，輒爲代補。間有窮民困迫，請借公用餘銀以自活，道基隨數給之，民亦無一負者。又擇士聯文會，躬爲校閱。三載，擢御史。歷官南京刑部尚書。

嘉善章《志》。參吳《志》。

賴恩，字英華，汀州人。官百户。嘉靖甲寅，倭寇猖獗，總戎調兵于閩。恩奉檄禦賊，賊突至，枵腹出戰，斬獲甚多。時他將各觀望自保，恩以孤軍血戰，爲伏炮所中，墮水死。知縣鄧植聞賊先遁，餉絶，衆兵入寺造飯，賊縱火襲擊，兵大潰。嘉善章《志》。

黃樞，字翊卿，南昌人。嘉靖進士。知縣事，外嚴內明，發奸摘伏，法紀凜然。邑大潦，樞謁大吏，免冠頓首，請帑金以償賦。尤留意里甲，役法稱平，猾書斂手。秩滿，陞南京刑部主事，遷湖州知府。卒于官。吳《志》。

周寀，字濟甫，安福人。嘉靖進士。知縣事，年少英敏，剖決如流。常以餘閒進諸生講藝，又延名師，啟書院，擇士有志者漸摩之，厚給廩餼。耆年更任華亭。歷官吏部侍郎。嘉善章《志》。參吳《志》。

許鎡，字國器，石屏人。嘉靖進士。知縣事，務崇節儉，公出不攜厨役，私衙不然官燭。署中隙地，課僮僕種蔬自給。時訪民間疾苦，有耆老董申洞悉徵糧利弊，條陳均徭均賦數事，鎡奇之，請于巡按龐尚鵬，奏行其議，立條鞭法，著爲令甲。龐素嚴峻，群屬莫敢仰視，鎡獨慷慨論議，不激不阿。審錄時見笞囚太重，顧謂群隸曰：“吾民窶，無以賂若，若無重傷吾民。”淚且霏霏下，龐目之，嘆曰：“是真民之父母也。”考績北行，不能具舟車之費。至京，拜御史，轉僉事。嘉善章《志》。

蔡懋昭，上海縣舉人。嘉靖年來，任教諭。時前令以貪敗，許之監司，歸咎諸生，欲嚴繩以法，士亦切切不平。懋昭至，開諭約束之，詳立規條，俾有遵守。凡事涉學校者，與邑令婉商，處以公平，於是上下相安。又增學田，購書籍，修祭器，學校之中彬彬有禮，稱極盛焉。《去思碑》。新補纂。

陳文彬，字仲則，以舉人隆慶年任邑教諭。訓士有則，愛恤寒畯，爲政尤先大體。性廉潔，與蔡、謝相先後，一時稱良師焉。以擢知和平縣去。《去思碑》。新補纂。

謝顧，字伯已，別號暘谿，江寧人。嘉靖年以貢生任訓導。初，受學於呂涇野柟，呂作《四書因問》，載謝説居多。通《春秋》，以道自任。講學訓士，多有程式。去官之日，行李蕭然。《去思碑》。新補纂。

史朝鉉，字貫之，晉江人。隆慶進士。知縣事，吏治明察，胥吏屛息，性方介，莫敢干以私。擢南科給事中，遷湖州知府。

金和，字元節，長洲人。萬曆進士。知縣事，性嚴峻，持政縝密，吏莫敢欺。監司令下築圩，和每鄉擇巨姓有行者董其事，民不擾而功成，至今賴之。擢南兵部主事，遷員外郎。以上吳《志》。參嘉善章《志》。

胡彝簡，會昌人。由拔貢授主簿，恂恂儒雅。遵佐貳，法惟謹，且榜誓言於門以自鑒。上官批發，據理曉諭。不事敲扑，職司巡捕，慮夜半邏卒倦卧，每乘塘鳴鼓角，發號以警之。時鄰府脱囚，輒設法捕獲。御史上其廉能，擢長樂知縣。官至僉事。

趙世顯，字仁甫，侯官人。舉人，署訓導，丰采凝峻，好與諸生講論書法，得晉人風骨。尤工于詩，所著有《楚遊》《蜀遊》《武塘》諸稿。登萬曆癸未進士。以上嘉善章《志》。

章士雅，字循之，吳縣人。萬曆進士，知縣事。涖任後，吏無觥法。延邑人盛唐、袁黃重修邑乘。營葺學校、公署，不勞民力。六載，陞禮部主事。

謝應祥,字鳳皋,安福人。萬曆進士。知縣事,嚴正有威。邑向無定役,貧富不均,應祥乃立照田,起役法,豪右不能漏稅,民德之。考試童子,拔魏大中冠軍。秩滿,召拜御史。歷都察院左都御史。

林先春,字狷庵,閩縣吳《志》作侯官。人。天啟進士。知縣事,恬澹無欲,風采凝然。時民閒投獻成習,先春痛懲之,弊始衰息。魏忠節斃,詔獄追鍰,先春力為斡旋,恤死庇生,靡所不至。愛士尤篤,有蠣山課業。丁外艱歸。教授生徒四十餘年。

蔡鵬霄,字培自,晉江人。崇禎進士。知縣事,詢求民隱,以興利除弊為己任。憫糧役繁苦,博采衆議,設法均之。學宮傾圮,以時修葺。丁艱去。服闋,擢御史。官至太僕寺少卿。

李陳玉,字謙菴,吉水人。崇禎進士,知縣事。甫下車,漕兌紛咳,旗弁勒索加橫。陳玉執持甚力,得復舊規。覽邑形勢,購地築鶴湖書院,建鳴鶴樓于縣治後,請增科舉入學額。接見諸生,以經義治事相勉,且勸讀《史》《漢》《大學衍義》。聘己卯分校,得士七人,俱有才名。所著《退思堂集》《離騷箋註》《易書詩經解》行世。秩滿,陞禮部主事。以上嘉善楊《志》。

【校注】

[1] 按:本《志》卷三十六《府職·通判》未列李遜名。萬曆《嘉興府志》卷十四《名宦·嘉善縣》"李遜"條:"陞俸,復任三載。"光緒《嘉善縣志》卷十五《名宦》:"奏陞六品俸,仍掌縣事。"

[2] 曾師孔,惠安人:乾隆《福州府志》卷四〇《選舉五·舉人》:"曾師孔,懷安,有傳。"卷五〇《人物二·侯官》:"曾師孔,懷安人。景泰癸酉鄉薦,初授嘉善諭,再補合肥。師孔宅心嚴正,問學有淵源,勢利聲華,未嘗一涉胸臆。諸生貧者,往往捐常祿助之,兩地弟子交稱為良師。"懷安縣,北宋太平興國七年(982)析閩縣敦業等九鄉置,屬福州,治所在今福州市西北。明洪武十二年(1379)移治今福州市。萬曆八年(1580)廢,併入侯官縣。李清馥《閩中理學淵源考》卷四一《教諭曾先生師孔》:"曾師孔,懷安人。"故"惠安"是"懷安"之誤。

[3] 溝:當是"搆"之誤。

[4] 臯司:"臯司"是"臬司"之誤。光緒《嘉善縣志》卷十五《名宦》"潘瑜"條:"瑜留之,密見臬司李延壽,延壽壯之。"臬司,主管一省司法,也稱按察使。

國　朝

劉肅之,字欽中,安陽人。舉人,知縣事。順治二年,邑初定,餘寇未殄,撫綏安集,以慈惠稱。陞刑部主事,歷官溫州知府。嘉善楊《志》。參吳《志》。

莫大勳,字魯巖,宜興人。順治進士。康熙八年知縣事。涖任初,縣丞李婪橫,大勳以嚴正待之,懾不敢動。御下不假顏色,胥隸皆股慄退聽。撫民寬和,待士有禮。屆清丈,平役均賦,實行官收官兌法,上官嘉之,頒行通省,以為例。在任七載,清介之守始終不易。舉卓異,不能治裝,士民感恩輸助,父老扶筇攀臥三十里。臨別灑泣,猶惓惓以虛糧未盡去,蕩糧未盡清,三歎息焉。考選,擢給事中。《浙江通志》。參吳《志》。

闕振,字翼公,永定人。舉人,康熙丙午知縣事。清剔逋賦,識拔名流。以讒陷免官。

楊廉,字澹庵,遼陽人。以恩廕授知縣。性剛果,不畏強禦,修築北鄉塍岸,農人賴之。邑《志》自章令士雅纂修後八十餘年,散佚無稽,前莫令大勳甫事整輯,即內陞去。廉敦聘紳士重修刊刻,燦然有章。在任三載餘,以眚誤去。

任雲蛟,字澹庵,蕭山人。順治舉人。康熙丙午任教諭。每月課文,品題甲乙,不稍假借。黌序傾圮,謀于紳士,鳩工修葺,堂廡聿新。在任十年,卒。

盧燦,字孟輝,奉天海州人。康熙壬子授邑丞,遇事敏幹,而持以鎮静。擢龍游令。

邵廷章,字于會,建德人。康熙舉人。授教諭。課士一歲數舉,加意教育,刻有《魏塘課義》三集。遇歲科案,發其新生之貧者,槩不受贄。兩次增葺黌宮。後陞四川珙縣知縣。

崔維華,字西巖,奉天人。知縣事,服官勤慎,詳革塘長,重築圩岸,均有利於民。續脩丁巳以後七年邑《志》。維華父原任湖廣藩司,錢糧未楚,奉檄核算,解任去。

盧宜,字公弼,定海人。康熙舉人。由蕭山教諭調補,學問淵深,勤于著述,教士寬嚴有法。陞貴州鎮遠令。

李之藻,字宸銘,武定州人。兄文襄公之芳總制兩淛,值耿逆之變,之藻隨任行,間效力,有能名。後知縣事,嚴明剛介,喜訟者俱斂跡。之藻念民力惟艱,三月開徵,農忙畢後始摘催一二。革除漕糧私派,飭束旗丁肆横,督濬城河淺隘。禮士崇文,政教悉舉。三載,丁内艱去。

閔元賞,字紫階,烏程人。康熙舉人,任教諭。性和厚,教士誠懇,勤于課試,刻有《鶴湖會藝》四集。倡修學校。在任十八年,與司訓趙汝旭、趙天吉寅恭盡職。卒于官。

于舜枚,字叶虞,金壇人。以副貢知縣事,仁恕明敏,精于剖斷,省差不擾,澄剔舊逋,分十限以紓民力。修復思賢書院,與士子虛懷講學,刻有《會課文》二集、《詩賦》一集,一時文風斐然。以詿誤去。

李夢昺,字震爲,江都人。康熙進士。選庶常,改授知縣。性端凝,操守清潔,念嵌糧攤賠貽累,力持正疆歸額之議。丁内艱去。後官至貴州鎮遠守。

康珪,字輯瑞,滎澤人。由廕生爲邑丞,循謹自飭,不輕受民一詞。每委理民訟,必勸令解釋。康熙乙酉,御舟由松入淛,道經嘉善,當事議毀三官堂橋以待。珪謂橋高無碍,力持獲免。在任十七年,卒,貧無以歸,知縣梁文熜捐助百金返葬。

沈雲鴻,字又京,杭州人。康熙舉人,任教諭。課士甚嚴,與人交,敦古道。以學宮傾圮,商之邑長紳士,重爲修葺,并更新署舍,議重建文昌閣,未果。陞嚴州教授。所刻《山石堂會業》暨司訓沈紹曾評選《武水月課》文,並行於世。

郜煜,字夢陽,登封人。康熙舉人,知縣事。勤慎明敏,革浮糧,清漕弊,嚴緝盜賊,昭雪冤誣,期年獄訟鮮少。以其餘力興利修廢,若城垣、樓櫓、壇壝、祠宇、倉廠、官廨及義學、義冢、河渠、圩岸、橋梁之屬,公私賴焉。性孝友,且嗜學,公暇輒研究《周易》、性理、《孝經》。每校士,親加評隲,列前茅者多獲售,一時稱盛。陞中書科中書。

周宗達,字重章,山西山陰人。任主簿,居官勤慎,聽斷明允,尤篤于寅誼,助康丞之喪,恤王丞之孤,人咸稱之。後陞任黔中,紳士餞別賦詩,有《留惠集》。

楊繩祖,字景西,山西籍,江南山陽人。康熙舉人。由冀州牧改任嘉善。銳精圖治,寬猛得宜。重構倉廳,擴脩忠義孝弟祠。殷懷禮士,常捐俸資其膏火。逋租佔種者,分別懲儆,議歸復嵌田。續脩邑乘,葺梅花道人墓,復建亞聖祠,俱未果。期年病卒。以上嘉善戈《志》。

張鏞,字東序,無錫人。康熙進士。雍正元年知縣事,爲人寧静,恂恂儒雅,以振興文教爲己任。脩思賢書院,厚給膏火,集邑中俊秀,肄業其中。以左遷去,士民懷之。

李天桂,字馥山,大興人。貢生。知縣事,有惠政。縣收漕,會久雨,米色腐爛,坐罷職,行治罪矣。天桂詣城隍廟,仰天呼曰:"嘉善十萬漕,我自問無顆粒入。已,乃令死于此乎!"士民觀者,皆爲感動。有某氏子前曰:"公勿憂,我等當復完耳。"一夕遍傳邨市,三日復得米三千餘石。輸未畢,啟前厫貯視之,則數寸以下皆精粒也。旋以課完,予復職。

戈鳴岐,字桐園,景州人。以舉人任嘉興令,卓異,候陞。旋補嘉善令,續修縣《志》,時稱循吏焉。

羅緒,字天根,閬中人。舉人。雍正十一年,由昌化令署嘉善縣事,操守清慎。聽獄明允,民有搆訟者,緒呼兩造至案前,委曲開諭,民咸悅服。數月之後,案牘日稀。嘗創義塾,以教民學。先時,楊廉、戈鳴岐纂《志》未竟,緒延邑中紳士續成之。以詿誤去,邑人作詩送之,名《慈航集》。

張聖訓,字杏傳,奉天鑲白旗人。雍正進士。乾隆元年,以翰林改授知縣。聽訟明決,庭無留獄。嘉善賦額視六邑較重,而旗丁積蠹,更抑勒爲奸,聖訓廉知其弊,因令各厫削竹編字,號民自探籌,得其厫,即持而從之。槩而溢累黍者,立加之罰,胥吏皆懾息,莫敢恣肆。建魏塘書院,集士之秀者課以文藝,親定甲乙,凡勞農弭盜,皆實力奉行。其循聲遺愛,至今邑人猶傳誦之。

陳以剛,字燭門,天長人。康熙進士。乾隆三年涖任,爲人強毅,愛民重士,尤長于斷獄。有以奴倍主者,勢張甚,以剛執而鞫之,伏其辜。隣邑有殺人者,獄久不具,大吏檄以剛往,一訊即得。又較正市斛,使歸畫一,懋遷者咸賴其利,因號曰天長斛。工詩善書,文學政事,兼而有之。

陶學楠,南城人。乾隆九年,由儒士授邑尉。緝盜安民,勤于職守。時拐黨肆毒,有受其重賂者力護之。學楠盡法嚴懲,搜拔根株,當時有陶青天之名。至今稱幹吏,必推陶尉云。

饒萬鑑,長沙人。貢生。乾隆十一年,知縣事。性廉介,政尚簡静,不事鞭扑。時嘉禾六邑皆患螟災,獨嘉善有秋,民咸德之。在任一年,以引年去。士民賦詩餞別,名其集曰《武水清音》。

梁徽,字慎五,介休人。舉人。乾隆二十二年,知縣事。召邑中父老,詢以利弊。武塘東連松泖,西接秀水,水鄉寥闊,時有剽竊,徽嚴飭捕保,力行保甲法。捐俸招募技勇,協同巡緝,萑苻戢影,民得安居。又以西北二鄉地形窪下,每遇秋霖,傷稼。徽令于農隙時高築圩岸,以禦水患。他若崇學校,釐漕弊,置義冢,以及育嬰堂、同善會,凡有益于民者,莫不盡心籌畫。調錢塘,終杭州東海防同知。

孫震,奉天正紅旗人。舉人。乾隆三十一年,知縣事。居心仁厚,愛民如子,有孫佛子之稱。涖任半載,以越獄[1]去官,士民咸惜之。

周樽,字眉亭,昆明人。乾隆舉人。知縣事,性剛直,不畏强禦。有蠹吏,稔惡不悛,樽婉諭之曰:"若所爲,吾盡知之。今貸爾罪,後有犯,無赦。"吏涕泣悔悟,終樽之任,皆奉法惟謹。以卓異擢本郡通判[2]。歷官安徽布政使。

諸克任,字伊人,號虛白,錢塘人。乾隆丙辰舉人,壬戌明通。博聞強記,處事明練。歷佐大府幕。丁亥補教諭,兼掌魏塘書院,悉心講貫,爲人和厚。所作詩文清麗有骨。後陞寧波府教授。

孫奇,字國珍,三河人。以吏員授主簿,分駐楓涇鎮。鎮與松江婁縣接壤,作奸者每藉鄰境爲逋藪,奇擒治不少貸。操守廉介,卒于官。

邵于柟,字學庵,富陽人。以歲貢選訓導,學問淵雅,尤長于詩。時邑多火葬者,于柟作詩勸之,俗爲之變。在任六年,引疾去。以上伊《志》。

倪象占,號九山,象山優貢。任嘉善訓導,以善教稱。于《志》。

黄浩,字畫峯,江蘇人。嘉慶、道光間,任楓涇主簿。凡遇家有老親,貧不能餬口,而以索詐訴者,則勸被告稍周之,不聽則出己錢千文,使爲小貿易以養親,因而感激從善者甚衆。以老病乞歸,民有追送不舍者。于《志》。

萬相賓,字觀亭,江西德化縣舉人。乾隆乙卯,大挑以知縣服官浙省。嘉慶元年,任嘉善縣,修學校,浚台沙堨三壩,設義園,輯志乘。在任五年,屢辦清漕,一塵不染,安民息訟,案牘無留,猶其餘事。同治九年、十二年,邑紳周士鏜等先後稟請入告,祀名宦祠。光緒元年,奉部議,以胞姪萬青藜現任禮部尚書例應迴避,存記。新纂。

惲敷,江蘇陽和縣舉人[3]。道光二年任嘉善縣。時當災賑,設立粥廠,撈救屍棺,所定賑濟章程,盡善無弊。是年冬,別縣有以晚稻布種,尚可開倉減征者,惟公堅請停止,以蘇民困,災黎感激尤甚。又興修水利,濬華亭塘。捐俸,建張涇滙大橋。他如平聽訟,絶苞苴,禁闈喪,重考課,惠政尤多。光緒元年,入祀嘉善縣名宦祠。新纂。

孫步康,會稽人。廩貢生,博通經史,尤邃於《易》。性廉潔愛士。道光癸未冬,攝篆訓導。甫受事,以育材興教爲己任,遂傳束招諸生,勗以士先器識而後文藝。值歲饑,分俸以瞻貧士。月課,見有才堪造就,時賜酒食。勤施講解,感動士林。邑人陳言有《送歸序》。新纂。

汪能肅,山陰人。嘉慶戊辰,以廣西籍領解,改歸原籍。道光九年,任教諭。居官清介,善鑒金石,訓士務在德化。博學好古,著有《魏塘人物攷》《休休壺山》《魏塘詩古文》等集。二十一年,卒於官。貧不能歸,遂葬嘉善。多士思其遺教,俾其孫入籍應試。新纂。

張錫戊,蕭山縣舉人。道光二十九年任教諭,課士以嚴,優郵備至。學中季考、月課,久爲具文,錫戊力整飭之。又捐俸獎賞,並置田若干畝,見學田額數條內。爲季考膏火,多士始知向學尊師,考課無曠。咸豐八年,以母病去職。

李楨,號碩亭,奉天寧遠州人。道光年任楓涇主簿。南有金帝廟[4],僧文海以浮屠射利年久,屍皆暴露,楨延紳瘞埋。涇有同善會,經理吳姓因貲絀幾廢弛,楨延郁道銘董其事,酌定條規,事垂久遊。新纂。

徐廣緒,字子容,海州沭陽人。道光年任主簿,廉平簡易,人心悅服。有大姓控佃欠租,佃年甫十五,號泣不已。廣緒憐之,予錢,使償業主。歲丁未,鄉里惑妖言,奉芙蓉灣石人爲大仙,祈禱雲集,奸民因以爲利。嚴禁之,并撻其石,鄉愚始悟而散。工詩,善畫,平時以筆墨自娛。新纂。

張學廣,號麓田,直隷人。咸豐間任主簿,廉静狷介,好士愛民。工繪花果,爲時珍重。咸豐辛酉,以俸滿赴省驗看,杭城陷,不屈,自縊死。新纂。

【校注】

[1] 越獄:"越"前脱"因"字。光緒《嘉善縣志》卷十五"孫震"條:"涖任半載,以因越獄去官,闔邑皇皇若失慈父。"

[2]按：本《志》卷三十六《官師表·府職·通判》未列周樽之名。

[3]按：光緒《嘉善縣志》卷十五《名宦》："惲敷，字遜堂，江蘇武進人。甲寅舉人。道光癸未宰嘉善。"光緒《武進陽湖縣志》卷十九《選舉·舉人》："乾隆五十九年，惲敷。浙江海寧州知州。"民國《海寧州志稿》卷二十四《職官表下·知州》："（道光五年）惲敷，字子寬，陽湖人，乾隆甲寅舉人。嘉善知縣陞。有政績。"陽湖縣，雍正二年（1724）析武進縣置，爲常州府治。治所即今江蘇武進縣。故惲敷里貫"陽湖"。

[4]按：光緒《嘉善縣志》卷十五《名宦》："李楨字碩亭，奉天寧遠州人……鎮南關帝廟向係布商歲修，緣僧以寄厝射利，遂輟不修，積柩三百餘具，而廟益坍毀。楨延紳瘞埋，俾遂修葺。"重輯《楓涇小志·祠廟》："關帝廟四，一在鎮南杏花坊。"故"金帝廟"是"關帝廟"之誤。

海鹽縣

漢

案《海鹽圖經》謂：海鹽令長，秦、先漢無考，以東漢爲始。又謂前《志》載，漢令蘇章，蓋據《後漢書·蘇章傳》，嘗爲武原長也。不知武原是鄉，未嘗爲縣。惟彭城有武原縣，豈得謂是茲土乎！舊志名宦《蘇章傳》，今删。

白沃史君，順帝永建二年令也。初，縣治在武原鄉，陷爲當湖。君乘馬走，指得湖東北一角，遂不没。民建廟祀之。《海鹽圖經》。

吴

步隲，字子山，臨淮淮陰人。孫權召爲主記，除海鹽長。性寬雅，博研道藝，訓齊風俗，後代陸遜爲丞相。《三國志》本傳。參吴《志》。

葛公，失其名，丹陽人。有經國才。仕吴，歷宰海鹽及臨安、山陰。後封吴壽縣侯。《抱朴子》。

晉

鮑陋，隆安中爲縣令。會稽賊孫恩攻縣，陋禦之。恩走，復遣子嗣之以兵一千爲劉裕前鋒追恩。裕慮吴人不習戰，命居後。嗣之竟前，戰死。陋終益州刺史。劉《志》。

虞潭，吴國内史軍荒之後。脩滬瀆壘，以備海沙，百姓賴之。

袁山松，吴國内史。孫恩作亂，山松築滬瀆壘，緣海備之。後爲恩所攻陷，被害。以上《海鹽圖經》。　案：滬瀆在今松江東北六十里，舊海鹽東北境。

祖撫，海鹽令。有集三卷。《隋書·經籍志》。　按：《海鹽圖經》誤作梁人，有集三十卷。吴《志》又誤作《隋》。

南北朝

虞邱進，字豫之，鄉人。從宋武帝征孫恩，破賊張驃，追至海鹽故治，頻戰有功。《海鹽圖經》。

王孚，琅琊臨沂人。爲縣令。泰始初，天下叛亂，孚以兵從巴陵王休若討顧琛。琛欲泛海走會稽,孚邀擊之,不得渡。官至司徒記室參軍。吳《志》。

孔僉,會稽人。少師事何允,三爲五經博士。遷尚書祠部郎,出爲海鹽令。袁《志》。

周顒,字彥倫,汝南安城人。隱居鍾山,應詔,出,爲海鹽令。孔德璋作《北山移文》嘲之。終國子博士。吳《志》　案:本《傳》建元初,顒爲山陰令。吕向《文選注》作"應詔,出,爲海鹽令。"

蕭特,字世達,齊高帝曾孫子雲之子。官太子舍人,出爲海鹽令。《海鹽圖經》。

劉霽,字士湮,平原人。天監中爲海鹽令,以和理著稱。《册府元龜》。

徐份,陵之子,有父風。解褐爲秘書郎,累遷太子洗馬。出爲海鹽令,甚有治績。《陳書·徐儉傳》。

唐

劉長卿,字文房,河間人。開元進士。至德二年,攝海鹽令。終隨州刺史。長卿有《攝令上節度李公》詩云:"昔忝登龍首,能傷困驥鳴。""遂令辭短褐,仍欲請長纓。"《罷攝後還舊居》詩云:"累辱群公薦,頻叨一尉微。去緣焚玉石,來爲采葑菲。州縣名何在,漁樵事亦違。"讀此,知長卿登第爲尉後,以事貶廢。復應李公浙西幕府,辟爲監察御史,始承攝縣之遺也。

姚南仲,下邽人。乾元初,擢制科,授太子校書右補闕。出爲海鹽令。觀察使韓滉辟爲推官。歷尚書右僕射。以上《海鹽圖經》。

李諤,字士恢,長慶中令海鹽。察俗利病,引河流,資灌溉。開古涇三百,以禦水旱,民至今利之。嘗于西郊立望城館,張祜題之以詩。《唐書·地理志》。參《海鹽圖經》。

宋

黃郎中,失其名。《海鹽圖經》:或云名道。宋初賢令,民立廟于州前祀之。何執中有《重脩碑記》。吳《志》。

魯宗道,字貫之,亳州人。舉進士,爲海鹽令。疏治東南舊港口,導海水至邑下,人以爲利,號魯公浦。官至參知政事,謚簡肅[1]。《東都事略》。

石知一,太平興國中以主簿攝縣,始建儒學縣東,翁緯爲之碑記,蓋有功于文教者也。

翁緯,海鹽令。初,縣學建于烏夜,逼近農田。景德四年,緯移建于縣東[2],自爲記。以上吳《志》。

褚珵,嘉祐七年,以屯田員外郎知縣事兼管勾鹽場騎都尉,遷廟學于縣南[3],堂齋、小學並新之。吳《志》。參《海鹽圖經》。

李惟幾,字幾道,河內人。嘉祐中,爲海鹽令。時荐饑,漕使元絳行郡,惟幾上書,乞啟郡帑,假官錢,貸民糴種。濬治溝洫,以備水旱。又植木爲閘,及置鄉底堰三十餘所,民賴以稔。柳《志》。

范世京,字延祖,吳人,文正公孫。進士。熙寧間,令海鹽。勸民孝友力田,治聲冠浙右。趙《圖記》。

何執中,字伯通,處州龍泉人。進士高第。判台、亳二州。元祐二年,知海鹽。政識先務,興學校,築捍海隄,置瀦水閘,邑人紀其十異。五年,遷太學博士。官太宰。吳《志》。

喬大臨,政和三年爲縣令。時朱勔以花石得幸浙江之西,一花一石,不問何人家,朱氏蒼頭排闥而入,以黃紙封之,戒主人曰:"善護御前物。"蒼頭至海鹽,入僧房,將盡封其花石。僧徒少拂其意,即箠之。訴于縣,大臨命追逮,杖十餘人。朱勔誣劾之,坐是罷免。柳《志》。

朱良,字良伯,吳郡人,仕海鹽尉。時金人分兵入境,良集射士百餘,奮而前,力不敵,竟死。事聞,官其子。《續文獻通考》。

丁安義,紹興時爲海鹽丞。值歲旱,詔復民租十之八,而和糴尚未罷。安義語令曰:"歲饑,常賦且減,不應復有和糴。即上官怒,安義請以身當之。"檄屢下,抗論反覆。卒賴以免。《浙江通志》。

徐光實,字德充,晉江人。進士。淳熙十三年,爲海鹽令[4]。好獎善類,聞民行孝友,即加褒異。性慈愛,歲旦,縱囚歸省,吏恐亡去,囚輒如期至,無敢脫者。

蔣行簡,字仲可,永嘉人。進士。淳熙中知海鹽,有聲。後知處州。以上袁《志》。

丘耒,字少潛,常熟人。紹興中,知海鹽[5]。治學宮,築海堤二十里。民有宿逋,檢縣藏得羨餘,悉爲代輸。縣有疑獄,一時平反。嘉靖《浙江通志》。　案《題名記》:紹興中並無邱耒,今考福業院常棐《碑》云:紹定元年,大夫邱公來涖事。法喜寺《碑》亦同。則是紹定,而非紹興也。當以金石刻爲據。

劉銓,字全之,樂清人。進士。隆興二年知縣事,值水災,請停秋苗法,勸富人助賑,全活甚衆。學舍久廢,以圭租二百斛倡修之。王龜齡誌墓,稱其政務循良,惜在官不久云。吳《志》。

李大卞,乾道中爲令。縣境有常豐二閘,歲久僅存其一,日就隳壞。大卞重修,以復其舊。且置堰以通往來,民便之。海鹽朱《志》。

趙師石。《澉水志》作師右。淳熙中,澉浦監鎮。知秀州趙善悉嘗薦之於朝。時黃洽爲中丞,以所親屬善悉,善悉聞師石材而未識面,薦而後報曰:"宜以中丞所親爲後。"洽大恚。

趙善悉,淳熙九年知秀州,開濬海鹽官塘,增置鄉底堰。以上《海鹽圖經》。

李直養,字無害,維揚人。初爲海鹽丞,紹熙吳《志》作定。元年,薦知縣事。興修水利,增置鄉底堰八十餘所[6]。重蓋閘屋,易閘板,自是農被其利。又修大成殿,置書籍、祭服兼設小學。廨舍、亭館無不葺繕,爲叢冢湯山,撈溺海屍葬之,歲以數百計。先是,縣未有《志》,自直養創成之。《浙江通志》。參吳《志》《海鹽圖經》。

施棐,字徽晉,紹熙四年爲海鹽教諭。植品修潔,著有《小學記》。吳《志》。

陳仲微,字致廣,高安人。嘉泰二年舉進士,遷海鹽丞。鄰邑有疑獄,十年不決,郡首命仲微按之,一問立決。後拜殿中侍御史。《宋史》本傳。

厲夢龍,東陽人。淳祐二年,任鮑郎場司鹽。歲大歉,清苦檢飭,竭力奉公,三年鹽課以足。吳《志》。

朱瘹炎,字叔明,朱良曾孫。寶祐初,尉海鹽,持論廉恕,決獄平允,郡帥多屬以事。劉《志》。

汪元圭,婺源人。宋末,嘗獻《軍國十策》,特補承信郎、茶院監酒。海鹽朱《志》。　案《澉水志》:酒庫昔在瓗城,後遷茶院,去瓗城一十二里。後漕司庫官兼之。是知茶院酒官,即澉浦監酒也。

【校注】

[1] 按:《宋史》卷二八六《魯宗道傳》:"魯宗道字貫之,亳州譙人……既卒,皇太后臨奠之,贈兵部尚書。太常議諡曰剛簡,復改爲肅簡。"天啓《海鹽縣圖經》卷九《官師·令》:"魯宗道字貫之,亳州譙人……

卒,贈兵部尚書,謚肅簡。"光緒《亳州志》卷十二《人物·宦績》:"魯宗道字貫之。舉進士,爲濠州定遠尉,再調海鹽令。縣東南舊有港導海水至邑下,歲久湮塞,宗道發鄉丁疏治之,號魯公浦……既卒,贈兵部尚書,謚剛簡,後改肅簡,議者以爲肅不若剛爲得其實。"故"簡肅"是"肅簡"之誤。

　　[2]按:至元《嘉禾志》卷七《學校·海鹽縣》:"景德二[四]年,縣令翁緯以舊廟逼農田,移就縣南重建。"卷二十三翁緯《縣學記》:"景德二年,京兆翁緯以試校書郎領邑……明年,水潦害稼。又明年秋九月,嘉穀告登,始有成議。以舊廟逼民田,不得大其制。縣南隙地,形勢爽塏,四隅相望,若有所待者,乃表基之……工不誠而自勤,物無脛而來臻,經之營之,越月而告畢。"光緒《海鹽縣志》卷十四《名宦錄》"翁緯"條:"景德四年,緯移建於縣南,自爲記。"故"縣東"是"縣南"之誤。

　　[3]按:至元《嘉禾志》卷七《學校·海鹽縣》:"嘉祐八年,縣令褚珵以宣聖舊廟久弗葺,願易其地,增置學校,遂立學於縣東南,珵自撰記。"卷二十三褚珵《修學記》:"予從其請,乃得勝壤於縣之東南隅。冬十有二月經始,明年夏五月訖工。"光緒《海鹽縣志》卷十四《名宦錄》:"褚珵,嘉祐七年以屯田員外郎知縣事,兼管勾鹽場,遷廟(學)於縣東南隅,自爲記。"故"縣南"是"縣東南"之誤。

　　[4]按:天啟《海鹽縣圖經》卷九《官師》:"徐光實,字德充,晉江人。進士。紹興間知海鹽。"至元《嘉禾志》卷二十三《重修學記》:"知縣事、左承議郎徐光實視事之初,奉承詔旨,靡敢遑暇,鳩工度材,親督其役……紹興十六年二月十日,左朝奉大夫、充徽猷閣待制、提舉臨安府洞霄宮、平原縣開國伯李正民記。"徐光實"知海鹽"時在"紹興十三年",非"淳熙十三年"。

　　[5]按:本《志》卷三十八《官師三·海鹽縣知縣》,丘未"紹定元年任"。天啟《海鹽縣圖經》卷三《佛寺》引常棐《福業院碑記》:"前大夫丘公未,蒞事甫三日,至院,噓唏顧瞻。率僚佐邑民,捐金施予,大殿、門廡、齋堂、庖湢,輪乎奐乎,不愆於素。役始紹定元年七月,迄端平三年六月。自院之立,未有盛於今日,光之力歟!"故"紹興"是"紹定"之誤。

　　[6]按:淳熙十年二月,趙善悉《秀州海鹽水利事奏》:"本州海鹽縣境近兩年已修築堰閘共八十八處,開浚運河一百四十九里一百步,瀦積水源,以資灌漑之用。"至元《嘉禾志》卷五《堰閘》:"淳熙九年,守臣趙善悉興修水利,增築鄉底堰,共八十一所。"天啟《海鹽縣圖經》卷五《水利》:"而鄉底各堰,前令李惟幾嘗置三十餘所掠水,善悉復增爲八十一所。"故"增置鄉底堰八十餘"的是"趙善悉"而非"李直養"。

元

　　顧泳,汴人。世祖至元二十一年,知海鹽州。值大旱,禱祀陳山,雨立至。築塘禦潮患,名捍海塘。卒于官,貧不能還,子孫葬泳尚胥橋南,遂家焉。

　　邱世良,字子正,大德中教授海鹽。嘗復學田。《楊載集》有《贈邱子正之海鹽》詩。

　　吕德裕,字文饒,袁《志》作僥。單父人。延祐中,爲海鹽教授[1]。初,學田萬畝餘,俱被侵蠧,德裕搜剔之,以所入興修廟學。德裕處己以嚴,行事有節。時知州事趙孟貫、賈禧先後有志作興,德裕亦卓然有成。翰林陳旅書其績,以爲才可大用云。以上《海鹽圖經》。

　　李仲彬,至治三年知海鹽州。甫下車,時雨若,禾黍成,歌謠載途。又知州孛蘭奚[2]察邇見遠,奸宄僉得其情。又海砂場鹽司丞抹速忽廉幹寡欲,能潔其操,亭民不煩。《三賢堂碑記》。

　　趙孟貫,字子唯,黃巖人。泰定時,爲海鹽知州[3]。有惠政,民思之。

　　賈禧,字吉甫,宛邱人。泰定時,爲海鹽知州[4]。能行之以正,限之以信,羣佐若卑弟子,老胥肅然奉之。以上《樂郊私語》。

　　葉彦中,字大中,松陽人。至正時,知州事。才敏有風操。累官御史。

　　陸德中,失其名。行省參知政事陳秀民有《送德中赴海鹽知州》詩。

　　陳某,並其名字亦佚之。正至二年,任知州,興學校,作大成樂,範金爲鐘,及造琴瑟、笙磬之屬,集諸生三十二人肄習之。

范廉卿,樂城人。至正十八年,以蔭補蘆瀝巡檢。爲人恂恂儒者,善騎射。州瀕海,亡命販私鹽擅利,飛棹往來,莫之敢攖。至是皆心懼廉卿,境内毋敢私販者。時推官陳春以平反鹽獄百人見稱,大僚以爲使巡官人人如范,何必陳司理平反也。

【校注】

[1] "延祐中,爲海鹽教授"句:本《志》卷三十八《官師三·海鹽縣》:(教授)"後至元,吕德裕。"卷九《學校二·海鹽縣》:"後至元初,教授吕德裕、知州賈禧大新之,作櫺星門、採芹橋。"光緒《海鹽縣志》卷二《職官表上·教授》:(後至元)"吕德裕單父人,六年任。"故"延祐"是"後至元"之誤。

[2] 按:本《志》卷三十八《官師三·海鹽縣》:"(至治年)字蘭奚達魯花赤。"天啟《海鹽縣圖經》卷九《官師》:"達魯花赤,監使也。時海鹽爲中州,達魯花赤與知州並正五品,得二人焉。字蘭奚、至治中,與知州李仲彬同官。也先不花。"故"知州字蘭奚"是"達魯花赤字蘭奚"之誤。

[3] 按:本《志》卷三十八《官師三·海鹽縣》:"(後至元)趙孟貫黄巖人。"光緒《海鹽縣志》卷二《職官表上》:"(後至元)趙孟貫黄巖人,六年任。"卷十四《名宦録》:"趙孟貫,字子唯,黄巖人。後至元時任知州,有惠政。民久而思之。"故"泰定"是"後至元"之誤。

[4] 按:本《志》卷三十八《官師三·海鹽縣》:"(後至元)賈禧宛邱人。"光緒《海鹽縣志》卷二《職官表上》:"(後至元)賈禧宛邱人,六年任。"卷十四《名宦録》:"賈禧,字吉甫,宛邱人。後至元時任知州,能行之以正,限之以信。"故"泰定"是"後至元"之誤。

明

郭卣,濟南人。以吏員爲典史,奉職公勤,有幹才。洪武二十三年,知縣淡成奏保,陞縣丞。以上《海鹽圖經》。

酈嵒,博興人。進士。建文二年,知縣事。袪刷吏弊,深得民心。永樂元年,應求賢舉,陞工部郎中。吴《志》。

張佑,金壇人。建文四年,任典史,佐理公勤,吏民畏服。永樂二年,應求賢舉,陞長樂縣丞。《海鹽圖經》。

畢瑗,永樂五年知縣事。築田圍一千六百四十,民利之。

吴復,閩縣人。永樂時以知印除海鹽簿,聲績大著。累官工部侍郎。以上吴《志》。

袁惟善,贛州人。吏員,爲海鹽丞。勤撫字,平徭役,民悦服之。永樂十二年,坐事謫徙。民具績訴于郡,郡轉聞之朝,下所司覆實,得復職。《海鹽圖經》。

上官廉,南豐人。舉人。永樂十三年,知海鹽縣。公平正直,和易近民。殁于官。歸葬之日,民有執紼號泣者。海鹽朱《志》。

陳諤,字克忠,番禺人。舉人。永樂初,官給事中,歷陞順天府尹。謫知海鹽,著有政績,後遷長史。吴《志》。

王端,字宗正,河間人。監生。正統十四年,爲海鹽令。勤慎廉平,苞苴不行,刑罰不濫。景泰五年,朝覲。還,卒于途。聞者莫不歎息。《浙江通志》。

郭禮,蒲州人。正統間任典史,清儉介直,蒞下有威,民信服之。

黄楚章,豐城人。歲貢生。正統間授教諭,設學規甚嚴,與訓導鄭理劇協心誘迪,士習一振。

鄭理劇，閩縣人。舉人。正統中授訓導，以經義德行教諸生，爲體用之學，士知嚮方焉。

孫芳，沭陽人。正統中授訓導，以興起斯文爲已任。增置學舍，與諸生日夜講授，俱有程度。絃誦之聲，至曉不輟。

莫震，字霆威，吳江人。進士。景泰七年，補海鹽令。任七月，有威嚴，吏民敬畏，不敢干以私。終延平府同知。以上《海鹽圖經》。

周灝，字秉純，邵武人。舉人。成化三年，知縣事。往例，里甲派馬，價百金，灝遣還之。有積吏劉淵者，以弄法致千金，灝案其奸。徵收例有羨餘，灝悉貯庫，以充正數。縣苦徭稅，灝議捐賦之法，遂減其徭之半。在任三年，清介如一日。擢松江府同知。未赴，卒。《邵武府志》。

楊克敬，字宗禮，真定人。監生。成化六年爲海鹽令，端重耿介，懲豪右。後以執法，爲奸者所誣，民聲其冤，卒不白。

李雲，字載章，分宜人。進士。成化十年任，濬滌川水道，茸繕邑城，稱能吏。以上吳《志》。

譚秀，字聳秀，江西龍泉人。舉人。成化中，知海鹽縣。先是，海塘修築，役七邑民夫爲陂陀形，易圮。秀催役改築，植椿疊石，稍殺其外，以禦潮水。自此無患。嘉靖《浙江通志》。

陳暹，字序進，莆田人。舉人。成化中教諭，有儀範，工詞翰。修茸《縣志》。袁《志》。

林榮，字希袁《志》、吳《志》作尚。仁，閩縣人。舉人。成化中，授教諭。待諸生以恩義，有脫其妻簪珥爲贄者，固辭不受。卒于官。貧無以殮，張給諫寧謂榮貌與心同，言與行皆君子也。

陳良，字秉善，莆田人。舉人。成化中，授教諭。以蔡氏書教諸生，多所成就。以上《海鹽圖經》。

王璽，字仲信，廬陵人。進士。弘治十二年，知海鹽。新縣治，興廟學，築塘捍海，砥方石，縱橫相制，尤爲得法。人呼爲龍王廟前樣塘。擢知德慶州。《浙江通志》。

李頎，字文嘉，考城人。舉人。弘治末，知海鹽縣。篤厚廉謹，士大夫號爲長者。

嵇鋼，字汝堅，安東人。舉人。正德時，自於潛令調海鹽。蒞政二年，案無留事，獄無繫囚，吏民懷服。擢知湖州守[1]。以上吳《志》。

辛九齡，字希章，袁《志》、吳《志》作童。蔚州人。舉人。正德時，知縣事。剛方自負，不私一錢。《海鹽圖經》。

朱實昌，字士光，高安人。進士。正德時，知海鹽縣。時官河埋塞，捐俸疏濬之。在任三載，召拜御史。實昌長于吟咏，其試士詩有“神駿留奇骨，干將有異光”之句，時傳誦之。吳《志》。

張濂，字景周，薊州人。進士。正德中，知海鹽縣。蒞政三年，民歌之曰：“前堂無吏人，後堂無優人，堂下無犯人。”擢監察御史。《浙江通志》。

呂湯民，河東人。案《海鹽圖經》《浙江通志》作南河人。監生。正德中，爲海鹽丞。事母至孝，爲政清平。卒于官，歸無行貨。

劉桂，字子芳，黃岡人。進士。嘉靖初知海鹽縣，洞察民隱，不妄施刑。工古文，校訂郡中先達遺集。終合州知州。以上吳《志》。

張瀚，字鵠舉，泰興人。進士。以諫武廟南巡，廷杖罷官。嘉靖四年，起補海鹽令。爲政得大體，民困徵役，瀚至，減十之五。陞湖州同知。官至戶部侍郎。民懷其德，立解帶亭。《浙江通志》參《海鹽圖經》。

夏浚，字惟明，玉山人。進士。嘉靖九年，知海鹽縣。英敏有學識，賦役多所調劑，水鄉寵歸民後，所授之蕩，歲徵草價納醝司，賠累不一。浚乃改議，蕩給濱寵，價并歸民糧；其濱寵舊所免民田之耗，悉徵之。選雋茂，講授經義。正名宦、鄉賢祀典。續修《縣志》。人服其簡嚴。《海鹽圖經》。

董珆，涇縣人。進士。嘉靖十二年，知海鹽。時海塘傾圮，捐俸修築。又葺澉浦城，上官獎勵之。

張載陽，字子春，浮梁人。舉人。嘉靖二十九年，知海鹽。時多流寇，令鄉鎮植柵，又選民之壯者晝夜巡禦，邑遂無患。以上吳《志》。

童崇，字德崇，甌寧人。嘉靖中，授教諭。性抗直，善振作士氣。徐咸贈之詩，有"静廉不作肥家計，諄切期收造士功"之句。

吳允隆，江西人。嘉靖間爲典史，奉檄築捍海塘，縱橫互制有法，屢經風潮不圮。名曰典史樣塘。

鄭茂，字士元，莆田人。進士。嘉靖三十二年，知海鹽。值倭亂，茂築城，建敵臺，集鄉勇晝夜守禦。倭凡再薄邑城，茂悉力死守，得無患。時寇南穴石墩，北穴柘林，海鹽介其中，村落焚劫幾空。茂弔死扶傷，日不暇給。而軍糧、驛馬諸費，咸備無失。後以秦駐塢之捷賜白金文綺，擢兵科給事中。著有《靖海紀略》。

李茂，南昌人。吏員，爲巡檢。勤慎明敏，尤精於射。嘉靖癸丑，倭犯海鹽，茂即有牛橋之斬獲。甲寅四月，倭又猝至，茂佐鄭令備城守器具。賊知有備，去。復守澉浦城，悉力捍禦，城賴以全。《靖海紀略》稱其屢隨征剿，氣壯而不懾。以上《海鹽圖經》。

何希周，新寧人。監生。嘉靖時爲丞，持身謹愿，海塘圮壞，希周泣請當道修築。陞許州判官。

王宗載，字仲勉，袁《志》、吳《志》作時厚。京山人。嘉靖進士。知縣事，問民疾苦，省刑薄税，僉審徭役，親自檢括，里胥不能爲奸。濬水利，農不苦旱。他如修海塘，禁私鹽，清覈軍匠，查革虛名兵餉，精心悉慮。暇與士子講藝，多所成就云。劉《志》。

李薦佳，字伯受，潁州人。進士。嘉靖四十五年，知縣事。氣度寬洪，政尚簡易。擢户部郎。吳《志》。

鄭昊，字祖欽，順德人。進士。隆慶三年，知縣事，時築海塘，親往采石。爲文諭俗，惻怛感人。擢南户部主事。吳《志》。參《海鹽圖經》。

范梅，字元春，豐城人。進士。隆慶六年，知縣事。年甫十七，明察如老吏。修築角里[2]堤蓄水。以憂去。

盛德，丹徒人。歲貢生。隆慶中，授教諭。端嚴寬恕，士有冤抑，求達有司者，必面拒而潛爲之地，終不使之知也。以上《海鹽圖經》。

高梓，字植修，貴池人。隆慶時訓導，清學田，徵逋租四百餘石，增置田一百畝。時值土人周香聚黨爲亂，梓白于縣，捕獲之。薦，擢通判。吳《志》。

饒廷錫，字文命，進賢人。進士。萬曆三年知縣事，政尚嚴肅，犯者罔貸。時興役築塘，身先百執程事，以勞瘁卒。祠海上。《海鹽圖經》。

蔡逢時，字應期，寧國人。進士。萬曆中知縣事，廉潔自持。行均田法[3]，以三百二十畝管一役。又革坊廂丁田役,立門攤僱夫法,邑咸稱平。《浙江通志》。

張汝翼,景州人。歲貢生。萬曆時爲丞,性魯直,一塵不染,日惟餔糜而已。陞廣寧衛經歷。

周之光,湘潭人。歲貢生。萬曆中爲丞,管糧,卻例金,人頌之。陞漢陰知縣。以上《海鹽圖經》。

黃之俊,字君籲,清江人。進士。萬曆十五年,知縣事。温雅循謹,好恤窮民,以劾去。清貧自苦,民多冤之。《海鹽圖經》參吳《志》。

謝吉卿,字修之,晉江人。進士。萬曆十七年,知縣事。時大饑,民多攘奪,吉卿以鎮静持之。再築海塘,有勞績。《海鹽圖經》。

王臨亨,字止之,袁《志》、吳《志》作止元。崑山人。進士。萬曆二十年,由西安縣改知海鹽。遇事精敏,察獄不越宿。縣城久圮,加築高廣,海警無恐。升杭州知府,未任,卒。《浙江通志》。

李當泰,字元祉,本姓俞,泗州人。進士。萬曆二十二年,知縣事[4]。值編役,限士紳免額,謝鄰邑詭寄。所徵賦税,悉以原封發解,耗羨無染。歷官工部郎。吳《志》。

杜士全,字道執,上海人。進士。萬曆三十年,自大冶縣調海鹽。性坦白,嘗自謂:“吾作令,于前官無一事更張,于上官無一事條陳,獨服膺‘平易近民’四字以爲箴警。”然遇大利害,嶷然不少動。官至太常卿。

漆元中,新昌人。舉人。萬曆中以湘鄉令改教諭,嚴取予,敦氣節,士有伺有司謁廟請事者,元中聞之,先揭其人于廟門,使其自愧。後署崇德,以長揖漕使者遷教授,勒致仕去。

翁恒吉,壽昌人。萬曆中授訓導,端方嚴毅,有不屈之節。

陳柯,當塗人。萬曆中,爲典史。歲乙亥,開白洋新河,築土塘,督砌捍海石塘,勞績甚多。陞高安主簿。

濮陽春字生府,宣城人。進士。萬曆三十三年,自上高縣調海鹽。性真率,與人無忤。擢南刑部主事。

喬拱璧,字穀侯,上海人。進士。萬曆三十六年,知縣事。時衛卒餉多冒濫,嚴絕其弊。清田額,行貼役法。築捍海塘。增設漕糧倉廒、吏廨及甃街葺堰,民多賴之。擢兵部郎。以上《海鹽圖經》。

何杲,吳《志》《海鹽圖經》俱作呆。字白夫,懷寧人。進士。萬曆四十一年,知縣事。初政尚嚴,後濟以寬,故民畏而見德。市肆有門攤,商税報派不均,杲核而差等之,困大蘇。行鹽票多至六千,滯正引,且累肩挑賠敗。杲令減票二千,鹽課以足。擢監察御史。《浙江通志》。

樊維城,字元宗,黃岡人。萬曆進士,知縣事。徵賦,令民自行投櫃,省漕兑贈耗數千百石。爲孝子沈壽康立俎豆,修葺張給諫、葉侍郎廬墓。纂述《縣圖經》。天啟中遷禮部主事。

朱應熊,字渭叟,浮梁人。進士。崇禎五年,知海鹽縣。爲政和平,而吏民畏服。陞兵部主事。

【校注】

[1] 按:天啟《海鹽縣圖經》卷九《官師》:“嵇鋼,字汝堅。安東人。舉人。於潛調至……擢知河州。”光緒《淮安府志》卷三十三《人物·安東縣》:“嵇鋼,字克堅。舉人。授於潛令,轉海鹽,晉河州……後陞臨

洮知府,致仕。"故"湖州"是"河州"之誤。河州,明景泰二年(1451)改河州衞設,治所在今甘肅臨夏回族自治州。

[2]按:天啟《海鹽縣圖經》卷九《官師·令》:"范梅,字元春,豐城人。進士。隆慶六年任。修築用里堤蓄水。以憂去。"故"角里"是"甪里"之誤。甪里,即甪里堰。

[3]按:天啟《海鹽縣圖經》卷九《官師·令》:"蔡逢時,字應期……公乘丈田後,行均甲法,先定士紳免額,次歸併,概以畝三百二十受一役。"故"均田法"是"均甲法"之誤。

[4]按:天啟《海鹽縣圖經》卷九《官師·令》:"李當泰,字元祉,進士,萬曆二十三年任。"乾隆《泗州志》卷八《選舉·進士》:"(萬曆)李當泰　己(乙)未　□部主事。"萬曆己(乙)未,即萬曆二十三年(1595)。故"萬曆二十二年"是"萬曆二十三年"之誤。

國　朝

郭尚信,字誠之,遼東人。順治七年知海鹽縣。治術詳明,漕兑嚴禁旗軍額外科索,以白糧詿誤,人皆惜之。以上《海鹽續圖經》。

毛一駿,字槐眉,竟陵人。舉人。順治十二年知縣事。性仁厚,愛民好士,尤邃於經學。修築城垣,監築海塘,有殊功。吳《志》。

潘宏仁,歸安人。舉人。順治十三年授教諭,學問純粹,持己接士,皆出于至誠。署縣篆,清慎著聲。陞紹興教授。

雷騰龍,字化明,三原人。拔貢生。順治十七年知海鹽縣。十八年,奏銷抗糧一案,先期清算,紳衿無錙銖欠。各縣罣累甚多,人咸服其先見。

湯其升,字日峰,南豐人。進士。康熙五年,知縣事。建縣治大門,及更鼓樓,盡復舊觀。

楊宏仁,字蒼霞,永安人。歲貢生。康熙初,授海鹽主簿。為人質直不撓,以南糧負債,自戕,民多哀之。

黃學孝,字衷赤,大興人。吏員。康熙間授海鹽主簿,頗著勞績,卒于官。見《漕兑碑記》。以上《海鹽續圖經》。

張素仁,字靜公,遼東人。廕生。康熙九年,知海鹽縣。催科力行滾單,不事敲扑,漕糧盡革陋規。實心造士,以興文教。修築海塘。發粟賑饑,士民尸祝之。《浙江通志》。

董佩笈,字時瀛,武進人。進士。康熙二十八年,知縣事。居心仁厚,歷官川東觀察使。子伸傳以先人遺愛所在,遂家於海鹽。

李鍵,字梅墅,漢軍正黃旗人。監生。康熙二十九年,知縣事。吏才明敏,搏擊頑梗,不遺餘力。陞綏德州知州。

梁澤,字采山,順德人。舉人。康熙五十七年,知海鹽縣。力革諸役,當官自給。雇值莊田,用順莊法,民稱其便。喜談藝,創觀成書院於西門外。

王仕正,字亦清,漢軍監生。雍正二年,知海鹽縣。政尚嚴明,獄訟衰息。在任十年,士民懷之。

王紱,字子文,河南人。舉人。乾隆四年,知縣事。未及一載,卒于官。遺孤世林、世樅,生母汪誓守撫之。邑人感公多善政,請于上官,撥育嬰堂東北隅以居,兼助饔飱資。世樅以寄籍為諸生。

周宣猷，字雪舫，長沙人。進士。乾隆六年，由桐廬令調海鹽，操守廉潔，才具明敏，不畏強禦。作興文教，捐資創修邑《志》，人尤以爲功之偉者。

王如珪，字桐叔，宛平人。歲貢生。乾隆八年，由仙居令調海鹽，踵前令周續成邑《志》，俾六十年來文獻有徵，如珪力也。以上《海鹽續圖經》。

王錫位，貴州人。舉人。乾隆二十年，任鮑郎場大使。居官務以德化，濱海竈戶相戒勿爲私販。歲旱禱雨，錫位徒步三里許，不以爲勞。民居失火，叩頭祈禱，頭額俱腫。解組日，囊橐蕭然，商民醵金贐以歸。

陳愷，字藹堂，融縣人。舉人。乾隆二十四年，知海鹽縣。明于折獄，不妄責一人。善堪輿，治南有高阜，愷以爲百里內秀氣所鍾，捐廉建奎文閣以鎮之。縣之科第綿延，亦愷之澤也。

王序端，字可堂，漢軍舉人。乾隆癸未，任鮑郎場大使。奉委撥商捐公銀，開濬沿塘新河，頗著勞績。工詩詞、楷法，時集士人爲詩文會。秩滿，擢廣西知縣。

陳士琤，字月巖，仁和人。舉人。乾隆二十六年，授教諭。崇尚氣節，見有司無諛色。月課諸生，每卷必爲芟改。時有結文社課藝者，就士琤正之，士琤集諸明倫堂左側，課以文一、詩一，約本日交卷，不許攜歸私齋。在任六載，致仕去。

韓本晉，字望川，陽曲人。進士。由秀水調知海鹽。爲人厚重，政尚寧靜。海寧陳氏改毀澉浦孫家堰張老人閘，與澉浦士民糾訟不已。本晉請於大吏，得復舊制。嘗奉檄委勘孝豐疑獄，衆山之中肩輿不能達，乃徒步至其處，集諸犯于庭，虛衷研鞫，冤者咸得雪。嗜讀書，所在多惠政，有古循吏風，民至今思之。

張九華，字蓮洲，號雨亭，直隸人。舉人。乾隆四十四年，由景寧縣調海鹽。性長厚，操守廉潔，邑多徭役，派及編戶，九華捐俸任之，不以一錢累民。歲遇秋試，擇一邑能文之士，贈之金以助行貲。在任二載，深得士民心。後以疾卒于官，妾汪氏殉節，詳《列女傳》。

吳焯，乾隆四十九年署鮑郎場大使。時東團場及西海場俱開濬築修，焯與澉浦紳士親督工程，不辭勞瘁。奉檄調任，復留澉浦，以俟工竣，至今利賴之。以上伊《志》。

鮑鳴鳳，安徽人。令海鹽，甫下車，相度水利，鳩工開濬永安湖，并修築湖堤閘座，疏理中河支浜，戴星出入，經畫詳明。去之後，澉人戴其德，爲立鮑公亭。于《志》。

張宗軾，字柳溪，湖北嘉魚舉人，令海鹽。愛民如子，任鹽十三年，咨訪利病，興革得宜，未嘗獵取能聲。卒於官，邑人思其德不衰。于《志》。

楊國翰，字丹山，滇南進士。爲海鹽令，創修明倫堂、蔚文書院、育嬰堂，百廢具舉。爲政寬嚴並濟，以實心行實事，禁火葬，捐義冢，嘗慕魯參政風，爲葺其祠。于《志》。

張力行，字顧堂，湘潭監生。乾隆四十年，任知縣。加意人材，創立蔚文書院，酌經費，定章程，克垂久遠。四十四年，調任平湖，邑人朱丕烈爲撰《德政碑》。新纂。

汪仲洋，字少海，成都舉人。道光元年任知縣。時議修築海塘，悉心經畫，築塘八十餘丈，工程堅固，稱爲汪公塘。刻有《塘工成案築法》，甚詳。公餘賦詩，有《海壖唱和詩》六卷。新纂。

來清曙，字新齋，蕭山舉人。道光八年任訓導，儉約自持。秉鐸二十載，悉心教導，邑中能文士登科第者皆出門牆。新纂。

楊鶴鳴，字琴友，侯官舉人。道光十八年署知縣，政尚寬平，民初犯法，劃諭使自新，再犯乃嚴懲。甄拔書院肄業生，按月集署中督課，捐廉給獎，文風一振。新纂。

王瑩，字瑟園，鄞縣舉人。道光十八年，任海鹽教諭。積學淵博，時太守于尚齡修郡《志》，瑩任分纂，收訪遺書，採擇確當。新纂。

陳祥爔，字椒堂，諸暨人。舉人。道光二十二年任教諭，整頓士習，按月課藝，歷年不替助祭。諸生有衣冠不整者，嚴飭之。採訪節孝二千餘人，詳請旌表。己酉，襄辦賑務，能得人心。新纂。

段光清，字鏡湖，宿松人。舉人。道光二十九年署知縣，勤吏事，日坐堂皇，有控訴者立訊。或循行巷陌，訪察民情，訟棍蠹役，訪獲重懲，人呼爲段青天。時值水災，廣勸助賑，重治乘災搶奪者，境內帖然。歷官浙江按察使。新纂。

趙濟川，字小溪，合肥人。同治二年冬，蘇軍援浙收復縣城，濟川奉委暫署縣篆。時降衆頗桀驁，駕馭無敢梗令。匪類或壞民居，捕治不稍貸，地方賴以安謐。新纂。

王彬，號叔雅。福建閩縣人。解元。同治十三年，任海鹽。請濬白洋河，並修濬浦永安湖堤閘。倡修縣《志》，整飭書院，士民感之。新纂。

平湖縣

明

徐韶，豐城人。監生。正統甲子，知縣事。工部尚書石璞奏韶罷軟不能任事，去官。景泰庚午，部民保韶廉勤有爲，鎮守副都御史軒輗以聞，遂復任。

李燾，東光人。監生。成化間，知縣事。時周家涇并獨山海塘衝塌，鹹水浸入民田，燾奏乞將在官折贖納米銀計工修築，從之。以上平湖程《志》。

梅清，字本潔，大足人。監生。成化間，任管糧丞。衣粗食糲，一介不苟。催徵餘日，佐其長以廣教化。大吏知其廉毅，檄按他邑疑獄，多明允。檄董海塘，勸勞有方，工速而固。樂近文士，不廢吟咏。九載考滿，乞歸。祀名宦。柳《志》。參平湖朱《志》。

郝文傑，字士英，陽曲人。舉人。成化中，知縣事。爲政勤激勸，擇三老子弟中孝弟篤行者獎勵之。里閈有不軌及胥吏軌法，咸裁以律。遷知高郵州。

林光，字緝熙，東莞人。成化舉人，以會試乙榜授教諭。光生而清癯，好學不倦，師事陳獻章，築室欖山，往來問學者二十年。巡按朱英勸之仕，光以書報之。尋以母強之出，上敦教化、養廉恥疏，言甚懇切。巡視彭紹廉其賢，待以賓師禮。丙午，主考福建。弘治己酉，又主湖廣試。是年，總修浙藩《憲廟實錄》，辛亥修《嘉興府志》，壬子同考順天，凡三校文，多得名士。陞兗州府教授。祀名宦。以上劉《志》。參平湖程《志》。

熊卓，字士吳《志》作志，誤。選，豐城人。弘治進士。知縣事，剛毅明敏，權貴無敢撓之。尤廉潔自守，爲時良吏。擢御史。祀名宦。趙《圖記》。

郭天錫，字福山，登州人。舉人。正德末知縣事，清謹有惠愛，不阿上官，風力甚著。遷知徐州。趙《圖記》。參平湖程《志》。

周仕，字用賓，廬陵人。嘉靖進士。知縣事，剛正嚴明，介然有守。詞無妄受，以是少訟。尤重學校。母終於署，徒步哀號，觀者咸爲墮淚。後令句容，陞工部主事。祀名宦。劉《志》。參平湖朱《志》。

黎循典，字成五，華容人。嘉靖甲午，由舉人知縣事。興學校，省刑罰，均徭稅，催科不擾，和易近民。擢御史。劉《志》。

戴鍊，字成之，婺源人。舉人。嘉靖中任教諭。有文學聲。以古道率人，崇尚志節。生徒貧而好學者，分俸賙之，捐貲以葺學廡。陞知寧州。趙《圖記》。

蔡鳳，字九苞，南昌人。吏員。嘉靖中爲縣丞，任事果敢篤實，絕無矯激近名之私。秩滿，乞休。趙《圖記》。參平湖程《志》。

張煌，字用韜，福建南安人。進士。嘉靖己亥，知縣事。爲政務篤實，不用矯激。邑中刁黠噤不敢動，訟者得一言輒解去。陞工部主事。平湖程《志》。

陳朝紀，號石亭，南海人。貢生。嘉靖中由歙縣訓導遷教諭，直己守道，終始一節。工詩，嘗有"天下可人惟雪色，客中知己只梅花"之句。歲祲，捐俸周諸生急，老而致仕，門人爲刻《冷香留稿》，以志去思。劉《志》。參平湖程《志》。

曾曙，字暘谷，全州人。舉人。嘉靖甲辰，知縣事。性介，不妄取與。剔蠹除奸，與民休息。是歲秋大饑，殍殣相望，曙力請大吏出粟賑之，廣設粥廠，以食飢者。會催科甚急，毅然曰："吾官可罷，民不可毒。"有逋稅者咸使歸業，弗之繫，民免轉徙。竟以緩徵罷去，泣送者數千人。祀名宦。

李僑，字仙臺，長清人。嘉靖進士。知縣事，立法尚嚴明。先是，田不均，輕重失實，僑始爲均之，民稅得舒。以上平湖程《志》。

楊挺高，字叔謙，金鄉人。進士。嘉靖二十九年知縣事，性狷介，袍履皆布素，署中機杼聲達宵晝。入覲時，贄儀惟粗布兩疋，家人紡紙物也。署後有隙地，種蔬自給，以餘蔬饋士大夫，曰："不可一日不知此味。"排里供費，一切裁省。在任三年，冰蘗之聲聞於遠近。祀名宦。劉《志》。參平湖程《志》。

喬登，字子高，延津人。吏員，任典史。嘉靖癸丑，倭寇至，登奉檄禦於邑東南之曹家橋。所將民兵猝見敵，皆望風逃竄，登奮身不顧，率其子戰歿於陣。祀報功及名宦。平湖程《志》。

殷廷蘭，廣東人。嘉靖進士。授嘉興推官，署縣事。倭猝至，僅隔一水，時未有城，令民無走，當爲疑兵以卻賊。於是晝則揚兵，夜則列炬舟側，市人聲應若十萬師，賊駭遁，百姓歡呼相賀。廷蘭曰："是倖也，不可以再。"亟申請築城以守，經畫措置，盡得其宜。祀報功祠。劉《志》。 互見《府名宦》。

胡松，字茂卿，績溪人。正德進士。嘉興推官，繼殷廷蘭後署縣事。時議築城，詣幕府曰："民難與慮始，請縛松置軍前，民愛松，必相急，乃可舉事。"從之，不閱月，城成。累官工部尚書。吳《志》。

劉存義，字質夫，襄陽人。嘉靖進士。三十三年，知縣事。時邑受倭患尤劇，始議城守。存義至，負土築坤，坤成而倭至，雉堞屹然，倭不能上，悉力來攻，存義申號令，明賞罰，擐甲援枹，立矢石下。倭見堅守，遣酋至城下，裸衣跳罵，欲激戰。手弓射之，應弦而倒。倭解圍去。總督胡宗憲率師數萬屯城中，土漢交雜，供費億計。存義盡心調護，卒以用間殲賊沈莊。倭既平，亂兵慘甚於倭。存義百方撫戢，邑賴以全，民爲立報功祠并祀名宦。平湖程《志》。

顧廷對，字子俞，泰州人。嘉靖進士，知縣事。遇事敢爲，辨疑獄，洞得其情。先是，較田多寡以役民，民以田爲仇。廷對創條鞭均徭法，總計而年徵之，貯於官以貼役者，力均而不病。上官初弗之許，廷對反覆陳利害十數條，始得如請。令下，民若更生。逾年，南海麗尚鵬按浙，頒其制行之，各郡邑所在稱便。擢御史。祀名宦。《一統志》。參平湖程《志》。

法暟，字雙嶼，丹徒人。縣自建治後百餘年未有《志》，嘉靖癸亥，暟任教諭，慨然以文獻爲己責，博採省《志》、府《志》，摭拾稗官家乘，閱三月書成，時稱詳核。吳《志》。參平湖朱《志》。

丁應賓，龍陽人。嘉靖進士。知縣事，務簡静。恤民養士，前知縣顧廷對立條鞭法，法行浙中各郡邑，他邑或稍更張，弊復滋，應賓一遵約，邑人賴之。劉《志》。參平湖朱《志》。

趙書，字同文，桐城人。歲貢生。嘉靖末任訓導。案劉《志》作教諭，誤。勤課士。諸生餽遺，卻弗受。其甚貧乏者，至典衣以周之。嘗作《明倫》十二事以訓士。士有篤行誼者，輒稱舉以爲儀表。學道聞而褒賚之，即以所賚鑄鼎學宮爲銘，以見志。陞遂昌教諭。劉《志》。參平湖程《志》。

李實，字若虛，瀘州人。隆慶進士。知縣事，究心民隱，搜剔吏蠹。獄訟日減，諸役無所事事，多散去。乙亥夏，海溢害稼，實周視，賑恤安集數千人。邑有把持稅牘，積蠹其中者，洞燭之，毫不敢隱。僉徭煩簡，各以力任，民咸便之。祀名宦。劉《志》。

劉士瑗，字允玉，安福人。萬曆進士，知縣事。性穎絶，凡訟牒文移，一覽不忘。學宮災，捐俸爲倡，不旬日告成。監司議開金山渠，士瑗慮海潮延入內地，爲民患，以去就爭之，乃寢。陞刑部主事，祀名宦。平湖程《志》。參袁《志》。

洪敷文，號質所，臨桂人。解元。萬曆己卯，署教諭。容貌修偉，爲人寬綽大度，待諸生有體。陞黟縣知縣。祀名宦。程《志》。

江環，字晉雲，漳浦人。進士。萬曆丁亥，知縣事。是年大水，秋無收；越戊子、己丑，歲頻旱，大疫，殭屍載道。環盡心賑恤平糶，設粥市，棺瘞死者。又力請上官緩本年催科。至以額虧受詘，處之泰然，在任不輕動官庫一錢。自奉尤淡泊，即鮮食亦不恒設云。

黃焰，字明寰，商城人，萬曆進士。知縣事。性愷悌，不事箠楚，奸蠹自戢。恐差役擾民，削木爲隸，以代追呼，民便之。案無留牘，非大獄一聽自息。以勞瘁卒於官。以上平湖程《志》。

王義案《浙江通志》作義。民，字若惺，江陰人。萬曆進士，知縣事。聰敏洞察，民有犯，至庭一見不忘。每晨視事，輒言昨日某人行某事，今在某地。跡之不爽，胥吏敬憚之。徵糧僉役，曲盡規畫，以竹籤註姓名、糧額，遞催完賦，猾吏無所容奸。以憂歸。袁《志》。參平湖朱《志》。

林維暹，字用顯，晉江人。舉人。萬曆辛丑，署教諭事。林本閩中大族，諸父兄多居顯要。維暹清風挺節，淡泊自甘。簡諸生十人，旦夕論文，先後登第者六人。知縣王義民雅敬之，爲建鳳翥軒。平湖程《志》。

蕭鳴甲，字象林，案《浙江通志》作爾先。漢陽人。萬曆進士，知縣事。廉明不煩苛，兩造盈庭，片言折之，各唯唯去。歲戊申，霪雨浹旬，旁邑預訪富室待賑。中人之産，無寧居。鳴甲歎曰：“荒未及，民先瘠矣。”下令云：“賑在官，毋需民也。”一邑安堵，竟亦有秋。每造士大夫，問民疾苦，坦衷洞達，至於事所不可，即上官無以易也。政暇，葺弄珠樓，形家言大魁兆此。遷户部主事。平湖朱《志》。

朱欽相，字懋忠，臨川人。萬曆進士，知縣事。值編審，劇蠡飛灑虛糧、花分詭寄之弊。設官圖，立頑甲，卻公費，永著爲例。修城之費，舊設里甲，吏得緣以爲奸。欽相請派入條鞭，几所興除，皆務便民。癸丑，以母憂去。初，欽相父邦喜爲府同知，再署縣事，有善政。欽相繼之，邑人爲立世德祠。後擢吏科給事中。祀名宦。舊《浙江通志》。參平湖朱《志》。

張蔚然，字維誠，一作成。仁和人。舉人。考碑記核正。萬曆間教諭。博極羣書，與士子講學不輟，邑令縉紳咸就教。又清學基，廣科額，增置書籍，勒學職題名碑。案：碑今無考。積缺任俸百兩，議建尊經閣。著有《湖學政槩》。

羅尚忠，字孝可，青陽人。萬曆進士。知縣事，爲政清簡，執法不撓。北白南糧，陋規洗刷殆盡。禁火葬，廣置義冢。又捐俸立義田，慮民舟苦於供役，爲置官船代之。在任不滿三載，以憂去。後擢戶科給事中。祀名宦。

張賡，晉江人。舉人，萬曆間署教諭。樸茂肫懇，不事矯飾。卻修脯，絕餽遺，同寅貧不能給者，分俸周之。以憂去。弔賻，悉謝不受，歸橐蕭然。以上平湖程《志》。

陳鴻烈，六合人。歲貢生。萬曆末任督糧丞，仁厚清介，卻常例，不受私謁。令有事，檄下，必力持公道。好文博學，溫然有儒者風。平湖朱《志》。

陳熙昌，字杲庵，案：《浙江通志》作景庵。南海人。萬曆進士。知縣事，蒞任六年，未嘗妄撻一人。士民干法，輒霽顏諭之。捐羨金，貸贖鍰，寬徭賦，減貼役。編審最稱弊藪，熙昌先清官戶實田，照例優免，以溢額者充役，不及額而取寄莊以漁利者，盡數還民，役田遂溢四萬二千有奇。歲歉穀貴，平糶賑恤，境內帖然。擢吏科給事中。祀名宦。

魏俊，麟遊人。選貢生。萬曆間任督糧丞，清謹慈祥，重道義，好文學。任未期，冒炎督兌，中暑而殁。署橐蕭然，邑令與鄉先生懇大吏給勘合，始得以骸骨歸，民號踊執紼者千計。以上平湖程《志》。

韓炯，號宇定，奉化人。歲貢生。天啟初任訓導，沖淡自適，好與志士交。諸生貧不能贄者，反惠之。力卻童子贄，蔬食飲水，陶然也。陞分水教諭。平湖朱《志》。

顧國寶，字珠巖，南直通州人。天啟進士。知縣事，性剛介，政主愛民，而務必行其法。漕規久弛，國寶力裁額外加耗。又酌立收兌永制，軍民帖然。有奸商請於鹽使者，議設批驗所於縣之西門外，國寶力持不可，事得寢。捐俸置義田。三年，調嘉興。秩滿，擢吏科給事中。平湖程《志》。參袁《志》。

趙廷桂，字肩我，江山人。歲貢生。天啟中，任訓導。性樸，率與士子講論，循循如家人父子。任數月，卒，及門哀之。平湖程《志》。

程楷，字公式，合肥人。天啟進士。知縣事，折獄平允，催科不迫。搆三式館，與教諭楊儁卿講學其間。得法瞻《縣志》稿，增修之，文獻賴以有稽。祀名宦。平湖張《志》。

賴垓，字宇肩，德化人。崇禎進士。知縣事，性貞介，人不敢干以私。政務平易，愛書讞語，飾以經術。善藻鑑士習，文風翕然丕變。學宮災，留羨金以佐修葺。擢翰林院檢討。平湖朱《志》。

柴世皋，字式穀，仁和人。舉人。崇禎七年，任教諭。博通經術，勤課士，嘗率邑人修葺學宮。祀名宦。伊《志》。

陶嘉祉，號盟冰，武進人。崇禎進士。知縣事，一月卒。有異政，民思之，爲立陶公墮淚碑。《浙江通志》。參袁《志》。

吳春枝，字元尊，宜興人。崇禎進士。知縣事，才敏而機警，徵輸有法。歲饑，加意賑恤，全活無算。《浙江通志》。

國　朝

劉秉鈞，字參宇，奉天正紅旗人。順治八年，知縣事。禮士愛民，而性嚴毅。江上有警，漕兌囂然。秉鈞率家丁彈壓之，旗軍不敢額外苛索。以世職改武。歷任山東登萊總兵。<small>平湖朱《志》。</small>

朱之翰，字鶴門，上元人。順治進士。知縣事，潔己愛民，不妄用官庫一錢。故事，徵糧用櫃收，每勒火耗。之翰首行自封自兌法，臨倉供應，槩行罷免。秩滿去任，行李蕭然。歷官河南提學。<small>平湖朱《志》。參吳《志》。</small>

張應麟，號振仲，鄞縣人。舉人。順治十三年，署教諭。性貞介，不苟取與，而和易近人。時學宮久圮，僦舍而居，蕭然布蔬，不問餽遺。士子貧者，時捐俸周之。陞直隸平鄉知縣。<small>平湖朱《志》。</small>

陶鑄，字子固，烏程人。舉人。康熙初任教諭。爲人和煦，不苟訾笑。論學宗程朱，以孝友訓士。祀名宦。<small>伊《志》。</small>

王召，字徵先，烏程人。康熙六年署教諭，以興教率化爲己任。重名流，恤寒士，待下嚴整，學宮之體始肅。以憂去。<small>平湖朱《志》。</small>

謝師昌，字維賢，鎮海人。歲貢生。康熙二十二年，任訓導。爲學有本，勤課諸生。凡貧而有志者，尤加意獎勸。以詩文就質者，戶外之屨常滿。雖修脯不具，不計也。秩滿，得江西布政司經歷。自言作吏非所願，乃告歸。<small>《受中編》。</small>

呂猶龍，字爾霖，奉天正紅旗人。監生。康熙三十一年知縣事，值饑饉後，一意撫綏，夏旱，步禱甚虔。時出郊野勸農，詢民疾苦，給酒米以慰勞。禁絕請託，過抑强暴，兇猾不逞者，相率屏迹。先是，徵解南糧，有貼解浮面諸耗，猶龍悉裁去之。創橋梁，緩催科，葺城垣，一切興革，百姓盡蒙其福。在任四載，以憂去。邑人樹坊通衢，顏曰“召伯所芟”。<small>案：坊今無考。</small>後爲運使，行經平湖，父老遮道迎之。累擢福建、浙江巡撫。祀名宦。

王國英，字俊侯，奉天正白旗人。康熙三十九年知縣事，以撫字爲主，不事催科。清操自矢，在任五年，終始如一。去官，一邑如失慈母。<small>以上吳《志》。</small>

董天眷，字紫來，奉天正黃旗人。歲貢生。康熙四十五年知縣事，以崇儒重道爲己任，集諸生學舍，給膏火，延純儒與講説。爲政寬平，不尚嚴酷。遇奸宄蠹胥，必盡法懲之。邑向無育嬰堂，天眷始建堂六楹，捐俸置田，爲乳哺費，活嬰無算。後調錢塘。<small>平湖張《志》。</small>

顧之翰，太倉州人。監生。康熙五十一年任主簿。讀書勵節，不取民間一錢。出入坐一破肩輿，自僱脚夫二名昇之，屏去儀從。遇事無所忌諱，人稱爲顧青天。<small>《西野筆談》。</small>

孫右翼，字衛如，鉅野人。吏員。乾隆二十一年任主簿。潔己自好，縣有委理訟事，必先理諭，而後裁之以法。居平鍵戶，課子讀書。爲詩亦灑然有致。知縣劉純煒知其貧，歲分禄米爲助。任滿歸。<small>平湖王《志》。</small>

劉純煒，字仰仲，諸城人。進士。乾隆二十五年，由海寧調知縣事。聽訟勤敏，凡前任累年未結案牘讞斷一空。邑奸猾侵漁里閈，廉得其名，榜治前罪，大者按法流配之。徽人許姓者負富家金，繫獄數年，搒掠無完膚。純煒出諸囹圄，脫赭衣釋歸，曰：“吾豈承富家指，重苦貧民耶！"擢杭州府東海防同知。歷官順天府尹。平湖張《志》。

周大樞，字元木，山陰人。舉人。乾隆二十六年任教諭。爲人樸懋，研窮經學，自漢唐以來注疏家言，皆能條舉縷析，尤邃於《易》。諸生中有篤學好古者，口之不置，多所造就。居九年，卒於官。著有《存吾春軒詩集》。

周昭仔，字湘岸，湘潭人。舉人。乾隆三十二年知縣事。性寬厚，不嚴責扑，不急催科，訟簡刑清。公餘讀書不輟，月課諸生，恒親加甲乙。與教諭周大樞最相得，過從講論無間。任四年，卒於官。以上平湖王《志》。

王恒，字久也，遵義人。舉人。乾隆五十年，由慶元令調平湖。潔已奉公，善斷獄，摘奸發伏，宵小屛迹。重文教，增建當湖書院屋五楹。修陸清獻墓道，清釐其地之被佔者。丙午夏旱，開橫橋堰以通泖之上流，潮汐大至，民利賴之。重修《縣志》十二卷。伊《志》。

易鳳庭，字梧岡，廣西桂林人。以進士授知縣。嘉慶十四年，由永康攝平湖。剛明知大體，敬禮紳士，而不可以私干。日坐堂皇，凡疑難之獄，無不片言立決。先是，邑中無賴子所在成羣。日以鬥毆爲事，人患苦之。密擒得其魁，痛繩以法，其黨始散，民以安靖。莅任甫及六月，令行禁止。比去時，雖下至販夫走卒，莫不太息有泣下者。于《志》。

邱永安，字靜齋，甘肅綏來縣人。官乍浦巡檢司，遇有訟事，必先理諭，而後裁之以法。工詩，善寫蘭竹，得顧定之、吳仲圭遺意。于《志》。

李宗傳，字海帆，安徽桐城舉人。狀貌豐腴，有大度。嘉慶年，前後兩署縣事。廉潔自守，痛懲豪強。尤愛培植士子，榜眼錢福昌爲邑試時所得士，勉以讀書，當成大器，其知人鑒類如此。新纂。

朱煌，字勿軒，直隸青縣舉人。道光十七年，知縣事。邑故有豪門子弟愚弄良民，利其財，遇事輒令興訟。煌洞悉其情，聽訟必根究作俑者，至是都爲斂攝焉。居官二載，胥吏不敢因緣爲奸。善弭盜賊，四境肅清。後官杭州知府。新纂。

葉塈，字青原，福建閩縣人。河道總督觀潮子。履任數月，報最，移錢塘。後升任杭嘉湖分巡道。省城初陷，從容作書，入廁井死。《忠義錄》有傳。

毛元坤，字補南，江山人。乾隆甲寅舉人，任教諭。直己守道，訓諸生務崇實黜華。邑人受業者，戶外屨恒滿。新纂。

趙泰，字心蓮，仁和人[1]。嘉慶癸酉舉人，任訓導。文章一宗理法。邑中卜葆鈖、何紹瑾、屈欽鄰輩，親受薰陶，先後登甲乙榜。爲人剛正不阿，遇諸生有委曲事，力周旋之。縣署紀綱儌居戈鏊婦屋，恃勢侮虐。戈邀族諸生某控諸縣，幾不得直。泰毅然向縣令剖之謂："事關同族，分所應爲，且內丁家居，於外如關防何？"居恒廉潔。卒，無餘資，諸生經理喪事，歸櫬里門。新纂。

許乃裕，字敬齋，仁和舉人。道光癸卯，任教諭。學中故有羅侯義田，乃裕創爲月朔課士膏火，寒士感焉。邑中素無賓興盛舉，胡良佐、良俊昆季相繼捐田九百餘畝，爲登瀛局，由乃裕贊成之，士林至今稱道弗衰。新纂。

吳汝霖，字時莽，建德拔貢生，順天鄉試舉人。道光二十三年，任訓導。性淡泊，虛懷下士，訓迪有方。邑人陸錫智曾任嚴郡教授，汝霖親受業焉。錫智沒，家無儋石。招其孫至署中飲食，教誨之。善繪事，尤工墨松，然不輕下筆。後卒於官。新纂。

　　林樹錦，順天大興人。任主簿，清廉自矢，不妄取民間一錢。值委理公事，時開誠善導之，莫不情吐其實。旋卒於任，邑人助資，以歸其櫬。新纂。

　　項順植，順天大興人。任典史數十年，清慎有聲，嘗典朝衣以供朝夕，上官知其廉，恒分俸濟之。工書，得鍾王筆意。新纂。

　　周維楨，字片玉，江西福安人[2]。咸豐十一年，任乍浦巡檢。三月，賊犯乍浦，駐防殲焉。維楨猶招集民團，力刃數賊，創甚，大呼殺賊而死。得旨，優恤。《浙江忠義録》。

【校注】
　　[1] 按：光緒《平湖縣志》卷十二《宦績》："趙泰，字心蓮，錢塘人。"民國《杭州府志》卷一一三《選舉七·舉人》："嘉慶十八年癸酉科　趙泰，錢塘人。平湖訓導。"故趙泰是"錢塘人"，非"仁和人"。
　　[2] 按：本《志》卷三十九《官師四·平湖縣巡檢》："（咸豐九年）周維楨安福人，任乍浦，十一年殉難。"光緒《平湖縣志》卷十二《宦績》："周維楨，字片玉，江西安福人。"江西有安福縣，而無福安縣。故"福安"是"安福"之誤。

石門縣

宋

　　吳伯舉，括蒼人。元豐八年，知崇德縣。先是，廟學皆廢。慶曆中，始議州縣立學。伯舉經始，爲諸邑先。豐約稱事，聚學者，擇經師，教以義理，文章務中有司之程。四方聞令賢，皆來學恐後。舊繪像于邑庠，今祀名宦。劉《志》。參崇德靳《志》。

　　左惟温，字正一。元豐間，崇德尉。有捕擊盜賊功，擢漣水軍録事參軍。

　　張公秀，字仲實，吳人。美詞翰。紹興初爲崇德丞，升臨海令，皆有善政，後就崇德家焉。以上趙《圖記》。

　　黃揚，紹興間知崇德縣。縣治自罹建炎兵火，鞠爲茂草，寄治廣法院者二十餘年。揚至，始建縣治，區處有方，民不知擾。《明一統志》。

　　冷世修，字良器，常熟人。進士。紹興間，崇德簿。知州張瑜異其才，移攝理掾，郡獄屢空。終知建康軍。趙《圖記》。

　　葛邲，字楚輔，江陰人。進士。乾道初，知崇德縣。以樂易處心，以儒術飾吏事，治舉大綱，鎮以至静，綽然有循良之稱。《明一統志》。　案葛邲，崇德靳《志》作葛邴，字用光，青陽人。

　　黃幹，字直卿，閩縣人。受業朱熹，授迪功郎，監台州酒務，調監嘉興府石門酒庫。前此庫官多武夫子弟爲之，既律身不廉，而吏恣爲姦。官醖本薄，私釀横行，故積負上司錢以萬計。幹既至，以官錢自往市米于産米之地，凡纖悉必躬親，雖隆冬烈暑不憚也，歲入需然。或謂："瑣瑣者，何足以煩君子。"幹笑曰："孰非公家事耶！"在官申酒庫利弊，侍郎辛棄疾枉車騎見之。歎曰："是爲乘田委吏者也。"歷知安慶州。學者稱爲勉齋先生。《宋史》本傳。參崇德靳《志》。

　　樓寅，字仲甫，東陽人[1]。寶慶中，知崇德。有吏能，始至即究極源流，疏剔弊蠹，發爲教條，俱有準繩。《明一統志》。參柳《志》。

　　黃元直，字致君，會稽人。淳祐間，知崇德。修學校，興農課，尋訪故實，平易近民。庭無留訟,囹圄久虛,以最績聞。劉《志》。參吳《志》。　按《明一統志》及柳、趙《志》俱作夏元直,崇德靳《志》作黃元直。劉《志》分夏元直、黃元直爲二人,誤。

【校注】

[1] 按:光緒《石門縣志》卷六《文職表·令》:"寶慶元年　樓演有傳。"《名宦》:"樓演,字仲甫,東陽人。寶慶初,知縣事……"萬曆《嘉興府志》卷十一《邑職二·崇德縣》:"(寶慶)樓演令,鄞縣人。"至元《嘉禾志》卷二十五《縣樓記》:"君名演,字仲甫,襄靖公之曾孫。紹定二年四月望日,承議郎、行秘書省校書郎吳潛記。"故"樓寅"是"樓演"之誤。

元

鄧文原,字善之,綿州人。大德二年,崇德教授。博學工文,家貧行潔,學者尊事之,終集賢直學士。柳《志》。參趙《圖記》。

盧禮,《明一統志》作盧祥。字仲敬。太平人。至順初,知崇德州。值旱潦相仍,民多流離,召富民勸令出粟,減糴價之半以賑,乃計口更番以糶,三日而盈四千,民賴全活。上議於府,令商賈富僧均買引鹽,省民鹽鈔三萬八千餘錠。興學修社,均賦恤刑,民感之如父母。柳《志》。參趙《圖記》、崇德靳《志》。

王雍,字元肅。至正二十年,任崇德州。律己公廉,臨事明敏,遷改儒學,建明倫堂。陞蘇州府同知。崇德洪《志》。

秦約,字文仲,崇明人。至正間司教崇德,以學行聞。洪武初,應詔試《慎獨箴》,拜禮部侍郎。母老辭歸。趙《圖記》。

按:石門鄺《志·職官表》載至正時有州同知,夏、蔣二丞,具失其名。周致堯、俞鎮皆贈詩,事蹟無考,附錄于此。

明

畢輝,洪武中知崇德縣,與縣丞齊搏同心執法。有旗軍來自京師,公幹恣橫。輝械繫以聞,上嘉之,遣行人。齎勑勞之。《大清一統志》。

涂順,建昌人。進士。永樂中,知崇德。廉勤自持,滿去,諸所用器,封歸笐庫,一物不攜。

辛耀,萊州人。前陝西按察使,謫戍。宣德中,起知崇德。貴使乘傳過邑,求索無厭。耀以禮接之,不徇其求。省民財,視昔倍蓰云。以上趙《圖記》。

焦寬,字仲容,葉縣人。進士。正統中知崇德,明敏善撫字。教育生徒,修學舍,館給之,親爲離析經義,多所造就。六載,擢監察御史。崇德靳《志》。

郁綸,字理之,德州人。進士。景泰六年任崇德,時縣署廢久,自學校、壇壝、祠宇,悉規畫繕理。大盜章正等爲患,設方略擒之,民賴以安。性剛直,忤當道,罷。崇德洪《志》。

王興,巢縣人。舉人。成化初知崇德,愛民教士,修舉廢墜。三載,召爲御史。趙《圖記》參劉《志》。

彭禧,字樂善,崇安人。國子生。成化中任崇德丞,縣當要衝,疲敝,禧隨事區畫,具有綱領,惠安貧弱,百姓大和。六載,乞休。縣人不忍其去。送錢塘,涕泣爲別。

張超，字能達，安福人。進士。成化中，知崇德。自奉儉約，政尚寬厚。遷刑部郎中。

袁端，新淦人。舉人。嘗主白鹿書院。成化中，為崇德訓導，舉白鹿規約束生徒，遷教諭。

湯沐，字新之，江陰人。進士。弘治中，知崇德。時徽人相與殖資縣中，取民倍稱之息，民不能堪。沐下令捕之，皆散去。省裁夫廩之費，歲至萬緡。增置縣市里甲，以均供應。禁治喪用浮屠及觀美相誇者。躬課生徒，館穀獎勸之。抑強惠弱，興利已害。服食器用，悉自家攜來。六載，召為監察御史。官至大理卿。以上趙《圖記》。

陳伯諒，字執之，福清人。進士。正德中，知崇德。嚴制豪強，尤痛繩黠胥，獄訟衰少。凡學校、公署多其修建。在任三載，境內肅然，擢監察御史。崇德靳《志》。

洪異，字大同，龍溪人。舉人。正德中，知崇德。開天長河以灌邑之千乘鄉，蕪地盡成沃壤。新學校，置義冢，修建橋梁，皆久遠之績。居五年政成，擢御史。時典史李滋字子潤，宜興人，亦廉能稱任使，異舉善政，輒佐之。尤篤於學校，每得閒地，皆搆屋，取賃錢，給學徒膏火，至今利之。濬市河，運土為文璧山、桂山。趙《圖記》。參崇德靳《志》。

徐之鶯，趙《圖記》作齊之鶯。字瑞卿，桐城人。進士。吏科給事中，正德中言事忤旨，左遷崇德丞。勤政愛民，擢知長興。官終副都御史[1]。崇德靳《志》。

陳相，字君輔，洛陽人。進士。正德中，知崇德縣。為人剛果，時中貴用事，其黨至邑者，略遺之，相獨不為禮，一切裁抑。巡按廉得其狀，有不畏彊圉之稱。擢御史。嘉靖《浙江通志》。參劉《志》。

張守約，字彥博，華容人。進士。嘉靖中，知縣事。為政務舉大綱，不責苛細。崇學校，端習尚，摧強撫疲，豪右惵息。自奉清約，客過者出蔬飯對餉。進生徒，講課激勸。興復傳貽書院，樹先達諸坊表於前，為多士思齊之勸。張侍御按崇，歎曰：“張令能作此好事耶！”薦陞大理評事。去之日，圖書數篋，士民思之。

艾鼇，新建人。隆慶五年，由舉人知縣事。廉潔好修，性甘澹泊。接士大夫，以禮譚藝，懇懇不倦。所食蔬魚不取民，尤勤撫字。時秋霖，當道督課亟。鼇曰：“青黃不給，吾寧以官博[2]民乎！”調知長樂，陞建水知州。

蔡貴易，同安人。進士。隆慶六年，知縣事。居官明敏，力除奸弊。過目不忘，靡所遺漏。歲卻羨餘，申減驛費。時含山盜楊雷輩橫里中，當道議發兵，貴易徐以方略縛致，一境晏然。尤善迪士類，拓學宮，建尊經閣，復包角堰，蒞任五年，終始如一。擢去，士民相與搆四知亭，立碑以識思焉。

石鐘，湖口人。監生。萬曆元年，任教諭。性溫厚，中有涇渭，以禮自律，遇事抗論不回。公租出入，不染指力，辭餽遺。諸生貧者，捐資以助。去之日，皆揮涕不忍別。以上劉《志》。

陳履，字德基，廣東人。嘉靖進士。初令下雋，再令海陽，最後令崇德。一切務從長厚，鎮躁以靜，養威以寬，不為鷹擊，而政平訟理。《浙江通志》。

朱維京，字可大，萬安人。大司空衡之子。進士。清介自持，剛正寡諧，不附江陵，謫判汝州，調崇德。政務寬大，先是，丈量田畝，屬之平湖令，截弓三寸，致浮舊額五千餘畝。維京悉復舊額，民大感悅。逾年陞工部主事，士民思之，入三賢祠。劉《志》。

孫承謨，字含沖，侯官人。進士。萬曆十二年知縣事，治多惠政。往年漕糧皆由糧長收發，謂之九收一發，此甲值糧長，彼九甲漠然不顧逋欠，欺賴糧長，賠累無不破家。承謨創立各收各發例,一時便之。石門郎《志》。

陳允堅,字貞甫,長洲人。進士。令諸暨,調崇德。其興除盡中窾會。凡學校、郵傳、廟壇、倉廒、吏廨,犁然修舉,至今賴焉。卒于官。崇德靳《志》。

案崇德靳《志》,又有張廷相、韓嘉善、蔡廷臣、汪在前、方瓦,俱知崇德縣,其政績卓卓,有大過人者。韓以例貢通籍,豈弟廉介,尤繫人思,未詳履任年代,已附載于《表》。

靳一派,字宗源,海澄人。萬曆間由舉人知縣事,捐助學田,纂修邑《志》,鋤擊豪強,奸民斂迹。值歲大水,賑飢恤患,士民懷惠,遷潁州知州。袁《志》。

陳心得,湖廣永定衛舉人。萬曆庚申令崇德,愛民多惠政。司藥局失火,奮身捍患,以砲傷立斃,縣人傳其爲神云。石門郎《志》。

余鼎,字匡九,仙居人。萬曆間爲崇德訓導,明經講學,亹亹不倦。著有《孝經訂正》行世。

孫繼祖,字繩武[3],武義人。萬曆間爲崇德教諭,一介不苟,以道義約束諸生,有不率,輒懲之。升平山知縣。

高士選,字毅農,長樂人。舉人。天啟時爲崇德令,有陸符虎、金象精者,挾其貲橫行鄉里,士選執法剗除之。又禁革蠹吏私派,重繩里胥之需索虐民者。以不得志挂冠去。以上吳《志》。

何獎賢,廣東人。明經,任邑丞,敬士愛民,協恭盡職。

鄭溠,字甘澍,湯陰人。由進士初任山東魚臺令,調浙江運司知事,甲戌署縣事。洞察積弊,豪強斂迹。待紳士謙恭有體,然不可干以私。涖政九月,潔己秉公如一日,遷延平推官。以上石門郎《志》。

林沖霄,字雲客,霍邱人。進士[4]。崇禎時,爲崇德令,值編審,嚴釐花分、詭托諸弊,賦役得均。性慈祥,刑不妄施。累官給事中。

劉國會,字恒岳,武陵人。舉人。崇禎時,爲崇德令。修葺學宮,鼓勵士子,一時人文蔚起。爲政寬厚,不苟於法,士庶呼爲長者。以上吳《志》。

孫肇元,字若木,武康人。明經,任教諭,持守清介,倡修學宮。石門郎《志》。

【校注】

[1] 按:萬曆《嘉興府志》卷十一《邑職·崇德縣》:"齊之鸞　丞,壬午任。"光緒《石門縣志》卷六《名宦》:"齊之鸞字瑞卿,桐城進士。嘉靖初言事忤旨,以吏科右給事中遷爲丞……擢令長興。官終河南按察使。"光緒《長興縣志》卷二十二《名宦》:"齊之鸞字瑞卿,桐城人。正德六年進士……嘉靖元年知長興縣……陞青州同知,官至河南按察使。"《明史》卷二百八:"齊之鸞字瑞卿,桐城人。正德六年進士。改庶吉士,授刑科給事中。再遷兵科左給事中。世宗踐阼。其秋大計京官,被中傷,謫崇德丞。屢遷寧夏僉事。歷河南、山東副使,召爲順天府丞。未行,盜發,留鎮撫。尋擢河南按察使。卒官。""徐之鸞"即是"齊之鸞"。其人本姓徐,后改姓齊。"終副都御史"是"終河南按察使"之誤。

[2] 博:光緒《石門縣志》卷六《名宦》"艾鼇"條作"剝"。博,取。剝,奪,當作剝。

[3] 按:本《志》卷三十九《官師四·石門縣教諭》:"萬曆年　陳繼祖。"萬曆《嘉興府志》卷十《邑職·崇德縣》:"(萬曆乙未)陳繼祖諭。"光緒《石門縣志》卷六《名宦》:"陳繼祖,字繩武,武義舉人。萬曆間,任教諭。"嘉慶《武義縣志》卷七《選舉·舉人》:"陳繼祖,獲鹿知縣,陞蘇州府同知。"康熙《平山縣志》卷二《官師·知縣》:"陳繼祖,武義人。由舉人,萬曆二十八年任。調繁獲鹿縣。有去思碑。"故"孫繼祖"是"陳繼祖"之誤。

[4] 按:本《志》卷四十三《名宦·石門縣》:"林沖霄,字雲客,霍邱人。"同治《霍邱縣志》卷九《選舉·進士》:"(崇禎甲戌),林沖霄,以詩登劉理順榜,官吏科給諫。祀鄉賢。有傳。"同卷《選舉·封贈》:

“林沖霄，以禮科給事中授儒林郎。”卷十《人物志一·鄉賢》：“林沖霄，字斗客。爲諸生，文譽斐然，即爲當事器重。崇禎甲戌成進士，令浙江，拔孤寒以登才畯，懲蠹胥以安善良。建義學四所，造浮橋十一。漕運重累，吏緣爲奸，釐正其弊，使悉除之。行取內用，補南京禮科給事中。入諫垣八月，封事十上，而志不行，遂乞病歸。”《國榷》卷一〇三《甲申崇禎十七年》：“考選請臣。林沖霄……爲給事中。”故“林翀霄”是“林沖霄”之誤。

國　朝

鄧國棟，字上簡，大興人。順治初，以杭丞來署邑事。時境內多盜，焚劫肆起。國棟下車，擒其渠魁，殲之略盡。追糧不事鞭扑，而完解如期。南征大兵經臨，承應合宜，鄉城無擾。石門鄺《志》。

陳邦奇，字震軒，完縣人。順治九年，以廩生知縣事。時海氛方熾，匪黨嘯聚村落，邦奇多設法撲滅之。歲大旱，齋戒步禱。漕務杜絕陋規，撫恤糧里。以譴誤去，人咸惜之。

韓文鋒，字二水，長安人。進士。康熙元年，知石門縣。潔己愛民，謙恭接士。邑催征，往往頑户逋賦，官責見年。文鋒設飛票，止追欠户。在任八月去。

謝元瀛，字定夫，饒平人。進士。康熙三年，知縣事。爲政寬平，燭奸釐弊，不遺餘力。縣當孔道，供億煩費，牒請隣邑協濟，民困稍蘇。譴誤去。以上石門鄺《志》。

杜森，懷柔拔貢。康熙八年，知縣事。縣向以吳越戰場棄地照課均攤，徵解無着，官民交困，歷任者莫可誰何。森至，即籲請蠲荒，剴切千數百餘言。上流韙之，爲之題免。先時，里多而田錯雜，乃減里均田，一清積弊。凡學宮、書院、便民倉、白糧倉及永安橋、漏澤園諸工作，皆次第修之。于《志》。

管鳳來，蕭山人。康熙十一年，爲石門教諭。以六經訓士子，始宗實學。吳《志》。

張作礪，字石齋，玉田人。由郡貳守攝縣事，德望素著，胥役畏服若神明，豪猾屏跡，不敢犯法。善政具舉，涖治四月去，士民立碑頌之。于《志》。

鄺世培，字晴嵐，湖廣臨武貢生。康熙十三年，知縣事。政尚寬和，蒲鞭示辱。前令杜森輯邑《志》未竣而歿，世培捐俸續成。值積疲之餘，能修舉廢墜。十四年夏五月，縣堂圮，時方坐廳事，胥吏死傷甚衆，世培出崩榱積瓦之中，神色不變，人皆異之。于《志》。

傅以履，聊城歲貢。康熙二十八年，知縣事。潔己愛民，嘗步行村落間，有婦姑籌燈夜紡，聞相謂曰：“天寒甚，盍以酒禦之。”婦熱酒進，姑笑曰：“此酒可比傅公。”蓋以家釀清洌，比公之風操耳。時貧家子女多年長不婚者，諭耆老以儉率俗，恒捐俸爲嫁娶之資。在任三載，惠政甚多。擢刑部主事。于《志》。

李灼，文安人。進士。康熙甲寅，知石門縣。耿藩之變，境內屢有兵擾，土寇陳彪富二等乘間橫行玉溪鎮。灼故嫻武藝，偵知中秋夜群盜會飲于某所，促裝持械，單騎潛行，命兵役尾後，直入盜所。盜方飲，不知爲令也，群起搏之。灼擊仆數賊，兵役繼至，獲匪黨數十人，分首、從置之法。由是餘寇奔散，民賴以安。

倪琯，成都人。乾隆元年，以舉人知石門縣。愷惻慈祥，民爲觀感。有兄弟爭產者，琯命擇一小室，止設一榻，置二人于中。明午召至，未及問，兄曰：“罪在我。”弟曰：“我不遜，罪在我。”琯曰：“然則產究誰歸？”兄弟相讓，願公合族作祀產。案遂結。前後宰邑凡十三年，政簡刑清，訟庭草長,有白鶴來集獄樹。卓異,擢刑部主事。

吳迪埰,號梧岡,山陰人。舉人。乾隆十年司訓,士風翕然丕變。嘗曰:"藥無美惡,入吾籠者,皆堪充用,在治方者,得其宜耳。"以詩法授後進,邑諸生之嫻韻語者,皆其教也。六十辭官,寓邑之東河塍。時邑令王善樞亦以謝職僦居東寺,與邑之名士日相過從,為真率會。卒寓舍,歸葬。著有《梧岡詩文鈔》。

王善樞,字令樞,含山人。乾隆十九年,以舉人知石門縣。孤介絕俗,榜於堂曰:"不貪以為寶,有慾焉得剛。"擊強暴,扶孤弱。積案未結者,日理數事,不三月而畢。境有積匪吳二、章二、羅三、錢六,設法捕之。翦其黨翼,訟師蠹役,整治一清。葺傳貽書院,為講習之所。按季試士,品題確當,隣邑諸生多攜硯就試者。修城垣、橋梁,舉無累于民。乙亥春潦,禱城隍廟曰:"邑政缺失,罰當在令。百姓何罪,遭此淫潦。"言訖,涕泗橫流,拜伏不能起,禱畢雨即止,歲仍有秋。為忌者所中,被劾去。瀕行,民扳輿號泣,填塞不能行,夜潛去。著有《禦兒集》。以上伊《志》。

鮑祖幹,字晉貞,蕪湖貢生。乾隆二十八年,知縣事。勵精有為,善于折獄。凡前任累年未結案,悉為判決。夏旱,步行虔禱,立致甘霖。罷歸時,士民泣送者千餘人。

杜正蘦,東陽優貢。乾隆間,任訓導。博通經史,多所成就。如陳萬青、萬全、吳震起、鄭秭,皆出其門。生平尤致力于詩,著有《書畫舫》《榜人槖》《語溪偶吟》《秋興詩》各一卷。

程易,揚州人。乾隆四十年,由鹽分司署縣事。寬仁愛民,不事苛細。在任六月,吏民誦德不衰。

朱麟徵,宜興舉人。乾隆四十六年,知縣事。甫下車,即訪挐訟師,嚴懲匪類,政紀肅然。捐俸創修文廟。事所當為,無不具舉。

費震,仁和舉人。乾隆四十八年,任教諭。性情蕭爽,樂于誨人,士類深受益焉。俸滿,保薦知縣。所至有賢聲。

俞上運,徽州人。乾隆五十年,由鄞丞署縣事。值亢旱,冒暑步禱,不辭勞瘁。復至諸鄉,親勘災田,詳請緩徵。出倉穀平糶,勸諭富民捐粟救濟,饑民均沾實惠。竟積勞成疾,卒,可謂以死勤事者矣。

鄧雲龍,山東拔貢。乾隆五十九年,署縣事。性慈祥,催科不事敲朴。至竊匪棍徒,必盡法懲治。後陞南安知府。

方維翰,大興監生。嘉慶四年,知縣事。潔己愛民,以德化導,創立崇文書院,集諸生會課,捐俸以資膏火,歷久不懈。喜吟咏,尤工書翰。後署嚴州同知,卒于官。

曹鎬,江西人。嘉慶九年,由嘉興丞署縣事。仁心為質,不事煩苛,辦理水災,勸殷戶賑濟,活饑民無算。

洪鍾傑,樂平貢生。嘉慶十一年,知縣事。居心仁恕,不以察察為能。興葺學宮,置立義冢,凡有益于民之事次第舉行。創議捐廉修城,未竣。旋丁內艱去。

周雲杼,字湘雯,桐鄉人,寄籍烏程。官石門縣教諭,兼署縣篆。訓士不倦,結文社於語溪學舍,一時知名之士咸樂與之遊。性慷慨仗義,諸生有力學家貧者,無不極意栽培。工詩,著有《蘋洲小詠》古今體詩,採入《桐溪詩述》中。

耿維祐,新城進士。嘉慶十五年,知縣事。寬厚慈惠,不事刑朴。有爭訟者,力為勸諭,氣平,率相解以去。遇事體察,周知民隱。陞任去。

關樹棻，仁和舉人。嘉慶十八年任教諭。品學端邃，文章、行誼，不染時趨。己卯修學宮，與邑紳士親爲經理，極勞瘁焉，卒于官。以上于《志》。

鄧廷彩，四川崇慶人。道光初，以軍功知縣事。甫下車，盜賊斂戢，片言折獄，吏不能欺。盛夏下鄉，察民隱，見勤於耘耔者，給巾扇，或勞豚酒。會包角堰橋圮，捐廉倡建，民呼爲鄧父橋。新纂。

盧昆巒，江西萬載人。道光間，由進士知縣事。以傳貽書院舊址湫隘，購地青陽門，建屋宏敞，聚諸生絃誦其中。爲政尚平恕，不以苛細擾民，民咸德之。新纂。

李宗謨，湖南善化人[1]。道光辛巳舉人。咸豐二年，截取來浙，由太平縣調補石門。八年到官，十年四月嘉興既陷賊，去石門九十里，時出擾，宗謨激厲兵勇守禦，屢卻賊鋒。七月，張玉良師潰，外援絕，賊益橫，悉力攻石門三晝夜，城陷，死之。《浙江忠義録》。

閔希濂字逸雲，烏程舉人。同治乙丑，任石門教諭。勗士砥礪名節，有進質文字者，援筆改愜，出入經史，所造皆知名。捐俸置文廟祭器。歿後，士林思之。新纂。

楊純禮，字卓峰，順天大名附監生。任石門主簿，佐治勤慎，邑令倶倚重之。同治五年，兼玉溪洲錢算緒事，上不誤公，下不病商。清俸所入，置書數萬卷，日夕諷誦。于洲前開生賢文社，培植士林。邑有善舉，靡不慷慨倡捐，玉成其事。以積勞卒。新纂。

【校注】

[1] 按：本《志》卷三十九《官師四·石門知縣》："（咸豐八年）李宗謨安化舉人，十年殉難。"光緒《石門縣志》卷六《文職表·知縣》："（咸豐八年）李宗謨安化舉人。十年殉難。有傳。"《名宦》："李宗謨，湖南安化舉人。咸豐八年，知縣事。庚申七月，城陷，死之。"光緒《太平續志》卷三《令佐表·知縣》："（咸豐三年）李宗謨號枚臣。由舉人任。湖南安化人。祀名宦。有傳。"《名宦》："李宗謨，字枚臣，湖南安化人。道光辛巳舉人，咸豐三年知縣事。六年，調知石門，革漕糧浮派。十年七月，粵賊陷城，死之。"故"善化"是"安化"之誤。

桐鄉縣

明

生用和，蓬萊人。國子生。宣德五年，桐鄉始分縣。用和爲令，經營草昧，凡城郭、衙署一切所爲，俱得其領要，民皆樂從。以憂去。繼用和者趙中，代州人，亦以太學上舍宰是邑。能因用和之緒，去苛去擾，民歌思之。桐鄉徐《志》。　案《見聞雜記》，聞令初選者牛姓，用和名，宣宗覽之，曰："民之父母，何以姓牛？"御筆改牛字爲生字。

田玉，字德潤，內江人。國子生。正統中，知縣事。勤恤民隱，時閩浙盜起，軍需繁重。玉寬假獎率，貧富適宜，民用不匱。以艱歸，父老上疏乞留。服闋，又上疏力請。復任，與民益親，內外整飭。六載，陞知瑞州府。柳《志》。參桐鄉徐《志》。

張泰，字見爲，樂亭人。國子生。景泰初，知桐鄉。視民疾苦，去兼併，招商賈，爲邑大利。又繕完公署、學校、壇壝，土木屢興，而民不病。九載，多成績。

鄧批，順昌人。國子生。景泰中授桐鄉丞，佐理廉能，多所建立。有公清勤慎之操。九年任滿如一日。

王哲,金鄉人。舉人。天順中,知桐鄉。德器溫粹,政尚寬平,以外艱歸。民立碑紀德。

孟俊,字世傑,咸寧人。舉人。成化中,知桐鄉。廉明有膽略,理棼剔弊,敬老恤孤,威惠並著,尤加意學校。居七年,召爲監察御史。歷官布政司參政。以上劉《志》。

胡憲,鄲城人。國子生。成化中爲邑主簿,性端嚴,吏民不敢易之,頗著勞績。袁《志》。

孔公潤,字澤文,曲阜人。至聖五十八世孫。國子生。弘治中爲桐鄉丞,儒雅有惠愛。三年,以老乞休。劉《志》。

王昊,字汝欽,衡陽人。進士。弘治中,知桐鄉。除田糧詭欺之弊,修舉廢墜,以廉介有爲稱。五年,召爲監察御史。趙《圖記》。

徐珪,應城人。吏員。弘治中上封事,除桐鄉丞。慷慨重節義,有幹局,縣事多賴以辦。三年,陞高唐州判官。歷贛州府同知。劉《志》。

陳詒,湖廣安仁人[1]。貢生。弘治間,任邑丞。民病疫,俗尚禱祀,詒力禁之。捐俸購醫藥,民賴以活。因有"佑我鬼神,藥我陳丞"之謠。擢知鹿邑,以疾乞休。仲《志》。　新補纂。

李廷梧,字仲陽,莆田人。進士。弘治十三年知縣事,有才識,遇事迎刃立解,吏不能爲奸。修學校,平賦役,正祀典,平聽斷。文章政事,一時稱美。四年,召爲監察御史。桐鄉徐《志》。

張紘,字文儀,上海人。進士。正德初,知桐鄉。篤厚慈惠,有循吏風。遷知高唐州。袁《志》。

楊璨,字仲玉,江南華亭人。進士。正德初,知桐鄉。令飾吏事以儒術,不爲阿曲。居半載,監司薦其才,改知開化。去桐之日,民攀轅載路。後陞刑部主事。

任洛,字仲伊,鈞州人。進士。正德初,知桐鄉。明敏公廉,修舉廢墜。桐鄉志書皆其手定。三年,以憂去,行李蕭然。累官都御史。以上袁《志》。參桐鄉徐《志》。

蔣琪,字信國,溧陽人。進士。正德中,知桐鄉。治尚寬恕,然能繩束,吏卒不敢爲奸。工詩畫,畫尤珍重於時。遷工部主事。桐鄉徐《志》。

范來賢,字昌國,常熟人。進士。嘉靖時爲桐鄉令,英察果斷,決獄如流。三年,陞刑部主事。袁《志》。

方克,字惟力,桐城人。進士。知桐鄉縣,寬厚簡重,有循良長者風。擢監察御史。劉《志》。

金燕,字尚賓,號芝川,潛山人。進士。嘉靖三十三年,知桐鄉。性廉介,才猷過人。始蒞任,值倭寇圍城,城幾不保,燕百計禦之,城以得全。召補禮科給事中,民感慕,立生祠。《分省人物考》。

錢淵,廣德人。嘉靖時,以舉人爲桐鄉教諭。廉敏有學,日偕諸生談論經史,評騭文藝,不少寬假。勖人以六德六行,有浮薄者輒遣之。廩生金某貧不能葬親,淵捐俸瘞之。見婦人泣于道,詢知其夫負富民錢,將鬻身以償。淵召富民,至好語勸之。且云:"若如吾言,吾當請于令,以旌汝義。"富民卒感動,免其夫償,更與之金。袁《志》。

江萬和,字一中,黟縣人。舉人。隆慶己巳,知桐鄉縣。秉性耿介,興學校,清賦稅,逋逃者悉招撫之。昭雪張樽等冤獄。後陞膠州知州。桐鄉徐《志》。

蔡時鼎,字和甫,漳浦人。進士。萬曆甲戌知縣事,年甫弱冠。初至,不露圭角,吏人欺之。一日坐堂皇,顧吏曰:"今日新官上任矣。"將平日所欺事,一一摘發,合邑驚爲神。精敏剛斷,事無巨細莫能隱。居官約,素有製裘贈者,堅卻之。以艱歸,跣足扶柩出邑門,百姓男婦皆爲流涕。後擢御史。袁《志》。參桐鄉徐《志》。

須之彥,字君美,號日華,嘉定人。進士。萬曆丁未,知桐鄉事。次年五月大水,田疇盡淹。

之彥親循阡陌,請於上官,乞疏免本年田租。水落,勸民播種,是秋大熟,賦復減十之七,民賴以全。去官之日,行李蕭然。邑人周拱宸作《萊釜生魚賦》以美之。

藍應斗,景陵人。舉人。萬曆庚戌,知桐鄉。爲政首懲貪,風勵胥吏,剔弊均徭,興文敦俗。卒於官。以上桐鄉徐《志》。

胡舜元,江西餘干人[2]。進士。萬曆間,知縣事。素有風骨,遇事敢爲,桐地倍收於田,而田賦轉重於地,有力者占地日多,貧民陰受加賦之累。舜元爲陳請憲司,田地均爲一則,賦平弊絕,民甚德之。又毀淫祠,禁左道,嚴保甲,正婚姻,戒燬屍,諸善政並見於所著《理桐拙操》。仲《志》及《楊園集》。 新補纂。

沈延慶,遼東人。崇禎壬午任教諭,慷慨有志節。甲申三月,聞都城失守,痛哭不食而死。新補纂。

王士鏐,號勉齋,金壇人。進士。崇禎壬申知縣事。御民以慈,待士以禮,悉蠲文網,而吏不敢爲奸。五年内召,士民攀轅不獲,肖像立祠。袁《志》。

盧國柱,江陵人。舉人。崇禎丙子,知桐鄉縣。三載,將入覲,校官應信遇風曰:"公律己廉,爲民惠。竊聞郡邑入都,皆有餽遺,公不能獨無。"國柱曰:"降調不失苴蓿齋,以百姓難得之財經營一官,吾不爲也。"應退,語人曰:"與公周旋久,今日乃見其心。"

稽之楚字蒼梧,德清人。舉人。崇禎辛未,教諭桐鄉。令諸生各舉所知獨行者書講堂,察諸生。甘貧有守者,告於邑令,發學租周之。宮牆久圮,廟廡、堂廡、射圃,靡不頹廢,悉加修治,釐訂禮器。祀名宦。以上吳《志》。

黄徽允,號慎庵[3]。晉江人。進士。知桐鄉縣。崇禎十三年,水傷禾稼,米驟貴,民無以供。庸調設法轉移,至次年償補。課不虧,而民不病。十五年,歲大旱,米益騰湧,道路殍殣,復煮粥賑飢。陞任去。入國朝,歷官兵部侍郎。

【校注】

[1] 按:本《志》卷四十《官師五·桐鄉縣丞》:(弘治年)"陳詔安仁貢生。"光緒《桐鄉縣志》卷八《職官表·縣丞》:"(弘治九年)陳詔有傳。"卷十《名宦》:"陳詔,湖廣安仁人。貢生。弘治間任邑丞。"故疑"陳詒"是"陳詔"之誤。

[2] 按:本《志》卷四十《官師五·桐鄉知縣》:"(萬曆年)胡舜允餘干進士。"光緒《桐鄉縣志》卷八《職官表·知縣》:"(萬曆四十年)胡舜允有傳。"卷十《名宦》:"胡舜允,江西餘干人。進士。萬曆間,知邑事。"康熙《餘干縣志》卷八《名臣》:"胡舜允,字明祚,号元毓,西隅人。萬曆庚戌登進士。初令桐鄉,任滿,考治行第一,陞大理寺評事,改寺正。尋陞南京刑部廣東司郎中,轉禮部祠祭司郎中。未幾,陞福建提學道。以疾卒,年六十七。"故"胡舜元"是"胡舜允"之誤。

[3] 按:光緒《桐鄉縣志》卷十《名宦》:"黄徽允,字慎安,福建晉江人。進士。崇禎十三年,知邑事。"乾隆《泉州府志》卷三十四《選舉二·進士》:"黄徽孕 崇禎十年進士。傳見循績。"卷五十《國朝循績一》:"黄徽孕,字吉臣,號慎庵,晉江人。明崇禎丙子、丁丑聯捷進士。授績溪令,調桐鄉。順治元年,擢御史,出按山西。秩滿,遷太僕寺卿。丁外艱。服除,補原官,晉兵部左侍郎。以病乞休。"《清代檔案史料叢編》順治三年四月初五日有"黄徽胤爲□免被圈地之□三年賦稅事揭貼",當作"黄徽胤",后世因避諱改"黄徽允"。

國 朝

張如戴,號琅石,閬中人。舉人。知縣事,蒞政以寬,數月間政理刑清。時王師南伐,路出桐鄉，民情驚懼。如戴撫馭有方，秋毫無犯，地方以安。立祠城隍廟左。

王好仁，字玉樞，蓋州人。順治間，知桐鄉縣。寬厚愛人，值大旱，偕士民步禱，晝夜不倦，即雨，民賴不饑。復以民困上請，得蠲正賦十之三。爲治不務深刻，政聲籍籍。丁艱歸，民歌思之。歷官淮安府同知。

黃輅僑，大同人。以貢生考授通判，降授縣丞。康熙三年，任桐鄉丞。潔操飲冰，奉公夙夜。修城堞，築官塘，民賴以安。督造戰艦於海濱，留滯經年。典衣鬻器，以資糧糗。居官十載，處膏不脂，而推己與人，齋廚屢空，晏如也。後卒於官，貧乏不能歸里。

徐秉元，字子一，遼東人。蔭生。康熙十三年，知桐鄉縣。自十年來，無久任之官，諸務冗積，秉元以次處決，安静不擾。凡陋規征收火耗，概行杜絕。清苦自甘，刁訟之風亦以感息。康熙己未，左遷去。民追送者數千人，泣別徒步百里，立祠東街。以上桐鄉徐《志》。

何金蘭，字相如，丹徒人。進士。康熙二十年，以中書改知桐鄉縣。禁無藝之征，絕苞苴之入，寬猛得中。常講鄉約以誘良，除倉蠹以遏暴，一時政教蕭然。至於修理學宮，重建雲龍閣，開濬城河，重啟西水門，建羈所以便囚民，建普同以收遺骨，百廢俱興。蒞任五年，入爲户部給事中[1]。桐民追慕之，祀名宦祠。

郭金湯，字鞏庵，漢軍鑲黃旗人。康熙壬申，知桐鄉縣。潔己愛民，不妄用官庫一錢，割己俸葺城垣，士民安枕。重刊《黃石公素書》，序以梓行。

劉鍠，字屏山，江津人。進士。康熙庚辰，知桐鄉縣。歲祲。發粟賑饑。建尚義書塾，以整飭士習。時黃泥洞盜某糾聚無賴，白晝殺人。鍠廉訪得實，率健卒易服微行，直入巢穴，擒其頭目，餘黨悉捕滅之。民感其德，肖像立祠，祀名宦。

陳大慶，字頤伯，黃岡人。進士。康熙六十一年知桐鄉縣，才敏機警，徵輸有法，不敲扑，而輸將恐後。勞心撫字，始終如一。

蔡可遠，字致甫，漳浦人。雍正戊申，知桐鄉縣。外和内嚴，折獄平允。編審一事，最稱弊藪，可遠改舊編圖里爲順莊，一清飛灑詭寄之弊。重建明倫堂、名宦祠。以勞瘁卒於官。

余必夔，思南人。副榜。乾隆己未知桐鄉縣。居官儉約，愛民息訟，著《日省錄》。公事畢，輒與諸生講學論文。民生子不能哺乳者，捐俸勸建育嬰堂，至今賴之。罷官歸，行李蕭然。

舒瞻，字雲亭，滿洲鑲黃旗人。進士。乾隆乙丑知桐鄉縣。治尚簡静，以文學飾吏治，嘗曰鷹鸇不如鸞鳳，民安之。工吟咏，與四方名士唱和無虛日。每季考，鄰邑與試者數百人，拔其尤者，獎激之。刊《桐溪課士錄》。調知海鹽，署平湖。著有《蘭藻堂詩集》《樓桐小草》《柘湖詩存》。

趙選，安化人。舉人。乾隆丁卯知桐鄉縣。判事明決，牘無留滯。廉得市井間斗斛大小不一，秤輕重不齊，易起爭端，親臨查驗，禁其奸僞，民感其德。

李輔德，夏邑人。舉人。乾隆庚午，知桐鄉縣。聽訟勤敏，凡累年未結案牘，讞斷一空，民無羈訟。每考試，勤於論文，口講指畫，終日不倦。以勞疾卒於官。

謝光鐘，字震嶠，監利人。進士。乾隆丙子知桐鄉縣。聽訟明決，雖事當叢集，經理裕如。簿書錢穀諸務，必親裁決，不假手他人。丁丑冬卒於官，士民咸哭之。

李永泰，字東侯，繁峙人。拔貢生。乾隆丙子爲桐鄉丞。性剛介，甘淡泊，蒞任止一僕隨。遇事精敏，矯矯不阿。尋陞四川知縣。

朱世錫，江夏人。監生。乾隆庚辰任典史，廉潔自矢，安于淡泊。凡有委審案件，經其開導,勸息者無不感泣。諭民以孝悌力田,暇則與士人分韻賦詩。工書,人珍藏之。

耿昭,字扶瞻,絳州人。供事。乾隆壬辰任典史,隣邑嘉匯兜有巨窩某盤踞一方,擾害閭閻。昭獲其魁,盜遂息。落職去,士庶徵詩送行,勒石頌德。以上伊《志》。

程希濂,號憺人。舉人。任教諭,持躬誠恪,優恤士子。有以貧苦告,輒典質助之。積俸餘獨建泮橋,而奉己淡泊,冬無綿,夏無葛,布被繩牀,晏如也。卒于官。于《志》。

呂爾禧,字滌圃,江蘇武進舉人。乾隆間,知邑事。才幹英敏,嚴緝奸宄。邑文廟久不治,首倡捐俸修葺之,以勞瘁卒於官。先是,民戴其德,爲立長生祿位,至是,有哭於庭者。新纂。

李廷輝,字立山,安徽合肥舉人。乾隆間來知縣事,多惠政,尤善培植士類。政暇即延見諸生,勖以砥行讀書。嘗以邑《志》失修已久,延邑人士拾遺補闕,手訂成書,一邑文獻賴以不墜。新纂。

宋咸熙,字小茗,仁和舉人。來任教諭。少讀等身書,邃於學,少詹事錢大昕、侍郎王昶皆極賞之。早登乙科,屢試春闈不第,乃就教職。蒞桐後,提唱風雅,引掖後進,日以徵文考獻爲事,裒集桐邑先哲遺詩,自宋元以迄本朝,名曰《桐溪詩述》。復各敘小傳,紀其梗概,俾後來修志者藉資考證。又自著有《思茗齋詩文集》《耐冷談詩話》《惜陰日記》,皆極博雅精核。新纂。

許繼柏,字寶巖,無錫人。道光初,官桐鄉丞。三年大水,縣令王鼎銘病不任事。凡勘災勸分,彈壓飢民等務,悉以委之,事賴以濟。尋保知縣。丁內艱歸。服闋,授蕭山縣丞,委辦海塘。工竣,攝淳安縣篆。三十年,推升直隸新樂縣知縣。以年老乞休。咸豐十年四月,無錫戒嚴,家人請遠避。繼柏曰:“人患不得死所耳,我年已九十,當以一死報國。”及賊至,促子孫去,留一赤足婢侍左右。十二日,賊突入其門,繼柏踞坐大罵,遂遇害。繼柏爲人仁恕,里黨有緩急,無不應者。與人言,必依忠孝。居官耿介,歸田後足跡不入城市。《江蘇昭忠錄》。

李春穌,字煦齋,貴州貴筑縣舉人。以知州揀發來浙,歷宰劇縣,並著政聲。同治丙寅,權遂安縣事。適齋匪煽亂,剋期襲衢、嚴二郡,春穌單騎至各邨諭以大義,縛魁散黨,不折一矢而亂定。壬申冬,來權邑事。甫下車三日,即親祭張履祥墓,捐廉五百金建祠墓旁,祀楊園先代。因語邑人士以自幼讀楊園書,即慕其爲人。今官先生故里,以得自效惘忱爲幸。在任甫十閱月,而政績矗然可舉。邑中捕務久弛,特捐歷任所取青鎮船稅錢以養捕役,一時宵小斂迹。鄉約久廢,因選諸生使各充城鎮講生,朔望宣講聖諭,並捐廉給以月俸,後遂沿爲故事。聽斷虛心,不執己見,邑民有訟士人盜葬祖墓者已斷歸士人矣,復親至其地履勘得實,遂翻前斷,人心愈加敬服。癸酉夏大旱,步禱於神,竟不雨,因思遇災省刑,載在令甲,遂盡釋獄中株連被繫者,並察知奸胥有禁錮案中女子三年不得歸者,立出之,是夕即大雨如注,田野霑足。去桐後,復權昌化縣事,積勞成疾,卒於官。身後蕭然,以遠道不能歸葬,遂窆於西湖山麓。新纂。

【校注】

[1] 按:光緒《丹徒縣志》卷二十二《科目·進士》:“康熙九年庚戌科　何金蘭,二甲一名,知桐鄉縣。充辛酉鄉試同考官。卓異行取,陞工科給事中。丁卯山西正主考,陞户科掌印給事中。”光緒《桐鄉縣志》卷十《名宦》“何金蘭”條:“入爲户科给事中。”按當時官制,“户部”是“户科”之誤。

嘉興府志卷四十四

選舉一

漢、晉以薦辟舉，嚴、陸、朱、顧，犖犖史册。唐設明經、進士、博學鴻詞各科，而內相勳名，照耀千古。自茲以降，代挺英賢。國朝鴻博，禾中與選己未四人，丙辰二人，盛矣。伊《志》立表，科目瞭然。于《志》廢之，誤矣。茲仍伊例，但將特科、特試衰然舉首，隆曠典也。例貢、例監，擇載於後。出才路，博也。志選舉。

宋葉隆禮《嘉興府學進士題名序》

進士題名何始乎？始於唐之鴈塔，而後碑禮闈以紀同年，碑郡縣學以紀同鄉，彬彬惟本朝爲盛。嘉禾行都扶風郡，獨歉乎以闕事告。郡博士吳君春、管君寅午相與謀曰："國家自開基以來，列聖以道統授受，諸大儒金聲玉振，至乾道、淳熙而大備。乾、淳天子實毓聖是邦，千古英靈，剛大之氣，天發地育，典章文物之懿，溥華夏而施蠻貊，是邦有闕事可乎？"迺屬前廡士纂輯書載，稽諏散逸，臚列而刻之石。首歲年，次氏名，次邑里，粲然秩然，可把典刑而追步武也。渡江之前與宗胄之貫，玉牒者或未詳，則存位置以竢續補。吁，是舉也，昭先登，厲後來，斯文非小補矣！前進士葉隆禮諗諸友，作而言曰："祖宗以儒立國，以科舉得儒。吾鄉舉不乏人，冠制科者、冠廷對者、冠禮部試者，奕奕相望。繇是爲宰執大臣，爲侍從顯官，無慮數十。固有清風峻節，一奮不顧，攻新法如仇，甘貧賤如飴，蘇玉局公嘗惓惓閔惜之。然遞芳流沃千載下，凜有生氣，蓋未可窮達計也。其他才品之高下，學識之醇駁，事業之偉劣，權衡而取則之，方寸中有靈龜在，毋徒曰工程文以拾青紫云。"乃作題名序。咸淳改元九月吉日書。

宋《免解陞甲記》

皇帝嗣登大寶之三載，命臣肖孫出守嘉禾，懼亡以稱上旨。郡文學盧恢間有請曰："郡爲阜陵震夙之邦，士生是地，沐浴皇澤，與河南、南陽等寵。甚腆也，願勤珉[1]以敇景鑠。"恭惟孝宗皇帝衍豐水，泳羣材，翹薪刈楚，公卿皆此途選。秀是邦者，出而柄招搖，躡紫微，履文石，氏名彪炳於乾、淳盛時，視他郡爲复。有開厥兆，或者王氣扶輿所暨爾。理考篤昭祖烈，嘉淑輔藩，溥惠賚而洽多士。爲腆請及紀者免如監，再則不以年。第進士，超一級[2]。雖奏名，亦與陞等。湛恩汪濊，士何幸歟！鍾鼎簹珂，憲憲相望，用敷遺於後人者無疆惟休。然以阜陵惠士之志，待穆陵而始廣，則廣穆陵之志，蓋又於今日有所待。於皇聖治，柄用元勳，作成爾多士者，尤至風化醞粹，恩紀沴澹，英實日蕃以碩，非獨禾郡之幸，亦阜陵之所深望也。抑士之自待者，蓋亦不負所學，思以仰答累朝天涵地育之造，此則教養之初意。若但曰希恩寵，徼利達，則非所敢知。謹拜手稽首而記其實，于以對揚王休云。咸淳三年六月望日，朝散郎、權發遣嘉興軍府兼管內勸農事、節制澉浦金山水軍陳肖孫記。

【校注】

[1] 勤珉：至元《嘉禾志》作「勒瑉」。「勤」，是「勒」之誤。

[2] 按：本文題目《免解陞甲記》。至元《嘉禾志》卷七《科目》：「第進士者，陞一甲。」「超」是「陞」之誤，「級」是「甲」之誤。

明王直《嘉興府儒學鄉貢題名記》

科舉之設，隋唐以來皆重之，未之有改也。士之賢者必由是以進於用，而天下之治成矣。蓋聖人之道載諸經，前世之事備諸史，爲士者必窮經以明道，讀史以究事。道既明而身不由者鮮矣，事既習而行不達者亦鮮矣。故科舉取士必本之經史，觀其言之不謬，可以知其人於是舉而用之則必能有所立，其行之失者蓋有矣，未必勝於得者之多也。國家設科取士二十舉矣，名卿大夫與百執事之賢者多出於此，其長養成就，本於列朝之仁，而太平之治實君明臣良所致也。孰謂科舉不足以得士哉！嘉興，浙之大郡。其人秀而文，其先以科目顯者蓋多矣。縣洪武來相繼而奮者比比也，而皆自學校成之。其師之善教，弟子之善學，其賢於人可知矣。今年郡庠訓導番易戴昺來京師[1]，過予，告曰：郡庠諸生幸多名，薦書今欲刻諸石，以示久遠，且裒其已能以歆動其未能者，敢請記於先生。予謂朝廷建學立師以養士，以治天下之本，付之其任重矣。然善於其職者蓋無幾，戴君，今與同列既能成其人矣，而又思以勸來者，不謂之賢師可乎。雖然，士之由科舉奮者不在其名之刻與否也，蓋其行無愧，則名之存固善矣。不然，人將指而議之曰：科舉乃得人如是耶？則名之存乃所以爲累也。而有志之君子因其名之存，益思充其實以求無愧於科舉，後之人又因是而勸沮焉，則紀載之石亦砥名立行之具也，是不可少也，乃爲之記。蓋自甲子至今中者已若干人，其繼而奮者將益多，則次第錄於後云。宣德十年乙卯冬十月吉。

案：此碑題名，自洪武甲子科起，至成化丙午科止，專指府學鄉貢而言也。

【校注】

[1] 按：「番易」，是「鄱陽」古稱。本《志》卷三十六《職官·明訓導》（宣德年）「戴昺，鄱陽人。」卷四十二《名宦一》：「戴昺字士儀，浮梁人。永樂中舉禮部乙科，訓導嘉興。先行檢，重經術，士多實才，而昺亦以績最，進德清教諭。父喪，服闋，改慈谿，升教授。再蒞嘉興，學者益衆。」同治《饒州府志》卷二十《人物志三·宦業上》：「戴昺字士儀，浮梁人。永樂十八年舉人，司訓順德府，調嘉興府。先行檢，重經術，多實才。以績最陞德清諭。一新學政，士十科不舉，自是舉者不絕。父喪，服闋，改慈谿，擢教授，再蒞嘉興，學者益衆。」《明人室名別稱字號索引》（下）：「戴昺，浮梁人。字士儀，號訥庵、退叟。」由此，戴昺籍貫應是「浮梁」。

明沈伯咸《嘉興府儒學進士題名記》碑存。

維明王嗣服，歷九葉，屢制登俊。登，弗進士科弗重。懼，弗進。夫道也，或曰勢之趨也乎。勢之趨，考之隋唐，斐乎退矣。嗚呼，勢之趨者，治之懸；道之進者，機之至，故治之懸。夫俊，棟也。棟橈，則大廈微。俊之，必進。夫道，鼎食也。鼎有食，无不利。利，則吉；微，則凶。吉凶之道，存乎標。是故長人材者，務標其往以激之也。嘉爲浙西大郡，浙士之進甲天下，而嘉彪如也，則烏賴於激之者。嗚呼，孔道如砥，而蹊介之君子有大興之憂。憂曰：奚弗砥[1]也。邇江東司馬大夫魯瞻氏以前御史守嘉，之明年，政純民宜，渢渢乎絃誦大興也。且曰：“先民弗章，曷以樹標。”乃核進士，自洪武及嘉靖者碑焉。碑弗文，猶弗標也。迺命儒學官陳堪維恭奉幣謬及伯咸。而伯咸非其人矣，无已碑。若曰：嗚呼，士以進，名者，進夫，道也。進夫，聖人也。聖心，學也。凡外心而學者，皆非。吾懼夫今之士者操觚煥文，詞學進君子，曰：“蜘蛛之務，不如蠶之緰。”其失則虛，襃金炫肥，利學進君子，曰：“負且乘，致寇至。”其失則誣，探奇入幻，禪學進君子，曰：“行僞而堅，言僞而辨。”其失則叛，故曰：“出之幽谷，登乎茂木，慎乎趨也。”彼豪傑者云：“何進，夫聖人而已矣。”是故其存嶄然，定者志也。其邇儼然，欽者宗也。其學淵然，深者古也。故皇聖之基也，以志端聖之模也，以宗浚聖之資也。以古志確，故崇宗楷，故化古畜。故弘三者，會而機神，機神則道進，而何淫於弁髦，金玉之華重也。聖人曰：吾欲仁，斯仁至矣。言機，至也。而我或堯焉，或舜焉，而或皋焉、夔焉。箕奴比諫，時措之也，否則卷而懷焉。正身、範俗，弗進。猶夫進也，苟徒恃乎王公之貴。曰：“我進矣，可以生殺。”人侈然自畫，夫是之謂倚物爲進。一於進，則由由也反是。而拂逆焉，則戚矣。進也，猶夫弗進也。嗚呼，茲標夫嘉之往進者二三子，立其下，議之。曰：某虛若進，某誣若進，某叛若進，某折鼎爲小人，某隆棟爲聖人賢人，而弗畫於官人也。故曰：“出之幽谷，登之茂木，慎乎趨也。”嗚呼，彼豪傑者，尚有激哉。嘉靖甲午二月吉旦。

【校注】

[1] 砥：按此碑尚存，現嵌嘉興攬秀園東走廊。碑刻作“坻”。

明戴經《嘉興府鄉貢進士題名記》碑存。

我郡守金陵西虹司馬公[1]自内臺出守懷慶，懷慶事簡，不盡公之才。臺論當任壯郡。上聞，特轉嘉興。嘉興繁劇，公下車，甫數月，剔弊舉墜，百務聿清，庭無留訟，案無疑牘。不啻庖丁解牛，恢恢有餘刃矣。首崇學校，考覈德藝，士類淬厲，縫掖率化。朔望視學，每事諮詢。爰謂嘉興浙右巨邦也，人才迭興，科目倍於他郡。當官服職，聲華著稱，登名試録，歷若干科。雖家藏户閱，而散漫莫稽。嘗按進士之有題名記也，實出朝廷。崇重人材[2]之意，將以垂示天下，所以昭往而勸來，天下則而傚之。凡一郡一邑，亦有科貢題名，良以奉行德意，激勸後學，則併其各科之録，萃爲一石之碑，前登後續，使橫經講業之士朝而觀焉，以動其心，暮而覽焉，以作其志。將曰：“彼何人也，而立名不朽。予何人也，而有爲亦若是。”是則育賢之藥石，而士子立身之弦韋，不亦有益於人、家國、天下也乎。嘉靖歲[3]甲午春二日[4]，碑成，公命經爲《鄉貢進士題名記》。經曷敢承，然而不可辭也。竊聞[5]，公凡爲碑者三：一曰進士，二曰鄉貢，三曰歲貢。夫進士者，會試於禮部，拔天下貢士之尤。鄉貢者，郡試於藩臬，拔一方士子之尤。而歲貢者，則古人舍法之立，循次升進，若非二途之敵也。然五色之迷，一第之涸，容有不盡收者。豈可自以遺才而甘立下風也哉。今聖天子用賢，三途並進。其待天下以公，而不輕天下以蹟，即古人立賢無方之遺意[6]也。公於此，均視而同勸，其無棄人絕物之私，可謂不以一己之長，廢人之短。公，名進士也。於此可以知量矣。又合郡學，與七邑科貢之士，羣萃於一堂之上，舉前人之未行，示後人之未發，不以上下內外異其心，不以高下低昂貳其德。公之待人以厚也如此[7]。夫待諸人者，其厚如此，而人之所以自待者，奚容薄乎。夫貢士之視進士，已落第二義，而歲貢之視鄉貢，又非其倫。是一時遭遇之機，遂爲終身。等第之路不可以躋攀同日而語矣。然立身之道，初無品類。巖穴之老，可爲將相之英；椽吏之流，亦建公卿之業[8]，且[9]若我朝[10]黃忠宣之文章事業，魏文敏之學問履歷，是亦貢士耳。遡而上之，若韓昌黎爲一代山斗，吳草廬爲一時儒宗，是亦貢士耳。要在於人之自奮而已矣，勿謂歲貢不如鄉貢也，亦勿謂鄉貢不如進士也。顧人之所以自待何如耳。寧知公碑題名之意，不有在於斯乎。夫碑以題其名，記以紀其事，固爲世道計也。知而不以告後人安在，其爲文哉，特筆著之於篇，庶幾後人鑒之，以勗夫後人也。一時賢郡佐，若河上高公貳守、姑蘇晉公通守、維揚張公推守，皆能輔相盛美，以成泮林之化。郡貳教碧亭宋君綱實能承公意，以督文事，皆不可不書。是爲記[11]。

【校注】

[1] 司馬公：按此碑尚存，現嵌嘉興攬秀園東走廊。碑刻作"司馬公泰"。

[2] 崇重人材：碑刻作"朝廷崇重人材"。

[3] 嘉靖歲：碑刻作"至嘉靖歲"。

[4] 日：碑刻作"嘉靖歲甲午春二月"。"日"是"月"之誤。

[5] 竊聞：碑刻作"經竊聞"。

[6] 意：碑刻作"厚"。

[7] 公之待人以厚也如此：碑刻作"公之待人以厚也如此，經竊仰而服焉"。

[8] 亦建公卿之業：碑刻作"亦建公卿之業，何定限之有焉"。

[9] 且：碑刻作"且不暇援引漢代人物之出於殊途者爲證"。

[10] 朝：碑刻作"明"。

[11] 碑文末，尚有"前鄉貢進士、知泰安州、郡人、雙湖戴經謹撰"。

明吳鵬《嘉興府儒學歲貢題名記》

士以年貢，制也。曷爲題其名，俾後觀昭士鑒也。洪惟我明，受天景命，混一海宇。誕敷文教，以隆郅治。建學設科，登庸俊髦，士類勃焉以興。恐取士之途勿廣也，迺令諸府、州、縣學各歲貢生員，如制優廩餼，積時月養之。之久，試可焉而後用之。列聖相承，以迄於今。布恩命，則有開貢之例；振淹滯，則有限年之例；懲濫縱，則有超選之例，皆責成於督學憲臣焉。比其進與科目者並用，所以作新人材，崇治化者至矣。我嘉興郡邑自建學以來百六十年餘[1]，士由科目進者，得人爲盛。至歲貢所取，雖遇有顯晦，職有崇下，亦有卓然樹立其德業於科目，士有光焉者。然載籍頗闕，卒欲指數，其姓氏有不可得，而況其詳乎！舊各學爲題名榜，揭之明倫堂楣，即有榜制，亦隘甚，要不足以俾觀昭鑒也。惟時郡侯司馬公至，甫閱月，敷政宣教，修文考學，百廢俱舉，迺惟題名缺焉[2]是慮於是。既刻科目者碑，爰命教授聶君義等稽故牘，考姓氏，始洪武初年，至正德十六年止，合各學，凡得貢士計六百三十人，著履歷，備錄刻諸石，以昭永久,而命鵬爲記。夫名者,實之符也。君子爲善無盡[3]名,尤疾乎無名者。是故君子服其服,則文以君子之容。有其容,則文以君子之辭。遂其辭,則實以君子之德。是故君子恥服其服而無其容,恥有其容而無其辭,恥有其辭而無其德,恥有其德而無其行。是故夙夜圖之培其根,將食其實,浚其源,而導其所趨。德業樹立,無忝前聞。則由名以激之謂名,爲治世修身之具,亦自不可得而誣也。吾黨士嗣是以書,始[4]服官事矣。鑒觀前後,以圖勿負於國家,俾斯人指而稱之,曰[5]某德某業是弗落科目者,後願弗盛乎。不然,漸滅無聞,與草木同腐,將以爲恥。又奚貴於名之題也哉。此郡侯所望余,因著之斯舉也。文獻於是乎徵風化,於是乎本侯蓋知先務矣。侯名泰,字魯瞻,先爲侍御史,侃侃有直聲。籍在嘉靖癸未進士錄可考云。甲午春三月吉旦[6]。

【校注】

[1] 年餘:按此碑尚存,現嵌嘉興攬秀園東走廊。碑刻作"餘年"。

[2] 題名缺馬:碑刻作"題名缺焉"。"馬"是"焉"之誤。

[3] 盡:碑刻作"近"。

[4] 始:碑刻作"殆"。似當作"殆"。

[5] 曰:碑刻無此字。

[6] 碑文末,尚有"賜進士出身,奉敕提督學校、貴州按察司僉事、前兵部武選司員外郎、郡人吳鵬撰"。

明沈謐《嘉興府儒學歲貢續題名記》

嘉靖癸巳冬,南臺司馬公來守嘉也,去奸除蠹,政乂民安[1],盡心矣。慨然興思,曰:"可乎,非所重也。"欲先其重,其敦士風乎。士風敦,政庶幾焉爾。上宜知所倡也,下宜知所應也。倡而弗應[2],難乎上矣;欲應而弗倡,難乎下矣。明年甲午,迺進分教宋子。命之宋子北來,謀諸謐。曰[3]:"方今聖明御極,勵精圖治,新制創法,豈無堯舜之心哉!奉宣德意,其惟良守乎!"是役也,知所重矣。吾聞公之初議也,進士有碑矣,鄉貢、歲貢有碑矣,全矣。奚庸再舉,況謐不敏,奚以文爲,請辭。宋子固申其義,不可辭。嘗考諸貢制,厥惟舊哉!自洪武以來,未之改也。超貢例起嘉靖,行至於今,英才漸得,是上之所重也乎!起洪武而碑樹之學宮。碑隘,數多鳌,嘉靖而續。碑之意者,超貢始於嘉靖。而碑自嘉靖始也,非有深長思者,能[4]如是乎?上重之[5],守重之倡矣。士不自重,奚以應之。士之自重,莫若辨志。辨志,莫若知學。學,聖學也。民生而不可缺焉者。若後儒雕章繪句,專事沽名,是欺人也,而非自重之學也。矜智炫能,委曲狗利,是欺己也,而非自重之學也。志聖賢者,當知所趨矣。將[6]曰:上重乎!我非與名也,爲國也。守重乎,我亦非與利也,爲君也。我不自重,則我[7]心未盡,我[8]力未竭,無乃不可乎。故事君思忠,忠有弗至,弗措也。事父思孝,孝有弗至,弗措也。事兄思弟,弟有弗至,弗措也。交友思信,信有弗至,弗措也。惟茲四者,命於天,根於性,堯舜之聖亦率是而已[9]。外此,入利出名,出利入名,上者粉飾回護矣,掩其不善而著其善。下之則無所忌憚,無所不至也。聖學從茲晦矣。名,是碑者從違[10],盍慎之哉!後之按碑而稱者,曰某某爲聖人,某某爲賢人,自重在一時,令名在天下,萬世風斯遠矣!倡者、記者亦與有光焉,國家無窮之福也。不然,石之災也,倡與記者之意荒矣,國家焉賴!宋子曰綱也,聞其詳矣,請以告諸西虹公。公曰:是固泰之意也,可以記矣。[11]

【校注】

　　[1] 政乂民安:按此碑尚存,現嵌嘉興攬秀園東走廊。碑刻作"盡心矣。慨然興思,曰:'未矣,夫非所重也。'期月,政乂民安"。

　　[2] 倡而弗應:碑刻作"其斯善乎,倡而弗應"。

　　[3] 曰:碑刻作"謚曰"。

　　[4] 能:碑刻作"果能"。

　　[5] 上重之:碑刻作"否,碑也無庸記也,再記則瀆瀆可乎哉。是,或有深長思也。是守知所重也乎!上重之"。

　　[6] 將:碑刻作"必將"。

　　[7][8] 我:碑刻作"吾"。

　　[9] 而已:碑刻作"而已矣"。

　　[10] 違:碑刻作"跡"。

　　[11] 碑文末,尚有"嘉靖十三年,歲在甲午春三月辛巳之吉,賜同進士出身,徵仕郎、刑科給事中、侍經筵官、秀水沈謚撰"。

明吳寬《嘉興縣儒學科目題名記》

　　今之應進士貢者,皆郡邑之秀,學校之良。始而憲臣校其文,貢於省試之謂之鄉試。其法嚴甚,皆視其地人材之多寡而定之解額。已乃貢於禮部試之謂之會試,其法如前,有司得其人,略具名數,請於上裁。已乃貢於廷試之選舉,至此則不復去留,而皆得預進士之賜,然又爲之差等焉,其精審如此。凡前二試既書其名榜中,猶以不能垂於久也。復立石太學傳之,其慎重又如此。然彼士之題名於石者,固本郡邑而升學校而出者也。於是守令有倣其制而爲之者,以鄉邦之盛事而他日文獻之可徵者在此也。今天下布政司十有三,而浙江其首曰嘉興爲屬郡,郡有屬邑亦曰嘉興。邑令太原陳君璧,嘗委其學之師生,取國初以來凡貢士於省、於部、於廷者,悉刻之石。使來,請余爲記。蓋題名之舉,其初亦惟欲不没其人而已,孰知人有賢否,則視其名者必有美刺。既有美刺,則反於身者可無勸沮所係有甚大者。嘉興,浙西之大邑也。自李唐時有大賢君子生於其鄉,遂啟後代斯文之盛。然往者吾不可知,今之仕者莫不出科第,見其事之慎重,不反而爲吾身之慎重乎。且夫古之仕者,必考其德行而賓興之。後世此法已廢,然君子將因其廢而遂廢其所以修身乎。出者吾不可知,今之游學者將皆由科第而出,見其事之慎重不反而爲吾身之慎重乎。若然,則斯石也豈徒不没其人而已,信乎所係有甚大者。陳君以名進士來爲茲邑,明名廉敏,克舉其職,可謂能慎重其身,有光於科第矣。其又爲此舉,豈將視此以自勸沮而益資其宦學也乎。

明柯潛《秀水縣儒學題名記》

　　秀水舊爲嘉興縣之西境,宣德初始分爲縣。設學建官以教士,士因教而興者駸駸乎有聞。正統間,呂先生原以雄才奧學魁鄉試,又得雋南宮,進奉廷對,擢爲進士第二,拜翰林編修,累官至學士，遇知先皇，參預機務，恩寵日隆，秀之人材於是爲兩浙最矣。天順間，教諭方繹暨其僚佐設教勤，而明於士多所造就。歲庚辰，金陵莊澈由進士來令是邑，提督考課之暇，又相與圖所以勸勵之，冀復有若吕先生者出焉。乃命工伐石，刻其舉鄉試及登進士者名氏置於堂廡，俾朝夕觀焉，且垂示於永遠也。壬午，訓導林憲以京尹聘爲文衡，既撤棘，過予言曰："秀學題名之石未有記，願記之。"於時未暇屬筆，邇者繹走書復申前請，弗獲辭。仰惟聖朝設科目以取天下豪俊，而得與廷對者題名於太學，及其有大勳伐，有大聞望者，又勒名於鍾鼎，足欲傳聞於人，使有所感焉而興起也。然遠而有聞，不若近而瞻視之爲勸也，此天下之學校所以必有題名而諸君於此復有舉焉。嗚呼！高山仰止，景行行止。秀之士將顋顋興起於方來哉，姑記之以俟。

宋《海鹽縣進士題名記》

吾邑雖介處海壖，士雅知力學。宋興纔二十載，固已肇立學舍，講貫薰染，非一日矣。時未有以決科聞者，當慶曆中，天下承詔畢立學校，士咸觀感奮發，以不預俊造之選爲恥。而獨吾邑建學已素，肄業有所，士益自勵。推移二紀，椎輪於郭公璩，擢名第者相接也。郭氏有子蹕世科，躋位通顯，造兩地，爲中興樞機臣。厥後吾邑之士觀感速劾，蟬聯桂籍者不可枚舉。蓋郭氏父子昆仲亦鄉校友黨，豈氣類脉絡然歟！有倡之者，蓋必有繼之者。鄉里實榮之，常取以詔告其子弟。今維揚李侯直養以佐邑最，即選爲令，政通人和，思所以爲化道之先，亦既修治學宮，有廢輒舉。一日，顧謂諸生曰："邑之先達以儒科進者幾何人？第而知之，亦足爲士之勸。"諸生受教，曰："宜擇所屬。"乃以屬潨孫。辭不獲，輒采摭詢考，由郭公而下得三十有九人焉。其有不知者，蓋闕如也。後乎此者，繼自今不絕書之。嗟夫！三代盛時，興賢者能者獻其書於王，實昉乎鄉大夫。然則風勵而陶成之，則大夫任其事固宜。若李侯加惠於吾邑之士無窮已，則士之揭名於此者，得特書屢書不一書，亦無窮而後可也。紹熙三年二月朔，從政郎、新監行在右藏西庫常潨孫記。

明《海鹽縣儒學鄉試題名記》

學校以得人材爲本。人材，治天下之具也，必養於學而後舉於鄉，貢於禮部，試於廷，皆登名有録，以紀出身之次第。釋菜先師，又刻石於碑，以貽榮於永久。然則鄉學題名非謹其出身之始乎，謹其始則重所往以達諸用也大矣。海鹽爲嘉興屬邑，距郡遠而密邇於海，學舍滋久將入於弊。成化改元，山西楊公繼宗自秋官知府事，廉明簡亮，政教修舉，兩至邑學，慨其游居弗稱，乃奉巡按監察御史劉珂、分守參政寧良、僉事周正方命有司，庀材興工，不踰年而廟堂、齋舍煥然一新。復謂方今設科自洪武甲子，抵今成化辛卯，二十有七科矣。而海鹽之士懷牒起者，前輝後耀，號不乏人。然不鑱諸石，登載其名氏，何示勸於方來。於是命邑令楊君克敬具書、幣，託教諭陳良率諸生夏勗、沈慶、萬釗來請記。予謂成周論造於鄉，務選賢以臻至治，蓋有賓興之禮焉。士由賓興而起，亦豈以是媒利禄哉！蓋有德行道藝，明諸心，措諸行，以與斯世斯民同底至善之歸。其後科目雖始於隋，盛於唐而極於今，然皆不失賓興之遺意，士可不以賢自重乎。唐稱得賢必曰陸宣公。宣公，郡人也，巋然一代人物。固未易跂及，然近景泰間有劉泰爲監察御史，遇大臣巡撫有弗戢者抗疏斥之，風裁凜凜可嘉，而竟以疾卒。天順間有張寧爲禮科都給事中，敷奏封駁，允合時議。英宗方屬意大用，弗果，遂爲權奸沮抑，僅守汀，以病免。予昔與之同朝，喜其有聲於臺諫，無忝於科目，使皆昌於其時，則業必大有可觀矣，豈止於是耶！雖然，顯於前者有限，而擬諸後者無窮，後此而進，當思賢者與齊以不賢者爲戒，皇皇忠義之是求，無負上之所任，使學之所當盡，雖勒鼎彝，銘旂常而昭汗簡亦自茲始，奚啻鄉學題名之足榮哉！岡俾[1]宣公專美，有唐敬以是爲勸。成化八年某月日，賜進士出身、翰林侍讀學士、奉訓大夫、鶴城錢溥撰。

【校注】

　　[1]岡俾：光緒《海鹽縣志》卷十一《學校》收錢溥《鄉試題名記》，作"罔俾宣公專美"。"岡"是"罔"之誤。

明戴鍊《平湖科第貢例題名碑》

　　後平湖科第貢例題名，昉於是乎？曰："否。"前此矣，舊用木楔，閱久而敝，易以石，始於是也。曰："石久不有泐乎？"曰："噫！名之在人，傳必以愛，愛必以美，顧傳有永有勿永，愛有公有勿公，斯名與美而實勿美矣。"世有不求盡其心，不責備諸已，上無嘉於國家，下無稗於黎民，禄位日崇，聲譽日播，君子勿由焉，君子恥之也。士必以忠信主之，以篤敬達之，實勝而善明，是可悦親也，是可信友也，是可獲上治民也。然君子勿專美也，愛勿愛，傳勿傳，有勿恤也，非勿專也，勿期也，善亦勿終釋也。夫積厚而修慎，亮物而濟務，經國而格難，舉大而施溥，苟志以時達，立朝正色，敷訓修德，若道與世忤，策遯遂退，黨禁勿録，如吾考亭朱夫子者可也。黃勉齋曰："百年論定後，必有知之者。"人泯天勝，奚待百年。顧紹興登第之録，獨至今猶存焉。是可爲愛，而公且永矣。茲邦紀姓名於石者，昔故多賢，繼自今駸駸未艾，寧無儁偉拔出，非常之業，曷以外爲恃也哉。敢敬以是爲囑。

明吳昂《桐鄉縣學科目題名記》

　　知桐鄉縣事鈞陽任侯洛以廉明集百事，獨懼人材之出不能爲他縣先，乃考縣先達之士，其由於科目者石刻之章示學宮，則庶幾興起者衆而嗣者不絶。其所刻由楊公青而下，凡八人。緣其縣宣德五年始分崇德縣而有，前不出其學者不刻，故其人滋少。予同年友譚君鎧居其一，乃來屬予記。予以爲三代以後之法，循習卑近，無踰於科目。然士得以名置其中者，又甚難居此，何哉？蓋科名創於隋、唐，雖其法卑近矣。若夫我朝所定經義論策，其義理，《易》《書》《詩》《禮記》《春秋》《學》《庸》《論》《孟》，其議論，濂、洛、關、閩諸大儒書其故實。遷、固而下，諸史其時務，凡君臣民物皆爲國家天下之至。噫！斯豈可類於三代以後之法視之哉！故其爲業，務在尚志專心，博學多識，使其聞見，周材藝備，則其文章皆根柢五經四書，出於諸大儒，酌於古，通於今，而後可以置名科目中。而桐鄉自有縣以迄於今，垂八十有五年，纔得八人，宜矣。雖然，迹夫八人觀之，則考其文章，於譚君以前雖多不存，然其人或陟憲臣，或躋郡守，蓋惟其聞見，周材藝備，見於行事。以及此則視文章又加難矣。則其始豈亦謂科目不易得哉！吾意其如拾地芥耳。審如是,其孰非今之師歟! 然予嘗困於場屋,久而幸一得焉,因思難圖易,惟欲不愧於先達,自我朝上至於隋、唐,凡擢科目又產邑里者如陸宣公,則予每讀其書,論其行事,求知其人,固又不待於刻石以章示之焉者,故願桐鄉之士相與勉焉于以師。今之所刻矣又及於所不刻,友一邑之善士矣,又馴至於古人與夫所爲功業者加之意焉,則人材之盛,其亦將十倍於今日,而豈非所以慰夫任侯者耶! 遂書之爲記。

薦 辟

漢		
	嚴助舉賢良,擢中大夫。由拳人。 張武第五倫舉孝廉。由拳人。 陸康舉孝廉茂才,徵拜廬江太守。海鹽人。	朱買臣嚴助薦爲中大夫。由拳人。 施延徵拜侍中。海鹽人。 陸績康子,辟奏曹掾,鬱林守。
三國·吳		
	陸遜康從孫,丞相。 陸凱遜族子,丞相,封嘉興侯。 陸褘凱子,大將軍。	陸抗遜子,大司馬。 陸允[1] 凱弟,中書丞。 陸瑁遜弟,尚書。
晉		
	陸喜瑁子,散騎常侍。 陸雲機弟,右司馬。 陸玩曄弟,司空。 顧榮散騎常侍,封嘉興伯。嘉興人。	陸機抗子,大都督。 陸曄機從弟,衛將軍。 陸納抗族子,尚書。 干寶散騎常侍。海鹽人。
陳		
	顧野王黃門侍郎。海鹽人。	顧越黃門侍郎。海鹽人。
唐		
	陸元朗明經,辟爲文學館學士,封吳縣男。嘉興人。 褚無量舉明經,左散騎常侍。海鹽人。 案趙《志》入《鄉賢傳》,嘉興何《志》入《選舉》。今從蘇頲《神道碑》。	陸敦信元朗子,左相,封嘉興縣子。案元朗父子,二《唐書》均吳郡吳人,舊《府志》皆入《選舉》,有傳。考復置嘉興縣在貞觀八年,今仍之。
	進士	
麟德	陸齊望敦信子,秘書少監。以下嘉興。 陸偘溧陽尉。	陸灂吏部郎中。
至德	顧況著作郎,海鹽人。	
大曆	徐岱修撰。以下嘉興。	
建中	陸贄又舉博學宏詞科、書判拔萃科,翰林學士同中書門下平章事。	
元和	殷堯藩監察御史。	陸元感黃州司馬。以下海鹽人。
長慶	顧非熊盱眙尉。	
光啟	丘爲太子右庶子。以下嘉興人。	陸扆贄族孫,尚書左丞,封嘉興縣男。
五代	進士	
後梁開平	高彦費州刺史。以下海鹽人。	朱行先尚書右僕射。

宋制科	進士	特奏名附右榜進士、童科。
端拱二年己丑	謝炎主簿。以下嘉興人。	聞人偲兼經。 聞人湜三請 朱季質 呂元亮二人並以布衣被召。賜第。
大中祥符 五年壬子	聞人侃	章栿 朱伯龍 詹奕
天禧三年己未	聞人建工部尚書。 呂諤	朱彥直 衛仲達
天聖二年甲子	呂詢諤弟,給事中。	衛積 陳聖任
景祐元年 甲戌	呂評詢弟。 聞人安道知南康軍[2]。	鄭灄第二人。 吳正邦
慶曆六年 丙戌	陳舜俞屯田員外郎。 韓洞	朱端禮 陳世德 朱瀚
皇祐元年 己丑	沈中復 王照 錢長卿	朱宗卿 葉簡 王鼎
嘉祐二年丁酉	胡闓 呂全貫開封。	姚端方 錢九韶 叶昞
嘉祐四年己亥	陳舜俞舉材識茂異、賢良方正、能直言極諫科。	朱振 張伯起 章移忠
嘉祐六年辛丑	朱伯虎鞏從子,貫開封,江東運判,累贈太子少師。 周郊 婁億同學究出身,餘杭主簿。 葉伸	鄭丙 林一飛 曹元鼎 柳梗 柳大詔
嘉祐八年癸卯	戴顯甫 朱鞏	戚簡 黃裳
治平二年乙巳	潘景純 朱伯熊伯虎弟,淮東提舉。 郭琢海鹽人。 案是科,《通志》誤入梅顥。又《志》癸丑、己未二科誤併,今從至元《志》改正。	朱聞 朱端復 朱允 以上三十五人特奏名,俱嘉興人。舊府縣《志》科年無攷。
熙寧三年庚戌	張仲元以下嘉興人。 凌臯 聞人璪建孫,朝奉郎,賜五品服。 聞人琳昌化知縣。 吳公美貫開封。	
熙寧六年癸丑	梅貢灝子,海鹽人。 呂奎貫開封。 梅灝《圖經》作顥。 陸周一作元祐戊辰。海鹽人。	
元豐二年己未	錢著以下嘉興人。 徐之純 廖漢章 柳廷俊工部侍郎。 章粹貫建寧。 聞人益	

元豐八年乙丑		倪直侯探花。 杜直榜眼。 崔友直	
元祐三年戊辰		呂益柔榜眼,貫開封,刑部侍郎。 張徽言 郭三益璟子,同知樞密院事。	
元祐六年辛未		朱諤原名絨,伯虎從子。榜眼,哲宗改名。謝恩詩有云:"起家白屋連三榜,平地青雲第二名。" 富開 朱之純貫開封。	
紹聖元年甲戌		柳廷傑廷俊弟。 呂桓一作佶。	
紹聖四年丁丑		張天材更名卿材。	
元符三年庚辰		錢隨以下嘉興人。	
崇寧二年癸未		朱紘絨弟,三甲第一人。 吳錞	
崇寧五年丙戌		王簾 張甸 呂少蒙 陳斐忱 魯詹提舉兩浙路市舶。海鹽人。	
大觀三年己丑		柳約廷俊弟。以下嘉興人。 聞人宏通州司法。 張昭 董之邵 陳之元 姚穀更名焯。 周公彥 衛上達改名仲達,館職。 黃子服 周綱 陸友諒海鹽人。	
政和二年壬辰		莫儔狀元[3]。 范遜	
政和五年乙未		陳與義嘉興人[4]。 衛開八行科,宣教郎。以下俱崇德人。 黃鎮 黃瑗鎮弟。 謝處道以上四人,嘉興湯《志》併入《選舉》,今從《浙江通志》。 張康朝	
重和元年戊戌		董埒至元《志》作將。 陳確 羅彬 趙士坦 衛閫開弟,通判紹興,贈太師、魏國公。	

宣和元年己亥	李長民舉博學宏詞科,秘書省正字,嘉興人。	衛膚敏閶從子,探花,又舉八行。	
宣和二年庚子		朱炎崇德人。	
宣和三年辛丑		聞人穎立上舍 富説	
宣和六年甲辰		范閎 沈晦狀元,崇德人。	
建炎二年戊申		黃銓甲科 黃操 蔡宿海鹽人。 張睿崇德人。	
紹興二年壬子		孫彥朝貫開封。以下嘉興人。	
紹興五年乙卯		任盡言質言弟。甲科,淮東提舉。以下二人貫眉州。 任質言 樊光遠省元,貫錢塘。 朱冠卿以下二人貫開封。 葛溫卿 魯嵩太府卿。以下海鹽人。 魯督俱詹弟。 錢宏崇德人。至元《志》云:祖政,姪萬中。	
紹興八年戊午		陳璹以下嘉興人。 董天民 陸之淵海鹽人。	
紹興十二年壬戌		周徵以下嘉興人。 潘旦 魯藝以下海鹽人。 陸之望之淵弟。	
紹興十五年乙丑		潘瑋甲科,安慶軍教授。 陳伯達 張圖南 趙師煥 太史洵武貫鹽官。 葉利用以下海鹽人。 魯可簡誓子。 張康 徐琪	
紹興十八年戊辰		林公望福建提舉。 張偉 俞光凝 柳仲永貫鎮江。 王允功以下崇德人。 張然	

紹興二十一年 辛未		丁三畏 鄭聞省元,參知政事。貫開封。 張廷篤昭子。 陳駢 魯瓅詹從子。以下海鹽人。 趙師久 趙彦深[5] 錢萬中宏從子,崇德人。	
紹興二十四年 甲戌		錢良臣參知政事、知鎮江府。 陳禹錫以下嘉興人。 唐鐸 徐銳 衛稷仲達子,處州教授。 陳閔 魯文謐海鹽人。 杜申以下崇德人。 徐浚琪從弟,烏程令。 張潛	
紹興二十七年 丁丑		聞人符穎立子。 林宋顯舊《志》作宗顯,誤。 周謹思 朱佾 聞人阜民符弟,上舍,通判婺州。 陳師正舊《志》作思正,誤。 樊抑光遠子。 趙汝能知全州。海鹽人。	
紹興三十年庚辰		許克昌貫洪州,以有官充榜眼。 蓋經甲科,貫開封,户部侍郎。 沈撰侍從。 張諫 王明弼 錢聞禮聞詩弟。 張伯垓吏部尚書。 吕篆貫平江。 衛博稷從弟,樞密院編修。 侯持國 柳大雅貫臨安。 陳之方貫建州[6]。 樊廣光遠子。 陳夢鵬貫湖州。 趙希仁中大夫,廣東運判。以下 海鹽人。 趙不愚士坦子。 劉處仁 魯可封詹子,烏程令。 莫若晦崇德人。	
紹興三十二年 壬午		錢聞詩以下嘉興人。	

隆興元年癸未		張庁 趙善洙 邵衺然 張子泳一作朱子泳。 呂旦 趙汝明汝能兄。以下海鹽人。 趙希仰希倧弟,晉陵丞,一作己丑。 魯可宗訔子。 莫抃	
乾道二年丙戌	魯可宗又舉博學宏詞科,官至太常卿。	朱繹之貫湖州,兵部郎中,知常州。 吳伯凱以下嘉興人。 徐玠 趙善調 孔彰 王靜 婁機參政。 周益 陳登 陳師堯 柳梓 徐元莫以下崇德人。 趙汝愚 趙學憲汝愚子,知靖江府。 陳炳上虞令。	
乾道五年己丑		王觀國貫開封。以下嘉興人。 林廷瑞貫平江。 郭堯 葉昉 趙彦琇 陸峻刑部尚書。以下海鹽人。 魯璠瑑弟。 常濬孫福州教授,一作壬辰。 錢文	陳舜舉右榜進士,嘉興人,科年各異。劉《志》作隆興年,袁《志》作乾道五年。
乾道八年壬辰	常濬孫又舉博學宏詞科。	陳允師正子。 陳伯摶 張橐 任嚴叟 趙善懼以下海鹽人。 趙伯璜一作乙未。 徐綱通判湖州。以下崇德人。 莫元忠若晦弟,通判德安。	
淳熙二年乙未		衛藻仲達從孫,知武岡軍。 趙彦珧彦琇弟。 丁大舉 丁大聲 魯仟可簡子,知烏程縣。以下海鹽人。 趙彦清彦深弟,一作戊戌。 莫若沖若忠弟,大理丞。以下崇德人。 徐晟琪子。	

淳熙五年戊戌		趙師懍 張之德 沈明遠 趙彥濟彥清弟，海鹽人。	
淳熙八年辛丑		柳說貫臨安。 聞人綱 朱端常繹之，貫湖州，户部尚書。 陳之綱宰海陵，修捍海隄。以下崇德人。 陳之純之綱弟。 蔡開知岳州。 莫若拙 王用亨襄陽教授，一作戊辰。	
淳熙十一年甲辰		衛涇狀元，資政殿學士。 俞建光凝子，遠弟。甲科。 俞遠建兄。 葉時 石辰之 衛漢涇弟。 莫似之若晦弟，崇德人。	
淳熙十四年丁未		胡林卿 王正綱貫泰州。 沈倫 周雲 趙彥倫尚之孫。 趙希侰希仁弟，侍郎，謚文清。一作紹熙庚戌。以下海鹽人。 許興裔舊《志》作趙興裔。今從《海鹽圖經》、仇《志》更正。 趙彥滄彥深弟。 趙崇堯汝明子。以上三人，一作紹熙庚戌。 常楷宗正丞。 徐逢浚子。以下崇德人。 莫及 莫光朝及從子。以下二人，一作己酉。 徐龜年知徽州。	錢師文石門鄺《志》作盛姓，吏部員外郎。以下崇德人。 莫象 錢鸚 王樞 李九篴 張一清縣《志》有，郡《志》無。
淳熙十六年己酉		林至秘書省正字。 錢孜	
紹熙元年庚戌		林大章 趙彥伸 趙彥璱彥琥弟。 趙善毅不愚子。 趙汝璒 李昌宗朝奉郎。以下海鹽人。 魯珏可簡子，开弟。 徐昂晟弟。以下崇德人。 徐邁逢弟。 陸埈秘書郎，通判、知州。	王炎 錢秀發 郁俊民

續　表

紹熙四年癸丑		趙師褧伯瓃子。嘉興人。 陳舜舉以下崇德人。 案：乾道間有右榜進士陳舜舉，《通志》注嘉興人，此貫崇德，爲令、守，列《政事傳》，恐是二人。 莫澤刑部尚書。	
慶元元年 乙卯[7]		姜輝甲科，上舍。以下嘉興人。 錢撫 侯允 孔搰 周日嚴雲子。 陳保中内舍 陶大璋 鮑章内舍 趙汝詥内舍，嘉興人。	
慶元二年丙辰			蔡源
慶元五年己未		淩次英貫錢塘。以下嘉興人。 魯秀穎 徐侔德 沈棐 蔡闓開弟，崇德人。	
嘉泰二年壬戌		張淡俊子。以下嘉興人。 張渙臣 徐遠浚子。崇德人。	趙勤夫右榜進士，揚州正將，科分無考，嘉興人。袁《志》作嘉泰二年，玉牒所"勤"作"懃"。
開禧元年乙丑		陶洪以下嘉興人。 趙汜夫 唐夢符 徐逢年綱子，颿年弟。以下崇德人。 陳之經綱弟。	陳思第一。 朱表臣 查雲趙《圖記》作木曇。 沈魯卿
嘉定元年戊辰		衛洙涇弟。以下嘉興人。 魯鐸 衛玠仲達曾孫，軍器監丞。貫鎮江。 魯策 婁體仁 潘振 劉元晉 計朋颿 陸鑣埈從子。以下崇德人。 輔大章廣子，武岡令。	柳佑祖 張林
嘉定四年辛未		陶大甄 常衍孫潨孫弟，句容丞，海鹽人。 沈木以下崇德人。 張珪	
嘉定七年甲戌		趙汝廊 王尚輔 趙崇璋 魯文若海鹽人。	江表祖

嘉定十年丁丑		趙汝玶 陳曄金部郎官，守南劍。 趙時梅汜夫子。 趙崇穆汝玶子。 楊元勳 魯文伯文若弟，海鹽人。 陸德興吏部尚書。以下崇德人。 錢昱	馬曄 陸德興童科，年分無攷。
嘉定十三年庚辰		陳煃曄弟，宗學博士。以下嘉興人。 趙與生希侂子，與理弟。 孫一飛 林華至子。 潘忠恕振子，省試經魁。 趙汝訓 胡琚林卿子。 趙汝擢 張琥	
嘉定十五年壬午		王熙載	
嘉定十七年癸未		沈應元以下嘉興人。 沈既濟 趙汝弼汝訓弟。 趙希膺 魯之大海鹽人。 平柬崇德人。	張楚材 徐協元莫子。
寶慶二年丙戌		沈炎資政殿學士。以下嘉興人。 趙與陞 趙與翊常熟令，奉議郎。 趙時勇 趙與橡 趙坨夫 趙漪夫 趙彥祕 趙漹夫 趙泮夫 趙與機 趙孟敏 趙希檜 趙與時 趙崇治 趙善𤫩不愚子。 趙宗愜 趙崇愈 趙崇昔 趙汝堂 趙與曾 趙崇誃 趙汝熠 趙與言 趙崇侑	徐聞詩八歲通九經，童科，年分無攷。

續　表

		趙覓夫坅夫弟。 趙與善 趙惢夫以下海鹽人。 趙孟堅 胡宗儒以下崇德人。 陳鑄	
紹定二年己丑		時任以下嘉興人。 沈元 黃英發 余任禮 趙孟握 徐聞詩惠州守。 趙汝衡 趙汝櫚以下崇德人。 趙必棣一作癸丑。	莫伋以下崇德人。 莫何俱若沖子。 時伸任兄。 徐炎元莫孫。 徐箕 沈迪 張碧
紹定四年辛卯		李景勉太常丞,守臨江,嘉興人。 聞人宇海鹽人。	
紹定五年壬辰		莫之禦上舍,抃從子。以下崇德人。 趙汝櫄櫚弟。 莫季謙若拙子。	周廷傑 莫環 莫璞 徐士豪協子。
端平二年乙未		趙若炳 趙時梓 趙若輝若炳弟。 趙時檜時梓弟。 趙汝穮 杜從龍 蔡直方 宋正禮 呂重庚大理正。 趙時柷 趙與理與生兄。 平章棟從子,崇德人。	俞夢得 樂公明 張璞
嘉熙二年戊戌		趙與積與理弟。以下嘉興人。 聞人仲脩阜民孫。 趙必高 沈應高棐子。 錢宜之 錢廣之 周光龍一作海鹽人。以下崇德人。 趙時哲	
淳祐元年辛丑		焦炳炎探花,右文殿修撰。 趙孟議上舍。 趙時昴上舍。 蔡廣上舍。	沈斗祥

淳祐四年甲辰		唐震龍 趙孟圭 常賢孫海鹽人。 莫仲通崇德人。	焦煥炎炳炎弟,特奏名。 陳愷端明殿學士。
淳祐七年丁未		葉隆禮 林子善淮西參制。 魯鼎卿以下海鹽人。 常棶同曾孫,別院賦魁。	徐灼以下崇德人。 莫梓 張益之
淳祐十年庚戌		陸夢正以下嘉興人。 洪應辰 婁應元 郭晦 朱宗強 吳君閎 曾森 陸浚以下崇德人。 趙崇簹汝桐、汝檣從子。	張能 莫如之明從子。 焦煥炎淳祐間右榜進士,《通志》注嘉興人,科年無攷。案趙《圖記》:炳炎弟。《煥炎傳》僅稱亦舉進士,不言右榜。又,仕至鎮江守,恐非一人。又,劉《志》作紹熙年。袁《志》作殿帥虎臣子,淳祐四年。
寶祐元年癸丑		錢拱之以下嘉興人。 趙孟逮 趙必熮 趙崇穆 婁應新省試經魁。 呂翊龍 婁應庚 潘應大 郭圭 平昌 朱鵬飛崇德人。	
寶祐二年甲寅		李曾伯觀文殿大學士,崇德人,貫臨安。	
寶祐四年丙辰		沈達至元《志》作達可。以下嘉興人。 吳英發下四人列石門《志》,誤。 趙若誼 沈瀰龍 唐天麟太學,嘉興學正。 馮夢桂崇德人。	
開慶元年乙未		王允之以下嘉興人。 葉汝舟 柳正孫 鄭拊冀 金鼇	
景定三年壬戌		錢夢炎甲科,以下嘉興人。 張漢輔太學。 聞人珏 魯天麟一作海鹽人。	

咸淳元年乙丑		趙與鼎 趙必穗 趙由璋孟安子。 趙孟安 朱安國宗强子。 沈應子應發弟。 趙崇毗 趙必弸 趙孟秌 趙崇恁 趙時扤 趙若埱 趙崇嘏 沈起巖 趙汝懃 趙孟葆希倧孫。以下海鹽人。 趙孟珦與曾子。 趙孟華孟葆弟。	唐堯臣以下童科,俱嘉興人,年分無攷。 包時習 包時中 包時飛 唐夢龍 唐天龍 張伯淳
咸淳四年戊辰		徐碩 沈應發應子兄。 趙孟個孟秌兄,一作坰。 張伯淳琥子,一作辛未,崇德人。	
咸淳七年辛未		張應明嘉興人。	
咸淳十年甲戌		翁自道至元《志》作自衢[8]。 曹應符 趙良汝 趙與熜 徐瀰得案:以上五人,《通志》俱嘉興人。	

元 進 士		鄉 擧	童科附武科
延祐年		俞鎮鄉擧第一。《通志》。以下俱嘉興人。 俞鋭鎮弟。 吳琪鄉擧第一。以上三人,崇德靳《志》入《選擧》。 王咏 鮑恂鄉擧第一。崇德靳《志》入《選擧》。 吳性誼 案《通志》六人,均列延祐四年丁巳。前四人又列延祐二年乙卯張起巖榜進士,恐誤。	
延祐年	俞鎮建德路知事。 俞鋭龍游主簿。 吳琪 王咏侍書學士。	黄玭	
至治三年癸亥		屠曾省試第一,臺試二十七,備榜建康學正。又作至正乙巳。	

元　進　士	鄉　舉	童科附武科
至順年	陸景能趙《圖記》、嘉興湯《志》作景龍。 聞人樞	焦熙七歲中童科，年分無考。
至順年	陸景能 聞人樞 焦熙		
至元四年戊寅		趙俶省試第七，至正四年省試，備榜第九。	
至正十三年癸巳		沈廷珪俱海鹽人。	
至正二十二年壬寅		許徵省試詞草詔十六，海鹽人。	
至正二十三年癸卯	沈廷珪		朱勉之至正間武科，嘉興人，年分無攷，鎮守千户。袁《志》作志治元年任嘉興鎮守千户。
至正二十五年乙巳	張翼嘉興人。 貝瓊崇德人，科年無考，國子助教。		

【校注】

[1] 陸允：萬曆《嘉興府志》十五《薦舉一·三國·吳》作“陸胤凱之弟，中書丞。”《三國志》卷六十一《陸凱傳》：“（陸）胤，字敬宗，凱弟也。”當作“陸胤”，因避諱改陸允。

[2] 按：至元《嘉禾志》卷十五《宋登科題名》：“寶元元年呂溱榜　聞人安道。”萬曆《嘉興府志》卷十五《薦舉·宋》：“寶元　聞人安道嘉興人，戊寅科。”《檇李詩繫》卷二：“（聞人）安道……寶元戊寅進士。”當爲寶元進士。

[3] 按：至元《嘉禾志》卷十五《宋登科題名》：“（政和二年莫儔榜）范遜”。孫覿《宋故翰林學士莫公墓誌銘》：“公莫氏，諱儔，字壽朋。其先吳興人，徙錢塘，今爲平江吳縣人也。政和二年，大比試廷中，徽宗皇帝擢爲第一，授承事郎。五年，除符寶郎，遷起居郎，兼國史編修官，移太常少卿。宣和二年，丁正奉公憂。憂除，除光禄少卿，進國子司業。六年，召試中書舍人。靖康初，除給事中，兼侍讀、直學士院。除吏部尚書，俄拜翰林學士、知制誥……邦昌既以僭悖誅死，同事共政者皆坐偽命，除名籍，竄斥嶺外……忽一旦，自興於榻，召家人至前，以後事屬其子者，端坐而逝。是歲隆興二年七月十五日也，享年七十六。”舊時進士試録取時以第一名爲榜名，故“莫儔”是政和二年進士試的榜名，其里貫、官職均與嘉興無涉。不當列入本《志》。

[4] 按：至元《嘉禾志》卷十五《宋登科題名》、萬曆《嘉興府志》卷十五《薦舉一·宋》均無“陳與義”其人。張嶸《陳公資政墓誌銘》：“陳氏本居京兆，亡其世系所出，後遷眉之青神。公諱與義，字去非。自其大王父歷官中朝，始又遷洛，故今爲洛人。登政和三年上舍甲科，授文林郎，開德府教授。丁内艱。服除，爲太學博士，著作佐郎，司勳員外郎，擢符寶郎，謫監陳留酒。久之，召爲兵部員外郎，以紹興元年夏至行在所，爲起居郎，遷中書舍人。拜吏部侍郎，改禮部。後以徽猷閣直學士知湖州。召爲給事中。明年正月，爲參知政事，是歲紹興七年也。明年春，以疾請去，凡五請而後許，以資政殿學士特轉太中大夫、知湖州。公疾益甚，遂請閒，提舉臨安府洞霄宮。是年冬，疾大甚。十一月某甲子薨於烏墩之僧舍，年四十九。”由此，陳與義里貫非嘉興，知湖州時曾寓居青鎮，時間不很長，似不當列入本《志》。

[5] 趙師久、趙彦深：至元《嘉禾志》卷十五《宋登科題名》：“紹興二十七年王佐榜　趙師文、趙彦

深。"天啟《海鹽縣圖經》卷十五《宋進士》："紹興二十七年　趙師文、趙彥深"。紹興二十七年(1157)是丁丑年。故此二人應移入"丁丑年"。且"趙師久"是"趙師文"之誤。

[6] 按：至元《嘉禾志》卷十五《宋登科題名》："隆興元年木待問榜　陳之方。"崇禎《嘉興縣志》卷十二《科第》："隆興元年癸未科進士　陳之方(建州)"。故陳之方應移入"癸未科"。

[7] 按：至元《嘉禾志》卷十五《宋登科題名》："慶元二年鄒應龍榜　姜輝、錢撫　侯允……。"萬曆《嘉興府志》卷十五《薦舉一·宋》："慶元　姜輝是年丙戌科　錢撫　侯允……"慶元二年(1196)，是"丙辰年"。《宋史·趙希琯傳》："登慶元二年進士第。"故"慶元元年乙卯"是"慶元二年丙辰"之誤。

[8] 志治：是"至治"之誤。至治，元英宗年號。

嘉興府志卷四十五

選舉二

明薦舉

	嘉興縣	海鹽縣	崇德縣
洪武	呂五秀副史。 張恂行人。 謝文昌御史。 馬瓛許州知州。 浦宗琦工部主事。 湯斌大理寺副。 俞忠穎上縣丞。 劉倫御史。 陳俊民貴州布政。 倪宗中書。 高英應天通判。 沈潤御史。 王子實漳州同知。 尹文龍刑部主事。 董可賢通江知縣。 黃忠行人。 潘原南海縣學訓導[1]。 錢思濟阜城知縣。 張九疇武陵知縣。 茅謙南陽通判。 王衡工部主事。 包宗吉安知府。 金章湖廣參議。 沈子端南安同知。 沈景衡衛輝同知。 陳約布政。 俞宗大郎中。 潘元凱知縣。 顧節知縣。 劉彥倫御史。 沈鉉知縣。 夏祥鳳知縣。 錢得彰典史。 張昊明經、僉事。 沈景文賢良、運同。 尤夒御史。 薛宗永孝廉、御史。 陸貞知府。 王嘉會國子監司業。 徐中鄱陽河泊所。	丁豫僉事。 金大節耆老、知府。 曹孚容貌端方,給事中。 黃文杰賢良、知縣。 常士昌賢良、知府。 周德成秀才、主簿。 戴仲蕭聰明正直、知縣。 胡恒性文學、縣丞。 沈繼宗明經、國子學正。 詹仲益孝弟、縣丞。 梅士進儒士、知縣。 梅士輝儒士、通判。 費德昭儒士、通判。 桑慎明經、編修。 王端楷書、衛經歷。 楊經楷書。 戴瓊楷書、通判。 王彥貞人材、主簿。 朱彥華人材、知府。 呂文忠人材、序班。 金谷用人材、主簿。 鄒文通人材、巡檢。 張忠人材、主簿。 陶真人材、主簿。 王真人材、主簿。 李孟璿經明行修、訓導。 何亨書算、千戶所吏目。 沈章知縣。 范澄經歷。 殷昹御史。 陳宣運使。 張翊評事。 顧琛郎中。以上六人俱部掾。 張禧博士。 施允文僉事。 戈定遠副使。 顧宗元通判。 俞彥進郎中。 曹梭知縣。 沈逑驛丞。	程本立 沈兼善 鄭楚瞻 劉本中知府。 呂復初通判。 李正一學錄。 富好禮 張緝御史。 樂九成僉事。 沈宣僉事。 楊志行知府。 吳元肅知府。 吳景庸知府。 張孟春知縣。 楊真益知州。 劉景福知州。 陸彥平郎中。 金彥祥主事。 貝瓊 貝翻經歷。 貝翺知縣。 貝翔學錄。 魏谷知縣。 姚珽教諭。 許德章知縣。 楊公藝訓導。

	嘉興縣	海鹽縣	崇德縣
	錢鈞本府訓導。 姚粵州同。 杭福肆州同。 丁長如黃州通判。 唐正德陝西參政。 楊嗣宗工部主事。 鄔彥英工部主事。 周德行工部營繕所丞。 於德番禺主部。 張景賢涇縣知縣。 宋士元趙王府庫大使。 金灝謫戍雄州，薦入侍皇長孫讀書。 於禮德弟，從征交趾。 岳高知縣。 吳繼善給事中。 孫詢檢校。 宋堯大使。 余綱生員，由順天府學歷官太子 少傅、南京禮部侍郎。	張振知府。 陸象巡檢。 顧昇巡檢。 儲子儀州同。 葉春邑掾、侍郎。	

【校注】

　　[1] 按：萬曆《嘉興府志》卷十六《薦舉二》：“潘原海鹽縣學訓導”天啟《海鹽縣圖經》卷九《官師·明訓導》：“潘原，嘉興人，由薦舉。”光緒《海鹽縣志》卷二《職官表上》：“（洪武）潘原嘉興人，訓導，二年任。”故“南海縣學訓導”是“海鹽縣學訓導”之誤。

	進　士	舉　人	貢　生
洪武三年庚戌		俞志文以下嘉興人。 許信孚知縣。 馬思明 王鏞編修。 毛永昇。 潘椿年同知。 朱禎知縣。 王貞 盛潛海鹽人，縣丞。案舊《志》俱入甲子科。	殷仲寬承敕郎。以下府學。 張鑑訓導。 唐以德　　王鼎訓導。 李文榮參議。　孫詢知府。 錢文斌主簿。　許潤學正。 顧穎主事。　　陸庸 陸文玉御史。　李英都事。 曹智　　　　金善 施忠　　　　林森 沈仁　　　　黃文德斷事。 盛希賢　　　金鏞典史。 高尚志　　　顧文俊郎中。 周誥　　　　夏尚忠 顧謨知府。　　沈誼照磨。 邵文興　　　倪敬衞經歷。 陸鎮侍郎。以下嘉興人。
洪武六年癸丑	案洪武六年，諭中書省科舉暫停，別令有司察舉賢才，見《續文獻通考》，罷進士科者十有二年。至洪武十六年復開科，見《浙士登科考》。又，是年頒行科舉成式。凡三年大比，見《明會典》。		陳潤侍郎。　　俞綸通政。 路文元給事中。顧恂知府。 曹宗達主事。　范敏知縣。 李林學錄。　　邱岳
洪武十七年甲子		曹仁以下海鹽人。 丁麟豫子。	
洪武十八年乙丑	曹仁工部主事，有傳。 丁麟御史。		

	進　士	舉　人	貢　生
洪武二十年丁卯		左昇嘉興人，同知。 李恭海鹽人。	鄭文明知府。　徐德芳 楊名御史。　謝英
洪武二十三年庚午		姚宣嘉興人。 蘇忠海鹽人，知縣。 賈敏崇德人。	王文顯　張文忠 金文貴　陳興。 邱瑛縣丞。以下十人例貢。
洪武二十六年癸酉		俞璣嘉興人。 王琛海鹽人，訓導。 馬繼祖崇德人，知縣。	金慎典史。　胡俊德 張鑑　張英 陸繼義　沈權 胡章　謝文茂
洪武二十七年甲戌	俞璣刑部主事。		鍾文昇　聞人宗 曹仁以下海鹽人。
洪武二十九年丙子		周潤治中。以下嘉興人。 祝思誠教諭。 王文昭長史。 王禮海鹽人，應天中式。 姚文通屯留典史。以下崇德人。 金聲典史。	鄭思宗主事。　曹旭 李恭教授。　張巽。 胡讓通判。　于汶同知。 戴復知州。　朱名知縣。 徐倫知州。　周汝翼 王禮　錢大亨通判。 詹文郎中。　王政知縣。
洪武三十年丁丑	王禮國子監助教。賈敏郎中。		錢玉知縣。 唐禎縣丞。以下九人例貢。 張信主事。　姜良案牘。 鍾德華縣丞。　劉昌訓導。 曹樞　吳昱 丁麟　曹孚給事中。 孔建御史。以下崇德人。 孫敬叔州同。　強文英給事中。 顧言　沈本初知縣。 徐文縣丞。　申屠祺 楊雍御史。　陸文進知縣。 卜允昇訓導。　葉永照磨。 張彥通典史。　史質 葉芳知縣。 趙鼎御史。以下六人例貢。 趙珪同知。　顧思敬知縣。 勞績　費謨 孫毅承務郎。 張彥英
建文元年	案是科所舉，有以富户充庫吏者，見《浙士登科考》。	沈良一應天中式，以下嘉興人。 錢勗 黃允宗海鹽人。 陳禮給事中，以下崇德人。 徐奇副使。 平正	
建文二年	沈良一 黃允宗檢討。		
永樂元年	案壬午鄉試，值成祖登極，未暇舉行。故移癸未，而以甲申會試，見《浙士登科考》。	閻真一作嚴貞，以下嘉興人。 郁珪訓導。 陸淵主事，海鹽人。 張志學教諭，以下崇德人。 朱昭《通志》作乙酉教諭。 錢貴。	施文振知府，以下府學。 徐子良 張敬宗州判，一作振宗。 祝圭善行人。 管玫　葛得名衛經歷 曹睿知縣。　周轅御史。

續　表

	進　士	舉　人	貢　生
永樂二年甲申	閤真知縣。 錢貴		包文肅知縣。　呂顯州判。 張子華　羅明德 邱文通　张鑑 石桓訓導。　周郁郎中。 歐軺郡府工正。 王琳　王俊推官。 陳志道州同。　羅仲友衛經歷。 錢昇主事。　劉緒推官。 沈子義主簿。　張餘慶衛經歷。 夏敬縣丞。 歸仁主事，以下嘉興人。 倪宗善　錢德榮 顧斌御史。　朱玉 夏時推官。　黃鍾 盛貴　趙璧縣丞。 王倨典簿。　王信 孫文進　卓興 周宗賢　蔡禎經歷。 錢毅 張壽昌知縣。以下海鹽人。 戈定遠副使。　蘇忠知縣 平安主簿。　朱侃御史 張彬通判。　張鳳同知 費昭縣丞。　馮昭知州 陸貴　趙敬 胡順主簿。　唐子忠 李銘　計庸知縣。 李勉知縣。　沈政。 支茂縣丞。　薛安典儀 周通以下崇德人。 陳文珪典史。　孫泰知縣。 朱敬州判。　党政州同。 平坦通判。　鄭謙 曹煥　金鼎 孫顯知縣。　丁顯 李永知縣。　濮敬 朱益　蔡貞 鍾鏞參議。以下四人楷書貢。 沈讓州同。　沈震主簿。 沈義同知。
永樂三年乙酉		郭城教諭，以下嘉興人。 汪泳參議。 趙璿推官。 范以穆 盛安經歷。 黃彥以下海鹽人。 沈欽應天中式。案趙《圖記》後舊《志》皆有沈欽丙戌進士，為海鹽人。而海鹽仇《志》、樊《圖經》皆無之，題名碑刻作光欽，今從《通志》。 姚文崇德人。	
永樂四年丙戌	沈欽運副。		
永樂六年戊子		楊景春嘉興人。 聞人晟貫餘姚。 張麗縣丞，海鹽人。	
永樂九年辛卯會試	杨景春會魁、評事。 聞人晟給事中。 袁《志》：己丑會試，移辛卯年。		
辛卯鄉科		懷信訓導。以下嘉興人。 馬騏知縣。 朱禎主簿。 孫達巡檢。 張翼縣丞。 江敬教諭。以下海鹽人。 仲端知州。 金遂崇德人。	
永樂十年壬辰	黃彥		
永樂十二年甲午		呂嗣芳教諭。以下嘉興人。 江中主事。 孫琪伴讀。 王逵經歷。 楊經應天中式，郎中。海鹽人。	
永樂十三年乙未	姚文知府。		
永樂十五年丁酉		胡璉以下嘉興人。 周澄治中。 鮑民助教。 王士賢訓導。 施俊學正。 楊顯外省中式，從《通志》增。 許伯全教諭。以下海鹽人。 王鎬通判。 張鶚御史。 沈理	

	進　士	舉　人	貢　生
		沈欽教諭。 案趙《圖記》,是科無沈欽,而海鹽仇《志》、樊《圖經》皆有之,云爲都昌教諭。今從《通志》。 朱夢得[4]陝西中式。 卜禎訓導,崇德人。	
永樂十六年戊戌	胡璉知縣。 沈理 朱夢德興寧知縣。 金遜御史。		
永樂十八年庚子		朱冕教諭。以下嘉興人。 卓遠縣丞。 徐英 沈澄知縣。 吳珪教諭。 呂本嗣方子,山西中式,訓導。 沈貴知州。以下崇德人。 費敬 沈章郎中。	
永樂二十一年癸卯		俞山吏部侍郎、太子少傅。以下嘉興人。 翁宗義。 龐敬知縣。 趙昱經歷。 俞基 孔衍通判。以下海鹽人。 周鑑教諭。 李政教諭。 蔡新知縣。以下崇德人。 錢實知縣。 王彦 楊述解元、長史。	
永樂二十二年甲辰	費敬大理寺副。		
宣德元年丙午		劉稽彦倫孫,教授,嘉興人。	朱思敫以下府學。
宣德四年己酉	案:是年始析嘉興爲七縣。	林漢川以下嘉興人。 沈淳 宋璉以下秀水人。 林茂 趙智 張俊王府伴讀,崇德人。	金同文郎中。　　　袁昇 何忠縣丞。　　　沈鎰參議。 張顯通判。　　　高必貴州同。 張信 許顥以下嘉興人。 談經同知。　　　趙瑗知縣。 高文遠縣丞。　　屠顯教諭。 倪思忠訓導。
宣德五年庚戌	宋璉南雄知府		金鼎工部員外,秀水人,扈駕,没於邊。 董威通判。以下海鹽人。
宣德七年壬子		戴璐原籍浮梁,嘉興人。	王亮衛經歷。　　　沈盛訓導。 章麟
宣德八年癸丑	趙智 林茂		孫芳以下例貢。
宣德十年乙卯		蕭晶教諭,嘉興人。 夏尚嘉善人,應天中式,更名正,貫仁和。	李玉驛丞。　　　呂愷知縣。 吳鸞通判。以下平湖人。 宋盛同知。　　　錢隆石門人。

續表

	進　士	舉　人	貢　生
正統元年丙辰	沈淳吏部員外。 戴瑞		陸文富以下府學。 朱漌　　沈良斷事。
正統三年戊午		張澄訓導,嘉興人。 朱敬德王府審理。以下海鹽人。 倪政訓導。 陳謙秀才人,見題名碑。 沈淙平湖人。 徐輔王府審理正。崇德人。	俞英主事。　　顧恂教諭。 諸忠知府。　　周亨衛經歷。 金鼎員外。　　鄒賓員外。 淩皋同知。　　計宗知事。 姚銘主部。　　陳亮教授。 倪春州判。　　浦洪知縣。
正統六年辛酉		呂原嗣芳子,解元,秀水人。 項忠居秀水。以下嘉善人。 于璠順天中式。 朱茂教授,崇德人。	戴成知縣。　　楊盛經歷。 薛斌　　　　陳珪縣丞。 沈浦州判。　　王洪知縣。 崔茂　　　　沈繼學錄。
正統七年壬戌	呂原榜眼、大學士,諡文懿。 項忠兵部尚書,諡襄毅。 于璠給事中。 沈琮知府。		浦洪大理寺丞。以下秀水人。 葛文明參政。　毛晟知州。 張昌知縣。　　潘用學正。 吳睿知縣。　　周澄治中。 徐瑜兵馬司。以下嘉善人。
正統九年甲子	案:是科奏準在京吏典承差人等,聽本衙門保勘禮部官,嚴考通經無犯者送試,仍行原籍勘實,見《浙士登科考》。	張秀應天中式,教諭,嘉興人。 支立孔目,嘉善人。 劉泰海鹽人。 沈玤琮弟,解元,平湖人。 呂珍應天中式,訓導,崇德人。 沈榮順天中式,桐鄉人。	張勗知縣、應天府學。 唐瑛知縣。　　張璟知縣。 萬寶斷事。　　石玉主簿。 吳伉檢討。以下海鹽人。 蔣庸經歷。　　王紀吏目。 葉文顯訓導。　徐德夅知縣。 唐禮知縣。以下八人例貢。
正統十年乙丑	夏時正原名尚,大理卿。 案袁《志》、吳《志》,是科有金鼎,註監生,吏部員外郎,而舊《志》及《通志》皆無之,又未列鄉科,僅見宣德貢生中,殉土木之難,恐誤。		張祚知縣。　　黃慶知縣。 張銘推官。　　陳謨監丞。 主善　　　　步澤主簿。 周政以下平湖人。 朱耀教諭。　　沈禮知縣。 馮奎州同。　　唐璋 王浩主簿。　　陸榮 王泰知縣。以下崇德人。 郁麟知縣。　　姚信典簿。 沈忠　　　　王禮知縣。 沈容經歷。
正統十二年丁卯		伍方嘉興人。 施奎同知。以下秀水人。 常纓助教。 張寧武生。以下海鹽人。 許珣伯全子,訓導。	陳謨知縣。以下四人例貢。 金冕經歷。　　姚聰 呂珍　　　　潘褚州判。 王謙以下桐鄉人。 許琳知縣。　　沈政 姚端　　　　潘澄知縣。 楊璃運判。　　徐禎州同。
景泰元年庚午		姜諒嘉興人。 林皋以下秀水人。 張晅 施奇邦彥子。以下嘉善人。 劉侃 周衢學正,平湖人。 沈聲崇德人。 楊青述子,桐鄉人。《題名碑》作正統甲子。	張文以下嘉興人。 宋升教授。　　王昭訓導。 陳憲　　　　沈澄 周吉主簿。 徐昂主簿。以下四人楷書貢。 楊斌大理寺副。 趙瓊知縣。　　王濳 曹綱知縣。以下秀水人。 范宣州同。　　呂文知縣。

	進　士	舉　人	貢　生
景泰二年辛未	劉泰御史。 沈珒御史。 楊青會魁,給事中,陞僉事。		鈕瓊經歷。　宋昌訓導。 郁讓通判。 蔣琮縣丞。以下嘉善人。
景泰四年癸酉		姚綬以下嘉興人。 聞恭同知,原籍鄆縣[1]。 孫綱學正。 周琮以下秀水人。 羅麟應天中式,從《通志》增。 金禮 趙純王府教授。以下嘉善人。 于玭璠弟,太僕寺丞,順天中式。 李景孟以下海鹽人。 倪顒政子。 馬曦以下平湖人。 石凱教授。 朱昉以下崇德人。 呂翱珍子。 馬驥繼祖子,訓導。桐鄉人。	李葶縣丞。　李昱 戴桓學正。　周晟縣丞。 許學主簿。 聞穎知縣。以下海鹽人。 王晟主簿。　王用知縣。 徐忠經歷。 王錫水奧巡檢。 高弘縣丞。 陸鳳知縣。以下平湖人。 何清一作胡。 顧通吏目。　楊鵬縣丞。 沈琚通判。以下崇德人。 章贊教諭。　朱顯審理。 曹斌　秋昊 方霖縣丞。 孫敬州判。以下桐鄉人。
景泰五年甲戌	伍方知州。 金禮參議。 施奇知府。 李景孟知縣。 張寧會魁,給事中,知府。 沈聲復姓呂,太僕寺丞。		范庸　　邱敬 于恭州判。　朱衡縣丞。
景泰六年乙亥		懷海以下嘉興人。 唐綸知縣。 邱賫[2]案《題名碑》作邱贇。 姚俊秀水人。 沈銓教諭,嘉善人。 陳侃教諭。以下海鹽人。 張正雲南解元。 沈榮珒從子。以下平湖人。 許盛 勞玭以下崇德人。 鍾蕃復姓潘,順天中式。 孫礽教諭,桐鄉人。	
天順元年丁丑	倪顒運使。		姚成州判。以下府學。
天順三年己卯	是科泰準天文生陰陽人,及官生子弟,許就在京鄉試,見《浙士登科考》。	王祐同知。以下嘉興人。 許章 徐輝順天中式。 陸廣 湯滌嘉善人。 虞勳海鹽人。 倪輔平湖人。 張玘同知,崇德人。	郁讓通判。　姚茂訓導。 方琮經歷。　季春訓導。 姚輔縣丞。 富寧通判。以下五人例貢。 莫魯州同。　姚榮教授。 沈綱都事。　姜洹經歷。 楊瓛知事。　汪清知縣。 王玉縣丞。　姚讓知縣。 高源訓導。　陸評訓導。
天順六年壬午		沈復知縣。以下嘉興人。 包鼎 袁釗通判。 楊霖知縣,順天中式。	胡祿經歷。　胡微知縣。 潘良主簿。　湯箎通判。 周賢以下嘉興人。 王黼知縣。　朱宷照磨。

進　士	舉　人	貢　生
	孫偉從《通志》增,雲南中式,經魁,秀水人。 朱俊知縣,海鹽人。 陸愈知縣。以下平湖人。 方輅 趙讓桐鄉人。	陳章訓導。 劉玉主簿。以下七人例貢。　倪宗主簿。　　　姚嵩縣丞。 柴永齡訓導。　　　浦澤典史。 沈鑑　　　　　　　元春 吳珪教諭。以下秀水人。
天順八年甲申	姜諒知府。 許章主事。 陸廣知府。 姚綬御史。 姚俊僉事。 馬曒御史。 沈榮參政。 許盛副使。 倪輔參議。 案:癸未會場火,移試於八月,甲申三月殿試,見《通志》。		陳榮　　　　　　　沈華經歷。 姚廣訓導。　　　　顧晟訓導。 嚴允昌知縣。以下十三人例貢。 徐昌縣丞。　　　　沈容訓導。 顧望教諭。　　　　陳禧 詹圭伴讀,或作侯姓。 周朝宗　　　　　　沈漢訓導。 徐璋知府。　　　　徐元州同。 戚榮　　　　　　　周明知縣。 徐玫訓導。　　　　高瑱知州。 盛億知縣。以下嘉善人。 繩服　　　　　　　楊霖 高第知縣。　　　　夏勳知縣。 王本　　　　　　　徐景南衛經歷。 張熙主簿。　　　　沈澄衛經歷。 屠琪勳以下十七人例貢。 仲順訓導。以下海鹽人。 孫琮縣丞。　　　　李尚謙州判。 張寬衛經歷。　　　陳善訓導。 歐海主簿。　　　　沃顯知縣。 鄭延提舉。　　　　張彝州判。 潛瑜推官。　　　　劉琮縣丞。 馮紳州判。　　　　姜顯 周淵　　　　　　　周鷃訓導。 施榮或作宗,知縣。以下平湖人。 俞迪斷事。　　　　潘津州同。 毛珍知縣。　　　　沈梅縣丞。 陸玕衛經歷。　　　孫瑛衛經歷。 顧濂衛經歷。　　　張昶縣丞。 鄔宗任縣丞。　　　周宗淮審理。 顧祐以下崇德人。 費恭　　　　　　　王輔 褚禎知縣。 王貴吏目。以下八人例貢。 陳紀　　　　　　　鍾璘 沈壽通判。　　　　輔成推官。 李洪知縣。　　　　鍾安經歷。 蔡銘 卜吉教諭。以下桐鄉人。 孔珵　　　　　　　朱本都事。 錢琛推官。　　　　李著照磨。 朱萱縣丞。以下三十九人例貢。 夏禧主簿。　　　　張忠縣丞。 沈溥典儀。　　　　鄭文理問。 陳紀吏目。　　　　何剛雲經歷。 錢禮都事。　　　　周倫吏目。 李雅推官。　　　　朱安

	進　士	舉　人	貢　生
成化元年乙酉		戴用江西中式。以下嘉興人。 陸遠廣弟,經魁。 徐瓚順天中式。 戴祐順天中式,以下秀水人。 梅江 任泰以下嘉善人。 沈藻四川中式。 王輔山東經魁,海鹽人。 吳佐通判。以下平湖人。 過璘 陳紀應天中式。 屠勳 吳璘通判,崇德人。 鍾鏞訓導,桐鄉人。	朱襄縣丞。以下府學。 徐珪訓導。　徐恭兵馬司。 吳芳訓導。　倪忠州判。 顧萱衛經歷。　徐端知縣。 錢琛推官。　趙雲教授。 曾春　沈鎰訓導。 管昌訓導。　張經教諭。 潘敬知縣。　張綱訓導。 李質訓導。　顧蕭斷事。 朱貴訓導。　施紀教諭。 楊楨　楊濬訓導。 章源訓導。　陸和訓導。 周泰訓導。　章侃 徐春通判。　劉玉主簿。
成化二年丙戌	徐輝僉事。 戴用參議。 戴祐僉事。 孫偉 湯滌清豐知縣。 張正建寧知府。 王輔主事。 過璘副使。 方輅御史。 勞鉞給事中。 潘蕃鄉榜姓鍾,刑部尚書。		張鑑知縣。　高嵩訓導。 蒯正推官。　于璿 邱襄　金義 顧節 沈彥祥以下秀水人。 朱廉訓導。　沈昞教諭。 金宗衍訓導。　卓昌 計春訓導。　沈廉 王鑑以下十一人例貢。 談輔　高項知州。 張璐州判。　沈紀都事。 沈瑤經歷。　諸敏教授。
成化四年戊子		包輔以下嘉興人。 婁慶貴州中式。 徐賢順天中式。以下秀水人。 尚綱河南中式。 濮淳貴州中式,推官,海鹽人。 馬昆平湖人。	顧英知縣。　吳椿年知縣。 沈儀州同。　周昌監寺。 王洪照磨。　常金訓導。 錢源訓導。　黃瑾州司。 金公綬知縣。　王朴知縣。 周琮教諭。 江吉以下嘉善人。
成化五年己丑	徐瓚評事。 尚綱參議。 梅江僉事。 屠勳尚書,太保,謚康僖。		毛儒教諭。　唐哲教諭。 王瑩州判。　沈木 王相　孫璧訓導。 周紀　懷儉
成化七年辛卯		李楠以下嘉興人。 陳良 婁紀貴州中式。 施德同知。以下秀水人。 黃中 林資茂孫。 呂慥原子,順天中式,太常卿。 胡英 項經忠子,順天中式。《題名碑》作成化癸卯。 項綱忠從子,以下嘉善人。 王琳 張秉忠訓導,海鹽人。 沈源州同。以下平湖人。 陸鏡知縣。 沈珪推官。 屠容知縣,崇德人。	黃黻南京兵馬司 許容 費琦知縣。以下海鹽人。 朱瑾縣丞。　向照兵馬司。 許玉　呂祥 朱祚　沈郁縣丞。 胡昱教諭。　沈慶主簿。 萬釗　唐源主簿。 沈源以下平湖人。 朱蕭　陸綸知縣。 張魁　沈綬 朱琇　陸銀 費宗善　蕭紀知縣。 馬秉信　秦璧 潘讓以下崇德人。 沈綸訓導。　姚珪教授。 張嵩教授。　林穆訓導。

	進　士	舉　人	貢　生
成化十年甲午		張律訓導。以下嘉興人。 姜學夔 林鳳應天中式。 張綬同知，秀水人。 於玨嘉善人。 姚禎通判。以下海鹽人。 倪璠 富麟舊《志》作麒。以下平湖人。 沈綬應天中式，惠州推官。 張魁應天中式，同知。 過鶴應天中式。 屠熙勳弟。	周玉　　　蔡麟 胡綱　　　楊明訓導。 朱鑑典賓。　俞福教諭。 董惠州判。以下桐鄉人。 仲剛　　　張輅教諭。 章祐知縣。　褚奇 莊珍主簿。　沈雍縣丞。 曹鏞縣丞。　張暟 鍾錡主簿。　譚淵檢校。 燕弼例貢。
成化十一年乙未	陸遠僉事。 林資知縣。 胡英知縣。 任泰知縣。 陸愈御史。 馬昆副使。 趙讓知府。		
成化十三年丁酉		王演嘉興人。 黃盛外省中式。 陳濟同知，秀水人。 江吉應天中式，知縣，嘉興人。 莊肅知縣。以下海鹽人。 張渭陝西中式。 俞雄應天中式。 勞軏同知。以下崇德人。 沈裡通判。	
成化十四年戊戌	包鼎知府。 包肅知縣。 過鶴太僕丞。		
成化十六年庚子		婁睿以下嘉興人。 婁繡俱貴州中式。 范璋秀水人。 尚紳河南中式。以下嘉善人。 閭謙[5]知縣。 常麟 沈木應天中式。 徐寬以下海鹽人。 劉瑋泰從子。 毛廣主事，平湖人。 錢銘順天中式，知府。桐鄉人。	
成化十七年辛丑	陳良推官。 姜學夔僉事。 徐寬主事，貫海寧。 王琳參政。 常麟侍郎。 尚紳知府。		

	進　士	舉　人	貢　生
成化十九年癸卯		王衎知縣。以下嘉興人。 沈嵩 徐瑤 湯珍順天中式。以下秀水人。 范瑈 周澤解元。以下嘉善人。 張昱榜姓梁，知縣。 錢春 沈階應天中式。以下海鹽人。 張敏雲南中式。 吳軾同知。以下平湖人。 馮俊。	
成化二十年甲辰	林鳳行人。 湯珍參政。 於珇知府。 劉瑋御史。 俞雄學政。 毛廣副使。		
成化二十二年丙午		朱綬以下嘉興人。 戴經祐子，知州。 戴綸經弟，河南中式。 張禧 張佐 石琮順天中式。 馬璵 周紀應天中式，嘉善人。 沈衡以下海鹽人。 李滂景孟子，知縣。 朱祚知縣。 劉演孟榮弟。 張敦正子，雲南經魁。 秦璧同知。以下平湖人。 曹瓊 施震	
成化二十三年丁未	徐瑤主事。 朱綬檢討、長史。 馬璵御史、知府。 周紀知縣。 項經御史、參政。 錢春御史。		
弘治二年己酉		吕浩博弟，嘉興人。 陶照以下秀水人。 陶煦照兄。 陸淞銀子，解元。以下平湖人。 吳紳 沈煉榮從子。 姚鳳崇德人。	吳元訓導。以下府學。 楊巽訓導。　　　王永芳經歷。 盛廷輔經歷。　　夏雄訓導。 賀榮訓導。　　　汪頤訓導。 毛政　　　　　　陸顒訓導。 翁冕主簿。　　　伍鉞訓導。 吕溥訓導。　　　鄒寧訓導。

續　表

	進　士	舉　人	貢　生	
弘治三年庚戌	石璁知縣。 范瑢知縣。 陶煦副使。 陶照布政。 周澤同知。 沈衡主事。 陸淞光祿寺卿。		高蕭訓導。 馮冕以下嘉興人。 陳楫 趙佩知縣。 柴綏訓導。 嚴萃知縣。 陳箆	胡鏞州判。 崔剛 許剛 朱玉訓導。 張儼 王篾教諭。
弘治五年壬子		尚縉綱弟。以下嘉興人。 婁睿俱河南中式。 常龍麟弟,知州。 屠奎勳子,平湖人。 郭楫崇德人。 趙萱以下桐鄉人。 錢榮知州。	郭綱經歷。以下秀水人。 宋瓊教諭。 劉琛知縣。 張玭訓導。 姚忠訓導。 姚和訓導。	 項銳縣丞。 湯秩通判。 沈良學正。 周淊
弘治六年癸丑	尚縉御史。 張敷主事。 劉演郎中。 曹瓊御史。 施震知府。		張翼吏目。以下嘉善人。 朱耀知縣。 張益知縣。 張吉 陸岳 高泰 王紳教授。 楊信訓導。以下海鹽人。	 徐愷訓導。 郁璿衛經歷。 袁儆 屠忠訓導。 沈萊
弘治八年乙卯		聞璵恭子,教授,嘉興人。 陳咨禧子。以下秀水人。 陶儼煦弟。	張維翰 許晉訓導。 張振 徐謨訓導。	童輝衛經歷。 吳塤經歷。 姚宗禮州判。 吳山訓導。
弘治九年丙辰	陳諧給事中。		莫綱訓導。	張璿訓導。
弘治十一年戊午		顧暈以下嘉興人。 屠京訓導。 卞諶以下嘉善人。 陸嶽知縣,應天中式。 顧正海鹽人。 孫迪以下平湖人。 魯奎知縣。 張奎應天中式,復姓姚。	錢瑤經歷。 朱瑫衛經歷。以下平湖人。 謝豫訓導。 過源訓導。 李英訓導。 方鑑 孫贊 勞鑑以下崇德人。 周淞 俞善 徐經 俞章教諭。 鍾福州同。 朱綬以下桐鄉人。	 葛賢經歷。 過儀訓導。 馬瑞教諭。 馬弇 吳瑁縣丞。 秋祈主簿。 章驪訓導。 陳琦教諭。 俞江州判。 李勇訓導。
弘治十二年己未	張禧知府。 沈煉參議。 屠奎參議。 孫迪員外。			
弘治十四年辛酉		黃鍾順天中式,通判。以下嘉興人。 高泰應天中式,通判。 彭晟廣西中式,推官。 陶熙煦弟。以下秀水人。 羅興麟子,應天中式。 錢琦海鹽人。 陸悅以下平湖人。 孫璽 屠堯熙子。 姚鵬鳳弟,崇德人。	錢慶教諭。 嚴明教諭。 吳瓊訓導。 張昴 褚鑑 馬連訓導。	費瑋檢校。 董序教諭。 施惠知縣。 鍾雲縣丞。 夏時中縣丞。
弘治十五年壬戌	呂浩主事。 顧暈庶吉士。 顧正參議。 卞諶推官。 姚鵬布政。			

	進　士	舉　人	貢　生
弘治十七年甲子	案：明初應試止取廩生，後漸及增廣，是科詔廩、增、附生一體掄選，見《浙士登科考》。	張瑤嘉興人。 吳昂以下海鹽人。 徐泰知縣。 顧瑄順天中式。以下平湖人。 沈煦推官。 沈圻煉子。 譚鎧以下桐鄉人。 范仁雲南中式。	
弘治十八年乙丑	吳昂布政。 屠堯副使。 顧瑄知縣。 郭楫給事中。		
正德二年丁卯		郭正嘉興人。 胡汭鏞子。以下秀水人。 羅輅麟子，應天中式。 許相卿以下海鹽人。 徐咸泰弟。 趙漢以下平湖人。 潘鶚通判。 張參應天中式，後改姓姚，主事。 屠應壎勳子，順天中式。 錢際時銘子，順天中式，桐鄉人。	趙濟訓導。以下府學。 葉高訓導。　章和縣丞。 譚諫署正。　屠炯判官。 姚玉訓導。　范瓛 梅郊　朱寅教諭。 錢傅縣丞。　徐鼎主簿。 胡貫　徐昭 朱表訓導。　張宗義吏目。 朱子輝教諭。　王瑞州同。 孫璧　孫詹訓導。
正德三年戊辰	羅輅府丞。 錢琦臨江知府。 孫璽僉事。		伍商卿訓導。以下嘉興人。 姜壎　支高 顧楷教諭。　柴文元教諭。 宗仁　李世科知縣。 曹瓘教諭。　高格 諸寵訓導。以下秀水人。
正德五年庚午		章綸順天中式，嘉興人。 華淳英子。以下秀水人。 沈芹通判。 張昌知縣。 陸文明知縣。 鄒學知縣。嘉善人。 鍾梁海鹽人。 方泰和以下平湖人。 林桂 陸琳御史、知府。 陸府推官。 勞樟同知。以下崇德人。 魏楷從《通志》增。 周昆	朱紳　馮讚訓導。 陶俸　朱輝學正。 王篗教諭。　山泰教授。 張綱訓導。　吳方訓導。 夏雍訓導。以下嘉善人。 陸鏞訓導。　王藩 吳益訓導。　曹嵩 毛鵠教諭。　沈曹陽訓導。 趙恩訓導。　李山教諭。 張山經歷。 沃饒訓導，海鹽人。
正德六年辛未	章綸副使。 徐咸知府。 沈圻參政。 屠應壎副使。 趙漢參政。		顧直訓導。　朱暕訓導。 鄭儒泰訓導。　陳簡訓導。 葉榮訓導。　劉模教諭。 賀宷教諭。 屠爌以下平湖人。 沈楷經歷。　富釗
正德八年癸酉		葛檜以下嘉興人，俱順天中式。 施鏞 張徽以下秀水人。 諸俌 陸杰以下平湖人。 賀表知縣。 張璵嵩子，以下崇德人。 袁鶴順天中式。	趙璧　周愉訓導。 沈光　馬炤 趙彰　沈爐訓導。 朱經以下崇德人。 陸清教諭。　魏楷 姚表　施廉 鍾椿　范榅訓導。 盛經訓導。　姚楷

	進　士	舉　人	貢　生
正德九年甲戌	葛檜通政。 華淳 陶儼御史、副使。 鍾梁知府。 林桂員外。 陸杰工部侍郎。		錢齡以下桐鄉人。 曹旒　　　邱珊 錢楠　　　施恩 趙董　　　丘嶽 錢孔禧　　趙芹 錢澤通判。　沈榮州判。 沈輝　　　朱文卿 費治興教諭。　祈隆縣丞。
正德十一年丙子		王儒知縣。 湯霽 范誥瑁從子。以下秀水人。 高璧 項錫順天中式,嘉善人。 董穀湼子,知縣。以下海鹽人。 戴繼先順天中式。 劉玘應天中式,主事。以下平湖人。 屠應坤勳子,順天中式。 邱華崇德人。	
正德十二年丁丑	諸侕副使。 高璧 胡汭給事中。 戴繼先參議。 許相卿給事中。 張璵主事。		
正德十五年己卯		賈名儒嘉興人。 馮鮫雲南中式,海鹽人。 陸槐順天中式,知州,平湖人。 張文憲順天中式,崇德人。《題名碑》作嘉靖壬午。	
正德十六年辛巳	張徹知府。 陸槐 錢際時 袁《志》:庚辰會試,車駕南巡,明年辛巳,世宗登極,五月殿試。		
嘉靖元年壬午		王經知府。以下嘉興人。 歐纂貴州中式,知縣。 馬淮知州。 金榜知縣。以下秀水人。 沈咸後改伯咸。 吳鵬方子。 陸垙應天中式,嘉善人。 鄭曉儒泰子,解元。以下海鹽人。 錢芹琦子。 錢术 葉環 賀簡 林相知縣。 朱雲改應雲,順天中式。 毛鳳來湖廣中式。 曹元平湖人。	朱臣以下府學。 姚漢　　　周宗 高鏜訓導。 李世常訓導。 張臣　　　宗泰 馮節　　　夏震 湯秩通判。　潘經 劉悅教諭。　錢恩 曾丙教諭。　韓恩通判。 顧基　　　楊應麟 周鶯　　　卜乾 許梧訓導。　張星訓導。 包洪　　　沈震教諭。 王組　　　施乾學正。 劉用章　　江楫通判。 戴冕　　　陳日章

	進　士	舉　人	貢　生
嘉靖二年癸未	吳鵬吏部尚書。 項錫光禄寺卿。 屠應坤御史、參政。 鄭曉刑部尚書,謐端簡。 錢术主事。 周崑給事中。 張文憲工部尚書。		朱撫　劉鎧 張誠通判。　陳九疇教諭。 沈大禮教諭。　王應錦訓導。 包汴登第。　宋後覺 伊儒傑訓導。　姜徵 張鎮　李星 陳錦訓導。　王照 宋穆　徐文光訓導。 屠鉅　周禄 劉恒知縣。　吳會訓導。 葉向春　徐遂 陸澍縣丞。以下嘉興人。 唐儒訓導。　邵秀訓導。 徐文和　徐元春推官。 陳性　朱寵訓導。 顧文綬訓導。　宗和訓導。 許鳳訓導。　包憲訓導。 夏雲鵬訓導。　朱賢訓導。 王珣　戈正 濮淮　王組 周乾　周朝傑 王鵠　支禄 呂渭　李含章 賀道亨　吳純哭增 周恩教諭,以下秀水人。 吳龍訓導。　郭柟訓導。 嚴振　鍾秀 陳瀚　姚熙教諭。 胡濱訓導。　姜鑄 呂程選貢。　錢鑑訓導。 張夔　顏邃訓導。 沈東　俞耀 朱衮訓導。　葉苗訓導。 顏震　張洲 蕭言學正。　范承恩教諭。 尹坏教諭。　謝誥訓導。 淩應龍　張德儀 卜鎬訓導。　顧槃訓導。 楊高州判。　馮科教諭。 張一鸞知縣。　呂維城 沈璧教諭。以下嘉善人。 朱楷知縣。　周岷知縣。 顧儀教授。　卞玉教授。 夏光宇訓導。　任縈教授。 卞瑞　薛宇縣丞。 錢貞應天中式。 張倬訓導。　季哲訓導。 姜雲訓導。　蔣岳訓導。 沈槩都事。　陳謨 顧奎　葉植 陸藹　陳子情教諭。
嘉靖四年乙酉		沈銓長史。以下嘉興人。 金燦 胡逢順天中式。 沈勷以下秀水人。 曾雨助教。 范言璋子。 吳超順天中式,通判。 沈爌嘉善人。 錢薇芹從子。以下海鹽人。 葉祺寄籍杭州。 蔡潮改其潮。 孫校以下平湖人。 沈墅榮子[6]。 屠應埈勳子,應天中式。 呂希周崇德人。	
嘉靖五年丙戌	金燦御史、副使。 賈名儒副使。 范言同知。 陸坤都御史。 沈墅知縣。 屠應埈勳子,諭德。 方泰和行人。 呂希周通政。		
嘉靖七年戊子		包節鼎孫。以下嘉興人。 唐魯順天中式。 沈鏊銓弟。以下秀水人。 陶模儼子。 沈謐 張嘉秀寧孫。以下海鹽人。 費㵗 徐梗應天中式,通判。 錢萱琦子,順天中式。 曹金同知。以下平湖人。 陸黿同知。 沈維鏞煉孫。 楊應鸞順天中式,知縣。	
嘉靖八年己丑	沈謐僉事。 張嘉秀同知。		
嘉靖十年辛卯	案:貢生得附京鄉試,由是科始,見《浙江登科考》。	陳憲以下嘉興人。 包孝鼎孫,應天中式。 盛唐嘉善人。 顧霑以下海鹽人。	

續　表

	進　士	舉　人	貢　生
		沈奎 王文禄 姚篚參子，僉事。以下平湖人。 馬汝弼[7]俊子。 沈垣塾弟。 王梅 趙伊 俞咨伯 陸斐順天中式。 周霆順天中式，崇德人。	柯子成訓導。　浦弘載教諭。 朱愚教授。　任芹訓導。 張旦　卞鎧 顧元定教諭。　曹德修訓導。 吳儒訓導。　張光祖 仇宗訓導。以下海鹽人。 周臣訓導。　任暉訓導。 鍾粹訓導。　吳宗祐訓導。 祖晟訓導。　陳言選貢。 仇棐教諭。　朱觀訓導。
嘉靖十一年壬辰	包節御史，贈光禄寺[8]。 沈伯咸原名咸，給事中。 陶諟寺丞。 錢薇給事中。 孫校副使。 馬汝弼給事中。 俞咨伯提學副使。 王梅庶吉士。 趙伊副使。		仇霖訓導。　孫肯堂訓導。 滕鳳訓導。　鍾楳訓導。 趙漢　徐縉訓導。 楊威　張滂訓導。 徐忱訓導。　鍾道教授。 姚綑訓導。 湯彬　吳木教諭。 劉良材教諭。　李儒烈訓導。 以上二人伊《志》漏列，今從《圖經》、仇《志》增。
嘉靖十三年甲午		彭輅嘉興人。 范之箴以下秀水人。 郁蘭主事。 陳瀚咨子，順天中式，同知。 薛孟順天中式，嘉善人。 朱文質雲南中式。以下海鹽人。 朱佐疎子，知縣。 李儒烈 孫植璽子，以下平湖人。 陸集淞子。 姚汝舟 吳一儒 沈宏崇德人。 邱螯知州。以下桐鄉人。 金蘭順天中式。	陳亮采訓導。　徐蘭訓導。 沈遷訓導。　王鑰教諭。 過輪教授。以下平湖人。 孫璧教授。　陸彝訓導。 孫紱訓導。　倪濯訓導。 沈堂教諭。　孫四維教諭。 陳珊　丁文華訓導。 沈埒訓導。　屠鈺 劉梲教諭。　陳謨訓導。 曹琦訓導。　馬珂訓導。 馮蟹訓導。　沈震訓導。 沈獻卿訓導。　陳謨訓導。 陶淵訓導。　王甸 毛棠　馬如援訓導。 曹燧　趙俁
嘉靖十四年乙未	包孝御史。 沈鑿副使。 范之箴廉使。 薛孟主事。 沈桓知府[9]。 孫植刑部尚書，諡簡肅。 錢萱員外。 顧霈參政。 蔡其潮原名潮，推官。 朱文質僉事。 沈宏廉使。		林雨訓導。　過橋 陸萬垓　曾烈訓導。 曾田　馮煦知縣。 于觀瀾　秦繼孝 周鳳來訓導。　費麟 金鈇　沈憲 鍾楠　沈昌齡 胡鑰　張堯 陳孫轂　姚汝吉 胡鏜　蔡天錫 勞富　俞樟 譚瑞　郭煖
嘉靖十六年丁酉		戚元輔以下嘉興人。 沈如麒順天中式。 高策同知。以下秀水人。 鍾欽 徐文和應天中式，通判。	王鑄　范杸 沈曦　杜惠教諭。 姚汝器訓導。　朱甫教諭。 魏坤　沈罷教諭。

	進　士	舉　人	貢　生
		卜大同順天中式。 呂科崟孫，順天中式。 錢貞應天中式，嘉善人。 顧蕡正從子。以下海鹽人。 胡憲後改憲仲。 仇俊卿國子博士。 王大猷 陳言應天中式。 黃宸陝西中式。 姚楫同知。以下平湖人。 俞乾 陸杲淞子，順天中式，經魁。 陸光祖杲子，順天中式。 潘静深貴州中式，桐鄉人。	胡應麒教諭。　姚汝爲 郭繼學訓導。　鍾儀知縣。 鄭廷綬縣丞，以下桐鄉人。 戴鸞縣丞。　錢濟訓導。 金淮　姚震訓導。 陳景訓導。　趙淮訓導。 宋臣　曹大節 沈祐　曹教 沈崑　戴章甫 沈應龍　趙滂 鍾愛　章瑞 曹嶽縣丞。　夏校訓導。 費奇教諭。　沈洲 鍾德訓導。　卜雲
嘉靖十七年戊戌	陳憲 卜大同副使。 盛唐御史、副使。 朱應雲初名雲，主事。 錢芹知府。 沈奎副使。 姚汝舟知府。		于鏷訓導。　沈繼經 周禮訓導。　李沂 顏科訓導。　顏節訓導。
嘉靖十九年庚子		葛麟同知。以下嘉興人。 倪雯 陸相儒 沈科以下嘉善人。 姜圻知縣。 楊春芳一作世芳，知縣。以下海鹽人。 劉熠御史。 虞志高勳元孫。 趙黃金通判。 韓相同知。以下平湖人。 陳善道同知。 曹文鐸同知。 鍾振應天中式。 陸夢韓杰從子，順天中式。 屠仲律順天中式。 錢貢桐鄉人。	
嘉靖二十年辛丑	費瀠 陸杲刑部主事。		
嘉靖二十二年癸卯		張鳳岐以下嘉興人。 王三錫 嚴清雲南中式。 張橋雲南中式。 馬變輿弟，順天中式。 呂穆原曾孫。以下秀水人。 呂程穆兄，應天中式。 卜大有 王愛 楊應麟應天中式。 俞耀應天中式。	

	進　士	舉　人	貢　生
		薛厚改名夢李，順天中式，知縣，嘉善人。 劉炌术子。以下海鹽人。 陳鯉通判。 姜周用雲南中式。 曹禾以下平湖人。 韓弼 陸光祚呆子，順天經魁。 陸煒順天中式。 余田崇德人。	
嘉靖二十三年甲辰	嚴清吏部尚書。 沈科苑馬寺卿。 俞乾主事。 屠仲律未廷試。 陸煒尚寶寺卿。		
嘉靖二十五年丙午		許爌以下嘉興人。 黃鯮應天中式。 吳崧雲南中式。 湯日新以下秀水人。 蕭維翰 周洞懋 吳淞貫永昌。 沈啟源謐子。 錢于麟嘉善人。 徐鶡海鹽人。 毛程廣子，平湖人。 朱曉以下崇德人。 徐騰應天中式，知縣。	
嘉靖二十六年丁未	彭輅刑部主事。 周洞懋兵部主事。 卜大有知府。 陸光祖尚書，諡莊簡。 韓弼提學。 曹禾給事中，知府。 李儒烈僉事。 王大猷僉事。 徐鶡副使。 黃宸		
嘉靖二十八年己酉		嚴從簡以下嘉興人。 錢同文 戚元佐 吳國倫湖廣解元。 戚于國以下秀水人。 王邦泰雲南中式，從《通志》增。 于時保同知。 卜大順大有弟。 郁從周改名泰。 呂焯 馮皋謨海鹽人。 曹光以下平湖人。	

	進　士	舉　人	貢　生
		俞南金 譚汝慶 鍾繼元 顔守顔順天中式。	
嘉靖二十九年庚戌	許燁同知。 吳國倫參政。 吳淞知府。 呂焯知縣。 湯日新通政。 馮皋謨參政。 劉炌布政。 胡憲仲原名憲，主事。 屠仲律御史、知府。 曹光鹽運使。 余田參政。 吳儒知府[3]。	
嘉靖三十一年壬子		屠元沐以下嘉興人。 屠鑣會魁。 項元淙改名治元。 孫詔 卜相原籍秀水。 李芳順天中式。 鍾一元以下秀水人。 姚弘謨 盛周 葉朝陽 楊道亨原籍華亭，順天中式。 陶萬鈞更名廷錦，通判。 薛煥以下嘉善人。 薛杲應天中式。 陳所學言子。以下海鹽人。 董鯤 朱朝笏應天中式。 楊府知縣，平湖人。 趙巖崇德人。 沈子勉知縣。以下桐鄉人。 陶銳應天中式。 沈繼志	
嘉靖三十二年癸丑	戚元輔教授。 錢同文知府。 王三錫推官。 卜大順吏部侍郎。 鍾一元副使。 呂穆工部員外。 呂程推官。 姚弘謨吏部侍郎。 盛周知府。 董鯤副使。 沈繼志主事。		

	進　士	舉　人	貢　生
嘉靖三十四年乙卯		包汴鼎孫，順天中式。 王儒俱嘉興人。 包樨芳汴子。 戴鳳翔 唐仲寅順天中式。 金液貴州中式。 吳岐雲南中式。 張鳳來以下秀水人。 萬邦彥 毛汝賢以下嘉善人。 卞錫 項鉀忠孫。 賀南儒以下海鹽人。 湯彬順天中式。 馮敏功汝弼子。以下平湖人。 沈懋孝 姚體信 趙邦植伊子[10]。 陸光裕杲子。 孫從龍應天中式。 毛棠應天中式。 呂炯順天中式，知縣，崇德人。 李樂以下桐鄉人。 顏大化應天中式，知縣。 祁鯨 張耀南貴州中式。	
嘉靖三十五年丙辰	包樨芳提學。 黃錝副使。 孫詔未廷試。 屠鑲知縣。 項治元初名元淙，吏部。 楊亨道 蕭維翰 張鳳來參政。 卞錫主事。 錢于鄰僉事。 毛汝賢副使。 陸夢韓僉事。 姚體信參政。 陳所學知府。 湯彬僉事。		
嘉靖三十七年戊午		錢文進以下嘉興人。 吳紹鵬子，順天中式。 宗大經弘暹從子。 宗弘暹 張巽解元，通判。以下秀水人。 馬伯瞻知州。 錢穀同知。 呂燦順天中式，知縣。 楊于世應天中式。 陶九韶應天中式，知縣。	

	進　士	舉　人	貢　生
		曹銑應天中式。以下嘉善人。 項篤周改名篤壽。 鄭履淳順天中式，海鹽人。 陸志孝以下平湖人。 馬千乘 趙邦黍應天中式。 胡岳應天中式，通判，崇德人。	
嘉靖三十八年己未	嚴從簡給事。 包汴參政。 戴鳳翔太僕卿。 張橋 王儒知縣。 孫詔工部郎中。 張鳳岐 吳紹參議。 沈如麒知縣。 陸相儒副使。 沈啟原副使。 王愛刑部主事。 陸光祚		
嘉靖四十年辛酉		許應逵以下嘉興人。 顧乃猷知縣。 鄒國儒 王道 顧汝志通判。以下秀水人。 張應治 張正鵠 鍾庚陽 張大忠原籍平湖。 沈玄華銓子。 王錫命 王俸以下嘉善人。 顧鈐貫仁和，御史。 陸宗淵貴州中式。 朱學顔以下海鹽人。 李星順天中式，知縣。 洪丞以下平湖人。 陳九疇順天中式，通判。 陸萬垓應天中式。 姚簣應天中式。 吳郡知縣。以下崇德人。 譚公佐知縣。 李春華經魁。 卜相參議。	
嘉靖四十一年壬戌	李芳未廷試。 戚元佐尚寶司少卿。 宏宗暹禮科都給事中[11]。 卜相參議。 張應治副使。		

	進　士	舉　人	貢　生
	張大宗布政使。 沈玄華大理寺卿。 戚于國御史。 王錫命參議。 項篤壽初名篤周,參議。 王俸參政。 項鈉主事。 鄭履淳光禄少卿。 沈懋孝未廷試。 馮敏功參政。 俞南金知府。 趙嚴僉事[12]。 鍾繼元僉事。 錢貢郎中。		
嘉靖四十三年甲子		王家棟解元。以下嘉興人。 沈伯龍 費朝憲 項元深錫子,順天中式。 徐學周同知。 徐學曾知州。 段公袞貴州中式。 陳九德順天經魁,知縣,以下秀水人。 陸觀德同知,長史。 屠叔方應埈子,順天中式。 屠蒙 馬如麟知府。 李日華順天中式[13],以下嘉善人。 郁應元知縣。 丁賓順天中式。 支大綸 錢與暎順天中式,海鹽人。 張大雅知縣。以下平湖人。 姚笣參子,應天中式。 馮孜桐鄉人。 曹元方吳《志》有,他《志》無。	
嘉靖四十四年乙丑	鄒國儒吏部郎中。 沈伯龍廉使。 屠元沐布政。 李芳同知。 葉朝顏參政。 李自華榜眼,同知。 朱學顏同知。		
隆慶元年丁卯		沈思孝以下嘉興人。 高文登知州。 鞏應麒 張文羽教諭。 趙煒改名廣吉。以下秀水人。 黃洪憲鋕子,解元。	王元愷選貢,知縣。以下府學。 李逢春選貢,知縣。 葉薇知縣。　　曹德修 項元滄教諭。　　朱建侯教諭。 李朝縉 王雲漢知縣。以下嘉興人。

續　表

	進　士	舉　人	貢　生
		屠謙應埈孫。 孫朝宗知縣,嘉善人。 沈藻海鹽人。 馬汝賢以下平湖人。 曹煒順天中式。 曹一麟 孫成泰植子。 胡其久知縣,崇德人。 周子愚桐鄉人。	許應地　　周武成訓導。 鍾弘造訓導。　　吳介圭增。 周禄訓導。以下秀水人。 陸俊儒選貢。　　曾子孝。 顧鶴翀縣丞。 顧泰訓導。以下嘉善人。 顧思明選貢。　　曹津教授。 朱冕臣訓導。　　曹鑾 蔣瑤教諭。以下海鹽人。 張希良選貢,縣丞。 劉在經歷。　　馬如龍訓導。 顧槊教授。 韓子祁以下平湖人。 懷勳訓導。　　鍾繼善訓導。 金章訓導。 趙應暘訓導。以下崇德人。 夏讓　　朱沐 周幹　　姚汝礪 張霭教諭。以下桐鄉人。 朱棟　　沈喬 虞臣縣丞。
隆慶二年戊辰	沈思孝兵部侍郎。 許應逵參政。 鍾賡陽知府。 屠謙提學。 沈藻運副。 陸萬垓巡撫。 沈懋孝修撰、巡撫。 馬千乘副使。 陸志孝知府。 孫從龍副使。 李樂參議。 馮孜布政。 曹銳吳《志》有,他《志》無。		
隆慶四年庚午		胡皋以下嘉興人。 高應烺博士。 徐一儒通判。 嚴思恭雲南中式。 馮夢禎以下秀水人。 常文烆知府。 陳奇謀 夏久安通判。 夏建寅知縣。 錢吾德知縣。以下嘉善人。 袁表改名寅,應天中式。 朱廷益 錢學弘應天中式。 王應龍通判。 顧可耕知縣。以下海鹽人。 顧所有知縣。 倪狀猷知縣。以下平湖人。 馬應圖經魁。 陸光宅呆子。 郭子直以下崇德人。 張汝賢順天中式。 潘鳳梧貴州中式,桐鄉人。	
隆慶五年辛未	黃洪憲少詹。 張正鵠郎中。 丁賓工部尚書,謚清惠。 賀南儒知縣。 洪柲郎中。 郭子直參政。 李華春知縣。		

續　表

	進　士	舉　人	貢　生
萬曆元年癸酉		沈堯中以下嘉興人。 孫光啟 周從龍評事。 沈國良知州。 李衷弘改名原中，順天中式。 沈自邠會魁。以下秀水人。 黃遵憲綜子，改名正色，順天中式。 姚思仁 夏日葵知州。 李衷毅改名應徵，應天中式，博士。 沈一德知縣，嘉善人。 陸鼇來以下海鹽人。 董成龍 顧槩黃子，順天經魁。 戈用武改名用恭，以下平湖人。 俞重光 張潘以下崇德人。 陸楷同知。 費洞推官。 金枝	陳用以下府學。 錢采　　　高夢說教諭。 鍾一清知縣。　陸承勳 鍾繼善　　　高志訓導。 李煐　　　　朱籫海鹽人。 賀重明教諭。　鍾應元訓導。 唐伯禹　　　吳會 劉元襄訓導。 金洪相教授，選知縣。 穆希文訓導。　劉壂教諭。 黃龍化學正。　陳廷訓教諭。 徐大行訓導。　賀燦然進士。 朱萬里訓導。　張應明 陶彥瀛　　　鄒邦憲 錢士升選貢、進士。 陸光嶽　　　黃秉中 董用威　　　盛洪 朱綵歲貢、進士。 劉世基恩貢。　馬效成教諭。 沈錫歲貢。　　黃守正歲貢。 張世元　　　陸德霖 張世楠教諭。　呂世延 呂可延 陳寰訓導。以下嘉興人。
萬曆二年甲戌	王家棟主事。 陳奇謀知府。 支大綸推官。 張汝賢知府。		
萬曆四年丙子		項承芳忠元孫。以下嘉興人。 施爾志 許應地順天中式。 吳一貫淞子。以下秀水人。 金九成原名九韶。 吳正儒知縣。 錢應晉知州。 項元濂 曹懋官員外。 蔡維忠應天中式。 徐一鯨改名一驥。以下嘉善人。 沈夢斗堯中從子。 薛如玉 薛彥卿貴州中式。 盛茂相改名治徵，知縣。 葉繼美 劉世埏炌子，順天中式。以下海鹽人。 許聞造相卿子，應天中式，巡按。 胡士奇司務。以下平湖人。 陸應鍾知縣。 陳泰來 韓子祈弼子，順天中式，知州[14]。 王建中經魁。 朱用光解元。以下崇德人。 姚汝欽知縣。 張國詔知州。 陸階知縣。以下桐鄉人。 婁九成貴州中式。 沈燝	許燿訓導。　　陳廷謨知縣。 周惟義訓導。　金應秋訓導。 竇應山訓導。　沈英華 陸相卿　　　李輝 呂性祖教諭。　徐太元。 王仁州同。　　高弘燮選貢。 孫顯祖　　　吳銘宰增。 王蘭芳更名維新，選貢，順天中式。 費思周教授。　李培知縣。 祝守謨選貢。　戴道洪教諭。 吳經　　　　胡礁 徐宏源　　　戴元鎔 高登第知縣。　屠明弼知縣。 仲大勳　　　徐潘丁卯中式。 巢祖義　　　朱萬國訓導。 黃士第教諭。　陸卿允 郭應詔以下秀水人。 趙應元知縣。　唐儒訓導。 諸錩教諭。　　夏霆教諭。 王國賓訓導。　姚舜聰教諭。 褚錪訓導。　　王汝翼教諭。 張廷薦順天中式。 趙予祿訓導。　沈應麟選貢。 鄒宗唐 錢賀訓導。以下嘉善人。 倪効忠選貢、知縣。 陳棟教諭。　　呂沫訓導。 浦照　　　　曹標 張燦　　　　沈大奎教授。 許登瀛訓導。　項承勳訓導。

	進　士	舉　人	貢　生
萬曆五年丁丑	馮夢禎會元,祭酒。 沈自邠修撰。 屠叔方副使。 黃正色御史、副使。 朱廷益通政司參議。 沈夢斗知州。 劉世埏主事。 趙邦秩知縣。 孫成泰知府。 馬應圖主事。 曹煒知縣。 陳泰來禮部員外。 金枝主事。		許道原選貢。　陸垣 于大猷　任永欽選貢。 孫光祖拔貢、教諭。 孫養宏教授　陳五禮 馮盛時　胡邦化 龔應科　浦元華 葉宜春　許應試 褚附鳳　張士亮恩貢。 褚應張訓導。以下海鹽人。 采九德教授　朱笲訓導。 陸陌教授　鍾韶教諭。 張侃知縣。　張宏化教諭。 許徵訓導。　錢裒訓導。 馬成訓導。　吳中偉選貢。
萬曆七年己卯		李萬春以下嘉興人。 張煒改名祚萬,推官。 沈中虛伯龍從子。 陳懿典九從從子,解元。以下秀水人。 吳勳知縣。 吳弘濟 馬上錦 盛萬年 陳光贊 陳德元 王慎德以下嘉善人。 張思明應天中式,知縣。 胡士章以下平湖人。 懷所學 奚文嵩 馬維銘 陳九韶 孫成名植子,應天中式。 陸長庚 孫詩應天中式。 沈懋莊懋孝弟。 俞夢暘崇德人。 錢夢得貢子,順天中式,桐鄉人。	朱維歲貢。 鍾勺歲貢,提舉。以上二人見《圖經》及《海鹽學宮備考》。 鍾以賢選貢。　董紹賢歲貢。 鍾繼儒知縣。　顧尚質訓導。 王元佐　賀自省 曹憲來恩貢,肇慶府通判,見《圖經》。 朱文元　劉世維教授。 陸鳳來訓導。　顧可漁教授。 王體國訓導。　朱正學 張炳和通判。 曹孔榮知縣。以下平湖人。 王臣縣丞。　屠鋒學正。 姚應埈訓導。　曹大有 馮默訓導。　趙邦臣教諭。 曹志道　楊台背選貢。 沈維鑒訓導。　韓猛 趙維寰中式。　馬維鉉 朱燦教諭。　姚舜宣 趙琛舉人。　沈瑞鉉知縣。 劉文元通判。　俞耿光 劉希夔知縣。　鍾鳴朝教諭。 俞文溢　俞喬桂進士。 顧鳳來　姚士龍 周幹以下崇德人。 金可教教諭。　沈相教授。 沈棟訓導。　沈校教授。 盛采訓導。　朱道亨訓導。 孫芝冕教諭。　李中孚教授。
萬曆八年庚辰	沈堯中郎中。 唐仲寅行人。 王慎德御史。 馬維銘主事。 陸長庚參政。		范光宙訓導。　姚炳訓導。 朱有光順天中式。
萬曆十年壬午		岳元聲以下嘉興人。 楊可陶四川中式。 沈應明應天中式,知州。以下秀水人。 包文熠改名世杰,應天中式。 俞廷讓改名楊鐸。 黃承玄洪憲子,順天中式。 朱國祚貫太醫院,順天中式。	陸官教授。　沈夢龍選貢。 衛回教授。　張四德教諭。 姚汝宣訓導。　褚大經訓導。 姚湘　徐然 蘇太升　蔡肯徵訓導。 姚元桂

續表

	進　士	舉　人	貢　生
		史謨 陳于王嘉善人。 祖重光以下海鹽人。 陸廷誥 張應宿知州。以下平湖人。 沈大元 陸吉知縣，桐鄉人。	吕元學順天中式。 吳尚倫州判。　許炳 嚴尚簡　姚子恭訓導。 沈國楨　李太坤 吳天贈學正。　吳中姬訓導。 張洪儒教諭。 姚象賢恩貢，州同。
萬曆十一年癸未	孫光啟副使。 岳元聲兵部侍郎。 項承芳主事。 姚思仁工部尚書。 盛萬年參政。 朱國祚狀元，少傅，大學士，謚文恪。 葉繼美給事中。 錢夢得御史。 沈㴂御史。		吳尚德教諭。 陳用訓導。以下桐鄉人。 莊安甫州判。　俞成訓導。 朱希誠　潘汝松訓導。 錢炌　董名儒訓導。 沈材訓導。　倪甫 沈可教訓教。　張禎 周一同　姚繼舜 莊芳林　沈奇默選貢。 沈維蕃　吳隆德 施仁政　錢嘉猷教諭。 邱汝墳教諭。　徐希曾訓導。 朱一鯨訓導。
萬曆十三年乙酉		吳昌期副使。以下嘉興人。 李兆芳 顧可奇經魁。以下秀水人。 蕭繼芳維翰從子，改名淳芳。 吳邦俊 鉏盛時 項得禎篤壽子，順天經魁。 許成名山東中式。以下海鹽人。 姚應鳳知縣。 董志舜 金汝礪以下平湖人。 姚士豸應天中式。 張國翹以下崇德人。 鍾起鳳知州。 吳來臣 楊應亨知縣。 沈思充以下桐鄉人。 夏勳	
萬曆十四年丙戌	吳弘濟御史。 項德禎副使。 黃承玄巡撫。 王建中僉事。 袁黃原名表，主事。 陳于王廉使。 沈思充提學。 夏勳郎中。 李原中原名表弘，未廷試。		
萬曆十六年戊子		張弘毅知縣。以下嘉興人。 陶涵中廷錦子，同知。 金用明以下秀水人。 項良枋 張南翀 屠大莊順天中式。	

	進　士	舉　人	貢　生
		顧令德應天中式。 顧際明以下嘉善人。 毛尚忠 錢天胤 吳志遠 陸錫恩光祚孫。以下平湖人。 李在公 徐文治新城知縣。 沈弘遇知州。 沈孝徵海鹽人。 沈大德指揮。崇德人。 徐天麒知州，海鹽人。	
萬曆十七年己丑	戈用泰原名用武，郎中。 陳九韶參政。 顧際明光祿少卿。 李原中博士。		
萬曆十九年辛卯		邱民貴教諭。以下嘉興人。 李日華 岳和聲元聲弟。 徐必達學周子。 王胤昌順天中式。 毛鳳起解元。以下秀水人。 高繼元 范應賓順天中式。 夏九鼎嘉善人。 朱學忠以下海鹽人。 曹嘉謨羅山知縣。 鍾兆斗經魁。 馮䲔寄籍雲南，順天中式，從《圖經》增。 馬明瑞員外。以下平湖人。 胡士相 曹徵庸 蔡斗四川中式，石門人。	
萬曆二十年壬辰	范應賓主事。 李日華太僕少卿。 岳和聲巡撫。 徐必達兵部侍郎。 施爾志布政。 陳懿典宮詹。 鍾兆斗給事中。 夏九鼎知縣。 李在公知縣。		
萬曆二十二年甲午		譚昌言解元。以下嘉興人。 劉允繩同知。 戴一元 褚繼良 張本嘉貫華亭，應天中式。 婁拱北貴州中式，知縣。	

	進　士	舉　人	貢　生
		萬壽國以下秀水人。 陳繼徵 姚世華應天中式。 項季松忠元孫。 卜五典改名萬運,郎中。 張庭薦順天中式。 沈道原順天中式,以下嘉善人。 李奇珍 王廷俊海鹽人。 徐調元以下平湖人。 陸從諭 施鳳來 馬德澧 毛應銓司務。 孫履恒從龍子,應天中式,知縣。 賀燦然順天中式。 朱有光順天中式,知縣。以下崇德人。 尤拔俊貴州中式,知縣。	
萬曆二十三年乙未	褚繼良主事。 張本嘉知縣。 沈道原吏部稽勳司。 賀燦然吏部員外。 陸錫恩知縣。		
萬曆二十五年丁酉		沈孚先思述子。以下嘉興人。 嚴宜 吳德光貴州中式。 嚴實雲南中式。 沈士龍思孝子,以下秀水人。 項鼎鉉德禎子,順天中式。 馮盛典以下嘉善人。 莊則孝 沈萬鉚 莫士元 吳震亨知州。以下海鹽人。 謝錫教順天中式。 吳中偉順天中式。 劉廷元以下平湖人。 施時堯同知。 勞永嘉以下崇德人。 陸典楷子。 魏士傑知縣。以下桐鄉人。 錢夢祖	
萬曆二十六年戊戌	沈孚先吏部郎中。 高繼元推官。 陳德元巡撫。 金汝礪知府。 沈孝徵副使。 吳中偉尚書。 李奇珍以下俱未廷試。 莊則孝 曹徵庸		

	進　士	舉　人	貢　生
萬曆二十八年庚子		項利賓知縣。以下嘉興人。 孫光裕光啟弟。 馮玄鑑知州。 婁光遠知縣。 沈中英伯龍從子。 屠存仁 沈應華 邱履嘉民貴子。 王家彥 吳伯銘 馬來遠以下秀水人。 丁仕明 洪世基烝子。 鍾世芳 黃承乾正色子，順天中式。 錢士晉以下嘉善人。 周宗文 魏廷相 支如玉大綸子，順天中式，監丞。 薛師魯 薛紹魯俱彥卿子，貴州中式。 鍾繼祖以下海鹽人。 許士奇 彭宗孟 劉世教順天中式，知縣。 俞志高以下平湖人。 趙昺邦黍孫，更名宗儒，通判。 趙維寰順天解元。 馬培寄籍杭州。 呂元學順天中式，知縣，崇德人。 夏燁順天中式。	
萬曆二十九年辛丑	孫光裕光祿少卿。 譚昌言參政。 張南翀知府。 項鼎鉉庶吉士。 張廷薦刑部主事。 莊則孝郎中。 李奇珍太常少卿。 馮盛典布政使。 錢天允主事。 彭宗孟御史。 曹徵庸知府。 陸典副使。 勞永嘉布政使。		
萬曆三十一年癸卯		顧民岩推官。以下嘉興人。 高斗光文登孫，改名道素。 李士嵩原中子。 陶鎔 王蘭芳改名維新，順天中式，知府。 唐嗣美仲寅孫，順天中式。	

	進　士	舉　人	貢　生
		婁九德貴州中式。 陳萬言繼徵子,解元。 賀萬祚貫海鹽。 沈元昌應明從子,教諭。以下秀水人。 沈振龍 卜二南大有孫,應天中式。 陳國是以下嘉善人。 孫兆昌 蔣英 李奇玉 莊世權應天中式。 項隆先孔目。 葉日新應天中式,知縣。 孫世芳知縣。 張奇齡以下海鹽人。 王家相 吳之英知縣。 徐從治 馬鳴霆以下平湖人。 俞向葵知縣。 沈莘禎 過庭訓 姚士慎 沈杞楨 金汝諧 費彥芳洵從子,知縣,崇德人。 錢允鯨應天中式,以下桐鄉人。 姚繼舜應天中式,運司。	
萬曆三十二年甲辰	王家彥推官。 唐嗣美布政使。 陳國是副使。 毛尚忠僉事。 魏廷相知縣。 胡士相參政。 過庭訓府丞。 劉廷元兵部尚書。 姚士慎尚書。 金汝諧僉事。		
萬曆三十四年丙午		吳士良教諭。以下嘉興人。 戴灝 岳金聲改名駿聲,順天中式。 陶朗先以下秀水人。 馮登瀛 計元勳以下嘉善人。 潘永澄 李士謙知縣。 陳甲應天中式。 任永欽知縣。	

	進　士	舉　人	貢　生
		黃守正順天中式，推官。以下海鹽人。 曹履泰 劉渾 陸鏈應天中式。以下平湖人。 馮伯裡應天中式。 王隆德順天中式。以下桐鄉人。 沈萬言知縣。	
萬曆三十五年丁未	婁九德布政使。 陳繼徵知縣。 陶朗先巡撫。 計元勳參議。 徐從治巡撫。 俞志皋 旋鳳來榜眼，大學士。 陸鏈給事中。 徐調元知府。 馬德澧太常少卿。 王隆德參政。 夏煒參政。		
萬曆三十七年己酉		包汝楫知州。以下嘉興人。 胡維忠 王廷獻改姓馬。 高欽舜 董夢桂 王禮元儒從子，順天中式。 包鴻逵世杰子，順天解元。以下秀水人。 沈德先思述子，順天中式。 朱大啟順天中式。 黃承昊洪憲子，應天中式。 張汝開本嘉子，貫華亭，應天中式。 仲景亨改名嘉。 沈德滋以下嘉善人。 魏大中 陳元暉順天中式。以下海鹽人。 陳祖苞 陸鳌以下平湖人。 郭紹儀 姚士同 陸澄原 趙琮順天中式。 呂純良知縣，崇德人。 朱士雅評事。以下桐鄉人。 沈之龍更名雲從。 邱道傳	
萬曆三十八年庚戌	岳駿聲原名金聲，通政。 馬廷獻初姓王，知府。 邱履嘉參政。		

	進　士	舉　人	貢　生
	包鴻逵知縣。 楊鐸即俞廷讓，推官。 陶鎔同知。 朱大啟侍郎。 鍾世芳主事。 蔣英蘇松道。 王家相主事。 賀萬祚布政使。 姚士同行人。		
萬曆四十年壬子		宋鳳翔順天解元。以下嘉興人。 陸鼎鏞貫海寧。 張應台貫昆明。 李衷純順天中式。以下秀水人。 金麗兼 朱大猷 曹谷 項夢原順天中式。 陸康稷應天中式，從《通志》增。 朱國華解元，主事。以下海鹽人。 張季文 仇祚熙 俞之泰 馮振宗應天中式。 沈瑞錫順天中式。以下平湖人。 陸之元 倪望逵 沈紹心 朱得祚以下崇德人。 郭士亨 周宏典 吳中台知縣。 王昌期 沈國	
萬曆四十一年癸丑	沈中英知府。 馮登瀛知府。 沈振龍知府。 曹谷御史、提學。 黃承乾兵科給事中。 錢士晉巡撫。 陳甲主事。 許士奇布政使。 陳祖苞巡撫。 陳元暉參政。 沈萃禎參政。 馬鳴霆參政。		
萬曆四十三年乙卯		虞廷陛貫海鹽。以上嘉興人。 屠彪明弼子。 王朝節 屠襄孫叔方孫，主事。以下秀水人。	

	進　士	舉　人	貢　生
		朱治貞 沈士哲應天中式。 朱國望以下嘉善人。 錢繼登 錢明寯應天中式。 錢士升 朱道升以下海鹽人。 劉泓 彭期生 彭長宜 朱泰禎 崔培元知縣。 馮洪業 陸懷玉應天中式。以下平湖人。 徐在中 陸懋功 沈問之 孫喬蕃 呂濬順天中式。 毛湛順天中式。 吳應民桐鄉人。	
萬曆四十四年丙辰	虞廷陛兵科給事中。 黃承昊按察使。 金瓦兼吏部文選司。 錢繼登副使。 周宗文光祿少卿。 潘永澄知府。 錢士升狀元、大學士。 彭期生副使。 呂濬太僕寺少卿。 魏大中吏科,贈太常卿。 朱泰順御史。		
萬曆四十六年戊午		張文琅以下嘉興人。 鄭士奇知縣。 濮元華知州,應天中式。 徐世淳必達子,贈太僕。 金之俊貫吳江。 吳鑄以下秀水人。 沈純祉 沈德符順天中式。 姚遲知縣。 陳山毓知縣。以下嘉善人。 葉培恕順天中式。 徐石麒順天中式。 夏允彝 吳麟瑞以下海鹽人。 錢陛 吳麟徵 祖重煜 沈允芳	

續　表

	進　士	舉　人	貢　生
		薛振猷以上平湖人。 陸之祺 陸錫明 姚世儀 周士伯 陸府修 俞喬桂順天中式。 倪鍾瑞 姚士恒應天中式。 吳之屏崇德人。 陸懋元以下桐鄉人。 朱邦祈[15]	
萬曆四十七年己未	高道素原名斗光,郎中。 金之俊大學士,諡文通。 陳萬言庶吉士。 項夢原副使。 仲嘉原名景亨,僉事。 劉泓參政。 祖重曄給事中。 吳麟瑞僉都御史,巡撫。 陸之祺布政使。 陸懷玉布政使。 陸從諭郎中。 徐在中知府。		莊嚴訓導。以下嘉興人。 徐洪祚恩貢。 張士亮恩貢,嘉善人。 朱浩然恩貢,訓導,海鹽人。 以上泰昌年。
天啟元年辛酉		趙君鄰貫吳江。以下嘉興人。 朱治惆 譚貞碩昌言子。 卜萬祺順天經魁,知府。以下秀水人。 仲聞韶知縣。 潘履泰 婁僎貴州中式,司務。 周丕顯 施有恒應天中式,從《通志》增。 顧朝樞順天中式。以下嘉善人。 葉時芳應天中式,知縣。 曹勳 陳龍正榜名龍子,于王子,順天經魁。 柯元芳 趙敏學以下海鹽人。 張調元 許令瑜 錢千秋 屠象美以下平湖人。 陸從喆 王廷耀 葉芳宸 郁起麟以下崇德人。 胡明遠其久從子,仙居教諭。 朱萬欽知州,桐鄉人。	李禎開知縣。以下嘉興人。 呂孚交教諭。 濮瑞升歲貢,教授。 張萬壽恩貢,知府。 王廷宰府學。　　姜原周 王應芳以下秀水人。 石騰霄　　　吳士冠 程于古常鎮道。 支廷諫選貢,知縣。以下嘉善人。 孫茂芝副榜,州同。 毛尚文歲貢,訓導。 沈鴻造歲貢,教諭。 戴叔遠訓導。　　支琳 劉鎬選貢。以下海鹽人。 湯裔昌選貢,從《圖經》增。 陳昌懋副榜。陳昌期副使。 戴宏祉通判。　　許敦倬 湯令名　　　　徐道禎歲貢。 徐可聘歲貢,以上二人從《圖經》 增。見《海鹽學宮備考》。 陳昌圖　　　　趙賢允 徐同貞例監,指揮同知。 朱豐禎州判。　　朱之禎 王秉鑑經歷。　　陳于王同知。 許丕顯例貢。　　徐昌治中式。 徐元星　　　　舒自新 陳天敘　　　　鄭端充貢元。

	進　士	舉　人	貢　生
天啟二年壬戌	趙君鄰行人。 高欽舜副使。 屠存仁郎中。 徐石麒吏部尚書。 吳麟徵太常少卿。 俞喬桂知縣。 姚士恒知縣。 吳之屏都御史。 錢允鯨參政。		張瞻韓選貢。 嚴毅以下平湖人。 陸又機　　顧繼元 楊邦慶　　朱朝俊 沈全裒以下崇德人。 吳紹良訓導。　徐允襄 陳之烈恩貢,知縣。 吳之翰拔貢,同知。 屠約章訓導。　沈光允副榜。 沈應龍 周宗旦恩貢。以下桐鄉人。 祈元兆歲貢,知縣。 陸時成歲貢。　王瑛歲貢。 陳其德教授。
天啟四年甲子		譚貞默昌言子,順天中式。以下嘉興人。 婁銹湖廣中式。 金軾改名肇明。以下秀水人。 陶廷煜 鈕用登順天中式。 夏繢以下嘉善人。 袁儆黃子。 陳之遴祖苞子。以下海鹽人。 鍾鴻穎知州。 馮洪孜以下平湖人。 沈元琳 陸鏊應天中式。 沈君禎知縣。 林中芳學正。 姚世勳 范金輅知縣。以下崇德人。 吳公弼 錢道明知縣。 沈元錫以下桐鄉人。 沈宏度應天中式,推官。	
天啟五年乙丑	沈德滋推官。 袁儆知縣。 曹履泰給事。 孫裔蕃主事。 薛振猷推官。 陸鏊廉使。 陸澄原郎中。 陸錫明提學。 郭紹儀御史。 朱邦祈榜姓周,推官。 陸懋元廣西道。		
天啟七年丁卯		胡振芳皋子,知縣。以下嘉興人。 謝岳鎮榜名岳謨。 徐潘順天中式,知州。 許元釗貫德清。 嚴端貫海寧。 施維城貫杭州。 屠肇芳知縣。以下秀水人。 項堯睿	

續　表

	進　士	舉　人	貢　生
		沈繼祐應天中式。 張所見改名介。以下嘉善人。 朱顏復士望子。 姚潛 湯喬昌順天中式。以下海鹽人。 許全吉 陸燦以下平湖人。 馬嘉植 曹穎洙 張明昌 顏俊彥順天中式。以下桐鄉人。 莊國英教諭。	
崇禎元年戊辰	譚貞默司業。 曹勳會元,禮部侍郎。 沈允芳主事。 李奇玉知府。 顏俊彥推官。		岳淙副榜。以下嘉興人。 沈耀辰副榜,知府。 葛宗亮選貢,中式。 葉祺允訓導。　　吳伯伊 錢士昌　　　葉燦 王化翔　　　王廷巒 朱廷策　　　唐堯夫 伍應侯　　　孫謀樞 沈掄副榜。　　莊日思副榜。 金嗣麟副榜。
崇禎三年庚午		徐伯齡以下嘉興人。 胡繼宗維忠弟,教諭。 倪先春 吳汝寧貫徽州。 汪挺 周文衡以下秀水人。 錢琳貫吳江。 史爾鉉 張晉徵 吳昌時貫吳江,應天中式。 項聲國順天中式。 錢格士升子,改名杙。以下嘉善人。 王佐河南中式。 梁州杰山西中式。 張源思以下海鹽人。 嚴建 馬上選貫平湖。 徐名琦 費廉 查大韶從仇《志》增。 鄭之僑以下平湖人。 倪秉元 吳玉以下崇德人。 郭濬	沈應箕以下秀水人。 沈瑞光　　　方成位 許宸恩貢副榜,州判。 姚啟昌　　　曾慶蕃 錢昌選貢　　濮萬鎔 胡以寧　　　毛養正 曹禎麟選貢。　金鳳毛 張天植拔貢,中式。 沈泓府選貢,進士。以下嘉善人。 成王佐歲貢。 孫文峰歲貢,教諭。 支元素恩貢。 魏學濂選貢,進士。 任五常歲貢,訓導。 蔣鑑中歲貢。　王睿同知。 戈用忠歲貢,知州。 王鶚薦府歲貢。 許士龍歲貢,訓導。 莫繼盛歲貢,沈夢薦恩貢。 吳國歲貢,教諭。
崇禎四年辛未	陳肇煐副使。 王佐知州。 張源思知縣。 屠象美檢討。		劉鏓歲貢,以下海鹽人。 劉洪鑛　　　顧夢輔 錢應普拔貢,訓導。 黃耀如選貢,中式。
崇禎六年癸酉		李士晉以下嘉興人。 褚廷琯 高文煜知縣。 莊世榮改名履旋。以下秀水人。	徐鵬幹訓導。　趙登明歲貢。 沈延卿貢元。　彭孫貽選貢。 馬鳴雷以下平湖人。 沈紹闉　　　陸濬源

	進　士	舉　人	貢　生
		吳瑞徵貫永昌。 陳舒以下嘉善人。 李公柱奇玉子,原名松。 錢梅士晉子,郎中,順天中式。 沈泓順天中式。 史遇以下海鹽人。 徐巽原名必達。 朱廷譔 徐昌治 顧文煇 賀侃修 陸清源以下平湖人。 金和 李天植 馮瑞麟 屠壽徵 鍾鼎崇德人。 陳素以下桐鄉人。 錢汝邁	過銘盤　　倪聖生 毛漸儀　　泰宏忠 曹陞 陸上瀾拔貢,中式。 嚴寅　　　陸士鉉 譚翼選貢。 吳爾竑以下崇德人。 朱斗祥　　勞儆朗教諭。 呂茂良刑部司務。 呂願良保舉,推官。 吳之經翰林待詔。 勞永譽中書。　沈士閬 楊光宸　　俞毓德 范道南　　沈國士 錢士璋俱例貢。 錢蘭禎知縣。以下桐鄉人。 莊重縣丞。　　鄭禹銘同知。 陸時雍貢元。　張爾鯨知縣。 李道學教諭。　李進歲貢。 鍾元英歲貢。　夏允翀
崇禎七年甲戌	吳昌時吏部郎中。 陶廷曄主事。		錢嘉徵副榜。　陸欽明運判。 于《志》案:《崇禎郡紀》載天啟四年歲貢萬重明,七年吳允昌,南京副貢;陸易吉,平湖人;沈耀辰,秀水人。崇禎元年至十七年歲貢:濮瑞升、嚴錫命、陳元焜、許宗淮、陳治策、宋國彥、徐可選、徐昌祚、王化翔、曹函光、唐從悌、夏祖訓、呂黃華、陶昌之、顧令猷。崇禎元年恩副貢石騰霄。八年恩選貢李毓新。十年舉薦貢楊六府。十二年副貢陸之淶,應天副貢黃卯錫。十七年恩貢姚深、查旦、黃子錫。查舊《志》,濮瑞升、石騰霄載入天啟間。沈耀辰、王化翔載入崇禎間。時代與《郡紀》互異。其餘多人未載,存此備攷。
崇禎七年甲戌	項聲國知州 張晉徵按察使。 葉培恕知縣。 陳龍正中書。 陸燦推官。 陸清原御史。 馬嘉植吏科給事中。 陳素知州。		
崇禎九年丙子		蔣勳以下嘉興人。 巢鳴盛 孫鍾琦植曾孫。 俞都 董士昌 王庭 徐郴臣 錢泮貫仁和。 曹溶以下秀水人。 朱茂曎國祚孫。 包爾庚貫華亭,應天中式。 張垣雲南中式。 朱曾省士望子。以下嘉善人。 蔣沔本姓毛,原籍餘姚。 錢繼章 孫在鎬光祖孫,知縣。 錢棟士升子。 朱國禎 李毓新順天中式。以下海鹽人。 吳晉畫	

續　表

	進　士	舉　人	貢　生
		陳之暹祖苞子，應天中式。 朱廷章 倪長圩解元。以下平湖人。 俞煜 李長苞經魁。 陸上瀾應天中式。 嚴寅順天中式。 吳夢白崇德人。 朱萬錡順天中式，知縣，桐鄉人。	
崇禎十年丁丑	曹溶侍郎。 吳鑄禮部主事。 張垣 包爾庚知州。 夏允彝吏部主事。 錢棅僉事。 柯元芳推官。 陳之遴榜眼，大學士。 李毓新兵科給事。 倪長圩主事。 朱得祚員外。 鍾鼎侍郎。		
崇禎十二年己卯		朱之佐以下嘉興人。 許宗渾應遂弟。 徐開熙 王先甲儒子，應天中式。 葛宗亮順天中式。 周允章 戴長治 卜年 高承埏道素子。 陶學瞻順天中式。 卜長生 郁之章以下嘉善人。 沈甭 孫聖蘭 孫允亨更名棨，員外。 吳亮中志遠子。 柯聳元芳子。 錢潤徵海鹽人。 沈中柱以下平湖人。 楊兆梧 馬嘉禎 沈日昆萃禎子。 陸廷皋榜姓王，見吳《志》。 吳輅以下崇德人。 曹廣 金濚貫德清。 吳爾壎 吳志章知縣。以下桐鄉人。 岳瀚	

	進　士	舉　人	貢　生
崇禎十三年庚辰	高承埏主事。 朱茂暚知縣。 李公柱原名松,知縣。 徐名琦知縣。 馮洪孜知縣。 金瀅知縣。 金和知縣。 沈中柱知縣。 曹廣主事。 王先甲知縣。		
崇禎十五年壬午		黃濤承元孫,解元,知縣。以下嘉興人。 屠宏允 莊鏻 高駿發長樂知縣。 李新枝日華孫,教諭。 陸銘 婁聯奎 虞相堯廷陛子。 譚貞良昌言子,順天中式。 高以正教諭。 李丹衷 邵黃以下秀水人。 鈕應斗 姚澄思仁孫,應天中式。 錢斐以下嘉善人。 呂諧 徐遠 丁彦 錢默士晉孫。 陸翔華 魏學濂大中子,□天中式。 葉維修順天中式。 錢棻士晉子,順天中式。 陳恂本姓曹。以下海鹽人。 徐炳雲 虞贊堯 曹燕懷 黃耀如應天中式。 朱升貫海寧。 湯芬貫海寧。 曹穎泗以下平湖人。 陸之淶應天中式。 郭演以下崇德人。 顧朱 金瀣貫德清。 盛治以下桐鄉人。 莊洪彝後改未彝。 曹元方海鹽人。	

續　表

	進　士	舉　人	貢　生
崇禎十五年壬午 特賜進士	高文曄嘉興人。 唐從悌秀水人。 戈用忠嘉善人。		
崇禎十六年癸未	汪挺 陸銘工部主事。 李丹衷知縣。 譚貞良行人。 鈕應斗知縣。 戴長治 沈泓 孫聖蘭 魏學濂庶吉士。 錢默知縣。 徐遠中書。 虞贊堯 曹元方知縣。 許令瑜知縣。 彭長宜知縣。 湯芬知縣。 吳夢白知縣。 顧朱行人。 吳爾壎庶吉士。 沈元錫參政。		

【校注】

　　[1] 按：萬曆《嘉興府志》卷十六《薦舉二》：“（景泰癸酉）聞恭原籍鄖縣，府同知。”鄖縣，秦置，屬南郡，治所在今湖北荆沙市荆州區故江陵縣城東北，東漢廢。當作“原籍鄖縣”。

　　[2] 按：《嘉興府鄉貢進士題名記》碑：“景泰七年丙子　丘贊嘉興人。”萬曆《嘉興府志》卷十六《薦舉二》：“景泰丙子　丘贊嘉興人。”當作邱贊。

　　[3] 按：萬曆《嘉興府志》卷十六《薦舉二》：“（嘉靖庚戌）吳一儒知府。”《皇明嘉興府儒學進士題名記》碑：“嘉靖二十九年庚戌科唐汝楫榜　吳一儒知府。”當作“吳一儒”。

　　[4] 按：本卷“進士”欄作“朱夢德”。萬曆《嘉興府志》卷十六《薦舉二》：“（永樂丁酉舉人）朱孟德。”《嘉興府鄉貢進士題名記》碑：“永樂十五年丁酉　朱孟得戊戌進士，海鹽人。”《皇明嘉興府儒學進士題名記》碑“永樂十六年戊戌科李騏榜　朱孟得興寧知縣，海鹽人。”故“朱夢得”是“朱孟得”之誤。

　　[5] 按：萬曆《嘉興府志》卷十六《薦舉二》：“（成化庚子）閔謙知縣。”光緒《嘉善縣志》卷十六《科貢·舉人》：“閔謙字受益，福建閩清知縣，剛介有廉聲。”中國無“閩”姓，故“閩謙”是“閔謙”之誤。

　　[6] 按：萬曆《嘉興府志》卷十六《薦舉二》：“（嘉靖壬午）沈垔榮孫。”“（嘉靖丙戌）沈垔知縣。”《皇明嘉興府儒學進士題名記》碑：“嘉靖五年丙戌科龔用卿榜　沈垔山陽、鹽城知縣，平湖人。”光緒《平湖縣志》卷十三《選舉上·舉人》：“嘉靖四年乙酉科　沈垔七名，丙戌。”《選舉上·進士》：“嘉靖五年丙戌科龔用卿榜　沈垔三甲六十名，附沈榮傳。”卷十五《人物傳一》：“沈榮，字元節，號吾匏。天順甲申進士，授工部主事，有廉能聲。知廣東潮州府，調福建延平府，歷江西臨江府，皆有清譽。尋陞貴州參政。孫垔，嘉靖丙戌進士，歷知南直山陽、鹽城縣，以勞著。”故“沈垔”是“沈垔”之誤。“（沈）榮子”是“（沈）榮孫”之誤。

　　[7] 按：萬曆《嘉興府志》卷十六《薦舉二》：“（嘉靖辛卯舉人）馮汝弼俊子。”“（嘉靖壬辰進士）馮汝弼給事中。”光緒《平湖縣志》卷十三《選舉上·進士》：“嘉靖十一年壬辰林大欽榜　馮汝弼三甲十八名，有傳。”

康熙《安慶府志》卷十二《秩官志·政績》："潛山縣丞馮汝弼，浙江平湖人。"故"馬汝弼"是"馮汝弼"之誤。

　　[8] 按：萬曆《嘉興府志》卷十六《薦舉二》："（嘉靖壬辰）包節御史，贈光祿卿。"光緒《嘉興縣志》卷十八《選舉一·進士》："（嘉靖朝）包節御史，贈光祿卿，壬辰科。"故"光祿寺"是"光祿卿"之誤。光祿寺是機構，非官職名。

　　[9] 按：萬曆《嘉興府志》卷十六《薦舉二》："（嘉靖乙未）沈垣知府。"光緒《平湖縣志》卷十三《選舉上·進士》："嘉靖十四年乙科韓應龍榜　沈垣三甲一百四十二名，有傳。"卷十五《人物傳一》："沈垣，字子完。嘉靖乙未進士，授大理寺評事。歷寺正，出知廣東惠州府。卒於番禺。"光緒《惠州府志》卷十九《職官·知府》："沈垣，平湖人。進士。嘉靖二十七年任。"卷二十九《名宦上》："沈垣，字子完，平湖人。嘉靖乙未進士。丙申除大理寺左評事，歷寺副、寺正，癸卯陞汀州知府，內艱終喪，改守惠州。惠在嶺海間，號難治。垣政先風化，廣輯學宮，勗諸生修文行，嚴御徒吏，勾校簿案，事至立斷，務得民情。慎錢穀出入，點胥束手，不能為奸……會郡有利病，條上詣督府議，道中中瘴，卒於番禺館舍。惠人在會城者相率走哭。"故"沈桓"是"沈垣"之誤。

　　[10] 按：萬曆《嘉興府志》卷十六《薦舉二》："（嘉靖乙卯）趙邦秩伊子。"光緒《平湖縣志》卷十三《選舉上·舉人》："嘉靖三十四年乙卯科　趙邦秩十一名，丁丑。"卷十五《人物傳》："趙伊，字子衡。山西參政趙漢季子。舉嘉靖壬辰進士，授刑部主事，陞南兵部職方司員外，尋轉武選司。擢廣西按察副使。年方四十，乞終養歸。子邦秩、邦程、邦黍。秩字元敘，以孝聞。萬曆丁丑進士，授南直海門知縣。以勞卒官。"趙伊著有《序芳園稿》，有明萬曆二年趙邦秩、趙邦程等刻本。故"趙邦植"是"趙邦秩"之誤。

　　[11] 按：萬曆《嘉興府志》卷十六《薦舉二》："（嘉靖壬戌）宗弘暹禮科都給事中。"崇禎《嘉興縣志》卷十二《科第》："（嘉靖）宗弘暹壬戌進士。"《明史·魏學曾傳》："給事中宗弘暹希居正指劾之。"故"宏宗暹"是"宗弘暹"之誤。

　　[12] 按：萬曆《嘉興府志》卷十六《薦舉二》："（嘉靖壬戌）趙巖御史，轉僉事。"光緒《石門縣志》卷七《科目表·進士》："（嘉靖）趙巖壬戌科，三甲。"《明史·葛守禮傳》："葛守禮，……隆慶元年，起戶部尚書。……乃請遣御史……趙巖分行天下董其事。"故"趙嚴"是"趙巖"之誤。

　　[13] 按：萬曆《嘉興府志》卷十六《薦舉二》："（嘉靖甲子）李自華。"光緒《嘉善縣志》卷十六《科貢·舉人》："嘉靖四十三年甲子　李自華。"《科貢·進士》："嘉靖四十四年乙丑　李自華有傳。"卷二十四《文苑》："李自華，字元實，號見亭。嘉靖四十四年以一甲第二人入翰林。善古文，工書法，歷官國子監司業。早自引退，嘗建關帝廟于羅星臺。"《國榷》卷首之四《甲科》："嘉靖乙丑科……嘉善李自華。"故"李日華"是"李自華"之誤。

　　[14] 按：萬曆《嘉興府志》卷十六《薦舉二》："（萬曆丙子）韓子祁弼子，順天中式，知州。"光緒《平湖縣志》卷十三《選舉上·舉人》："萬曆四年丙子科　韓子祁順天榜。有傳。"卷十五《人物傳》："韓子祁，字心堯，號肖南。江西提學弼子。萬曆丙子順天舉人，授湖廣德安府推官，又補贛州。左遷興國知縣，歷陞南直蘇松府同知。"《明詩綜》卷五十二《韓子祁》："子祁字心堯，平湖人。萬曆丙子順天鄉試中式。"故"韓子祈"是"韓子祁"之誤。

　　[15] 按：本《志》卷七十八《列女·節婦·桐鄉縣上》："生員朱一豹妻張氏二十一歲夫亡，姑老，子幼。持家備極勤苦，後子邦祁成進士。崇禎時旌。"光緒《桐鄉縣志》卷十一《選舉表·進士》："（天啟五年乙丑科）朱邦祁三甲。"卷十七《列女中·節婦》："朱一豹妻張氏一豹年二十三卒，氏年甫二十一。姑老，子幼。俯仰備極辛苦。子邦祁成進士。"故"朱邦祈"是"朱邦祁"之誤。

嘉興府志卷四十六

選舉三

<table>
<tr><td colspan="3">國朝康熙十八年己未,詔開博學鴻儒科。</td></tr>
<tr>
<td></td>
<td>彭孫遹海鹽人,進士。主事,一等一名,授編脩。
朱彝尊秀水人,布衣。一等,授檢討。</td>
<td>徐家炎秀水監生,一等,授檢討,官内閣學士。
陸葇平湖人,進士,典籍,一等,授編修。</td>
</tr>
<tr>
<td></td>
<td>曹溶秀水人,進士。以下俱未與試。
柯崇樸嘉善人,副貢,中書。
葉舒崇平湖人,進士,中書。</td>
<td>陸隴其平湖人,進士。
柯維楨嘉善人,舉人。</td>
</tr>
<tr>
<td></td>
<td>李良年嘉興人,生員。以下俱試而未用。
譚吉璁嘉興人,監生,同知。
孫榮原名允亨,嘉善人,舉人,知州。
張英海鹽人,進士。</td>
<td>葉封嘉興人,進士。
陳莢秀水人,生員。
魏學渠嘉善人,進士,提學僉事。
戴茂隆平湖人,監生。</td>
</tr>
<tr><td colspan="3">乾隆元年丙辰,詔開博學鴻儒科。</td></tr>
<tr>
<td></td>
<td>諸錦秀水人,進士,金華府教授,一等,授編脩。</td>
<td>朱荃桐鄉,生員,二等一名,授庶吉士。</td>
</tr>
<tr>
<td></td>
<td>褚菊書嘉興人,舉人,上海知縣。以下俱未與試。
柯煜嘉善人,兩中進士,知縣改教。</td>
<td>祝維誥秀水人,增廣生。
聞元晟嘉善人,舉人。</td>
</tr>
<tr>
<td></td>
<td>李宗潮嘉興人,拔貢,副榜。以下皆試而未用。
錢載秀水人,副榜。
張庚秀水人,布衣。
俞鴻德海鹽人,舉人。</td>
<td>朱稻孫秀水人,貢生,州判。
萬光泰秀水人,生員。
曹廷樞嘉善人,副榜。
陸祖錫平湖人,拔貢。</td>
</tr>
<tr><td colspan="3">康熙四十四年乙酉南巡召試。</td></tr>
<tr>
<td></td>
<td colspan="2">鄭韻秀水人,生員。是年四月十四日在江蘇行在應試,欽取一等,入内廷纂脩,特賞帑金,進京給俸,賜宅。五十年,協纂各書成,選授廣寧知縣。</td>
</tr>
<tr><td colspan="3">乾隆十六年辛未,南巡召試。</td></tr>
<tr>
<td></td>
<td>王又曾秀水人,貢生,一等。</td>
<td>謝墉嘉善人,優貢生,一等一名。</td>
</tr>
<tr>
<td></td>
<td>李集嘉興人,廩生。以下二等。
朱琰海鹽人,廩生。
案:一等,特賜舉人,授爲内閣中書,與候補人員一體補用。二等,各賞緞二疋,後皆同。</td>
<td>謝垣嘉善人,廩生。</td>
</tr>
<tr><td colspan="3">乾隆二十二年丁丑,南巡召試。</td></tr>
<tr>
<td></td>
<td>錢受穀秀水人,廩生,一等。</td>
<td></td>
</tr>
<tr>
<td></td>
<td>李旦華嘉興人,優貢。以下二等。
沈初平湖人,廩生。</td>
<td>陳泰初海鹽人,廩生,從《縣志》增。</td>
</tr>
<tr><td colspan="3">乾隆二十七年壬午,南巡召試。</td></tr>
<tr>
<td></td>
<td>汪孟鋗秀水人,舉人,一等。</td>
<td>沈初平湖人,優貢,一等。</td>
</tr>
<tr>
<td></td>
<td>李旦華嘉興人。以下二等。
朱芳藹桐鄉人,監生。</td>
<td>馮應榴桐鄉人,進士。</td>
</tr>
</table>

乾隆三十年乙酉,南巡召試。		
	馮應榴以下一等。 汪彝銘秀水人,生員。以下二等。	陸費墀桐鄉人,廩貢。 沈啟震桐鄉人,舉人。
乾隆四十一年丙申,南巡召試。		
	施福元桐鄉人,舉人。以下二等。	汪彝銘是年,二等人員奉旨在四庫館効力。
乾隆四十五年庚子,南巡召試。		
	沈叔埏秀水人,優貢,一等。	錢楷嘉興人,拔貢,二等。
乾隆四十九年甲辰,南巡召試。		
	沈澍嘉興人,廩生。以下俱二等。 淩鉞秀水人,監生。 朱孫垣海鹽人,監生。	張廷桂秀水人,廩生。 沈珏秀水人,增生。 陸以諴海鹽人,拔貢。
乾隆五十五年庚戌,南巡召試。		
	程拱字桐鄉人,廩生,一等一名,改名同文。	張湘任平湖人,二等,從于《志》增。
乾隆十六年辛未,薦舉經學。		
	錢載秀水人。吏部侍郎介福、户部侍郎嵇璜舉。	張仁淶秀水人。刑部侍郎錢陳群舉。

國　朝	進　士	舉　人	貢　生 副貢、拔貢、優貢、恩貢、歲貢
順治二年乙酉		施宏烈平湖人,松江同知。	副貢 徐葵以下府學。
順治三年丙戌		沈之漣伯龍曾孫,己丑進士。以下嘉興。 錢江己丑進士。 沈闓劭元華曾孫,己丑進士。 姚任賢松陽教諭。以下秀水。 張天植己丑進士。 高駿升石埭知縣。 孫籀己丑進士。以下嘉善。 曹爾堪勳子,壬辰進士。 陳嗣華以下海鹽。 許士璜己丑進士。 徐孚貞貫錢塘。 湯自梁以下平湖。 陸濬睿長庚孫,宣府推官。 殷森長興教諭。 鄭龍光己丑進士。 倪籀元己丑進士。 范楷新城教諭。以下石門。 朱霞乙未進士。 張瑯戊戌進士。以下桐鄉。 曹日勉安州知州。 陸費錫吉曾孫,辛丑進士。 孔自洙己丑進士。 張茂華餘姚教諭。 尤師錫乙未進士。 鍾元圭改名鑅,推官。 徐騰壬辰進士。	徐葵以下府學。 劉于京　　　曹堯珂 陸禾　　　　余趲 陳畫　　　　顧介中 王紹隆　　　張晃 虞紹洪　　　王岳奇 屠英以下秀水。 陳忱 朱張銘以下嘉善。 王會　　　　毛蕃 蔣玉立　　　郁褒 蔣玉宣　　　郁喬 柯崇樸州同。　陳昌 徐益貞以下海鹽。 沈純禔知州,見吳《志》。 胡季瀛 楊殿銓見《續圖經》。 拔貢 蔣雲章以下府學。 鍾元超　　　陳國麒 盛際斯　　　楊雍建進士。 陸世楷知府。以下嘉興。 張三省知縣。　仲宏道知縣。 錢遇　　　　沈廷勸知州。 計東中式。

國　朝	進　士	舉　人	貢　生 副貢、拔貢、優貢、恩貢、歲貢
順治五年戊子		汪繼昌己丑進士。以下嘉興。 李熊本姓徐，必達孫，辛丑進士。 朱旂乙未進士。 呂應鍾壬辰進士。 屠肅存仁孫。 江浦海澄知縣。 高基重 徐鴻章 范周江南中式，己丑進士。 王緦壬辰進士。以下秀水。 張巍 何元英乙未進士。 黃自起己丑進士。 姚深思仁孫。 傅感丁貫錢塘，壬辰進士。 孫鍒辛丑進士。以下嘉善。 葉封湖廣中式，己亥進士。 陳增新安仁知縣。 魏學渠湖廣提學。 魏允枚大中孫，學濂子，教諭。 張我樸介子，壬辰進士。 周宸藻宗文子，乙未進士。 周宸瑗甲辰進士。 徐友貞知縣。以下海鹽。 祝文震壬辰進士。 祝翼亮雷州推官。 宋宗文教諭。 朱挾鏌順天中式，己丑進士。 錢君銓己丑進士。以下平湖。 馬紹曾德澧孫，己丑進士。 姚世曙順天中式。 郭袞采宜春知縣。以下石門。 顧名俊貫仁和。 勞俶衍潁上知縣。 唐彥袤己丑進士。以下桐鄉人。 張以曜 鄒璜仁和訓導。 湯棻澄川知縣。 鍾超盛京中式，濮州知州。	張天桂以下秀水。 濮棻　　　　　陶耀同知。 汪禾士　　　　嚴臨中書。 張旻中式。 張廷杰乙酉，奉豫王令旨，安民有 功，拔貢。 郁筠訓導。以下嘉善。 支揆英知縣。　　陸贊奇知縣。 葉翹　　　　　夏長泰進士。 沈煌　　　　　郁廣 金英知縣。以下海鹽。 張恒改名維赤，進士。 查雍　　　　　朱挾鏌中式。 徐升貞郎中，見吳《志》。 徐儲元見《續圖經》。 陳遇辰知縣。 周寀知縣。以下桐鄉。 鍾超　　　　　張超進士。 錢蘭藹知縣，改教諭。 恩貢 卓巇以下府學。 胡士廉知縣。　　沈廷彥 曹文昭從《曹氏家乘》增，嘉興人。 徐淩湘以下嘉善。 孫瓚祖 馬維馹訓導。以下海鹽。 陶襄知縣。　　繆集義知縣。 蔡士奎　　　　徐鍾元 陸費鉉知縣。以下桐鄉。 錢爾枚知縣。　　周延邵 歲貢 金世農以下府學。 沈宏　　　　　卜允昌 顧佐明　　　　朱世英 郭起鳳　　　　顧鳳翥 孫楚如　　　　程定國 陸鑰原　　　　俞喬木 張鳳翔　　　　周心屺 許宗治　　　　曹馥先 孔尚遂　　　　包載錫 沈嗣選以下嘉興。 姚祖毓　　　　沈中楫 盛時元 吳瀓崞縣縣丞。 方邁　　　　　張賡奏 董璋　　　　　李光垓 徐德恂教諭。　　李生佳
順治六年己丑	董士昌平利知縣。 沈閎劼常德同知。 沈之漣白河知縣。 王庭江西布政使。 錢江山東提學。 汪繼昌廣西僉事。 張天植探花，兵部侍郎。 黃自起河南提學。 范周參議。 沈禰徽寧道。 孫籀福建副使。		

國　朝	進　士	舉　人	貢　生 副貢、拔貢、優貢、恩貢、歲貢	
	陳舒廣西驛傳道。 郁之章大理寺丞。 丁彥工部主事。 柯聳通政使參議。 朱挾鍭臨湘知縣。 許士璜武陵知縣。 馬紹曾戶部侍郎。 鄭龍光西寧道。 倪簫元蘄水知縣。 錢君銓連城知縣。 孔自洙福建提學。 唐彥袠安化知縣。		吳中龍以下秀水。	
			屠高崧	吳奕俊
			沈大詹訓導。	虞輔堯
			柴雍	吳賓素
			沈永令	蔡允隆
			吳棻	馮鎮鼎教諭。
			黃鳳藻中式。	包鴻陞
			朱一臣	
			戴恒以下嘉善。	
順治八年辛卯		盛九鼎以下嘉興。 俞煒順天中式。 楊應標乙未進士。以下秀水。 周煒 金嗣麟改名石麟。 嚴勳辛未進士。以下秀水。 項景襄錢塘籍，壬辰進士，從于《志》增。 張茁壬辰進士。以下嘉善。 龔在升己亥進士。 馮運隆盛曲孫。 沈珣戊戌進士。 陳秉龍正孫。 顧向蘆山知縣。 陶怦天台教諭。 郁謙本姓趙。 周瓚 楊其芳 吳甫及丁未進士。以下海鹽。 費萬程嵊縣教諭。 俞雲來庚戌進士。 查培繼貫海寧，壬辰進士。 金式玉辛丑進士。以下平湖。 王明福改名溧，戊戌進士。 張樞戊戌進士。 陸光旭壬辰進士。 沈棻壬辰進士。 鄭重 郭雍圖紹儀子。 陸瑤林盛京中式，戊戌進士。 楊鼎鉉癸丑進士。以下石門。 徐鑛 勞大與永嘉教諭。 施鉉己亥進士。以下桐鄉。 朱一柱 鄭蘊宏壬辰進士。 張超順天中式，乙未進士。	卜燦訓導。　　　呂三錫教諭。 陳奇　　　　　張鈁訓導。 錢繼禧　　　　顧嵒 陳增遠　　　　林子卿 朱孟俶　　　　夏允懷 孫大受以下海鹽。 任宏達訓導。　　劉王才 蔣兆奎　　　　費度知縣。 金敏鎮　　　　朱觀賓 顧爾澄　　　　徐彪 以上四人從《縣志》增。 陸韜　　　　　何其仁知州。 張學古從《續圖經》增。 張尹諧訓導。 張孫序本姓孫。 顧岸登教習、知縣。 孫受宜 施洪烈以下平湖。 曹穎瀧　　　　施鋐 施夢祺　　　　朱綸 殷世芳　　　　何天衢 陸敦澤　　　　金式玉進士。 過澤遠碭山知縣。 馮文麟　　　　馬瀛選 張耿中　　　　何履楷 王陞鉉　　　　陸瑤林進士。 陸梾知縣。　　　陳國政 于琳　　　　　陸洽原 沈曇 宋一沂以下石門。 姚納葵教授。　　勞圖麟教授。 沈道先知縣。　　勞世選知縣。 張行生知府。　　姚琅知府。 項玉筍知縣。　　宋爾祁知縣。 譚觀成中式。　　朱輔知州。 沈汝瓚縣丞。　　吳之相 吳之晸　　　　朱昌訓導。 勞俶高　　　　方履吉訓導。 沈璜訓導。　　　嚴和 吳公權	

國　朝	進　　士	舉　人	貢　　生 副貢、拔貢、優貢、恩貢、歲貢
順治九年壬辰	莊璘汝南道。 呂應鍾貫餘姚，兵部主事。 傅感丁左副都御史。 王禩提學。 錢棻未殿試。 曹爾堪侍讀學士。 吳克中補殿試，漢中糧儲道。 張茁安慶知府。 張我樸評事。 祝文震淮海僉事。 查培繼江西巡道。 陸光旭江安糧道。 陸之淶大理寺觀政。 郭濬貫海寧，行人。 鄭蘊宏中書。 徐騰高邑知縣。		周拱辰以下桐鄉。 錢九式訓導。　　錢澄訓導。 沈宗美訓導。　　盛方涵縣丞。 錢允康訓導。　　陸天錫 徐基訓導。　　　張文蔚 錢本一　　　　　馮貞秀
順治十一年甲午		吳源起鑄子，辛丑進士。以下嘉興。 倪大受湖南籍，兵馬司。 吳澄 盛旦 姚原溈辛丑進士。 繆鼎 曾王孫本姓孫，戊戌進士。以下秀水。 金大起 張瑋德清籍，本姓許，元釗子，己亥進士。 姚曾榮貫海寧，思仁曾孫。 黃鳳藻承元孫，盛京中式。 李會貞本姓蔣，改名雲翼，涇縣知縣。以下嘉善。 沈鱄辛丑進士。 李振宗甲辰進士。 顧耿臣戊戌進士。 李嘉生考授知縣。 蔣琦 錢黯乙未進士。 丁俶貫仁和。 翁世庸錢塘籍，戊戌進士，從于《志》增。 馮明升 朱張銘順天中式，乙未進士。 夏生泰順天中式，乙未進士。 彭孫遹宗孟孫，己亥進士。以下海鹽。 許全臨 張協 查詩繼貫海寧，從《續圖經》增。 朱彤	

國　朝	進　士	舉　人	貢　生 副貢、拔貢、優貢、恩貢、歲貢
		楊雍建貫海寧，順天中式，乙未進士。 曹林韻貫海寧，辛丑進士。 張維赤奇齡子，順天中式，乙未進士。 王啟允順天中式。 沈宏 陸之溶以下平湖。 沈彤徵炌孫，貫歸安，乙未進士。 馬耀曾順天中式。 鍾朗解元，己亥進士。以下石門。 徐昌國金華教諭。 董良櫶戊戌進士，從于《志》增。 俞之炎貫仁和，昌言子，戊戌進士。 沈允浤改名兆奎，己亥進士。 張方起辛丑進士。 邱璉 唐彥暉烏程籍，世濟孫，乙未進士。從于《志》增。	
順治十二年乙未	朱旂知府。 許宗暉推官。 楊應標劍州知州。 何元英通政司參議。 項景襄兵部侍郎。 周宸藻兩淮巡鹽御史。 朱張銘戶部主事。 陸翔華廣德知府。 夏長泰員外。 錢黯池州推官。 張維赤都給。 楊雍建兵部侍郎、貴州巡撫。 沈菜壬辰中式，補殿試，西平知縣。 朱霞汀州推官。 沈彤文昌知縣。 尤師錫建寧推官。 張超華亭知縣。 唐彥暉禮部主事。		
順治十四年丁酉		吳三錫辛丑進士。以下嘉興。 盛濟 曹禎驪 朱介戊戌進士。 計東順天中式。 顧鵬解元，戊戌進士。以下秀水。 張旲天植子，順天中式。 朱亮采貫海鹽，岳陽知縣。 張陳鼎貫華亭。 杜臻戊戌進士。 毛延芳庚戌進士。 潘見龍戊戌進士。	

國　朝	進　　士	舉　　人	貢　生 副貢、拔貢、優貢、恩貢、歲貢
		黃士傑改名季瀚。 項　嘉復姓顧，改名高嘉，戊戌進士。 馮瀛秀以下嘉善。 張黃嗣 徐廷楨以下海鹽 俞宣琅己亥進士。 鄭　宣甲辰進士。 俞　霈 李　璋癸丑進士。 吳開彥知縣。以下石門。 朱雯用光曾孫，甲辰進士。 鍾　璜原名璊，丙辰進士。 胡　榲榜姓郭，戊戌進士。 譚觀成順天中式，霍邱知縣。 朱懿愨順天中式，桐鄉人。	
順治十五年戊戌	朱　介安化知縣。 曾王孫四川提學。 杜　臻榜姓徐，禮部尚書。 顧　鵬安福知縣。 顧高嘉本姓項，庶吉士、郎中。 顧耿臣大名知府。 沈　珣刑部主事。 張　樞推官。 翁世庸廣南知縣，從于《志》增。 王　渫潮陽知縣。 陸瑤林金谿知縣。 胡　樞萬安知縣。 俞之炎廣西參議。 張　猴改名貞侯，安定知縣。 董良檟松溪知縣。		
順治十六年己亥 恩科	案袁《志》，是年再會試。又見《通志》。 張　瑋給事中。 葉　封主事。 龔在升蘇州推官。 彭孫遹吏部侍郎。 朱　昇東昌推官。 俞宣琅大竹知縣。 鍾　朗提學。 吳　輅桂林推官。 施　鉉蘇州推官。 沈兆奎德興知縣。		
順治十七年庚子		王士麟辛丑進士。以下嘉興。 呂黃鼎 盛民譽萬年曾孫，順天中式，辛丑進士。 顧　琯以下秀水。 陳之儀本姓卜，甲辰進士。	

續 表

國 朝	進 士	舉 人	貢 生 副貢、拔貢、優貢、恩貢、歲貢
		支隆求大綸孫,沂水知縣。以下嘉善。 丁大亨 王辰保定經歷。 于玒以下平湖。 邵延齡辛丑進士。 陳昌言貫錢塘,石門人,新寧知縣。 張嘉琛辛丑進士。以下桐鄉。 沈允演寧波教授。	
順治十八年辛丑	姚原溈任邱知縣。 李熊本姓徐,知縣。 盛民譽桂陽知縣。 吴三錫棗強知縣。 吴源起給事中。 王士麟青浦知縣。 嚴勳知縣。 潘見龍知府。 孫鉌傳臚,潮州通判。 沈鏄建安知縣。 曹林韻知縣。 許全臨昌邑知縣。 金式玉壽昌教諭。 邵延齡江西提學。 陸費錫平原知縣。 張嘉琛推官。 張方起江川知縣。 朱彝原名莊洪彝,知縣。		
康熙二年癸卯	《大清會典》:康熙二年停止八股文章,鄉、會試以策論表判取士,分二場。九年仍以八股文章取士。	馬壽穀壬辰進士。以下嘉興。 趙隨丁未進士。 盛藻萬年曾孫。 屠又良貫仁和,解元,庚戌進士。以下秀水。 施鑒范爾志孫,知縣。 范繼施仁和教諭。 朱衮丙辰進士。 錢霞嘉善人,庚戌進士。 蕭啟以下海鹽。 周啟 錢瑞徵薇曾孫,西安教諭。 蕭垂伏羌知縣。 駱雲丁未進士。 錢之燾貫海寧,癸丑進士。 楊廷棟寶應知縣。 虞文彪貫海寧,丁未進士。 俞均以下平湖。 楊爆甲辰進士。 張重華 勞之辨永嘉孫,甲辰進士。以下石門。 郭彝采演從子。 沈煌海寧籍,從于《志》增。	副貢 馬佐堯以下府學。 金介復　楊鐙應標子。 湯士奇　陳克鎬 莊嘉 諸嗣燮以下嘉興。 曹洪然長興教諭。 吴汝翼　陳立 張費源　卜永清 馬湘郫縣知縣、雅州同知。 戴煜　沈翼 李維均[1]直隸總督。 夏鞏 徐掄元寧海訓導。 陳方琛以下秀水。 汝學智 莫世洪樂亭知縣。 王澐　黄石 陳睿臣昌化教諭。以下嘉善。 郁世翀盱眙知縣。 曹源郁 沈渡本姓魏。 許登以下海鹽。

續　表

國　朝	進　士	舉　人	貢　生 副貢、拔貢、優貢、恩貢、歲貢
康熙三年甲辰	陳之儀改卜陳彝，吏部員外。 李振宗平涼同知。 周振援安邑知縣。 鄭宣淮安同知。 楊爆御史。 勞之辨左副都御史。 朱雯濟南道。		高和　　　　朱宏栻 費源　　　　俞鴻勳 湯秉均　　　錢元昌 查光德　　　楊存裕 張宗栻瑞安教諭。 周輔奏 戴記見《士林錄》。 富裕
康熙五年丙午		張爾高内閣中書。以下嘉興。 濮鰲 王燮癸丑進士。 葉燮嘉善人，貫吳江，庚戌進士。 戚令畹丁未進士。以下海鹽。 鄭旦復 陸龍其庚戌進士。以下平湖。 韓士淇 顧天挺庚戌進士。 趙藎臣 陸棻長庚曾孫，順天中式，丁未進士。 黃士塤癸丑進士。以下石門。 沈寧庚戌進士。 虞黃昊貫錢塘，臨安教諭。 何楷順天中式，從于《志》增。	丁亮工重慶知府。以下平湖。 張家漢　　　鍾彝 王翼坦 金標知府。以下石門人。 金漸雕 姚潯奉化教諭 孫瑚　　　　吕懿秉 顧洐　　　　許自俊 魏旭以下桐鄉。 郭北駿　　　王見麟 孫士傑海寧訓導。 王澐本姓皇甫，江山教諭。 朱寧成建昌知縣。 沈德榮遂昌教諭。 陳鵬升　　　徐玫 拔貢 王熒以下府學。
康熙六年丁未	趙隨福建提舉。 虞文彪 駱雲中書。 吳甫及郎中。 戚令畹中書。 陸棻内閣學士。		楊中訥進士。　　陸攀 沈德亮　　　朱載璜 夏愭 程錄以下嘉興。 王佃陝西寧州同知。 儲福海 周輔奏成都知縣。 金協庠刑部員外。 虞景堯杭州教諭。 李昂枝膠萊運判。 江泓義烏訓導。 金協廣南昌通判。 陸錦吉安知府。 馬璉巢縣知縣。 吳讓木溫州教授。 張賚奏湖廣布政司經歷。 王沆萊陽縣丞。 徐金濤泰順訓導。 沈籹功任邱知縣。 沈敏東陽訓導。 許宗清史館特貢。 戴彦鎔會稽教諭。 朱琪江都知縣。 沈節梅寧教諭。
康熙八年己酉		沈際昌以下嘉興。 袁定遠庚戌進士。 譚瑗昌言孫，順天中式。 曹褒以下秀水。 王日來本姓吳，教諭。 朱鳴吉經魁，教諭。 陸榮登嘉善人，庚戌進士。 張英海寧籍，癸丑進士。以下海鹽。 陸士清 李方焞以下平湖。 潘之泓 沈雲龍順天中式。 董杲分水教諭。以下石門。 李廷章知縣。 吳震方爾壎子，貫仁和，丙辰進士[2]。	

國　朝	進　士	舉　人	貢　生 副貢、拔貢、優貢、恩貢、歲貢
康熙九年庚戌	袁定遠順慶知府。 屠又良同知。 毛延芳新淦知縣。 陸龍其改名隴其，御史。 顧天挺中書。 錢霞承德知縣。 陸榮登四川提學。 葉燮寶應知縣。 俞雲來江西知縣。 曹燕懷行人。 沈寧知府。		楊汝霖臨海訓導。 盧元標嚴州訓導。 朱禾永嘉訓導。 盛禾天台訓導。 汪龍元泰順教諭。 錢熊於潛訓導。 周疇昔 許穗松陽教諭。以下秀水。 朱元 張晟太原知縣。 沈嘉以下嘉善。 曹元邰
康熙十一年壬子	高以永癸丑進士。以下嘉興。 李御貴州知縣。 王師吉 吳黃流貫秀水。 沈允城貫秀水，烏程人，癸丑進士，改名上墉。 鍾之枚義烏教諭。以下嘉善。 曹鑑平爾堪子，順天中式，中書。 錢紹隆癸丑進士。以下海鹽。 徐邁癸丑進士。 湯駿一作朱湯駿。 鄭亮丙辰進士。 張脂維赤子，順天中式，主事。 沈光珏貫餘姚。 陳遇麒湖州教授。 張世琦貫海寧，榜姓王。 陳霆萬貫嘉善，甲戌進士。以下平湖。 曹志周己未進士。 陸允蕃改名祚蕃，順天中式，癸丑進士。 屠允誠癸丑進士。 吳震翔爾壿從子，石門人。		張芳湄刑部郎中。以下海鹽。 聞人藩　　　黃守倫 沈師湜 屠肇臨以下平湖。 陸允蕃中式。　　張若虁 程光輔　　　金南鍈 曹揆文以下石門。 吳樹 恩貢 俞朝倫以下府學。 胡應宸　　　陳祖銘 張續嘉興人。 張德堪秀水人。 李炯以下嘉善。 張鵬萬 嚴心可以下海鹽。 朱宏浚　　　張阮 顧宏以上四人從《縣志》增。 洪勳平湖人。 吳嗣爵以下石門。 勞鳴謙 沈森桐鄉人。
康熙十二年癸丑	高以永戶部員外。 王燮吏部主事。 沈允城侍讀學士。 錢紹隆給事中。 錢之燾中書。 李璋知縣。 徐邁 張英廣東提學。 陸祚蕃貴州道。 屠允誠改姓譚，鎮江知府。 楊鼎鉉長汀知縣。 黃士塤編脩。		歲貢 楊景時以下府學。 韓能　　　　朱鏊 盧聖瞻　　　高楨 嚴觀　　　　屠世墀 金煌　　　　葉簡 陳祖錫　　　楊傳璧 羅開驥　　　盛澍 沈琰　　　　祝文彬 喻自任　　　陳昭 周彫　　　　姜謨 周振璜樂清訓導。

國　朝	進　　士	舉　　人	貢　生 副貢、拔貢、優貢、恩貢、歲貢
康熙十四年乙卯		朱振己未進士。以下嘉興。 郁之潤 孫洙臨湘知縣。以下嘉善。 柯維楨聳季子。 曹鑑倫勳孫，順天中式，己未進士。 張問鼎教諭。以下平湖。 沈屹鎮海教諭。 葉舒崇貫吳江，順天中式，丙辰進士。 吳涵壬戌進士。以下石門。 許用光貫仁和。 何煒海鹽人。	朱樹遠　　陸泓 金湯　　孟春光 馬燨曾開化訓導。 金用濂　　沈振芬 周情　　陸濤 蕭壎　　陳鐘 張麒　　朱英 蕭鋐　　俞長庚 錢績 鍾元昶縉雲訓導。 陳佐袞　　周蘭森 孫鑣　　孫鈇 屠若金　　陸大成 沈葉煥　　陸世璣 鍾呂　　徐宏鍈 金景淳　　嚴覲光 顧鼎　　陸若程 沈宗良　　陶文振 周宗璞　　鍾漢傑
康熙十五年丙辰	鄭亮 朱袞中書。 鍾璜禮部郎中。 吳震方補殿試，傳臚，御史。 葉舒崇中書。		周見田 胡日佐鄆城知縣。 戴賓典簿。　　陸其勳。 婁金煜　　孫慎機訓導。 陳濟　　彭堯齡 袁珂　　顧協 楊萬基　　徐宗泰 沈起孟　　尚長裕 馮學琦　　周復錫 周麟錫 蔡燁臨安訓導。
康熙十六年丁巳 是年以任用需才， 特科鄉試。		項嘉祚嘉興人。 沈龍驤本姓張，聊城知縣。以下秀水。 張聯箕天植孫，新城籍，餘姚教諭。 虞兆清相堯子，己未進士。 丁棠發戊辰進士。以下嘉善。 陳培高明知縣。 查□以下海鹽。 張橄 曹三德庚辰進士。 楊中訥雍建子，順天中式，辛未進士。 陸煥元平湖人，廣東昌化知縣。 金之植貫德清，尉氏知縣。以下石門。 王之翰 胡光大榜姓徐。 金鈇 陳飛聲桐鄉人。	何廷芾　　蔡廷植 范長萼　　王宏澤 陳慶　　彭鎧 朱稻孫　　陳元 陳景淳　　汪上埏 曹相儀　　蔣銓 顧均邦　　李宗仁 王殿奎　　張真觀 汪棠　　蔣兆昌
康熙十七年戊午		高孝本嘉興人，以永子，辛未進士。 沈廷文戊辰進士。以下秀水。 朱象鼎順天中式。 葉汝銑解元。以下嘉善。 沈鎧遠。 王錦雯 李琬知縣。以下海鹽。 蕭廷掄 金綸順天中式。 汪兆璋貫錢塘，壬戌進士。 陸炯己未進士。以下平湖。	范紹洺　　徐大士 顧祖存　　方學廉 程攀龍　　濮楨 朱洺溎　　陳泓 楊鎬　　程光輔 項一謂以下嘉興。 費廣　　朱永翼 戴履 黃午錫天台訓導。 浦雲壽　　倪我端 鍾瑞麟　　吳暹

國　朝	進　　士	舉　　人	貢　生 副貢、拔貢、優貢、恩貢、歲貢
		屠浩 馮啟蕊 吳之錡 貫仁和，庚辰進士。從《科名錄》及于《志》增。 顧鐔朱子，己未進士。石門人。 莊際盛桐鄉人，壬戌進士。	孔彰　　　　金松 鄭超宗　　　許林暉 朱璉　　　　張宏鈞 姚經 朱士濂淳安訓導。 程繼善　　　劉有慶 李成大慈谿訓導，遷池陽縣丞。 孫傅　　　　陳王臣 吳宏坤　　　金志聖 周道生　　　戴鍈 祝翼稷以下秀水。 孫紹基　　　張龍彩 顧燦　　　　馬浩義
康熙十八年己未	朱振舒城知縣。 虞兆清御史。 曹鑑倫吏部侍郎。 曹志周主事。 陸炯御史。 顧鐔大理寺丞。		
康熙二十年辛酉		盛楓安吉學正。以下嘉興。 董威 范景庚辰進士。以下秀水。 鈕景琦 王份以下嘉善。 王鈒內閣中書。 金皋謝戊辰進士。 沈辰垣乙丑進士。 張映璧本姓朱，貫錢塘。 曹辰容甲戌進士。以下海鹽。 徐士麒 俞兆曾順天中式，乙丑進士。 沈崑 貫烏程，乙丑進士。以下平湖。 陸勳鹽城知縣。 陸筠貫錢塘，鍵孫，乙丑進士。 胡觀順天中式。 徐宗淮鑲子，石門人。 邵鳳起增城知縣，桐鄉人。	尹延英　　　沈驊 沈況　　　　陶兆琦 沈南珍　　　卜玠宜中式。 陸沺　　　　李含澤 高愷　　　　李寅 錢霑　　　　李兆昌 查人斌　　　李奇生 駱琦　　　　吳光寅 陳墉　　　　范長旭 孫士棠　　　卜休 懷紹中昌化訓導。 錢枋德清訓導。 姚宗豫奉化訓導。 計天植瑞安訓導。 沈起孟。 曾安世浦江訓導。 曹曾永康訓導。 沈拱日扶風縣丞。 婁金煜　　　胡日佐知縣。 周珂以下嘉善。
康熙二十一年壬戌	馬壽穀知縣。 汪兆璜 吳涵榜眼，左都御史。 莊際盛吏部郎中。		王晟齡　　　郁虞尹 徐榕　　　　倪晉 吳周瑾　　　魏埔 丁樞臣　　　卞庚 陸鵬　　　　張泓 沈廷楨　　　顧之琦 馮眺　　　　陳廷珪 孫玠　　　　周載錫 張心培　　　卓璜 沈德昌以下海鹽。 朱士容安吉學正。 王溥江山訓導。 浦國柱　　　陳使新 祝壽祉從《續圖經》增。 童申祉　　　劉王寅 馬漢颺　　　沈天錫 胡頎從《續圖經》增。
康熙二十三年甲子		陸士琰解元，以下嘉興。 黃相如濤子。 周光斗庚辰進士。 金世顯順天中式。 曹彥栻溶子，甲戌進士。 陸霈貫平湖，乙丑進士。 徐鳳池順天中式，甲戌進士。 朱彝政貫錢塘，內閣中書。 朱元佑國子丞。以下嘉善。 丁策乙丑進士。 孫衍在鎬子，知縣。 王廷鑾 金作輅平遥知縣。以下平湖。	

續　表

國　朝	進　　士	舉　　人	貢　生 副貢、拔貢、優貢、恩貢、歲貢
		沈之�子,羅次知縣。 吳治本姓徐,以下石門。 張奇英榜名寅。 俞長城乙丑進士。以下桐鄉。 盛棻 唐彥龍順天中式。 朱廷迪順天中式。 張肇榮貫仁和。	金廷寶　　倪高發 徐曾澇見《士林録》。 楊家珍 祝廷璜嚴州教授。 沈珵　　　陳奕震 祝壽祈　　朱宏械 李琇處州訓導。 馮昌臨桐廬訓導。 方國光景寧訓導。
康熙二十四年乙丑	陸靄榮昌知縣。 沈辰垣侍讀學士。 丁策昌黎知縣。 俞兆曾元城知縣。 陸筼上猶知縣。 俞長城檢討。 沈崐員外郎。		蔡鳴鹿　　祖稜 金章　　　朱董師 酆宫　　　朱勸 石廷猷　　褚祚 董履和　　李時夏 徐音 沈斯南見《續圖經》及《士林録》。
康熙二十六年丁卯		沈登以下嘉興。 項維聰主事。 項維貞江浦知縣,俱嘉祚子。 譚有年江寧知縣。以下秀水。 梅成樞 顧秉堅會稽教諭。以下嘉善。 袁蘅儼孫。 錢以塏士晉曾孫,順天中式,戊辰進士。 沈澄遠 湯敘吉水知縣。以下海鹽。 張程揚 朱永嘉榜名苐,新鄉知縣。 沈宏勳辛未進士。以下平湖。 潘之昌 徐進 邵昌齡 金銓以下石門。 顧鴻雯 胡開泰 陳學海遼陽知縣。以下桐鄉。 陸費濂 傅允諧	趙貞　　　馮鳳威 周光曾　　黃金鉉 顧錫掄　　沈培元 張金蘭　　徐來復 程宜駬　　王晉 楊履元　　沈文嶽 顧夢楨　　陳涵 俞震以下十五人俱從《縣志》增。 查荃　　　朱鳴珂 劉煒　　　沈名世 曹旭　　　朱鳴謙 曹三才　　陳嵩 朱烈　　　錢大業 何祖望　　徐始亨 劉孝翼　　陳宏 顧人龍太平訓導。以下平湖。 郭襄圖 馬焕曾雲南南安知州。 周宏起　　屠士奇 金璞玉　　曹偉謨 胡介　　　沈崍 翁元發　　朱維翰 褚王庭　　馬定枚 劉椿　　　方鼎銓 施溥　　　楊紹裘 陸奇勳　　錢之棟 徐聖昌　　徐森 張昭　　　陸大業
康熙二十七年戊辰	沈廷文脩撰。 錢以塏禮部尚書,太子少保。 丁棠發御史。 金臯謝莆田知縣。		吳尚履以下石門。 沈紹升　　曹序 范道岸　　倪爾雅 張越　　　徐甘來 吳之吉　　祝文彥 凌颮　　　沈昱
康熙二十九年庚午		金筆禎甲戌進士。以下嘉興。 張時雍甲戌進士。 范長發甲戌進士。以下秀水。 朱金魁 錢以垍以下嘉善。 張王典丁丑進士。	

國　朝	進　　士	舉　人	貢　生 副貢、拔貢、優貢、恩貢、歲貢	
		朱秉哲癸未進士。 袁允 沈曾懋庚辰進士。以下海鹽。 顧鳴陽辛未進士。 金廷石藹弟。 吳叔獻 徐景穆麗水教諭,順天中式。 趙光緒辛未進士。以下平湖。 鮑介玉 馬焜順天中式,庚辰進士。 李思以下桐鄉。 沈允聞貫歸安。	范汝璜 胡直方蘭溪教諭。 吳瀚 吳維楷 勞福謙 吳東 許瀧 范雲遶 曹峒仁和訓導。 沈允滉以下桐鄉。 賀聖武 錢夢禎 周允陛 李琮 沈肇弈 王彥陞 盛梁 沈銑 沈師振 盛爌 莊兆熊 李逢春 李逢春 錢樞 沈悌 沈之泓	吳在寬 吳自新 吳守真 陳廷蘭 徐王泳 姚大業 沈霽 張明鼎 沈霈 朱權芳 錢賓王 孔毓瓚 沈受恒 張洪彥 邵鴻遠 沈肇榮 王日章 李生新 李生新 盛澍 沈儒宗
康熙三十年辛未	高孝本績溪知縣。 楊中訥傳臚,中允。 顧鳴陽山陽知縣。 沈鴻勳知縣。 趙光緒寶雞知縣。			
康熙三十二年癸酉		陳廷煒丙戌進士。以下秀水。 賀方來癸未進士。 蔣鶴鳴榜作鳳鳴,江都知縣。 李允符振宗子,御史。以下嘉善。 凌振世 馮千英丁丑進士。以下海鹽。 徐士鷺己丑進士。 徐容丁丑進士。 徐殿揚海寧籍,教諭。 李登以下平湖。 曹與枚 盧生甫順天中式,丙戌進士。 許觀光以下石門。 吳師栻 顧濂順天中式,己丑進士。 鍾鳴盛以下桐鄉。 馮景夏孜元孫,刑部左侍郎。 李楷復姓沈,光珘子,庚辰進士。 沈家鶚演子,庚辰進士。 錢攀元丙戌進士。		
康熙三十三年甲戌	張時雍漢陽知縣。 金肇禎真定知縣。 范長發御史。 曹彥栻大興知縣。 徐鳳池御史。 曹辰容寧鄉知縣。 陳霆萬臨朐知縣。			
康熙三十五年丙子		韓章以下嘉興。 計燾 吳廷案丙戌進士。 馬登岱		

國　朝	進　士	舉　人	貢　生 副貢、拔貢、優貢、恩貢、歲貢
		范長裕黃巖教諭。 許翼衡貫仁和。 卜玠宣以下秀水。 李陳常明鰲子,癸未進士。 孫浚舞陽知縣。以下嘉善。 沈育永寧知縣。 朱岸登順天中式。 王顯一丙戌進士。以下海鹽。 陳嵩癸未進士。 楊守和貫海寧,庚辰進士。 嚴思位己丑進士。以下平湖。 胡紹安庚辰進士。 趙宣己丑進士。 姚宏源以下桐鄉。 施德涵丙戌進士。 夏燦庚辰進士。	
康熙三十六年丁丑	張王典給事中。 徐容西安知府。 馮千英太康知縣。		
康熙三十八年己卯		屠先庚己丑進士。以下嘉興。 高式玉 徐三旂 朱一諤 陸紹琦己丑進士。 虞兆潛 錢以煐丙戌進士。 徐天秩以下秀水。 屠永齡 趙成章 李永祺解元。以下嘉善。 許湄庚辰進士。 魏坤 支汝靖 陸張烈庚辰進士。以下海鹽。 吳正心燁孫,常州同知。 曹三才鎮海教諭。 曹陳藻榜名作曹藻。 朱大齡西安教諭。 蕭陳宏貫仁和,從于《志》增。 高興平湖人。貫錢塘,庚辰進士。 沈之晉以下石門。 楊光文 吳關傑順天中式,丙戌進士。 吳樹順天中式,丙戌進士。 沈嵩士珩子,癸未進士。以下 桐鄉。 金樟庚辰進士。	

國　朝	進　士	舉　人	貢　生 副貢、拔貢、優貢、恩貢、歲貢
康熙三十九年庚辰	范景輝縣知縣。 許湄湖南石門知縣。 周光斗豐城知縣。 沈曾懋員外郎。 陸張烈廣東運使。 曹三德中書。 楊守知平原知府[3]。 胡紹安武清知縣。 馬焜貫烏程,邱縣知縣。 高興編修。 沈李楷饒州知府。 夏燦知縣。 金樟主事。 沈家鸚雲夢知縣。 吳之錡主事。		
康熙四十一年壬午	《大清會典》：四十一年題准鄉、會試作五經者,額外取中,不得過三名。	謝廷諤以下嘉興。 蕭士鑑己丑進士。 沈時安吉州學正。 郁文煌 吳琮 董樹馥秀水人。 柯煜癸卯進士。以下嘉善。 錢觀貫錢塘。 浦文焯順天中式,丙戌進士。 陳祖德以下海鹽。 趙炳 俞光晟雲來子,丙戌進士。 楊仕進 楊朱標丙戌進士。 陳見龍復姓倪,壬辰進士。 顧周己丑進士。 顧泓以下石門。 沈漢生蕭山教諭。 盛杲以下桐鄉。 茅煐貫歸安,滋陽知縣。 俞長策順天中式,丙戌欽賜進士。	
康熙四十二年癸未	賀方來望江知縣。 李陳常兩淮鹽政。 朱秉哲知縣。 陳嵩郎中。 沈嵩士寶城知縣[4]。		
康熙四十四年乙酉		許炳元永寧州知州。以下嘉興。 虞元枋永嘉教諭。 張起文五經中式,宜春知縣。以下秀水。 馬傑 孫觀塏永豐知縣。以下嘉善。 丁祖植餘杭教諭。	

國　朝	進　士	舉　人	貢　生 副貢、拔貢、優貢、恩貢、歲貢
		曹元郊順天中式,戊戌進士。 汪國祚本姓王,順天中式。 吳方大以下海鹽。 繆天章刑部主事。 陳峋 何沈杖 陳世倕順天中式,己丑進士。 郁世燮順天中式,中書。 陸光魯以下平湖。 鄭于鑑 胡廷對以下石門。 吳淳 鍾彝以下桐鄉。 歸倫 孔傳忠己丑進士。 沈圻龍遊教諭。 曹樞丙戌進士。 唐如柏知州。 吳家騏戊戌進士。	
康熙四十五年丙辰	錢以煐御史。 吳廷案知縣。 陳廷煒建平知縣。 浦文焯直隸按察使。 俞兆晟侍郎。 楊朱標庶吉士。 王顯一西寧知縣。 盧生甫遵義知府。 俞長策欽賜中式,編修。 吳關杰鴻臚寺卿。 吳樹知縣。 曹樞如皋知縣。 錢攀元知縣。 施德涵鉛山知縣。		
康熙四十七年戊子		黃華癸巳進士。以下嘉興。 趙學昌 查祥戊戌進士。以下秀水。 卜雲從 徐文麒 沈遇黃庚戌進士。以下嘉善。 夏愷 錢大業貫平湖,本姓魏,瑞安教諭。 朱宏謨以下海鹽。 祖炯 王廷傑 管式龍癸巳進士。 胡懋 陳琰順天中式,嵊縣教諭。 王玠	

國　朝	進　士	舉　人	貢　生 副貢、拔貢、優貢、恩貢、歲貢
		王珍改名師旦，壬辰進士。 胡紹高己丑進士。以下平湖。 陳炳解元。 馮兆鼇淳安教諭。 淩霄壬辰進士。以下石門。 蔡嵩年知縣。 朱梠 吳用楫涵子，知縣。 吳菼 徐煥 吳永權 朱向中五經中式，癸巳進士。以下桐鄉。 汪繼燦貫秀水，吏科給事中。 徐聿新 唐廷芝	
康熙四十八年己丑	陸紹琦太常少卿。 蕭士鑑 屠先庚 徐士鷺庶吉士。 顧周陽山知縣。 陳世偅副都御史。 嚴思位檢討。 趙宣濟源知縣。 胡紹高貴築知縣。 顧濂庶吉士。 孔傳忠解州知州。		
康熙五十年辛卯	《大清會典》：五十年議准習五經者，原額取中三名外，酌增二名。五十六年停止。	周麒錫榜姓胡，當塗知縣。以下嘉興。 徐鳳鳴 沈筠本姓金。 朱丕或乙未進士。以下秀水。 成琯 程位 戴樹喬 沈孔誕義烏教諭。 周載恒 顧心鍇光州知州。以下嘉善。 孫霖在鎬孫，衍子，五經中式。 金鴻祚本姓陸。 施昭庭乙未進士。 陳世儆中書。以下海鹽。 曹璡遂安教諭。 沈曾發壬辰進士。 倪上容 朱銓 徐肇遜 楊中吉主事。 俞鴻圖壬辰進士。 俞鴻馨兆曾子，順天中式，辛丑進士。	

國　朝	進　士	舉　人	貢　生 副貢、拔貢、優貢、恩貢、歲貢
		曹國樞 胡紹寧以下平湖。 胡馬琪五經中式。 談紹芳允城子。 勞斯清以下石門。 吳煥辰 范炘如榜姓沈，允浤孫。 唐祖武桐鄉人，番禺知縣。	
康熙五十一年壬辰	倪見龍知縣。 沈曾發 王師旦知縣。 凌霄教授。 俞鴻圖侍講、學政。		
康熙五十二年癸巳 二月恩科鄉試		王猷本姓許，癸巳進士。以下嘉興。 戴廷堅戊戌進士。 沈福英 俞廷禄 盛嵩會稽教諭。 蔡萬均順天中式。 陳孝標貫錢塘。 李宗渭明鰲孫，順天中式，永昌知府。 陳天源以下秀水。 陸趙泰癸巳進士。 姚璨復姓范，甲辰進士。 褚菊耆順天中式，上海知縣。 沈培種戊戌進士。以下嘉善。 錢家堅隨州知州，乾隆甲午重赴鹿鳴。 陳宗標乙未進士。以下海鹽。 陳世佶貫海寧。 鄭松英 郁運復順天中式。 陳躍龍順天中式。 徐元偉貫德清。以下平湖。 施宗遠 鍾蔡順天中式，黃安知縣。 陸翼江南中式，癸巳進士。 顧湛以下石門。 陳世珍原籍海寧，遂昌教諭，從于《志》增。 陳世佺大興知縣。 沈梁序 陳學沆以下桐鄉。 鄭景洛長興教諭。 葉祥光 陸宗宣 石杰乙未進士。	

國　朝	進　士	舉　人	貢　生 副貢、拔貢、優貢、恩貢、歲貢
秋八月 恩科會試 秋八月 恩科會試	黃華湖州教諭。 王猷侍郎。 管式龍學政。 朱向中 陸翼 陸趙泰光州知州。		
康熙五十三年甲午		曹會以下嘉興。 懷淵中乙未進士。 錢陳群瑞徵孫，順天中式，辛丑進士。 金作楫癸卯進士。 陳元齡 魏祖泰以下嘉善。 許王模宜賓知縣。 曹源邦鑑倫子，雲陽知縣。 徐文炯癸丑進士。 楊爾德戊戌進士，順天中式。 張時中解元。以下海鹽。 陳世鵬從《兩浙科名錄》增。 陳世偓貫海寧，從《縣志》增。 王中 徐克俊 潘兆新貫錢塘，從《縣志》增。 姚尹臣以下平湖。 朱華 楊大翔 田朝鼎遂寧知縣。以下石門。 胡廷揚 張孚觀桐鄉人。	
康熙五十四年乙未	懷淵中編修。 朱丕或知縣。 施昭庭知縣。 陳宗標知縣。 石杰按察使		
康熙五十六年丁酉		林昌言解元。以下嘉興。 陸樹本紹琦子，丁巳進士。 杜文光從《兩浙科名錄》增。 周士以下秀水。 毛汝愨 陸綸梧州知州。 顧文魚鵬孫。 周麟士以下嘉善。 朱掞 嚴崇禮思位子。 李復夔 蔣世奎本姓陳，順天中式。 鄭德知縣。以下海鹽。 王錫 范大中	

續　表

國　朝	進　士	舉　人	貢　生 副貢、拔貢、優貢、恩貢、歲貢
		陸鶴知縣。 王華歸安教諭。 許惟枚工部主事。 吳基以下平湖。 馮壇 王泰順 勞泓以下石門。 曹載寧 顧溶 沈懋官以下桐鄉。 周瑗中書。 顏之麟本姓吳，中書。 朱蓁榜名永蓁。	
康熙五十七年戊戌	楊爾德會元，廣東學政。 戴廷堅 查祥編修。 曹源郊編修。 沈培種 吳家騏侍郎。		
康熙五十九年庚子		姚永蓁本姓婁，嘉興人。 諸錦甲辰進士。以下秀水。 曹華 陳佑 蔣閏奇嘉善人。 吳方平癸丑進士。以下海鹽人。 馬維翰辛丑進士。 俞鴻德兆曾子。 朱嵩齡太平教諭。 徐士元 陸奎勳世楷子，辛丑進士。以下平湖。 陸季琬 張超英從《兩浙科名録》增。 沈允升以下石門。 顧沛鐔子。 吳日燦用楫子，甲辰進士。 王應綵庚戌進士。以下桐鄉。 張仁浹 徐繩甲貫烏程，惠民知縣。	
康熙六十年辛丑	錢陳群刑部尚書，太子太傅。 陸奎勳檢討。 馬維翰副使。 俞鴻馨庶吉士，知州。		
雍正元年癸卯 四月恩科鄉試		聞元晟以下嘉興。 糜成晉 陳登榜姓俞。 湯懋仁通州鹽場大使。 屠紹先	副貢 屠學本以下府學。 李宗潮中式。　　陶又侃 莊嘉中書科中書。 沈宗道　　陶鴻錦

國　朝	進　士	舉　人	貢　生 副貢、拔貢、優貢、恩貢、歲貢
		陳克鏜貫海鹽,改名詔,泗州知縣。 朱謨烈 高志 曾都以下秀水。 盛支焯萊縣知縣。 徐天麒甲辰進士。 沈青崖順天中式,開歸道,從于《志》增。 丁應松知縣。以下嘉善。 金震來 盛鳴球 楊恒應標子,柳城知縣。 孫睿微 楊方岳應標孫。 許球以下海鹽。 徐焕然貫海寧,甲辰進士,從于《志》增。 查昌朝貫仁和,大足知縣,從縣《志》增。 俞鴻度 張鍾秀甲辰進士。 俞鴻儀 查克乾 陳克鎬順天中式,甘肅知縣,從于《志》增。重赴鹿鳴。 袁安庚戌進士。以下平湖。 徐上法 鄭廷颿知縣,石門人。 屠嘉正甲辰進士。以下桐鄉。 王丹宸 朱肇開復姓李,癸丑進士。	陳向中 姚祖愈以下秀水。 蕭鳳　　　　范光寅 葛淳中式。　　錢載中式。 徐遵義中式。　方枝升 夏復森開化教諭。 徐大士 曹廷樞嘉善人。 許炯以下海鹽。 吳正樂　　　　朱以誠 劉尚德 陸培以下平湖。 顧佩芳　　　　顧朝掄 吳芳齡 周學山石門人。 沈敬以下桐鄉。 馮鈴 拔貢 陳元朗以下府學。 陸祖錫　　　　褚肯堂 沈天基 曾郇教習,應山知縣。以下嘉興。 朱源　　　　　張元隆 汪上麟 陸憲光以下嘉善。 袁璿政和知縣。 金邦瑞峨嵋知縣。 朱佩蓮以下海鹽。 董昭立　　　　張元龍 許炯以上二人從《續圖經》並《士林錄》增。
秋九月 恩科會試	金作楫員外。 柯煜補應殿試。 大學士王頊齡薦舉山林積學,引見爲《明史》纂修官。		屠應麟以下平湖。 倪覲光教諭。　　馮璣 許時杰 黄鑾於潛教諭。
雍正二年甲辰 二月補癸卯鄉試	《大清會典》:是年五月議准浙江中額九十九名,應加五經中額五名。加額不能盡者,酌加副榜,三、四名准其作貢。	錢高愚以下嘉興。 金維炳 朱林 萬光謙壬戌進士。 馬程順天中式,從于《志》增。 盛支炳以下秀水。 蔡英 沈安 沈昌宇庚戌進士。 陳鑑 嚴源燾民法子,甲辰進士。以下嘉善。 陸偉然丁巳進士。 蔣振鷺順天中式,甲辰進士。	沈天璣以下石門。 吳蘭同 曹仔任廩貢,開化教諭。 屠嘉正以下桐鄉。 徐廷棟惠來知縣。 朱履端 優貢 關震宗嘉善人。 恩貢 馮幾府學。 毛世渼秀水人。 陸又吉以下嘉善。

續　表

國　朝	進　士	舉　人	貢　生 副貢、拔貢、優貢、恩貢、歲貢
		陳銛知縣。以下海鹽。 張松赤知縣。 查克念慎行子。 馬登以下平湖。 楊翊時四會知縣。 屠應麟甲辰進士。 陸汝欽甲辰進士。 馮鈿順天中式。 陸培順天中式，甲辰進士。 馬亶錫 沈大觀以下石門。 吳恒 沈煜如知縣。以下桐鄉。 管汝錫 李長祚本姓顧，陝西咸寧知縣。 朱元豐金壇知縣。	胡椿 鍾德成海鹽人。 張在霄平湖人。 歲貢 張堪以下府學。 郭尚文　　　　錢永鈞 祝荃　　　　　李偊 沈棟　　　　　沈之泓 錢青選　　　　褚文栻 顧震 周用錫以下嘉興。 陳元穎景寧訓導。 陳元龍以下秀水。 湯日宣　　　　蔣鳳起 鄭國僑　　　　孫嘉祉 陶韓
八月補行會試	諸錦左贊善。 徐煥然編修，從于《志》增。 徐天麒庶吉士，知府。 范璨侍郎。 蔣振鷺編修。 張鍾秀孝感知縣。 屠應麟知縣。 陸培東流知縣。 陸汝欽湘潭知縣。 吳日曣治中。 屠嘉正按察使。 嚴源燾改歸烏程，編修。		馮京以下嘉善。 吳燮臣　　　　沈儀勳 潘宸樞 周申錫臨海訓導。 吳範　　　　　顧祁 沈輿　　　　　沈秉禮 陸鴻以下海鹽。 劉沖　　　　　徐大曾 朱廷勳　　　　陸育 朱鼎鉉 顧天健以下平湖。
雍正四年丙午	案：是歲五經副榜及兩次副榜者准作舉人。	張鈞庚戌進士。以下嘉興。 錢鏞以垍子，庚戌進士。 張煥曾 沈廷熊 許開基貫海鹽，庚戌進士。 朱之甫潛山知縣。 屠顯曾 方學沆 范溥 姚祖愈欽賜舉人。以下秀水。 金悅中書舍人。 錢廷陞 沈懋德知縣，改臨海教諭。 江桂 程鍾彥嘉善人，順天中式，癸丑進士。 李耀曾以下海鹽。 陸烓 沈燮文庚戌進士。 顧陳祺榜名陳祺，貫錢塘，從《縣志》增。	陳起龍　　　　倪煥 周宗樸　　　　吳琨 程存道　　　　顧廷夑 陸鳴岡　　　　錢榮史 俞永祺　　　　馬鋆 陳士恂遂昌訓導。以下石門。 吳惟格樂清訓導。 田長髮　　　　沈謙華 徐用虁湯溪訓導。 朱苐　　　　　周元龍 李敏 黃敏中臨海訓導。以下桐鄉。 張師范　　　　陸費椿 錢肇王　　　　張亭淵 盛志堅遂昌訓導。

國　朝	進　士	舉　人	貢　生 副貢、拔貢、優貢、恩貢、歲貢
		胡宗袞以下石門。 范逢堯 陳鑣雲南知府。 賀光烈中書。以下桐鄉。 徐貽蕃平越知州。 錢忠 姚卓	
雍正五年丁未	是科停浙江舉人會試。		
雍正七年己酉		凌大田臨海教諭。以下嘉興。 方濂 沈兆文 沈昌寅庚戌進士。 沈沛然榜姓朱,丙辰進士。 陳時彥以下秀水。 倪士宏榜姓楊,東陽教諭,由海鹽改歸。 孫觀芷改名愙寀,武城知縣。以下嘉善。 陳興祚順天中式,己未進士,從于《志》增。 錢鋈中書,欽賜舉人。 沈炎文海鹽人。 徐珏以下平湖。 林鑣海澄知縣。 方來榜名陸來。 沈天璣臨漳知縣。 田朝晉 曹續曾 吳雲從庚戌進士。 吳嗣爵錢塘籍,庚戌進士。 張德固以下桐鄉。 程尚賢 俞鴻慶丙辰進士。	
雍正八年庚戌	沈昌寅刑部主事。 沈昌宇會元,榜眼,編修。 錢鑼沐陽知縣。 沈遇黃 許開基兵部主事。 沈燮文河南知縣。 袁安興化知縣。 張鈞清河知縣。 吳雲從河東鹽運使。 吳嗣爵吏部侍郎,從于《志》增。 王應綵給事中。		
雍正十年壬子		戴源亨丙辰進士。以下嘉興。 沈宗宇 沈誌 張敬業中書。 嚴森順天中式。 萬宏基以下秀水。	

國　朝	進　士	舉　人	貢　生 副貢、拔貢、優貢、恩貢、歲貢
		呂璋 葛淳己未進士。 范濬 范光寅 陸坪知縣。以下海鹽。 陳巒 俞鴻萬 俞藻永新知縣。 許時杰癸丑進士。 馬鐣 倪淳 張璜 牟江歷癸丑進士。 田我師以下石門。 陳錕世修子,橫州知縣。 何在新榜姓吳。 沈煇如以下桐鄉。 金燾樟子,刑部員外。 卜羲明	
雍正十一年癸丑	程鍾彥翰林、太常少卿。 徐文炯 吳方平知縣。 牟江歷 許時杰邵武知縣。 李肇開主事。		
雍正十三年乙卯		戴源永文水知縣。以下嘉興。 金希曾 沈渭士以下秀水。 蔣德鳳鳴知縣。 于世杰丁巳進士。以下嘉善。 沈廷光丙辰進士,從《科名錄》增。 崔學泗以下海鹽。 朱以誠順天中式,丁巳進士。 陸銘一以下平湖。 倪藻垣 蔣錫祚貫嘉善。 陸紹曾乙丑進士。 葉棠辛未進士。以下石門。 吳興宗丙辰進士。 范綏文順天中式。 錢耀軫以下桐鄉。 馮鈴景夏子,丁巳進士。	

【校注】

　　[1] 按：光緒《嘉興縣志》卷十九《選舉二·貢生》："（康熙朝）李維鈞明鰲子,直隸總督。"查《清史稿》多處可見直隸總督李維鈞。李維均當作李維鈞。

　　[2] 按：《明清進士題名碑録索引》：“吳震方，浙江仁和人。清康熙十八年二甲一名進士。”光緒《石門縣志》卷七《選舉·進士》：“（清康熙）吳震方己未科二甲一名。”卷八《政績列傳》：“吳震方，字右弨，康熙己未二甲第一名進士。由翰林改陝西道監察御史。京師無賴糾党争鬥，震方嚴禁之。鯁直敢諫，以參關弊，罷歸家居，著述爲事。”康熙己未，即康熙十八年（1679）。故“丙辰進士”是“己未進士”之誤。

　　[3] 按：民國《海寧州志稿》卷二十六《選舉表中·舉人》：“（聖祖）楊守知庚辰進士。”《選舉表中·進士》：“（聖祖）楊守知中訥子。字次也，號次軒。官至平涼知府。”清李元度《國朝先正事略》卷四《名臣·楊以齋侍郎事略》：“（楊以齋）孫守知，字次也，庚辰進士。官平涼知府。”故“楊守和”是“楊守知”之誤，“平原知府”是“平涼知府”之誤。

　　[4] 按：光緒《桐鄉縣志》卷十一《選舉·進士》：“（康熙四十二年癸未科王式丹榜）沈嵩士，二甲。字岱瞻。官至直隸寶坻知縣。《通志》作海寧人。”民國《海寧州志稿》卷二十六《選舉·進士》：“（康熙癸未科王式丹榜）沈嵩士，珩子。字岱瞻，號秋畦。寄籍桐鄉。官寶坻知縣。”民國《寶坻縣志》卷八《職官·縣令》：“（康熙朝）沈嵩士，海寧人。進士。禮文人，除蠹役。”故“寶城”是“寶坻”之誤。

嘉興府志卷四十七

選舉四

	進 士	舉 人	貢 生
乾隆元年丙辰	戴源亨 天門知縣。 沈廷光 俞鴻慶 吳興宗 工部主事。 沈沛然 高安知縣。		副貢 蔡以封 以下府學。 楊樹本 鶴峰知州。 李泓 改名鴻。 倪大宗　　　邵士鋐 柴垂鉉
秋八月舉行恩科鄉試		崔宏曙 以下嘉興。 黃大本 己未進士。 汪越 巢縣知縣。 張簡 國子監學正。 郭士敦 黃縣知縣。 鄭虎變 改名虎文，壬戌進士。以下秀水。 汪堡 五經中式，內閣中書。 何炌 候補中書。 唐起鳳 范湘 李宗潮 順天中式，灌縣知縣。 萬光泰 順天中式。 陳作梅 嘉善人，壬戌進士。 沈暐 以下海鹽。 孫廷權 咸豐知縣。 姚元模 徐寯 乙丑進士。 陳鸝 壬戌進士。 韓光德 壬戌進士。 朱維巍 許炯 順天中式，己未進士。 李青 丁丑進士。以下平湖。 徐鴻昇 己未進士。 沈奏熙 朱錦章 榮昌知縣。 吳徽麟 貫仁和，息縣知縣。 吳鴻振 以下桐鄉。 馮浩 景夏孫，戊辰進士，乙卯重赴鹿鳴。	陸衣曾 順天榜。 朱邦經　　　許世封 陳斯衡　　　胡昌基 曹仁章 仲之雯 以下嘉興。 沈鵬　　　　梅瑛 鍾瑛 李模 兩中順天榜。 張震 乾州判。　陳松 陸燾 又中順天榜。 陸鋑 翰林院孔目。 姚壽曾　　　褚維均 陳兆熊 於潛教諭。以下秀水。 錢世培 桐廬教諭。 陳經國 兩中。　吳蔣源 中式。 王璠　　　　計朝 姚應麟　　　徐琮 陶觀　　　　陳峻德 蔣元龍　　　陳澧 汪彝銘　　　吳光覬 夏鼎　　　　杜時薰 褚曾禹　　　崔念珍 葛星垣 中式。　沈述曾 許廷燦 以下嘉善。 楊瑛　　　　蔡以臺 修撰。 支江　　　　陳蘭徵 中式。 唐應焻 三中副榜。 曹焜 馮宗城 湯溪教諭。 葉夢麟 黔陽知縣。 夏鏞　　　　周鎬 吳育行 以下海鹽。 鄭炳衡 楊志梁 日照知縣。 陳克讓 州判。 顧嗣愷 從《縣志》增。 朱瀾永 陝西州判。
乾隆二年丁巳	陸樹本 編修。 于世杰 垣曲知縣。 陸偉然 將樂知縣。 朱以誠 漳浦知縣。 李青 樂城知縣。 馮鈐 安徽巡撫。		

	進　士	舉　人	貢　生
乾隆三年戊午		金兆奇丁丑進士。以下嘉興。 曹培亨 李本仁青田教諭。 朱以綸富陽教諭。以下秀水。 鄭尚麟中書。 朱坤馮鏡曾孫，博平知縣。 祝維誥順天中式，內閣中書。 孫玉綸乙丑進士。以下嘉善。 朱景成 蔡魁平遠知縣。 支浩然 黃士台貫錢塘。 朱光亨以下海鹽。 吳正樂 劉尚德順天中式，戊辰進士。 陸天錫以下平湖。 朱和明通榜。 方景潮以下石門。 曹學涵 鈕汝麒己未進士。以下桐鄉。 朱履端壬戌進士。	馬鴻猷 殷本誠兩中副榜。 徐紹陵 李鴻癸西副榜，乙西欽賜舉人。 陳濂分水教諭。 張宗本丙子順天副榜，鑾儀衛經歷。 周天榆　　　黃運亨 尤鶯　　　　黃仙根 陳敬勝　　　蔡永椿 陳熙 陳新湖南州判。 朱昇佑 王世超乙卯欽賜舉人。 馬錢以下平湖。 沈榮　　　　馮本 張咏莪就職州判。 邵士鈐　　　倪佐勳 龔文焜　　　顧兆颺 周祈進　　　賈朝琮州判。 沈廷燦州判。　方樹業 周用錫
乾隆四年己未	黃大本知縣。 葛淳南康知縣。 陳興祚仙游知縣。 許炯蒲圻知縣。 徐鴻昇寧鄉知縣。 鈕汝騏編修。		倪大宗以下石門。 吳沖霄順天副榜，州判。 蔡具森　　　范宸勳 夏大齡以下桐鄉。 施曾錫 馮萬年鎮江通判。 屠亮兩中副榜，龍泉教諭。
乾隆六年辛酉		朱炎壬戌進士。以下嘉興。 吳高垓桃源知縣。 盛世佐乙丑進士。以下秀水。 陳一鳴邱縣知縣。 周虞葉 孫兆嘉明通榜，教諭。以下嘉善。 許椿內江知縣，殉難，贈中憲大夫。 王士升合肥知縣。 朱月 朱佩蓮壬戌進士。以下海鹽。 朱丕烈戊辰進士。 陳克鍵 陸鍾英以下平湖。 馮廣譽戊辰進士。 胡家瑞以下石門。 皇甫樞順天中式，乙丑進士。 孔繼元桐鄉人，襄陽知縣，順天中式。	柴垂鉉　　　張親載 濮璜 　案：浙省副榜向額二十一名，乾隆十八年癸酉科改定一十八名。 拔貢 朱芳以下府學。 李集進士。　　劉貢 宋貴　　　　顧之萊 李淦中式。　　錢楷進士。 黃尚文 吳坤改名遇坤，中式。 金學超中式。以下嘉興。 王焯中式。 張大德中式，淳安教諭。 朱彭中式。 朱乾以下秀水。 張敬勝　　　汪又辰 汪如洋進士。　朱鴻中式。
乾隆七年壬戌	萬光謙陽山知縣。 朱炎 鄭虎文贊善，廣東學政。 陳作梅迤西道。		周翼洙以下嘉善。 錢伯壎中式。　浦銑 蔡學敏分水教諭。 曹應縠中式。

續表

	進　士	舉　人	貢　生
	朱佩蓮編修，廣西學政。 陳鶉壽光知縣。 韓光德濰縣知縣。 朱履端主事。		夏鑾以下海鹽。 查其昌 朱中理溫縣知縣。 朱大勳
乾隆九年甲子		褚選原名肯堂。以下嘉興。 王元啟辛丑進士。 沈瑠乙丑明通榜，崇信知縣。 馮渠乙丑進士。 陶又謙甲戌進士。 許宏士 錢汝誠陳群子，順天中式，戊戌進士。 陳于上戊辰進士。以下秀水。 葛涵授國子監學正銜。 曹海蛟 徐昭 章愷乙丑進士。以下嘉善。 錢掞 王銓 錢惠鄞縣教諭。 錢垛改名芬桂，鎮海教諭。以下海鹽。 吳宗玠煒曾孫，錢塘訓導。 查其昌順天中式，中書。 錢大經丁丑進士。以下平湖。 胡象瑒 翁光遠榜名楊光麟，順天中式。 朱象賢建德教諭。石門人。 徐錦乙丑進士。以下桐鄉。 姚椿更名伏伽，雲南黑鹽井大使。 沈霖 陳宗達	陸以謙見《士林錄》。 陸以誠新昌教諭。 李泉訓導。 張景陽以下平湖。 馮錕仙居教諭。 陳嗣龍進士。 李浩常山訓導。 屈何煥 鍾城澧州州判。以下石門。 陳萬寧 許瀚陽山知縣。 陳萬青進士。　胡枚進士。 孔繼元以下桐鄉。 劉貢知縣。　孔廣平 馮集梧進士。　楊澐中式。 優貢 蔡以封以下府學。 吳攽　張燕昌薦舉。 李旦華嘉興人。 陶汪鈺以下秀水。 王又曾進士。　朱麟應中式。 沈叔埏進士。 張廷桂分發江南河工主簿。 孫念疇以下嘉善。 謝埔進士。　查澂 沈初進士。平湖人。 吳震起進士。石門人。
乾隆十年乙丑	馮渠靖安知縣。 章愷編修。 徐寯天門知縣。 孫王綸嚴州府教授。 陸紹曾 徐錦蒙陰知縣。 皇甫樞竹山知縣。		姚城以下桐鄉。 王士端高唐州吏目。 屠本仁中式。　沈倫 恩貢 張耀龍以下府學。 周世堯 曹秉鈞山陰訓導。
乾隆十二年丁卯	是年定浙省鄉試中額九十四名。	馮光熊左都御史。以下嘉興。 錢汝恭陳群子，順天中式，安慶同知。 周元禮以下秀水。 朱炤 陶汪鈺八旗教習，順天中式。 朱丕基以下海鹽。 吳文陣煒孫，改名文暉。 崔學淇 胡涵廣平同知。以下平湖。 沈紹孝豐教諭。	蔣廷均　范安國 盛溶 屠攀以下嘉興。 徐士升　嚴宗孟 馮兆基　俞琛 張大猷　褚栻 劉文庚以下秀水。 鍾郭燾　沈琅 陳猷嘉 金純山盱通判。 吳光昭乾隆三十年南巡，獻頌入選。

	進　士	舉　人	貢　生
		沈關敏以下石門。 莊學濂 李枝昌戊辰進士。以下桐鄉。 曹鉉福山知縣。	褚貽勤　　徐學增 徐維城以下嘉善。 唐雲書　　錢肇豐 王志熙　　劉大綸 陸燦 陳芳以下海鹽。 蔡文　　徐樹本 朱英　　陳坤元 朱景杭　　褚玉梁 錢懋曾 陸嘉孚以下平湖。 朱焕　　沈如松 胡世棠　　江爲霖 陸超曾孝豐教諭。
乾隆十三年戊辰	錢汝誠刑部侍郎。 盛世佐乙丑進士，補殿試，湄潭知縣。 陳于上涪州知州。 朱丕烈兵科給事中，廣西學政。 劉尚德 馮廣譽處州教授。 李枝昌贛州知府。 馮浩御史。		
乾隆十五年庚午		沈芳潤長興教諭。以下嘉興。 姚晉錫辛未進士。 朱麟應以下秀水。 汪孟鋗繼燦孫，丙戌進士。 戴王祥從《科名録》增。 汪仲鈖繼燦孫，御史。 賀基翬甲戌進士。 周澧辛未進士。以下嘉善。 周翼洙甲戌進士。 蔡以臺順天式，丁丑進士。 王曾厚劍州知州。以下海鹽。 吳懋政燁孫，壬申進士。 張夢星平湖人。 陸世埰貫烏程，密縣知縣。以下桐鄉。 濮啟元癸未進士。	王映樞　　陳謨 屈橋如 王之梁澧州州判。以下石門。 陸之雲　　史圻 吳宗元　　張維賢 羅尚禮　　沈東梁 顧絃以下桐鄉。 曹錫光　　盛志達 周世塤　　周世堯 姚承熙　　孔廣易 沈廷相　　朱鴻鈞 孔廣南 歲貢 賀廷麟以下府學。
乾隆十六年辛未	姚晉錫御史。 王啟元將樂知縣。 周澧探花，編修。 葉棠袞州知府。		王廷佐　　沈高適 吳光西　　郭兆奎 懷輅　　施張書 周士升 王重潤永嘉訓導。
乾隆十七年壬申春二月舉行恩科鄉試		沈祖惠榜姓李，解元。壬申進士。以下嘉興。 夏桓屏山知縣。 唐淮庚辰進士。以下秀水。 鄭煜德清教諭。 張慶源辛巳進士。 沈疇初辛巳進士。 錢載順天式，壬申進士。 周震榮永定河南岸同知。以下嘉善。 沈坤存 李常吉庚辰進士。以下海鹽。 朱篆太平教諭。 馮重華以下平湖。 周錫龍襄陽知縣。 施峻合肥知縣。 吳履綏石門人，武康教諭。 蔡封辛巳進士。以下桐鄉。 周讓之	俞元龍　　張宏範 張仙源　　盛志達 何璿永康訓導。 王元烈　　吳高增知縣。 汪師曾餘姚訓導。 戴源仁衢州訓導。 施日新　　許清 王湘　　徐浚 張繼栻淳安訓導。 顧有綸考授景山教諭。 朱振圖寧府訓導。 沈瑞符　　沈崧 周學江　　鍾紳 姚熙　　徐藻 戴禹梅　　高醉 查本 沈翼豐西安訓導。 繆汝梅　　陸士鑑 許如金　　蔡均 夏德音

	進　士	舉　人	貢　生	
秋八月舉行恩科會試	沈祖惠高安知縣。 錢載傳臚,禮部侍郎。 謝墉欽賜舉人,吏部侍郎,降授編修。 吳懋政知縣,改處州教授。		孫枝發武義訓導。 王寅　　　　馮溶 陸懋學 吳廷鑾永康訓導。 沈球　　　　張敬基 馮士謨　　　邵羲 葛爲煥　　　楊廷爍 金汝駿　　　朱爾鍠 陸許淳杭府訓導。 孫楡　　　　黃鵬南 董承英　　　羅紹倫 陳寅以下嘉興。	
乾隆十八年癸酉		許玉綸教諭。以下嘉興。 金蓉己丑進士。 楊春庚辰進士。 李集癸未進士。 董源黃平知州。 朱休承彝尊元孫,城固知縣。以下秀水。 計南棠浦江教諭。 陳經禮丁丑進士。 朱休度廣靈知縣。 莊肇基順天中式,廣東布政使。 葛煐德清教諭。 謝垣丙戌進士。以下嘉善。 周升桓甲戌進士。 周既濟甲戌明通榜,慈谿教諭。 沈恒坦泰順教諭。 周鼎樞武功知縣。 陳廷輔順天中式。 汪墉順天中式,漢陽知縣。 陸登選會稽教諭。 孫景燧辛巳進士。 朱煐萊蕪知縣。 殷輅丙戌進士。 林曜以下平湖。 吳湘齡海寧學正。 錢大登淳安教諭。 田尹衡石門人,福州知府。 程尚質貫錢塘,河埭場大使。以下桐鄉。 張長均臨海教諭。 張長墀寧波教授。	蔣元錡　　　支飛 金士昌　　　孟寶中 許坤 許望曾常山訓導。 沈光德　　　孫應奎 朱爕　　　　倪大升 周震定海訓導。 王鉉 屠傳楫雲和訓導。 俞鈞　　　　吳金蕙 陸青選　　　沈雄飛 王鏞　　　　張大經 張錦標　　　戴賢林 徐寶璠　　　吳嘉孚 鍾駕鼇　　　周禮 施鳳臺 卜廷榮以下秀水。 沈逢元蘭溪訓導。 沈運宏嚴州訓導。 陳廷光　　　杜澐 沈疇　　　　淩登庸 沈珣　　　　楊柱 徐硯　　　　仲廷麟 杜淵泰順訓導。 王道徹　　　江諸溥	
乾隆十九年甲戌	陶又謙 王又曾欽賜舉人,刑部主事。 賀基翬新鄭知縣。 周翼洙金華教授。 周升桓蒼梧道。		朱維親 徐源長湖府訓導。 曹泰鶯　　　沈敬中 張時敏 孟孔傳奉化訓導。	
乾隆二十一年丙子	案:此後停止五經中式,伊《志》。	沈淇以下嘉興。 許世墉王猷孫,癸未進士。 孫瀅 陸昌祖樹本子,丁丑進士。 許玉衡天柱知縣。 彭昌年江山教諭。 魏攀龍進賢知縣。 沈琳辛巳進士。以下秀水。	蔣英　　　　戚維梅 葛之材　　　張日堅 陳時中　　　胡點 朱章　　　　周曾馨 姚鏌　　　　史取義 馬清熙原名炎。 孟彬 李龑以下嘉善。 周光勝	

續　表

	進　士	舉　人	貢　生
		盛百二淄川知縣。 何孫貽授國子監學正銜。 浦霖丙戌進士。以下嘉善。 沈剛中 朱維雋以下海鹽。 董潮癸未進士。 殷瑞梅 陸錫周以下平湖。 胡德炘 蔡履元癸未進士。以下石門。 吳體乾海澄知縣。 勞瑊平越知縣。 許紹乾金華訓導。 葉良璣桐鄉人。	蔣文明萊蕪知縣。 蔣元長興訓導。 王廷荃　　凌元京 李宗銘　　葉景濂 許經　　吳廷瓚 吳昇　　夏葛 蔣濰　　胡秉謙 呂鳴鶴 張雲威義烏訓導。 錢文炳　　高秉鈞 陸鎬　　沈翼 張芳楷　　龔元登 沈鴻典　　孫樹洙 朱廷楷　　孫元耀 施鎣　　張選青 葉濬發　　葉大威 汪伯英　　陶之金 沈世烈 楊廷楷以下海鹽。 崔貴江山訓導。
乾隆二十二年丁丑	金兆奇紹興教授。 陸昌祖順天糧馬通判。 陳經禮辰州同知。 蔡以臺會元,修撰。 錢大經編修。		
乾隆二十四年己卯		吳鎮嘉興人,乾州同知。 陳詩以下秀水。 汪如藻繼燉曾孫,孟鋗子,乙未進士。 徐臨順天中式。 陸應元嘉善人。 孫浚石門人。 吳襄內閣侍讀。以下桐鄉。 鄭邦柱瑞州同知。 戴秉均	彭浩曾　　許汝元 楊鳳藻　　金銓 褚文杖　　戴廷錦 吳思陶 蔡升庸衢州訓導。 姚棠發　　吳元音 王光曙　　殷溥 朱琰進士。　　楊鑣 陳世亮　　顧之楷 朱以發　　朱瀛求 陳泰初　　顧璉 俞我同　　畢星海 朱光暄　　劉載岳 何配金　　王維梅 胡文蔚　　周一鳴 孫桓
乾隆二十五年庚辰	楊春萊陽知縣。 唐淮御史。 錢受穀欽賜舉人,雲南迤西道。 李常吉天柱知縣。		翁維正長興訓導。以下平湖。 張雷　　顧霆 俞錫齡 王用錫新城訓導。
秋八月 恩科鄉試		汪毓英諸暨教諭。以下嘉興。 顧璸改名沈璇,建陽知縣。 黃本誠新鄭知縣。 何振裘壽昌訓導。以下秀水。 祝矗謂謞子。 顧曰巁儀徵知縣。以下嘉善。 錢澎 陳蘭徵順天中式,邠州知州。 朱肇昌以下海鹽。 朱大勳壽昌教諭。 陳朗解元,己丑進士,平湖人。 馬俊良辛巳進士,石門人。 皇甫俠以下桐鄉。 馮應榴浩子,辛巳進士。 沈啟震山東運河道。 朱乘吉水知縣。	周夔　　周世章 王錫嘏　　史兆鵬 陸載紀　　江顧煒 施沈漢　　吳丹榴 沈壎　　朱廷綸 萬應樞　　沈棠 朱穆　　毛鳳 林泰來　　俞坣 沈淞　　張師英 宋景闔　　王廷樞 葉蓁　　沈鴻逹

續　表

	進　士	舉　人	貢　生	
乾隆二十六年辛巳恩科會試	張慶源知縣。 沈疇初穎上知縣。 沈琳光禄少卿。 沈景燧臺灣知府。 馬俊良內閣中書。 蔡封正定知府。 馮應榴鴻臚寺卿。		張敬基　沈龍奇 陸鎬蕙　王景模 劉璨　馬汝騎 勞幼溥以下石門。 范道東 吳時雍宣平訓導。 沈廷溶 胡炳嚴府訓導。	
乾隆二十七年壬午		陸邁祖樹本子，鉅鹿知縣。以下嘉興。 金學超麗水教諭。 吳承潮平和知縣。 周東鼎 張灝同安知縣。 何振權南鄭知縣。以下秀水。 趙起鯤象山訓導。 曹雲銘 沈榮枏 錢伯壎辛卯進士。以下嘉善。 曹焜癸未進士。 沈鍾岳以下海鹽。 陸廷珍教諭。 沈麟振 朱潛發平和知縣，平湖人。 陸震德平知縣。以下桐鄉。 祁觀成 鄭熙順義知縣。	顧朝楠　胡家修 張繼昌　張宏照 沈天埑　史節亮 勞禧　田朝恒 顧廷樞　周鶴 孫衍枝 鍾基安吉訓導。 王異　陳廷雋 黃費鳳　金䜌 沈楠　蔡作楫 姚世駿　胡家琪 勞珍　沈瀛標 范紫綬 周球以下桐鄉。 沈正　鍾光儀 沈有涵 顏祥仙居訓導。 鄭榛安吉訓導。 吳振鵬　朱敦書 項元槐　邱之良 葉良璧臨海訓導。	
乾隆二十八年癸未	李集鄖縣知縣。 曹焜戶部員外。 董潮編修。 沈初欽賜舉人，榜眼，戶部尚書。 蔡履元御史。 濮啟元濮陽知縣。 許世墉候選知縣。		王景泗　張士汪 李廷鈞　曹鳳熹 劉廷鑾　張親杙 嚴光禄　于文懋 沈諤穎　錢豐城 陳錫　潘鏞 蔡涵輝　陳汝琇 項廷貴　陳汝璜 朱陳逑	
乾隆三十年乙酉		錢汝器嘉興人，監生，陳群子，是歲接駕，奉旨與沈德潛之孫並賜舉人。四十三年，四庫館總裁、戶部尚書王際華奏請校錄議敘，授武功知縣。以下嘉興。 吳錫麟西匯場鹽大使。 戴世杰 章鳴翼以下秀水。 吳蔣源寶應知縣。 朱本知縣。 鄭師雍虎文子，順天中式。 孫銘彝忻州知州。以下嘉善。 張履旋 孫銀槎丙戌進士。 費秉衡 沈璐 朱錦昌順天中式，蒙化同知。		

	進　士	舉　人	貢　生
		沈尚忠以下海鹽。 陳樽丙戌進士。 殷本誠常山訓導。 祝櫓良天柱知縣。 朱琰順天中式,丙戌進士。 胡奕勳以下平湖。 郭咫尺 沈德棻桐鄉人。	
乾隆三十一年丙戌	汪孟鋗吏部主事。 謝垣刑部員外郎。 孫銀槎知縣。 朱琰阜平知縣。 殷輅 陳樽博白知縣。 陸費墀欽賜舉人,傳臚,禮部侍郎。 浦霖福建巡撫。		
乾隆三十三年戊子		金藻天台教諭。以下嘉興。 胡兆奇 何德士順天中式。 錢世錫載子,戊戌進士。以下秀水。 盛世綸蕭山教諭。 陳光鑑詩子,壬辰進士。 婁廷錫臨安教諭。 金汝珪壬辰進士。以下嘉善。 張芳桂己丑進士。 程維岳庚子進士。 郁秉壎改名秉純,昆陽知縣。 朱企封枝江知縣。 顧之荃 吾祖望戊戌進士。以下海鹽。 朱文蔚丕烈子。 張應奎 夏建寅會稽訓導。 沈潛修清平知縣。 朱讀泗 俞一飛以下平湖。 錢德尊 陳嗣龍順天中式,己丑進士。 吳震起石門人,辛卯進士。 高宏耀以下桐鄉。 張親殿	
乾隆三十四年己丑	金蓉編修。 張芳桂公安知縣。 陳嗣龍探花,副都御史。 陳朗撫州知府。		

	進　士	舉　人	貢　生
乾隆三十五年庚寅恩科鄉試		倪錫瑚以下嘉興。 陳元桂臨安教諭。 姚金聲 李學忠 吳士鏡 吳學韓 呂丹桂上虞教諭。以下秀水。 吳奕傳知縣。 王蟠順天中式，清水知縣。 謝昌鑒塘子，內閣中書。以下嘉善。 錢樾榜姓陳，順天中式，壬辰進士。 萬肇培以下海鹽。 劉石鈞會稽教諭。 蔣泰來辛卯進士。 陸元愷新城訓導。 顧一清常山教諭。 胡以謙鄞縣教諭。 朱正蒙順天中式，平陰知縣。 鄭枡石門人，辛卯進士。 于廷鎬桐鄉人，縉雲教諭。	
乾隆三十六年辛卯恩科會試	錢伯壎 蔣泰來主事。 吳震起郎中。 鄭枡國子監丞、通判。		
秋八月鄉試		徐寶璵以下嘉興。 孫鉞兩當知縣。 沈可培壬辰進士。 金藹曾縉雲教諭。 沈家基以下秀水。 忻溥教諭。 陳徵餘遂安教諭。 項焜 鄭煥 張慶浩 蔣奕新分水教諭。以下嘉善。 沈堪 沈鳳輝中書。 孫塵談榜名燕昌。 李其瀾黃巖教諭。 王際昌以下海鹽。 陳廷獻國子監典籍。 朱鍾赤 陳玉垣順天中式，知縣。 徐超以下平湖。 嚴步曾 周京以下桐鄉。 歸敦 孔廣平陸川知縣。 鈕應嘉順天中式，浦江教諭。	

	進　士	舉　人	貢　生
乾隆三十七年壬辰	沈可培安肅知縣。 陳光鑑平和知縣。 錢樾貫清苑,侍郎、江南學政。 金汝珪鹽道。		
乾隆三十九年甲午		胡世塏乙未進士。以下嘉興。 沈振鵬庚子進士。 王塤知縣。 屠峻 吳廷錫龍泉訓導。 李念祖貴州中式。 陳熷庚子進士。以下秀水。 唐作楫淮子。 孫貢金改名範金,丁未進士。以下嘉善。 徐韶樂亭知縣。 顧之葵順天中式,當塗知縣。 朱鴻緒乙未進士。以下海鹽。 馬緯雲番禺知縣。 韓泰來以下平湖。 施天苞教諭。 徐志鼎順天中式,乙未進士。 陳萬全石門人,甲辰進士。 施福元德涵孫,福安知縣。以下桐鄉。 胡琢平陽訓導。	
乾隆四十年乙未	胡世塏禮部主事。 汪如藻督糧道。 朱鴻緒台州教授。 徐志鼎南溪知縣。		
乾隆四十二年丁酉		王焯鎮海教諭。 錢豫章汝恭子,丁未進士。 汪如洋孟鋗子,庚子進士,秀水人。 張鉞順天中式,從于《志》增。 范寶琛庚子進士。以下嘉善。 許世培石樓知縣。 吳熙焯元孫。以下海鹽。 胡光龍寧海教諭。 馮桂芬宣化同知。 任昌運餘杭教諭。 陳元城 陸鼎金 屈宗到以下平湖。 陳循古以下順天中式。 袁洚 吳璥戊戌進士。 張誠 胡綺改名辰告,石門人,順天中式,會稽教諭。 陸元鋐樹珠曾孫,丁未進士。以下桐鄉。 皇甫櫃孝豐教諭。 葉家琬	

	進　士	舉　人	貢　生
乾隆四十三年戊戌	錢世錫檢討。 吾祖望戶部郎中。 吳璥協辦大學士,南河總督。		
乾隆四十四年 己亥恩科鄉試		李蘭以下嘉興。 徐念祖 朱邦經杭州訓導。 虞衡辛丑進士。以下秀水。 懷沅潮州知府。 盛堂甲辰進士。以下嘉善。 徐鍵黃梅知縣。 錢珏 費秉禮順天中式,福鼎知縣,升通判。 徐準貫遵義,貴州中式,庚子進士。 任宗延寧海訓導。以下海鹽。 朱蘭馨辛丑進士。 王鳳鳴平湖人。 陳渼甲辰進士。以下石門。 陳萬青順天中式,辛丑進士。 鄒士貴桐鄉人。	
乾隆四十五年 庚子恩科會試	沈振鵬直隸密雲知縣。 汪如洋會狀,學政。 陳熷知縣,改教授。 程維岳山東道監察御史。 范寶璟樂山知縣。 徐準御史。		
秋八月鄉試		俞汝黿以下嘉興。 錢開仕汝恭子,己酉進士。 姚應泰秀水人。 謝恭銘嘉善人,塙子,丁未進士。 陸以謙遂昌教諭。以下海鹽。 陳寬 陳基善同知。 屈爲鼎辛丑進士。以下平湖。 陸錫嘉 吳誠 馮集梧浩子,辛丑進士。以下桐鄉。 沈潤芳猗氏知縣。 朱筠	
乾隆四十六年辛丑	虞衡富民知縣。 朱蘭馨員外。 屈爲鼎主事。 陳萬青榜眼,侍讀。 馮集梧編修。		
乾隆四十八年癸卯		李淦以下嘉興。 錢楷順天中式,己酉進士。 蔡壿以下秀水。	

	進　士	舉　人	貢　生
		金汝潮澤州同知。 周大同 徐墂安福知縣。 羅錫祚錢塘教諭。以下嘉善。 陸銓 陳石麟克鍵孫，山陰教諭。以下海鹽。 吳韻鏗中牟知縣。 張縈宣平訓導。 董德潤欽賜舉人。 吳咸德平湖人，貫錢塘，丁未進士。 吳于宣丁未進士。以下石門。 沈鳳煇 張桓桐鄉人，庚戌進士。	
乾隆四十九年甲辰	陳萬全兵部侍郎。 陳渼葊昌知府。 盛堂長寧知縣。		
乾隆五十一年丙午		錢福胙汝恭子，庚戌進士。以下嘉興。 錢俊汝誠子，常鎮道。 倪鴻 張大德淳安教諭。 項熊秀水人。 周以勳順天中式，壽張知縣。以下嘉善。 謝揚鎮欽賜舉人。 姚玉墀天台訓導。以下海鹽。 朱瑞椿癸丑進士。 屈宗建以下平湖。 孫元貫嘉興。 楊廷采孝豐教諭。以下石門。 蔡德淳壬戌進士。 朱垠桐鄉人。	
乾隆五十二年丁未	錢豫章户部郎中。 沈叔埏欽賜舉人，吏部主事。 謝恭銘庶吉士，内閣中書。 孫範金知縣。 吳咸德主事。 吳于宣知府。 陸元鋐雅州知府。		
乾隆五十三年戊申預舉正科		郁景洙以下嘉興。 沈品蓮處州府訓導。 陸開榮乙卯進士。 沈瀅 陸懷曾樹本孫。 胡浩然以下秀水。 唐祝 汪大紳	

	進　士	舉　人	貢　生
		陸天麟 陳栴內閣中書。 陳光鑾詩子,丙辰進士。 趙蕙芬順天中式。 吳堅嘉善人。 張嘉珵以下海鹽。 陳石英克鍵子,太常博士。 何馨治 朱鳴鳳順天中式,來鳳知縣。 劉璿以下平湖。 徐一麟壬戌進士。 吳煐石門人,改名文照,碣石同知。 高陳謨會稽訓導。以下桐鄉。 曹三選池州通判。 皇甫惠	
乾隆五十四年己酉	錢楷會元、傳臚,安徽巡撫。 錢開仕檢討,雲南學政。		
秋八月 恩科鄉試		陸模曾昌祖子。以下嘉興。 徐國鑑 朱淞改名廣川,慈谿訓導。 沈燾順天中式。 朱鴻壬戌進士。以下秀水。 錢枳安吉訓導。 卜仲生 王葵 曹應穀經魁,定海教諭。以下嘉善。 查溦順天中式。 王尚質以下海鹽。 顧文曜順天中式,內江知縣。 張謂欽賜舉人。 胡之垣平湖人。 蔡衡元以下石門。 朱瓛改名椿齡。 胡枚乙卯進士。 楊澐以下桐鄉。 屠本仁臨海教諭。	
乾隆五十五年 庚戌恩科會試	錢福祚侍讀學士,福建學政。 張謂欽賜檢討。 張桓郎中。		
乾隆五十七年壬子		黃灝溧水知縣。以下嘉興。 莊錫禮趙州知州。 周汝珍遂昌訓導。 殷立栢以下秀水。 馬炎改名清熙。 葛仁基 柯鍔改名汝鍔,龍泉訓導。以下嘉善。 吳烜之	

	進　士	舉　人	貢　生
		陸銘 錢説曾湖州訓導。海鹽人。 朱昂青平湖人。 范成模以下石門。 葉同封欽賜舉人。 徐升馨孝豐訓導。以下桐鄉。 馮俊焯浩孫，電茂場大使。	
乾隆五十八年癸丑	朱瑞椿霞浦知縣。		
乾隆五十九年 甲寅恩科鄉試		倪巨源改名墨莊，德清教諭。以下嘉興。 金孝槐 張時暘順天中式，太平訓導。以下秀水。 王曇以下秀水。 錢昌齡載孫，榜名寶甫，己未進士。 許鎬嚴州府教授。 胡紹錦龍游教諭。 閔光溇以下嘉善。 程廷溶 陳治鴻改名鴻墀，乙丑進士。以下順天中式。 錢清履白河同知。 吾點知縣。以下海鹽。 徐昂霄山陰教諭。 顧俊改名叔俊。 吾德純 王錫圭以下平湖。 蔣濟改名殿。 徐光照寧鄉知縣。以下桐鄉。 沈鴻逵巫山知縣。 莊有恭順天中式，從于《志》增。	
乾隆六十年 乙卯會試	胡枚郎中、學政。 陸開榮貴州學政。		
秋八月 恩科鄉試		蔣思棟以下嘉興。 包金堦 李超孫會稽教諭。 諸汝卿丙辰進士。以下秀水。 楊汝珵建德訓導。 汪如淵孟銷子，桐鄉籍，己未進士。 陸炎改名丙。 葛星垣嵊縣教諭。 張元勳。 陳孝恭國子監學正。 孟晟己未進士。 盛械 孫駕鼇處州教諭。以下海鹽。 朱瑞榕江山教諭。 陸用滋 孫逴以下平湖。 張躍鱗 吳廷鏞以下石門。 王家楨臨海教諭。 王發桐鄉人。	

續　表

	進　士	舉　人	貢　生
嘉慶元年丙辰	諸汝卿知縣。 陳光變紹興府教授。	·	副貢 朱宗城以下府學。
嘉慶三年戊午 恩科廣額二十名		張廷濟解元。以下嘉興。 錢械武義教諭。 朱鄳西安教諭。 馮光熙改名元燨。 沈寶麟順天中式,湯溪教諭。 沈文江以下嘉善。 周以炘偃師知縣。 吳遇坤乙丑進士。以下俱順天中式。 錢枚仁和籍,己未進士。 吳書城遵義知府。 陳敬五辛酉進士。以下海鹽。 朱孫垣榜名文佩,餘杭教諭。 周蘭枝考取教習。 陳基昌東陽教諭。 陸廷模改名堯松,乙丑進士。以下平湖。 張慶盛深州知州。 袁步先 陳夢桂順天中式,石門人。 沈德相以下桐鄉。 葉之藩開化訓導。 蔡鑾揚己未進士。	陸嗣淵　　　袁路先 陸梧　　　　王維翰 張璜 胡祥金以下秀水。 吳英　　　　范奎 王映垣以下嘉興。 朱履謙 周爾圻順天榜。 孫黃鐘 李德潤欽賜。 李應焜 張純熙原名兆煌,欽賜。以下海鹽。 徐鑒渭原名豫修,欽賜。 陳鶴昌化教諭。 何翰翔 朱葵之景寧訓導。 蕭樹芳 張承煒以下欽賜。 吳凝瑞 許河以下平湖。 蔣澐　　　　奚澄 沈衡　　　　何金鐘壽榜。 馬宮音　　　張汝彭壽榜。 吳增
嘉慶四年己未	汪如淵庶常,廣東布政使。 孟晟御史。 錢昌齡改名寶甫,山西布政使。 蔡鑾揚福建知府。 程同文欽賜舉人,順天府丞。		沈人驥河南州判。 陸費瑛原名恩洪,湖南巡撫。以下桐鄉。 沈鎔　　　　張枚 徐瑩 張應鋠欽賜。
嘉慶五年 庚申恩科鄉試		錢人傑乙丑進士。以下嘉興。 朱世濬改名階吉,丁丑進士。 褚長春義烏教諭。 沈潮改名應彤,郿陽知縣。 呂光崟淳安訓導。以下秀水。 金衍宗溫州教授。 王應桂山東中式,從于《志》增。 吳堂以下嘉善。 沈覲圖鳳輝子,長興訓導。 王陳培以下海鹽。 朱方增辛酉進士。 陳咸榜名咸慶,睢寧知縣。 吳本佺煒元孫。 朱志雲以下平湖。 朱為弼乙丑進士。 朱霞改名壬林,辛未進士。 楊于高己巳進士。 沈家彪石門人。 周材常山教諭,桐鄉人。 戴南榮以下欽賜,俱秀水人。 陳珣	拔貢 盛善持順天中式。以下府學。 繆鵬　　　　馮高椿教諭。 朱昌頤修撰。 李富孫以下嘉興。 張霖直隸樂亭知縣。 吳瀛以下秀水。 錢聚仁順天中式。 陳徐源以下嘉善。 鍾湘山西知州。 吾德沛以下海鹽。 朱葵之 韓維鏞以下平湖。 張金照 陳德基以下石門。 姚體仁 金錫圉以下桐鄉。 程元霖原名元浩。

續　表

	進　士	舉　人	貢　生
嘉慶六年 辛酉恩科會試	陳敬五 朱方增内閣學士。		優貢 李遇孫處州訓導,嘉興人。 陳昌穀中式。以下秀水。
秋八月鄉試		錢儀吉福祚子,戊辰進士。以下嘉興。 陸許椿常山訓導。 沈維鐈原名鋒,壬戌進士。 楊志騫湖南知縣。以下秀水。 汪世炳如藻子,改名霖,順天中式,鳳陽知府。 浦曰楷丁丑進士。以下嘉善。 陳方駿順天中式,教習、知縣。 朱宗城直隸州判。以下海鹽。 顧錫慶考取教習。 吾德凝改名德涵,丁丑進士。 曹維岳泰順教諭。 吳春熙子。 倪樹德改名永弼,東安知縣。以下平湖。 陸肇源德清訓導。 陸沆庚辰進士。 奚澄壬午進士。 孫堂順天中式,典簿。 吳寶裕順天中式,乙丑進士,石門人。 張枋己卯進士,桐鄉人。	沈濂中式。　莊梧鳴中式。 孫鈖改名成彥,南雄知州,嘉善人。 陸錫麒平湖人。 方廷瑚以下石門。 吳曾貫 吳陳勳台府訓導,桐鄉人。 恩貢 汪鼎以下府學。 章焜　　　王勤 董承度　　范嗣昌 周楷以下嘉興。 石爲幹中式。　張允元 俞汝庚改名上翔。 沈德鵬以下秀水。 章震　　　吳純恭 戚純浩 錢梓以下嘉善。 許漢殳 周以燮　　張景鏢 陸瑯以下海鹽。 張孝思 朱履中福建知縣。
嘉慶七年壬戌	沈維鐈工部左侍郎。 朱鴻湖南糧道。 徐一麟廣東同知。 蔡德淳齊東知縣。		方溶 辜典韶以下平湖。 鍾晉　　　趙秉元 徐懋義以下石門。 姚瑛　　　沈慶增 費宮 朱錦標以下桐鄉。 姚泰　　　王華 曹坤　　　鄒陸盛
嘉慶九年甲子		石爲幹杰孫,原籍桐鄉。以下嘉興。 朱世鴻改名逵吉,甲戌進士。 徐鏽 沈琪 沈夏枚欽賜。以下秀水。 汪世栓如藻子,光化知縣。 金孝枚仁和商籍,訓導。 王楨知縣。 虞光祖臨海教諭。 徐建鄞縣教諭。嘉善人。 張天驥浦江教諭,海鹽人。 潘廷錫以下平湖。 馬德音 吳楷仙居訓導。 高登奎龍游教諭。 陸炯庚辰進士。 陸瀚樹珠元孫,花縣知縣,桐鄉人。	歲貢 吳嗣敏以下府學。 郁青第　　孫漣 錢廷望　　倪錫麒 張翀　　　支育馨 戴長亨　　陸鴻 董喆熊　　范怡曾 胡三堯　　丁櫃 施天驥　　袁泰椿 陸鴻漸　　董維 陳汝藻　　朱承陸 徐養惠　　馬汾 胡正基　　金俞 吳東發　　李鵬飛 高大坤以下嘉興。

續　表

	進　士	舉　人	貢　生	
嘉慶十年乙丑	錢人杰庶吉士,改海陽知陽。 陳鴻墀原名治鴻,編修、中書。 吳遇坤庶常,知縣。 陸堯松兵科給事中。 朱爲弼漕運總督。 吳寶裕龍門知縣。		姚純錫 沈澍 曹言純 闞洪 徐正源 吳文溥 戚純堿以下秀水。	沈桂銑 史蘭 程鳳儀 戴光曾 高蔭郊 沈琪
嘉慶十二年丁卯		汪世樟如藻子,武進知縣。以下秀水。 王應檢 汪玉海順天中式,繼燦曾孫。邢臺知縣。 盛善持順天中式。 陳傳均解元,甲戌進士。以下嘉善。 金尚銓 沈斐然歸安教諭。 龔建寅 唐成棟鎮雄知州、臨安同知。 朱國淳己卯進士。 朱深度江蘇知縣。 黃安濤己巳進士。 孫圻順天中式,知縣,以下海鹽。 吳凝瑞欽賜,戊辰進士。 丁泰丁丑進士。以下平湖。 林樸烏程教諭。 李泰墉江西知縣。 王宗濂改名椿照,遂昌教諭。 韓維鏞順天中式,甲戌進士。 吳曾貫丁丑進士。以下石門。 史復心 程廷選仁和教諭。以下桐鄉。 孔廣川改名廣覃,臨海訓導。 何金鏞壽榜。 張若齡順天中式,靈州知州。	胡大奎 沈晏柱 章全 彭祖元 陳學詩 盛世逢 徐建以下嘉善。 許隆照 沈圖棻 程文璵 奚星衡 孫鳳起 袁青蘅五世孫。 張思忠以下海鹽。 賀念祖 賀光祚順天中式。 馮鈞 許耀 顏振 陶宗侃 陸鴻 鄭炯然 陸肇錫 徐惟政以下平湖。 陸源 胡雅塤 張龍鼎改名蘅。 沈步蟾	王浩 趙桂芳 曹均 周蓮 卜守讓 沈世禄 丁維坴 張鎮 孫臺豹 孫元琦 韓濟湟 蔣起 陸鋤經 賀汝璋 朱模 孫映煜 朱玉蓮 陸樹人
嘉慶十三年戊辰	錢儀吉刑科給事中。 吳凝瑞欽賜檢討。		朱以修原名雁。	
秋八月恩科鄉試		高世雄以下嘉興。 查世瑛餘杭教諭。 沈澍 周謙 懷周溥泰順教諭。 葉維庚甲戌進士。 沈之璵 錢錫瑞紹府訓導。以下嘉善。 章雷壬午進士。 張壽昌知縣。 金濤山東知縣。 顧德咸改名宗伊,甲午重中。以下海鹽。 陳履亨臨安教諭。	陸汝暢 施國樑 孫熊 陸朝典以下石門。 鍾錦 陸衡 譚封分水訓導。 周際華 馬佩思 孫世栻 顧煒 沈浚都嵊縣訓導。以下桐鄉。 都青第 錢熙 沈維賢	沈汝鳳 張敦弟 郭枚 周金 馬佩愉 沈汝金 朱芬 商日理 于庭鑾 徐辰

	進　士	舉　人	貢　生	
		徐應照癸未進士。以下平湖。 金鏞鄞縣訓導。 范德鐮天台教諭。 何世榮富陽教諭。 陸坊永康訓導。 陳日勳 陸錫智甲戌進士。 沈衡 蔣澐順天中式,湖北知縣。 方廷瑚順天中式,平谷知縣。石門人。 張茱以下桐鄉。 張大衍順天中式,甘肅知州。 金錫鬯樟孫,順天中式,嘉應知州。	沈渭興 朱昌基 沈瀚 姚均 陳汝玉	皇甫焯 都蓉第 金文度 朱錦標
嘉慶十四年 己巳恩科會試	黃安濤傳臚,潮州知府。 楊于高四川知縣。			
嘉慶十五年庚午		沈濤原名爾政,正定知府。以下嘉興。 沈煊臨安訓導。 汪如藩繼爆曾孫。以下秀水。 金甌鞏改名辰吉。 王維垣 莊仲芳順天中式,中書。 潘棟以下嘉善。 金韻鈴青田教諭。 張心淵邠州知州。 全盛時以下海鹽。 賀光祚順天中式。 吳步青以下平湖。 陸樹才 錢慎改名祖亮,知縣。 鄭璸餘姚教諭。 朱金漢陽知縣,石門人。 張學治以下桐鄉。 沈潮改名炳垣,江蘇同知。 沈如潮滄州知州,咸豐四年殉難。 朱宏栻武義教諭。 徐景穆麗水教諭。		
嘉慶十六年辛未	朱壬林會元,直隸清河道。			
嘉慶十八年癸酉		吳枚以下嘉興。 丁大椿象山訓導。 陳昌穀光鑑子。以下秀水。 胡祥麟 婁泰 沈樸桐廬訓導。 趙樽 王錫祺新昌教諭,嘉善人。		

	進　士	舉　人	貢　生
		郁景清以下海鹽。 陳敬社順天中式。 陳日煊以下平湖。 沈正楷廣西知縣。 陸嗣淵順天中式，癸未進士。 陸松盛樹珠元孫，原籍烏程，改名以潤，順天中式，內閣中書。	
嘉慶十九年甲戌	朱逵吉廣東糧道。 葉維庚庶常，寶應知縣。 陳傳均戶部員外郎。 韓維鏞武昌通判。 陸錫智嚴州教授。		
嘉慶二十一年丙子		成興內閣中書，滿洲。駐乍浦。 陸應爌祿勸知縣。以下嘉興。 張昌衢大德子。 孫仙槎安吉教諭。 沈洛樂清教諭。以下秀水。 朱聲豫 汪世樽如洋子，癸未進士。 魏行淏大業孫，義烏教諭。以下嘉善。 鍾汪杰丁丑進士。 陸康勳 呂榮華慶元教諭。 吳文鼎丙戌進士。 陳希敬癸未進士。以下海鹽。 鄭伯勳鎮海教諭。 方炯錢塘訓導。以下平湖。 張泰勳 張廷桂 張汝舟 高一諤	
嘉慶二十二年丁丑	朱階吉廣東學政。 浦曰楷庶常，萊陽知縣。 鍾汪杰朔州知州。 吾德涵主事，改知縣。 丁泰內閣中書。 吳曾貫渭南知縣。		
嘉慶二十三年戊寅恩科鄉試		連山助教，滿洲。駐乍浦。 觀成知縣，滿洲。駐乍浦。 李貽德明驚元孫。以下嘉興。 馮登府順天中式，庚戌進士。 陳愛卓改名皋言，錢塘訓導。以下秀水。 汪世棻如藻子，教諭。 錢聚仁順天中式，彭山知縣。 丁釗上虞訓導。嘉善人。 沈清泰福建知縣，海鹽人。 徐士芬解元，己卯進士。平湖人。 馮煴以下桐鄉。 皇甫琭鎮海教諭。	

	進　士	舉　人	貢　生
嘉慶二十四年己卯恩科會試	朱國淳刑部主事。 徐士芬工部右侍郎。 張枋		
秋八月鄉試		許樸原名景涑,知縣。嘉興人。 汪元炘如藻孫,以下秀水。 莊梧鳴 周玉龍江西布庫大使。 孫鳳起以下嘉善。 程文杞揀選知縣。 唐潮癸巳進士。 顧漢奉化教諭。 朱敏文[1]原名忻,庚辰進士,海鹽人。 張湘任誠子。平湖人。 皇甫逵桐鄉人。	
嘉慶二十五年庚辰	馮登府庶常,將樂知縣。 朱敏文仁懷知縣[1]。 陸炯庶常,太谷知縣。 陸沅庶常,寧陵知縣。		
道光元年辛巳恩科鄉試		朱其鎮原名鎮,己丑進士。以下嘉興。 高世俊 朱深改名廷珍,世濬子。 錢青選 鄭宗源 褚作模改名熙昌。 包均知縣,秀水人。 沈丹槐壬午進士,嘉善人。 柯汝霖以下平湖。 程恩溥江蘇知縣。 田方宣淳安教諭,石門人。 曹泰以下桐鄉。 陸喜曾原籍烏程。	副貢 沈亨惠順天中式。以下府學。 黃際清　曹鎮定 沈槐以下嘉興。 夏昌祚　周錫齡 陳昌武以下秀水。 金芬 朱崙改名澄瀾,中式。 陳其炯中式。　金均 邵桂 周爾墉順天榜,郎中,以下嘉善。 朱時晉　徐景枚 張廷選 李福基順天榜。
道光二年壬午恩科會試	沈丹槐庶吉士。 章雷雞澤知縣。 奚澄直隸新城知縣。		鍾慶槐 吳世培福建鹽場,以下海鹽。 馬玉堂　繆有本 朱惟堃　張鳳墀 孫維鰲
秋八月鄉試		訥勒亨額滿洲。駐乍浦。 沈濂癸未進士。 陳喬從《科名錄》增。 朱應元鴻子,丙戌進士。 盛錞項城知縣。以下嘉善。 孫正鍇原名鍇,順天中式,成都同知。 趙玉鏘以下海鹽。 彭世鑑改名世洙,戊戌進士。 顧德馨 錢步曾以下平湖。 賈漢朝琮子。 鮑錫年庚子進士。 馮湉從《科名錄》增。 俞嗣烈	朱元燮順天榜,荊州同知,河南候補道。 徐用儀中式。 陳械以下平湖。 王錫勇　王肇熙 施汝懋　劉桂 卜葆紛進士。　方釗 鍾鼎勳 魏承禧知縣。石門人。 周桂以下桐鄉。 嚴繼光 姚學蘇順天榜中式。 鄭錕

續　表

	進　士	舉　人	貢　生
道光三年癸未	汪世樽湖南學政。 沈濂淮徐道。 陳希敬深州知州。 徐應照佛山同知。 陸嗣淵福建知縣。		拔貢 金應桓常山教諭。以下府學。 莊炳改名丙烈,中式。 陳景高中式。 沈照平陽教諭,殉難。
道光五年乙酉		呂震名本姓王,直州同知,錢塘籍,嘉興人。見《科名錄》,于《志》列壬午,誤。 郁鼎鍾丙戌進士。以下嘉善。 謝漢上虞教諭。 潘緯江南中式。 楊逢時以下海鹽。 錢蔭墀 朱昌頤順天中式,丙戌進士。 徐錫齡平湖人。 鍾世耀仁和籍,石門人,辛丑進士。	汪葆烜　徐鳴世中式。 杜槐壽昌教諭。以下嘉興。 吳昌壽進士。 錢應溥吏部主事。 汪燾以下秀水。 朱榮金華訓導。 錢官埈翼城知縣。 謝沂以下嘉善。 李東圩改名基,順天副榜。 孫福清中式。 徐葆甫鄜州知州。以下海鹽。 朱泰修中式。
道光六年丙戌	朱應元庶常,蘭州知府。 吳文鼎湖南直隸州。 郁鼎鍾知縣。 朱昌頤修撰、給事中。		朱元慶鳳翔知府。 張敦瞿改名金鏞,中式。以下平湖。 何慶熙 謝榮照廣西右江道。 勞宗煥孝感知縣。以下石門。 趙秉金改名昌祺,新城教諭。
道光八年戊子		闞鳴珂以下嘉興。 金衍照順天中式,壬辰進士。 李貞木乙未進士。以下秀水。 姚吉祥 倪錕以下嘉善。 陸浚 曹銜達順天南元,癸巳進士。 周鵬海教習。以下海鹽。 吳鳳前富陽訓導。 敖右賢復姓朱,四川中式,丙申進士。 朱有源蘭馨孫,大挑教職。 錢福昌原名攀龍,己丑進士。以下平湖。 張敦瞿誠孫,改名金鏞,順天中式,辛丑進士。 吳玉森雲和教諭,石門人。 吳陳勳璟子,台州訓導,以下桐鄉。 金安瀾樟元孫,己丑進士。	沈承烈 沈淮臨邑知縣。以下桐鄉。 沈榮光　沈寶梁知縣。 優貢 萬潮八旗教習,以下秀水。 鍾杰 王大經中式,平湖人。 陳汝楨石門人。 金鶴清進士,桐鄉人。 恩貢 蔣浩以下府學。 金輅　鍾邦慶 陳錦 馮源植以下嘉興。 吳德洋　董承本 朱賓誠 錢爾琳以下秀水。
道光九年己丑	朱其鎮按察使。 錢福昌榜眼,侍讀學士、學政。 金安瀾庶常,松江知府。		翁履綏　卜沈鑑 徐榴生　浦浩如 顧瀛以下嘉善。
道光十一年辛卯恩科鄉試		朱珊元壬辰進士。以下嘉興。 程尊 許佐湯順天中式。 顧桐以下嘉善。 周士鑨順天中式,河南布政使。	費洙　許王勳 黃蕃　袁蔭槐 蕭應樾以下海鹽。 朱雲瀚　馬華鼎 馬麟書　吳銘新 胡德煥以下平湖。

	進　士	舉　人	貢　生
		楊堯杰榜名戀廛。以下平湖。 韓潮維鏞子,戊戌進士。 徐志陞 朱善旂爲弼子,順天中式,國子監學正。 吳若準徵孫,錢塘籍,順天中式,辛丑進士。 馬誦芬石門人。 蕭國祥改名儀斌,山陰教諭。以下桐鄉。 張維	馮申垚　　屈爲彝 李錕　　　張泰熙 馮志熙 蔡應蕢以下石門。 鄭桂　　　楊傅霖 沈方增　　陸全 曹烺　　　徐鈺 孫溥以下桐鄉。 高維均　　沈升墀 張士彬　　張中潘
道光十二年 壬辰恩科會試	金衍照刑部主事。 朱珊元望江知縣。		歲貢 高天柱以下府學。
秋八月鄉試		倪蔭卿巨源子,錢塘籍。以下嘉興。 費元鼎原籍烏程。 沈養和品蓮孫。 朱奎林孫,順天中式,武康訓導,殉難。 謝曦江南中式,婁縣籍。 朱濂解元,以下秀水。 汪壽世樟子。 朱金階 錢承陛繼元孫。以下嘉善。 鍾正均順天中式。 俞維墉平湖人。 陳汝楨萬全孫,欽賜,石門人,廬陵知縣。 陸以湉世埰孫,丙申進士。以下桐鄉。 楊慶凱順天中式。 潘貽棠順天中式。	周分寶　　褚潤 奚宗範　　莫如德 張人鼎武義訓導。 沈瑞　　　張汝植 趙其銘　　孫正墀 沈中行　　賀庚皋 呂炳華　　朱筠 金衍緒　　徐同栢 李汝虎　　于綏丞 沈慶長　　范新 朱嘉金　　杜聿臻 鄒翊祚　　林壽椿 鄔臻　　　董世慶 朱德本　　陳錦 楊濟亨以下嘉興。 朱寶衛　　朱奎 孫慶治　　趙棻 吳雲翰　　徐錫可 曹作霖 金溶青田訓導。
道光十三年癸巳	唐潮庶常,户部主事。 曹衍達邵武知縣。		王應標　　陶榮昌 郁棨　　　謝煐 沈傳洙
道光十四年甲午		沈承勳嘉興人。 盛鈁改名時霖,善持子,秀水人。 高錦解元。以下嘉善。 章裕善吉水知縣,殉難。 支作烘 顧宗伊原名德咸,榜名員奎,以下海鹽。 周爕宇蘭枝子,考取教習。 王庚晉榜名丙豐,椿照子。以下平湖。 黃鵬飛揀選知縣,殉難。 鄭鳳鏘熙孫,原名鐸,開化教諭,桐鄉人。	吳穀以下秀水。 金汝楫　　孟晁 周丙爔　　沈陳夏 鍾登瀛　　楊三槐 汪世檀　　陳昌裘 鍾學熙　　沈祥鍾 莊鳳鳴　　卜孫貽 張式淳　　陳宗器 夏際昌以下嘉善。 金兆鍾　　沈嘉樾 丁洵　　　孫方金 孫辰龍　　袁營 鄭良　　　王鎔 張爾源　　丁承祖
道光十五年乙未	李貞木高平知縣。		張王佐　　孫鏜 顧經以下海鹽。
秋八月 恩科鄉試		俞燆以下嘉興。 章溥 吳鈐	錢旭　　　任沛霖進士。

	進　士	舉　人	貢　生
		鮑清植 戴炳章 李文賁貽德子。 錢聚朝載曾孫,淳安教諭,秀水人。 陳二璋殉難。以下嘉善。 莊心鑑武義教諭。 吳景煜 黃憲清改名變清,宜都知縣。以下海鹽。 支元琛改名清彥,戊戌進士。 徐槐庭原名竹親,潮州同知。 何紹瑾辛丑進士。以下平湖。 錢熙咸 朱善驤爲弼子,順天中式,福建同知。 畢槐以下桐鄉。 沈寶禾潮子,同知。 李日曦衢府教授。 鄭元鈁榜名鑾,錢塘教諭。	徐廷璣　朱深 徐振族　陸元模 徐人傑 方家振教習、知縣。 徐學周　巴之麟 朱運和　任文化 湯陳鏞　高亮功 謝宗海以下平湖。 姚焜　陸儒珍 鮑智　俞嗣勳 姚邦榮　萬光霞 毛猷　顧燮臣 戈茂承　錢駿曾 黃金臺　劉東藩 王均　施鍔 馬珵美以下石門。 費德風　徐光佐 吳溶　薛文豪 沈渙　鍾浩 范采成　劉宸簡 葉鍾恒　呂惇典 閔受和　盛炳華 岳洙傳以下桐鄉。
道光十六年丙申恩科會試	陸以湉杭府教授。 朱右賢安邱知縣。		
道光十七年丁酉		張清泰庚子進士。以下秀水。 張大紳 陶贊元 顧宏謨以下嘉善。 朱時晉 袁修謙順天南元,華亭籍。 屈欽隣以下平湖。 高振鋌 周鴻漢 薛文豪於潛教諭,石門人。 沈汾桐鄉人。	張鷺　周嘉燦 朱鍙　鍾賢禄 鍾賢禧　岳沂春 蔣煜　沈松 皇甫凝　朱繡 朱立誠　汪壽祺
道光十八年戊戌	支清彥編修、侍讀學士。 韓潮河南知縣。 彭世洙山西知縣。		
道光十九年己亥預行正科		相變堃仁和籍,壬子進士。以下嘉興。 查銑元侗子,海寧籍,內閣中書。 孫璔烏程籍,內閣中書。 計昌 鍾源秀水人。 李茂材以下嘉善。 許錫蕃 陳其泰訓導。以下海鹽。 顧德齡 朱源慶原名綬。 顧元寀宗伊子,原名繼召,陝西知縣。	

	進　士	舉　人	貢　生
		唐庭愷內閣中書。以下平湖。 奚景松澄子。 伊佐圻 卜葆鈜庚子進士。 姚彎均 馬承昭 施汝懋天苞孫。 毛鴻逵以下桐鄉。 曹定蓀	
道光二十年庚子 預行正科會試	張清泰兵部員外。 鮑錫年知縣。 卜葆鈜大邑知縣。		
秋八月 恩科鄉試		吳昌壽乙巳進士。以下嘉興。 沈亨惠順天中式,南雄州知州。 錢寶惠儀吉子,順天中式。 錢寶宣原名甌醇,順天中式。 屠稼豐以下秀水。 殷潤霖無爲州同知。 鄭觀壽署寧德知縣。 姚鴻煃 顧應榴以下嘉善。 錢寶青辛丑進士。 孫塈 郁岷江 楊以烜以下海鹽。 朱元勳 楊潤之武康教諭。 張炳塈丁未進士。以下平湖。 陸敦倫 沈塈石門人,教習、知縣。 周士炳乙巳進士。以下桐鄉。 周士烱內閣中書。	
道光二十一年 辛丑恩科會試	錢寶青左副都御史。 吳若準太僕寺卿。 張金鏞侍講。 何紹瑾主事。 鍾世耀兵部主事。		
道光二十三年癸卯		吳仰賢壬子進士。以下嘉興。 范燰 王景 沈紹洙以下秀水。 陳茂垣內閣中書。 嚴炳殉難。 朱嵓鴻孫,更名澄瀾,順天中式,撫州知府。 丁廷鸞江蘇知縣。以下嘉善。 錢鋑改名寶廉,庚戌進士。 戴步瀛改名咸弼,溫府教授。 許汝璜寧府教授。	

	進　士	舉　人	貢　生
		袁嵩齡庚戌進士。 鮑鈞 郁如桂改名鋐,癸丑進士。以下海鹽。 陳景高 任沛霖甲辰進士。 沈炳垣乙巳進士。 陸熙恬以下平湖。 高三祝 張光福 王大經湖北按察使。 韓韻海順天中式。 徐振墉丁未進士,石門人。 金鶴清乙巳進士。以下桐鄉。 陸秉樞丁未進士。 嚴辰貴州中式,己未進士。	
道光二十四年甲辰	任沛霖高陽知縣。		
秋八月 恩科鄉試	是科停止駐防鄉試始行覆試。	張世樑壬子進士。以下嘉興。 錢炳森 錢梠儀吉孫,順天中式,丙辰進士。 陳右曾愛卓子。以下秀水。 殷熹 莊丙烈順天中式,江西知縣,殉難。 陳家鎬改名雲瑞,順天中式,昌化訓導。以下嘉善。 陳廷華改名翰芬,順天中式,江蘇候補道。 馬光燮以下海鹽。 朱泰脩署寶應知縣。 徐金泰以下平湖。 葉廉鍔 顧廣倫 葉蓁石門人。 商之棟以下桐鄉。 沈寶相癸亥進士。 姚學蘇順天中式,殉難。	
道光二十五年 乙巳恩科會試	吳昌壽河南巡撫。 沈炳垣中允、廣西學政,殉難,贈內閣學士,諡文節。 金鶴清榜眼,編修。 周士炳編修。		
道光二十六年丙午		張慶榮廷濟子,解元,嘉興人。 王夢祥以下秀水。 莊攽順天中式,兵部主事。 鍾文烝以下嘉善。 張祖陸 戴陳常海鹽人。 黃晉籿以下平湖。	

	進　士	舉　人	貢　生
		陳士麟 徐申錫士芬子,順天中式,丁未進士。 周士燮桐鄉人。	
道光二十七年丁未	徐申錫贊善。 張炳堃編修,署湖北糧道。 徐振墉紹府教授。 陸秉樞編修、戶科給事中,軍營病故,贈光祿寺卿。		
道光二十九年己酉		姚丙禧嘉興人,刑部郎中。 金福清秀水人,江蘇知縣。 程步雲以下嘉善。 周禮樂清教諭。 陳垣 周士鍵順天中式,署陝西糧道。 江麟瑞以下平湖。 陳汝芳 沈寅清 徐瀛錫順天中式。 孫蘭谷順天中式,戶部主事。 倪贊璜順天中式,江蘇候補道。 周善升桐鄉人。	
道光三十年庚戌	錢寶廉刑部侍郎。 袁嵩齡庶常,改知縣。		
咸豐元年 辛亥恩科鄉試		秦光第嘉興人。江蘇同知。 陳令儀光鑑孫,以下秀水。 陳誦曾愛卓子,江蘇同知。 陳丙曾愛卓子,壬子進士。 鄭慶莊華陰知縣。 陳令瑜光鑑孫。 徐鳴世順天中式,內閣中書。 孫福清廣東知縣。以下嘉善。 袁召齡 袁雲楣 夏大鐘 朱慶松考取教習。以下海鹽。 張鼎 張大樽 沈炳勳 方釗戶部主事。以下平湖。 方鈞 徐錦華江蘇直州同。 孫錦天台教諭。 徐寶奎刑部員外郎。以下石門。 鄭蘭寄籍大興,順天中式。	副貢 倪承杰府學。 相恩祚嘉興人。 周榮椿慶元教諭。以下秀水。 錢慶鏞江蘇同知。 曹熊光嘉善人。 陳驥德江蘇同知。以下海鹽。 徐用福候選訓導。 沈欽文以下平湖。 朱鼎鎬 張光錫桐鄉人。 拔貢 沈梓內閣中書。以下府學。 張鳴珂江西知縣。 吳國賢泰順訓導,嘉興人。 沈景修秀水人,署寧府訓導。 孫興壽嘉善人。 朱福詵黃巖訓導。海鹽人。 蔣照常山教諭,平湖人。 吳學浚教習,石門人。 嚴鈖左州知州,桐鄉人。 優貢 朱承軾府學,署遂昌訓導。
咸豐二年 壬子恩科會試	吳仰賢庶常,雲南迆東道。 相燮堃工部主事。 張世樑直隸知縣。 陳丙曾庶常。		

續　表

	進　士	舉　人	貢　生
秋八月鄉試		鄭兆同嘉興人,直隸知縣。 吳鹿鳴秀水人。 張賓仁嘉善人,順天中式,慈谿教諭。 富世鄭奉化訓導。以下海鹽。 朱慶時考取教習。 顏宗儀癸丑進士。	俞功懋署恩平知縣,海鹽人。 顧廣譽平湖人。 恩貢 倪斯桂以下府學。 梅汝元　　　郁洪疇 嚴大魁 鄭伯溶以下嘉興。
咸豐三年癸丑	顏宗儀侍讀學士。 郁銂刑部主事。		鄭景炘 許澐錦原名聯瑞。 朱崇坫以下秀水。
咸豐五年乙卯		張清華陽湖知縣。以下秀水。 張大勳順天中式,寄籍灤平。 沈濟以下嘉善。 胡雲程 郁洪謨仙居教諭。 蕭炳麟海鹽人。 陸廷琛桐鄉人。	吳鴻鑾　　　章經來 計飴孫 顧省機以下嘉善。 程光熊富陽訓導。 袁熙齡 張青選以下海鹽。 徐克熊　　　許嗣衡 趙衡銓
咸豐六年丙辰	錢梠山西知縣。		劉惇福以下平湖。
咸豐八年戊午		徐錦解元。以下嘉興。 程瑞生夢子,象山教諭。 石中玉杰元孫,富陽教諭。 沈毅成順天中式。 蔣珍改名人彥,國子監學正。以下秀水。 錢卿鈇聚朝子,署常州知府。 陳元驥宣平教諭。 孫頌清嘉善人,庚申進士。 朱丙壽乙丑進士。以下海鹽。 陳基懋署甘肅華亭知縣。 陸世勳 陳德大同知。 屈傳衛丙子進士。以下平湖。 葉宗漢內閣中書。 鍾駿聲仁和籍石門人,庚申進士。	顧棻　　　　周敦源 徐方增 胡汝龍以下石門。 徐德謙　　　顧璇雯 蔡錫榮 蕭儒珍以下桐鄉。 張爕　　　　程伊瀚 范慶恩 歲貢 盛朝輔以下府學。 張葆華　　　周鎔 朱嘉穀　　　姚世英 卜金題　　　陸文海 金汝鎔　　　鄭慶增 顧仁杰 李用光分水訓導。 朱光以下嘉興。
咸豐九年己未	嚴辰庶常,改刑部主事。		孔憲祖 曹樹森永康訓導。
秋八月 恩科鄉試		褚榮槐龍游教諭。以下嘉興。 張燕祥 鮑昌照 王賓善順天中式,癸亥進士。 陳其炯以下秀水。 楊象濟 顧福仁嘉善人。 徐用儀廷槐子,海鹽人,順天中式,太僕寺少卿。 張憲和河南知縣,以下平湖。 徐彤錫	曹申錫　　　康玉墀 陳熊　　　　許榮奎 鄭福鈞 葛登鑾以下秀水。 龔承祐十年殉難。 顧寶田　　　錢清焴中式。 戴泰安 許沈階以下嘉善。 王學源　　　羅應基 陳宗溥 張維城以下海鹽。

	進　士	舉　人	貢　生
咸豐十年 庚申恩科會試	孫頌清山東知縣。 鍾駿聲修撰。		沈元祺　　　陶元甫 嚴廷楨　　　陳以莊 周家溁以下平湖。 錢祖蔭　　　高賜孝中式。 俞長垣　　　王成瑞 沈榮以下石門。 吳恩壽　　　徐炳謙 沈震來　　　胡慶煊 攴塘以下桐鄉。 管元英　　　仲濂 盧景昌中式。
同治二年 癸亥恩科會試	王寶善處府教授。 王景賢戶部主事。 沈寶楩庶常，咸寧知縣。		副貢 葛金烺以下府學。 陸紹勳　　　朱廷元 高寶鑾
同治四年乙丑	朱丙壽戶部員外。		錢宜福秀水人。
秋八月補行辛酉 暨壬戌恩科鄉試		毛鴻飛以下嘉興。 金鼎升 張清安以下秀水。 吳世晉 尤廷華 陳善揚 王景賢辛酉順天中式，癸亥進士。 錢榮增壬戌順天中式，戶部主事。 錢慶祺以下嘉善。 王保泰 孫葆澂鎮海教諭。 李鍾俊 張大任以下海鹽。 黃緒昌永康訓導。 王學蘇 顧仁榮考取教習。 朱升吉平湖人，甲戌進士。 葉廷掄以下石門。 譚逢仕 周善咸以下桐鄉。 勞乃宣辛未進士。 黃元圻 管鴻儒 陸芝祥辛酉廣東中式，戊辰進士。 勞乃寬辛酉順天中式，國子監 學正。	汪鍾基以下嘉善。 胡趨仁 徐師謙教諭，海鹽人。 何福同平湖人。 徐多鉁順天榜，石門人。 嚴錦桐鄉人。 拔貢 高掄元以下府學。 王藻墀中式。 湯丙燮嘉興人。 朱善祥進士，秀水人。 吳繡虎中式，嘉善人。 朱泉徵海鹽人。 蔣珏知縣，平湖人。 屈元炘中式，石門人。 孫慶棠四川知縣，桐鄉人。 優貢 胡炯祖以下府學。 錢貽元 朱采以下嘉興。 李宗庚署宣化知縣。 王鼎華秀水人。 謝嘉樹嘉善人。 徐多鉁廣東知縣，石門人。 金星桂進士。以下桐鄉。 周善承中式。
同治六年 丁卯并補甲子科		許景澄榜名癸身，戊辰進士。以 下嘉興。 徐鎮 朱禾珊元子。 陳其榮 王朝輔 汪熙敬以下秀水。 張王熙	恩貢 徐步瀛府學。 張惟寅以下嘉興。 張樹森壽昌教諭。 戴燾

	進　士	舉　人	貢　生
		錢清炤 馬寶田 王景曾郎中。 陶謨戊辰進士。 李傳宗 王朝瀚榜名朝清，內閣中書。 謝公桓以下嘉善。 錢鴻業 沈星標辛未進士。 丁家駿內閣中書。 倪雲楷 朱昌泰候選教諭。以下海鹽。 蔣漢章 朱壽熊壬林子，丁丑進士。以下平湖。 張天翔 高賜孝 徐志澄 錢炳奎 徐同壎 鍾兆熊石門人。 馮錫綬以下桐鄉。 陳中元 沈善登炳垣子，戊辰進士。 沈善經炳垣子。 汪均主事。 馮金鑑丁卯順天中式，丙子進士。	盛慶瑞以下秀水。 張程典　　　吳辛綬 顧慶模以下嘉善。 陸澧　　　　沈永年 陸汝衘中江知縣。以下海鹽。 張清濟淳安訓導。 任端良 魏燾以下平湖。 吕宗沂 楊龍濟 鍾金章石門人。 皇甫福屋以下桐鄉。 夏彦釗。 歲貢 錢啟錕以下府學。 胡庚照　　　邵錫辰 沈文淵　　　陶本良 汪希倫　　　朱國經 蔣既濟　　　徐厚 嚴大經 岳昭墢以下嘉興。 沈申錫 陸元壽原名元鈖。 李元澤　　　謝昌言 陸丙文 沈文瀾以下秀水。
同治七年戊辰	許景澄編修，記名御史。 陶模庶吉士，秦州知州。 沈善登庶吉士。 陸芝祥編修。		王濤　　　　龔福 盛邦瑞原名辛桂。 吳驥才　　　盛傳均 程張拱 沈福衘以下嘉善。
同治九年庚午		徐鑾署黃陂知縣。以下嘉興。 鄭寶鐮 沈瑜寶濂子，麗水教諭。以下秀水。 趙銘直隸候補知府。 朱宗祥 褚仁 沈璋寶濂子。 鍾鶯藻仁和籍，石門人。 王徐庠以下桐鄉。 金星桂鶴清子，順天中式，丙子進士。 程經式順天中式。	張義增　　　徐燧森 孫爾榛 顧元宬以下海鹽。 鄭槐炘　　　陸鰲 鄭文濬　　　徐清濟 吳堅　　　　徐爕勳 顧鴻昇以下平湖。 吳廷襄　　　鄒嘉林 錢祖培　　　朱良存 夏清泰以下桐鄉。 周善溥　　　程如洋 鄭文升
同治十年辛未	沈星標主事，改知縣。 勞乃宣知縣。		
同治十二年癸酉		胡嬴以下嘉興。 程宗伊尊孫，內閣中書。 曹咸熙培亨元孫，廣西知縣。	

續 表

	進　士	舉　人	貢　生
		沈曾植維鐈孫，順天中式。 曹鶴年以下秀水。 王藻墀 許大鈞 王希曾 孫興壽以下嘉善。 張義增 吴繡虎。 許文勳以下平湖。 崔嘉勳 何紹琛 張清瀚 徐奎藻 鍾張堃 曹寶駿以下石門。 屈元炘 馮鋒以下桐鄉。 盧景昌 潘陛榮	
同治十三年甲戌	朱升吉知縣。		
光緒元年 乙亥恩科鄉試		張炳順天中式，嘉興人。 虞申嘉以下秀水。 盛愷華 高福疇 沈宗潮 吴汝樑 朱善祥順天南元，丙子進士。 郁宗蕃以下嘉善。 吴仁均 沈士升以下平湖。 江錫爵 馬辰琯承昭子。 陸師郊 錢鼎賢 鄭文同元鈖子。以下桐鄉。 周善承	副貢 沈進忠秀水人。 郁德榕嘉善人。 陳文熼以下桐鄉。 夏恩綸 優貢 盛元均知縣，秀水人。 恩貢 梅其權秀水。 朱培仁嘉興。 曹葆辰平湖人。 歲貢 吴長慶秀水人。 鍾金聲平湖人。 張丕謨以下嘉興人。 張奎勳 王保榮 石芳采 王寶銜秀水人。
光緒二年 丙子恩科會試	朱善祥編修。 屈傳銜陝西知縣。 馮金鑑編修。 金星桂編修。		
秋八月鄉試		吴兆基以下秀水。 吴清蓀兆基子。 周文炳嘉善人。 戈桂馨解元。以下平湖。 奚曾培景松孫。 柯培鼎汝霖子。 沈懷芬 何之鼎 鄭文謙鳳鏘子，桐鄉人。	
光緒三年丁丑	朱壽熊主事。		

【校注】

　　［1］按：本《志》卷五十六《海鹽列傳》：“朱毓文，字鹿賓。嘉慶庚寅（辰）進士。授安徽舒城縣知縣。以父憂去官。服闋，任貴州仁懷縣知縣，署安平縣事。年六十二辭官歸。”光緒《海鹽縣志》卷三《選舉表上·國朝進士》：“嘉慶二十五年庚辰　朱毓文仁懷知縣。”卷十六《人物傳》：“朱毓文，字鹿賓，嘉慶庚辰進士。”《明清進士題名碑録索引》：“朱毓文，浙江海鹽，清道光三年二甲第六十二名進士。”光緒《續修舒城縣志》卷二十六《職官·知縣》：“朱毓文，海鹽人。進士。（道光）十七年任。”故“朱敏文”是“朱毓文”之誤。

嘉興府志卷四十八

選舉五

明	武 進 士	武 舉
	陶炳嘉興人,海寧衞左所正千户。 賀芥案子。	
天順年	王勳秀水人。海寧衞指揮使。袁《志》作己卯。 沈昇劉《志》:辛巳進士。袁《志》作己卯、辛巳。 以上劉《志》云:俱進士。	陶堂炳子,千户應襲,中壬午、乙酉、戊子、甲午科。 沈昇進士。以下二人,海邑《志》俱作十四年己卯武 舉,伊《志》漏列,今補入。 王勳指揮使。
嘉靖四年乙酉		商霖指揮僉事。以下嘉興。 姚定遠
七年戊子		劉湘指揮使。
十一年壬辰	陸炳平湖人,左都督,謚武惠。	
十三年甲午		王國賢秀水人,勳子,解元,襲指揮使。 王應麟嘉善人。指揮同知,中甲午、癸卯、丙午科。 嚴守中崇德人。
十四年乙未	王國賢襲指揮使。	
十六年丁酉		方泰指揮同知。以下嘉興。 馬呈圖指揮僉事。 劉汙湘弟。
二十二年癸卯		崔致遠指揮僉事。以下嘉興。 陶思保堂弟。
嘉靖年		王國治國賢弟,中丙午、壬子、乙卯科。 劉洞汙弟,中己酉科。 童尚斌中己酉、壬子、乙卯科。以下嘉興。 祖述一作述,中己酉科。 李元律壬子解元,指揮使。 王一初國賢子,指揮應襲,中壬子、乙卯、戊午科。 申大卿嘉善人。百户應襲,中乙卯科。
嘉靖三十五年丙辰	童尚斌指揮僉事。	
三十七年戊午		王驤通州衞舉,曹濮守備。
四十三年甲子		王應奎應麟弟,中甲子科。
隆慶年		嚴守敬守中弟,中辛酉、庚午科。 楊學詩威子,中甲子、丁卯、癸酉科。 劉名相右所副千户,中甲子、庚午科。 王思春應麟子,中丁卯、庚午科。 仇干城俊卿子,中丁卯科。
萬曆年		崔成俊致遠子,中癸酉、丙子、己卯科,指揮僉事。 王思問秀水人,中丙子、己卯科,指揮舍人。 張效良嘉興人,一作希良,丙子科,指揮舍人。 周文敘平湖人,中丙子、壬午科。

明	武　進　士	武　舉
萬曆七年己卯		彭紹賢指揮同知。以下嘉興。 汪檽案海邑《志》，列崇禎十二年己卯科。
萬曆年		王啟宇桐鄉人，中己卯、壬午、乙酉科，中所百户。 郭大忠嘉興人。中壬午、乙酉、戊子科，左所百户。
萬曆十年壬午		李嘉光海鹽人，指揮僉事，伊《志》作嘉先，嘉興人，誤。 任重崇德人。
十一年癸未	任重	
十三年乙酉		王學詩海鹽人，澉浦千户。 崔天錫一作天賜，崇德人，中戊子、辛卯、甲午科。
十九年辛卯		潘漢龍秀水人，中所百户。
二十年壬辰	郭大忠	
二十三年乙未	王啟宇	
二十五年丁酉		方應聘左所舍人。以下嘉善。 王明翼中丁酉、庚子、癸卯科。
二十六年戊戌	方應聘	
二十八年庚子		郭輔一作輔明，秀水人。解元。又中癸卯科。 陶堯仁平湖人，乍浦所百户，中庚子、癸卯、丙午科，溫區把總。
三十一年癸卯		項俊卿嘉興人。 周憲明乍浦所人，中癸卯、己酉、壬子科，嘉區後營把總。
三十二年甲辰	崔天錫指揮僉事。 王明翼	
三十三年乙巳	項俊卿	
三十七年己酉		周翼明乍浦所人，中丙午、己酉科。 康承爵乍浦所百户，中丙午、己酉科。
三十八年庚戌	周翼明昌國衛備倭把總，贈都督僉事。 康承爵廣東惠潮參將，後府都督僉事。	
四十年壬子		許岳允乍浦所武生。 白于廷一作于建，乍浦所人，中壬子、乙卯、辛酉科。 任欽依把總。案海邑《志》。列三十七年己酉科。
四十三年乙卯		盛躬際以下平湖。 王景儀武生。 張邦遠武生。
四十六年戊午		沈瀚生員，入國學，例納指揮使。 方象坤海鹽人，左所百户。
四十七年己未	沈瀚廣西都司。	
天啟元年辛酉		崔文榮嘉興人，指揮僉事。 郭啟襄澉浦所百户應襲。
二年壬戌	許岳允福建小埕備倭把總。	

續　表

明	武　進　士	武　舉
四年甲子		曹世杰平湖人。
七年丁卯		崔來庭海鹽人。
崇禎三年庚午		項鼎鏞秀水人。中萬曆乙卯、天啟甲子及是三科,授應天撫標守備,剿流寇,戰歿,贈參將,賜祭、廕,祀恤忠祠。
四年辛未	郭啟襄 崔來庭欽依把總,指揮僉事。	
十五年壬午		閔士英嘉興人。 王有度以下海鹽。 崔景瑗

國　朝	武　進　士	武　舉
順治四年丁亥		盛治以下海鹽。 沈斐 張琛 曹大千以下桐鄉。 於天禄江南徐州衛千總。 李兆芳江南寧右衛守備。
順治五年戊子		沈繁嘉興人,寧夏衛左所千總。 王雲秀水人。 楊植石門人。
順治六年己丑	王雲 張琛福建左所千總。 吳汝瑜桐鄉,福州右衛守備。	
順治十一年甲午		曹斌以下嘉興。 程雲高 沈斌嘉善人,更名岡,泉州衛千總。 姜璜海鹽人。
順治十二年乙未	程雲高福建中路左營中軍守備。 曹斌浦口營中軍守備。	
順治十四年丁酉		繆全吉嘉善人。 周錫祚本姓唐,石門人。 楊奇桐鄉人。
順治十七年庚子		黃掄以下嘉興。 周錫符 高人亮秀水人。 張本以下海鹽。 周謀 俞鼎爵 潘飛熊 朱玉崐 夏雲 陸燦平湖人。 沈斌石門人。

續　表

國　朝	武　進　士	武　舉
順治十八年辛丑	黃掄 陸燦守備。 夏雲 沈泓京衛守備。以下二人，嘉善戈《志》有之，科年無考。 陳匡金山衛定備。	
康熙二年癸卯		沈濤本姓王。以下嘉興。 高百揆 潘大器貫湖州。 唐宏彰 張銘鎮海衛守備。 魏廷樞 朱帛秀水人。 吳璉嘉善人，湖廣提塘。 沈懋學以下海鹽。 吳嘉言貫錢塘。 王夏 張家賢 繆魯治桐鄉人。
康熙五年丙午		唐崧以下嘉興。 卜龍韜 許堯章秀水人。 吳肇嘉以下嘉善。 胡允滋 賀世雄平湖人。 繆魯濟桐鄉人。
康熙六年丁未	張家賢 賀世雄守備。 唐宏彰 吳嘉言	
康熙八年己酉		徐愷以下嘉興。 張淮本姓陸。 呂韺三錫孫。 周宗武以下秀水。 屠士儁 吳化龍 王紹羲嘉善人。 曹榮以下海鹽。 朱銓達左都督。 沈定穎 沈德鴻平湖人。 呂琦石門人。
康熙九年庚戌	沈濤福建游擊。 高百揆守備。	
康熙十一年壬子		吳自道以下嘉興。 沈應樞 周岳英以下嘉善。 馮斌

國　朝	武　進　士	武　舉
		金斌以上二人，舊府縣《志》作辛酉科，今從《通志》改正。 王泳 韓成宏以下海鹽，吳《志》作辛酉科，今從《通志》改正。 陸霞貫錢塘。 王宏 龔廷進平湖人。 姚永年石門人。
康熙十二年癸丑	王泳陝西犁園堡守備。	
康熙十四年乙卯		張繼善嘉興人。 沈煌秀水人。 葉昌鼎嘉善人，榜姓沈，貫餘杭。 劉世雄海鹽人。 費師獻石門人。
康熙十五年丙辰	沈德鴻廣海衛守備。 屠士雋 葉昌鼎杭州前衛守備。	
康熙十七年戊午		王應鼇嘉興人。 王洽以下秀水。 周時撫 李國昌 陳侗初以下海鹽。 沈周份 朱馨 周維城貫海寧。
康熙十八年己未	周維城會元。 劉世雄從縣《志》增。 王洽	以上從《通志》、袁《志》參各縣舊《志》。
康熙二十年辛酉		陳熊以下嘉善。 王泳 張宗榮海鹽人。 陸永思平湖人。
康熙二十一年壬戌	吳自道	
康熙二十三年甲子		陸愷淮弟，嘉興人。 周邦翰以下嘉善。 程道晃 徐兼才平湖人。 陳世昌桐鄉人。
康熙二十六年丁卯		孫江以下秀水。 石天錫 張大壯嘉善人。 徐嘉祉桐鄉人。
康熙二十九年庚午		黃桓如以下嘉興。 過豐澤 顧桂

國　朝	武　進　士	武　舉
		呂玉振山西井坪所千總。 尤毅以下秀水。 張國翰 楊琦嘉善人。 鄭堪以下海鹽。 張人驊 戴枏石門人。 沈兆熊本姓馮,桐鄉人。
康熙三十年辛未	戴枏	
康熙三十二年癸酉		蕭麒以下秀水。 陸艮 朱彝璇 陳鑑嘉善人。 殷紹選以下海鹽。 張星燦 張鵬平湖人。 王陳典桐鄉人。
康熙三十三年甲戌	尤毅 蕭麒 殷紹選	
康熙三十五年丙子		鄭麟以下嘉興。 周躬楨 徐綬 方廷標 羅敬宗 王廷楨 王泓以下秀水。 王棟 徐大經以下嘉善。 陳元佐 錢廷璋《續圖經》姓葉。以下海鹽。 浦超 張佐隆桐鄉人。
康熙三十六年丁丑	錢廷璋	
康熙三十八年己卯		沈元標以下嘉興。 周朝生 曹端以下秀水。 馮鳳 黃泓海鹽人。 陸秉禮平湖人。
康熙三十九年庚辰	羅敬宗	
康熙四十一年壬午		葉從龍以下嘉興。 韓天縱 馮啟 馮鷺以下秀水。 朱光國

國　朝	武　進　士	武　舉
		姚礿 王哲 周大武 王瀾以下海鹽。 吳起辰 徐願愚以下石門。 夏天祚 孫起亨 關黿
康熙四十二年癸未	孫江	
康熙四十四年乙酉		張韜嘉興人。 徐標以下秀水。 楊玠 仲世球 李嗣忠以下海鹽。 陸霡 吳兆森 徐願拙桐鄉人。
康熙四十五年丙戌	馮鳳陝西榆林衛守備。 陳元佐南昌衛守備。 徐願愚 徐願拙	
康熙四十七年戊子		陳國柱以下嘉興。 周國楨 孫光緒 張天柱 薛曹貫嘉善。 陳斐 沈士烈以下海鹽。 王配京
康熙四十八年己丑	馮鷥雲南廣羅協副將。 石天錫未殿試。	
康熙五十年辛卯		汪潛以下海鹽。 李肇臨 沈允祺石門人。
康熙五十一年壬辰	張天柱	
康熙五十二年 癸巳恩科鄉試		于蓉以下嘉興。 屠彪 富大威 周于春 楊雲會 錢桂以下秀水。 傅廷選 吳飛熊 于奇 胡珩以下海鹽。 周英 王鼎 陳廷棟桐鄉人。

續　表

國　朝	武　進　士	武　舉
八月會試	陳廷棟侍衛。	
康熙五十三年甲午		沈城以下嘉興。 王縱 姚本道 楊勳 周天生 陳昭 王元變 仲羅英以下秀水。 馮昺 王淵 沈二曜本姓夏,嘉善人。 郁崟以下海鹽。 李素 俞馬泓以下平湖。 沈趨守備。 周瑛以下桐鄉。 孫兆祚
康熙五十四年乙未	徐綏會元。 馮昺 姚本道	
康熙五十六年丁酉		蔣元鎙以下嘉興。 吳隆業。 王斌貫嘉善。 張日近以下海鹽。 殷大凱 徐彪 李錦
康熙五十九年庚子		楊鼎以下嘉興。 葉發 周炎武 王綸 沈巖石門人。
康熙六十年辛丑	王斌	
雍正元年癸卯春正科鄉試		蔣元鏞嘉興人。 沈啟 朱世變
雍正二年甲辰春恩科鄉試		徐世道以下嘉興。 趙揚 楊官平湖人。 周呂桐以下桐鄉。 鍾光烈
八月會試	蔣元鎙侍衛、江西南贛鎮參將。	
雍正四年丙午		鈕沈寧嘉興人。 周開本姓張,嘉善人。 顧椿海鹽人。 葛元平湖人。 黃大乾

國　朝	武　進　士	武　舉
雍正五年丁未	葛元侍衛、山西大同參將。	
雍正七年己酉		陳鵬以下嘉興。 沈虯 朱璇 顧彪 吳庭 王廷樞以下秀水。 鈕國斌 葛豐平湖人。
雍正十年壬子		沈融嘉興人。 孫體仁嘉善人，南匯營千總。 葛琪以下平湖。 曹三奇 許元 張士宏更名功，桐鄉人。
雍正十一年癸丑	沈虯水師都司。 許元江西龍泉都司。	
雍正十三年乙卯		王廷樹秀水人。 孫泰海鹽人。
乾隆元年丙辰		王廷桂秀水人。 江照以下平湖。 楊廷獻
乾隆三年戊午		潘大昭以下秀水。 張起鵬 萬邦和守備。以下平湖。 馬文備守備。
乾隆七年壬戌	張士功	
乾隆九年甲子		周應龍嘉善人，邦翰孫。祖孫俱甲子科中。十三名。 王子超平湖人，漕運千總。
乾隆十二年丁卯		高永祺秀水人，衛守備。 鍾萬青嘉善人。
乾隆十五年庚午		張相嘉善人，解元，江南前鋒領運千總。 黃本孝以下平湖。 方鉦 孫照千總。
乾隆十七年 壬申春恩科鄉試		夏桐嘉興人。 仇璉海鹽人。 李雄萬平湖人。
乾隆十八年癸酉		顧永錫嘉善人，江南提標左營千總。 葉魁海鹽人，溫州都司。 方燦平湖人。
乾隆二十一年丙午		王湘嘉興人，山東臨青衛守備。 李豐年嘉善人。 胡登海鹽人。 孫斌以下平湖。 唐鋒

續　表

國　朝	武　進　士	武　舉
乾隆二十四年己卯		金昊嘉興人,江西廣信所領運千總。 翁照平湖人,興武衛領運千總。 林中豹平湖人。
乾隆二十五年 庚辰恩科鄉試		楊元彪秀水人。 汪星五海鹽人。
乾隆二十七年壬午		劉楠齡平湖人,福建守備。 陳淮平湖人,福建澎湖右營千總,征臺匪陣亡,給廕襲。
乾隆三十年乙酉		顧雷嘉興人。 王宗柱平湖人,千總。
乾隆三十三年戊子		黃鴻嘉興人。 施恒秀水人。 閔應邰嘉善人。 胡鼇平湖人。
乾隆三十六年辛卯		高如松秀水人。
乾隆四十二年丁酉		金陳策嘉善人。 劉大勇平湖人。
乾隆四十四年 己亥恩科鄉試		葉萬青以下石門。 姚鐘
乾隆四十五年庚子		陳珮瑒嘉善人。 黃元吉海鹽人。 姚純錫石門人。
乾隆五十一年丙午		蕭麟秀水人。
乾隆五十三年 戊申恩科鄉試		徐凱嘉興人,廣東羅定協右營守備。 李炎嘉善人。 韓國樑桐鄉人。
乾隆五十四年己酉		馬奎嘉興人。 吳攀龍以下海鹽。 馮應辰
乾隆五十七年壬子		沈榮嘉興人,江蘇撫標千總。 計文炳嘉善人。 葛成平湖人。
乾隆五十八年癸丑		顧魁秀水人。
乾隆五十九年 甲寅恩科鄉試		吳蟾桂以下秀水。 陳祖勳
乾隆六十年乙卯		殷雷秀水人。
嘉慶三年戊午		唐勳嘉興人。 王家瑞秀水人。 俞超海鹽人。
嘉慶五年庚 申恩科鄉試		徐攀桂解元。以下海鹽。 張攀龍

國　朝	武　進　士	武　舉
嘉慶六年辛酉		符國華玉環營參將。以下秀水。 孫國慶 柴國慶海鹽人。
嘉慶九年甲子		陳化龍解元。以下秀水。 林國桂 錢開甲平湖人,辛未進士。
嘉慶十二年丁卯		黃國泰海鹽人。 馬治平桐鄉人。
嘉慶十三年 戊辰恩科鄉試		徐殿揚嘉興人。 富廷榮海鹽人。 高亮桐鄉人。
嘉慶十六年辛未	錢開甲都司。	
嘉慶十八年癸酉		吳文龍嘉善人。 仇應奎以下海鹽。 張國瑞
嘉慶二十一年丙子		查麟海鹽人。
嘉慶二十三年 戊寅恩科鄉試		葉萬春解元,衛守備。以下嘉興。 葉遇春江南衛千總。
嘉慶二十四年己卯		潘翼清海鹽人。 韓雲龍石門人。
道光元年 辛巳恩科鄉試		張瀛衛千總。以下嘉興。 鮑天柱 楊起龍嘉善人。 吳萬青
道光二年壬午		蔣彪嘉興人。 曹治國桐鄉人。
道光五年乙酉		葉圻嘉興人。
道光十一年 辛卯恩科鄉試		徐朝源以下嘉興。 葉常青 葉彪 劉耀清海鹽人。
道光十二年壬辰		楊鴻嘉興人。 張鴻勳以下海鹽。 周金榜 姚文焕 葉恩詔石門人,韶州營守備。
道光十四年甲午		張國英以下海鹽。 張國安 鍾蕙石門人。
道光十五年 乙未恩科鄉試		王寶三以下嘉興。 周廷鑣湖州協右營把總。咸豐十年在武康陣亡。 金國慶以下秀水。 胡應彪

續　表

國　朝	武　進　士	武　舉
道光十七年丁酉		金國華秀水人。 計熊飛海鹽人。 吳鏞平湖人。
道光十九年己亥		陳步雲以下秀水。 符安邦
道光二十年 庚子恩科鄉試		張昌勳嘉興人。 趙雲龍秀水人。 張成龍海鹽人。 陸攀桂以下平湖。 殷殿傳
道光二十三年癸卯		楊國慶秀水人。 王海潮嘉善人。
道光二十四年 甲辰恩科鄉試		王寶仁以下嘉興。 曹廷標署嘉興協左營守備。咸豐十年陣亡。 鮑泉嘉興協右營把總。咸豐十一年，在杭州陣亡。 陸雲龍嘉善人。 錢大鵬平湖人。
道光二十六年丙午		王寶六嘉興人。
道光二十九年己酉		唐經邦嘉興人。
咸豐三年壬子		許邦經保舉都司。以下嘉善。 王世錡
咸豐五年乙卯		閔龍鑣嘉善人。
咸豐八年戊午		李國治以下秀水。 金國均 馮寶三十年在籍殉難。 葛蓉清海鹽人。 毛殿魁平湖人。
同治四年 補行己未、辛酉		張岳青嘉善人。
同治六年 丁卯補行壬戌		沈雲龍嘉善人。
同治九年 庚午補行甲子		金國麟秀水人。 顧鵬飛以下嘉善。 顧元麃 張國柱
同治十二年癸酉		趙鳳飛嘉興人。 陸榮邦嘉善人。
光緒元年 乙亥恩科鄉試		王大鑑嘉興人。
光緒二年丙子		馮冠英平湖人。

薦舉人材

屠洪基　秀水人。順治二年,由禮部儒士薦,授錢塘縣主簿、新昌縣丞、上虞知縣,調署廣東陽山知縣,殉難。乾隆五十七年,奉諭追恤賞給恩,騎尉世襲。

錢楞　嘉善人。順治四年,薦舉隨征入閩,授將樂知縣,殉寇難。雍正四年,奉旨恤廕,贈按察司僉事,祀功臣廟。乾隆五十七年,並給世襲。

保　舉

杜庭珠　秀水人,尚書臻子。康熙五十一年,大學士王頊齡薦入武英殿纂修,賜宅內城。書成,授臨縣知縣。調醴泉知縣。

雍正年 內外保舉

莊年　秀水人。考授州同,保舉任福建知縣,歷甘肅平慶道。

盛熙祚　秀水人。例貢。廬州府知府馮景夏保舉,歷任廣東靈山、吳川、龍川知縣。

沈光曾　秀水人。監生。由幕才保舉,歷任長洲、山陽知縣,陞高郵州。

楊時敏　秀水人。州同。江南巡撫高其倬保舉。

徐朱燽　嘉興人。監生。户部員外郎閔昶保舉,授河南温縣知縣。

繆啟武　嘉興人。貢生。刑部主事陸錦文保舉,授山東汶上知縣。

莊嘉　嘉興人。禮部員外郎嚴民法保舉,户部學習,遷中書科中書。

朱文灝　嘉興人。監生。詹事府少詹事許王猷保舉,分往陝西軍前効力,題陞行人司行人。

錢界　嘉興人。生員。通政司左通政錢陳羣保舉,分發陝西軍前効力,授寶雞知縣,陞施南同知。

陶銘恩　秀水人。生員。翰林院侍講陸紹琦保舉,授山西東場鹽大使。

曹大文　秀水人。生員。常德府同知翟照庭保舉,分往陝西軍前効力,授保縣知縣,遷茂州知州。

胡振組　秀水人,貫大興。貢生。廬州府通判何經業保舉,刑部學習,遷員外郎,歷河南開歸陳許道。

莊渭　秀水人。監生。蘇松道馮景夏保舉,授連城知縣。

錢樾　嘉善人。候選州同。山東武城知縣錢觀保舉,授寶應知縣。

顧心鍇　嘉善人。舉人。湖南衡永郴道汪柎保舉,授河南光州知州。

朱一輩　嘉善人。附貢生。宗人府府丞蔡嵩保舉,授臨潼知縣。

蔣文明　嘉善人。生員。奉天泰寧縣知縣戴肇名保舉,授萊蕪知縣。

陳世遵　海鹽人。生員。翰林院編修徐焕保舉,授府谷知縣。

陳銛　海鹽人。舉人。雲南建水州知州祝宏保舉,授新都知縣。

陳克鎬　海鹽人。舉人。刑部員外郎屠嘉正保舉,授陝西華亭知縣。

張宗栻　海鹽人。副榜。紹興府教授。浙江鹽法道顧濟美保舉,授徐聞知縣。

吳棶　海鹽人。貢生。雲南昆明知縣吳柄保舉,授泰安知縣。

吳瑗　海鹽人。生員。陝西固原州知州陳恭保舉，授泰安知縣。

朱培　平湖人。監生。浙江會稽知縣張觀保舉，授高安知縣。

何廷鏞　平湖人。例貢生。安徽東流知縣陸培保舉，分發陝西試用。

沈永肩　石門人。廩生。山東臨清州知州顧濂保舉，分刑部學習，陞員外郎。

顧士琪　石門人。職員。江西吉水知縣黃雲保舉，分發江西題補。

金宏勳　桐鄉人。貢生。刑部左侍郎繆沅保舉，授巴縣知縣，歷汀州知府。

陸費熙　桐鄉人。監生。山東萊陽知縣莊鯤保舉，授長山知縣，陞武定直隸州知州。

以上均見《陝西碑洞石刻齒錄》。

乾隆年四庫館議敘

錢汝器　總裁、户部尚書王際華奏請校錄，授武功知縣。以下嘉興人。

錢臻　監生。授兵馬司副指揮，陞吉安知府。

陸光曾　附監生。江寧通判。

錢楷　舉人。召試二等，議授知縣。

王尚鈺　生員。揀發廣西西林知縣。

馮克鞏　監生。議敘州同，分發四川，陞麗江知府。

馮鏊　監生。議敘補授德州州同。

任兆鯨　監生。議敘州同。

馮光烋　監生。議敘授江寧縣丞。

汪薲銘　生員。兩應召試，二等，奉旨効力，議敘光州州判。以下秀水人。

曹淦階　監生。平度州州同。

汪如海　生員。任侯官縣丞。

盛世綺　供事。彭縣典史，陞隆昌知縣。

查機　監生。山西永寧州吏目。以下嘉善人。

周以燾　監生。富國場鹽大使。

顧文曜　監生。順天中式舉人。以下海鹽人。

趙寅　監生。雲南鹽井巡檢。

張百魁　監生。平番縣丞。

王鑑　耒陽縣典史，勦辰州苗隨營，勞瘁卒，恩賜祭葬。以下平湖人。

陸潮愈　監生。福建崇安縣丞。

楊馥孫　監生。湖北建始縣丞。

何永溱　附貢。甘肅州同，署寧夏通判。

陸光洙　監生。山西州同。

陸光濂　監生。署貴州黃平州知州，狆苗變，禦賊死，恤廕襲職。

洪燮　石門人。監生。河南州同，補永城縣丞。

施福元　舉人。召試，二等，江西知縣。以下桐鄉人。

陸費鑿　監生。亳州州同。

陸費鑒　監生。石碑場鹽大使。

孝廉方正

雍正年陸煒　生員。桐鄉人。廣西灌陽知縣,歷陞思恩府。

乾隆年沈運宏　秀水縣。貢生。給六品頂帶。官嚴州府訓導。

嘉慶年莊鳳苞　監生。嘉興人。

李穀　廩生。嘉興人。

張燕昌　優貢生。海鹽人。俱六品頂帶。

道光年盛鐔　嘉善人。壬午舉人。河南項城知縣。

李應占　海鹽人。監生。給六品頂帶。

咸豐年盛時霖　秀水人。舉人。永康教諭,給六品頂帶。

陳官焌　候選刑部司獄,給六品頂帶。

顧廣譽　平湖縣學優貢生。

光緒年孫爾榛　嘉善人。歲貢。候選訓導,給六品頂帶。

張毓達　平湖縣學附生,給六品頂帶。

舍　選

嘉興縣

明

徐子畏參政。　謝文昌御史。　項序知州。　張翼縣丞。　呂志縣丞。　呂思按察司都事。嚴宀主簿。　金燿通判。　陸輔縣丞。　辥方炳序班。　黃鈁縣丞。　陳性州同。　王蕭知縣。朱鳳教諭。　嚴慶　王化文淵閣直理,制敕,侍經筵,預脩國史、玉牒會典。　趙文倉大使。　常淵經歷。周惠通判。　黃裳經歷。　徐學孔鴻臚寺丞。　張梓典史。　包杞序班。　屠鉅兵馬。　屠鑰通判。包鴻林中書加太僕少卿。　屠鎡州判。　屠燧州判。　王三顧州判。　沈英華通判。　袁煦經歷。屠繼科主簿。　黃榜鴻臚寺署丞。　倪文京中書。　黃橄長史。　顧九章經歷。　鄭思湯主簿。屠元霈吏目。　包有魚州同。　費煥主簿。　孫應科儒官。　徐迪縣丞。　包林芳布政司都事。胡宗義縣丞。　陳邦治光祿監寺。　賀徹主簿。　陶博縣丞。　周于邠縣丞。　胡如純縣丞。　陳所蘊主簿。　陸相才典寶。　夏時經歷。　倪有觀州判。　沈欽主簿。　孫允奇大理寺正。　張邦正紀善,贈署丞。　張邦憲縣丞。　辥華鳳檢校。　顧九經主簿。　鄭大賓主簿。　周命新長史。戴章甫兵馬司。　陳邦教縣丞。　吳楫中書。　徐尚志縣丞。　陸鳴霄縣丞。　倪大經通判。　馬甘雨主簿。　包文炯大理寺正。　呂懌祖縣丞。　包文煥布政司都事。　沈中彥光祿署丞。　徐行遠署丞。　彭鳳楨經歷。　孫叔文署丞。　錢周中書舍人。　戴道洙改名經,主簿。　馬行遠署丞。屠隨裕成都通判。　沈廷珪序班。　沈自省中書舍人,加評事。　陳可元經歷。　李晉經歷。　范奕文通判。　項鳳梧通判。　李肇隆序班。　姚兆昭磨。　支廷訓京衛經歷。　王舜卿照磨。　李震東經歷。　李元英州判。　李士標上林監丞。　項桂芳光祿署正，轉韶州倅，陞郡丞。　周天軸光祿丞。　高道淳光祿署丞。

國　朝

俞瑛布政司經歷。　李昂枝運判。　徐發國子監教習、詹錄。　沈溥泉州通判。　錢柱高密知縣。　徐金嵩　屠鳳毛　吳澐　何元夒　何岱　金昭鑑　吳泓　莊濬　姚詢岳　許林喬　懷應聘以上俱州同。　徐宏炯長洲知縣。　陸如砥縣丞。　莊澩官生，縣丞。　沈濤滎陽縣丞。　莊彪縣丞。　程應鳳州同。　沈瀛選州判。　沈淞遐州同。　吳煐州同。　徐煌永清知縣。　沈鴻翔州同。　計昊州同。　聞玉書吏目。　何宻永安知縣。　錢桓知縣。　吳宏模州同。　李潛　曹應鼎州判。　沈宗洙縣丞。　胡瑛合肥縣丞。　黃錫元　錢植太常寺典簿。　沈拱日州同。　朱撦州同。　朱拔　沈熙　沈梧陽州同。　張昇南昌稅課司。　姚元燝　徐夒元　徐煜　嚴侗　錢杙州同。　錢炳州同。　徐王錮知縣。　徐嘉霖內江知縣、盧州同知。　錢桼　戴焯　錢檠　張昌州同。　嶭之屏州同。　王炎州同。　仲碧先州同。　姚白瑜州同。　徐澋縣丞。　姚宗豫教職。　姚嗣煐　吳天水昭化知縣。　孫燦　孫沆　蔣瀚理問。　姚虞潢　吳甯　柯樹滋　卜鏞　高振麟　屠徵吉以上俱州同。　俞兆昌州判。　丁世瀋州判。　吳維垣縣丞。　楊廷理問。　何岊州同。　高天佑縣丞。　金協廣魏縣知縣。　姚李芳州同。　卜長春太倉州同。　胡睿清苑縣丞。　葛金聲州同。　葛天麟州同。　沈樽縣丞。　金世隆　周宸勳州同。　徐培基　吳聖木州同。　吳源達州同。　曹彥楨知縣。　郭陶陞縣丞。　沈以栻舒城知縣。　高佑釰道素孫，承埏子，州判。　沈以格　葉鳳儀　杜縉　徐瀚州同。　王彩　王之騏　馬濤棗强縣丞。　朱修永振子，州同。　徐朱直北城副指揮。　屠塘河南布政司理問。　嚴焜原武知縣。　陸錦文祁門知縣。　徐廷垣新昌縣丞。　沈文煥　錢汝隨環縣知縣。　錢汝豐雲南糧道。　江壎沙瑯巡檢。　程棟鎮元府經歷。　陶又振竹溪典史。　金獻文惠來典史。　何世忠遂平典史。　馮炎富平典史。　孫燁臨邑典史。　馮光聚江寧縣丞。　金瓌泰興口岸巡檢。　馮芍坡從九。　蕭廷棟定南廳照磨。　陶又令州吏目。　姚世棟　錢汝弼長蘆鹽知事。　錢端山陽知縣。　姜文驥濰縣縣丞。　張廷榮曲阜典史。　顧塘安縣典史。　徐埏敘永巡檢。　錢有序盧州知府。　沈振鶚寧德縣、周墩縣丞。　馮棟濟寧閘官。

秀水縣

明

周翔　施元州同知。　張餘慶衛經歷。　項銓　陶托　項鎮　周讓知縣。　陳崧州判。　金鳳　陶德州判。　項元淇　張組縣丞。　周有終　夏寅府經歷。　嚴寅　嚴賓主簿。　施秀　施采序班。　沈子惠　盛鎔主簿。　陳源　李儒通判。　仲驤　周孚先經歷。　沈公銓　陳應奎序班。　王彝典儀。　郭斿　呂遜知事。　張淮知縣。　仲春龍中書。　張松　高科知縣。　郭九成　張承芳光祿署丞。　盛志知縣。　俞同縣丞。　張洲　高位縣丞。　卜宗洛　馬鑾　張千之經歷。　陶陞　李承芳同知。　張如篪理問。　項元汝忠曾孫，中書舍人。　濮天輝序班。　吳鶴奉祀。　馬負圖主簿。　郭柱序班。　陳廷檄主簿。　項鐫　姚時俊上林苑署丞。　竇承烈上林苑典簿。　屠佃同知。　楊應鱣王府主簿。　朱紫雲序班。　沈文銳光禄署丞。　沈啟南光禄署丞。　竇文照通判。　范之卞指揮。　吳紳主簿。　鍾銳縣丞。　黃鏓主簿。　范寅序班。　程可達州判。　范之立吏目。　施仁化主簿。　夏本中書。　高坊淮府典寶。　吳萃主簿。　卜大觀典寶。　范應龍縣丞。　盛時賓州判。　項瑞芳指揮。　陶雲鳳州同。　張夢傳主簿。　項時亨衛經歷。　鄒燾序班。　沈自邰布政司都事。　鍾鳴鶴光禄署丞。　鉏慶登光禄署丞。　沈際昇中書。　姚時彥光禄寺丞。　范淇臨署丞。　項聖謨

國朝

沈瑜懷布政司理問。　曹晉以下州同。　陶璠　卜長春　王有四　姚敬明　丁谷　吳天木　張兆鼎　吳浩以下縣丞。　郭陶陞　王駬知縣。　吳揚武鄉知縣。　吳宏以下州同。　姚宏賁祀鄉賢祠。　翟周翰　張顧泫以下縣丞。　程斌　洪沐日　程進　葉鳳儀　虞兆瀅　錢杖　曹堯琪　羅越洪　徐源愈　王紹曾　王忱　何密　曹彥桓　屠堦　陳德垓　李潛　項觀國　沈梧陽　曹元聯　朱象壯　馮鈺　吳顧琳　程鰲　朱元　周士傑　于炘　程祺實　張金城　卜釗　沈國昌　葛天鵬　葛天驥　張汝霖　朱械　姚思宸　施逹　嚴士岐　嚴臣遠　鈕拱辰　鈕拱樞　吳兆麟　曹大成　項瑜　曹洽　于潞　邵嘉祥　張金鼎　陸名世　鍾灝　楊文瑩　程祺求　姚宗晉　沈樹聲　曹峻章長沙知縣。　姚松州同。　翟堯佐單縣知縣。　杜致遠平武知縣,署龍安府。　崔上煥寧陽知縣,祀鄉賢祠。　崔王封益將巡檢。　申其德南鄭典史。　胡泰彰德知府。　胡炳胥江巡檢。　張繼齡軍功,議敘知州銜。　王璋興化同知。　莊錕長山知縣。　吳嗣元商邱知縣。　汪上璣平涼同知。　汪筠長沙知府。　翟枚吉隨州知州,署常德府。　翟照庭寧國知府。　李應龍高安嶺步巡檢。　李璜南韶連道。　陶正倫寧都知州。　陳熊海豐大沽巡檢。　崔鑾刑部司獄。　張淳六品御醫。　王鈅鳳陽縣蘆橋主簿。　崔九錫霞州知州。　汪璉鹽經歷。　陳兆璁從九品。　虞雲鵬甘肅縣丞。　葛泫州同。　葛溶州判。　何登恒陸豐典史。　葛友楠吏目。　沈昭誠內江典史。　葛友棟州判。　朱邦憲普定典史。　范嵼靜海典史。　沈源武陟縣丞。　李大翰刑部郎中、漢陽知府。　莊綗明莒州州同。　莊榮七品銜。　朱照當塗典史。　李大恒刑部主事。　汪大鏞東路同知。　汪朝鑾丹塗縣丞。　唐作梅武進知縣。　沈桐直隸縣丞。　汪應鈴武清縣丞。　李大晉布政司經歷、石碼通判。　盛世繹景東廳經歷。　汪應鼇昌黎典史。　崔鳳山永北廳經歷。　忻潮大定府照磨。　汪如潮臨清知州。　吳大猷平和典史。　沈九皋吏目。　沈方大桐城知縣。　周逢吉知事。　王璣江蘇巡撫,給鴻臚寺卿銜。　沈瀛芳合浦縣仰高司巡檢。　陶琛湖北知州。　范玉琨南河道。　沈昭興四川瀘州知州。　汪世楠直隸行唐知縣。　王復河南偃師知縣。　錢善言四川夔州府經歷。　朱朝珍廣西全州吏目。　汪杙甘肅寧州州同。　唐誥廣東道庫大使。　崔鳳三雲南知縣。　崔湘七貴州知州。　張樹勳陝西商州知州。　汪如欄兵部員外郎。　汪泂直隸保定同知。　汪世杓山東青州府經歷。　賞恒南河縣丞。　賞綬福建知縣。　汪榕河南陳留縣丞。　汪世槐江蘇宜興縣丞。　朱聲言陝西同州府經歷。　朱槐貴州都勻知縣。　朱照安徽當塗縣丞。　朱壇江西新建縣丞。　盛世綺順天涿州知州。　沈桐直隸青縣知縣。　盛濂湖北公安知縣。　盛善沆四川按察司經歷。　祝恓直隸布政司經歷。

嘉善縣

明

朱鑑　賀絨　袁億縣丞。　許霖淮府奉祀。　龔濟衛經歷。　蔡璘衛經歷。　呂宣　沈綏　沈

澐主簿。　金章王府典儀副。　吕寰復姓倪,吏目。　莫鑑縣丞。　朱璘　陸奎吏目。　周賜光禄監寺[1]。　張熙　屠拱　史昂　沈澂　朱軾　張奎縣丞。　王緯訓導。　曹以山中書。　朱鳳　顧僎舊作衛縣丞。　錢光文衛經歷。　沈槊布政司都事。　顧傅衛經歷。　曹坌主簿。　徐鶊主簿。　陸申　陸濂判官。　吴瀚主簿。　陸鵬主簿。　陸律衛經歷。　朱邦衛經歷。　王造縣丞。　董梁主簿。　陸垠經歷。　顧道心主簿。　顧性光禄監[2]。　褚宇都事。　顧誠心判官。　陸莊主簿。　錢南王主簿。　陸堯主簿。　嶭案州判。　陸敷錫通判。　嶭集縣丞。　吕璉檢校。　顧心吏目。　沈貴主簿。　支大烈主簿。　嶭孝主簿。　陸吕判官。　陸道乾蜀府紀善。　董文照兵馬司吏目。　郁本宗主簿。　沈受音中書舍人。　沈燦縣丞。　丁宗光禄署丞。　沈其端照磨。　陸正心縣丞。　顧梧芳上林苑署丞。　沈士鵬主簿。　夏宣化主簿。　陸正宗主簿。　錢珠貴詹事府録事。　顧桐芳上林苑録事。　陸道東益府典儀。　沈大化鴻臚序班。　顧汝芳署丞。　陸正懋主簿。　陸三錫主簿。　陶雲鵬縣丞。　郁大元主簿。　嶭懋志吏目。　吴承宗縣丞。　尹繼文經歷。　陸南金吏目。　盛懋時署丞。　錢吾義主簿。　夏宣元縣丞。　沈存德廩例。　顧珊奉詔。　萬國奉詔。　孫引奉詔。　孫顯奉詔。　孫忠奉詔。　孫麒奉詔。　徐一龍奉詔。　袁衮　葉仲叔以上皆儒官。　王道行縣丞。　王廷謨署丞。　丁鉉光禄寺丞。　沈豫昌中書。　姜岐徵經歷。　孫朝宁經歷。　卞洪章縣丞。　蔣茂中書。　孫耀祖布政司經歷。　孫奎博士。　孫峰博士。　孫朝寵孔目。　孫枝良州同知。　孫裔昌州同知。

國　朝

胡華生運判。　許世俊海陽縣丞。　胡華元武陵縣丞。　柯崇本州同。　顧勤埔東安知縣。　顧乃西貫江西,平湖縣丞。　龔彥州同。　淩如恒州同。　孫雯錦綿州知州。　顧琦芳東鹿縣丞。　曹鑑章萬載知縣。　孫藥州同。　龔銘皋淑浦縣丞[3]。　孫復煒長寧知縣,陞主事。　朱昌謨行人司。　黃鍾梧州知府。　萬光世奉議、州判。　葉之蓁行人副司。　孫峰博士。　錢金甡原武知縣。　葉允文大理寺司務。　陳裔振絳縣知縣。　卜鼎錦縣知縣。　葉允學保寧通判。　錢泰泇河通判。　葉允信開封通判。　蔣文明萊蕪知縣。　朱文灝澄城知縣,陞主事。　徐階平泰州吏目。　陳九鼎德慶吏目。　朱之蘭行人司。　錢金殿江蘇縣丞,歷江安糧道。　孫榮台懷柔縣慈樂巡檢。　王啟焜大竹縣丞,歷茶鹽道。　朱錦昌蒙化廳。　葉夢齡黔陽知縣。　朱承祖蒲城縣丞,陞知縣。　黃瀬朱岡巡檢。　顧起雷丹陽縣丞。　孫錫惠欽州吏目。　徐錞通州吏目。　顧惟勛州同。　顧書容州判。　顧人文主簿。　王錫旦州同。　葉永成州同。　張正鑑州同。　倪景賢布政司理問。　曹焕州同。　王松喬永順典史。　陳秉浩陝西巡檢。　朱潮宣化知縣。　顧人鳳金鄉典史。　盛應德太原倉大使。　錢以筠成都典史。　查涉鮑郎場鹽大使。　倪景點永寧知州。　浦震通州判官。　王汝焻平彝縣丞。　張觀芸平原典史。　周以炳永寧吏目。　王塈建寧府經歷。　王焕萬縣縣丞。　王烈華容典史。　王燾永善典史。　王熠江村巡檢。　王輝清泉典史。　朱鎬昌池州通判。　陳秉第甔山巡檢。　程廷弼湘潭典史。　沈璜會寧典史。　陳祈商州知州。　錢清豫河庫大使。　陳景藩掘港場大使。　謝純鈺安徽州同。　陳鵬普安縣丞。　曹炳仁福建巡檢。　查桐遼陽州吏目。　金長鎮鹽大使。　謝應鏘州同。　蔡以靖刑部司獄。　張觀微河泊大使。　曹顯忠部主事。　周以焯縣丞。　李堪經歷。　錢清恒直隸縣丞。　周以輝主簿。　王秉樞清河典史。　曹培忠吏目。　王登墀州同。　謝連鍔壽光知縣。

【校注】

［1］按：明代無“光禄監寺”一職，當爲“光禄寺監事”。

［2］按：當爲“光禄寺監”。

［3］按：當是“漵浦縣”之誤。中國歷史上無“淑浦縣”。

海鹽縣

明

沈愚營膳所正。 張昕典簿。 王輔主簿。 蔣寛照磨。 王玫同知。 沈福知事。 徐世雄 陳瀛知事。 朱珊經歷。 孫浩縣丞。 朱漢布政司都事。 唐本檢校。 沈蒙縣丞。 吴元主簿。 姚紱府經歷。 陳金知縣。 顧蘭衛經歷。 黄日章審理正。 黄德甫縣丞。 陳棟州判。 王朝縉府經歷。 祖鶴年主簿。 馬遷衛經歷。 吕鎬縣丞。 吴棣縣丞。 張嵩衛經歷。 賀陞主簿。 倪佶吏目。 徐樟宿州判官。 錢暉光禄寺監寺。 陸應暘州判。 張明復上林苑録事。 賀陞縣丞。 吕相周指揮。 曹繽吏目。 倪元夫縣丞。 沈騰蛟縣丞。 朱有光主簿。 馮春復署丞。 湯承寵州同。 顧綸經歷。 鍾夏縣丞。 陳所見序班。 張大縉奉祀正。 徐時朝州同。 朱焯主簿。 馮嘉議經歷。 朱元杰序班。 朱學憲縣丞。 錢周中書舍人。 賀萬春序班。 吕元美布政司經歷。 何羽 吕元善理問。 王廷傑鹽運司經歷。 吴士翹州同。 吴淑會縣丞。 朱益謙照磨。 吴協曾署丞。 王景賢提舉。 王秉鑑署丞。 馮維恒 彭受昌 吴兆祥 馮鼎 陳于王 徐秉謙

國　朝

趙基吏目。 梅標吏目。 陸楷宣吏目。 湯千里向武吏目。 胡日佑三水縣丞。 董海博羅知縣。 查浦荔浦知縣。 陳亮采慶符知縣。 陳謨鴻臚寺丞。 朱瑛西隆知州。 沈永錫安樂知縣。 錢士瑜奉議、知州。 查嗣欽保定知縣。 彭景曾濮州州同。 彭迪曾州同。 吴朝銓州同。 彭兆扈曲沃知縣。 徐德龍榮縣知縣。 陳億安南同知。 陳鼎寧化知縣。 陳克鉉山西河東運同。 唐鳳彩武功典史。 吴玉鉉烏槎巡檢。 王鶴年徐溝典史。 陳夢鑨騰越州判。 王之枚莊浪衛同知。 曹瑗臺懷鎮巡檢。 吴元錦開封同知。 彭載英淇縣縣丞。 陳康錫歸德府經歷。 陳師錫江陵縣丞。 陳貽穀鹽場大使。 李泰交遵義經歷。 吴秉仁武城知縣。 吴瀚宜君知縣。 陳志緯涿州州判。 陳躍淵富安鹽場大使。 畢紹官臺鹽場大使。 吴源河洲知州。 陳黄中羅城知縣。 陳時行山東通判。 郁秉樞銅山知縣。 錢廷鵬邠州吏目。 朱履亨湖北巡檢。 陳忠釗揭陽典史。 徐蘭福建巡檢。 翁祥江西巡檢。 顧璠馬平知縣。 陳濤江西布政司經歷。 陳玉墀會同知縣。 陳孝睭矩峒場大使。 陳孝暄石橋場大使。 查建珮兩淮鹽運司經歷。 潘華石屏州吏目。 張誠按察司經歷。 陳孝昇雲南布政司。 陳遂重慶同知。 馬之琰山西典史。 趙寅雲南鹽井大使。 張伯魁平番縣丞。 陸光宗犍爲場大使。 查世泰富安場大使。 徐華豐融縣巡檢。 吴春臺刑部司獄。 李廷揚鎮安典史。 俞光豫德化知縣。 吴方水江蘇縣丞。 張逢泰兩淮鹽知事。 陳錫光山東未入流。 馬遜廣東從九品。 湯翁嗣江蘇未入流。 陳錦緯長蘆鹽大使。 朱雲鶴河南未入流。 龐本湖南未入流。 查世勳福建縣丞。 陳錦納江西從九品。 王家福從九品。 王立從九品。 張師善未入流。 陳錦銘從九品。

吳菽水縣丞。　朱鳴雷署寧國知府。　朱廷鏞湖北遠安知縣。　陳敬祚湖北竹溪典史。　陳開雲南鹽井渡巡檢。　陳錫綸直隸青縣典史。　陳錫蕃阜陽巡檢。　郁允中從九品。　張廷杰溧陽典史。　查世熊兩廣鹽知事。　陳烜兩淮鹽大使。　沈慶和獲鹿典史。　張志齡未入流。　顧炳章廣東候補道。　張仲崔廣東陽山典史。　陳錫金香山巡檢。　蕭書勳兩淮鹽知事。　陳嘉生福建詔安典史。　陳嘉廣東鹽知事。　張振鈞酉陽吏目。　陳敬祺廣西龍州同知。　陸朝宗江西永豐知縣。　趙遜之廣西從九品。　俞時義從九品。　陸保江蘇通判。　顧德基陝西縣丞。　陸用治訓導。　黃錫蕃福建未入流。　陳瑞鄂州知府。　陳錦綬江蘇府經歷。　麗立山東聊城主簿。　顧世棠江西巡檢。　沈世奇福建未入流。　沈起鯨華亭知縣。　朱希賢直隸鹽山知縣。　陳耀河南通判。

平湖縣

明

沈璋　馮璠　陶琳訓導。　陸隆訓導。　鍾慶　沈驥　陸浦　袁琦　賀津　潘璠　楊環主簿。　陸相經歷。　楊璠　胡侃　賀澤縣丞。　陸鑾序班。　顧元豫經歷。　曹瀚縣丞。　陸楷序班。　陸瀛序班。　陸洲　張榮　張變　施照州吏目。　沈耿　陸山寺正。　屠應坤詹事府錄事。　袁照　俞金　陸采典膳。　沈東　孫榮　陸炱　顧恩　趙璵縣丞。　沈維鍔　黃錦　曹校　楊應元運司經歷。　孫牧　俞鏜　黃鍾　屠應垓　姚籥光祿署丞。　沈渭主簿。　姚唐　張載道　李燿　曹繼周照磨。　顧亨　沈宏光　顧心　陸萬垓吏目。　馬璽　姚篪　張一魯　李熺　賀大有州判。　姚籌　陸照　張達道　陸光華光祿署正。　沈澍　李濂　顧鱣　王臣經歷。　沈星　張朝柱　顧鯨　陸萬源光祿寺署丞。　陸㮱　萬尚賢　顧黿　趙邦穆吏目。　趙仕　王汀　陸傳贊　曹敏學　陸欽止州同。　陸克封　毛文炯　趙體國檢校。　陸光儒　陸堯咨　陳王道　屠耿光主簿。　陳大道　陸傳吉　陸傳瑩　姚舜官縣丞。　李慎思縣丞。　沈宏輝縣丞。　孫文英縣丞。　曹致充　陸光任通判。　陸萬鍾州同。　馮敏效　顧棐　鍾善言　沈顯宗巡檢。　沈釪典膳。　陳志道縣丞。　馮伯元州判。　鄭貴京經歷。　陸志忠序班。　張行采運副。　陸錫命中書。　張同吉中書。　陸基善　洪元基經歷。　陸基志詹事府主簿。　丁懋忠州同。　沈瑞鑌　孫夢聖　陸大鏌衛經歷。　陸啟濛通判。　顧允恭　錢廷選京縣丞。　姚體倫　馬文治　馮敏求　曹汝忠州同。　洪邦基州同。　陸基遠　張邦政　曹伯昌　曹仲華　趙邦科　陸士良

國朝

陸瑋林龍溪知縣。　沈鉉吉魚臺知縣。　陸光允　陸世栻　倪思慎　沈炳孚　倪思恂金溪縣丞。　陸大勳　沈棅　錢士俊　陳垓　陶亮采　王旦錫　王曾錫　楊際亨　孫培嘉州同。　吳堯焕　徐青選　鮑駿　江曰潮於潛訓導。　孫培高　陸光皞　陸世森　曹元寀　陸志秋　陸斌　陸賓　錢源　劉廣野　陸嘉楨　張重芳州同。　陸森立　張景良　屈宏基　沈植　沈葉　陸琳璋　沈榮　劉永齡　吳敬勝　王瑞麟　姚之傑　馬廣旂　馬曾焕南安知州。　沈皞日辰州同知。　陸世璟　孫秉忠澧州吏目。　吳觀象州吏目。　殳雯昭榆次知縣。　陸南英同知。　陸其焕同知。　陶傑同知。　唐文芮州同。　金南鍈陝西鹽驛道。　陸鼎揆戶部員外。　程本航宣化同知。　程本綸密雲縣丞。　程光輔臨州知州。　袁珂工部郎中。　袁璣蘭陽主簿。　袁頊裕州知州。　高衡福

建糧驛道。 屈學洙大理通判。 屈學海大理寺左評事。 金昌緒福建布政司都事。 黄法開封同知。 徐維垣福州知府。 徐欽潛山知縣。 陸黄鍾江西按察司知事。 辜文元新平知縣。 袁鑄衡陽知府。 陸韜玉崇慶吏目。 陸黄鉞兩淮鹽運司判官。 張昊培霍州知州。 賈繼安成都典史。 程光弼亳州同知。 方淮石港場大使。 高嵩山陽縣丞。 高澍靖邊知縣。 潘壇洪子店巡檢。 金樹屏保定通判。 范大勳典史。 沈廷灯寧國照磨。 潘廷鑑防城巡檢。 陸鋕銕石磯巡檢。 劉龍池光州吏目。 屈樹榮刑部員外。 劉琮平番主簿。 蔣鎬曹娥場大使。 吴焕高郵知州。 屈振甲江陵知縣。 屈爲經工部員外。 徐元燮邵伯鎮巡檢。 張人樑吏目。 張楹雲南驛鹽道庫大使。 劉濟平遠典史。 周士珍汝寧經歷。 孫元禮鎮寧吏目。 程培源武陵典史。 周聖瑞憑祥州判。 錢義棱長蘆運判。 王臺碭山知縣。 朱爲霖長興巡檢。 沈蓮生蒙城知縣。 張儀盛興化通判。 屈榮祖三水知縣。 徐文蔚縣丞。 孫墀馬龍州吏目。 沈學詩奉天治中。 屈俞賡夏陽巡檢。 楊念慈四川簡州州判。 馮錦宿遷主簿。 黄世恩南河高堰通判。 徐士蘭福建布政司理問。 韓印海施南同知。 黄守堅蘆溝橋巡檢。 吴恩祺從九品。 時蘭福建潯美場大使。 楊以松江蘇小鎮巡檢。 楊山鼎府經歷。 朱善雝江西八疊巡檢。 沈希祖詹事府主簿。 徐麟從九品。

石門縣

明

朱綱 沈祖主簿。 陳樫本姓胡，檢校。 胡深縣丞。 葉珍主簿。 朱繪主簿。 祝繼彔經歷。 錢鈇主簿。 余禧主簿。 吕相州同。 沈雷主簿。 王文卿江夏知縣。 朱慇知縣。 姚嶽主簿。 張鉽 胡應台知縣。 林儒經歷。 姚汝良 沈伯鯨 俞嶽通判。 鍾棟金壇縣丞。 徐良主簿。 胡應奎縣丞。 張武臣引禮舍人。 王鋭知州。 張潮州判。 范鵬經歷。 郭鼎臨安推官，陞運副。 吕楝吏目。 陸思顔 徐楝 周楨縣丞。 吕端甫中書舍人。 吕焕太僕丞，陞保定縣。築城，陞潯州府判。有靖苗功，晉山西行大僕丞。 俞恕州判。 鍾若愚雲南都事。 周霄判官。 申岳縣丞。 吕翀 費文鵷 沈懋布政司都事。 范鴻主簿。 吕炌都司斷事。 吕燧靖州倅。 沈銅經歷。 顧鷃 俞梁 沈鉉主簿。 朱衣檢校。 俞畿 陸師閔判官。 沈鎮經歷。 沈良政 吕熠 俞日望照磨。 曹文凰 胡璠主簿。 周汝元縣丞。 陸梯吏目。 陳鴻主簿。 馬文焕 葉敷榮衛經歷。 吕子堂判官。 衛同縣丞。 姚子濬 葉敷華衛經歷。 鍾學禮主簿。 張桐 張梓 金鍾 沈子錢理問。 吕曾亮鴻臚署丞。 沈汝封 王懋學吏目。 余疆經歷。 杜襄檢校。 張四勿同知。 王金軻 陸師雍主簿。 吕煒 趙崶衛經歷。 姚陳主簿。 樂繼元 胡其敍饒州照磨，轉主簿。 吕衡甫 宋德龍主簿。 嚴心 嚴尚易序班。 朱周賓 郭欽華判官。 陸龍同知。 陸卿 宋師程 吴人傑州判。 吴人賢 吕元啟 沈國仕 林啟蕚 錢士鼎 王祚昌 宋繼元 葉繼芳 錢萬山 沈如璋 吴人望 郭欽明 吕元肇 徐國萃 葉繼蓁 張方盛 勞永譽中書舍人。 吴茂良兵部主事。 鍾起鵬廪例。 王祚遠 王祚振 陸吾 邱之龍 勞永存衛經歷。 何永義衛經歷。 勞俶融 孫光復 葉昭太醫院御醫。 徐繼孝上林苑署丞。 施維岳檢校。 田國本經歷。

國朝

馬廷槐縣丞。 張袓 鍾宏謨縣丞。 姚溥莆田縣丞。 沈淶生州同。 沈洹生 何楨州同。

勞之莊州同。　方周士崇信知縣。　姚溥　徐鎬　陳時夏　陳希曾縣丞。　勞于銓　張韡　胡鈖　勞之裕　周偉　朱霆州同。　金之植　吕至中　許全學　袁蕚　姚樞　吴景辰　沈周　朱沐　楊文鑑　勞之達　徐光大　許遷木　葉士惠　衛淇　周之琳　勞鏞　周彪　方國圻　蔡彬　徐行浦　王自脩　許膺善　費琨　徐鈞　吴元瑍　程陳錫　莫璋　聞起麟　胡極　史正　俞長麟　史楷　李兆忠　陳志高　吴文銓　胡權　嚴師聖　李文祥州同。　田錫祚州同。　方承德　田熙　史標　張奇逢泰安州同。　聞玉相　曹顯庚邵武同知。　張泰光濬縣縣丞。　陳世佺大興知縣。　莊銘大理司獄。　陳鏕雲南知州。　陳錕横州知州。　吴大成户部大西倉監督。　吴蘭成廬陵知縣。　吴爲鍾蘭山知縣。　陳澐樂平縣丞。　陳善繼長蘆鹽庫大使。　田朝泰永順巡檢。　蔡萬程汧陽典史。　平觀灝興安典史。　沈國昌鹽運司知事。　王綸熙青神典史。　周石民馬平典史。　吴華國錦田寨巡檢。　張肇基壽陽典史。　沈瑞凝寧化典史。　張恒光托克托城巡檢。　陳棨河間經歷。　洪燮永城縣丞。　史大醇泰州巡檢。　吴爲鼎灤州吏目。　吴光斗南城典史。　謝應麟嵊嶼司巡檢。　吴拱宸祥河同知[1]。　沈紹仁州同。　陳斌主簿。　姚建中府經歷。　胡緗光禄寺署丞。　鍾金溶靈山巡檢。　陳萬森太平通判。　吴承愷延安典史。　吴承悌通山典史。　葉潮孟村巡檢。　范玉琳湖口知縣。　吴壽松清河主簿。　陳銘壽縣丞。　吴貽穀未入流。　胡向榮未入流。　蓋宗禮未入流。　吴承慈未入流。　葉鍾泰昭化典史。　吴燝從九品。　葉恩榮未入流。　顧乾培從九品。　吴朗按察司知事。　鍾懋龄江西從九品。　吴承怡從九品。　趙恩楷鹽運司經歷。　方祥慶未入流。　胡光第鹽運司知事。　馬國棠兩淮運判。　馬健煇鹽運司知事。　葉淮平利知縣。　許祖望巡檢。　吴德騂從九品。　吴�從九品。　方有慶州吏目。　葉本立從九品。　陳澐江西樂平知縣。　陳懋德知縣。　陳杲廣東鹽知事。　陳龍同安知縣。

【校注】

［1］按：當是“祥符”之誤。中國歷史上無祥河縣。

桐鄉縣

明

朱萱縣丞。　夏禧主簿。　沈浦典儀。　錢孔禧主簿。　莊文綬州同。　王檀通判。　張雲州判。　錢夢明經歷。　錢夢麟州判。　錢光祖衛經歷。　錢貫州同。　錢夢龍衛經歷。　徐華嶽縣丞。　盛國楨序班。　沈尚賓主簿。　顔學詩署正。　顔學易署正。　曹應科州判。　莊有威兵馬司。　王文炳主簿。　王化布政司經歷。　張忠縣丞。　鄭文理問。　陳紀吏目。　何剛經歷。　錢禮都事。　周倫吏目。　李雅判官。　朱安　燕弼　曹旒　邱珊　錢楠　趙薰　邱嶽　勞有功　羅賢　趙萃　李天祥　沈炅　王錦　周權　沈汝方　莊持已經歷。　莊冕州同。　顔祺　顔俊英縣丞。　鍾焌忠州同知。

國朝

施鈊趙州州同。　施普太倉州同。　夏煜永寧知州。　方逢月臺灣府經歷。　馮錦宜川縣丞。　金宏烜江陰主簿。　馮欽芒稻閘閘官。　唐煜輝縣主簿。　孔繼美河内縣丞。　趙珮永昌知府。　金烈廣東糧道。 李念昔板閘巡檢。 姚廷柱大埔典史。 朱勇均井研典史。 金垣刑部員外。 金鏞潞安知府。 金瑾象州知州。 金坩新定知州。 金埰薊運通判。 金壆中城副指揮。 金上鏞會澤縣夕補巡檢。 陳肇基平海巡檢。 陸寅嵩明吏目。 程拱寅鹽知事。 程拱宗順天北路司獄。 程世業鹽大使。 金德興刑部奉天司主事。 馮泳平泉吏目。 馮津劍川知州。 俞傳聲蒲圻縣港口巡檢。 張元任浮梁縣丞。 程度禄勸典史。 馮思棟上饒典史。 馮照楠宣城縣黃池巡檢。 馮端揆莕盈吏目。 馮爲霖元江州因遠巡檢。 蔡鑾坡開封通判。 黃梧縣丞。 蔡鉅蘭浮梁縣丞。 鄭心一袁州知府。 沈旺生磁州知州。 陳元彩順德同知。 陳鼎治九江同知。 馮召棠加河同知。 馮爲杠汶上縣丞。 馮爲霖龍陵巡檢。 馮恩棟温水寨巡檢。 馮爾熾德州州同。 陳錫青田訓導。 周桂歸安訓導。 汪汝楨原名淦,知縣。 陳桂森杭州訓導。 朱莘黃巖訓導。 陸元鑅原名元鏡,介休知縣。 程榮定縣知縣。 陸費元東光知縣。 程樾州判。 程世檣定遠主簿。 鄭兆鼎陽高典史。 錢大文泗水寨巡檢。 勞勱成大黃江口巡檢。 汪桂原名杰,杜林巡檢。 朱然原名培,新泰典史。 馮受煦都寧巡檢。 彭立勛衛千總,授安慶衛前輆。

以上伊《志》、于《志》。今自道光庚子起,俱與例貢併列一條,爲例貢監。

廩例。**貢**

順治年。金日臑嘉興人。 柯維楨州同。以下嘉善。 龔彥州同。 顧琦坊 張廷建 張廷遷 徐善建 沈槎桐鄉人。 朱來光

康熙年。李登瀛梓潼知縣。以下秀水。 李振麟 顧士楫 顧乃西海寧訓導。 沈京文知縣。 屠堂 汪繼燨中式。 卜耆蘭 蔡于道分水訓導。 蔡于德烏程訓導。 高孝治 吳寅正 蔣名世鎮海訓導。 朱彝爵杭州訓導。 陶宏禧 陶聿遜 陳埈 鄒天嘉 陳宗美 程沅 胡泰彰德知府。 周之翰 吳雲 潘攀麟 周紹濂 杜開銓宛平知縣。 李在莘 戴宏燾 李大智 張士睿 朱溥教諭。 朱淳 葛源 婁金鏞 陳宗泗 胡樹業 胡樹微永康教諭,任縣知縣。 沈鴻文 周源辛 王生槐 曹士瑛 沈全熹 杜雲鵠 曹彥樞常山訓導。 杜元鎮知縣。 徐祚會內邱知縣。 陳士鑛鎮江知府。 葛天鵬麗水教諭。 于潢處州教授。 李傑雲和教諭。 陸名世金華訓導。 葉允學保寧通判。以下嘉善。 葉允文大理寺司務。 葉允信開封通判。 柯鄧枚南康同知。 魏晢嗣昌化教諭。 孫復煒主事。 朱昌謨行人。 沈銘孝知縣。 高星遠衢州教授。 沈銘慎陳留知縣。 陳鵬森 張鵬萬 毛璐 蔣兆增 朱宸枚嵊縣教諭。以下海鹽。 查浦荔波知縣。 顧東眉 戴堯章 朱念高雲和教諭。 金南鍈工部員外。以下平湖。 江日潮於潛教諭。 程本毓梧州通判。 陸祖元縉雲訓導。 陸鼎揆户部員外。 錢潮仙居訓導。 劉象坤慶元訓導。 戴爱發於潛訓導。 陸光曜景寧訓導。 陸爃昌松陽訓導。 張友直武義訓導。 馬爆曾開化訓導。 曹蓼莪饒州同知。以下石門。 許自期寧鄉知縣。 顧偉 鍾晟晉 鍾桓端 吳景辰 顧鈿 鄭之高 姚楓 朱霽台州訓導。 陸泓 朱霆 朱濂餘杭訓導。 吳景台 朱沐 吳寶之 方浩 鍾處厚 曹廷孚 許自任 楊文鑑 謝元啟 曹仔任 徐偉然諸暨訓導。 朱纏 吳雲程 沈慶錫 勞啟鑑旌德知縣。 吳之振中書。 吳震衛行人司正。 勞啟銑上思州知州。 李我郊嶜梧道參議。 許全學商城知縣。 方周士潮州同知。 勞之成富陽訓導。 曹理暢 沈粹 吳寶林奉天治中。 方殷士武義教諭。 曹肩吾杭州訓導。 徐行溥江山訓導。 王崞 曹坤柄武康訓導。 方景濂台州訓導。 汪森户部郎中。以下桐鄉。 汪文炳大理寺丞。 王者香安邱知縣。 任元撰金谿知縣。 金栻象山教諭。 錢

彩永嘉訓導。　郁珍簧諸暨訓導。　馮嗣京長興訓導。　金瑞慈谿訓導。　孫起鼇仁和訓導。　錢爾枚無
極知縣。　金梓府同知。　奚自恂軍功,沁水縣丞。　錢士式訓導。　李登瀛　錢琰訓導。　唐大鏞

　乾隆年。吳基教諭。以下嘉興。　汪秉鈞　陳經猷　張慶璉訓導、縣丞。　莊鳳燾武義訓導。　陶
瑚臨安訓導。　陸銘訓導。　王坦　陸栿于《志》增。　戴堯垣原名經。嘉慶三年,臨雍獻頌,欽取入選。
陸許淳杭府訓導。　陳錦台州訓導。以下秀水。　何振新慈谿訓導。　蔡以堂遂安訓導。以下嘉善。　張
身浩義烏教諭。　張元叔蕭山訓導。以下平湖。　陳溥訓導。　陸燦昌松陽訓導。　陸光耀景寧教諭。
張友直武義訓導。　陸邦燮訓導。　褚玉庭孝豐訓導。　翁于泰德清訓導。　翁光逵歸安訓導。　劉
象坤慶元訓導。　陸秉衡訓導。　陳溥訓導。　陸祖元縉雲訓導。　陸世璣德清訓導。　史善煌以下
石門。　徐學謙　莊鎔象山教諭。　費成雲海寧訓導。　陳掄元臨安訓導。　田琦紳金華訓導。　馮
省槐錢塘訓導。以下桐鄉。　朱鴻愷麗水訓導。　程拱宿處州訓導。　曹焯訓導。　陳天鏞　張紹曾
以下捐賑議敘,俱平湖人。　陸繹鈴　徐有光　顧時庸

　嘉慶年。朱桂訓導。以下府學。　沈銘彝訓導。　蔡籙訓導。　顧履仁訓導。　倪璐　錢希憲訓
導。　謝江　沈光春　張炳照安吉訓導。　趙華恩　沈楷訓導。　時樞餘杭訓導。　楊樹立　錢
泰吉海寧訓導。以下嘉興。　褚志鴻　謝宇澄寧晉知縣。以下嘉善。　吳駿訓導。　查有慶以下海鹽。
沈三祝訓導。　陸用治訓導。　王聖與訓導。　陸丙章原名棠,平湖人。

　道光年。錢崙源以下府學。　錢慶福　計楠訓導。以下秀水。　懷淳　虞光祖訓導。　陳鑌訓導。
沈福昌訓導。　張樹勳武功知縣。　趙雲鵬　汪世棻　周大豫訓導。　龔璜溫州訓導。　殷樹柏
陳炳　項珉　錢善膺　楊映奎　陳愛蓮　浦頌如　陸洽　楊寶安以下嘉善。　李應照　張旬
朱美鏐漳浦知縣。以下海鹽。　干立烏程訓導。以下平湖。　徐光濟原名慶元,紹府訓導。　朱輪訓導。以
下石門。　寶祝齡署會稽訓導。　張敬業　蔡載升訓導。　勞宗保溫府訓導。　蔡載樾安吉訓導。
胡元熙訓導。　徐廷鑾訓導。　蔡載鼎餘杭訓導。　馬福椿訓導。　吳玉森訓導。　馬鳳翔訓導。
吳清載　蔡載孚訓導。　蔡載臨訓導。　朱華黃巖訓導。　張堃　汪嘉穀江山訓導。　戴文藻　曹
濂景寧訓導。　鄭心耕　周桂歸安訓導。　倪彪　陸元錞會稽訓導。　馮嶧桐　周森訓導。　嚴繼
光浦江教諭。　陳桂森杭府訓導。　周楚訓導。　錢同謨鹽大使。　張千里紹府教授。　仲鏡訓導。
朱鎮訓導。　嚴廷珏順寧知府。　錢風輝鹽經歷。　周楨　葛懷　李允本　沈詔　嚴澍　曹椿中
書。　沈時熙　沈禤　周守義　嚴廷璐山東通判。　仲錕　潘藍田　周士照訓導。　陳田　陳桐
鳳　周士熊景寧訓導。　孫壽祺　陳堃　葉應培　鄭鏞　唐焯

　以上伊《志》、于《志》。今自道光庚子起,俱與舍選併列一條,爲例貢監。

例貢監案舊《志》,分爲例貢、舍選二條。自道光庚子後,捐例頻開,貢監之多,
幾至載不勝載。即廩增附之捐貢監者,兵燹之餘,冊籍蕩然,亦屬漫無稽考。
今擇其曾登仕版,京官自主事,外官自知縣、教職以上各員,
合爲例貢監一條。其餘分見邑《志》,茲不備録。

嘉興縣

褚蘭生署蘇松太道府。　李文杏直隸候補知府。　姚文枏天津運同。　姚寶勳户部郎中。　唐翰

題江蘇太湖同知。　沈宗濟廣東候補同知。　李忠清署越巂知州。　錢發榮兵部主事。　謝世城署福建石碼通判。　張吉熊福建候補通判。　姚文榮兩淮候補運判。　沈曾棻兩淮運判。　張振陛署寶山知縣。褚璣江蘇候補知縣。　錢志澄江蘇候補知縣。　沈廷颺黃巖訓導。　姚夢澐署鎮海訓導。　董曦署景寧訓導。　丁恭壽署仙居訓導。　王福祥署於潛訓導。　金吳瀾崑山知縣。

秀水縣

杜文瀾江蘇候補道,署布政使。　杜文浩湖北知縣。咸豐三年殉難,贈知府。　沈瑋寶署蘇州知府。王恩壽刑部郎中,旌表孝子。　沈兆珩刑部郎中。　唐世永澎湖同知。　葉樹晉廣東候補同知。　沈蕃福建候補同知。　杜文溥江蘇候補知州。　錢國均刑部主事。　沈兆坤石碼通判。　唐均上杭知縣。董槐諸城知縣。　錢慶培獲鹿知縣。　盛錫齡署中江知縣。　金鴻保署溧陽知縣。　詹作周署濰縣知縣。　周閑署新陽知縣。　金福曾署吳江知縣。　周振均湖北候補知縣,殉難。　汪世梅上猶知縣。　莊祖基江西候補知縣。　錢朝墀直隸候補知縣。　張豫立江蘇候補知縣。　唐壎富陽訓導。　陳端治署武康教諭。　沈琮寶署太平訓導。　王景祁署德清教諭。　盛堯春署太平訓導。　蔡瑞桐署新昌教諭。金鼎燮署臨安訓導。

嘉善縣

金以誠江蘇候補道,軍營病故,贈內閣學士。　金安清湖北糧道,記名按察使。　李慶琛江蘇候補知府,殉難。　錢寶傳江蘇候補知府。　金濤臨邑知縣,殉難,贈知府。　錢維福淮北監掣同知。　錢寶常南河候補同知。　戴文佐江蘇候補同知。　金吳瀾嘉興知縣。　錢葆延懷來知縣。　周士銜山東知縣。　李鵬青江蘇候補知縣,殉難。　陳鶴翔署常山訓導。

海鹽縣

陳方瀛川沙同知。　朱秉衡江蘇管糧通判。　徐維鑑署江蘇管糧通判。　朱安民江蘇候補同知。張森玉廣東候補通判。　平世昌崇義知縣。　朱元釗滎昌知縣。　朱安國汾陽知縣。　查侃署豐潤知縣。　黃華鎬署墊江知縣。　陸爾發江蘇候補知縣。　陸德喆江蘇候補知縣。　吳光清江蘇候補知縣。沈棋樞山陰訓導。

平湖縣

朱善張淮徐揚海道,軍營病故,贈右都御史。　沈應奎陝西陝安道。　陳鍔署延平知府。　伊紹洙威遠同知。　朱善寶署江寧督糧同知。　徐元錫署上海同知。　吳兆麒江蘇候補同知。　徐光署永春知州。徐福貽戶部主事。　吳濂兵部主事。　黃銘仁江蘇豐北通判。　孫和鳴署松江管糧通判。　朱之桁兩淮候補運判。　徐慶咸惠安知縣。　吳若灝單縣知縣。　張金瀾京山知縣。　陳葆清署東安知縣。　吳若烺署中牟知縣。　沈慶良署吳江知縣。　倪寶琨署清河知縣。　朱之穀署連江知縣。　陳鉞署沐陽知縣。

錢崙源署台府教授。　周耕經署嚴府訓導。　周庭桂臨海訓導。　沈慶慈仁和訓導。　朱善鳳署遂昌訓導。

石門縣

陳其元江蘇候補知府。　徐多綏戶部郎中。　李嘉福江蘇候補同知。　徐著謙光禄寺署正。　蔡錫琪江蘇候補通判。　馬鳳梧兩淮候補運判，殉難。　程祁都察院都事。　范玉琳河口知縣。　勞慶蕃襄陽知縣。　吳康壽陽湖知縣。　任爲金署花縣知縣。　趙宗楷江蘇候補知縣。　朱淵江西候補知縣。　田福亨湖南候補知縣。　華德森江蘇候補知縣。　蔡錫崑台府訓導。　徐福謙海寧訓導。　徐鳴鑾署富陽訓導。

桐鄉縣

嚴謹石阡知府，殉難，贈太僕寺卿。　沈康保泗城知府。　金星榆署鄖陽知府。　嚴鼎金貴州候補知府。　嚴錫康江蘇候補知府。　陸費森江蘇候補知府。　徐焕藻刑部員外。　孔憲采分水教諭。　李攀鱗署山陰教諭。　陸費煦瑞安教諭。　嚴銓新城訓導。

嘉興府志卷四十九

選舉六

掾敘

漢由拳縣

徐栩少爲獄吏,遷小黃令,後爲長沙守。　張業武父,郡掾。

嘉興縣

宋

陸儀秀州吏,充左院推司。

元

林鏞江浙行省。　李思讓嘉興吏。　鮑德恂父,縣丞,崇德人。

明

沈章郡掾,知南康縣,廉明,悉利病。　殷杲御史。　陳宣運使。　胡奎州同。　宋旻驛丞。　周麟主簿。　沈榮主簿。　陳蕢稅課大使。　孟鍾主簿。　張翊評事。　顧琛郎中。　陶蕭倉副使。　許敬驛丞。　談相以楷書授中書,歷工部侍郎。　范澄經歷。　屠玉通判。　戈文一典史。　褚景祥典史。　陳瑤主簿。　徐霈典史。　徐瓚巡檢。　朱麒典史。　朱朝卿衛經歷。　張來鳳吏目。　張敏典史。　沈驛典史。　陸瓊典史。　朱麟　王希堯衛經歷。　陳鳴鳳吏目。　郭文聰典史。　周晟倉大使。　盛憲章典史。　徐坤照磨。　何喬典史。　沈光祖典史。　李僴主簿。　孫應儒吏目。　施禮主簿。　居雲知事。　張楠知事。　徐謐典史。　馬觀吉主簿。　費懋光典史。　許茂卿巡檢。　金積縣丞。　輅文科典史。　李品典史。　姜應壎縣丞。　錢伯都事。　錢績吏目。　俞正觀縣丞。　沈大射衛知事。　朱燧州判。　朱旻驛丞。　郭鉤經歷。　王元聘典史。　周道亨州判。　屠鍊知事。　許堂典史。　黃閣巡檢。　朱堯驛丞。　張化龍倉大使。　屠應韶衛經歷。　沈思恭衛經歷。　沈自新驛丞。　褚承祀州吏目。　陳國政倉大使。　張元軫主簿。　鄒懋德倉大使。　范翔鳳巡檢。　毛維憲巡檢。　高必進巡檢。　陳其政典史。　施宏策倉大使。　俞慶元主簿。　姚之哲驛丞。　沈國元府經歷。　徐汝彬衛經歷。　夏尚忠典史。　王紀善主簿。　陳懋政主簿。　朱秉文典史。　朱正色典史。　吳石珍場大使。　朱懋巡檢。　周大綱經歷。　倪成驛丞。　陸企雲主簿。　胡士靖典史。　陸輔驛丞。　王大憲衛經歷。　張效賢倉大使。　吳承恭巡檢。　莊大敬巡檢。　孫之蕭縣丞。　巢有功鹽大使。　倪士英縣丞。　王房敬典史。　高宏陽知事。　姚士錡理問。　陳可元衛經歷。　沈文進衛經歷,舉賓飲。　潘元春主簿。　王正懋州吏目。　陳軾知事。　宋諒縣丞。
張鳳征主簿。　柯應掄典史。　朱明俊州判。　徐如主簿。　張謨庫大使。　嚴則孝主簿。　錢萬
里巡檢。　錢萬鎰縣丞。　吳中美巡檢。　錢萬鍾經歷。　姚元相當塗縣丞,陞衛經歷,舉賓飲。　吳
中謙吏目。　朱瀛朝主簿。　汪裕南宮縣丞,陞衛經歷,舉賓飲。　陳懋仁府經歷。　王崇善瑞昌主簿。
湯執中縣丞。　徐王孫典史。　周之瀚典史。　董士龍衛經歷。　褚應祚　潘應奎經歷。　黃佺期
周茂才典史。　錢壽國　張其耀衛經歷。　黃建章驛丞。　顧九華經歷。　馮有義典史。　屠思忠
典史。　徐聯如旌德典史,舉賓飲。　張拱元省察。　吳廷瑚大使。　徐錫榮桃源典史,祀名宦。　朱正
朝衛經歷。　項秉雞澤典史。

國　朝

仲之孟貴池典史。　項炳純雞澤典史。　陳化白浮山典史。　王之名蘭陽縣丞。　胡乃宿桃源典
史。　陸龍莆田典史。　史鏡龍泉典史。　何耀龍廣平典史。　王雲龍華亭典史。　文俊縣《志》姓史,
鳳翔典史。　仲宏達文登典史。　沈振先衛經歷。　呂璜南豐龍池巡檢。　朱王路典史。　吳文龍典
史。　史統龍泉典史。　崔廣墊江驛丞。　富有禮經歷。　王蕃主簿。　鄭之棟經歷。　倪國昌州吏
目。　徐斯宏巡檢。　吳文元吏目。　湯廷翰典史。　唐文炳山東鹽經歷。　馮馨宿遷知縣。　王鎔
典史。

秀水縣

明

姚昌州判。　祝楨司獄。　劉岳州判。　范瓊縣丞。　何罕巡檢。　陸俊監事。　姚森巡檢。
皇甫昂　王組縣丞。　張瑞局大使。　沈亨倉官。　楊倫典史。　王潞縣丞。　仲甫倉官。　潘玘
陸英典史。　孫盛　徐海倉官。　吳璠　戴巙局大使。　袁昊　顧清案牘。　馮儀　孟謙典史。
陳迪典史。　聞人節　蔣昭巡檢。　蔣昂　周軒巡檢。　費盛　鄒鑑　楊桂倉官。　顧景賢倉官。
沈和巡檢。　嚴頤　曹昌倉官。　張廳巡檢。　謝盛　陳琛　俞棟遞運。　張淞吏目。　童璋
談哲倉官。　陳璠遞運。　施恩　徐英遞運。　馮富倉官。　張椿吏目。　施德典史。　孫俊　陶
諧　王蕭　鄭祥　沈桂　吳懋　顧文湧廠大使。　盛元　沈瓊　莫萱　王璧　陳組倉官。　顧
夔　趙璋巡檢。　施憲巡檢。　沈璧典史。　錢經　張恕倉官。　施澤衛經歷。　楊枏倉官。　竇
相　陸珪　俞炳　袁遜　沈松　徐方　錢庶州判。　張周　于喬　朱燧判官。　張鏢　高繼科
典史。　胡從禮縣丞。　姚彩主簿。　周承元主簿。　鄒汶儒承天府大使。　鍾思孝典史。　張正
鳳司獄。　王欽典史。　馮應第衛經歷。　金文奎巡檢。　鍾一陽衛經歷。　王學儒典史。　沈文
炳縣丞。　范之才經歷。　蔣之成典史。　張乘之知事。　呂照經歷。　夏獻臣典史。　徐來庭典
史。　鍾大才典史。　房亮州判。　張騰典史。　沈思聰主簿。　吳英吏目。　徐之行

國　朝

鈕承德南平典史。　潘勳思平典史,山陰籍。　陳遇宏靈山典史。　陳嘉猷虞城典史。　施可行崇信
典史。　馮元祚河池吏目。　崔兆昇衡州經歷。　孟宗孔崇信典史。　姬鼎典史。　沈瑜經歷。　計六

奇穎州巡檢。　姚文炳同官典史。　翟永齡經歷。　周澧基漳平典史。　何灝廣州府司獄。　沈福元永安典史。　張廷桂桃源主簿。　汪世樾歷城巡檢。　朱聲廉通州吏目。　唐杰桃源主簿。　汪世楷虞城主簿。　汪玉沛山陽主簿。　倪夔調懷寧典史。　倪朗懷長樂典史。　汪嘉棟廣東巡檢。　汪玉潤宿遷巡檢。　盛世紋宜城巡檢。　于櫥績溪典史。　汪家棟開平巡檢。　汪德熙元城主簿。　李德純江都典史。　朱聿封萬年巡檢。　汪仁宜興縣丞。　汪世樛潛江主簿。　汪成烈應山巡檢。　懷湘莆田巡檢。　項貴生吳江巡檢。

嘉善縣

明

周餘市舶提舉。　李敏縣丞。　高原縣丞。　萬夔州判。　夏彥理錦衣衛知事。　夏時斷事。趙倫主簿。　朱稷州判。　徐言監庫提舉。　王緝主簿。　李晟縣丞。　李讓縣丞。　紀宗主簿。吳完縣丞。　王暹縣丞。　張元同知。　宋昂蜀府工正。　錢繼宣府經歷。　徐蕭同知。　王綱主簿。張霞倉官。　張公驛丞。　錢岑同知。　陳山都司斷事。　戚隆以下衛經歷。　馬斌　陳坤　顧備王府審理。　戴明典史。　沈瑞縣丞。　沈雷河泊所大使。　於僎衛知事。　戚馘主簿。　呂靎典史。陳訓驛丞。　曹嶠宣府司知事。　夏皡倉副使。　孫穀典史。　陸隆驛丞。　陸鼇驛丞。　呂濂典史。呂儒驛丞。　孫恩衛經歷。　胡宗仁縣丞。　顧賓典史。　郁鉞典史。　浦鯉巡檢。　孫榴倉大使。錢曦巡檢。　夋鉞典史。　顧梗倉大使。　夏隆巡檢。　余士衛經歷。　呂秀驛丞。　張适驛丞。夏尚忠典史。　夏葛巡檢。　陸大中驛丞。　沈甸宣課司副使。　徐鵁倉大使。　呂沂衛倉官。　呂泮倉官。　李兆禎縣丞。　吳環　李永年主簿。　許宗訓典史。　唐立巡檢。　倪可傳經歷。　王之士典史。　顧寵庫大使。　孫志閔主簿。　姚禹臣典史。　路曉典史。　季良佐劉家莊巡檢。　沈大本衛經歷。　陳表巡檢。　浦茂才衛經歷。　倪效良典史。　姚廷輔巡檢。　韓道亨典史。　許繼周典史。　蔣文衡

國　朝

王竚興寧典史。　浦龍臨潼縣丞。　金鏞清縣主簿。　朱來遇崑山巡檢。　王漢光歸善驛丞。朱炳經歷。　朱之榮經歷。　曹兆元吏目。　于鳴珍吏目。　葉萬昶典史。　徐焜吏目。　沈萬齡新寧縣丞。　吳德賢居平吏目。　張宗復成都府經歷。　姚世俊寧津典史。　李奇朱小貞司巡檢。　金元德太醫院吏目。　唐陛宣永定衛巡檢。　姚日升錦州衛倉官。　沈之機巡檢。　孫元炳經歷。　王安國典史。　趙文達松江府司獄。　高曹坤經歷。　王茱武定州吏目。

海鹽縣

明

葉春洪武中起邑掾。永樂初，禮部尚書李至剛薦，授主事，累官福建布政司參政。宣德中，以浙西蘇、松諸路多贓吏奸豪爲民害者，敕大理卿胡槩及春巡視，尋擢刑部右侍郎。　全宗禮部員外郎。　張振重慶知府。　張天與都司斷事。　陸斌鹽運司知事。　張禮縣丞。　陸子明經歷。　蕭斌主簿。　陸亮主簿。　唐誠縣丞。

費恭巡檢。　李朴主簿。　王綱典史。　周密典史。　朱城縣丞。　張珪巡檢。　陸璘典史。　鄭恂以下巡檢。　倪可宗　周宗顯　富全　顧昂典史。　袁鑑典史。　王瓊場大使。　卜敏巡檢。　趙原正縣丞。　鍾海縣丞。　趙麟主簿。　馬濬州同。　張羽　蔣誠主簿。　沈亨吏目。　張理縣丞。　吳巘衛知事。　吳珵驛丞。　吳濡典史。　湯復初大使。　曹敬典史。　褚璠府司獄。　宣黻大使。　沈雲典史。　葉英　吳中漢　宣綬　張雲翔　許棟　鄭讚　張俸典史。　陸鳳翔大使。　張鐔千戶所吏目。　徐煜驛丞。　曹綺知事。　張曇所吏目。　俞渀縣丞。　張奉祖金城寨巡檢。　張奉先縣丞。　凌曙吏目。　張京巡檢。　吳鯤大使。　鍾思包倉大使。　葉汝卿巡檢。　錢應文巡檢。　蔣洲驛丞。　朱龍衛知事。　俞臬衛經歷。　王家賢判官。　鍾應亨典史。　姚思舜主簿。　倪鈇縣丞。　孫洲衛經歷。　盧曉典史。　何可久典史。　呂觀光縣丞。　朱萬里驛丞。　董員典史。　謝子貞斷事。　吳國賓大使。　富緝縣丞。　徐待賢大使。　陳元瑞吏目。　吳廷傑縣丞。　湯榮　俞九齡典史。　滿上達典史。　褚名儒大使。　張承錫驛丞。　陳津司獄。　顧維方縣丞。　王明時經歷。　謝京典史。　張鳴鳳縣丞。　吳兆楨縣丞。　費和典史。　郁儒縣丞。　徐廷傑縣丞。　吳希賢縣丞。　陶聖寵經歷。　黃中理典史。　何澄源照磨。　朱紀典史。　倪薦典史。　潛孔嘉典史。　王體坤典史。　陸萬鍾吏目。　倪思鹽庫大使。　周思忠巡檢。　周兆殷倉大使。　陸從台衛經歷。　周道昌所吏目。　徐魯卿巡檢。　周文昌巡檢。　韓守貞吏目。　張正純巡檢。　任杏芳衛經歷。　何奇英典史。　沈文棟經歷。　張汝聽衛經歷。　周奇遇大使。　沈文相經歷。　張希閔驛丞。　倪履亨倉大使。　徐待選巡檢。　顧元象驛丞。　錢鳳翔大使。　王廷相典史。　王廷化驛丞。　顧廷俊縣丞。　周元相大使。　徐勳大使。　王立顯典史。　張效順巡檢。　董相卿驛丞。　張文桂司獄。　張士魁典史。　吳尚義主簿。　邱與傳大使。　陳其道庫大使。　倪善道巡檢。　徐名佐吏目。　呂鳴治經歷。　王允臧主簿。

國朝

陸世瑞東光典史。　張行健巡檢,殉難。　韓昌祚松江同知。　陸楷宣下雷州吏目。　梅標澧州吏目。　趙燧瑞州經歷。　趙基睢州吏目。　葉如錦唐縣典史。　楊枝春建寧照磨。　王紹俊　朱時昌　張廷鑑　朱仲光　朱文鑑　張文選　張舜臣　陸光裕　張琳　陸光祚　朱召榮　葉長春未入流。　紀德峻未入流。　趙維翰雲南典史。　黃南金玉門知縣。　張伯魁平涼知府。　朱美鑾府經歷。　查新保定倉大使。　朱錦琮江西瑞州知府,殉難。　陳孝懿江西,從九品。　羅萬清河南府經歷。

平湖縣

明

馬文典史。　馬堂倉副使。　蔣質京庫官。　韓文　鍾煉衛經歷。　李學思巡檢。　胡日省大使。　俞金州同。　蘇節巡檢。　胡桂典史。　蔣武巡檢。　潘惠縣丞。　陸鶍倉官。　屠珉典史。　陸萬周縣丞。　魯耀驛丞。　朱文倉大使。　全大德典史。　陸用賓典史。　陳時龍典史。　徐子方巡檢。　衛武寧主簿。　賀應龍巡檢。　沈復東倉大使。　費學聖大使。　王源驛丞。　沈爲東典簿。　施鳳材巡檢。　吳經大使。　金汝聲驛丞。　陸士鯤衛經歷。　鄔啟元吏目。　洪明教主簿。　陸士賢檢校。　張國經巡檢。　吳禮先吏目。　張元軫主簿。　潘宗里吏目。　華起龍衛經歷。　何有元巡檢。　范國楨典史。　吳有光巡檢。　陸文耀大使。　曹孟科驛丞。　曹榮大使。　顧充卿典史。　陳應亨典史。　毛應堎大使。　鄔育元巡檢。　馮元璋典史。　鄭子洪主簿。　馮應魁巡檢。　姚士鰲大使。　呂開泰縣丞。　陸應選稅課大使。　富大可司獄。　湯學禮大使。　趙經驛丞。　陳繼宗巡檢。　吳大光驛丞。　姚舜華巡檢。　姚體信典史。　陸世垣大使。　徐時雍吏目。　周成文主簿。　徐昌化大使。　王道源典史。　韓會吏目。　陸合清巡檢。　華繼宗衛經歷。　陳時來大使。　陸樹奇衛經歷。　沈肇基典史。

國　朝

劉時春平樂典史，嘉興籍。　倪三俊宜君典史，嘉興籍。　洪杲新樂典史。　賈三登涇江司巡檢。　顧方標典史。　周聖瑞馮祥州判。　全璠招寧巡檢。　金廷勳建陽巡檢，禦教匪陣亡。嘉慶三年，給雲騎尉世職。　許仕安肅典史。　張燿鳳嶺巡檢。　孫大欽分宜典史。

石門縣

明

朱逢吉大理寺丞。　何瑄刑部主事。　范思敬　朱昇縣丞。　陳慶經歷。　朱孟光主簿。　沈義同知。　唐賢主簿。　費軒典史。　鍾溟典史。　周昌主簿。　俞鳳華典史。　平春倉官。　嚴信倉官。　沈熊主簿。　錢綱倉官。　方玒典史。　姚璣　熊孟華　范琦俱倉官。　沈鳳巡檢。　顧源典史。　徐景雲場官。　謝一恩　吳瓊　姚貴俱倉官。　陸楠照磨。　徐方光祿監寺。　吳長齡照磨。　呂希謙主簿。　葉銓文思院副使。　葉銶序班。　朱珮州吏目。　馬柱經歷。　徐堸以下所吏目。　費文鷺　宋懋　朱珂巡檢。　葉敷英縣丞。　張文龍司獄。　張邦治徐州判官。　呂珊縣丞。　呂煋倉官。　張綰主簿。　鍾鉞驛丞。　姚良輔經歷。　徐卿典史。　王金鐸　徐宗廉典史。　呂璠歷州判官。　呂官典史。　康燧典史。　趙洽泰州衛經歷。　莊楷龍溪典史。　蔣士朝典史。　郭宗岐典史。　吳天祚典史。　曹濱　李文元　吳詔俱驛丞。　王綱巡檢。　范鶠倉官。　沈頖　孫位俱倉官。　宋希誠典史。　孫承志典史。

國　朝

陳汝定典史。　沈荃經歷。　沈文芷經歷。　沈濟生　何思澄吏部都吏。　湯聘之黃圖巡檢。　宋峻榮　聞譽彥　沈日洽經歷。

桐鄉縣

明

孔昂倉大使。　沈宗顯倉副使。　輔弼典史。　陳慶州同。　沈本立典史。　蔣端典史。　張倜典史。　許哲巡檢。　錢宏巡檢。　陳軏主簿。　康謙驛丞。　沈海驛丞。　沈沂典史。　朱彥文司獄。　黃忠司獄。　錢玭典膳。　許諒巡檢。　周仁驛丞。　時瑤典史。　李玭司獄。　趙謙司獄。　陳巽衛經歷。　高祥巡檢。　錢守之州同。　沈繼科縣丞。　張鳳局大使。　徐綸主簿。　沈珪倉大使。　王原庫副使。　羅綺典史。　王英倉大使。　高亮省察。　沈尚質主簿。　謝瑞省察。　沈侃縣丞。　楊佐省察。　朱銘經歷。　錢明省察。　倪有倫典史。　陳容省察。　徐孝典史。　沈蘭省察。　陸嫠經歷。　沈英省察。　朱洪典史。　沈儒知印聽選。　徐軒　朱施　沈銓　王椿　王瀚倉大使。　江濓稅課大使。　沈尚賢倉大使。　于昇巡檢。　濮繼學巡檢。　王徽照磨。　錢國泰典史。　俞汝祺典史。　沈萬年驛丞。　李學元巡檢。　朱龍典史。　金夢麒縣丞。　倪維屏典史。　朱定志倉大使。　張問志倉大使。　徐以行主簿。　潘玉顏　施萬春鉅野典史。

國　朝

施萬春鉅野典史,歸安籍。　張炳山西按司獄。　錢時景鹽大使。　徐觀黎城典史。　輔聖元東安縣盧洪寺巡檢。　柴德坤瀘州嘉明鎮巡檢。　金兆龍城步縣江頭巡檢。　顧祥高郵州時堡巡檢。　沈昌範平鄉典史。　張國祚天門典史。　徐夢麟泉州知府。　李有常永寧州柳林巡檢。　金熊桂平典史。　張治臨縣典史。　蔡鉅蘭浮梁典史。　蔡如錦內黃縣丞。　程世樽宿遷主簿。　黃梧清和縣丞,署宿遷縣。　金錫輅南陵典史。　顧濴南平縣丞,陞臺灣縣。　蔡鴻燮富國塲大使。　曹昌金鄉典史。　蔡鴻燾安陽縣丞,陞滎澤知縣。

封　贈

唐

陸侶贄父,贈禮部尚書。

宋

聞人秦建父,贈大理評事。　聞人鼎安道父,贈刑部侍郎。　聞人安易璪父,贈大中大夫。　聞人安遠宏父,贈朝散大夫。　婁璹璣父,贈太子太師[1]。　陶士達大章父,封宣義郎。　項煜相父,贈翰林學士。

元

吳森漢傑父,追封嘉興縣男。

【校注】
　　[1]按:樓鑰《資政殿大學士致仕特進婁公神道碑》:"時惟婁公機以直諒之資,抗議無所回撓,一爲御史,即上疏明辯之……建信侯在漢爲劉,蟬聯數十世至□,事吳越,避武肅王嫌名,始復爲婁。佐左千牛衛上將軍,占數嘉興,五傳至公之曾祖,諱億,億生乾曜,俱爲將仕郎。父壽,朝奉郎。以公貴,三世累贈少保、少傅、少師。"根據《宋史·婁機傳》,"璣"、"璹"、"太師"分別爲"機"、"壽"、"少師"之誤。

嘉興縣

明

俞富益綱祖。　俞天祥綱父,俱贈太子少保、兵部左侍郎。　鄒福建幹祖,贈太子少保、禮部尚書。　戴宗祐父,封山西道御史。　戈本瑄父,贈南京刑部尚書。　婁慶睿父,封中順大夫。　許中昇紳曾祖。　許忠紳祖。　許觀紳父,俱贈太子太保、禮部尚書。　呂嗣芳原父,贈翰林院侍讀學士;憲祖,贈太常寺卿。　俞伯綱山祖。　俞仲玉山父,俱贈侍郎。　陸明善廣父,贈兵部主事。　尚福綱父,封員外郎。　包俊鼎父,封南京禮部尚書。　賈露名儒父,封汝寧知府。　包志節父,贈中書舍人。　沈璧銓父,封知縣。　沈銓元華父,進階奉政大夫。　沈嵩鎣父,封主事。　戴冠鳳翔父,贈太僕卿。　錢立同文父,封主事。　呂鑑浩父,贈南刑部主事。　張用應治父,封給事中。　金桂燦父,贈知縣。　包憑汴父,贈郎中。　陸潘相儒父,贈知府。　包孝漸林父,贈太僕少卿。　孫能詔父,封主事。　屠章玉父,封兵馬。　談經相祖,贈光禄卿。　沈大禮瑚伯龍父,封知縣。　談豫相父,贈光禄卿。　屠鵬元沐祖,贈參政。　彭諫輅父,贈刑部主事。　吳顔國倫父,贈知府。　屠鏑元沐父,封主事,贈參政。　嚴喦清祖,贈尚書。　嚴鏌清父,贈尚書。　唐軺仲寅父,贈行人司正。　屠孟元謙父,封兵部郎中。　戚珊元祖父,贈郎中。　許梧應逢祖,贈參政。　譚本諫父,封南光禄署丞。　鄒浩國儒父,贈郎中。　宗穆宏暹父,贈刑科左給事中。　王滔家棟父,贈兵部主事。　李湘芳父,封文林郎。　沈武堯中父,累贈奉政大夫。　許燦應逢父,贈參政。　孫志道光啟、光裕父,封副使,贈參政。　徐鏜學周父,贈知州;必達祖,贈府尹。　沈欽國良父,贈知州。　周惟義從龍父,贈推官。　陶廷錦涵中父,贈長史。　許燿應地父,封刑部郎中。　岳商元聲祖,贈侍郎。　岳九德元聲父,贈侍郎。　黃鎬承元祖,贈副都御史。　李應筠日華父,贈太僕少卿。　姜渭學夔父,贈都事。　施容爾志祖,贈布政。　施乾爾志父,贈布政。　徐學周必達父,贈府尹。　吳槐邦俊父,贈知縣。　岳九臯和聲父,贈副都御史。　沈思述孚先父,封主事。　譚守範昌言父,贈參議。　顧雲鵬民嵒父,封郎中。　王司敬惟新父,贈郎中。　馬中龍廷獻父,贈郎中。　黃澤守正父,贈推官。　包洽汝楫父,贈知縣。　邱民貴履嘉父,贈副史。　陶富鎔父,贈知縣。　沈伯鵬中英父,封主事。　李敷衷純父,贈員外郎。　屠元冶存仁父,贈主事。　高遠欽舜父,贈御史。　虞紹唐廷陛父,封工科給事中。　金志孝之俊父,贈太傅兼太子太師、中和殿大學士。　屠仲行隨裕父,贈上林院監丞。　高森道素父,贈工部郎中。　吳翼昌期父,贈工部郎中。　高枝道淳父,贈光禄寺署丞。　呂協祖世延父,封通判。　嚴其煥孟忠父,贈京衛經歷。　沈思自省父,封武英殿中書。　朱機秀微父,封都指揮僉事。　張邦政應世父,贈光禄寺署丞。　卜曰時萬祺父,贈主事。

國朝

莊日思鱗父,封郎中。　沈廷騏之連父,封知縣。　王炳庭祖,贈布政使。　王堦庭父,贈布政使。　吳輔明三錫父,贈知縣。　江臯浦父,贈知縣。　曹峻斌父,封守備。　金文琦協廣父,封知縣。　孫宏來鍾琦父,贈中書。　徐世淳嘉炎祖。　徐肇森嘉炎父,俱贈内閣學士。　徐斌煌父,贈知縣。　高翼光基重父,贈知縣。　高道淳以永父,贈知州。　高淶百揆父,贈守備。　朱昌來振父,封知縣。　曾元良王孫嗣父,贈員外。　徐肇榮宏炯父,贈知縣。　徐爌祚曾嗣父,贈知縣。　李衷奇陳常祖。　李明鰲陳常父,俱贈直隸總督。　徐宏達王馴父,封知縣。　屠昌世塘父,贈布政司理問。　沈開泰以栻父,贈知縣。　張嘉謨時雍父,贈知州。　虞相堯兆清父,贈知縣。　朱麟世象鼎父,加贈中憲大夫。　蔣國傑元鎬祖,贈中憲大夫。

蔣成元鉶父，贈明威將軍。　　錢陞陳羣曾祖。　　錢瑞徵陳羣祖。　　錢綸光陳羣父。俱贈光禄大夫、刑部侍郎。　　許宗渾炳元祖。　　許林喬炳元父。俱贈江寧同知。　　李良年集曾祖。　　李潮偕集祖。　　李菊房集父。俱贈郿縣知縣。　　莊匏錕父，贈棲霞知縣。　　吳楠高增祖，贈行唐知縣。　　黃沈奎本誠生父。　　黃沈福本誠父。俱贈新鄭縣。　　胡端凝世墦祖。　　胡炯文世墦父。　　胡燦文世墦叔。俱贈禮部主事。　　戴啟堂彦鎔父，贈會稽教諭。　　戴啟堉源亨祖。　　戴公横源亨父。俱贈嘉魚知縣。　　戴公鉞源仁父，贈衢州訓導。　　王夢珠焯父，贈鎮海教諭。　　沈宗遠增祖。　　沈近仁增父。俱贈崇信知縣。　　錢汝鼎楷祖，贈儒林郎。　　張兆璲慶連父，封衢州訓導。　　沈璔振鵬父，贈豐潤知縣。　　金士炘墭父，贈奉直大夫。　　馮鈺光熊曾祖，貤贈布政使。　　馮銓光熊本生曾祖。　　馮崑源光熊祖。　　馮樽光熊父。俱贈貴州巡撫。　　馮光燕克鞏伯。　　馮光勳克鞏叔。俱貤贈開州知州。　　錢豐馮光熊外祖，貤封汀漳道。　　張時夏慶源祖。　　張兆瓆慶源父。俱封武陟知縣。　　于漣樹棠父，封山東布庫大使。　　沈暉維鐈曾祖。　　沈廷煌維鐈祖。　　沈學楷維鐈父。俱贈工部侍郎。　　吳文煒高增父，贈行唐知縣；鑛祖，贈乾州同知。　　吳高增鑛父，贈乾州同知。　　吳高埈昌壽曾祖。　　吳廷欽昌壽祖。　　吳德淳昌壽父。俱贈河南巡撫。　　吳如漢仰賢祖。　　吳榮椿仰賢父。俱贈翰林院庶吉士。　　徐錫可吳昌壽外舅。　　沈泳吳昌壽外祖。俱貤贈通奉大夫。　　石爲翰中玉祖。　　石紹曾中玉父。俱贈富陽教諭。　　程輝瑞生祖。　　程蕁瑞生父。俱贈象山教諭。　　錢治人杰祖。　　錢天植人杰父。俱贈翰林院庶吉士。　　沈翼鵬張金鏞外祖，貤贈奉政大夫。　　沈良張炳堃外舅，貤贈資政大夫。　　許溶景澄曾祖。　　許國楨景澄祖。　　許廷梧景澄本生祖。　　許丙熿景澄父。俱贈翰林院編修。　　唐元祥翰題曾祖。　　唐大瑛翰題祖。　　唐允恭翰題父。俱贈中議大夫。　　錢泰吉應溥父，贈吏部文選司主事，加三級，累封通議大夫。　　錢炳森應溥兄，貤贈奉直大夫。　　胡斌應溥外祖，貤贈儒林郎。　　姚光坤文柟高祖。　　姚璠文柟曾祖。　　姚世鑰文柟祖。　　姚丙禧文柟父。俱贈布政司銜長蘆運同。　　姚濟恩文柟叔，貤贈布政司銜長蘆運同。　　沈范孫濂祖。　　沈述曾濂父。俱贈江寧知府。

秀水縣

明

林德潤茂父，封主事。　　馬驤興父，封山西道御史。　　陶松煦父，封主事。　　陶楷儼父，贈御史。　　張經徵父，贈大理寺丞。　　陶儼謨父，加贈中憲大夫。　　陳禧諮父，封吏科給事中。　　沈復謐父，封給事中。　　沈謐啟源父，加贈朝議大夫。　　胡鏞沏父，晉封給事中。　　吕原懲父，加贈通議大夫。　　吳昭鵬祖。　　吳方鵬父。俱贈尚書。　　卜宗洛大同父，封郎中。　　諸敦俌父，贈僉事。　　鍾靈一元父，封郎中。　　沈潮伯咸父，封給事中。　　黃鶴年琮父，贈中憲大夫。　　湯誥日新父，封兵科給事中。　　姚漢弘謨祖。　　姚應科弘謨父。俱贈侍郎，兼侍讀學士。　　楊應元道亨父，贈郎中。　　項銓篤壽父，贈郎中。　　葉憲朝陽父，封郎中。　　張燮大忠祖，贈布政。　　盛嵩周父，封主事。　　張載道大忠父，贈布政。　　鍾天才庚陽父，封大理寺左評事。　　洪梁燕父，封主事。　　郁枚蘭父，封知縣。　　沈英華思孝父，封尚寶司司丞。　　朱建侯廷益父，封文林郎。　　姚緯思仁曾祖。　　姚烈思仁祖。俱贈光禄大夫。　　姚履道思仁父，贈工部尚書。　　張桐正鵠父，贈太常博士。　　王鸞錫命父，封僉事。　　馬鑾如麟父，封知縣。　　陳一德懿典父，贈編修。　　馮第夢禎父，贈編修。　　沈元佐振龍父，贈兵部郎中。　　盛惟謙萬年父，封主事。　　范詔之箴父，封行人司司正。　　張寅鳳來父，贈主事。　　吳杰弘濟父，封知縣。　　項篤壽德禎父，加贈朝議大夫。　　朱儒國祚父，封少保。　　范之京應賓父，贈知縣。　　常禾文佺父，贈大理寺丞。　　曹銓戀官父，贈大理司務。　　吳槐勳父，贈通判。　　吳洪珍鐄父，封禮部主事。

曹遵何溶父，封御史。 卜鎬相父，封參政。 陳嶅奇謀父，封知縣。

國朝

杜蘅臻祖。 杜嵋臻父。俱贈尚書。 錢龍珍江父，贈郎中。 張萬壽天植父，贈侍郎。 何其仁元英父，贈行人。 黄志堅自起父，封員外。 嚴錫命臨父，封中書。 屠蘭蓀英父，封知縣。 朱茂曙彝尊本生父，贈檢討。 毛麟瑞延芳父，贈知縣。 顧毓鼎高嘉父，封知縣。 沈瞻日廷文父，封修撰。 卜兆龍陳彝父，贈主事。 袁朗定遠父，贈知州。 陶晉模耀父，封文林郎。 翟懋郎堯佐父，封知縣。 葛兆魁天麟父，贈儒林郎。 范彦彪長發父，封知縣，贈御史。 葛天鳳灝父，贈裕州州判。 石孫杰祖。 石天錫杰父。俱贈徐州知府。 范千古長發祖，贈廣西道御史。 徐時泰遵義曾祖。 徐之彦遵義祖。 徐鳴玉遵義父。俱贈瀘州直隸州知州。 陳堯勳陳群外祖，貤封翰林院侍講學士。 范必才璨祖。 范能彦璨父。俱贈工部侍郎。 錢泮載曾祖。 錢槱初載祖。 錢炌載父。俱贈禮部侍郎。 鄭典虎文祖。 鄭世元虎文父。俱贈春坊贊善。 胡湄樹微父贈通判。 錢治受穀曾祖。 錢槩受穀祖。 錢烱受穀父。俱贈迤東道。 褚萃菊書祖。 褚孔騫菊書父。俱贈滁州知州。 李嘉茂璜祖。 李嘉英璜本生祖。 李文表璜父。俱贈南韶連道。 李天表璜生父，贈南雄通判。 汪紹昌堡父，贈中書。 張瀚敬業父，贈内閣典籍。 莊鉞棨祖。 莊渭棨父。俱贈文林郎。 虞兆漁士煌祖。 虞元杲士煌父。俱贈合水縣[1]。 俞元龍鈞父，鄉飲介賓，贈岢嵐州吏目。 汪上堉如藻祖。 汪孟鋗如藻父。俱贈山東糧道。 汪上埏大鏞父。贈東路同知。 汪仲鈖如洋父，贈翰林院修撰。 唐之際淮祖。 唐大鍈淮父。俱贈廣西道御史。 朱茂暉彝尊父，贈翰林院檢討。 朱彝爵嵩齡父，贈太平教諭。 朱稻孫休承祖。 朱賜書休承父。俱贈城固知縣。 朱德辦源父，贈如皋縣主簿。 朱源振圖父，贈寧波府訓導。 朱丕戭休度祖。 朱振掘休度父。俱贈廣靈知縣。 朱彝瑄本祖。 朱德協本父。俱贈慈溪教諭。 沈登萊琳曾祖，贈江南道御史。 沈光祖林祖。 沈雍嘉琳父。俱贈光禄寺少卿。 沈英叔埏祖。 沈兆熊叔埏父。俱贈吏部主事。 沈懋德疇初父，贈潁上知縣。 盛百里世綸父，贈平陽訓導。 盛之基世綺父，贈龍巖府經歷。 董瑞昌源祖。 董元英源父。俱贈知縣。 陳元宗光鑑祖。 陳詩光鑑父。俱贈平和知縣。 汪先甲師曾父，贈餘姚訓導。 張宏淳祖。 張元鈞淳父。俱贈六品御醫。 王乘遇重潤父，贈永嘉訓導。 崔王坒九錫父，贈葭州知州。 淩登庸大田父，贈臨海教諭。 陳元穎經禮父，贈沅陵知縣。 李珩大晉叔，贈布政司照磨。 楊元龍志麟祖。 楊建志麟父。俱贈奉直大夫。 曹奕裕淦階祖。 曹埴淦階父。俱贈平度州州同。 莊祖望肇奎曾祖。 莊歆肇奎祖。 莊年肇奎父。俱贈布政司。 趙紘鼎起鯤父，贈象山訓導。 顧錦忠璿父，贈臨安教諭。 沈光鈺李楷父，贈翰林院庶吉士、饒州府知府。 沈祖榮源父，贈輝縣主簿。 朱震坤祖。 朱士馨坤父。俱贈博平知縣。 虞□衡祖。 虞士希衡父。俱贈富民知縣。 陶山正倫祖。 陶文端正倫父。俱贈南昌知縣。以上舊志。 張純熙清泰曾祖。 張增清泰祖。 張允通清泰父。俱贈兵部武選司員外郎。 杜士虬文瀾曾祖。 杜元相文瀾祖。 杜德坤文瀾父。俱贈榮禄大夫。 錢文炳榮增父，贈户部雲南司主事。 錢焯官俊父，贈山西太平知縣。 褚榮杜文瀾舅父，貤贈鹽運司銜，江蘇候補道。 金衍宗鴻保父，累贈通奉大夫。 金鼎燮福曾父，贈通奉大夫。 陶忠模祖。 陶源模父。 陶淵模兼祧父。俱贈中議大夫。

【校注】

［1］按：根據上下文體例，應爲贈“合水知縣”。

嘉善縣

明

錢伯珍昇父,封郎中。　施俊奇父,封工部主事。　項永原忠曾祖,贈都御史。　項邦忠祖,贈都御史。　項衡忠父,贈都察院左都御史。　常繼麟父,封兵部員外。　王景明琳父,贈兵科給事中。　張彥倫元父,封裕陵衛經歷。　陸鷗玭父,封刑部主事,加贈郎中。　崕寅孟父,封兵部主事。　盛奎唐父,封湖廣道御史。　顧態際明父,贈光祿寺寺丞。　沈揚科父,封行人司副。　卞玉錫父,封中書舍人。　毛儀汝賢父,封吏部主事。　錢天秩于麟父,封四川按察司僉事。　李學益自華父,封翰林院編修。　丁袞賓父,封句容知縣。　王周俸父,封兵部主事,加贈廬州知府。　王訪慎德父,封萬安知縣。　袁仁黃父,封寶坻知縣。　葉秞繼善繼父,封蕪湖知縣。　陳卿于王父,贈句容知縣。　計尚文元勳父,封龍溪知縣,加封文選司郎中。

國朝

沈文標鼎父,封廣東布政司參議。　孫應文篛父,贈南汝道副使。　郁調元之章父,贈大理寺丞。　曹勳爾堪父,鑑倫祖,加贈內閣學士,兼禮部侍郎。　張觀道苗父,贈禮部郎中。　吳志遠亮中父,贈戶部員外。　魏廷薦學渠父,封湖廣督學道。　周宗文宸藻父,贈監察御史。　顧朝樞耿臣父,贈刑部郎中。　陳山毓舒父,贈神木道副使。　盛國爻際斯父,贈僉事。　丁嚴德彥父,贈工部主事。　朱國望張銘父,贈行人。　陸守敬翔華父,封知州。　孫繩祖棨父,贈知州。　張介我樸父,封大理寺左評事。　王時杰睿父,贈同知。　錢萊黶父,贈池州推官。　顧尚禮鵬父,贈廬州推官。　龔靖在升父,贈知縣。　楊之煥應標父,贈知縣。　孫世遠錄父,贈潮州通判。　沈應震鱄父,封知縣。　錢象儀霞父,贈承德知縣。　葉紹袁燮父,贈知縣。　周宗宜振瑗父,贈知縣。　李剡振宗父,贈同知。　陸敷樹榮登父,贈中書。　柯元芳聲父,贈通政司參議。　曹爾坊鑑倫父,贈內閣學士,兼禮部侍郎。　沈志高辰垣父,贈翰林院侍讀學士。　浦之純文焯父,贈河間知府。　錢楞以壇祖。　錢煐以壇父,俱贈禮部尚書。　孫在鎬衍父,贈常山知縣。　孫葉燾父,贈廉州府同知。　丁穎洤棠發父,贈監察御史。　楊豫爾德父,贈翰林編修。　金麒皋謝父,贈莆田知縣。　陳奇霆萬父,贈臨朐知縣。　黃鳳翔鍾父,封南安同知。　張承祖王典父,贈平順知縣。　曹鑑章元郃父,贈嶀縣知縣。　王素泳父,封明遠將軍。　蔣廷棟振鷺父,贈編修。　錢士彪觀祖。　錢光祖觀父,俱贈武城知縣。　錢以垍鑲嗣父。　錢以坰鑲父,俱贈沐陽知縣。　丁士彥應松祖。　丁浩應松父,俱贈襄城知縣。　朱紹周鑒昌父,贈通道知縣。　蔡廷正以臺祖。　蔡維熊以臺父,俱贈翰林修撰。　蔡城學敏父,贈分水教諭。　錢家曁金殿本生父,封江安糧道。　錢坰沐祖。　錢銘沐父,俱贈漳州府同知。　張行法芳桂父,贈公安知縣。　曹源郁焜祖。　曹廷樞焜父,俱贈戶部員外。　金驊法汝珪祖。　金犖汝珪父,俱贈吏部郎中。　魏爲階金汝珪外祖,贈吏部主事。　魏儒魚朱錦章外祖,贈順寧知州。　沈杠鳳輝祖。　沈元本鳳輝父,俱贈內閣中書。　許纘芳王獻祖。　許湄王獻父,俱贈侍讀學士。　孫灼王綸父,贈嚴州府教授。　孫炌銀槎祖。　孫念疇銀槎父,俱贈忻州知州。　陳國裕作梅祖。　陳涵德作梅父,俱贈迤東道。　徐階平準祖,贈福建道御史。　周全錫澧父,封文林郎。　周翼洙升桓父,贈廣西驛鹽道。　周澧震榮父,贈同知。　陳時經孝泳曾祖。　陳華育孝泳祖。　陳泰來孝泳父,俱贈通政司副使。　陳廷玉蘭徵父,贈永寧知州。　陳啟昂初父,贈商州知州。　程士聖雄飛父,贈戶部員外。　程雄飛鍾彥祖,贈翰林編修。　程緒祖鍾彥父,封給事中。　謝元一壙曾祖。　謝春芳壙祖。　謝永輝壙父,俱贈吏部侍郎。　謝均垣兄,貤贈刑部員外。　王錫旦啟焜祖。王宏澤啟焜本生祖。王桓啟焜本生父。王象昇啟焜父。俱贈川東道。金聲皋邦瑞父,贈峨嵋知縣。錢商佐樾祖。錢潮樾父。俱贈禮部侍郎。以上舊志。王任相辰父,贈文林郎。顧炌中心鍇祖。顧秉堅心鍇父。俱贈光州知州。程鍾萬廷泰父,贈刑部陝西司郎中。吴祥禮書城祖,贈朝議大夫。吴煜書城伯父,貤封内閣中書。曹奕雲復元父,贈溧陽知縣。程國珍維岳本生父,贈奉直大夫。程國祥維岳父,贈中憲大夫。陳方琦鴻墀父,贈編修。王文照錫祺父,封新昌教諭。郁伯城岷江祖。郁道銘岷江父。俱贈儒林郎。謝應鏘宇澄父,贈寧晉知縣。葉永德夢林父,贈文林郎。陳世珍陸芝祥外祖,貤贈編修。孫人熙頌清曾祖。孫正墀頌清祖。孫鏜頌清父。俱贈商河知縣。孫鏻福清叔父。孫鏘福清叔父。俱贈奉政大夫。孫鉞葆澂父,贈奉直大夫。孫鐳葆澂叔父,貤贈奉直大夫。戴鴻勳咸弼祖,贈奉直大夫。錢樾寶廉曾祖。錢焆寶廉祖。錢塡寶廉父。俱贈刑部右侍郎。錢寶選　錢寶青寶廉兄,俱貤贈刑部右侍郎。許王勛汝璜父,贈内閣中書。許汝鈺汝璜兄,貤贈内閣中書。周既濟以焯祖。周咸榮以焯父。俱贈文林郎。周震榮以勳父,贈朝議大夫。周以炘士鏜祖。周爾墉士鏜父。俱贈通奉大夫。張有成寶仁祖。張震雷寶仁父。張坤安寶仁本生父。俱贈慈谿教諭。金煥安清曾祖。金均安清祖。金銓安清父。俱贈榮禄大夫,記名按察使。

海鹽縣

明

錢木炘父,晉階承德郎。錢琦萱、芹父,晉階中憲、奉直大夫。王勇大猷父,晉階昭毅將軍。劉炌世埏父,晉階通議大夫。許相卿聞造父,封文林郎。沈藻宏遇父,封奉直大夫。鄭延曉祖。鄭儒泰曉父。俱贈刑部尚書。鄭履淳心材父,封奉政大夫。彭紹賢宗孟父,晉昭毅將軍。朱顯宗侃父,封通政司參議、廣西巡撫。葉德祥春父,封郎中。楊信經父,封郎中。詹公壽文父,封郎中。戈□定遠父,封御史。劉鳳泰父,封御史。吕文遜塏父,封衛經歷。王伯惠亮父,封錦衣衛經歷。張翥寧父,封禮科給事中。倪政容父,封主事。馮子安璿父,封衛經歷。劉顯瑋父,封御史。劉玒演父,封主事。顧璋正父,封主事。沈剛愚父,封營膳所所正。沈文郁衡父,封主事。王鎮玫父,封衛經歷。錢達琦父,累贈郎中。吴寛昇父,封刑部主事。徐昂咸父,封南兵部員外郎。鍾海梁父,贈主事。吴芸中偉祖。吴霽中偉父,俱贈廣東按察使。徐熵從治祖。徐應奎從治父。俱贈右副都御史、兵部尚書。錢滂木父,封知縣。張琪嘉秀父,封員外郎。錢珍薇父,封給事中。沈軒奎父,封主事。徐煜鵠父,贈主事。馮乾皋謨父,封主事。湯誥彬父,贈員外郎。陳言所學父,贈中書舍人。鄭曉履淳、履準父,贈尚書。顧爾洪所有父,贈宜黄知縣。沈浗孝徵父,贈工部郎中。鍾韶兆斗父,封工科給事中。陸應麟廷誥父,封英德知縣。賀南良萬祥父,贈兵部郎中。徐應登文治父,贈新城知縣。許敦復士奇父,贈刑部郎中。朱符學中父,贈耒陽知縣。胡彭述震亨父,贈合肥知縣。錢籥應晉父,贈長寧知縣。王嘉村廷俊父,贈高郵知州。朱正學泰禎父,封御史。劉仲鎮泓父,封工部主事。彭祖年重華父,封行人。黄澤守正父,贈瓊州知府。謝子貞錫教父,贈德州知州。謝宰子貞父,贈上元縣丞。王達家賢父,贈袁州衛經歷。吴霎麟徵祖。吴中任麟徵父。俱贈侍郎。

國朝

張奇齡惟赤父,贈副使。查大焜培繼父,贈給事中。胡震亨季瀛父,贈知府。楊斌雍建父,贈給事中。　許丕顯全臨父,贈知府。　朱爾鄴與蘭父,贈儒林郎。　朱學古銓達曾祖。　朱載黃銓達祖。　朱亮勣銓達父。俱贈左都督。　朱昌璘瑛父,贈通判。　陳訏世俚父,封主事。　彭宗孟孫通祖。　彭原廣孫通父。俱贈吏部右侍郎。　陳之問論父,贈禮部尚書。　彭孫繩贈儒林郎。　沈善徵廷鑑父,贈寧夏衛經歷。　鄭應生宣父,封中書舍人。　駱駿奇雲父,贈江都知縣。　沈德淳曾戀父,贈吏部主事。　張維赤賭父,芳湄祖,累贈中憲大夫。　徐光治升貞父,贈奉直大夫。　徐昌治升貞本生父,贈承德郎。　李仙枝肇開父。　李時夏肇開本生父。俱贈戶部主事。　張賭芳湄父,贈刑部郎中。　顧之琦宏父,贈聊城知縣。　俞之泰兆晟祖。　俞雲來兆晟父。俱贈內閣學士。　錢標元昌父,贈糧驛副使。　朱士容念高父,贈修職郎。　陳世僖韶父,贈通判。　張宗栻由瑞安教諭官徐聞知縣,其子請贈。　蕭蕃士鑑祖,貤贈紹興府教授。　蕭啟陛士鑑父,贈紹興府教授。　俞兆曾鴻馨父,贈奉直大夫。　俞鴻勣授文林郎。　吳廉貽正心父,贈江安知縣。　馬世榮維翰祖。　馬洪熹維翰父。俱贈中憲大夫。　朱保赤中理祖。　朱光啟中理父。俱贈溫縣知縣。　顧惟賫長祚祖。　顧錫綸長祚父。俱贈咸寧知縣。　朱鋌炎父,贈阜平知縣。　朱實秀正蒙祖。　朱起元正蒙父,俱贈平陰知縣。　陸之楨坪父,贈臨川知縣。　朱元標大勳父,贈壽昌教諭。　朱流光丕烈祖。　朱天樂丕烈父。俱贈監察御史。　張芳溪柯父,贈定海訓導。　徐輔元貽藩祖。　徐濬亨貽藩父。俱贈和平知縣。　徐用亨德龍父,贈滎縣知縣。　顧夢禧世棠父,贈江西狀牛巡檢。　王士銘曾厚祖。　王光曙曾厚父。俱贈劍州知州。　朱永琦煐祖。　朱棟煐父。俱贈萊蕪知縣。　朱鼎鉉佩蓮父,贈翰林編修。　馮必大桂芬祖。　馮天麟桂芬父。俱贈宣化同知。　陳世佶新祖。　陳克鑄新父。俱贈綏寧知縣。　陳鑾敬基祖。　陳馨敬基父。俱贈鹽提舉。　張芳溶誠祖。　張宗松誠父。俱贈直隸按察司經歷。　張蕭元伯魁祖。　張兆熊伯魁父。俱贈平涼知府。　李祥麟泉父,贈昌化教諭。　任復禮宗延父,贈寧海教諭。　任登泰昌運父,贈餘杭教諭。　吾軾德凝祖。　吾祖苞德凝父。俱贈刑部主事。　朱履淳鳴鳳祖。　朱本中鳴鳳父。俱贈來鳳知縣。　朱開成瑞椿父,贈嚴州教授。　朱鴻緒瑞椿父,贈嚴州教授。　朱王泰蘭馨祖。　朱履亨蘭馨父。俱贈吏部員外郎。　朱星煒昌頤祖,贈戶部廣西司七品官,晉贈奉直大夫。　朱程奎昌頤父,贈翰林院修撰。　朱文佩昌頤叔,貤贈戶部主事。　朱昌壽昌頤兄,貤贈修撰。　胡凌雲以謙父,贈鄞縣教諭。　陸成元光嗣祖。　陸登選光宗祖。　陸肇文光宗父。俱贈龍安知府。　朱拱乾方增曾祖。　朱廷掄方增祖。　朱彬方增父。　朱春烜方增生父。俱累贈光祿大夫。　朱籠鴻緒祖。　朱禮鴻緒父。俱贈台州教授。　徐超葆甫父,贈盩厔知縣。　王拱翼維梅父,贈鎮海訓導。　朱蘭枝錦琮叔,贈瑞州知府。　俞光豫克振父,贈靖州知州。　龐敦立父。贈濟寧閘官。以上舊志。　張宗櫪陸光宗外祖,貤贈龍安知府。　吳敦瑞鳳前父,贈富陽訓導。　沈三祝炳垣祖。　沈奎中炳垣父。俱贈翰林院編修。　顏青錢宗儀祖。　顏新桂宗儀父。俱侍讀學士。　朱葵之丙壽祖。　朱賡元丙壽父。俱贈戶部員外郎。　朱達雙丙壽從叔,貤贈戶部主事。　徐養惠用儀祖。　徐槐廷用儀父。俱贈通奉大夫。　徐丙輝用儀胞伯,貤封刑部主事。　陳巖方瀛孫。　陳景高方瀛父。俱贈川沙同知。　富如蘭世鄭祖。　富慶增世鄭父。　富慶豐世鄭本生父。俱贈奉化訓導。　黃仙根華鎬祖。　黃振塑華鎬父,俱贈四川雷波通判。

平湖縣

明

屠湘勳祖。　屠機勳父,俱贈尚書。　沈昇琮父,封主事。　陸鋠杰祖,加贈都御史。　沈渭棨父,封主事。　馬昇封御史。　馬龍昆父,贈御史。　施澤震父,封知縣。　屠楨熙父,贈知縣。　沈樾煉父,贈主事。　趙璧漢父，封給事中。　屠熙奎父，加贈朝議大夫。　陸墀淞父，贈都督。　陸淞杰父，光祖祖，贈尚書。　孫軒植祖，贈尚書。　孫冠壐父，封宗人府經歷。　孫壐植父，贈尚書。　孫綏校父，封郎中。　陸琇琳父，贈中憲大夫。　姚璋參父，贈主事。　陸序槐父，贈文林郎。　俞金咨伯父，封員外郎。　沈宏光懋孝父，封編修。　陸黿萬垓父，贈右僉都御史。　陸楷夢韓父，贈主事。　馮俊敏公祖，贈參政。　俞懷南金父，贈員外郎。　馮汝弼敏公父，贈參政。　韓文相父，贈通判。　沈光垣父，封評事。　曹渭禾父，封給事中。　陸杲光祖父，贈刑部郎中。　陸檠光祚父，贈兵部員外郎。　陸鮮志孝父，封主事。　姚籌體信父，贈主事。　馬瑀千乘父，贈參議。　馬師程應圖父，封主事。　陳二典泰來父，封國子監博士。　倪爣壯猷父，累贈南刑部郎中。　陸珂長庚祖，累贈江西左布政。　馬千里維銘父，封知縣。　陸文典長庚父，贈布政。　王言建中父，封知縣。　金錫汝礪父，封工部郎中。　戈思齊用泰父，封知縣。　陸基誠錫恩父，知縣，贈刑部主事。　陳治道九詔父，封主事。　馬汝賢明端父，贈工部員外。　賀懋賢燦然父，贈行人。　施紹芳時堯父，贈知縣。　陸集光任父，贈承德郎。　曹一圖徵庸父，封刑部員外。　姚體勤士慎父，贈南太常卿。　胡友忠士相父，封知縣，贈工部郎中。　過厚庭訓父，累贈御史。　劉麟廷祖父，累贈都察院右都御史。　劉希聖廷元父，累贈都御史。　施應塤鳳來父，贈禮部左侍郎，兼侍讀學士。　馬維鉉德澧父，贈郎中。　徐望賢調元父，封刑部主事。　沈明範萃禎父，封福建按察副使。　馬香鳴霆父，贈刑部主事。　呂銘潛父，累贈工部營膳司主事。　陸瑞銓之期父，封工部郎中。　陸廷勳懷玉父，贈工部員外。　徐子方在中父，贈工部員外。　徐子章在中本生父，贈員外。　陸光從諭父，贈工部員外。　高林道素父，贈工部郎中。　陸在前鏊父，封刑部主事。　陸基厚錫明父，封工部主事。　陳鼎謨父，贈文林郎、兵馬指揮。　張思孝行采父，贈儒林郎。

國　朝

馬德澧紹曾祖。　馬嘉標紹曾父，俱贈工部侍郎。　鄭國才龍光父，贈陝西西寧副使。　陸本光旭父，封陝西道御史。　陸錫命治厚父，贈汶川知縣。　陸啟鏻萊祖。　陸潛睿萊父。俱贈內閣學士，兼禮部侍郎。　邵朗延齡父，封中書舍人。　陸標錫隴其父，封嘉定知縣。　沈夢祺鉉吉父，贈魚臺知縣。　沈原浹棻父，封西平知縣。　陸懷玉祚蕃父，贈登萊參議。　過銘楹澤遠父，封碭山知縣。　倪承裕籥元父，贈蘄水知縣。　楊國訓際亨父，贈南雄通判。　沈原瀾德鴻父。封廣海衛守備。　馬嘉植煥曾父，贈南安知州。　馬嘉棟焴父，贈邱縣知縣。　沈璇崑父，贈戶部主事。　譚永春允誠父，封瑞州同知。　金煜作輅父，贈平遙知縣。　盧開顯生甫父，贈知州。　張桓鈞祖。　張東觀鈞父。俱贈清河知縣。　陸崑年黃鍾父，封按察司知事。　馮聖齡千英父，封荔浦知縣。　程浦本毓父，贈梧州通判。　徐凝維垣祖。　徐上法維垣父，贈戶部員外。　陸廣培汝欽父，封溫州教授。　袁勳珂父，封兵部員外。　屈宏堅樹棻祖，贈刑部員外。　屈大成學洙父，封大理通判。　殳文選雯昭父，贈榆次知縣。　徐之垣鴻昇祖。　徐鈺鴻昇父。俱贈寧鄉知縣。　馬兆黃文備祖，贈昭信守備。　許鳴謙元父，贈徐州衛守備。　張嶸昊培父，贈霍州知縣。　馮元白廣譽祖。　馮幾廣譽父。俱贈容縣知縣。　李文茂青祖。　李之翰青父。俱贈陽江知縣。　高軒衡父，贈福建糧驛道。　金龍光樹屏父，贈衛輝知府。　錢榮史大經祖。　錢許淳大經父。俱贈翰林院編修。　屈天成樹棻父，贈刑部員外。　沈嘉梅廷炘父，贈寧國照磨。　劉灯楠齡父，贈泉州千總。　沈鉉吉初曾祖。　沈承沛初祖。　沈發初父。　沈廷樞初嗣父。俱贈禮部侍郎。　陸文元初外祖，貤贈侍郎。　陳榮樟嗣龍曾祖。　陳統元嗣龍祖。　陳錫祚嗣龍父。俱贈翰林院侍讀。　陳永祺朗祖。　陳世俊朗父。俱贈刑部郎中。　屈學洙爲經祖。　屈世楣爲經父。俱封主事。　施廷楨峻祖。　施光宿峻父。俱贈肥鄉知縣。　朱埔潛發祖。　朱錦章潛發父。俱封知縣。　李建元浩父，贈常山訓導。　金再起璠父，封招寧司巡檢。　朱明儀荃父，贈翰林院編修;爲弼曾祖,晉贈漕運總督。 朱英爲弼祖。 朱鴻猷爲弼父。俱贈兵部左侍郎、漕運總督。 朱履端爲弼叔祖,貤贈兵部左侍郎、漕運總督。 陸象銑堯松祖,贈兵科給事中。 陸學瀾堯松父,贈刑部主事。 徐鼎士芬曾祖。 徐廷柱士芬祖。 徐夢熊士芬父。俱贈户部右侍郎。 張世昌慶成祖,贈萬全知縣;炳堃曾祖,累贈湖北糧道。 張誥慶成父,贈萬全知縣。 張世仁儀盛祖,贈興化通判。 張誠儀盛父,贈興化通判;金鏞祖,贈侍講、湖南學政;炳堃祖,贈湖北糧道。 張謙儀盛叔,贈通判。 陸焕錫智祖。 陸廷瑚錫智父。俱贈嚴州教授。 張桀耀曾父,贈湖南鳳嶺巡檢。 馮垣錦父,贈宿遷主簿。以上舊志。 楊兆梧爆父,贈清豐知縣。 顧祖履天挺父,贈滎陽知縣。 倪彰采見龍父,贈上饒知縣。 邵琮鳳起父,贈增城知縣。 陸大柱烱父,贈太谷知縣。 陸稺昇筠父,贈上猶知縣。 沈岷之鉽父,贈羅次知縣。 徐錦吴治父,贈靈川知縣。 金燈南鍈祖。 金京望南鍈父。俱贈陝西鹽驛道。 楊聲佩翊時父,贈鎮海教諭。 翁式玉維正父,贈長興訓導。 嚴旹思位父,贈檢討。 葛贊皇元祖。 葛洪範元父。俱贈大同參將。 吴之錡嗣爵祖。 吴岱齡嗣爵父。俱贈吏部右侍郎。 胡世柱德炘父,贈上虞教諭。 陸匡時超曾父,贈孝豐教諭。 王紹湄鳳鳴父,贈景寧教諭。 何廷鑛永溱父,贈靈州州同。 孫大塄元父,贈壽昌教諭。 葉之溶鑾父,贈於潛教諭。 胡光銓紹寧父,贈臨安教諭。 陸如璋沅祖。 陸錫麒沅父。俱贈庶吉士。 時德潛樞父,贈餘杭訓導。 朱鳴虞壬林祖。 朱邦瑾壬林父。俱贈直隸清河道。 錢德輝福昌祖。 錢租亮福昌父。俱贈侍讀學士。 奚文謨澄祖。 奚錫戊澄父。俱贈直隸新城知縣。 何桀紹瑾祖。 何棠紹瑾本生祖。 何文焕紹瑾父。俱贈朝議大夫。 朱爲霖善張父,贈淮徐揚海道。 沈履中徐士棻外祖,貤贈光禄大夫。 陸秉鈞徐申錫外祖,貤贈文林郎。 謝景明桀照曾祖。 謝雲超桀照祖。 謝普桀照父,俱贈廣西右江道。 倪永釗承弼祖。 倪廷藩承弼父。俱贈西寧知縣;寶璜曾祖,累贈榮禄大夫。 倪承弼寶璜祖,贈榮禄大夫。 倪福昂寶琨父,贈朝議大夫。 倪炳南寶璜父,贈榮禄大夫。 沈宗漢應奎曾祖。 沈霖應奎祖。 沈學詩應奎父。俱贈陝西陝安道。 張湘任金鏞父,贈侍講、湖南學政;炳堃父,贈湖北糧道。 王震偉大經曾祖。 王樹德大經祖。 王思高大經父。俱贈湖北按察使。 沈愛源正楷父,贈奉直大夫。 孫熊蘭谷祖。 孫增蘭谷父。俱贈中憲大夫。

石門縣

明

程德剛本立父,贈僉都御史。 楊述青父,贈奉政大夫。 潘興蕃祖。 潘盛蕃父。俱贈左都御史。 吕綸希周父,封吏部郎中。 吕淇穗父,封錦衣衛副千户。 周塤崑父,贈吏科給事中。 姚璘鵬父,贈工部主事。 張善文憲祖,贈太常寺卿。 沈鼎宏父,贈武選司郎中。 姚敏汝舟父,贈刑部郎中。 張溥文憲父,贈太常寺卿。 勞勉璋父,贈新淦知縣。 郭鎬鼎父,封推官。 王武卿鋭父,贈光禄署丞。 俞懷思田父,贈禮部員外郎。 趙聰巖父,封河南道御史。 沈彧桀父,贈左軍都督經歷。 徐思敬植父,封光禄署丞。 李文達雅父,贈彭城衛經歷。 趙珪讓父,累封刑部郎中。 陸鑾楷父,封豐澤知縣。 金可久枝父,封刑部主事。 勞王事永嘉父,封中憲大夫。 沈曰諾大德父,贈知縣。 竇卿文照父,封通判。 吴沛然之屏祖,贈提舉、副使。 吴尚倫之屏父,贈副使。 顧文昌朱父,封行人。 金鏡廉濴父,封知縣。

國　朝

鍾焕鼎父,封知府。 張雅音行生父,封淮安同知。 鍾景音朗父,封工部員外郎。 勞俶融之辨父,封戶部主事。　姚斌朗父,贈禮部主事。　朱繼芳輔父,贈知縣。　勞永存儆衍父,贈知縣。　范居信汝瓚父。　范居元汝瓚本生父。俱贈儒林郎。　郭欽華演父,封奉直大夫。　朱元凱雯父。　朱輔雯本生父。俱贈提學副使。　吳中允涵祖。　吳夢寅涵父。俱贈吏部侍郎。　沈思忠寧父,贈知府。　鍾天奇璜父,贈中書。　方國圻周士父,封同知。　張行與奇逢父,贈泰安州同。　張奇琳泰光父,贈濬縣縣丞。　田方生朝鼎祖。　田埜治朝鼎父。俱贈晃寧知縣。　吳寶庚蘭同父,贈膠州州同。　鄭之高廷屬父,贈桐柏知縣。　陳聖言士恂父,贈遂昌訓導。　陳世修鑣父,封雲河南知府[1]。　莊士銘父,贈象山教諭。　吳用楫雲從父,贈河東鹽運使。　莊士培銘父,贈大理府司獄。　朱芾象賢父,贈建德教諭。　葉鑌棠祖,贈工部都水司主事。　葉汝聯棠父,贈兗州知府。　吳起麟履綬父,贈武康教諭。　田錫祚尹衡祖。　田朝泰尹衡父。俱封同知。　蔡起鯤履元祖。　蔡裕光履元父。俱贈山東道御史。　吳墒體乾祖。　吳宗璉贈體乾父。俱贈知縣。　勞可道璡父。　勞觀孚璡父。俱封平越知府。　許自道紹乾父,贈金華訓導。　馬紳俊良祖。　馬時浦俊良父。俱贈教授。　陳瞻嵩掄元父,贈德清訓導。　費爾謨成雲父。贈海寧訓導。　沈大觀成連父,贈內閣中書。　吳祚垣震起祖,贈吏部郎中。　吳日燻震起父,贈庶吉士。　鄭元芳枬祖。　鄭廷株枬父。俱贈吏部主事。　朱維熊鄭枬姑夫,貤贈吏部主事。　陳鋸渼父。　陳治渼兄。俱贈鞏昌知府。　許紹鷗瀚祖。　許自英瀚父。俱贈山陽知縣。　洪溥燮祖。　洪世楠燮父。俱贈河南州同。　徐世熙學謙父,贈蕭山教諭。　胡鳴鑾辰告父,贈會稽教諭。　吳啟東光斗兄,贈登仕佐郎。　吳樹本于宣祖。　吳紹曾于宣父。俱贈順天南路同知。　陳啟祚萬全曾祖。　陳廷武萬全祖。　陳德星萬全父。俱封詹事府詹事。　胡以永枚祖。　胡以陶枚本生祖。　胡澄枚父。俱贈承德郎。　胡夢蘭緗祖。　胡鳴求緗父。俱贈光祿寺典簿。　姚開基純錫父,贈武略佐尉。　顧朱譚父,贈山道道監察御史[2]。　吳廷翼興宗父,贈工部主事。　吳汶惟格父,贈樂清訓導。　吳尚思之振父,贈內閣中書。　吳之振寶林父,封嵩明州知州。　蔡起麟嵩年祖。　蔡賓嵩年父。俱贈知縣。　鍾恂金溶父,贈靈山巡檢。　鍾光綬基父,贈安吉訓導。　謝士俊應麟父,贈閩安巡檢。　陳萬青萬全兄,貤贈兵部左侍郎。　吳時用文照祖,贈新興知縣。　吳宗元文照父,贈朝議大夫。　胡榛枚兄,貤贈內閣中書。　朱紱芬父,贈臨安訓導。　葉樹萬青祖。　葉大縉萬青父。俱贈武略佐騎尉。　吳震逵寶裕父,贈龍門知縣。　吳宸元文照叔,貤贈碣石同知。　吳鈞曾貫父,贈渭南知縣。　蔡守正德淳祖,贈齊東知縣。　蔡其英德淳父,封齊東知縣。　吳爲鼎翀霄父,贈州判。　王近彬家楨父,贈臨海教諭。　葉行恕淮祖。　葉鈞淮父。俱贈平利知縣。　吳心鑄寶裕兄,貤贈龍門知縣。　敦廷懷枚父,贈諸暨訓導。以上舊志。　陸鏡澄衡父,贈定海訓導。　徐獻堯寶謙祖,贈刑部貴州司主事。　徐克祥寶謙父,多綬祖,累贈刑部主事、戶部雲南司郎中。　徐克順寶謙叔,貤贈刑部主事。　徐福謙多綬父,贈戶部雲南司郎中。　蔡載臨錫崑父,贈台州府訓導。　陳善繼其元曾祖。　陳萬森其元祖。　陳黿其元父。俱贈通奉大夫。　勞德本慶蕃祖。　勞宗焕慶蕃父。俱贈襄陽知縣。

【校注】
　　[1]按:光緒《石門縣志》卷七《仕進表·封贈》:"陳世修教諭,鑣父,封雲南知府。有傳。"歷代皆無雲河南知府一職,故"雲河南知府"是"雲南知府"之誤。
　　[2]按:光緒《石門縣志》卷七《仕進表·封贈》:"顧朱,明行人司譚父,贈山東道監察御史。有傳。"明代有"山東道監察御史",無"山道道監察御史",故"山道道"是"山東道"之誤。

桐鄉縣

明

李昊樂父，贈禮科給事中。　馮倫孜父，歷贈刑部郎中。　沈萉烝父，贈濟南知縣。　沈佳思充父，贈工部主事。　夏儒勳父，贈翼州知州。　盛蘭國禎父，贈鴻臚寺序班。　施乾爾志父，贈太平推官。　錢夢傳允鯨父，贈給事中。　錢泰貢父，封工部主事，晉贈郎中。　沈照元錫父，贈州守。　姚應張繼舜父，封郎中。　鍾德繼元父，贈刑部員外郎。　陸費明吉父，贈昌平知州。

國朝

孔尚邇自洙父，贈提學僉事。　唐元毅彥裒父，封當陽知縣。　張王謨超父，贈華亭知縣。　鄭昌世蘊宏父，贈中書舍人。　施昌釳父，封州同。　周家楨暉父，贈同知。　汪文淇森父，贈郎中。　金士瑜璋祖。　金學汾樟父。俱贈主事。　汪文桂繼景父，封中憲大夫。　仲應鶴宏道父，贈嶧縣知縣。　孔興儼傳忠祖。　孔毓瓚傳中父。俱贈知州。　唐頤如柏祖。　唐獻來如柏父。俱贈泰州知州。　陸樹珠煒父，封天河知縣。　陸樹駿炘父，贈興化知縣。　茅允修煥祖。　茅丕承煥父。俱贈滋陽知縣。　金學洙栻父，封樂清教諭。　馮一虬景夏祖，贈刑部侍郎；鈐曾祖，贈河南巡撫。　馮翊景夏父，贈刑部侍郎；鈐祖，贈河南巡撫。　朱來鳳元豐父，封金壇知縣。　屠有禧嘉正祖。　屠永貞嘉正父。俱贈荊宜道。　程朝輔尚賢祖。　程之琨尚賢父。俱贈營膳司主事。　汪繼燝筠父，贈永北知府。　王世德綵祖。　王宗仕綵父。俱贈京畿道御史。　朱明儀銓父，封編修。　鈕龍光汝騏祖。　鈕興周汝騏父。俱贈編修。　金樟烈父，贈廣東糧儲道。　金烈埔父，贈潞安知府。　金燾垣父，贈刑部員外郎。　汪兆龕屋父，贈無為州知州。　汪純煥斌父，贈祿勸州知州。　程琳尚贇父，贈饒州同知。　馮景夏鈐父，贈河南巡撫。　馮錦浩父，贈翰林院編修；應樞祖，贈通政司參議。　馮浩應樞父，封鴻臚寺卿。　陸費淮墂曾祖。　陸費椿墂祖。　陸費熙墂父。俱贈禮部侍郎。　趙龍光陸費墂外祖，贈少詹。　陸費垣監父，贈石碑場鹽大使。　張天文元任父，贈浮梁縣丞。　汪肯堂廷釪父，贈歷城知縣。　趙正大珮祖。　趙國祥珮父。俱贈永昌知府。　朱棠乘祖。　朱宗洛乘父。俱封吉水知縣。　吳玉潤襄父，封內閣侍讀。　沈之潢德榮父，贈遂昌教諭。　孔傳志繼元父，贈襄陽知縣。　孔繼美廣平父，贈陸川知縣。　葉天馹良璧父，贈臨海訓導。　沈志神啟震祖。　沈廷光啟震父。俱贈山東運河道。　于文懋廷鎬父，贈景寧訓導。　皇甫洗楦父，贈竹山知縣。　屠洪緒本仁父，封臨海教諭。　陸烜元鉉祖。　陸炘元鉉本生祖。　陸世垛元鉉父。俱贈雅州知府。　蔡墂如錦父，封聊城主簿。　蔡埰鉅蘭父，封浮梁縣丞。　李國用有常父，封柳林巡檢。　張鐸桓祖。　張景潮桓父。俱贈文安知縣。　金伸迺兆龍父，贈安江巡檢。　鄭景渭熙祖。　鄭樹聲熙父。俱贈寧晉知縣。　金宏烜栻父，封江陰主簿。　陳大謨元彩本生祖，貤贈大理寺右寺丞。　陳世亮桂生父，贈杭州訓導。　陳詩元彩兄，貤封同知。　葉文高之藩父，贈開化訓導。　沈紹昌德相父，贈奉化教諭。　程朝輔同文曾祖。　程琳同文祖。　程尚質同文父。俱贈兵部郎中。　陸世扱元鉉父，贈介休知縣。　陸元鉉以潤父，贈內閣中書；秉樞祖，累贈監察御史。　程拱宇椷本生父，貤贈清苑縣丞。　孔繼奎廣覃父，贈臨海訓導。　沈錫祚如潮父，贈平鄉知縣。　鄭淦心一父，贈袁州知府。　蔡壎鑾揚叔，貤贈郎中。　周向潮桂父，贈長興訓導。　周湧潛桂叔，貤贈歸安訓導。　周以清材叔，贈常山訓導。以上舊志。　陸費坤鑒父，贈亳州州同。　陸費勳璪曾祖。　陸費培璪祖。　陸費鑒璪父。　陸費元鑅璪本生父。俱贈湖南巡撫。　陸費時成廷瑤父，贈鹽山知縣。　鄭韜景洛父，贈長興教諭。　鄭以封鳳鏘父，贈開化教諭。　鄭以廉元鈁父,贈錢塘教諭。　陸清瑞秉樞父,贈山東道監察御史。　嚴寶傳辰祖。　嚴廷珏辰父。俱贈員外郎、刑部主事、翰林院庶吉士,加一級。　嚴廷琛辰叔,貤贈員外郎銜,刑部主事、翰林院庶吉士,加一級。　蕭南金儀斌祖。　蕭謙儀斌父。俱贈山陰教諭。　蕭麒夏同善外祖,貤贈兵部右侍郎。

恤廕

唐

陸侃灝子,溧陽令。

宋

聞人安壽建子,太子中舍、國子博士。　聞人安世建子,主簿。　聞人祖憲阜民子,儒林郎。　聞人滋璪子,敕令删定官。　聞人完安道子,宣德郎。　聞人寀安道子,從政、迪德郎[1]。　聞人永宏子,迪功郎。聞人松符子,通直郎。

【校注】

　　[1] 按:崇禎《嘉興縣志》卷十二《選舉·封廕》:"聞人安道,子完,宣德郎,全椒知縣;子寀,從政、迪功郎,太平州司理。"查《宋史·職官志》,有"迪功郎",無"迪德郎",故"迪德郎"是"迪功郎"之誤。

元

黃中玉平山子,縣尉。

明

俞寬義綱子,承事郎。以下嘉興。　俞誥綱子,知府。　許長齡紳子,國子生。　談文明相子,國子生。鄒幹濟子,應天府學生,中式。　鄒煜幹子,大理卿。　鄒焕幹子,國子生。　沈士皋思孝子,國子生。　黃寅錫洪憙子,國子生。　黃申錫承元子,國子生。　黃庭蓀父申錫,卒,補廕。　岳潢元聲子,詹事府主簿。岳沖和聲子,國子生。　徐肇樑世淳子,抱父屍殉難,贈國子助教。　徐宏耀肇樑子,廕入國子監。　徐肇森必達孫,國子生。　徐宏爌必達孫,國子生。　譚貞和昌言子,國子生。　王世駿允昌子,錦衣衛千户。　王永隆父世駿,卒,襲錦衣衛經歷。　李士標寧海州,殉泠口兵難,恤贈尚寶丞。　吕嵩原子,中書。以下秀水。吕言嵩子,通判。　吴繼鵬子,知府。　項鏞忠孫,世襲指揮僉事。　項元澤鏞子,錦衣衛千户。　項世芳元澤子,錦衣衛千户。　屠鈳勳孫,國子生。　朱大競國祚子,知府。　朱大烈國祚子,主事。　朱大觀國祚子,知府。　朱大治國祚子。　朱大定國祚子,同知。　姚以亮思仁子,知府。　姚以亨思仁子,知府。姚以高思仁子。　姚瀞父以高,卒,補廕。　朱茂時大啟子,知府。　俞文焕綱孫,知州。以下嘉善。　項鎧鍾孫,序班。　丁鑛賓子。　丁淑已賓孫,治中。　丁澧已賓孫。　魏允梆大中孫。　錢燾士升子。

鄭履準曉子,郎中。以下海鹽。　鄭心材曉孫。　徐同貞從治子,崇禎六敘萊州,死難。世襲錦衣衛百户。
陸光弼杰子,前府都事。以下平湖。　陸光畿杰子。　陸煒松子,中書。　陸繹炳子,錦衣衛指揮。　陸基
忠光祖子,郎中。　陸基恕光祖子,郎中。　陸在廷父光畿,卒,補廕太僕寺丞。　孫成憲植子,郎中。　施
宸鉉鳳來孫。　馬嘉柱德灃子。　潘儒蕃孫,同知。以下石門。　張汝正文憲子,同知。

國　朝

莊澐鱗子,國子生。以下嘉興。　王援庭子。　錢汝鼎陳群從子,乾隆元年覃恩,廕七品例,授州同。
馮建蓀巡撫光熊孫。嘉慶元年覃恩,廕。　屠廷佐洪基元孫。順治九年,洪基殉象賊難。乾隆五十七年,追恤給
恩,騎尉世襲。以下秀水。　莊仲芳布政、前廣東按察使肇奎子。嘉慶元年覃恩,廕。　汪善樞如淵子,大理寺評
事。　高燕昌如松子,廕文職未赴,補。　郁喬之章子,入官監。順天副榜。以下嘉善。　郁世畿之章孫,國學
生。　錢鏊以塏姪。雍正元年覃恩,入官監。　錢洙楞元孫。雍正年廕鳳山縣,陞臺灣府。　許廷煥父王謨,宜
賓知縣,作雷波城,歿於王事。乾隆元年廕監。　許世墉王猷孫。乾隆元年,恩廕八品職監。　錢樹德楞五世孫。
乾隆五十七年,追恤給恩,騎尉世襲。　錢燕翼樹德子。　錢恩培樹德孫。　許煌椿子。以椿殉難,廕安邑知
縣。　許基椿孫。乾隆五十七年,追恤給恩,騎尉世襲。　錢文訓刑部右侍郎寶廉子。光緒元年,覃恩廕。　鄭
世昌大興人,海鹽籍。嘉協中軍守備。鈺長子。鈺征霞塦村土寇,陣亡。順治十七年,廕子拖沙喇哈番,入海寧衛左
所。以下海鹽。　王承雋陜西城固知縣王顯一長子。顯一運餉軍前,卒嘉峪關外,第死事功,廕子入監。　陳教
衍都察院左副都御史。世倕長孫。乾隆元年,覃恩得廕。　張璉安徽巡檢張行健孫。行健遇耿逆叛,不屈死。乾隆
五十七年,追恤給恩,騎尉世襲。　陳騏布政司孝昇子。嘉慶元年覃恩,廕。　沈守廉廣西學政炳垣長子。咸豐七
年,炳垣殉粵匪難,廕騎都尉,特賞主事。授工部屯田司主事。　沈守誠炳垣次子,特賞光祿寺署正。　沈守謙炳
垣三子,特賞中書科中書。　沈蘭生侍郎初子。嘉慶元年,覃恩,蔭户部主事,官至雲南按察使。以下平湖。　陸
桓光濂子。狆苗滋擾,殉難。嘉慶二年,給雲騎尉,世襲罔替。　陸文炳光濂孫。　吳元凱協辦大學士璲子。嘉
慶元年,覃恩,廕員外郎。　吳公謹璲子。道光元年,覃恩,廕通判,官至平度州知州。　朱之榛淮徐揚海道善張
子。同治三年,善張因剿匪在軍營病故,廕知州,授蘇州總捕同知。　王銘貴湖北按察使大經子。光緒元年,廕
知縣。
　　案:咸豐、同治間,粵匪之亂,七邑殉難紳士各姓名俱見《忠義》門,其應得恤廕,尚未襲職,兹不備録。

嘉興府志卷五十

〔列傳一〕

史列傳,光邦家;志列傳,榮閭里。上下異,垂後同也。禾中人物淵藪,兩廡典最鉅。而國朝雍正入清獻,道光入宣公,同治入楊園,盛哉!于《志》以崇祀冠《列傳》,人或非之,然似亦倣《孔子世家》體。茲循其舊,餘均彙而次之。人傑也,而地靈發之;前範也,而後進模之矣。志《列傳》。

嘉興縣[1]

兩廡先儒

唐

陸贄字敬輿,嘉興縣人。《舊唐書》:"蘇州嘉興人。"《唐書》同。至元《志》:寶花寺在郡治西南二百步陸宣公宅。湯《志》:宣公居城中甜瓜巷。曾祖齊望,秘書監。祖灞,兵部郎中。父侃,溧陽令。贄年十八,第進士,中博學宏辭,調鄭尉,罷歸。壽州刺史張鎰有重名,贄往見,語三日,奇之,請爲忘年交。既行,餉錢百萬,曰:"請爲母夫人一日費。"贄不納,止受茶一串,曰:"敢不承公之賜?"是歲以書判拔萃調渭南簿。遷監察御史。德宗在東宮時,素知贄名,乃召爲翰林學士,由祠部員外轉考功郎中。朱泚之亂,從幸奉天。時車駕播遷,詔書旁午,贄灑翰即成,不復起草,初若不經思,及成而奏,無不曲盡事情,中於機會。嘗從容奏曰:"此時詔書,陛下宜痛自引過,以感人心。俾臣草辭無諱,庶幾羣盜革心。"德宗從之。故行在詔書始下,雖武人悍卒,無不揮涕感激。《唐書》本傳:"李抱真入朝,爲帝言:'陛下在奉天、山南時,赦令至山東,士卒皆感泣思奮。臣是時知賊不足平。'議者謂興元哉難功,雖爪牙宣力,蓋贄有助焉。"是時賊未平,德宗欲明年遂改元,乃議更益大號。贄曰:"今乘輿播越,大憝未去,陛下宜痛自貶勵,不宜益美名,以累謙德。"德宗從之,但改興元年號而已。行在夾廡署瓊林、大盈二庫,別貯貢物。贄請悉出以賜有功。德宗悟,即撤其署。李懷光有異志,李晟密言其變,請移屯。德宗遣贄,見懷光議事。贄還奏:"懷光必反。"勸帝許晟移軍,遣李建徽、楊惠元與晟併屯東渭橋。《唐書》本傳。德宗曰:"卿所料極善。然李晟移軍,懷光心已憪悵,若更遣建徽、惠元就東,則使得爲詞,且俟旬時。"晟至東渭橋,不旬日,懷光果奪兩節度兵。建徽遁而獲免,惠元被執,害之。報至行在,人情大恐,移幸梁州。轉諫議大夫,依前充翰林學士。德宗還京,轉中書舍人,學士如故。初,劉從一、姜公輔等材不逮贄,由下位建台宰。而贄孤立一意,爲左右權倖沮短,又言事無所回諱,久之不得宰相。母喪解官,服除,以權知兵部侍郎,復召爲學士。天下屬以爲相,而竇參素忌之。贄亦數言參罪失。貞元七年,罷學士,以兵部侍郎知貢舉。明年,參黜,乃以中書侍郎同中書門下平章事。《舊唐書·竇參傳》:"參貶郴州別駕,劉士寧遺參絹五千匹。李巽與參有隙,遂具以聞。德宗大怒。欲殺參,陸贄曰:'竇參與臣無分,因事怨望,人之常情。臣忝宰衡,合存公體，以參罪犯置之於死，恐用刑太過。'於是且止。乃再貶爲驤州司馬。參特爲左右中官深怒，謗沮不已。未至驤州，賜死。案《舊唐書》本傳云："姜公輔于上前聞奏，稱'竇參嘗語臣云陛下怒臣未已'。德宗怒，再貶參，竟殺之。時議云公輔奏竇參語得之於贄，參之死，贄有力焉。"此與參《傳》賜死之語既有舛異。且如參《傳》，則贄實爲之力救。本傳所云與之相背矣。今取公《傳》而坿辨于此。贄悉心報國，以天下事爲己任。政不便于時者，多所條奏。德宗雖不能皆可，而心頗重之。戶部侍郎、判度支裴延齡姦宄用事，天下嫉之如讎，以得幸于天子，無敢言者。贄獨以身當之，屢於延英面陳其不可，累上疏極言其弊。延齡日加譖毀。十年，除太子賓客，罷知政事。《唐書》本傳："班宏判度支，卒官。贄薦李巽，帝漫許之，而自用裴延齡。贄言：'延齡僻戾躁妄，不可用，'不聽。俄而延齡姦佞得君，天下仇惡，無敢言。贄上書苦諫，帝不懌，竟以太子賓客罷贄。"十一年春，旱，邊軍刍粟不給，具事論訴；延齡言贄與張滂、李充等搖動軍情。德宗怒，將誅贄等四人。會諫議大夫陽城等極言論奏，乃貶贄爲忠州別駕。《裴延齡傳》："延齡領度支。時陸贄秉政，每於延英極論其誕妄，不可令掌財賦。德宗以爲排詆，待延齡益厚。贄上書疏其失，德宗不悅。時鹽鐵轉運使張滂、京兆尹李充、司農卿李銛以事相關，皆證延齡矯妄。德宗罷贄知政事，滂、充、銛悉罷職左遷。十一年春久旱，人情憂惴。延齡遽上疏曰：'陸贄、李充等失權，心懷怨望。言度支多欠闕諸軍糧草，以激怒軍情。'後數日，神策軍人訴度支欠廐馬刍草。上思延齡言，即下詔，斥逐贄、充、滂、銛等。延齡方謀害在朝正直之士，會諫議大夫陽城等伏閣切諫，事遂且止。贄、充等雖已貶斥，延齡憾之未已，乃掩捕李充腹心吏張忠，捶掠楚痛，令爲之詞，云：'前後隱沒官錢五十萬貫，米麥稱是，其錢物多結托權勢，充妻常於犢車中將金寶繒物遺陸贄妻。'忠不勝楚毒，竝依延齡教卲之辭具款。忠妻、母于光順門投匭訴冤。詔御史臺推問，事皆虛，乃釋。" 《唐書·陽城傳》："德宗召拜諫議大夫，居位八年，人不能窺其際。及裴延齡誣逐陸贄等，帝怒甚，無敢言。城聞，曰：'吾諫官，不可令天子殺無罪大臣。'乃約拾遺王仲舒守延英閣，上疏極論延齡罪。慷慨引誼，申直贄等，累日不止。帝大怒，召宰相抵城罪。順宗方爲皇太子，爲開救，良久得免，敕宰相論遣。" 《張萬福傳》："以列校征遼東有功，累拜右金吾將軍。陽城等詣延英門論裴延齡事，伏閣不去。帝震怒，左右懼不測。萬福大言曰：'國有直臣，天下無慮矣。吾年八十，與見盛事。'徧揖城等勞之。"後稍思之，會薛延爲刺史，諭旨慰勞。韋皋數上表，請贄代領劍南。德宗猶銜之，不肯與。順宗立，召還。詔未至，卒，年五十二。贈兵部尚書，諡曰宣。始，贄入翰林，年尚少。以材幸天子，常以輩行呼而不名。《翰苑集序》："扈從行在，特所親信，有時讌語，不以公卿指名，但呼陸九而已。"及出居艱阻之中，雖有宰臣，而謀猷參決多出於贄，故當時目爲内相。從幸山南，道途艱險，與相失，一夕不至。德宗喻軍士曰："得贄者賞千金。"及輔政，所言皆懇到深切。或規其太過者，對曰："吾上不負天子，下不負所學，遑它恤乎！"既放荒遠，常闔戶，人不識其面，又避謗不著書。地苦瘴癘，祇爲《今古集驗方》五十篇示鄉人云。子簡禮，登進士第，累辟使府、兵部郎中。《唐會要》："貞元八年春，中書侍郎、平章事陸贄始復令吏部。每年集選人。舊事，吏部每年集人，其後遂三數年一置選，選人併至，文書多，不可尋勘，真僞紛雜，吏因得大爲姦巧。選人一蹉跌，或十年不得官，而官之闕者或累歲無人。贄命吏部分内外官員爲三，分計闕集人，歲以爲常，其弊十去七八，天下稱之。" 《舊唐書》本傳："初，贄秉政，貶駕部員外郎李吉甫爲明州長史，量移忠州刺史。贄在忠州，與吉甫相遇，昆弟、門人咸爲贄憂。而吉甫忻然厚禮，都不銜前事，以宰相禮事之。贄初猶慙懼，後乃深交。時論以吉甫爲長者。"韓愈《與祠部陸員外書》："往者陸相公司貢士，考文章甚詳。愈時亦幸在得中，而未知陸之得人也。其後一二年，所與及第者，皆赫然有聲。原其所以，亦由梁補闕肅、王郎中礎佐之。梁舉八人，無有失者，其餘則王皆與謀焉。陸相之考文章甚詳也，待梁與王如此不疑也，梁與王舉人如此之當也，至今以爲美談。" 《獨異志》："崔群知貢舉，夫人李氏常勸樹莊田，羣曰：'予有三十所美莊，前歲放春榜三十人，豈非良田耶！'夫人曰：'君非陸贄相門生乎！往年君掌文柄，使人約其子簡禮，不令就試。如以君爲良田，即陸氏一莊荒矣。'"國朝道光六年，奉旨從祀孔子廟庭，位列東廡先儒王通之次。本傳。

　　坿：范新《宣公故宅考》："或問曰：'史稱宣公蘇州嘉興人，子生賢者之里，亦知其故居之所在乎?'曰:'舊《志》稱陸齊望宅,舍爲寶花寺是也。'或又曰:'《記》《志》所稱宣公宅亦多矣,子何以定其在是也?'東萊《宣公書院記》謂:秀州城東橋以宣公名者,先老相傳,公所生之地也。林光氏《志》謂:鶴渚在縣南二里,宣公舊宅,放鶴之所也。又云:仁壽寺西一里百福坊,宣公故里也。薛文清《書院記》謂:城北有公遺廟,世傳以爲公之故宅也。許恂如《百咏詩》注:今秀水治北甜瓜巷,是宣公舊宅也。嘉善《志》:張涇匯之陸莊,宣公故居也。又劉德夫《思賢書院記》謂:縣實宣公故里也。歷代言公宅者如此不一,子將何所適從與?'曰:'吾以唐人之碑爲據耳。放翁《入蜀記》云:抵秀州遊寶花尼寺,拜宣公祠,祠有碑,闕壞磨滅之餘,時時可讀。蘇州刺史于頔書,大略言:秘書監陸公齊望始作尼寺於此,其後灉、潗、灃兄弟又新之。後又有賢妹字意者陸氏嘗有女爲尼云。諱灉者,宣公之父也。夫于襄陽去宣公時近,所書之記必可據。至放翁以灉爲宣公之父,則沿歐陽子《宰相世系表》之譌耳。劉昫《宣公傳》云:父侃,溧陽令是也。且寶花爲宣公之宅,可據者不獨于頔碑也。宋淳祐間,陸尚書德輿《報忠觀記》曰:昔余之上世有仕唐爲秘書少監者,嘗以宅爲寺,郡之寶華是也。然則徐碩《嘉禾志》以府西南寶花爲宣公宅者,其言信有徵矣。'"

案此《宅考》,應坿古蹟宣公宅後。因甜瓜巷屬秀水,張涇滙屬嘉善,而此《宅考》斷爲嘉興。舊《志》坿《傳》後,亦見宣公列《嘉傳》之確也。

【校注】

[1] 按:原刻本中標"兩廡先儒"在"嘉興縣"前,與全書體例不合,現根據本志卷五十八之體例略加調整。下面之標題"列傳"後原有標題"嘉興縣",亦根據相應體例刪去。

列　傳

漢

嚴忌,吳人,本姓莊,避明帝諱,稱嚴。由拳人。好詞賦,吳王濞招致四方游士,忌與鄒陽、枚乘等俱仕吳,以文辨[1]著名。久之,吳王以太子事怨望,陰有邪謀。忌知不可說,去。之梁,從孝王游,號嚴夫子。《漢書·鄒陽枚乘傳》。參趙《圖記》。

嚴助,會稽吳人。嚴夫子子,或言族家子也。郡舉賢良,對策百餘人,武帝善助對,獨擢助爲中大夫。是時朝廷多事,上令助等與大臣辨[2]論,中外相應以義理之文,大臣數詘。其尤親幸者,東方朔、枚皋、嚴助、吾丘壽王、司馬相如,而助最先進。閩越圍東甌,帝遣助以節發兵會稽,浮海救東越。未至,閩越引兵罷。後閩越復興兵擊南越。南越守天子約,不敢擅發兵,上書以聞。上多其義,遣兩將軍將兵誅閩越。閩越王弟餘善殺王以降,漢兵罷。乃令助諭意風指於南越。南越即遣太子隨助入侍。助與淮南王相結而還。上大悅,助侍燕從容,上問助居鄉里時,助對曰:"家貧,爲友壻富人所辱。"上問所欲,對願爲會稽太守。於是拜爲會稽太守。上書"願奉三年最",詔許,因留侍中。有奇異,輒使爲文,作賦頌數十篇。後淮南王反,事與助相連。上薄其罪,欲勿誅。廷尉張湯爭,以爲不可,助竟棄市。

朱買臣字翁子,吳人。家貧,好讀書。常艾薪樵,賣以給食,擔束薪,行且誦書。其妻負戴相隨,數止毋歌謳道中。買臣愈益疾歌,妻羞之,求去。後數歲,買臣詣闕上書。會邑子嚴助貴幸,薦買臣,召見,説《春秋》《楚辭》,帝悦之,拜爲中大夫,與助俱侍中。是時,方築朔方,公孫弘諫,上使買臣難詘弘。後坐事免。久之,召待詔。時東越數反覆,買臣言發兵浮海,席卷南行,可破滅也。上拜會稽太守。會稽聞太守且至,發民除道,縣令竝送迎,車百餘乘。入吳界,見其故妻、妻夫治道,買臣駐車,呼令後車載其夫妻,到太守舍,置園中,給食之。居一月,妻自經死,買臣乞其夫錢,令葬。悉召故人與飲食諸嘗有恩者,皆報復焉。居歲餘,受詔將兵,與橫海將軍韓説等擊破東越,有功。入爲主爵都尉,列於九卿。數年,坐法免,復爲丞相長史。與御史大夫張湯有怨,告湯陰事。湯自殺,上亦誅買臣。子山拊,官至右扶風。以上《漢書》本傳。

徐栩字敬卿,由拳人。少爲獄吏,執法詳允,遷小黄令。時陳留蝗,野無青草。過小黄,飛逝不集。刺史行部,奏栩他事。栩棄官,蝗大至,刺史媿謝。令還舍,蝗即遠去。後爲長沙太守。嘗食乾飯,不發煙爨。《吳中人物志》。參栩《志》。

【校注】

[1] 辨:《漢書》卷五十一《鄒陽傳》作“辯”,據文意,當作“辯”。

[2] 辨:《漢書》卷六十四上《嚴助傳》作“辯”,據文意,當作“辯”。

三國·吳

朱桓字休穆,吳郡人也。孫權爲將軍,桓給事幕府,除餘姚長。繼遷盪寇校尉。丹陽、鄱陽山賊蜂起,桓督領諸將,討平之。遷裨將軍,封新城亭侯。後代周泰爲濡須督。魏使曹仁將步騎數萬向濡須,時桓部兵五千人。桓偃旗鼓,外示虛弱,以誘致仁。仁遣其子泰攻濡須城,分遣將軍常雕,督諸葛虔、王雙等,乘油船别襲中洲,桓力拒之。泰燒營而退,遂梟雕,生擒雙。封嘉興侯。桓輕財貴義,愛養吏士,瞻護六親,俸禄産業,皆與共分。卒。子異祠[1]。《吳志》本傳。

朱異字季文,以父任除郎,後拜騎都尉,代桓領兵,隨朱然攻魏樊城,建計破其外圍。拜偏將軍,遷揚武將軍。孫權與論攻戰,辭對稱意。權謂異從父驃騎將軍據曰:“素知季文名,見之,復過所聞。”文欽詐降,密書與異,欲令自迎。異表呈欽書,因陳其僞不可信,遷鎮南將軍。魏遣胡遵、諸葛誕等出東興,異督水軍攻浮梁,壞之,魏軍大破。假節爲大都督,救壽春圍,不解。還軍,爲孫綝所枉害。《吳志》本傳。

【校注】

[1] 祠:《三國志·吳書·朱桓傳》作“嗣”。當作“嗣”。

唐

陸元朗字德明,以字行。善言名理,陳後主爲太子,集名儒入講承光殿,祭酒徐孝克倚貴縱辨[1],衆多下之。德明始冠,于下坐申答,屢奪其説。釋褐,始興國左常侍。隋煬帝擢秘書學士,遷國子助教。王世充僭號,封子玄恕爲漢王,以德明爲師,即其廬行束修禮。德明恥之,遂移病去。世充平,秦王辟爲文學館學士,補太學博士。高祖已釋奠,召博士徐文遠等各講經,德明隨方立義,徧析其要。帝大喜,曰:“三人者誠辨[2],然德明一舉輒蔽,可謂賢矣。”賜帛五十匹,遷國子博士,封吳縣男。卒。論撰甚多,傳於世。子敦信,檢校右相,累封嘉興縣子。敦信子齊望,秘書少監。齊望子灝,吏部郎中。灝子侃,溧陽尉。《唐書》本傳。參趙《圖記》。

陸元方字希仲,陳給事黃門侍郎琛之曾孫。明經,後舉八科皆中。累轉監察御史。武后時,除殿中侍御史,擢鳳閣舍人,遷鸞臺侍郎。坐忤會李昭德,貶綏州刺史。擢天官侍郎,兼司衛卿。或言其薦引皆親黨,后怒,免官,令白衣領職。元方薦人如初,后召讓之,對曰:“舉臣所知,不暇問仇黨。”又薦其友崔玄暐有宰相才。后知無他,復拜鸞臺侍郎同平章事。后嘗問外事,對曰:“臣備位宰相,大事當白奏,民間碎務,不敢以聞。”忤旨,下除太子右庶子。進文昌左丞。卒,贈越州都督。元方素清慎,再執政,每進退群臣,后必先訪問,外秘莫知。臨終,取奏槀焚之,曰:“吾陰德在人,後當有興者。”諸子皆美才,象先、景倩、景融尤知名。

陸象先,字崇賢。舉制科高第,爲揚州參軍事。擢洛陽尉,遷監察御史。累授中書侍郎,進同中書門下平章事。初,太平公主謀引崔湜爲宰相,湜曰:“象先人望,宜幹樞近,湜敢辭。”主不得已爲言之,遂並知政事。公主既擅權,宰相爭附之。象先未嘗往謁;及謀逆,召宰相議,曰:“寧王長,不當廢嫡立庶。”象先曰:“帝得立,何也?”主曰:“帝有一時功,今失德,安可不廢?”對曰:“立以功者,廢必以罪。今不聞天子過失,安得廢?”主怒,更與竇懷貞等謀,卒誅死。以保護功,封兗國公。初,難作,睿宗御承天樓,群臣稍集,帝麾曰:“助朕者留,不助者去。”于是有投名自驗者。事平,玄宗得所投名,詔象先收案,象先悉焚之。帝大怒,頓首謝曰:“赴君之難,忠也。陛下方以德化天下,奈何殺行義之人? 故臣違命,安反側者,其敢逃死?”帝悟,善之。罷爲益州大都督府長史、劍南按察使。累徙蒲州刺史,兼河東按察使。入爲太子詹事,歷遷太子少保。卒,年七十二。贈尚書左丞,諡文貞。

陸景倩,象先弟。爲扶溝丞時,河南按察使畢構覆州縣殿最,欲必得實。有吏言狀曰:“某彊清,某詐清,惟景倩曰真清。”終監察御史。

陸景融,長七尺,美姿質,寬中而厚外。博學,工筆札,以蔭補千牛,轉新鄭令。政有風績,累遷工部尚書、東京留守。卒,贈廣陵郡都督。景融于象先,先[3]後母弟也。象先被笞,景融諫,不入,則自楚,母爲損威,人多其友愛。以上《唐書》本傳。

徐岱字處仁,蘇州嘉興人。農家子。岱好學,六籍諸子,悉所探究,問無不通,難莫能詘。轉運使劉晏表薦,爲校書郎。浙西觀察使李棲筠欽其賢,署所居爲復禮鄉。擢河南偃師尉。禮儀使蔣鎮薦爲太常博士,改膳部員外郎,遷水部郎中。充皇太子侍讀,尋改司封郎中。擢給事中,兼史館修撰。並仍侍讀,兩宮恩遇無比。而謹慎過甚,未嘗洩禁中語,亦不談人之短。甥姪遺孤者,婚嫁之。卒,贈禮部尚書。參新、舊《唐書》。

朱巨川,字德元[4],嘉興人。年二十,明經擢第。尋以賢能舉,授左衛率府兵曹參軍,改睦州錄事參軍,授監察、殿中等御史,薦左補闕內供奉。擢起居舍人知制誥,拜中書舍人。凡載書之傳信者,贊書之加命者,詔策之封崇者,愍策之褒厚者,其辭必溫,其道必直,洪而不放,纖而不繁。以建中四年遘疾終,年五十九。《文苑英華·李紓〈墓銘〉》。

殷堯藩,元和九年進士。從李翱長沙幕府,後爲長樂令,有治績。擢侍御史。官江南,甚著風采。有《詩集》一卷。趙《圖記》。

陸扆字祥文,贄族孫。客於陝,遂爲陝人。光啟二年,進士第。累進翰林學士、中書舍人。扆屬辭敏速,一時書命,同僚自以爲不及。昭宗嘗作賦,詔學士皆和,獨扆最先就。帝覽之,嘆曰:“貞元時,陸贄、吳通玄兄弟善內廷文書,後無繼者,今朕得之。”累爲尚書左丞,封嘉興縣男。

徙户部侍郎,同中書門下平章事。覃王以兵伐鳳翔,宸極諫。帝責宸沮撓,貶峽州刺史。師果敗。授工部尚書,封吳郡公。從遷洛,柳璨附朱全忠,謀去朝廷衣冠有望者,貶宸濮州司户參軍,殺之白馬驛。《新唐書》本傳。

陸明允字信夫,贊從子。元和三年,以集賢校理出爲奉化令。歲大旱,鄰境人相食。明允輯和其民,振[5]廩食以賑餓者,全活數萬人,治行爲天下第一。復於龍潭涇疊石障水,鑿渠引流,下通廣平湖,達于江,溉田數千頃。後名其堰曰資國渠,曰新河,至今賴之。在邑五年,卒,民祠之。嘉興湯《志》。

【校注】

[1][2]辨:《新唐書》卷一九五《儒學上·陸元朗傳》作"辯",當作辯。

[3]先:《新唐書》卷一一六《陸景融傳》無此字,當刪。

[4]按:《全唐文》卷三九五、《文苑英華》卷八九四李紓《故中書舍人吳郡朱府君神道碑》:"吳郡朱君,其君子歟! 諱巨川,字德源,嘉興人也。"崇禎《嘉興縣志》卷十四《文苑》"朱巨川"條,亦作"朱巨川,字德源",當作"德源"。

[5]振:崇禎《嘉興縣志》卷十三《鄉達》"陸明允"條作"發",當作"發"。

宋

聞人建,字端木。曾祖珪,字廷輝,仕吳越爲新定從事,累官御史中丞,兼國子監祭酒。自珪以上,居錢塘三世矣。珪子新,周顯德四年始遷嘉禾,遂葬於城外竹橋之西。新不仕,好藏古書,嘗戒諸子曰:"吾家以儒業奮,汝曹當服勤,以善守之。"新子泰,大理寺評事。二子,長即建也。舉進士,歷道、婺兩州推官,遷著作郎、騎都尉,監秀州都鹽倉,轉秘書丞。以子貴,加贈尚書。有熙寧三年四月敕,藏於家載《家譜》。秀州自錢氏歸國,未有顯於朝者,惟大中祥符五年,有聞人侃登徐奭榜甲科,至天禧三年,建復登王整榜甲科,始爲鄉里倡。而聞人氏奕世簪纓不絕,江左稱望族。今秀水縣北聞家湖,蓋因姓得名也。墓在桃花原,孫沔撰《銘》。子安壽,字景仁;安世,字漢卿,越州主簿;安易,以子瑑貴,贈大中大夫。宋《聞人氏家譜》及徐一夔所撰《聞人氏譜序》。參至元《志》、趙《圖記》,并嘉興湯《志》。

聞人安道,字彝庚。寶元元年進士。博覽群書,言行爲鄉里師法。嘗監睦州酒稅,趙清獻爲守,知其賢,與定交。後清獻移漕梓益,安道從之,官於蜀之新津。清獻特遷之成都。及罷蜀,唯取《石經》數本以歸。通判歙州時,方行青苗錢,散及萬緡,則月加俸錢十千。安道散至九千緡而止,曰:"吾不能去官,然亦不願加俸。"歷官職方郎中,知南康軍。有僧了元交結權貴,安道斥之。了元憤,日伺安道所爲。時州郡少事,安道暇日嘗領官屬游寺,飲酒賦詩。乃以不事事謗之,遂罷歸。與司馬溫公同榜,相知最深。又與東坡詩筒往來,見於紀錄。至元《志》。參《聞人家譜》。

陳舜俞,字令舉。博學彊記,應材識茂異、賢良方正、直言極諫制科,擢第一。是時舜俞已登進士乙科,復中是選,文章聲名赫然在人上。始授光禄丞,簽書壽州判官,以屯田員外郎宰山陰。秩未滿,召試館職,不就。青苗法行,不奉令,上疏自劾,責監南康軍鹽酒稅。在貶所,與太傅劉凝之跨雙犢窮泉石之勝[1]。後歸,嘗乘白牛往來溪上,自號白牛居士。鄉人名其居曰清風涇。及卒,蘇軾稱其學術、才能兼百人之器,慨然將以身任天下之事,而一斥不復。士大夫識與不識，皆深悲之。著有《都官集》三十卷，《廬山記》五卷，行世。《宋史》本傳。參至元《志》。

案：舜俞，史稱湖州烏程人，居秀之白牛村。考《文獻通考》《方輿勝覽》、至元《志》諸書，俱作嘉興人。嘉興治東北一里爲舜俞宅。崇寧三年，孫某捨之爲漏澤寺。其隱居在清風涇，有陳賢良祠。後析屬嘉善，則舜俞本籍嘉興，鑿鑿可據。又考韋居安《梅磵詩話》，亦稱嘉禾人。韋，宋末吳興人。足證史傳之誤。

聞人璨字君儀，以詞學擅名。登熙寧三年甲科，初任鎮江金壇簿，歷官忠正軍節推，致仕。所得祿，盡與子姪。生平不具緘鑰，不畜一物。讀書爲文，至老不衰。有《家集》二十卷。嘉興湯《志》。

聞人宏字君度，朝散大夫。安遠子。大觀己丑進士，授通州司法。陳瓘貶台州，宏願從游，乞改天台兵曹。後知宣城，有善政，卒判常州。所著《文集》十卷，《中興要覽》十卷，《周官通解》十卷，《經史旁闡》十六卷。柳《志》。

王子武，初爲統軍。睦寇方臘作亂，來攻秀州，去城一舍而陣，衆號十萬。子武白太守曰："今日之政，公職守，子武職戰，請背城借一以報國。"乃簡精銳五百人，長兵在前，短兵在後，弓矢分左右翼夾射，啟門鼓譟而出。太守率百姓登陴，擂鼓發喊以助之。戰士勇氣百倍，以一當百，賊大駭，奔潰數十里，斬首五千級，築京觀，以表其功。賊遂退，不敢北向以窺江淮者，由子武以孤軍遏之之力也。《兩浙名賢錄》。

董將，紹興間以左朝請大夫守真州。初，廟學燼於兵火，權寓城南。將至，始遷還舊址，文廟、齋舍乃克備。嘉興湯《志》。

魯誼，紹興間任鹽官令[2]。諸司列薦，任滿，除主官誥院。宰海昌，遇水旱，誼力轉上聞，得太倉粟二萬斛，實行荒政。明年春疫作，誼命醫徧藥，且施以粥，全活甚衆。其疫死者，作叢冢瘞之，鐫其姓名於石，使其家得訪而識焉。袁《志》。

章元振，紹興中進士，知肇慶府，改廣東提舉。與秦檜同登第，甘於遠宦，未嘗以私干檜。萬曆《廣東通志》。

婁機字彥發。乾道二年進士，授鹽官尉，調含山主簿。遷太常博士、秘書郎。請續編《中興館閣書目》，又請寬恤淮、浙被旱州縣。擢監察御史。韓侂冑議開邊，機謂："恢復之名非不美，今士卒驕逸，財力未裕，萬一兵連禍結，奈何？"侂冑不悅，詔遣宣諭荆、襄。機昌言曰："使往慰安人情則可，必欲開邊啟釁，有死，不能從。"遂以言去。侂冑誅，召爲吏部侍郎、禮部尚書。擢同知樞密院事，進參知政事。彌縫裨贊，尤惜名器，守法度；進退人物，直言可否。數上章告老，以資政殿學士知福州，力辭。提舉洞霄宮以歸。年七十九，卒，贈金紫光祿大夫，加贈特進。所著《班馬字類》《廣干祿字編》，尤深書學。流傳尺牘，人多藏弄云。《宋史》本傳。

衛涇字叔清，其先齊人，唐末居秀州。淳熙間，孝宗親擢進士第一。歷起居舍人，直煥章閣，知慶元府。時權奸用事，十年不調。開禧初，召官吏部尚書，拜御史中丞。請誅韓侂冑，論罷。右相陳自強拜參知政事，侂冑伏誅，又患史彌遠，欲去之。彌遠乃諷御史劾罷涇，知揚州。除資政殿學士致仕。卒，贈太師，追封秦國公，諡文節。侂冑嘗指朱子僞學，及誅，請召熹還朝，已卒。涇乃取諸經、《四書》傳注刊布之。所著文章、奏議五十卷，曰《後樂集》。

衛湜字正叔，涇弟。好古博學，集《禮記》諸家，傳注爲集說，凡一百六十卷，上之朝。官至寶謨閣，知袁州。學者稱櫟齋先生。以上趙《圖記》。

陳洙，少貢上庠，屢魁多士。道君皇帝覽其試卷，歎曰："陳洙試卷首尾俱新，育才既久，今見偉人。"令鉛山。隆興七年,上遣御史劉大中仗節宣諭察吏賢否,至鉛山,廉得洙戢吏撫民,清廉果斷,上其狀,下詔褒之[3]。袁《志》。

王希呂,字仲行。本宿州人,南渡後居嘉興。乾道五年,登進士科。召試,授秘書省正字。除右正言。時張説以攀援戚屬擢用,再除簽書樞密院事,希呂與侍御史李衡交章劾之。上疑其合黨邀名,責遠小監當,既而悔之,改授宮觀。方説之見用,氣勢顯赫,後省不書黃,學士院不草詔,皆相繼斥逐,而希呂復以身任怨,去國之日,屏徒御,躡履以行。由是直聲聞於遠邇,雖以此黜,亦以此見知。出知廬州。除吏部員外郎,尋除起居郎兼中書舍人。淮右擇帥,上以希呂已試有功,令知廬州兼安撫使。修葺城守,安集流散,兵民賴之。加直寶文閣、江西轉運副使。召爲起居郎,除中書舍人、給事中,轉兵部尚書,改吏部尚書。求去,乃除端明殿大學士,知紹興府。尋以言者落職。天性剛勁,遇利害無回護意,惟是之從。嘗論近習用事,語極切至,上變色欲起,希呂挽御衣曰:"非但臣能言之,侍從、臺諫皆有文字來矣。"佐漕江西,嘗作《拳石記》以示僚屬,一幕官舉筆塗數字,舉坐駭愕,希呂覽之,喜其不阿,薦。居官廉潔,至無屋可廬,由紹興歸,猶寓僧寺。上聞,賜錢造第,時人名其所居里曰"聽履坊"。《宋史》本傳。參至元《志》。

沈揆字虞卿,進士。淳熙六年守台郡,人號儒者之政。累擢祕書監、祕閣修撰、江東運副。光宗即位,以國子祭酒召,尋被命使金。還,守吳郡。紹熙四年,除司農卿,權吏部侍郎。周必大稱其彊見洽聞,與尤袤齊名。《台州府志》。參《曝書亭集》。

錢孜,淳熙中爲昌化令。興學勸農,政績茂著,與故令錢冰、卞圍[4]齊名,百姓皆愛戴之。

林至,淳熙間進士。師事朱文公,仕爲建寧教授。以上趙《圖記》。

莫澤,字潤卿。嘉定九年,爲旌德令。新淳源橋,上流築二軟陂,甃石成岸,以殺水勢。李延中爲之《記》。嘉興湯《志》。

沈炎,字若晦。寶慶丙戌進士。累官端明殿學士。同知樞密院事,兼權參知政事,提舉洞霄宮。進大學士,致仕。卒,贈少保。炎居言路,嘗按劾福建轉運使高斯得、觀文殿學士李曾伯等。又論罷左丞相吳潛、右丞相丁大全及其黨與。柳《志》。

李景勉,字懋之。理宗紹定間,由上庠解褐,立朝靖共。于邊事尤曉暢。以太常丞守臨汀。卒。至元《志》。

焦炳炎,字濟甫。先世宣州人,祖虎臣寓居嘉興。炳炎於理宗朝擢右科。淳祐辛丑舉進士第三人。爲諫官,論奏累數百上。時宰主括田議,炳炎痛疏其害,面奏懇惻,上爲動容,然未有寢命。炳炎論愈力,時宰語人曰:"渠非攻田,實攻我也。"尋除太常少卿,疏辭,以右文殿修撰致仕。弟焕炎,字晦父。紹定間進士。慷慨有大志,仕至鎮江守。兄弟稱二焦云。《兩浙名賢錄》。參趙《圖記》。

案:炳炎中淳祐元年徐儼夫榜,見至元《志》。又,《方輿勝覽》:秀州有宋殿帥焦虎臣園,遺址在郡城。趙《圖記》載:炳炎兄弟爲虎臣孫,則焦氏居是邦累世矣。其云本宣州人者,特追敘先世之本貫耳。舊《志》列入《流寓》,今改正。

林子善,字常甫。淳祐間登進士第。鄉里稱純儒。守永州[5],改淮西制參,卒。至元《志》。

朱張恂,字宗厚。七歲讀經史成誦,十五能屬文。試,入上選,爲省元,有聲。以征廣蠻功,遷信義校尉。時車駕避元兵於厓山,恂率舟師勤王,力戰,多所斬獲。會風雨大作,與樞密陸秀夫同日溺海死。子穹壽、天任,奉父衣冠葬之。袁《志》。

【校注】

[1] 按：《宋史·文苑六》："劉恕字道原，筠州人。父渙字凝之，爲潁上令，以剛直不能事上官，棄去。家于廬山之陽，時年五十。"歐陽修撰《廬山高贈同年劉中允歸南康》詩以美之。中允，即太子中允，宋文臣寄禄官，北宋前期無具體職事。稱劉凝之爲"太傅"不確。

[2] 按：天啟《寧志備考》卷五《官制·縣官題名》："魯誼，紹熙三年八月到任，慶元元年八月奉旨興六院差遣，十一月任滿，除主管缺。"《鹽官縣叢冢記》："紹熙甲寅，槜李魯公誼宰海昌之二年，適水旱爲沴，民用大歉，告饑者二十餘萬……慶元元年十月十五日，從事郎、新差監建寧府大挺場、權鹽官縣上管煎鹽場葉延年撰。"紹熙甲寅，即紹熙五年（1194）。故"紹興"是"紹熙"之誤。

[3] 按：福建建陽曾於南宋景定元年（1260）以縣中唐石里嘉禾生而改爲"嘉禾縣"。查嘉靖《建陽縣志》卷二《歷代選舉年表·進士》："隆興元年木待問榜　陳洙。"卷十二《儒林傳》："陳洙，字聖淮。嗜學刻苦，博通群書。隆興初試南宮，胡銓奇其文，欲以魁多士，詘於異議，不果。後以銓薦，歷官知安豐。興學校，括廢田爲養士費。復修芍陂以興灌溉之利，邑民賴之。官終奉議郎。"光緒《壽州志》卷十六《名宦》："陳洙，字聖淮。甌寧進士。知壽州安豐縣。大興學校，括廢田以養士。修築芍陂水利，邑民賴之。官終奉議郎。"由此，陳洙既見於《建陽縣志》，則爲福建建寧府人。此傳不當列入本《志》。

[4] 按：乾隆《昌化縣志》卷十一《職官·知縣》："（乾道）卞圜。"寶慶《四明志》卷八《敘人上》："卞大亨，字嘉甫，泰州人。初由鄉舉入太學，升舍，有聲。靖康中攜二子走行在。丞相范宗尹以遺逸薦。紹興中隱於象山之錢倉村……子圜，字子東。亦有聲太學。登紹興三十年第。授揚州倅，卒。"《萬姓統譜》卷一〇二："卞圜，字子東。象山人。性穎異。於書無所不讀。入太學，董騰英譽，人號'卞夫子'。登紹興三十年進士第，授揚州倅。著《論語大意》二十卷行於世。"朱彝尊《經義考》卷二一六《論語六》："卞氏圜《論語大義》　引陳振聲《直齋書録解題》卷三：'海陵卞圜撰。'"故"卞圍"是"卞圜"之誤。

[5] 按：康熙《永州府志》卷四《秩官上·宋知軍州》："高宗紹興　林子善。"《湖南通志》卷一一一："林子善，高宗朝任。"紹興十七年（1147）知永州，至淳祐七年（1247）登進士第（至元《嘉禾志》卷十五《宋登科題名》），相去百年。故林子善"守永州"有疑，抑或是將時代不相同的兩個"林子善"扭在了一起。待考。

元

姜復昌，任崑山州判官。時津助法行，與省官斅產程役，寬免單寡，州人愛戴之。秩滿將行，聞民欲致餞，抵夜，潛出州境。《吳中人物志》。參趙《圖記》。

俞庸，字子中，爲平江路推官。年饑穀貴，憲府檄庸董倉庾，賑給，全活數萬。淮兵壓境，庸募勇士守盤門，郡僚高安等謂庸盍俱竄。庸屬聲曰："公等以世臣守大城，一旦臨利害，先民以逃，不顧義與恩耶！"安持鐵簡擊庸仆地，遂開門。兵至，庸未殱，被摛。尋以計脫去，微服間道歸。久之，太守知其事，將授之爵。庸謝曰："吳門之役，吾有死所，今日之生出，不幸耳，尚負面受他命，見天日耶？"發憤，病卒。子俊，工詩，負氣凌轢，不可一世。趙《圖記》。參《槜李詩繫》。

項衢，字伯道，冠子。仕元淮西廉訪副使。曾孫邦，字景亮，爲明弟子員，升太學，授孝感縣丞，多惠政。以才堪治劇，調吳江。俸贖友人子于妓籍，歸囊無長物。以孫忠貴，贈官。嘉興湯《志》。

潘澤民，名著，以字行。本大梁人，宋南渡，占籍嘉興。幼失父，鞠於伯兄，俾習吏事。澤民曰："家世業儒，吏非吾習也。"中鄉試，備榜補吳郡甫里書院直學。游京師，以薦爲中書省從事。後辟吳興郡幕，辭。乃留，主郡學。其講道設教，悉取法胡安定。再辟浙東元帥府史，海寧行御史臺留爲掾，卒。有《晏集詩》《心性論》行世。袁《志》。

楊樞，字伯機。大德五年，至西洋，遇親王合贊遣使臣那懷等如京師，遂載以來。朝貢畢，仍以樞護送西還。授忠顯校尉、海運副千户。乃至其登陸處,曰:"忽魯謨斯往來歷五年,凡舟楫、糗糧、物器之類,一出於己。"致疾歸。泰定四年,起爲昭信校尉,常熟、江陰等處海運副千户。給慶紹温台漕輓之直,力劃宿蠹捁剋之弊。陞松江、嘉定等處海運千户,卒。黃溍《楊樞墓志》。

陸文英,至正間尹邵武,政浹民和,嘗重新廟學。袁《志》。

黃中玉,以父蔭授江山縣尉。時海內鼎沸,詔徙行臺於紹興,以控制閩、越。至正丁酉,擢玉爲參謀,統鄉兵守衢。越二年,城陷遇害,一門十三人皆没,長子孟輔出而僅免。貝瓊《黃中玉哀辭序》。

明

金綱,字子尚,元至正間與張翼俱以《龍門賦》舉鄉試。洪武初,以薦舉,歷知蘇州。時百姓苦官民田則輕重不齊,里胥易爲姦,綱上疏請減重額。先是,張士誠據吳,太祖屢攻之不下,怒其民爲之守,故張氏滅,獨加三吳賦税。綱疏入,逢上怒,得罪,賜死。至宣德朝,知府況鍾始爲奏減,人追思之。子穎伯從武林俞紫芝游,遂于經學。袁《志》。參《蘇州府志》、盛楓《嘉禾徵獻録》。

陳俊民,有才行。洪武中,求人才,徵至京,授山東布政司理問。永樂初,擢刑部員外郎。歷陞貴州參政,終右布政。撫綏軍民,邊鄙賴之。趙《圖記》。

顧光遠,本嘉定人,遭亂居嘉興。元末,以材辟爲京口掾。太祖下江南,授江西行省理問。遷知龍陽州,改知泰和。時亂久蔫定,民好訟,前守禁之。光遠至,集訟者出榜誨諭之,民來觀,不訟而去者十之一。使訟者居譙樓静思三日,然後訴,有不欲終訟者自罷去又過半。于是擇吏置簿,受訟詞而勾稽之,兩月而訟清。諸吏畏服,毋敢舞文者。境有虎,光遠草檄告神,虎遁去。歷廣東行省郎中,召入,拜吳王府副相。坐累逮繫,卒。嘉興何《志》。參《嘉禾徵獻録》。

王貞,字貞德。洪武開科鄉舉,授合水知縣。治有聲,調往平。邑當衝要,疲於供應,節省諸費,以蘇民困。坐詿誤左遷,尋召拜監察御史。趙《圖記》。

王嘉會,字原禮。洪武初,詔舉明經之士,嘉會應聘,賦詩稱旨。試其文,復賞異之。除翰林院檢討,陞國子監右司業。時太學方新,肄業者常數千人。宋訥爲祭酒,與嘉會嚴立規範,月旦程課,井井有法,至今仰其師表。趙《圖記》。參《分省人物考》。

徐中,字伯庸。洪武初,應明經。薦授鄱陽河泊所大使。晚歸里,以《尚書》教授鄉人。性質直,言行不苟。有詩文集。袁《志》。

沈章,字叔昂。洪武初以部掾知南康縣。廉勤有爲,憫民病涉,爲建通濟橋。區畫有方,民爭趨之,卒以成功。《南康府志》[1]。

夏鳳祥,洪武中以薦辟知邵武縣[2]。嘗曰:"廉爲士之大節,居官而不能廉,大節虧矣,雖有政事,何足尚?"及代去,囊橐蕭然。《福建通志》。

沈鎰,字孟鈞。洪武中,以鄉貢入國學。授北平按察司僉事,左遷閩縣尉,勤慎愛民。宣德初,復遷福建僉事,歷轉福建右參政,持守如一日。袁《志》。參《嘉禾徵獻録》。

王軫,一作瑱。本德清人,居嘉興。父升,元末以遺逸應詔,授德興尉,不赴。軫中洪武開科鄉試,授平涼崇信縣。升嘗寓書於軫,勖其清心潔己,以廉自守。會太祖得升書,下詔褒美,擢軫爲刑部員外郎。特賜升銀、絹,稱爲老賢人云。《嘉禾徵獻録》。

錢鈞,字志衡。洪武中,以明經授本府學訓導。廣東參議喻良奉命治水,按郡,與鈞講求水利,籌畫頗多。後以疾辭,扁舟放浪,自號小西湖漁者。有《半隱集》。《檇李詩繫》。

鄒濟,字汝舟。事母以孝聞。博學強記,尤長《春秋》。爲餘杭訓導,遂寄籍焉。累遷國子學録、助教,以薦知平度州,除禮部郎中。征安南,從幕府司奏記。還,爲廣東右參政,再遷左春坊庶子,授皇孫經。進少詹事。當時宮僚多得罪,徐善述、王汝玉、馬京、梁潛輩被讒,相繼下獄死。濟積憂得疾。皇太子以書慰曰:“卿善自攝。即有不諱,當提攜卿恩,不使墜蓬蒿也。”卒,年六十八。洪熙元年,贈太子少保,諡文敏。命有司立祠墓側,春秋祀之。《明史》有傳。

　　案:吳《志》有以本貫寄籍他省者,別立舊籍一門,如宋魯諨,明鄒濟、俞綱、嚴清、吳國倫諸人。考吳《志》以前無其例,況惟嘉興一縣有之,今删去此門,寄籍者即于本傳著之。

楊任,洪武間由人才擢知袁州。黃子澄一見,以國士許之。靖難兵起,引疾歸。子澄出,徵兵,往約蘇守姚善航海,善不可。子澄乃至任家,共謀大事。事泄,任與子澄俱被執,至京,磔于市。子禮亦坐死。時有袁杞山亦謀匡復,事敗,至吳江自沈于水。有吳貴三出之,復免。《分省人物考》。參吳《志》。

姚瑄,洪武丁卯鄉舉,革除[3]中爲御史。靖難師入,死之。吳《志》。

李文榮,洪武末以貢授萬安知縣。入爲太僕寺丞,因事謫戍京衞。太宗欲察人情向背,時出巡,文榮上言:“以京城空虛,恐生不測,守禦宜嚴。”監國是之,悉録京城壯丁防守,命文榮統之。太宗回鑾,大喜,詢知計出文榮。擢福建布政司參議,賜奉天征討鐵牌一面。部內寇發,隨宜誅剿。引年歸。《嘉禾徵獻録》。

　　案:同時江西亦有參議李文榮,犯大辟。太宗以同名姓疑之,特命原赦。法官執其非,竟免死。見袁《志》及《嘉禾徵獻録》。

尤爕,字堯卿。洪武中孝廉。永樂初,授睢陽丞,攝縣事。蝗移傍邑,傍邑以其縱入也,移文讓之。爕反牘曰:“蝗蝻非家畜,敝邑豈能縱之? 爕若不德,蝗當復至,敢讓鄰耶!”傍邑媿服。趙《圖記》。

朱冕,字日章。永樂間鄉貢,崑山教諭。經學、舉業,皆有師承。課子弟勤而嚴,多所成就,至今稱善教者必曰冕。尋遷鎮海衞學教授。劉《志》。

鈕正,以從靖難功,歷官留守衞指揮。袁《志》。

嚴貞,一作真。字養正。以進士知景陵縣,廉介有爲,孜孜惠愛,百姓爲立生祠。趙《圖記》。

　　案:題名碑作閶貞,永樂甲申進士。

麗敬,正統中知盧田[4],嚴明廉介。壇壝、舖舍、祠廟,皆其建置。一時賢令,稱敬爲最。袁《志》。

俞山,字積之,以乙榜爲崑山訓導,改郕府伴讀。景泰初,以藩邸舊臣進鴻臚少卿,陞吏部侍郎。時議迎復,同列頗有難者,山奮然曰:“鑾輿復,然後人心悦而天下安。況天倫所係至重。”力贊之。朝廷知山清慎,作《歲寒圖》,題詩賜之。懷獻太子立,加太子少傅,入閣預機務,固辭。守本官,命同尚書王直每日經筵更番侍直,進太子太傅。初,易儲時,山密諫,不聽。退而憂曰:“禍基自此始矣。”至是益不安,累疏乞骸骨。給官舟以歸,囊橐蕭然。里居,假貸以自給。山爲人質直,而遇事善諷諫。在郕邸日,書《大學衍義》《尚書毛詩及聖學心法》等書進説。其佐銓衡,薦擢不求人知,請謁必峻拒。臺諫有以持正,忤權倖者必曲爲調護。爲文據經史,詩歌清麗,善大篆牓書及畫梅。著有《梅莊集》。子誥,字汝欽,以蔭爲工科給事中。出判沂州,遷南康知府。《明史》。參鄒《志》《嘉禾徵獻録》。

諸忠，永樂間判饒州府事，以才能擅名於時。被薦入，爲郎中。嘉興湯《志》。

沈淳，字惟厚。以進士授刑部主事，陞吏部員外郎，致仕。淳少讀書精舍，有鄰女夜奔，堅拒不亂，其外和内介類此。著有《拙庵集》。柳《志》。

鄒幹，字宗盛，濟子。成祖得異夢，問：“諸臣有舉子者乎！”濟奏生子，成祖喜，遣充應天府學生，賜鈔二千貫，月給米二石。景帝初，以進士由兵部郎中超擢本部右侍郎，以才爲于謙所倚。也先入寇，九門皆閉。百姓求入，幹開門納之。尋改禮部，兼巡視河南、鳳陽水災，與王竑請賑。又請令諸生輸粟入監讀書，納粟入監自此始。再遷禮部尚書，乞休。馳驛歸，仍命有司月給米。浙江歲饑，具疏奏聞。孝宗嘉其憂民，敕有司備羊酒勞之。比至，而幹已卒。贈太子太保，謐康靖。《明史》本傳。參《嘉禾徵獻録》。

姚綬，字公綬。少工古文詞。以進士官廣東道監察御史，巡按兩淮，鉤剔積弊。歲饑，畫策賑濟，流民賴以全活，璽書褒美。後謫知永寧縣，以母老辭歸。居大雲里，饒水竹，作室曰丹邱，又作滄江虹月舟，游泛吳越間。書畫妙絶一時，詩文暢逸。著有《天人合旨》十卷，《姚侍御詩文》三十卷。趙《圖記》。參鄒《志》《分省人物考》。

支立，字中夫。事母以孝聞。以鄉舉爲常州府教授，充順天同考官。時大璫汪直於途次投千金，欲薦其姪。立以狀白當事。入闈，檢其卷，抹去，名大震。遷翰林院孔目，與羅倫、姚綬相友善，敦務本爲己之學。博通諸經，妙于講解，時號支五經。子高，亦知名。《檇李詩繫》。參《嘉禾徵獻録》。

伍方，字公矩。以進士知武岡州。州爲苗賊殘破，國賦無出。上臺督徵甚急，方疏請蠲貸，竟得旨：“民始復業，粵蠻寇擾，防禦有功。”以註誤戍柳州。遇赦歸，創西圃草堂，以詩史自娱。著有《柳庵集》。袁《志》。

戈瑄，字良玉。祖其卿，洪武間舉賢良，授嘉禾遞運使，因占籍。瑄以進士知嵩縣，邑多逋賦，礦徒竊發。瑄寬徭役，緩追呼，數年，逋盡償，礦患亦息。擢御史，疏論萬貴妃怙寵不法，廷杖。尋巡按南畿，歷浙江、江西布政使，陞副都御史。立法嚴明，不奪權勢。時劉瑾專政，怒不附己，追論浙藩事，罰米。乞休，不允，改大理卿。以南刑部尚書致仕歸。《嘉禾徵獻録》。

包鼎，字汝調，與弟蕭同舉進士。授兵部主事，歷陞郎中。乞改南部，出知池州。性恬退，未老乞休。孫節、孝，自有《傳》。汴，以進士歷刑部郎中，出爲四川參議。均賦戢亂，頗著茂績。袁《志》。參《嘉禾徵獻録》。

陳良，字明遇。以進士授推官，操履廉潔。在任五年，始終一致。卒於官，家無餘貲。嘉興湯《志》。

尚縉，字美儀，本嘉興人，戍於睢，遂爲睢人。與兄綱俱以進士爲兵部主事。縉調刑部，有明決聲。孝宗立，命録畿内囚，平反甚衆。擢知臨江府。會與五府爭樟樹鎮稅課，鎮稅雖歸臨江，而諸郡目懾。縉抗疏，解綬去。著有《江西通志》《水南槀》《睢州志》諸書。袁《志》。

顧節，弘治中以歲貢知翁源。值歲饑，聞於上官，民獲賑給。邑之羊逕山高路隘，盜所伏，大爲民害，節治爲坦途，民便之。袁《志》。

李儒，字宗文。其先嘉興人，徙華亭。正德辛未中會試，引疾歸，甲戌第進士，又謝疾去。嘉靖改元，詔起恬退之士，始就選。爲建寧推官，擢南主事，轉刑部郎中。請老歸。生平淡泊寡營，自建寧歸，惟殘書數卷而已。《嘉禾徵獻録》。

陶炳，字明德。世襲海寧衛左所百户。工騎射，所佩劍時有光怪，人異之。正德初，以將才舉，陞本衛正千户，顏其堂曰瑞劍。袁《志》。參《徵獻録》。

譚諫，博學篤志。正德間，以明經謁選司，選者，諫門下士也。欲授以泉州判，力辭。授南京光禄署正，四方從游之士甚衆。卒於官，貧無以殮，門人襄其事。孫昌言，別有《傳》。袁《志》。

王經，字伯常，以舉人知四川漢州。州當孔道，舊飭厨傳，候之三十里外。經至，罷不復設。蜀中民糧折輸什九，則額繁多。經請均其則而斂之，他如建舫渡，成興梁，勸民植蠟樹以興利。忤時左調，不赴，歸。《嘉禾徵獻録》。

包節，字元達，先世嘉興人，其父始遷華亭。節以進士授東昌推官，入爲御史。劾兵部尚書張瓚貪穢。出按雲南。時仕者以荒徼憚，不欲往，因設告就遠方之法。節言：“此曹志甘投荒，非年迫衰遲，則家貧急禄。志在爲己，豈在恤民。請自今以附近選人充之，而州縣佐貳始用此曹。”吏部請以節言概行於雲、貴、兩廣。制可。以疾歸。起故官，再按湖廣。顯陵守備中官廖斌擅威福，節欲繩之，語先洩。斌俟節謁陵時，故獻膳羞，遽使撤去，詭稱節麾出之。鍾祥民王憲告斌黨庇姦豪周章等，節捕章，斃之杖下。斌益怒，遂奏節不以正旦謁陵，次日始謁，時當進膳，不旁立，褻慢大不敬。奏已入，節始奏斌前事。帝大怒，以節抵罪，逮詣詔獄，永戍莊浪衛。莊浪極邊，敗屋頽垣，節處之甚安。獨念其母，自傷不克終養，日飲泣。母訃至，晝夜哭。又聞弟孝卒，撫膺曰；“誰代吾奉祀者？”哭益悲。病死，遺言以衰絰殮。《明史》本傳。

包孝，字元愛，後節三年成進士。由中書舍人爲南京御史。疏論禮部尚書溫仁和主辛丑會試有姦弊，且劾庶子童承敘、贊善郜希賢[5]、編修袁煒，帝皆不問。未幾，又劾巡撫孫檜、吳瀚，瀚罷去。孝兄弟分居南北臺，並著風采，又皆有至情。節官北不得養母，孝遂以侍養歸。母亡，哀毀骨立，未終喪卒。節亦繼殞，時並稱其孝。《明史》本傳。

案：《嘉禾徵獻録》載孝又疏劾嚴嵩不法事，將得罪。適上禱元夢中似聞有愛惜人才之語。明日疏上，帝手批云：“包孝是人才，免究。”舉朝皆莫測其意，史傳不載，姑録於此。

周惠，字世仁。嘉靖初，仕兵馬指揮。有李樂者殺人潛逸，民挾怨，誣證成獄。惠疑之，卒抵樂罪。以才遷辰州判，地當黔衝，驛政凱敝，惠整飭逾月，積弊頓革。以勞卒於官。吳《志》。參《徵獻録》。

陳所蘊，字道行。嚴嵩未第時，旅行厄盜，所蘊父倫爲具貲裝送歸。後分宜柄國，欲修先德，議以内閣典籍酬所蘊，所蘊固卻之。分宜敗，乃謁選，主詔安簿，能聲最著。《恬致堂集》。

嚴清，字公直。其先嘉興人，正德間徙雲南。嘉靖二十三年進士。除富順知縣。入爲工部主事，歷郎中。連丁内外艱。服除，補兵部，擢保定知府。故事，歲籍民充京師庫役，清罷之。歷遷易州副使、陝西參政、四川按察使、右布政使，並以清望薦。以右僉都御史巡撫貴州。未上，改四川。清久官川中，僚吏憚其來，相率屬名行，少墨敗者。陝西賊流入境，巡按御史王廷瞻劾清縱寇。大學士趙貞吉言：“賊起郿、陝，沿害川徼，即有罪，當罪守土臣，不宜專責巡撫。臣蜀人，深知清約己愛人，省事任怨。今方倚清如父母，奈何棄之。”疏奏，不允，命解官聽調。起撫山西，未赴，改貴州。歷南京大理卿，三遷刑部尚書。張居正當國，尚書不附麗者獨清。居正卒，籍馮保家，得廷臣餽遺籍，獨無清名，神宗深重焉。會吏部尚書梁夢龍罷，即以清代。日討故實，辨官材，自丞佐下皆親署，無倖進者。甫半歲，得疾歸。帝數問閣臣：“嚴尚書病愈否？”十五年，兵部缺尚書。用楊博故事，特詔起補。而清疾益甚，不能赴。卒，贈太子太保，諡恭肅。《明史》本傳。

案：清先世名秋蟾者，宋淳、咸間居郡之竹林庵。善醫，見《藝術》。父鎨，亦知醫，正德間徙雲南，遂以雲南籍中嘉靖癸卯鄉試。故史傳作“雲南後衛人”。其祖墓在角里街，官爲建坊表曰“慶流滇浙”。今士人所謂嚴家墳是也。清族子從簡，嘉靖己未進士，仍嘉興籍。

許爌，字文叔。以進士知莆田。莆濱海，倭艘突至，爌率民兵督戰，生獲賊魁。值亢旱，徒步請禱，即雨。調鄱陽，改濰縣。遷主事，歷員外郎。出爲順慶府同知，解組歸。嘉興湯《志》。參《嘉禾徵獻錄》。

吳國倫，字明卿。以祖戍湖廣興國州，遂家焉。生而穎異，善屬文。嘉靖己酉舉鄉試第一，旋成進士。除中書舍人，陞兵科給事中。與王世貞、李攀龍、謝榛、宗臣、徐中行、梁有譽爲七才子。以忤嚴嵩，左遷南康府推官。歷湖南參政。有《甔甀洞正續稾》五十四卷。《嘉禾徵獻錄》。參《靜志居詩話》。

案：嘉興何《志》：“國倫祖墓在虹橋東畔，有《感舊詩》。”

包檉芳，字子柳。與父汴同舉於鄉，旋成進士。知魏縣，遷刑部主事。徙儀制員外郎，轉郎中。時高拱爲禮部，屬所厚某越次充歲貢，檉芳不可。拱怒，送不下階。檉芳正色曰：“尚書送屬官，自有故事，毋令他日言壞例自檉芳始。”拱銜之，左遷南直隷通州分司判官。州舊有范隄，歲久傾圮，人多溺死。檉芳築外隄以衛之，名包公隄，以比范隄云。移邵武同知，致仕歸。《嘉禾徵獻錄》。參《揚州府志》。

嚴從簡，字仲可。以進士爲行人。使樂安王府，卻金幣不受。轉工科給事中，管盔甲廠，綜覈嚴密，奄豎銜之，令人密割其牙牌。從簡疏，請另置。代藩與縣官告訐，奉旨行勘。從簡不直代藩，藩遂發其失牌事，謫揚州同知，解綬歸。生平嗜書，不釋卷。郡守請修《郡志》，稾就，未梓。有《殊域周咨録》二十卷。袁《志》。

戴鳳翔，字點叔。以進士授行人，擢吏科給事中。時海鹽潮溢，壞田廬無算。議修者以費鉅難之。鳳翔抗疏，以海鹽爲三吳屏障，無海鹽是無諸郡也，遂得請。條議宣薊戰守六事，又弭盜六事，皆聞報。時高拱當國，出知鳳翔府。甫至官，左遷郿縣丞。起金壇令，入爲刑曹。會慮楚囚，張居正柄國，有所屬。翔不爲狥，出之，守九江，調鳳翔府。尚書陸光祖戲之曰：“鳳翔合得鳳翔府。”遷苑馬卿，引病歸。袁《志》。參《嘉禾徵獻錄》。

王儒，字汝珍，篤學力行，鄉邦稱宿儒。正德丙子舉於鄉，初令星子，再令崇陽，以艱歸。服闋，改順天府學教授。北地鮮學，加意造就。弟子嚴鎡初居塞外，徙置學旁教之，後成進士，任本府太守。儒益自重，未嘗以尺一干之。轉興山令，致仕歸。《兩浙名賢録》。

王儒，字修卿，嘉靖己未進士，知杞縣，致仕歸。先是，分嘉興縣設秀水、嘉善二縣，地犬牙相入。嘉善民駕言田虧而額浮，欲更二邑田益之。事聞，下督撫勘議，儒乃爲七辨以證之，後卒如其議。《嘉禾徵獻録》。

案：嘉興何《志》載：王儒字修卿，不載汝珍。《浙江通志》載汝珍，不及修卿。吳《志》以兩王儒合《傳》，未詳事實，今採《兩浙名賢録》《嘉禾徵獻録》，各爲列《傳》區別之。

孫詔，字朝宣。以進士授工部主事。榷稅湖廣，遼藩恣橫，每箝制使者。詔至，耿介自守，不能奪。入爲員外郎，陞郎中，卒。子叔文，光禄丞，工詩文。著書曰《我鑑》。袁《志》。參《嘉禾徵獻録》。

陸相儒,字大行。以進士授工部主事,出知延平府。首行條鞭法,爲八閩倡,閩人稱便。又創義倉,行鄉約,興學右文,郡大治。擢貴州副使,土寇拒命,時議撫議勦,無定畫。相儒獨許其自新,卒歸順。以憂去。服闋,復補閩中。會島寇入犯,遣材官逆於海,斬獲有功。以疾卒。《兩浙名賢錄》。

宗弘暹,字進甫。以進士知豐城縣,陞刑部主事,調兵部,改擢兵科,歷禮垣。時黃河衝決徐、呂,二洪險峻,寶應湖有風波之患。宏暹議開徑道于徐,築腹河於寶應,至今永賴。值天變,陳言疏請進王守仁從祀孔廟。萬曆改元,銜命往祭禹廟請神。抱病歸。袁《志》。

卜相,字夢良。以進士歷官雲南參議。猓玀之亂,招集流亡,儂賊寇臨安,相開宥脅從,因賊爲用,襲擒渠帥阿齋等。時制府謀出海勦蕎甸,相抗論百言,爲民請命,罷歸。累薦不起。著有《二氏奇事》《田糧議》《觀感錄》。袁《志》。

徐學周,字尚文。祖瓚,爲廣東巡檢,矢志清白,民爲立卻金碑。學周與弟學曾同舉於鄉。三舉會試副榜,謁選知嘉定州。丈量令下,學周首定區法,全蜀傚之。會建慈寧宮,命採木,學周條上採木議有五難三易,以不擾民爲主。嘉定故行茶地,商人歲以金餽守,學周峻拒曰:"若不聞我祖卻金事耶?"卭部土司嶺柏死,族人阿祭與孼豎應昇相鬭殺,以叛聞,臺檄治之,斬阿祭,立其族之賢者嶺起鳳,與應昇分治土司以寧,遷雷州府同知,歸。學曾歷知潮陽、永清縣,終高唐州。袁《志》。參《嘉禾徵獻錄》。

馬如麟,字昭父。以舉人知巢縣,救荒多策,活飢民萬計。巢素苦潦,築圩障湖,號馬公圩。調穀城,晉郿陽同知。時蜀有播之役,徵餉于郿,軍興獨不乏,播平,推知雲南潯甸,致政歸。著有《正訛編》《亦稽錄》《巢陽十議》《穀岡八議》諸書。袁《志》。

沈伯龍,字雲卿。父大禮,有淳行,以鄉貢司訓,勤於課習,祀名宦。伯龍以進士爲内江令,有惠政。時直指貪悍,因伯龍内召,發其行橐,止俸數金,直指報顏退。補禮科給事中,出守川南。會九絲亂,有司不敢問,伯龍奮然語諸從事曰:"人臣委身事君,正在今日。諸君更何待耶?"諸將皆奮,遂自督陣,親冒矢石。捷聞,陞俸一級。時番猓作亂,督撫以兵五萬專屬之。伯龍謂:"解甲未久,不堪復戰。"遂呼猓衆,諭以國威。猓歡呼動地,縛三渠魁以獻。仕至山東按察使。《分省人物考》。參《嘉禾徵獻錄》。

屠元沐,字沂春。以進士授工部主事,歷郎中。督儀真及張秋河道,陞山東布政參政。赴任去導從,人不知爲憲使也。轉廣西按察使,益勵清節,進本省布政使。乞休,加太僕寺卿。歸,杜門謝客,不異寒素。上聞其清,特詔有司具禮存問。卒年九十。《嘉禾徵獻錄》。

高夢説,以貢入京。申時行嘗延爲子弟師,選華亭學諭。後申爲首揆,門下士多通顯,未嘗通尺一。著有《蕉鹿言》《希白吟草》。嘉興湯《志》。

李芳,字叔承。以進士令曲周,縣多曠洳,教民用桔橰溉田,高者使種木棉,盡成沃壤。時江陰逋賦多盜,移芳治之。定賦役,浚桃花港。白糧積欠數萬,議以錢布償米,題請,報可,各郡皆如江陰例。以高等徵入,尋中蜚語,遷饒州同知。世居梅里,有花癖,蒔牡丹百餘種,爲《譜》,以續歐陽。善山水、花卉。子原中,以進士知溧陽,爲政慈和。改大名府教授,遷國子助教。以親老歸。袁《志》。參《李氏家譜》。

賀道亨,賦性淳樸,司訓將樂,待士以莊,人稱嚴師。致仕歸,苦節自守,閉戶讀書,至老彌篤。年九十七卒。嘉興湯《志》。

金爆，字樂泉，以貢入太學，授柳州通判。值猺獞反側，威德並著，民安其業，六載奏最。竿牘不入都門，久之不報，遂歸。卒，祀鄉賢。袁《志》。

濮淮，字大川，以貢任仙游學官。值倭亂，日夜與其令擘畫城守，賴以不潰。歸，爲鄉飲賓，年八十五卒。劉《志》。

王允昌，字永叔，三錫子。世居桐鄉，後徙梅里，遂入籍。中順天榜，授思州推官，陞貴陽同知。天啓初，川兵援遼，調募失策，遂據永寧以叛，衛官盡降。允昌自誓必死，乃以印遣吏間道歸上官。賊至，允昌縊死，一門十三人悉受屠戮。子世驗以事聞，給祭葬，贈光禄寺卿，世襲錦衣千户。《大清一統志》。參《浙江通志》。

朱先，當戚繼光時爲薊鎮參將，遷副總兵。後數爲廣東、福建總兵官。初起家武舉，募海濱鹽徒爲一軍。自胡宗憲爲御史至總督，皆倚任。先大小數十戰，殺倭甚衆，以功授都司。宗憲被逮，先解官護行。宗憲釋還，先乃歸。御史按福建巡撫王詢侵軍費，檄先證之。先曰：“先，王公部將也，不敢誣府主。”御史怒，坐先萬金，論死繫獄，閱八年始白。萬曆初，用薦起，歷登閫帥，以年老謝事歸。先爲將有膽智，砥節守公。其處宗憲、詢二事，時論以爲有國士風。同時有王憲，嘉靖二十五年倭寇入境，憲以捍城剿寇功，官鎮撫，亦爲戚繼光所重。《明史·戚繼光傳》。參嘉興湯《志》。

徐軫，有膂力。嘉靖中，有倭寇至。當事募勇力士能擒一倭者與官，軫同朱先往，先獲倭三，軫獲二。授百户，遷把總，管火器。三十四年戰平湖，無援被殺，祀邑厲壇。又有沈應仕、劉大道，亦以禦倭戰死。袁《志》。

金丹，少爲諸生，坐事被褫。倭寇嘉興，主帥令將鹽兵五百禦之，遇賊先登。戚繼光以爲才，上之制府，爲神將，授千户，平妖賊李松於烏鎮，受上賞。時胡宗憲遣蔣洲入海游説未歸，募能再往者，丹遂往説徐海、陳東等降，成約而還。授本省都司，從繼光剿閩、廣諸寇，累遷副總兵。袁《志》。參《嘉禾徵獻録》。

王司敬，諸生，少問業於唐順之。多膂力，能以齒張弓。倭至，據浮圖，瞰城中。司敬射之，應弦墜，賊氣奪。凡建敵樓以禦寇，皆其議也。嘉興何《志》。

高文登，字伯升。平湖籍，居嘉興。有至性，年十三以父銘誤官糧，請代繫。郡守憐之，臨試，俾出獄，成博士弟子。復請繫。舉于鄉，謁選得葉令。值大祲，委曲營賑，活饑民萬餘。爲政務德化，置學田，葉大治。擢知膠州。膠魚鹽藪，多姦宄出没。登一切治之以法。嘉興湯《志》。

高應烶，幼穎異，以《詩經》領鄉薦，四方爭延爲師。掌教湖州，有胡瑗之風。晉南國子監助教，陞博士。轉常德同知，以疾不赴。嘉興湯《志》。

許應逵，字伯漸，以進士知東平州。時郡守欲開水田，應逵言其難行。不聽。後諸邑水田不效。應逵教民藝麥，乃大穰。守恚，中以蜚語，調遼州。尋晉刑部員外郎，調工部，司榷清江。時王公堤潰，守臣議開別河避之。逵不可，堤以石，竟無患。寶應河險，應逵議于老堤外開越河。朝議難之，應逵言越河成則水性順，侵嚙不足患。得報可，逵身歷籌布，四越月而河成，延袤四十里，費僅十二萬金。又於瓜洲創屯船塢，使艘自江入，得避險。覈康濟舊堤，免歲修費。范家口裂，應逵以法塞之。擢太僕少卿，出爲參政道，治兵井陘。未幾，改蘇松水利，發留都帑金十萬治水。應逵開吳淞七十里及諸州縣支河，費減半。以病歸。袁《志》。參《嘉禾徵獻録》。

沈思孝，字純父。以進士授番禺知縣。入爲刑部主事，張居正父喪奪情，與艾穆合疏諫。

廷杖,戍神電衞。居正死,召復官,進光禄少卿,尋遷順天府尹。忤時相,被劾,出爲南太僕卿。未幾歸。復起爲南京光禄卿,進右僉都御史,巡撫陝西,召爲大理卿。中官郝金詐傳懿旨下獄,刑部薄其罪,思孝駁誅之。帝悦,進工部侍郎。陝西織羊絨爲民患,思孝奏,減十之四。進右都御史,協理戎政。思孝屢乞罷,内閣擬旨慰留,有“才猷素著”之語,上親改爲“忠猷懋著”。思孝直聲高天下,然尚氣好勝,動輒多忤。以争察典與冢宰有隙。會乾清宮災,思孝請行皇長子冠禮,以回天心。又以日本封事大壞,請亟修戰守備,并論趙志皋、石星誤國,與當事左,遂引疾歸。家居十五年。卒,贈太子少保。所著有《吾美堂集》《溪山堂槀》。《明史》。參《嘉禾徵獻録》。

李應徵,初名衷毅,字伯遠。幼喪母,事後母及後母弟,盡孝友。讀書尚氣節,工詩,間及時事,爲忌者文,致於罪。神宗原其無他,得免舉於鄉。時廷議察孝廉之實行著聞者,浙江得七人,應徵首列。屢上春官不第,與友羅元甫同謁選,得壽春學正。念羅貧困,請以己職先授羅。冢宰嘉其讓,許之。後授臨安教諭,擢南京國子監博士,卒。著有《澄遠堂槀》。子士標,自有《傳》。袁《志》。參《嘉禾徵獻録》。

周從龍,字彦雲。父惟義,爲教官。從龍以鄉舉選肇慶推官,擢南京大理評事,不赴,歸。性孝友,閉户著書,精研理學,有《大學遵古編》《中庸發覆編》《論語蠹談》《孟子支言》《六委繹聖》等槀。學者稱麟潛先生。袁《志》。

沈堯中,字執甫。以進士知南陵。墾荒築堰,濬川潴陂以千百計。遷蘇州同知,戚友不可干以私。擢南刑部員外郎,左遷開州知州,不赴,歸[6]。堯中博學嗜古,明於典故,構城南白苎村居,閉户著書。輯本郡《志》,十年三易槀。知府劉應鈳聞之,造請數四,考訂成書。又以嘉興縣未有志書,編《燕居備覽》六卷,出示李少卿日華。後知縣湯齊徵取前書,屬日華續成之。著有《沈司寇全集》。其他著述甚富,詳見《經籍》。從子應斗。袁《志》。參《嘉禾徵獻録》。

沈夢斗,字應宿。以進士知盱眙,調常熟。政務寬簡,士民戴之。再轉知無爲州,恤災清税,以勞瘁卒。貧不能殮,寮友醵金以槥歸。劉《志》。

孫光啟,字子貽。以進士授刑部。典銓某欲薦光啟自代,托同舍郎致意。光啟辭曰:“薦人而使人知,我不能作,感恩吏部。”出知惠州,以忤制府,引疾歸。兵垣上疏,白其事,補濟南。直指謁廟,光啟以繡衣往。藩、臬共訝之。光啟曰:“謁廟,禮也。方面體等耳,夫何嫌?”直指重其氣節,辭謝之。尋以異等遷秩,治兵沂州,轉參閩藩。卒於官。袁《志》。參《嘉禾徵獻録》。

包世杰,字羽明。以舉人教諭永康。俗有溺女錮婢習,世杰多方開導,風遂息。陞泗州知州。盜殺縉紳左某,世杰禱於城隍神,夢以蓮花相遺,乃拘其婢名夏蓮者,一訊得實。以勞卒。《嘉禾徵獻録》。

岳元聲,字之初。以進士知旌德縣,改大名府教授。遷國子博士,轉監丞。有詔選良家女入宮,上言:“皇長子册立未舉,而先盛女謁,非所以教。”并諫用銅具鞭撻宮侍,又論李長春廕子豢監規,一時有“鐵監丞”之稱。轉工部主事,時詔起舊輔王錫爵。甫至,遂奉三王並封詔,元聲憤然具疏争之。復偕顧允成、張納陛等面詰首輔於朝。退,復上書錫爵。乃上疏自劾,事遂寢。晉郎中,極論關白稱亂始於大司馬石星倚沈惟敬朝鮮封貢之議,輔臣趙志皋墮其術中。趙深銜之,借刑部主事朱長春疏,勒爲民。里居後,究心理學,建天心書院。熟悉鄉井利獘,嘉興析縣時,嘉善民倡爲正疆界之説,欲割嘉興、秀水田爲隱匿地,元聲力持之,著《田糧沿革年譜》《三邑分縣圖籍考》。天啓改元,起補南主事,歷擢南兵部侍郎,署部事。會都司陸超剝軍激衆,元聲杖繫以聞。時魏忠賢竊政,與同官陳道亨具疏劾之。御史曹應瑞、徐復陽阿瑺意,先後連劾之,遂以軍變削籍。崇禎初,復原官。卒,贈南京兵部尚書。著有《潛初子集》等書。袁《志》。參項玉筍《檇李往哲續編》。

張宏毅,字慧林。以舉人知廣東臨高縣。居官清潔,邑大疫,施藥濟之,所活無算。嘉興湯《志》。

邱民貴,字仲鄂。以鄉舉知長汀。正里甲,清倉庾,多惠政。子履嘉,爲禮部主事,晉督儲,去額外徵十七萬。以乞養歸。母没,卒於喪。吳《志》。

顧祚萬,字完三,由崇德徙居角里。以舉人授象山教諭。擢南寧府推官,攝知府事。適洞獠拒命,單騎諭歘,一境安全,以忤直忤時歸。袁《志》。

徐必達,字德夫。學周子。萬曆壬辰進士,知太湖縣,鑄鐵斛以杜漕弊。調溧水,奏免齊泰子孫媚黨軍籍二十六家。所至興水利,築石白湖隄,民尸祝之。先是,溧邑改閘爲壩,湖水泛濫,艱於漕運。疏請折漕以便民事,未允行。後任操江,復委曲奏之,始得旨,溧民誦之不忘。陞考功,與給事儲純臣同領察事。純臣受贓吏賄,值大計日,必達進狀請黜。歷陞太僕卿,兼光禄事。條陳白糧利弊十一事,悉允行。巡漕御史孫居相以漕船壞不治,請催民船濟運,爭止之。遷應天府尹,進南右僉都御史,提督操江軍。時四川有奢崇明,山東有白蓮賊之亂,必達簡練防禦,悉中機要,遷兵部侍郎。初爲考功時以典察招忌,遂以蜚語中之,自劾歸。卒,贈兵部尚書。著有《南州集》。《明史》本傳。參袁《志》《嘉禾徵獻録》。

岳和聲,字之律。元聲弟。以進士授汝陽令。築汝隄以防橫决,號岳公隄。歷禮部員外。會本生父没,疏請終喪。爲人後者得爲本生給假終喪自此始。出守慶遠,訪趙清獻公講學故址,建書院。尋擢惠潮道參政,改補九江,累陞僉都,巡撫薊遼。天啟間,起補延綏,乞歸。著有《餐微子集》《驂鸞録》。弟駿聲,自刑曹歷太常寺卿、通政使。時張差獄起,駿聲力持風顛之説,不欲窮治,以故見忤於東林。《檇李詩繫》。參嘉興何《志》。

李日華,字君實。以進士授九江推官,攝郡邑篆。會監司以墨敗,怒日華不爲援,以蜚語挂議倅海州[7]。遷西華令,轉南京禮部主事。疏乞終養,里居二十餘年,孝養備至。父没,仍補禮部,晉尚寶司丞。莊烈帝登極,陳言佐新政,旋乞歸,晉太僕少卿。日華恬澹和易,與物無忤。能書畫,善賞鑒。一時士大夫好古博物,祥符王惟儉、雲間董其昌爲最。日華書畫亞於董,博雅亞於王,而兼二人之長。知縣湯齊請修《縣志》,垂成而卒。著書甚富,有《恬致堂集》《味水軒日記》諸書。餘詳《經籍》。《明史·王惟儉傳》。參袁《志》。

賀燦然,字伯闇,平湖人,世居嘉興雙溪里。以進士授行人,行人考滿,貤封不貤贈。燦然具疏乞貤贈,得諭旨,行人貤贈自此始。一再奉使,嚴絶餽遺。上疏極言礦税之弊,晉吏曹,轉員外郎。以忤時宰,削籍歸。自號六欲居士。嘉興湯《志》。

沈孚先,字白生,以工部主事分司濟寧,協理洳河工務。聞父病,棄官歸。尋起,分理殿工,榷關荊州,蕭然如寒素。擢吏曹,歷四司,門無私謁。庚戌佐察,曰:"一清不足以盡天下之材,一濁足以概天下之不肖。"時以爲名言,著有《人材録》《南白齋詩文槁》。袁《志》。參嘉興湯《志》。

孫光裕,字子長,與兄光啟皆負才名。以進士知建昌縣。補固始。時税瑺額派固始歲輸千金,民坐困。光裕搜穀二千石,以抵税額。秩滿,授南御史。時東宮講筵未啟,而桂、瑞兩王婚禮及枚卜起廢、楚獄諸務,俱寢閣不行,光裕具疏言之。南都素苦齊庶人暴橫,光裕彈治之。復陳區處宗庶事宜,皆鑿鑿可行。擢光祿少卿,卒於官。著有《留臺奏疏》《廉善堂集》。嘉興湯《志》。

譚昌言,字聖俞。以進士知常熟,有惠政,邑人於虞山之崖鎸去思二字以志德。調婺源,邑有金竺坦徑久廢,行者遶出芙蓉嶺,險甚。昌言闢新嶺,號譚公嶺。歷陞南車駕郎中,改北兵部。典廣西試,督學福建,不發私函。試竣,題數行,并原書復之。閩人有來一封,去兩封,以爲不信,視郵筒之謠。尋轉參政,督餉登萊。濰令與遼將李信忠有隙,兵民阻鬨,東撫以聞。昌言身入遼營,諭以禍福,傳箭而定。朝鮮李忠弒其主,島帥毛文龍爲介請封號,使舟例從登州上,昌言曰:“弒賊不討而封之,損國威拒不及岸。”乃假天津道入,島帥銜之。尋陪推東撫,魏璫方陷清流,島帥造蜚歆,中其所屬司餉同知翟棟。緹騎械棟,昌言以不能救爲恨,遂嘔血致疾,卒。莊烈帝即位,贈太僕寺卿。子貞默、貞良,進士;貞和,承廕;貞碩,舉人。袁《志》。參《静志居詩話》。

鄭士奇,字平子。以舉人歷新城、靖江教諭。遷知興國縣。邑多浮額,逋賦者衆。士奇悉蠲除之。視事八十日,以耳聾告歸。民赴府懇留,復給印三日,納賦者如市。著有《松牕老人槀》《檇李詩繫》。參《静志居詩話》。

王維新,字季常。以舉人令光化。邑居襄、鄖間,盜賊出没,維新練鄉勇禦捕之。溫水河溢,疏之入,漢水患始息。擢南主事。織造中官車天祥以兩甖餽,發之,白金也,立麾去。鉤考其乾没諸弊,不少貸。出守延平,坐蜚語去官。袁《志》。

李培,字培之。少從唐樞、王畿、陸光祖游。以歲貢教諭上虞、新城,遷知龍南縣。闡發鵝湖、鹿洞之旨,士民愛慕之。又,婁光遠以鄉舉教諭烏程,後遷縣令,亦多善政。袁《志》。參吳《志》。

包鴻逵,字振端[8]。世杰子。以進士知湘潭縣。歲饑,悉力賑濟,全活甚衆。邑困馬政及解運之役,力爲振刷。有《治潭紀事録》《重修湘潭縣志》。行取給事中,未赴卒。《嘉禾徵獻録》。

包汝楫,字公楫。以舉人教諭海寧。擢知綏寧,民獠錯處,汝楫至,修理城堡,嚴約束,苗不敢爲民害。遷知高唐州。著有《牂牁草》《闌言游紀》《南中紀聞》諸書。袁《志》。

李衷純,字元白。以舉人知如皋縣。瀕江沙壅爲洲,多豪家占業,貧民不敢爭,乃獻田。武弁以戈船收禾稼,勢暴橫。衷純陳説利害,事得解。盜辟良金倚洲爲窟,追捕殲之。入爲工部主事,調兵部。出知邵武府,擢兩淮鹽運使。註誤歸。衷純深沈有幹略,素游東林講學之門。魏大中死,經紀其喪,鄉黨稱其高誼。卒,祀鄉賢。著有《激楚齋集》。子光基,能詩,有《澹園草》。袁《志》。參《嘉禾徵獻録》。

姚以誠,字衷一。以副榜授蒙城縣丞。流寇剽掠,知縣託故去,以誠攝縣事,嬰城固守。流民被害奔城者悉納之。門甫閉,賊大至,圍城十日,募壯士出奇擊之。賊去未幾,檄解通州急餉。至通,兵部復檄令解部。戶部尚書侯恂、左都御史唐世濟交薦之。授南京兵馬司指揮。引疾歸。《嘉禾徵獻録》。

高登第,字任野。以貢生知郿縣。請蠲額外之徵,不報。乞歸,尋補汶上,以疾免。孫陽,諸生,與妻歸淑芬皆能詩。袁《志》。

沈中英,字霞城。以進士授刑曹,擢守安慶。剔宿弊,勤撫字。及去官,地方繪《攀轅圖》,以誌愛戴。嘉興何《志》。

胡振芳,字來子。以舉人授慈谿教諭。遷知嶧縣,移蘄水。流寇聚英、霍間,距蘄水不百里。振芳早夜防禦，凡九十日。寇至，與戰，不能支，爲賊所執。迫降，不從。拔刀斫其肩，氣絕，復甦。舊役負以趨，有門生遇之。將還家，未幾卒。《嘉禾徵獻録》。

張汝開，字伯元。以鄉舉歷懷慶同知。修武陟、修武、溫縣三城，以禦流寇。又，王紀善以掾史授三原縣丞。濬復秦時水道，成沃壤。歷攝三水、白水、武功三縣，民繪圖俎豆之。子芝封，孫燮。吳《志》。參嘉興何《志》。

屠存仁，字念慈。以進士知黟縣。遷寧國府教授，旋陞國子助教。補工部主事，陞員外郎。督理徐淮中河，迄有成績。卒，祀鄉賢。孫蕭。

徐潘，號兼之。以鄉舉任學官。知江西萍鄉。邑有大僚倚藩府，勢甚張。其子攘嫠婦產，上官曲爲之狥，潘竟斷歸于嫠。郡守曰：“獨不爲功名訃乎！”潘曰：“功名止於一身，心術留於子孫。”洞蠻焚掠近境，潘單騎諭以大義，蠻抒誠款服。薦陞六安州。值張獻忠亂，民無完膚，力加撫字。授安盧兵備道，以亂歸。以上《嘉禾徵獻録》。

高道淳，號采菽。少從魏大中游，得其傳。輯古人言行可師法者，爲《最樂編》。以恩例，授南京光祿寺署丞。母老，請養歸。嘗箋註《感應編》，并補刻所不及，共二十卷。袁《志》。

高道素，字明水，原名光斗，字元期[9]，文登孫。道素以進士授虞衡司主事，調營繕。偕太監黃用監造桂邸，分界督造。邸成，遷郎中。未幾，衡州大風雷，用所督寢殿震圮，詞連道素，俱逮繫。衡紳劉亨甲怨道素建邸時按圖徙其宅，嗾問者文，致於法。後子承埏上書訟，復原官。道素孝友好義，爲諸生時倡建仁文書院，并置義田。善詩文，工書畫。著有《景元堂集》《明水軒筆記》。《嘉禾徵獻録》。

虞相堯，字在欽。父廷陛，忠讜敢言，著有《雲岫山人集》十卷、《奏議》二卷。另有傳。見《海鹽》。相堯，崇禎壬午舉人，性至孝。母老，陳情不赴公車。孝廉終養，自相堯始。《檇李詩繫》。參吳《志》、秀水任《志》。

湯執中，以吏員選江西盧陵丞。崇禎壬申，粵寇入吉安，逼府城。巡道蕭應坤遣執中率民勇至富田，更募鄉兵禦賊。賊突至，殺巡檢龍德新。執中與賊遇於木湖洲，奮勇直前，手殺賊藍旗[10]手，氣甚壯，馬蹶墮地，遂被害。撫按題敘褒恤。國朝乾隆四十一年，諡節愍。《欽定勝朝殉節諸臣録》。參嘉興湯《志》。

徐世淳，字中明，必達子。萬曆戊午舉人，會試副榜。以教諭擢重慶府推官。崇禎十三年，改知隨州。張獻忠奔突襄、鄧間，州嘗被陷。世淳知賊必復至，濬濠塹，拓羊馬牆爲外郛。明年，賊陷襄陽，悉衆壓境。世淳登陴固守，三使告急於郢巡道趙某。趙不顧。巡撫宋一鶴發兵來援，趙又留勿遣。相持七晝夜，食盡援絕，城陷。世淳勒馬巷戰，賊脅之下。罵曰；“有死城州官，無下馬州官。”飛矢貫其頤，眼鼻橫斷，墜馬。罵不絕口，死。仲子肇樑抱父屍，且哭且罵，賊併殺之。世淳先命肇樑埋印州廨，後臨死，呼州人告以處，後掘地得之。世淳妾趙氏、王氏暨家屬十八人皆死。賊驅趙不出，殺所抱幼女申姑，斷其八指，罵益厲，死之。三日，吳人石琳求得世淳屍，殮之。趙與申姑抱不解，遂并棺殮。肇樑屍卒不得。長子肇森詣闕以聞。贈太僕少卿，賜祭葬、恩蔭。建祠致祭。肇樑，縣學生，贈國子助教，祔祠。肇森，歲貢生，以弟殉難，讓其蔭於遺孤宏耀。初，世淳罷公車在京，忽心動，七晝夜馳歸。適父病革，侍湯藥浹旬。没，遺產悉讓弟姪。孝悌忠烈，萃於一門。著有《易説》《春秋會編》。國朝乾隆四十一年，賜諡烈愍。《欽定勝朝殉節諸臣録》。參《明史》本傳、《湖廣通志》《嘉禾徵獻録》。　案《嘉禾徵獻録》載：世淳又有妾倪氏，城破，匿免。寇去，求世淳遺骸，得歸葬。時年二十七，苦節至六十餘卒，與《傳》中石琳得尸互異，存以俟考。

徐石麒，字寶摩。以進士授工部營繕主事，筦節慎庫。魏忠賢兼領惜薪司，所需悉從庫發，石麒輒持故事格之。其黨譖於庭，不爲動。御史黃尊素坐忤忠賢下詔獄，石麒爲盡力。忠賢怒，坐削籍。崇禎初，起南禮部主事，遷考功郎中。佐尚書鄭三俊京察，澄汰至公。歷應天府丞。時三俊爲刑部尚書，議侯恂獄不中，得罪。石麒疏救，釋之。入爲左通政，累擢刑部侍郎。石麒奉命清獄，推明律意，校正斷獄之不合於律者十餘章，囚多寬減。然廉公，無敢倖免者。尋擢本部尚書。會劉宗周以救姜埰、熊開元獲嚴譴，僉都御史金光辰救之，奪職。石麒再疏留，不納。埰、開元即下詔獄，移刑部定罪。石麒據原詞，擬開元贖徒，埰謫戍。帝責對狀，石麒援故事對。帝大怒，除司官三人名，石麒落職閒住。福王監國，召拜吏部尚書。馬士英挾定策功，將圖封。石麒議格之。中官田成董納賄，請囑石麒，拒不應，由是中外皆怨。構之去，遂稱疾乞休。士英擬嚴旨，福王不許，令馳驛歸，加太子太保。明年南都亡，大清兵臨杭州，徵石麒，不至。六月，嘉興城將破，石麒時居城外，知事急，曰：“吾大臣也，城亡與亡。”由東城縋而入，僕祖敏、李昇從。及城陷，石麒朝服再拜，自縊於可經堂之南榮。可經者，石麒先所題也，至是其名驗。二僕縊而侍。有僧真實負石麒尸，置大櫃中。石麒本無子，恩撫族子爾穀爲後。又繼柱臣爲子。爾穀三日後變服入城，溽暑經五日啟櫃，儼如生，握手沒爪，鬚怒張焉。潛舁櫃，從水門出，以禮殯於嘉善縣南之楊林村舍，年六十八。著有《可經堂集》。爾穀字以之，著有《畫水草堂槀》。丁亥執赴金陵死。妻、孫聞訃，赴水死。國朝乾隆四十一年，予諡勝朝殉節諸臣，賜石麒專諡，曰“忠懿”。墓在海寧龍山。餘姚黃宗羲《梨洲集》有神道碑銘，未立。按察使司秦公瀛別爲文，立碑於墓。遵《欽定勝朝殉節諸臣錄》。參《明史》《家乘》各文集。　坿錄：孫功爕自紀云：“公本貫係嘉興縣胥山六都人，世居鍾帶鎮之畫水鄉。原配顧夫人，贅於武塘，因有謂爲嘉善人者。初爲嘉善諸生，復寄籍青浦，繼娶馮夫人，并營封公墓道於松江，因又有謂爲松江人者。殉國後，卜葬衣冠於海寧縣園花鎮之龍山，因又有謂爲海寧人者。死難名臣，不無借爲光寵，其實嘉興人也。”

李毓新，字高之。自河南徙居嘉興。其先世有字元白者，入籍嘉興，見《河南名宦》。孫孟璿又入海鹽籍，故縣《志》亦有毓新傳。以進士爲潮州推官，政尚嚴明，數決重獄，上官廉其才，令攝四篆。時惠、潮流寇作亂，制府屬毓新監紀條，上十二事，用其議以平。又建議城豐順，屹爲重鎮。潮俗多蠱魅，有妖火。毓新爲文禱之，火遂滅。攝肇慶事，藩兵與民格鬭，寇乘間竊發。毓新步行勸諭，民賴以安。閩寇姜世英等犯饒平、大埔，後先十餘戰，奏捷，毓新首功。行取，未赴。南都擢兵科給事中，歸。乙酉城破，與徐石麒同日死。子禎先抱父屍，亦死。國朝乾隆四十一年，賜諡節愍。《欽定勝朝殉節諸臣錄》。參袁《志》及《家乘》。

高承埏，字澤外。以進士知遷安縣。縣數被兵，歲饑，逋賦。承埏請減運緩徵，流民歸者千七百户。調寶坻。邊警，縣被圍。承埏登陴固守，多方防禦，城賴以全。改知直隸涇縣，數月政成。民歌曰：“琴溪泉，潔而清。岊山阜，高入雲。誰其比，高使君。”遷工部主事。白父冤，即乞養歸。涇人奉祀於王文成書院。承埏博學强記，雖簿書鞅掌，不廢涉覽。著有《稽古堂集》。吳《志》。參《嘉禾徵獻錄》。

李士標，字霞舉。入國學，以積分試上等，授上林苑丞。遷山東寧海州州同。崇禎壬午，冷口兵入，圍州城甚迫。歷三月，城中食盡，士標疾篤，卧起城上，督守益力。卒於雉堞間，城遂陷。妻沈率其妾、婢、僮、僕凡二十三人同日死。子寅，著名復社。有《視彼亭草》。國朝乾隆四十一年,詔入祀忠義祠。《欽定勝朝殉節諸臣録》。參《嘉禾徵獻録》。

譚貞良,字元孩,昌言子。少有才名,崇禎癸未以五經中式,及殿試,莊烈帝御書名次於卷,賜進士出身第一。逾年明亡,赴南都,除禮部主事,出典廣東試,未達,南都破。復由台州浮海至福州,轉徙流離,力疾死。友人朱森、朱英經紀其喪,得歸櫬。著有《儀禮名物考》《狷石居遺槀》。子吉璁、瑄自有《傳》。朱彝尊《譚貞良墓表》。參《家乘》。

徐肇榮,字拙民,必達孫。諸生,爲文奇古。崇禎丙子,同考官李清得其卷,力薦元。主司以過奇,抑置副車。詩學漢、魏,有建安風格。乙酉城破,死之。子宏炯,長洲令。吳《志》。

李自明,字先修。居梅會里。以歲貢除揚州訓導。南都監國,時淮上失守,城陷。自明衣朝衣,遙望孝陵,再拜,自縊於學舍。瀕死時,揮季子鳳侶去。鳳侶曰:“父死忠,子獨不可死孝乎?”亦自經。家人從死者十餘人。自明性傲兀,好飲酒。詩文有奇氣,著有《謫仙居槀》。仲子麟友匍匐往揚州,求父骨不得,慟哭返。終身飯疏啜水,以布衣終。從子可願,性恬退,工詩,著有《竹坪吟槀》。沈進《李小白傳》。參《李氏家乘》。

【校注】

[1] 按:沈章“知南康縣”。康熙《南安府志》卷十一《秩官·南康縣知縣》:“(洪武)沈章,見傳。”卷十二《名宦》:“(明)沈章,字叔昂。嘉興人。洪武初知南康。廉勤政舉,憫民病涉,始建通濟橋,區畫有方,民樂趨事,卒以成功。”乾隆《南康縣志》卷八《秩官·明知縣》:“沈章,嘉興人。(洪武)六年,以工部掾任。有傳。”卷十二《名宦》:“沈章,字叔昂。嘉興人。洪武初,以部掾知縣事。廉勤有爲,憫民病涉,復建通濟橋。區畫有力,民樂趨事,卒以成功。他政稱是。崇祀名宦祠。”查正德《南康府志》卷六《職官》,洪武間無沈章其人。故“南康府志”是“南康縣志”或“南安府志”之誤。當時,南康縣屬南安府,位于江西省南部,与位于江西北部的南康府無涉。

[2] 按:民國《重修邵武縣志》卷二十七《職官·明知縣》:“夏祥鳳。有傳。”光緒《重纂邵武府志》卷十五《名宦·邵武縣》:“(明)夏祥鳳,嘉興人。洪武中任。嘗言:‘廉爲士之大節,居官不能廉,大節已虧,雖有政事,不足尚也。’及代去,橐橐蕭然。”崇禎《嘉興縣志》卷十三《鄉達》作“夏祥鳳”。故“夏鳳祥”是“夏祥鳳”之誤。

[3] 按:光緒《嘉興縣志》卷二十《列傳一》:“姚瑄一作宣,洪武二十年鄉舉,授彰德通判,遷福建按察司僉事。建文中,召爲監察御史。靖難師入,死之……”嘉靖《彰德府志》卷五《官師》:“(通判)姚宣,嘉興人。洪武末任。後特遷福建僉事。”故既連任二官,且是“特遷”,鄉舉“革除”有誤。

[4] 按:光緒《嘉興縣志》卷二十《列傳一》:“龐敬,永樂二十一年舉人。正統中知羅田縣。”嘉靖《羅田縣志》卷三《職官·明知縣》:“龐敬,浙江嘉興人。由舉人知。蒞政嚴明,民皆畏服。壇壝、祠廟,煥然一新。”由此,“盧田”是“羅田”之誤。

[5] 按:《明史》卷二〇七《包孝傳》作“郭希顏”。《明史》卷二〇七校勘記云:“贊善郭希顏　郭希顏,原作‘郜希顏’,據《明史稿》傳八六《包節傳》《明進士題名碑録》嘉靖壬辰科改。”

[6] 按:光緒《嘉興縣志》卷二十《列傳一》:“沈堯中……擢南京刑部員外。左遷開州知州。值歲饑,請發賑。增廣學田。葺先賢柳下惠墓。修《州志》。一歲告歸。”嘉慶《開州志》卷四《官師》:“明知州　沈堯中,嘉興人,進士。萬曆二十二年任。”同卷《傳略》:“沈堯中,字執甫。嘉興人。進士。萬曆間由比部郎知州事,值歲饑,力請府穀賑民。增廣學田以贍士。葺先賢柳下惠墓。續修《州乘》,頗稱詳備焉。”朱爵《萬曆開州志序》:“嘉靖十三年,里人王崇慶創修《開州志》,垂萬曆,正當一甲子。版籍十不八九,時事脫略……嘉禾沈侯以南北部郎出守兹土,無何,繙閲故牒而陋之,曰:‘有是哉!斯志之缺且湮也,俾觀風問俗者何所考!’銳意己任,旁摭摭搏,咨諏艾繁,撮要補漏標新,釐爲四卷,凡例二十二,圖三,目五十有一,犁然成帙,足當古外史之遺矣。書成,問序於余。”沈堯中還自撰了《開州志序》(今收入《檇李文繫》(續編)卷十四)。由此,沈堯中不但於萬曆二十二年(1594)就任了開州知州,且頗有政績。故“左遷開州知

州,不赴歸"句誤。

[7]按:光緒《嘉興縣志》卷二十《列傳一》"李日華"條作"會監司有銜之者,謫汝州州同。轉西華知縣。"譚貞默《明中議大夫太僕少卿李九疑先生行狀》:"甫及最選,爲負議監司所媒忌,搆先生,冀同敗。先生遂得左調……乃補汝州倅。旋假休沐還。汝山川爲嵩少附庸,先生寓汝甃,獨應請作《望嵩樓》及《汝州甃城》二記,比于韓之《水門》、王之《竹樓》也。"(《恬致堂集》卷首)故"海州"是"汝州"之誤。

[8]按:光緒《嘉興縣志》卷二十《列傳一》:"包鴻逵,字儀甫。"案:"伊《志》作字振端。何《志》有兩包鴻逵。一即儀甫,一字仲舉,鼎曾孫。與鴻陛,字拙然者,爲從兄弟。陛,庚子領鄉薦;逵,高尚不仕云云。當中傳聞之誤。"光緒《湘潭縣志》卷五《官師·知縣》:"(萬曆)包鴻逵,三十九年任。有傳。"《列傳十三》:"包鴻逵,字儀甫。秀水人。萬曆中以鄉舉第一人第進士。補湘潭知縣。視民事如家事,興利除敝,孜孜如也……在官六年,承平安樂。行取御史,擢僉都御史。"故"字振端"是"字儀甫"之誤。對照《湘潭縣志》,"行取給事中,未赴卒"似亦有誤。

[9]按:《明詩綜》卷六十一:"高道素,初名斗光,字明水,一字如晦,更字玄期。嘉興人。萬曆己未進士,除工部主事,歷郎中。以督造桂府殿傾,論死。有《景玄堂詩集》。"光緒《嘉興縣志》卷二十《列傳一》:"高道素字明水,原名斗光,字如晦。文登孫。"故"光斗"是"斗光"之誤。

[10]藍旗:光緒《嘉興縣志》卷二十《列傳一》"湯執中"條作"前旗",當作"前旗"。

國 朝

王庭,字言遠。順治己丑進士。從平粵東,授東川府,陞廣西副使,提學四川。歷任江西布政,補山西。屬吏進謁者,輒諄諄勖以牧養百姓。後乞歸。庭制藝堅凝陗刻,自成一家。古詩出入陶、韋,律得杜法,晚乃汎濫唐、宋諸家。著有《三邑嵌田續説》《秋間集》《三仕》《二西》諸草。《山西通志》。參《四川名宦册》。

沈閎劭,字子將。以進士除知寧遠。時湖南遭寇亂,播遷殆盡,閎劭多方招集,流者復歸。王師進取粵西,寧遠爲孔道。閎劭與民約,遇掠者即縛之詣經略,立斬以徇。歲旱,請捐租,得報可。最聞,應内擢。經略知其才,請授常德同知。時初設四大鎮,於常德屯重兵。閎劭調集芻豆,日夜治簿書。諸帥憚其威名,載衆不擾。以匱餉罷歸,卒。袁《志》。

沈子漣,字來赫。以進士知白河縣。時餘寇未平,子漣晝夜防禦,以勞瘁卒於官。嘉興何《志》。

莊璘,字玉侯。官平陽教諭。後以進士爲都水主事,督河張秋,治沙灣決口。著有《沙工紀略》。安平患澇,賑活饑民無算。分巡汝南,時量田令下,璘止鼇其匿税者,民不病。吳《志》。

李明嶅,字山顔。梅里人。少著名復社。流寓閩嶠,遂以福建籍中舉。授古田教諭,以興復禮教爲己任。時遼陽佟國鼎巡撫八閩,延掌書記。有流民數千人福州境,佟疑其寇也,將悉實諸法。明嶅白其冤,得釋。歸里,以著述終身。嘗入蘇門山,與容城孫奇逢辨析理學宗傳,頗相推重。著有《樂志堂詩集》。吳《志》。參《檇李詩繫》《李氏族譜》。

譚吉璁,字舟石。幼隨父貞良入閩,遇寇,以身衛父,寇擊之,不去,曰:"孝子也。"遂舍之。康熙初,以上舍考第一,授中書。出爲榆林同知。會滇、蜀用兵,上官檄吉璁轉餉入蜀,至寧羌州遇亂,巡撫撤饟還。棧道路絶,吉璁間道從黑水峪七晝夜達鼇屯。定邊副將朱龍反,直逼波羅堡,堡距榆林百里,監司高光祉問:"計安出?"吉璁具畫利害狀,光祉是之。聚士民誓神死守,募壯士,立忠義大會,編什伍,明號令,畫陣而守。吉璁出私財以享士。宿城上,晝夜防禦,民賴以安。綏德周繼明聚衆數千入神木,與叛將孫崇雅合,攻陷延安,榆兵迎戰不利,城中偶語,籍籍欲出降。光祖夜呼吉璁曰："事急矣,鎮兵疲,不足仗,奈何?"吉璁奮髯大呼,曰："死,譚吉璁職也。"出,諭士民曰："忠臣,我與高公爲之,豈責若輩死? 然所以死守者,正爲若輩計耳。賊一入,子女玉帛皆賊有。且若輩今日降,明日大軍至,無噍類矣。"衆泣且拜,曰："公言是。"光祖出千金,吉璁益以數百金,間道渡河,買粟於保德、河曲,以兵突圍,衞之入,人心始堅。王師至,圍始解。而響水、清平、鎮羅諸堡,猶爲賊保聚。吉璁單騎諭降之,馳至神木,檄崇雅、繼明,曉以禍福,遂以衆降。事平上功,加一級。久之,調知登州。遘疾卒。吉璁好學,工文章。在榆林修《延綏志》,又著《蕭松録》《爾雅綱目》一百二十卷,《嘉樹堂集》二十卷,《鴛鴦湖櫂歌》一卷。《浙江通志》。參吳《志》。

譚瑄,字左羽。吉璁弟。康熙己酉舉順天鄉試,歷禮垣。楚省兵亂,上官皆新除,道遠未至,瑄疏請以在京官速赴任董之。又六計弊吏,年老者多以廣文充數。瑄疏言:"貢士需銓,時年老。甫得官,而復以老去,請勿劾。"著有《涵萬樓疏槀》。營祖阡,爲《世墓圖説》。子有年,丁卯舉人。歷知靈寶、江寧縣。吳《志》。

高以永,字子修。以進士知内鄉縣。崇學校,招流亡,均賦則,免私派。陞安州知州。歲發常平倉粟以賑州。西有白洋淀,水涸,民種麥於沮洳中。旗弁誣以侵牧地,訐上官。以永曰:"淀偶涸爲地,指以爲牧,他日水溢,必移指他地,是害民無已也。"因議請丈,會雨後復浸,事得寢。擢户部員外郎,以勞勩卒於官。吳《志》。參《檇李詩繫》《河南通志》。

王爕,字子和。以進士知阜城縣。縣劇驛,不以供億病民。擢吏部主事。弟焚,山陰訓導,亦知名。又,姚原溤,以進士知任邱,邑患盜,計擒其魁,徵賦不入署。盜至,惟帛數束而已。吳《志》。

朱振,字千仞。以進士知舒城縣。邑遭寇蹯,振均賦役,嚴保甲,勸農桑,興學校。師征武昌,道經舒城,振令悉陳市物於庭,平價鬻之,兵不擾。舒有七門堰,溉田二千頃,壅塞已久,下流苦旱。振考舊《志》,排衆議,卒興其利。淮南諸郡種雜糜芑,新令紅白分貯,民病撿納,力請得如故。夏旱,請減賦,蝗不入境。後攝六安,裁革耗羨,民咸德之。以旱步禱致病,卒。著有《龍舒治略》。吳《志》。參伊《志》。

虞兆清,字鑒斯。康熙己未進士。知四川綦江,縣當兵火後,邑民彫敝。兆清招徠勸墾,户口日增。攝忠州,修陸宣公墓。又以公及劉租庸、李鄴侯、白太傅並祀南賓,建四賢祠。明楊應龍之亂,綦江守將死者房嘉麗、張良賢亦祠焉。以廉能薦,授湖廣道御史。著有《素業堂文集》《蜀行草》。弟兆濚,字虹升,有詩名。著有《軒渠集》《天香樓偶得》。吳《志》。參《檇李詩繫》。

張時雍,字問樵。康熙甲戌進士。爲漢陽令。歲大饑,捐米百石爲倡,設粥廠賑之。男女異處,率僚屬親自檢閱。其在遠鄉者,擇紳士監之。又設官渡四艘,以濟飢民,全活無算。《柚堂續筆談》。

李我郊,字約山。明勢子。由廩貢起家,歷鞏昌同知。時王師征準夷,委辦軍需,自陝抵口外,期甚迫。我郊獨任之,不旬日而事集。擢工部員外郎,遷兵部,分巡永寧。值土番跳梁,剽掠内地,我郊捐資贖回良民以萬計,轉廣西蒼梧回。卒於官。伊《志》。

李陳常,字嶧山,亦明勢子。以進士授刑部主事,轉員外郎。時借帑獄起,積案累累。大司寇知陳常有幹略,委與高安朱軾,同心勘實,開釋甚衆。遷郎中,出知鳳陽。擢兩淮轉運。時鹽多積滯,商力漸絀,陳常革陋費,示節儉,課額無虧。巡視兩淮鹽政,與張鵬翮、趙申喬、張伯行諸人稱十廉云。吳《志》。

高孝本，字大立。以永子。三歲時，指氣字曰："此即浩然之氣也。"長而研經酌史，發爲古今文，妙合軌範。以進士選知涇縣，再補績溪，兼委歙篆，以廉直聞。罷官時，士民攀輪留之。孝本作詩甚富，由登岱以迄游臺、蕩諸山，凡十七集。游而益進，晚歲自訂《固哉叟未刪稿》，外存《古三都賦》《雜賦》二卷，《愚夫論》二卷，《游記》二卷，《家傳》一卷。《浙江通志》。

陸紹琦，字景韓。少能文，約己和物，粹然若成人。少孤，資課讀以養母。康熙己丑成進士。入詞館，由檢討累晉侍讀，終太常少卿。凡與文字之任者六，以忠勤奉職，在位無赫赫譽，而尤悔蓋寡。其爲廣西學使也，卻田州土司饋金，遠邇敬憚，有"從來第一學政"之頌。嘗憫粵西去中土遠，夷獠雜處，不能徧悉功令，攖罪至死，迷不得悟。既遷太常，乃具奏諸生宜講習律令，意爲粵士發也。得旨通行，著爲令。尋致仕歸。手書遺訓付子，言："平生不妄交一人，不妄爲一事，不妄取一錢。"聞者信之。《吞松閣文集》。

錢陳羣，字主敬，號香樹。世居海鹽，陳群始占嘉興籍。少貧苦，父綸光，嘗游學，母陳教誨之，事詳《賢母傳》。年十八游京師，結交皆老蒼，名籍甚。康熙辛丑成進士。雍正中，以編修典河南試，爲陝西宣諭化導使。歷侍讀學士，充日講起居注官，督學順天，入直內廷。乾隆初，擢右通政。母喪服除，仍視學順天。累官刑部侍郎，充經筵講官、會試副總裁，兩典江西試。以疾歸。高宗純皇帝南巡，加刑部尚書、太子太傅，特予在家食俸。赴京兩祝慈釐與香山九老會。年八十九，卒於家。賜金諭祭葬，贈太傅，諡文端，入祀賢良祠。陳羣外和內厚，每以汲引人材爲己任，立朝持大體，而遇事侃侃不少借。在刑部，每事必虛衷詳鞫。有大臣某觸法下獄，上怒甚，吏欲從重擬，陳羣持不可，卒如律請。自起家，以文章受知遇。致仕後，上巡幸所至，及秋獮行圍，凡有御製，輒寄令陳群和。手錄以進，賡颺之盛無與比。而生平忠惆自矢，尤邀天鑒，屢荷賜詩褒獎，稱以頌不忘規，蓋其敷陳多在密勿之地，即家人不知也。他如推原律例，條陳耗羨，事宜請頒，從祀先賢先儒兩廡位次，停科試，舉報優劣，旌受封節婦，修明思陵等疏，皆其表白者也。著有《香樹齋集》行世。伊《志》。

汪爲熹，字若木。以歲貢補桐廬訓導。縣之學宮面江，水溢將圮，爲熹捐俸葺新之。桐君山下分水處往來病涉，設渡以濟。歲祲，出貲助賑。并置學田，給諸生之貧者。秩滿，知鄢陵縣，行保甲法，姦匪斂跡。嘗延同里戴源瑞蒐輯故實，同纂《鄢陵雜志》若干卷，補前《志》所未備。伊《志》。

錢界，字主恒，陳羣弟。以陳群保舉，發陝西。歷知醴泉、寶雞、吉水、廬陵等縣。擢知歸州，攝蒲圻，以施南府同知卒於官。界所至有惠政，不名一錢，卒後囊橐蕭然。歸櫬過江西，人皆號泣以送。蒲圻之民至今立祠祀之。界工繪事，得母陳之傳，與同郡張庚竝稱。伊《志》。

戴源亨，字通也。以進士知湖北嘉魚。縣境有堤工，水勢衝決，源亨日夜堵禦，堤以鞏固。調天門，以廉能稱。致仕歸，購宅素園。著有《稼邨集》。兄源永，以舉人知文水縣，改永嘉教諭。伊《志》。

陸樹本，字豫立，紹琦子。乾隆丁巳進士，以編修歷充經史、宗學等館。記名御史，致仕歸。樹本少承家訓，績學砥行，爲士林表率。主鴛湖書院講席二十年。書院舊祀陸清獻公，樹本奉爲依歸，每接弟子，必舉清獻立身行己以勗勵之。盡心校課，士論翕然。院舊有田，不足供膏火。樹本首捐貲，當事者各分俸以助，先後益田若干畝。沒後即從祀清獻於書院。生平善氣迎人，表裏如一，周邮宗黨不倦，鄉里稱之。伊《志》。

沈增，字琢英。登會試明通榜，以知縣發往甘肅，歷署伏羌、鎮番。鎮番民與武威争紅水河利。武威地高，築壩而下流涸，鎮番田不治。增作《武鎮紅水河辨》，詳著之。調補崇信，邑倚山臨水，水齧城根，歲久將陷。增相度形勢，悉心修築。制府明山以城功第一稱之。伊《志》。

馮渠，字暎清。以進士知靖安。縣值歲祲，不待報，發倉穀以賑。被劾罷官，貧不能歸，留主濂溪書院，卒於章貢。渠文學賅洽，工詞賦，著有《文選牗》《蓼園詩》。《梅里詩輯》。

錢汝誠，字立之。陳羣子。乾隆戊辰進士，以編修典河南試，直内廷，充日講起居注官，屢擢侍讀學士，旋陞内閣學士。時閣學未有缺，汝誠以待補得食俸，尋轉兵部侍郎。故事，新入部者居右，奉旨着補左，皆異數也。復改刑部。初，陳羣任刑部，令汝誠侍左右，案有疑，相與推原律，意必得當而後止，故汝誠居是職，有裁制，持法明允，稱上意。已，兼順天府尹，改户部，仍兼刑部。凡車駕所至，皆參扈，從備顧問。兩典江南試。以乞養歸，服闋後補原官。充四庫三通館副總裁。未幾卒。伊《志》。

錢汝恭，字雨時。陳羣次子。乾隆丁卯舉順天試，挑發江南，補沭陽令。沭有六塘河，每暴漲，城之西門當其衝，屢搭屢圮。汝恭審地勢，開支河，以殺其流。又闢柴米河以通舟楫。縣東有窪下土田不治，民多逋賦。具牒極言其累，得減額。又縣民輸漕無水路，艱於運，請改民折官辦，沭人便之。既去，入名宦祠。調興化，清積案百餘。邑多盜，爲嚴立賞罰，使互相訐發，得免罪。未幾擒其魁，餘黨悉散。尋調丹徒，以艱歸。補新鄉縣。縣瀕河，自康熙間河決，有堊廢田三百餘頃，責虛糧於富户，爲民病者六十餘年。汝恭勘得實，力請上官奏豁之，民立祠縣之趙村以祀。擢安慶同知。以父喪哀毀致疾，卒。伊《志》。

姚晉錫，字安伯。以庶常散館授部主事。官刑部十餘年，決讞平允。擢御史，陳奏直省，佐貳官不得陞本地州牧，教官不得閱本地郡邑試卷，部議允行。以母老乞養歸。生平甘淡泊，杜門課子，祖遺田悉推以贍族人，戚黨賴以存活者甚衆。及卒，告其子曰："盡其道而死者，吾得正而斃焉。"著有《閑家述要》《蘆涇集》。伊《志》。

王元啟，字宋賢。以進士知福建將樂縣。甫下車，即濬溝渠，清訟獄，嚴保甲，端士習，諸政畢舉。視事僅三月，被議歸。歷主講席三十年，弟子經其造就，以學行科名顯者甚衆，生平根柢之學以宋五子爲宗，古文原本昌黎，説經尤精於《易》。著有《周易講義》《史漢正譌》《韓歐記疑》《校正經傳沿革例》《祇平居士集》諸書。伊《志》。

沈祖惠，字屺望。世居吳江，入籍嘉興，寄姓李。乾隆壬申鄉試第一，禮部試列第二，選知江西高安縣。慮因鄰邑，昭雪死罪數人，有循聲。以望誤改教，歸。生平敦孝友，勤苦積學，講學姚江，修《餘姚志》。三入秦，著《秦游草》《西征賦》。爲文原本經史，至今傳誦。刊有《虹舟詩文集》若干卷、《四書講義》二十卷。子榮河，能文，早卒。著有《龍山遺文》。伊《志》。

陸昌祖，字駿聲。樹本子。乾隆丁丑進士，知大埔縣。縣有大小姓之別，小姓苦徭役，每詭附其田於大姓。有某乙，田在某甲户下，甲執其糧册姓名，欲奪之。昌祖得其實，斷歸乙。因令民各正其籍，弊遂革。歲饑，先發倉平糶，乃上請，鄰邑仿行之，所濟者衆。攝揭陽。揭陽輸賦多折色，其價輕重不齊。昌祖平其價，令民概從輕者納，民德之。以艱歸。服除，補通海。地當孔道，向用夫、馬派之民，吏緣爲姦。昌祖捐俸供應，不以累民。陞順天府通判，攝治中。乞養歸。晚主鴛湖講席，孜孜以勸學植品，爲教一如其父。著有《柳塘詩槀》。伊《志》。

李集,字繹初。以進士知鄖縣。少潛心儒先之書,學使者雷鋐謂之曰:"當爲正學中不朽人物。"在鄖多惠政,築陂池,焚妖木,邑人頌之有"風烈何殊陸清獻,神明已逼鄭山公"之句。晚精經學,著有《周易願學編》《尚書信古錄》《毛詩無邪訓》《孝經玉律》《六忍居詩文集》。子旦華,字憲吉,優貢生。弱齡應童子試,亦見重於學使,取其經解卷冠一郡,曰:"秀才中無是人也。"後學使竇公光鼐稱其學問第一,貢成均。年僅二十九卒,著有《周易象義》《十六國世系表》《青蓮館稾》。伊《志》。

金蓉,字衡一。梅里人。少穎悟,工詩。乾隆己丑成進士,入翰林,充《三通》《四庫全書》纂修官,先後分校書二百四十餘種。晚歲家居,築聽雨軒,林泉自樂。著有《青岳詩稾》《湄莊詞》《鈔紅香館詞選》。伊《志》。

錢開仕,字補之。汝恭子。年十二賦《游金焦》詩,出語蒼老,爲族兄載所賞。乾隆己酉成進士,以檢討典貴州、陝西試,充會試同考官。視學雲南,以勞致疾,卒於官。著有《靜讀齋詩集》。伊《志》。

錢汝豐,字後之。陳群第五子。由縣丞升滎澤縣。築高家堰壩,工與眾同甘苦。官至雲南儲糧道,署按察使,讞決多平允。嘉慶十四年,改工部郎中。年七十乞假歸。弟汝弼,官江西巡檢。晚歲家居,以詩酒自娛,著有《灌園詩草》八卷。弟汝器,乾隆乙酉欽賜舉人,官陝西武功縣知縣,倜儻好義,有《丹甉居士詩鈔》一卷、《詩餘》一卷。于《志》。

董源,字星來。乾隆癸酉舉人,黃平州知州,自守廉,多善政。江南有第一清官之名。年老歸田,所著詩文集俱佚。于《志》。

錢楷,字宗範。乾隆己酉會元、傳臚。改部曹,官至安徽巡撫。廉清自守,每多德政,惠及黎庶。卒於任所。兼善分隸,工畫山水,得麓臺、石谷神髓。著有《綠天書舍存草》。于《志》。

孫鉞,號次鶴。乾隆辛卯舉人。補甘肅兩當知縣,政蹟徧輿頌。堵禦賊匪,不辭勞瘁。因病回籍。年七十卒。于《志》。

錢復,號蓉裳。由府經歷分發福建,歷署建安、羅源等知縣。後擢升畿輔首邑。居官三十年,多惠政。聽訟決曲直,兩造具服,即判牘尾,所至無留獄。涖任吳橋,縣學圮,即捐俸修葺。有范姓逋賦者,拘之至,以文忠公後裔,代爲輸納。治事精勤,吏胥備數無所事。勘水災,驅蝗,不辭勞苦,以此得疾,告歸,治所之民有甘棠遺慕焉。于《志》。

錢臻,號潤齋。陳羣孫,汝誠子。由議敘揀發副指揮,陞至江西、山東等處巡撫。當秉臬時,比較重輕,一字不苟。下閱官書,往往至漏盡未息,尤嗜呂新吾《呻吟語》,以爲有體有用之學,其生平得力在此。卒年八十有六。于《志》。

馮馨,字凝之。光熊兄子。自少倜儻有才略,弱冠後隨侍叔巡撫任,諳習治術,由南河主簿陞署清河知縣。值淫雨連旬,淮水驟漲,邑故無城,以隄爲保障,水將平隄,居民驚竄。遂募夫,冒雨搶築,凡三晝夜,增高隄五尺,廣二千餘丈,水勢稍平,得賴以安。歷署溧陽、清河。以減壩大工告竣,陞署高郵知州。遇洪澤湖盛漲,溢入高、寶,奉檄開放三壩,獨議祇開一壩,以資宣洩,下湖州縣民田、廬舍得免淹浸,保全不少。陞通州直隸知州,重學校,興文教,濬溝洫。凡涉疑獄,悉心推鞫平反,使無冤抑,民皆悅服。署徐州知府。旋以年老歸。于《志》。

馬璉,字東亭。康熙年拔貢生。由處州府松陽縣學教諭保舉知縣,令安徽巢縣。在任汰減民夫,修理浮橋,革除銀匠,均有《德政記》,勒石豎立。解任時,有《巢湖輿頌》一冊,相國張公英序。于《志》。

魏攀龍，號松濤。少好學，肆力於詩古文詞。乾隆丙子舉人，己丑科中書。歷官江西進賢、信豐知縣，署南昌、九江府同知，代理通省督糧道事務，精明渾厚，所至多政聲。于《志》。

沈可培，字養原，號向齋。竹里人。乾隆壬辰進士。令安肅，有惠政。遇水災，實力辦賑，民有“無米不到百姓口，無錢不到百姓手”之謠。宦歸，主山東濼源書院，學問淵博，著《濼源問答》，爲有用之書。子銘彝，字竹岑，文名藉甚，生平勇於爲善。于《志》。

錢豫章，字培生。汝恭長子。乾隆丁未進士。補戶部主事，升郎中。官部曹十年，兼辦軍需，遇事細核，分別準駁。宦歸，行善，置田十畝爲掩埋貲。嗣子希憲，至今遵行不怠。于《志》。

錢福胙，號雲岩。汝恭子。乾隆庚戌進士，由編修官至侍讀學士。充同考官二、主試二、督學一，持躬嚴毅，多所成就。著有《延澤堂詩鈔》《文鈔》《覆瓿集》各一卷，《芸館集》四卷，《奏御存槀》一卷，《真珠船》二卷。于《志》。

朱階吉，字慶長。嘉慶丁丑進士。弟逵吉，先捷。春明報者至，帖泥金，命虛左以待。樓居讀書，去其梯。閱三年，獲雋，先後均以第二人登榜，禾人豔稱之。由編修提督廣東學政，以勞瘁卒於官。著有《覺世真經》《訓解圖說》《晨葩書屋詩賦》行世。于《志》。

朱逵吉，字春衢。嘉慶甲戌進士，由庶吉士改江西東鄉縣知縣。陞內閣中書，補軍機章京。時值回疆張逆不靖，軍書旁午，勤瘁尤著，因克復四城，元凶生獲，照軍功例議敘，由部郎授御史，放廣東督糧道，歷充方略館協修、纂修。戊寅，江西鄉試同考官。戊子、辛卯，順天鄉試同考官。癸巳，會試同考官。前後四佐文衡，所得多宿儒名士。年六十卒於任。于《志》。

沈品蓮，字根玉。以選拔授處州府訓導。葺廟廡，浚泮水，俸錢不足，家取給之。聚生徒講學，勗行。以疾歸。于《志》。

沈維鐈，字鼎甫。少綦貧，從父叔埏經訓堂藏書富，招就塾，早績學。登嘉慶辛酉賢書，聯捷入詞垣，授編修，充文穎館、國史館協修。乙亥入直懋勤殿，補國子監司業。升侍講，轉侍讀。丙子督學湖北，刊《程氏讀書分年日程》，式多士。壬午典試八閩，旋視學。時值拔萃科先期擇尤，調省，月三試，所取皆知名士，經濟如林文忠，伉直如陳給諫慶鏞，均出秋試門下。戊子，順天學政。壬辰，安徽學政。甲午，仍留皖任。提倡正學校，刊《張履祥年譜》、陸世儀《思辨錄》，培植士林，人人潔清自矢。戊戌，因重聽乞假，成廟垂詢“是兩耳俱鳴，還是一耳？”後湯金釗入值，猶蒙垂問“維鐈回里與否？”丙午，以工部侍郎致仕歸。三十餘年居清要，掌文衡，内行謹嚴，外觀和霽。分校典試，絕苞苴，禁請託，宦橐蕭然。歸，惟書籍。主講杭州敷文、松江敬業書院，脩脯度支，仍若寒素。居鄉望重，後進來謁，必肅衣冠見之。己酉，目覩水災，恫瘝民隱，寓書巡撫吳文鎔，奏撥賑項。迨國帑下頒，已於六月棄世，不及親見矣，卒年七十二。入祀鄉賢祠。《年譜》。

錢儀吉，字藹人[2]。文端公曾孫。父福胙，官侍讀，隨京邸。十二歲效選體，作《山賦》千言，前輩張問陶擊節稱賞。登嘉慶辛酉鄉榜，戊辰成進士。庶常散館，授戶部主事，升刑科給事中。遇事無徇庇，人憚其丰采。遽改官御史，科吏拊掌曰：“錢公去此，吾屬無患矣。”性耿介，稽察戶部，捐納房會，堂吏郭坦舞文補監照事覺，懼實[3]諸法，請託百至，峻拒之。迄庚寅，因公累鐫級，絕意仕進，竝焚入臺時彈章諫草，謂人臣以封事入告，不宜流播人間。主講粵東學海堂、河南大梁書院。定季課章程，治經講求故訓，著《經典證文》《說文雅厭》。流覽乙部，以章武偏安,暨大業末造,典禮缺如,撰《三國晉南北朝會要》。讀史尤詳地理,甄錄《魏吳都城》《金墉城圖》之類,無慮數十百篇。仿焦氏竑《徵獻錄》,裒集國朝文集千餘家,節錄名人事狀,輯《先正事略》。病徐乾學《通志堂經解》采摭未備,搜羅宋元來說經家,彙《經苑》一編。皋比數十寒暑,有仙蝶齋藏書所,自謂“吾之長技,但可鍼灸文字耳”。從弟泰吉,親得師承,故乾嘉後論文章家數,咸推“嘉興二錢”云。所著文曰《颿山樓集》《衍石齋記事棄》。詩曰《敝帚》《閩游》《澄觀》《定廬》《刻楮》《旅逸》各集。節汴士蘇源生撰次《遺事》及《錢氏行狀》。

錢泰吉,字警石。父復,令直隸大興縣,決獄慈敏,有隱德。泰吉由廩膳生援例授海昌訓導,即棄舉業,就冷官。益喜得遂讀書樂,公餘輒假人善本,校勘數過,著《曝書雜記》,自道所得,成一家言。肆力古文詞,與從兄儀吉咨詢學術,動輒千言。輯《海昌備志》《學職禾人考》,有功文獻。秉鐸二十餘年,嚴身教,整士習。臨去,爲州人攀留,主講安瀾書院,感化海壖。樂親晨夕,以宗族代有聞人,纂《清芬世守錄》,追述祖德,條舉件繫。逮庚申粵事起,仲子應溥時佐湘鄉節相戎幕,迎養安慶。念切鄉關,疾革時猶以不克歸省先塋爲憾。著《甘泉鄉人棄》二十四卷。長子炳森,原名銘恕,道光甲辰舉人,景山官學教習,前卒,有《邠農偶吟棄》。湘鄉曾國藩撰《墓表》、馬平王拯撰《傳》。

李超孫,字奉墀。乾隆乙卯舉於鄉。剖析經義,尤深於詩,著《詩氏族考》。授會稽學教諭,訓課諸生,仿雷氏鋐學規條約。七十後告歸,伊守湯安聘修《郡志》,兼任校讎之役。《沈愛蓮詩語》,見《梅里詩續輯》。

李遇孫,號金瀾。嘉慶辛酉優貢生。淹貫經術,撰《尚書隸古定釋文》。晚年官處州府訓導,著《括蒼金石志》《金石學錄》《天香錄》《芝省齋詩文集》。武康徐熊飛稱其詩風懷澄淡。《梅里詩續輯》。

李富孫,號薌沚。嘉慶辛酉拔貢。與伯兄超孫、從弟遇孫有“後三李”之目。湛深經術,所著《七經異文釋》《周易校異》《集解賸義》《漢魏六朝墓誌纂例》《鶴徵前後錄》《曝書亭詞注》《說文辨字正俗》,均膾炙藝林。詩古文詞,刊有《校經廎集》。蒐輯長水掌故,續纂《梅里志》,附楊謙原書後,尤有裨文獻云。《梅里詩續輯》。

沈寶麟,字綏齋。嘉慶戊午舉京兆試。道光丙戌大挑知縣,改就教職,選湯溪教諭。學有武生葉某,被豪富訟,葉直而枉,上官七檄令褫衿,卒持正論,不過枉人罪。廩生某病狂,其父得錢於待廩者,爲請給衣頂。勸以父子天性,毋爲利昏。疾瘳,均感悔。兩楹之間,皆躬親洒掃,雨則省視漏痕,繕完乃即安。嗣以衰頹,恐拜跪失儀爲大不敬。乞歸。主講泰州書院,州牧議增院租以裕膏火,力阻之,謂:“教士以學道愛人,爲他日臨民用,可先示以剝民自裕乎!”乃罷議。居恒辨別義利,躬行實踐。著《祠倉議》《南汝光水利志》《荀爽易圖說》。入祀湯溪名宦祠。《甘泉鄉人棄》。

馮登府,字柳東。嘉慶戊寅順天舉人。庚辰進士,以庶常改授江西將樂縣[4]知縣。不兩月,因親病解綬去。服闋,教授寧波。大吏復重其才,將薦舉,力辭之。生平劬書媚學,著述等身。阮宮保元、徐侍郎士芬、李宮贊泰交,皆文字至交。爲刻《補考三家詩異文》《釋金石綜例》《論語異文疏證》,其《自謝詩》有“新書難得故人刊”之句。詩宗金風亭長,坐詠勺園,寒缸暑簟,或吟響所至,兼喜倚聲。尤熟掌故,中年游閩,修《鹽法志》《福建通志》,名震海嶠間。所著《玉堂分韻》《南劍種花》《勺園》《海嶠》《學易庵》等,分十集。孫名柳孫,諸生,庚申遇賊,投水死梅里南王家兜,闔家殉難。集《拜竹龕詩存》各序。

　　吳雲翰,號彥冲。歲貢生。專精註疏,有叩疑義者,令自標章句,若射策帖經然。翌日乃條舉件繫,答無賸義。每酒酣,議論風發,否則覃精研思,竟日呐呐。然山陽汪廷珍視學至禾,試《河源考》,以宿學器之。晚益貧。出手輯《經解》本易米,猶鈔纂勿輟。禾中記誦,淵博若馬應潮《九經古義注》、王廷桂《儀禮義疏酌要》、錢械《摘錄註疏》,皆皓首窮經。而融貫漢唐,說經家者推雲翰爲首。錢泰吉《曝書雜記》。

　　李毅,字介石。嘉慶初元,以廩生保舉孝廉方正。兩刲肱,母金愈。父淹疾不瘳,呼號擗踴,後有道者輒蹙然曰:“子勿言,我未讀鄂人對耳。”境極窶,不易介。餘姚令聘閱文,峻卻重金請託者。客授歸,恒舉嘉言懿行與家人言。閨門感化,多貞烈事。性愛竹,畫《師竹圖》以勵志。書法褚河南。晚眚一目,猶伏案作細楷,纂成《人海韻編》。錢泰吉撰《行狀》。

　　張廷濟,字叔未。父鎮,力學不仕,手輯唐宋名人,爲《天爵周行錄》,入《義行傳》。廷濟少親炙海鹽吳懋政,學有根柢。領嘉慶戊午省解。屢躓禮闈,遂結廬高隱,以圖書金石自娱。書法米南宫,草、隸獨出冠時。所著《桂馨堂詩》,樸勁典核。建清儀閣藏庋古器,古香溢翰墨間。居近竹林,耆舊書畫,搜輯成編,故老零落,各賦感逝。晚年眉長徑寸,與阮元合摹《眉壽圖》泐石。平生德潛行,芳科名,若傳家物。子慶榮,領道光丙午鄉薦。後謁儀徵相國,艷稱小解元。有《稻香樓槀》。孫晉燮,廩膳生,踐履篤實。遭亂後,入趙景賢軍,派督水隊,殁於舟次,事載《忠義錄》。長白瑞元《順安詩集序》。

　　吳昌壽,字少邨。儀狀魁偉,飲啖過人。微時通曉畫科、算學。詞章訓詁,亦冠絕時流。通籍後,斥爲末務,咸棄去。留心兵事,講究方略。道光丁酉,拔萃貢成均。庚子登賢書,乙巳成進士。以知縣分發粤東。其初至也,治劇盜即著威名。由陽山令署連平州,以治英德土匪功陞直牧。擒高州凌匪功,保知府。在韶州府任,剿辦帽子峯會匪,調廣州府。先是,州被夷擾,檄昌壽守外城,洋酋秋毫無敢犯。至是,益讋慄,晋攝糧儲道,繼署南韶兵備道。甫任事,韶屬仁化、樂昌等縣爲賊陷;將趨韶,會總督勞、撫軍耆各籌進兵路,意齟齬。以昌壽主督議,忤意指,耆故尅期五日以相難。乃急視師,捷聞,裁四日,耆始神之。保授本省按察使,旋擢布政使。未匝年,奉命撫鄂。鄂乃豫捻、粤髮蹂躪地,警報踵至,趨隨、棗、鍾、京,部署粗定,朝命趣出省,督兵直抵豫境,旋即移節汴梁。會僧邸捐軀曹州,卒潰,沈幾應變,近守遠攻。旋以甄別保舉,罣吏議。卒荷主知,鐫一級以去,賞假回籍修墓。即家拜授粤藩,促裝啟行。又奉旨署撫粤西,履任兩月,以憂勞卒。性方介,居官不樹黨援,雖以文學進身,而屢膺閫寄,數著戰功,論者尤偉其韜略云。同治年,奉旨入廣東名宦暨本籍鄉賢祠[5]。《行述》。

　　沈濤,原名爾政,字西雍。幼有神童稱,未冠,領嘉慶庚午科鄉薦。知江南如皋縣事。擢守燕北各郡,有政聲。顧軀幹短小,報最,入覲,坐久不調。援例以觀督指發江西,歷署鹽法、糧儲。會粤事棘,隨巡撫張芾婺城拒守四十九日解圍。後授福建興泉永道,未到官,改發江蘇,病殁泰州。生平學尚考訂,兼嗜金石,與歸安吳雲最結契,賞鑒所獲,輒繪圖徵詩,倡和成帙。著作已梓行者,曰《匏廬》等集。新纂。

　　朱其鎮,號九山。父萬均,號漁珊,庠生,精楷法,嫻吟詠,與配孔氏家門倡和。吳文溥《南野草堂詩話》謂“有對寫烏絲,同吟黃絹之樂”。其鎮稟慈訓,早食餼,中道光辛巳舉人,己丑進士。由編修轉諫垣,授甘肅鞏秦階道,權甘肅按察使,查辦番案,因公罣悞,逮入京獄,未竟而卒。先是,道光乙未典試滇南,搜閲遺卷,多所甄拔,兩充會試同考官,得士如林鴻年、張亮基、莊受祺、段大章、陳壇、伍輔祥、崇保,皆夙著聲譽。書法出入晉、唐,晚年尤嗜顏、柳。著有《木天楷則》《滇南紀程録》。_{新纂}。

沈攀桂,字蟾客。品蓮子。以諸生力行善事。道光初,鄰邑震澤縣野貓洞口風險,擇要築三墩以捍行舟,因有費姓委員督辦,遂讓功焉。至今名費公墩。募修石門至平望百餘里斷岸。先是,永新一帶,十二年中淹斃六十餘人,修築後,遂成坦途,民不病涉焉。郡守欲詳請優獎,固辭乃止。好誦格言。著有《拱翠室詩文集》。_{新纂。參《耐冷談》}。

許樸,字蕙塍。父鎬,乾隆甲寅舉人,嚴州府教授。樸,嘉慶己卯登賢書,大挑掣授河南沈邱縣知縣。丁憂。服闋,改選貴州天柱縣,升定番州知州。咸豐庚申,在永寧州督帶團防,每臨陣,佩劍攜鵂,示以死志。至重午日城陷,被執受戕。由貴州撫臣奏請優恤,加贈道銜。_{新纂}。

程蓴,字梅巖。道光辛卯科舉人。與人無疾言忤色,瞻親族,賻死喪,賑偏災,凡邑中善舉,捐貲倡率。所居鄰春波坊米市,哀多益寡,悉心經畫,群推有道長者。_{新纂}。

錢繼文,候選國子監典籍。寓居江寧。督辦團練,城陷,闔門殉節。賜邺。坿祀江寧、嘉興昭忠祠。_{《浙江忠義録》}。

褚熙昌,字九衢。道光辛巳舉人,甲辰挑授四川知縣,署雲陽。理鹽井,興書院,創團練,嚴緝捕,啯匪不敢入境。任鹽井^[6],教民蠶桑,召農婦入署,示以飼葉繰絲之法。報最,補定遠。未履任,卒。平時講求學術經濟,有《詩春秋集解》《讀易偶得》《海防得失考》《西域雜說》《快緑軒詩文橐》。_{新纂}。

褚長春,字菘塍。高士廷琯五世孫。幼失恃。父鵬飛,增廣生,誓不再娶。挈子就館,教以義方。長春登嘉慶庚申鄉榜,戊辰大挑,授武義教諭,不就。叩以故,曰:"教官職在訓士,迺不率教者。緣事入官,縣令或徑拘,攝不關白,爭則傷寅情,狗則虧師道,不如守拙爲愈。"道光癸未,經理水災賑,弊絶惠孚。巡撫帥承瀛考覈稱最,將請敘,力辭之。仍頒額,旌其門。好排解里黨不平事,懲漕蠹苛斂,挺身爲難,不避憎怨,邑人賴之。子志鴻,歲貢生,亦以文雄於時。_{黃安濤撰《墓表》}。

沈亨惠,號慕琴。道光辛卯副貢,庚子舉人,均北榜。由教習知縣籤掣廣東。咸豐二年,攝三水縣事。四年,粵匪東竄,省垣被圍,三水適當其衝。亨惠聯絡紳團,守禦甚力。手編《三水守城紀略》。擢州牧。七年,佐廣州府吳昌壽督剿北江大灣、藍山等處賊巢。歷著勞績,補南雄州,官至知府。_{新纂}。

【校注】

[1] 按:此處"李鄴侯",光緒《嘉興縣志》卷二十一《列傳二》"虞兆清"條亦如此。黃庭堅《忠州復古記》:"忠州,漢巴郡之臨江、墊江縣也。其治所在臨江,故梁以爲臨州,後周爲南賓郡。唐貞觀八年始爲忠州。其地荒遠瘴癘,近臣得罪,多出爲刺史、司馬。故劉尚書以刺史貶一年死,陸宣公以別駕貶十年死,李忠懿公以刺史居六年,白文公以刺史居二年。其後,憙事者以四公俱賢,圖像爲四賢閣:故相,贈司徒鄭州刺史南華劉晏士安,故相贈兵部尚書、嘉興陸贄敬輿,中書侍郎、平章事贈司徒安邑李劇吉甫宏憲,刑部尚書致仕、贈左僕射下邽白居易樂天。由開元以來,訖於會昌,四君子相望,凛然猶有生氣。"由此,忠州四賢祠祀的是唐代劉晏、李吉甫、白居易、陸贄。而唐代宰相李泌是因封鄴縣侯而被稱李鄴侯的,此處"李鄴侯"係誤將李吉甫錯當成了李泌。

　　［2］按：《清史稿·文苑三》：“錢儀吉，字衎石。嘉興人。”《清史列傳》卷七三：“錢儀吉，初名逵吉，字衎石。嘉興人。”當作“字衎石”。

　　［3］實：據文意，是“真”之誤。

　　［4］按：是“福建將樂縣”之誤。將樂縣，三國吳永安三年（260）置，屬建安郡，治所即今福建將樂縣。明、清時代，將樂是福建延平府屬縣。

　　［5］按：光緒《嘉興縣志》卷二十一《列傳二》“吳昌壽”條末案：“許《志》多誤，今更纂。”文曰：“吳昌壽，字仁甫。高埈曾孫。祖廷欽，諸生。坦白無崖岸。父德淳，高尚樂貧。昌壽儀錶豐偉，淹貫經史。道光十七年拔貢，二十年舉人。英夷陷乍浦，潰勇肆橫，請給資繳械，事遂定。二十五年進士，以知縣簽分廣東，署連平州。俗訴命案，多牽涉役賄飽，奉勘屍已腐。令速報，即驗正犯外，不問編戶。多盜，懸賞，入山擒積匪，盜慄遁。英德賊黃麻五據陂頭邨，眾近萬，兵少而弱，募勇堵，雞棲霸紳民恐將潰，昌壽親率三百人奮奪，大破之，賊遁九連山。追之，斬馘無算，生擒七百餘人。盜平，賞戴花瓴，以直隸州用。高州淩十八聚眾萬餘據羅定，總督徐廣縉攻三年不克，以巡撫葉名琛代，檄赴營，乘夜馳焚其巢，賊自亂，斬十八於寨中，眾悉平，先後僅月餘。巡撫曰：‘大將才也。’疏聞，升知府，署韶州。值髮匪大熾，省城被圍，鄰郡告警。賊眾十餘萬薄，府城兵不滿千，團勇登陴，東北兩門礮下如雨。昌壽躬親督戰，賊引卻，用地雷轟塌北門外城。官軍搶禦，綯壯士撲賊壘，斬獲甚眾。尋開城，夾擊破帽子峰賊寨。賊退屯河西，復來攻城，累次擊卻。賊載八千劻大礮，急撲東門。綯城擊賊，賊船擱淺，健勇突出，斃賊無算，奪其巨艦，賊喪膽引去。守圍城十閱月，在南門譙樓食宿。圍解，復所失州縣。韶屬肅清，補廣州府。洋人攻省垣，檄巡外城，火箭雨下。冒烈焰，督水軍救護，城賴以全。而南韶諸賊詗昌壽入省，復熾。蒞任，即馳清遠，調軍扼隘，逼入濱江，攻敗之。餘匪圍廣寧，撥兵馳援，解其圍。攝糧道，平連州賊。廣西賊竄四會、清遠，馳回分兵破之，而北江敗賊竄英德，親乘礮船追剿，賊以次平。權南韶道，賊陷仁化、樂昌，眾數萬將趨韶，總督勞文毅公崇光、巡撫覺羅恪慎公耆齡籌進兵路。昌壽主督議，忤耆意，限五日破賊。乃冒雨督戰，捷聞，裁四日。授廣東按察使。新寧縣境客民與土著仇殺，佔踞廣海寨，執文武員弁爲質。督師攻克之，擢布政使。旋奉命撫鄂。時髮、捻併趨鄂，隨、棗、鍾、京，徧地賊蹤。奉旨，出省督兵。抵豫境，調撫河南。會僧邸捐軀，髮匪賴汶洸，捻匪張總愚鼉聚亳東，餉絀兵單，賊騎剽疾。昌壽謂：‘賊之禍豫受之，豫之禍將天下受之。’部多楚軍，每事掣肘。晝夜憂憤，上十大難疏自劾。溫詔慰勉，以甄別案鐫一級，賞假回籍修墓。即家授粵藩。復拜署理廣西巡撫之命。履任兩月，積勞卒。昌壽性方介，不植黨援，治不縱不苛，在家篤念師友戚族。自豫撫回籍，賃屋而居。敝衣徒步，臨終祇一妾隨任。囑勿受賻。平時心憚昌壽者，皆感動流涕。祠廣東名宦祠、本籍鄉賢祠。《行狀》參《廣州府志》，韶州府、連平州《名宦錄》。”光緒《廣州府志》卷二十三《職官七·知府》：“（咸豐朝）吳昌壽，浙江人。進士。七年任。李福泰，山東濟寧人。進士。十年任。”故吳昌壽在廣州知府任，前後三年。

　　［6］按：光緒《嘉興縣志》卷二十一《列傳二》：“褚熙昌……任鹽亭，教民蠶桑，召農婦入署，示以飼葉繅絲之法。”鹽亭縣，西魏恭帝二年（555）改北宕渠縣置，爲鹽亭郡治。治所即今四川鹽亭縣。清屬潼川府。鹽井縣，清光緒三十四年（1908）置，屬四川省，治所即今西藏鹽井縣。後屬西康省，改爲鹽井宗。1983年復設鹽井縣，1999年撤銷。褚熙昌任官四川，時在光緒前，與鹽井縣無涉。故“鹽井”是“鹽亭”之誤。

嘉興府志卷五十一

列傳〔二〕

嘉興縣

孝 義

漢

張武，吳郡由拳人。父業，郡門下掾，送太守妻子還鄉里，至河內亭，盜夜劫之。業與賊戰，遂亡，失屍骸。武時年幼，不及識父。後至太學受業，每節，常持父遺劍，至亡處祭，酹泣而還，太守第五倫嘉其行，舉孝廉。遭母喪，過毀，傷父魂靈不返，因哀慟絕命。《後漢書》本傳。

陳

張種，字士苗。仕梁爲宣城王府主簿。家貧，求爲始豐令。武陵王紀爲益州刺史，以種爲征西東曹掾。種辭母老，坐免。侯景之亂，奉母東奔鄉里。母卒，種時年五十，而毀瘠過甚。又迫以凶荒，未獲時葬。服制雖畢，居處飲食，恒若在喪。景平，王僧辯以狀聞，起爲貞威將軍。治中從事，并爲具葬禮。葬訖，方即吉。陳武帝受禪，爲太府卿。歷位侍中、中書令、金紫光禄大夫。種沈深虛靜，識量宏博，時以爲宰相之器。僕射徐陵嘗抗表讓位，以爲宜居左執。其爲時所推如此。太建初，女爲始興王妃，以居處僻陋，特賜宅一區。又累賜無錫、嘉興侯秩。《南史》本傳。

唐

丘爲，文學名世。應進士科，晚乃得第。事繼母以孝聞。官至太子右庶子，時年八十餘，而母無恙，給以俸禄之半。及居憂，觀察使韓滉以致仕官給禄所以惠養老臣，不可以在喪爲異，惟罷春秋羊酒。初還鄉，縣令謁之，爲候門磬折，令坐，乃拜，里胥立庭下，既出，乃敢坐。經縣治，降馬而趨。年九十六卒。至元《志》。參趙《圖記》。

五 代

薛仁德，吳中戎府右職，倜儻好施。過崇德堰，見牽船人多荷校。會令佐來謁，因問之，對以"路當衝要，所迺秋税甚多，堰役夫皆是物也"。仁德問："實欠幾何？"令具籍呈之，計九千七百餘緡。仁德出橐中金，如數償之，遂解纜去。劉《志》。

宋

戴顯甫，嘉祐癸卯進士。選亳州永城尉，與母舅杭州陶叔獻同舉進士。陶登第纔旬月，卒于京師,顯甫扶舅喪歸葬,迎養其家以終身。嘉興湯《志》。

陳四四,嘉定十一年,剖心治親疾,表其坊曰褒孝,即今聯魁坊也。柳《志》。

項相,字汝弼。宋寧宗時舉孝廉,歷官翰林學士。與弟棟汝用虔於奉親,兄弟友愛,真西山為作《孝友堂記》。嘉興湯《志》。

聞人倣,字彥則。安易曾孫。輕財好施,行,閭里具知。貧乏者,輒囊金,夜即貧者户隙投入,不使知。其家得之,以為天賜也。中年未有子,相者謂倣頷後有黑子十一,必有子。後得子,如黑子之數。嘉興湯《志》。

張仲淳,秀州人。居鄉教授,好周人急務,行陰德。有商疾篤,投仲淳,問其姓名、鄉里,言訖而斃。裝有十金,仲淳具棺殮,召其子護喪,持金歸。復捐資,經紀其葬。一夕,夢死者來謝曰:“公今生貴子矣。”已而,生子師中,舉進士,為館職,終京西曹使、尚書工部郎中。《兩浙名賢録》。

聞人穎立,字秀城,宣和間為江都簿。有寓居何簿者,謂穎立曰:“某之所生亦公之所生,實異姓弟兄也。”疑未敢信。穎立事嫡母朱氏孝,一日,朱語穎立曰:“汝所生視汝三歲而適人,吾視汝如己子。”穎立感泣,述何簿言。朱令物色所生張氏,張語穎立小字及鬌齔事,皆歷歷。朱遂令奉所生以歸。秩滿,何簿欲迎之官,而張氏不願偕往,遂依穎立以終。先是,穎立父没,未殯,火作,穎立仰天疾呼,覆身於匶,將與俱化。火忽回燎。後以子符貴,贈朝議大夫、嘉興開國公。嘉興湯《志》。

陶菊隱,名造圖。伊、于兩《志》皆佚其名,今從《陶氏家譜》查補。德祐末,元兵南下,菊隱聞勤王詔,散家財,招集義兵以拒元,一境獲安,授將仕郎。謁文丞相于軍。宋亡,流寓者多以為依。戒子孫勿仕元。時同邑趙孟倜、華亭殷澄,稱“秀州三義”。陶四世孫鉦,正統七年歲祲,出穀二千餘石以賑。鉦子澤,景泰七年江淮饑,捐粟五百石助賑。天順五年,復運米七百斛至通州,應詔助邊,賜七品散官。劉《志》。參《槜李詩繫》。

元

潘應定,博覽典籍。母喪,廬墓哀號無間,有桂花變色,白鶴來翔之瑞。左丞相周伯琦[1]嘉其孝,榜其墓曰“雙禎”。《明一統志》。

戚敬,字秉肅,秀之白苧里人。母疾,救勿效。刲股肉以進,時母已不能啖而死。敬勺水不入口者三日,絕而復甦。將葬,掘地尺餘,泉水淫浸,敬負土為墳。既葬,傍徨不忍去。或勸之返,敬曰:“吾舍母,何之?”乃結庵墓側,三月生白芝五本,人以為孝徵。又欲像母事之,告工以狀。工未悉,一日工夢姥曰:“吾戚母也,汝為識之。”翌日,工刻木,惟肖,敬奉如生時。張士誠陷吳,將逼秀境,里中皆遁。敬曰:“吾忍去父母墳墓耶?”乃散財,集子弟,保鄉里。他所焚掠幾盡,敬所居白苧里完好如故。公府將賞之,謝曰:“吾為墳墓耳,不願賞。”後部使者薦為文學掾,人以其孝,不斥其名,直曰孝子云。徐一夔《戚孝子記》。

吳森,字君茂。其先汝南人,後徙居嘉興魏塘,任管軍千户。家饒于貲,悉推産以歸二兄,鞠其弟妹,逮有家室。推是志也,達之鄉鄰,饑有米粟,寒有纊繒,病有藥餌,死有棺槨。舟梁道路,修除惟時。輟田四百畝,闢書塾,聚閭巷子弟,延師儒以教之,由是人知有學。有司上其狀,署其門曰義士。黃溍《吳森墓誌》。

項冠,字儀甫。以富稱,散財助婚喪,蠲逋負,江浙稱長者。至元二十年,境內饑,輸粟數萬賑之,全活無算。元世祖聞而旌之,授以將仕郎、少府丞。力辭,隱胥山,築胥山草堂。子衢,授淮西廉訪副使。嘉興湯《志》。

戴光遠,白牛鎮人。鎮遠郡縣,學校不立,光遠辟地三十畝爲殿于[2],學舍四十餘楹,聚生徒百五十輩,延名儒黃玠主之,自是鎮人始學。趙《圖記》。

顧德玉,字潤之,從寧國教授俞觀光游。觀光無子,嘗語人曰:"吾昔寢疾,潤之侍湯藥,情若父子,醫爲感動,勿受謝。今吾老,必託之以死。"既而訪醫吳中。病革,趣舟歸德玉家,進次尹山。卒。明日至檇李。德玉奉其屍,歛於家,衰絰就位。邦人士爲德玉來弔者,德玉答拜。葬於海鹽,近顧氏之先塋,歲時祭享惟謹。《輟耕錄》。

范國寶,字谷保。數世同居,惇友義。趙文敏薦諸朝,累官安撫使。家居,設義倉,建義塾。著有《最樂堂稿》。嘉興何《志》。

樂善,字爲之。岳忠武後。時有所諱,變姓樂。爲江浙行中書省架閣庫管勾。受知於平章政事徹里帖木耳。因哭其父,嘔血卒。嘉興湯《志》。

吳宣,字泰然。森子。有俠氣,兄弟析居,並以義讓。元季,苗兵將屠邑境,宣獨叩軍門乞貸,辭義嚴正,主帥壯之。乃釋不屠。著有《道德經註》《子午流註》《通論》等書。趙《圖記》。

李明巒,字石友。明熬弟。縣諸生。善古文詩詞。與桐鄉錢本一、張履祥交,以道義相切磋,履祥稱爲直諒之友。海昌祝淵抗疏論救山陰劉宗周被逮,明巒經營奔走,不遠千里。明亡,自梅會里赴義,同舉人周宗彝募兵守硤石鎮。兵敗,還家痛哭,嘔血死。參高佑釲《自靖錄》、李富孫《梅里志補》 案:是傳應改列明末。

范重雯,字松廈。爲承事郎,出守漳州總管。張士誠寇湖州,犯檇李,時雯避地嘉興,率鄉兵禦寇,保障閭閻,里人德之。今俞匯地方有范家橋、白鶴橋,皆其破賊處。嘉興何《志》。

姚福二,至正間,傾家財輸築羅城。妻鄔氏,亦傾筐以佐急公。吳《志》。

【校注】

[1] 按:光緒《嘉興縣志》卷二十四《列傳四·孝義》"潘應定"條作"省左丞周伯琦",當是。《元史》卷一八七《周伯琦傳》:"(張)士誠既降,江南行臺監察御史亦辯釋伯琦罪,除同知太常禮院事。士誠留之,未行,拜資政大夫,江浙行省左丞。於是留平江者十餘年。士誠既滅,伯琦乃得歸鄱陽,尋卒。"

[2] 殿于:趙文華《嘉興府圖記》卷十五《人文六》"戴光遠"條作"殿宇"。當作"殿宇"。

明

殷近仁,博學能文。與其弟原善、原誠友愛無間。家貧親老,協力以供甘旨。洪武初,以孝弟授山西平遙縣。親喪葬祭,盡禮服終,以所著《蒞政戒銘》四十二篇獻于朝。擢廣西參政。《明一統志》。

殷原善,兄近仁沒於官,其妻亦逝,所遺三男一女,原善撫之如己出。提攜噢煦,無不至。鰥居不娶,其友諷之。原善泣曰:"兄子猶吾子,使吾娶而不賢,諸孤將何託?且娶爲後耳,諸孤在,豈無爲吾後者?"終不娶。沈繼宗《殷原善傳》。參《分省人物考》。

朱煦,父季用,洪武初以賢良薦,累官福州知府。值詔天下盡革積歲官吏爲民害者,季用逮赴京師,輸作城役,病不能堪。時在役,親屬告枉者戉三人,刑四人。煦曰:"吾不能脫父于此訴,不訴等死,萬一緣訴而免,可無恨。"乃自縛闕下,具告枉狀。上悲其意,敕季用復官。同時得復官者十四人。《嘉禾徵獻錄》。

張瑤,字朝貢。舉鄉薦。性孝。其妻以疾不悦於姑,姑欲出之。瑤心知無罪,令歸依母氏。終身不娶,與兄同孝養,内外無間言。屢上春官不第,杜門隱居。郡守徐盈高其誼,時枉過咨論,未嘗干以私。卒,無以斂,徐爲具禮葬之。趙《圖記》。

李進,字孟昭。力學,明《五經》。工篆、隸、行、草。母喪哀毁,眇一目,不復求仕。永樂初,郡守齊政請爲郡訓導,不久謝歸。著有《西園集》。《檇李詩繫》。

包珪、包玒,《通志》作包江,誤。兄弟也。父愉,洪武中詔求人才,郡邑交薦,辭不受。永樂詔取富户實京師,有司疏愉名以進,時年七十九。長子珪願代父行,幼子玒號泣,又請身代。兄弟争赴,有司旌之。袁《志》。

洪梁,少孤,事大母及母以孝聞。子燕,進士[1],知陳州,迎養,朝夕規勵云:寧失出,毋失入,願家爲好人,仕爲好官。有族弟貧,爲之析産授室。表弟趙某以詿誤遣戍,梁憐其老而無子,代控得免勾補。嘉興湯《志》。

凌孝子,失其名。永樂中,甫冠,父以典税被誣,逮繫京師。孝子號慟,上書得釋。水陸風雨,備嘗艱苦,竟以是殂,人共哀之。《懿行編》。

許章,字廷冕。與姚綬爲中表兄弟。天順甲申,與綬同舉進士。綬拜廣東道御史,章兵部主事。奉命安插夷人,乘傳歸。築南圃草堂以娱母。母喪,哀毁致疾。卒,綬銘其墓。章同年進士姚俊,主刑部,執法詳平,僉事廣東,平寇著績,亦以父喪過哀卒。吴《志》。參嘉興湯《志》。

章傳普,少孤,事母孝。母患心疾,醫藥不能療。傳普走普陀,禱觀音大士,每三步一稽顙,匍匐造之。母病傷寒,危殆,刲股肉以進,皆得痊[2]。及卒,哀毁過瘠,刻木爲像,終身事之如生。趙《圖記》。

許嘉謨,字性初。業鍛氏。母吴疾作,嘉謨度不可救,斷小指半,和羹以進,母啜而愈。里人欲爲上狀,嘉謨不可,曰:"此舉也,吾母未之聞,奈何以爲名耶?"子聯登,亦刲股起父病。嘉興何《志》。

岳商,字成卿。兄夏,多子,商讓田宅與之,别治子舍。奉母以孝謹稱,兄弟皆素封。及兄卒,凡役必肩其難且重者。孫元聲、和聲、駿聲,皆鼎貴,咸謂孝友之報。嘉興湯《志》。

褚元卿,事親孝。父病,籲天請代。及没,淚枯流血。母喪,哀痛幾絶,水漿不入口者七日。廬墓三年,屢奉旌獎。嘉興湯《志》。

常繼瓚,字宋河。性孝。親没,廬墓三年。有友胡皓合門病疫,通門俱絶。瓚獨往,周旋湯藥。里人錢三者,密寄金於瓚。往燕,身没。瓚召其家人,還之。著有《端慎堂詩集》。嘉興湯《志》。

沈鏼,字大威。少穎敏,通經傳。父命受辟藩司,嘗丞七家嶺,非其好也。至官,僅閲月,得父書,歎曰:"古稱愛日。"又云:"以道養親,老矣,吾寧戀斗粟?"遂解官歸。平生重然諾,慎取與。與人交,恂恂相愛,鄉里稱長者。子光華、英華,皆有聲。孫思孝,自有傳。劉《志》。

陸灼,白馬鎮人。性孝義,好賑施,建立宗祠,出資佐讀。歲祲,出布粟以賑不給者。與商人程浙等捐資建萬程橋。又有吴朝陽,品行醇潔,凤敦孝友,郡邑高其義,皆爲之表閭焉。嘉興湯《志》。

王昇,字廷旭。正統壬戌歲饑,昇出粟六百石發賑。年九十卒。其族人彝,字叔倫。景泰乙亥歲饑,出粟二千六百石。丙子饑,又出粟三百石。成化乙酉,又出粟四百石。丙戌,出粟五百斛。皆賜冠帶。又有金昇,字彥昇。正統辛酉歲饑,昇捐粟三千斛。項忠爲作《墓志》。二子盛、茂。景泰癸酉饑,茂捐米四百五十石。乙亥又饑,盛出粟一千八百石。俱賜旌。其卒也,忠亦銘其墓。鄒《志》。參《嘉禾徵獻録》。

沈希沖,字方壺。鄰有貧無子者,買妾贈之。及年而其人亡,有遺腹子,更撫以成立。縣廩貢委進賢篆。同官陳某繫獄,罄囊輸納贖其罪。鄒元標爲之傳。著有《尚書印宗》。又,包林芳字泉石,嘗受叔氏寄鏹數百,人無知者。及叔没幾十年,俟其子長,歸之。嘉興湯《志》。

嚴震,字宗遠。父疾,震割股肉爲羹進之,父立愈。同時有吳槐、寧冠者,各刲股療母及祖母疾,人並稱之。劉《志》。參嘉興何《志》。

陳源,一作陸源。字本深。性孝友,好施。父所遺盡讓之兄弟。成化壬辰,歲大祲,爲粥以食饑者。好納四方游士,戶履恒滿。詔賜壽官、粟帛。劉《志》。

許梧,字來鳳。事父母孝,父病疽,籲天以身代,遂獲甦。苦志博學,以鄉貢司訓通州。子爌,嘉靖庚戌成進士。遂乞歸。歲賓鄉飲。

陸光岳,字與喬。光禄卿淞之孫。嘗扶父櫬江行,大風斷桅,岳呼天叩禱得安。督學李同芳以"惇儒慕義"旌之。以上嘉興湯《志》。

包世熙,太學生副憲樨芳子。萬曆庚辰,父遘病幾死。世熙露禱哀號,嘗糞以辨甘苦,病獲痊。五十餘日未嘗解帶,臥久之,夢神謂曰:"爾父壽止六十。"覺而懼曰:"吾聞古人有減算延親者。"遂書疏禱佛前,願捐己算以續父餘。抗詞宣懇,涙隨聲注,不一月暴下卒。馮夢禎《包孝子傳》。

許生,佚其名,刻工也。性至孝。萬曆壬子,嘗斷一指療母病。同時士大夫詠歌其事,李太僕日華詩有:"欲調穎叔羹,忽斷般輸指。今日怡白頭,他日鏤青史。"李日華《味水軒日記》。

許錫璋,字如季。廉憲應遝子。父病,刲左股以進。弟病,刲右股以救。錫璋早世,弟錫瓚撫姪輩如己出,俱以孝友名。時有許錫珍、張應椿、楊時雍,亦以母病刲股,人咸稱之。嘉興湯《志》。

施謐,字安甫。思賢里人。幼穎異,終日危坐,一似有所悟者。父母殁,哀毀骨立,盡以其產讓諸兄。飄然物外,徧走燕粵,還抵虎林,于勝果寺遇異人張野翁,授瞿曇宗旨。年九十,無病而逝。劉《志》。

聞人彬,字涵虛。力學行義。事父孝。繼母生數子,彬皆教養,勿以煩老親。及諸弟長,以己產悉讓之。天啟初,里中以善聞于官,屢獎,不受。嘉興湯《志》。

聞人昇,爲肇慶經歷。同郡有解軍,道病,迎致之。卒,殯于館,歸其喪。又有諸生劉用章者,見人以貧迫將自溺,急止而周之。是秋,其人舉於鄉,即同邑尚書吳鵬也。後用章貢入京,亦授肇慶通判。吳《志》。參《嘉禾徵獻録》。

費有本,號心齋。敦倫砥行,奉庶母如母,撫庶弟有恩。中年喪妻,不復娶。里中爭延爲塾師,稱費夫子。又鄉民黃守義事親有至性,敦友愛。兄没,事嫂如母,撫姪如子,閭里稱之。袁《志》。參《嘉興湯志》。

呂嘉祐、吳賓素、朱治恒,俱諸生,以好義稱。崇禎乙亥,三縣嵌田之訟議未決。直指左祖嘉善，會七縣諸紳集郡廟議。平湖某紳亦祖嘉善，時方謁直指，郡人乘其出，噪而逐之。直指大索噪者，人人自危。司李方士亮曰："吾不忍網羅多士也。"遂以三生解按院。有張翊者，亦諸生也，營救得不死。當會訊時，嘉祐已創甚，昂首言："噪鄉紳之挾私罔上者，非噪長官比也；噪于途，非噪衙門比也。士可殺，法可紊乎？"詰之，曰："必有豪民倡亂者。"賓素曰："攘田卸糧，人病切膚，豈必豪民鼓倡？今闔城驚竄，生等捐軀，代民為弭亂計，可蔓延無辜乎？"杭司李黃端伯曰："此義士也，勿深求。"乃免入獄，擬戍。嗣嵌田訟息，各赦歸。有司歲以粟帛周三生，稱三義士焉。姚安為之傳。吳《志》。參《嘉禾徵獻錄》。

周之仁，字長春。幼孤，奉母色養備至。念未識父面，請畫師追真肖之，事如生母。歿，躬負土成冢。善說書。著有《翼朱》《翼蔡》等編。又，婁拱極亦幼喪父，病失父像，欲見其儀容，不可得，以思父卒。子先遠，萬曆庚子鄉魁。一夕夢父，喜謂曰："汝祖像不失，第訪之。"後得於繪師稿中，咸謂孝思所感。嘉興湯《志》。參何《志》。

吳熙亮，令鉛山縣，以廉平稱。天性孝友，撫姪如子。同時宋鳳翔，天啟丁卯舉人，令文水縣，亦多善行。

王應中，字鍾甫。性至孝。痛父、祖相繼歿，哀毀成疾，幾不起。生平慷慨好義，嘗條陳條鞭等法，當時採行之。所著有《獨省要言》《卜筮參同》《古今氏族考略》等集。以上嘉興何《志》。

項肇昌，字彥卿。諸生。孝父母，敦同氣，獨力婚娶，弟妹捐產以周，合族慷慨好施。舉鄉飲賓。子嘉祚，康熙丁巳舉人，倡義平糶，出粟賑饑，亦多善行。吳《志》。參嘉興何《志》。

盛泰交，字成宇。時值旱蝗，傾囷橐以賑，遠近就食者如市。又，施元章號廣生，亦好施尚義，嘗焚券以厚貧者。著有《桃花溪詩》二卷。嘉興何《志》。

戴華，字君實。家貧。父病，力辦藥餌。卒不起，華痛哭垂絕，以有母在，勉自抑以奉母。又十餘年，母病，華晝夜哭，甚哀，聲達於巷。是日，忽無聲，戶不啟，鄰人排闥入視，見其母已死，華伏母旁，面覆著牀，已絕矣。急救，蘇。責以大義，勉進粥水，里中皆稱曰"戴孝子"。嘉興湯《志》。

高林，字宇培。膠州守文登子。諸生。萬曆戊子歲饑，出粟賑濟。時母戴、大母趙相繼沒，朝夕號泣，致病。遇家忌，強起設奠，一慟而絕。以子道素貴，贈工部郎中。

巢祖義，字大初。以諸生橫經授徒，成就者衆。錢閣學士升、徐孝廉郴臣其最著也。家貧，以束脩奉菽水，必誠必敬。幼弟屢傾其業，割產畀之。應貢不仕。生平學以誠意為宗，篤行為務。疾革，索筆大書"孝弟勤儉"四字以垂訓。孫鳴韶、鳴和、鳴盛，一門友愛。廬墓三十年。以上袁《志》。

屠宏允，字琴山。舉人。早孤，事母孝。安貧力學。族有以無妄陷重辟者，力為解，不令知也。丁母艱，哀毀成疾，卒。袁《志》。參《張楊園文集》。

羅斗章，字仲昊。天啟辛酉舉人，歷宰衡陽。早孤，事母孝。母病，刲股療之。與兄共甘苦。兄卒，撫孤如己子。吳《志》。

王永謨，字公榮。父紀善，任三水縣，有循績。家本饒，萬曆末盜寇充斥，利其貲，夜劫之。衆皆避，永謨母鄭年老不能出，盜執鄭，將殺之。永謨從門外哭入，橫臥鄭背，曰："寧殺我，無傷我母也。"鄭遂得脫，盜砍永謨右臂，斷之，數日死。其僕王成亦以救鄭死。邑人哀之，為請旌。又有孫鍾琦，崇禎丁丑乙榜，盜夜劫，亦以衛父傷臂。嘉興何《志》。

包麟趾，字仁甫。泗州刺史世杰子。性孝友。父卒於官，麟趾方弱冠，扶櫬歸，哀毀骨立。入太學，稱能文。工吟咏，與妻沈偕隱。著有《浮峰閣唱和稿》。吳《志》。

姜非熊，字碩年。與兄方泰惇友愛。方泰沒，非熊號泣不已，隨成疾，卒。又，其族有之裔者，母疾割股，以孝聞。有司各旌之。嘉興何《志》。

章吉士，居母喪，蔬食三載。乙酉間，有同里吳姓者，以金杯數件託之。吉士挈妻子避亂，每出，負破絮，一器不少離，後歸。及病革，吳適至。吉士瓥指牀頭絮，不能言。吳啟之，故物也，仍歸吳。乃卒。《張楊園文集》。　案：吉士名可貞，諸生。著《禮記纂註》。

姚某，字光虞，貧而好義。有從母矢節，族黨欲奪而嫁之。爲養於家，三十年不少怠。其族，感而迎歸焉。吳《志》。

江皋，字嘿含。諸生。工詩文。崇禎間，浹歲旱饑，皋糶粟賑濟，鄉里賴之。幼喪父，如成人。母病，籲天請代，遂得愈。丙戌避亂，爲盜所傷。昏暈中，若有神曰："江孝子無恙，天將佑汝。"後得痊。子溥，舉人。袁《志》。參《檇李詩繫》。

徐彬，字忠可。貢生。世淳第三子。世淳殉難，詔立祠。時務倥傯，官未及也。彬推所居，爲父建祠，至今守焉。絕意進取，尚論古今理亂，著《原治編》。兼學醫，著《金匱要略》。事繼母孝，撫兄子如己子。捐祭田，建義塾，鄉黨稱其行。子煜，國學生；煌，上海縣丞，以廉能課最，補新興縣。秀水任《志》。

徐廷臣，天啟五年，母朱病，刲股以進。撫按表其閭。子應佳以母張氏病，亦刲股。兩世俱以刲股療母，有司以"世孝格天"額旌之。伊《志》。

朱賢，字汝賢。父鳳，邵武教授，毀淫祠有聲。賢以貢授太平訓導，歷轉沔陽學正，歸。戶部郎蕭某嘗從賢授經，以讞獄至浙。有大姓坐法，行數百金，乞賢從蕭求末減，力卻之。蕭欲因事以報，終不得間也。子建侯，有孝行。袁《志》。參《嘉禾徵獻錄》。

史宣，字亦元。鼎革後自號籜冠道人。精于玄理。年七十七，忽示微疾，作書與親友別："三日後，當脫去。"至期，沐浴易衣，端坐而逝。

徐宏本，歲潦，家貧，無以供甘旨。宏本貿蔡，妻賣櫛易米，以奉父母。已食糠粃，勿使親知也。同時有沈恩、張漁者，皆以孝稱。以上嘉興何《志》。

王士達，隱于醫，樂善好施，夏施帳，冬施衣，貧而無殮者，施棺槨。又圬者王龍山勇于爲義，里中項氏火，龍山募人遷槻之陷火者。他若倪存德負米賑饑，王文憲、沈最哲推財昆弟，許聯登刲股療親，錢可大完鬻子與棄婚，救遘縲及溺子，莊聖之鬻妻以養親，其孝義皆有足稱者。吳《志》。

徐趾生，字朱草。縣學生。以嗣父石麒恩蔭，改名桂臣。石麒殉節，圍城，冒險求遺骸歸左臂，以求父尸受箭傷，出血過多，觸風輒奇痛。連遭水火獄訟，屢瀕於死。後閉戶讀書，博覽典籍。與同里施博、俞汝言爲道義交。《柚堂文集》。

【校注】

[1] 按：本《志》卷四十五《選舉二·明進士》："隆慶五年辛未　洪甤郎中。"崇禎《嘉興縣志》卷十四《孝友》："洪梁，宋忠宣公裔也……以長子甤貴爲封公。甤始知陳州，迎養宦邸。"故"子燕"是"子甤"之誤。

　　[2] 按：光緒《嘉興縣志》卷二十四《列傳四·孝義》"章傳普"條："母病傷寒，危殆，刲股肉以進，未愈。又割肝和粥進之，乃得痊。"故"皆"字衍。

國　朝

　　陳良德，字爾嘉。順治初，饑民走掠遍野。良德年未冠，負母姚跟蹌奔走，菽水無缺。稍長，棄舉子業，行商數百里。間負米養親。父卒，廬墓三載，歲時祭祀必哭。終身不怠。《浙江通志》。

　　沈士先，早失怙。事母朱盡孝，朱病，刲股煎湯以進，病尋愈。及母卒，居喪哀毀骨立。學使者旌其門。又王燦、戴長淶、姚詢岳，亦以刲股療親疾。袁《志》。參吳《志》。

　　金昭鑑，字子乾。祖九成，父應秋，家饒於貲，明季以里役傾家。入國朝，條議賦役萬餘言，如均田役，清漕政，官收官兌，革廠夫站價諸款，入京求言路代題，經撫按題允，著爲例，東南之民咸賴之。兄殿鼎，亦尚義好施。

　　戴鉉，字文生。諸生。避亂徙新豐里，杜門教授。疊遭祖、父喪。方斂畢，寇至里中，盡竄。鉉獨護柩不去，賊加箠楚，以實情告，卒保無恙。以上嘉興何《志》。

　　黃季瀚，字魯生。廩生。父爲縣吏，以錢糧罣累，司檄嚴提季瀚代解。受責，創極失聲。憲司問之，直言代父，并訴父冤。憲司重其孝，得釋。順治丁酉舉於鄉，令滑縣，有能聲。吳《志》。參嘉興何《志》。

　　黃齊賢，字霄聞。生子名華，登進士。訓以義方。平生研精性道，博通經史。著有《孝史詩臆》《千頃堂稿》。于《志》。

　　沈璜，字若水。諸生。見義必爲。有薛姓者亦諸生，鬻其子以給衣食，璜惻然傷之，即爲贖歸。又諸生陳姓，其父充里書，逋糧數十金，爲運弁所辱，璜捐貲周之，不收其券。戚黃姓雙棺在室，貧無以殯，勉助其葬。葬三日，其家被回祿。鄉里稱之。買婢，諱言其父。越日，其父來，問何業，曰業儒，即歸其女。又葺學宮，施藥石，掩露胔。著有《均田平賦議》。兩赴賓筵，屢舉優行。《浙江通志》。

　　張德型，少孤。克自淬勵，士林語曰，張君學行完瑜澈鏡，竭力奉甘旨。母疾，刲股。母没，廬墓，以哀毀卒。

　　朱昌來，善事父及後母。養生送死，不遺餘力。葬其叔，而讓產於姪。又，朱廷輔、賀聖銘，能周人急，亦以孝義稱，並舉鄉飲。

　　徐朱直，朱氏子。褓襁時，嗣于徐曾。刲股療母病。及母卒，徐之族以直嗣母。側室本無子，溝其穴於墓東，直哀懇不許，忿不欲生，投五龍橋下。舟過挽出，得不死。後始知朱出，尋得本生骸，滴血試之驗，乃哭而掩之。後官副指揮，以才幹著。仍爲徐氏請封焉。著有《青門集》。

　　曹穎濂，字濂生。績學授經，著錄者百人。尤敦孝友，嘗竭束修所入，以贍寡姊，終老愛敬不衰。以上吳《志》。

　　褚廷璘，字遜侯。諸生。好爲地方興利除弊，嘗與金昭鑑、屠延禧力陳官收官兌之法。又因歉歲設廩以救饑者，順治間，學使以德行旌之。子蔚綸，亦舉德行。嘉興何《志》。

　　嚴閭綸，康熙癸卯副榜。六歲喪母，哀泣如成人。事父孝養備至，家貧遠館，間日必趨省，雖風雨不阻。遇饑疫，廣製方藥，并約同志設廩，捨棺掩骼，行數十年如一日。

莊匏，諸生。嘗買陳氏宅，陳乏嗣，其祖先神宇朔望供香火。俟其有主，然後歸之。嘗需買柏木，議價定，已交其半。及往取，乃陳氏祖塋也。急止之，不追其價。以上《浙江通志》。

曹洪然，康熙壬子副榜。歷任教諭。居恒不離父側。侍母疾，衣不解帶。夜輒露禱，淚漬衣襟。及居喪，廬墓側，哀感行道。每逢忌辰，哭泣如嬰兒。嘗曰：「吾沒後，當葬于墓傍，庶魂魄長依二親也。」雍正五年，具題奉旌。《浙江通志》。參吳《志》。

蔣澄，八歲隨父至松陵。遇盜，澄匿柁側。盜擠父將入水，澄躍出大呼，盜驚詫舍去。又有譚有陟，亦隨父自白門歸。父沒舟中，未具斂，至滸墅關，懼詰阻，乃佯病，抱屍寢。及抵家，亦卒。同時馬璲、金班、江日乾、高式玉、吳宏昇，俱以親沒，哀毀致疾卒。

江士琇，母喪，鄰居失火。士琇伏棺，願與俱焚。忽迴風，返火。以上吳《志》。

李應魁，字坤暘。常豐里人。家世業農，應魁讀書明大義，至性孺慕，動合古人。年十八，母徐病劇，不可救，應魁夜則禱天請代，晝則奔走醫藥，不解帶，不櫛沐者旬日。已，潛刲其左股，投湯藥進之，母病遂愈。父母先後卒，居喪哭泣備禮，哀毀骨立。廬於墓，早夜悲號，有芝草生於冢。年九十卒。雍正五年，具題奉旌。包爾庚《李孝子傳》。

吳煥，諸生。五歲喪父，哀毀如成人。事母徐，曲意承順四十餘年。母卒，廬墓三年。雍正五年，具題奉旌。《浙江通志》。

王人吉，字丹崖。諸生。性至孝，父病，籲天請代。事母色養備至，母年八十餘卒。人吉哀毀成疾，杜門十餘年。姊妹早寡，婚嫁其子女。族黨有貧者，時加周恤焉。吳《志》。參伊《志》。

胡鼎錡，字珩玉。事母孝，讓宅從兄，葬族之不能葬者十餘喪。生平重然諾，敦任恤，以田三頃置祭產，充春秋上冢及修墓費，餘以贍族。子泰以例貢任景州知州，歷彰德知府。孫樹薇知任縣，俱有廉聲。吳《志》。參曾曰理《胡氏祭田碑記》。

朱永年、姚元微、馬羲禎、徐之璣、胡守仁，並以讓產稱。倪我端、盛朝宗、陳家慶、沈元瑛、沈璇、沈鳴揚、沈開泰、沈陳、包鍾、沈柴、陸濤、吳光漢，並以尚義稱。屠肅、薛珩、曹繼章、高百撈、徐耿震、張年、卜雲從，或著孝行，或敦古處，皆有足稱者。案：朱永年以下諸人，姓氏俱載吳《志》，今無實事可述。以舊志所有，故並存之。

姚潢，字水心。諸生。父病，醫藥不效，潢禱天割股。母于氏病，復割股。宗黨稱其孝，潢諱而不言。

陸夢蛟，字華雲。有至性，曾刲雙股，愈親疾。每好懲勸，鄉里皆嚴憚之。以上嘉興何《志》。

沈茂功，年十三，嫡母朱病，奉湯藥，衣不解帶，日夜籲天求代，卒不起。伏母屍，一痛而絕，逾時始甦。事繼母徐，又事謝，亦如之。父沒，哀毀幾滅性。既葬，廬墓三年，哀感行路。雍正十年，具題奉旌。伊《志》。

楊汝霑，字瓚文。以貢除臨海訓導，實學課士。康熙戊子、己丑，水旱相仍。檢討朱彝尊為倡，各率私錢為粥，食餓者。汝霑踊躍勸募，與有力焉。子為裘，字治良。庠生，有孝行。著《石齋詩稿》。伊《志》。

吳文煒，字旭超。以諸生貢太學。康熙壬寅旱，文煒首捐賑勸，同志各輸粟，共議賑法，曰：「施粥不若施米。貧民男女各有業，若枵腹奔走，以待一餐，則一日之業廢。今先計其家若干口，需若干米，登籍而給以票。三日一賑，賑之日驗票給米。如是則民不廢業，吏胥不得藉手。」衆然之。文煒寢食賑所，實心任事，全活甚衆。雍正壬子又饑，復行之。當事表其閭。子高增，爲邯鄲令;高埈,爲桃源令,皆以才幹稱。伊《志》。

顧尚文,字逸周。性孝友,多義行,年七十餘,樂善好施,孳孳不倦。康熙六十一年,學使旌其閭曰"風高月旦"。伊《志》。

沈英,字甸偉。襁而失恃,父鴻起辛勤鞠育。甫成童,即訓蒙,以給朝夕。家貧,父子子處,其從祖瑍時周恤之。既長,念授徒不足以供甘毳,遂精六法,方駕古人。康熙乙酉,游京師,以諸生薦,充暢春園畫院供奉。父病卒,訃聞,英悲哀擗踊,病不欲生,星奔南下,以毀卒于山東之聊城,距父沒纔四閱月。以孫叔埏仕,贈吏部稽勳司主事。伊《志》。

劉孝子,失其名,住新塍鎮。少孤,母王撫之成立。家貧,賣粉餌度日。母病,刲股和藥進,病尋愈。及母卒,哭泣宿柩傍,三年如一日。雍正間,邑令董懿詣其廬,送"黃鵠慈烏"額以表之。伊《志》。

吳士基,少喪父,哀毀如成人。家故貧,母沈苦節。士基能竭其力,凡所以孝養者無不至。母卒,居喪、廬墓皆盡禮。弟妹俱幼,友愛備摯。每念父母,哀號欲絕,終身如一日。乾隆元年,具題奉旌。伊《志》。

范進生,字振公。承順親意,處昆弟,篤友愛。尚義好施,首倡賑濟。以博親之歡,事之數十年惟謹,父母年皆八十餘卒,哀毀盡禮。隣有不遜于親者,聞范名皆感悟,恐不齒于孝子也。乾隆二年,具題奉旌。伊《志》。

沈俊傑,字位三。少有至性,每遇父母疾,衣不解帶,籲天請代,病皆愈。及母卒,俊傑一痛幾絕,甦而嘔血吐袖中,不使父知,恐傷父心也。父後卒,俊傑哭愈痛,呼號曰:"二年中父母皆沒,吾何獨生也?"哀毀半載卒。卒之日,重服在身,屬以衰絰殮葬父母塋側。乾隆二年,具題奉旌。伊《志》。

李志鰉,字濟宇。事親孝。兩居喪,哀毀過禮。嘗于客邸遇逋官稅者,哀其急,代之輸。及志鰉沒,其人來哭,語其故,始知之,其陰德類如此。伊《志》。

戴公鎮,字殿邦。年十五父病劇,焚香籲天,刲股和藥以進,病尋愈。父沒,哀毀骨立。中年喪偶,不復娶。伊《志》。

李庭凱,孝事父母,嘗刲股療親疾。其族有李期者,母邱病篤,亦刲股和藥進,得復甦。伊《志》。

王愛,字力行。父病篤,刲左股以進,病遂愈。後精于醫,寓硤石鎮。著有《四氣撮要》。卒,葬紫薇山側,硤人立碣表其墓。《梅里志》。

倪德臣,字振公。有至性。年十三父病篤,呼天露禱,卒不起,痛哭不欲生。母孫患背疽,時方溽暑,腥穢不可近。德臣朝夕以口吮之,病尋愈。母年九十八卒,德臣年亦老。哀毀之誠,初不異喪父時也。乾隆五年,具題奉旌。伊《志》。

周仁,母患疾,嘗兩刲其股以療疾,得瘳。臬司陳道基特旌之,塑像土穀祠,祀焉。《梅里志》。

鍾顯名,號升庵。少喪父,如成人。事母嚴孝,母病,朝血書疏,禱于天。夢神授以方,病尋愈。母後卒,顯名哀毀不欲生,死而甦者再。既葬,廬墓三年,哀號如一日。顯名嘗遭回祿,兒女不一顧,奔赴煙焰中,抱祖先父母栗主出,遍體糜爛,數年始得痊。乾隆十二年,具題奉旌。伊《志》。

朱昌辰,性好義。姑寡而貧,欲度其二女爲尼。爲嫁之。故人子欲爲僧,力爲資助,返其初服。僕諱其姓,後知爲舊族,焚券,善遣之。能詩,有《梅花閣殘稿》。伊《志》。

徐琳,字荆山。居梅里。究心理學,與同志倣唐灝儒、張考夫爲允安會,以葬不能殯者。又舉廣慈會,以施棺槥。伊《志》。

王楚仁,居梅里。舍傍有宋時梅,釀酒具蔬,供客游,取貲以奉母。早年得奇疾,遇異人與藥,貼患處,及去藥,一白色蜈蚣隨之出,病遂愈。人以爲孝感云。繆綬武《雪堂瑣錄》。

王三寶,乞食以養母。母病,三寶輒不食。母死,不復行乞,數月以毀卒。同時,某孝子者,本農家子,母患瘡,臭穢不可近。孝子以舌舐之,數月愈。母没,廬墓四年。二人皆王姓,一嘉興梅里人,一秀水聞川人。伊《志》。

莊嘉,字昇瞻。雍正丙午副榜。己酉以保舉授户部主事,外艱。服除,改補中書舍人,乞養歸。生平尚義好施,乾隆乙亥歲祲,嘉首捐二千金,設法賑濟,並勸好義者各出貲以助,全活甚衆。事聞,奉旨晉級。伊《志》。

俞元龍,字約園。有至性,父喪於風雪中,躬負土成墳。家居南湖濱,讀書不入城市。生平多義行,稱長者。乾隆甲戌,舉鄉飲賓。伊《志》。

吳廷薦,弱冠時嫡母孫遘危疾,百藥勿痊。廷薦念世有刲股以療親者,夜静屏人割一臠,和飲以進,母病果瘥。祝維誥《吳孝子傳》。

李宗仁,字乾三。明驁孫。性至孝,父陳常任揚州鹽政,病亟,宗仁刲左股,和藥以進。母陳病,復刲右股。居喪哀毀欲絶。著有《養恬山房詩文集》。伊《志》。

金陳登,字禾箱。父兆篁,嘗讓產於弟。居喪哀毀,損一目,以孝友稱。陳登積學砥行,雍正癸卯舉人,淡於仕進,性友愛,與弟斯箱同爨,精醫濟世。著《蔗餘集》。子學超,立品敦行,由拔貢任昌化訓導。壬午鄉薦,任麗水教諭。伊《志》。

董廷魁,字殿傳。性好義。乾隆丙子歲饑,出粟數百石,全活無算。郡守李公星曜表其閭曰“春生黍谷”。又,陳瑞龍字祥雲,乙亥、丙子間捐貲助賑,里人德之。知縣張元旌之曰“梓里稱仁”。伊《志》。

金廷炎,字質威。少孤,事母孝。母病,與弟廷琛籲天請代,且刲股以進。廷琛夫婦早世,遺三男二女,廷炎撫之皆成立。伊《志》。

杜嗣宗,字紹先。母患癰,醫勿效。嗣宗禱於城隍,即神前出袖中刀,刲股和藥以進,母病愈。又有鄭天榮者,母病篤,天榮剖胸取血,調藥進,病亦愈。伊《志》。

張昆,祖母患背瘡,昆以舌舐之,日凡數十次,瘡尋愈。父死于吳,瘞叢冢間,棺朽骨露,欲扶櫬歸,不可辨,乃嚙指滴血驗之,得歸葬。伊《志》。

張桓,及弟信皆有至性。母病篤,兄弟同時割股以進,各不相謀也。後爲人所知,因繪《棣萼聯暉卷》歌詠之。伊《志》。

朱天佩,字覬揚。諸生。父目眚,天佩每晨以舌舐之,遂復明。嗣患病,刲肱和藥進,病亦愈。及父母卒,哀毀盡禮。生平敦友愛,無間言。讀書教授,鄉里重之。伊《志》。

盛洪,例貢生。好施予,乾隆乙巳歲祲,與弟潮、源捐粟以賑,每日計口給米,閱兩月。甲寅秋,復與弟設糜以救饑者。巡撫吉慶給“尚義可風”額表之。又有周永春者,丙戌輸粟助賑,郡守以“志存任恤”額表其閭。伊《志》。

車宗祈,字聖昭,性孝友。父病篤,刲股以療。父没,幼弟四人,撫之皆成立。天性之篤,有人所不能及者。伊《志》。

謝觀瀾，幼秉至性。年十二，隨母汲水。母失足落河，觀瀾即躍救，賴隣里赴援，母子得免。父客粵東，病困旅次。觀瀾時年十六，聞信前往。過鄱陽湖，舟覆獲免。隻身抵粵，傭書以供湯藥，逾二年，父病痊，偕歸。止宿玉山縣旅店，隣火，焚及臥房，觀瀾負父出火。又常吮母目疾，復明。卒年六十。嘉慶間旌。于《志》。

李懷英，秉性孝友。四歲失恃，哀毀若成人。父茂松，喪偶不再娶，然性嚴厲。懷英年五十餘，稍不如志，猶被鞭笞。懷英益加歡愉。人問之，英曰：“年過五十，猶有父責，人生樂事，無過於此。”懷英終鮮兄弟，視再從弟乾三友愛無間，教育其子，無異己子。後父故，廬墓數年，有終身之慕焉。卒年六十七。道光五年旌。于《志》。

鮑晉，父文謨，母吳氏。晉生，未晬而孤。母以嫠居，艱苦成疾，晉事之盡孝。乾隆辛巳，隣火燄及母樓，晉上樓負母，由前牖躍下，晉傷足而母無恙。樓後壁燬，反風火息，舉家獲全。母常病劇，諸藥不效。晉曰：“禱于神。”一夕，夢神告曰：“汝母病，惟謝敬乎能療。”次日，即延謝胗視，得漸次就瘳。晉自弱冠侍母疾，無故不去側，蓋數十年如一日云。年八十一卒，道光五年旌。于《志》。

張灝，號逢原。年十一喪父，哀毀如成人。母治家嚴，色養備至。母壽，施材數十具，捐貲鋪路，人稱為壽母街。有嫠婦張趙氏無依，遵母命，養之終身。母故，哀痛幾滅性，力疾營葬。廬墓九月，竟以毀卒。道光八年旌。于《志》。

沈學詩，字志和。廩貢生。母年老，視膳問安，無少忽。疾則奉湯藥靡倦，居喪哀禮兼盡。有弟二人，次早卒。遺孤三齡，拊鞠倍勤。周濟里黨貧無以斂者。嘉慶甲子，浙西潦，里之古南寺分設粥廠，立木柵，分別男女，獨任董率。並出己貲，造浮橋渡人。己卯旱，率同里渡河引水，以廣灌溉。餘若恤嫠助葬諸善舉，無不踊躍從事。于《志》。

沈鼎，父世德，母顧氏，俱登耄耋。鼎承歡終身，靡有遺缺。初，家貧不給，父母憂戚，鼎怡顏解慰，竭力奉養，遇有不足，恒自受餒，父母不知。嘗尋父金陵，途中獨夜落水，旋援浮木得免，人謂孝感之應。道光十一年旌。于《志》。

朱文本，事親盡孝。繼母疾篤，因割股燀湯以進，病遂愈。于《志》。

秦廷桓，字匡周。事繼母以孝聞。母病劇，割股以進。母沒，自痛禱祠不虔，卒得危疾死。于《志》。

岳廷枋，字仲瑜。性情伉爽。好讀史，工韻語，善書畫，精篆刻，知琴理。少有至性，嘗矧左股以療母病，後父病劇，又割右股以進，病即瘳。及父母歿，居喪哀毀，廬墓三年乃止。著有《醉六居詩草》，載入《濮川詩鈔》。于《志》。

周疇錫，字書洪。歲貢生。早孤，事母曲體其意。并事寡嫂如母，撫幼弟成立，友愛無間。冬夏施襦葛，以寒煖相更代，至老無倦意焉。于《志》。

王元皋，事母盡孝。母因汲水墜河，救起，踰時始蘇。隣王姓失火，時病瘧未瘳，聞火力疾而起，從煙燄中負母出。後母雙目瞽，為舐數月，竟復明。于《志》。

沈鳳翬，字梧亭。性仁厚，敦尚孝友。奉母九十外。能先意承志，好善不勌，戚鄰有不克葬者，力為襄助。于《志》。

邱光華，號旦齋。補弟子員。食餼有聲，性純孝。母祝疾，醫藥罔效。時年尚幼，禱於密室,刲股和藥以進,遂愈。卒年四十二。著有《三畝草堂詩鈔》。于《志》。

王宗桓,字思正,號澹庵。新篁里人。乾隆丙午歲祲,倡議分米,偕張芑野製水龍,築丁溪橋闌,人稱便。捐祭田五十畝以贍族。從姪女歸洪佩玉,貧而寡,衣食終其年。精醫學,工書畫。著《肆雅樓詩鈔》,儀徵阮文達採入《兩浙輶軒錄》,葬永十三庄。嘉定錢大昕譔《墓志》,同邑錢楷書《墓志銘》,後嘉定李賡芸題表墓石。于《志》。

王宗槐,字景希。桓弟。兩執親喪,毀幾滅性。乾隆乙卯,檇李南鄉饑,倡議平糶。性恬澹,不慕榮進。好學古大家詩文,富藏碑刻、書畫,嘉定錢宮詹大昕譔《墓誌銘》。于《志》。

蔣翰,字慶昇。事親孝,撫幼弟慈。好施與,遇水旱偏災,輒先出粟米以贍餓者。戚鄰中有貧不克殮葬,不能婚嫁者,一力佽助,不欲人知。于《志》。

周定淮,字桐源。友愛性成,有善舉,率先倡首。如浚市河,修市橋,以及賑饑恤貧,施給帳褥,皆樂爲之。于《志》。

唐元祥,新豐人。生平好施與,嘗倡建瘞骨塔,以收暴露枯骨,捐田畝以爲經費。又倡建衆歡橋,行人德之。于《志》。

周世琳,字客槎。立身醇樸。歲饑,家有餘粟,減值以糶,鄉人賴之。暇時鼓琴自娛,兼工書法。能詩,著有《雲怡集》。妻姜氏亦能詩,著有《隔塵小詠》。于《志》。

沈鋐,號卉堂。鄰族有稱貸者,概不取息。歲祲,倡捐平糶,設單置簿,鳌然有法。其餘周貧恤嫠,諸善舉不可枚數。于《志》。

周以燦,號又新。國學生。積學,精醫。遇貧病者,不取酧。無藥貲,囑向某舖取藥,歲終無歸,輒代爲償。冬無襦者,授之以衣。臥夏簟者,則與之席[1]。親友稱貸無吝意。逋負不還者,約數千金。臨終,囑燬其券。于《志》。

張鎮,字起也。監生。家里仁鄉。幼孤,秉母節孝王氏教,刻苦敦學行。撫兄子三,俱成立。精醫學,不受人酬。自乾隆乙亥至嘉慶戊辰,五遇歉歲,率先餼里人粟。里有太平、南星兩巨橋,易甎爲石,並率先更建。階州邢澍撰《傳》。

徐澍,字瀛洲。國學生。明初虹橋處士十三世孫,家新行里。少孤。好善,嘗焚貸券數紙。減所自奉,贍親族之生不能養、死不能葬者。遇歉歲,賑助尤力。著《谿南老屋詩》。卒年七十有五。于《志》。

何文奎,字秀章。嘉慶十九年災,助賑銀。孫德隆,克承祖志。建石梁張家埭,里人便之。于《志》。

周鳴盛,字桐北。諸生。父槐卿以七月卒,鳴盛號泣達旦者數旬,鄰里感歎。俗以七月晦爲地藏誕,均地燃燭,至是爲之罷。時人方之王脩罷社。平時與馮登府、史大勳、屠雲堯結梅溪四友,立誓書"砥礪學行,月必互課"。所業有曠者,令出陌錢,歸大勳處,歲終計數多寡,爲恤貧費。《梅里志》。參新纂。

史大勳,號竹南。庠生。能以至孝幹蠱。父卒,蔬食三年。侍母扶持抑搔,曲盡微至。没,尤哀毀逾恒。《梅里志》。

王家幹,字東臯。遺腹生。少服賈,年四十餘,復讀書入庠。事母能養志。近支無後者喪葬數十次,均獨任之。助友人棺,陽拒而陰致,不肯道所從來。《梅里志》。

殳鳳儀,字邦清。府庠生。早失怙。母殁,哀毀骨立。繼遭祖父母喪,獨力經營,不責助於兩叔。後一叔客死溫州，即赴海濱，負骨歸葬。年三十二，喪偶不再娶。《梅里志》。

戴光犖，字庚辛。諸生。年十一，刲股療母何氏病。父桐，主講粵東瑞光書院，客死潮州。賣卜遠行，並攜幼子培成偕走八千餘里，覓父櫬歸。錢塘戴文節熙爲繪《負骨歸葬圖》。著有《抱璞齋集》。同治七年旌。《梅里詩輯續補》。

陸焯，字庚明，晚號味菜翁。國子生。力學好善，慨舊家子弟因貧廢學，集募餐資於邑東化成菴設義塾，顏曰潤珍。先是，用里街舊有塾，尋廢弛，復修整之。焯朝課子于家，午至晡課塾，攜徒回，偕子夜讀，立并日課程。塾徒多所成就。子坦中，亦以廩餼名於時。著《蓬華吟》《困學録》。新纂。

張湘，字槐塘。幼時輒喜言善果，長營業充裕，益好施與，給錢濟餒曰扶老，製衣恤寒曰熙春。歲丙寅，江以北淫霖爲患，道殣相望。湘適過東臺、興化，老幼哀乞，遂傾囊錢千緡，徧給之。里中值偏災，亦率先輸粟以賑。嘉慶丙子，得請旌，建坊表。《梅里志》。

譚君芳，字香谷。邑庠生。貞默五世孫，教授鮞口。盡孝友，重然諾。吳縣潘文恭未第時，耳賢名，聘入塾。時以貞默《見聖編》《著作堂遺稿》講授。文恭顯，絕不與通書。乾隆癸丑卒，正文恭廷試之年。逮嘉慶甲子，文恭視學來浙，訪後裔，知無嗣，乃選地葬之。潘世恩撰《傳》。見《譚氏家乘》。

朱天衣，字旹齋。廩生。邑父。行誼端愨，侍父西林，病劇，刲股和藥以進。與人交，無疾言遽色。至干以非義，則凛不可犯。盛暑不祖裼，律己極嚴。《檇李詩繫續》。

陳壽齡，字介眉。業賈，奉事嫡母鄭、生母沈，盡孝。鄭患傷寒，醫藥罔效，爰刲左股煮湯進，患漸瘳。以庶子療嫡母病，人咸以爲難云。《梅里志》。

周鎮山，本姓李，隨母嫁於常豐里周氏。及長，欲尋父骨，於母前立誓，不覓骨回，當投水死。遍訪李氏遺墓，幸土人指點，血滴其骨而還。隣人田玢詩以記其事。《檇李詩繫續》。

徐本豪，字蓼庭。六齡失怙。母病篤，跪竈觚前刲股，惛暈倒於地，爲婢所覺，傾爐灰按之，移時乃甦，遂和劑進。母尋卒。創痕潰爛，輾轉苦由，累月始瘥。友愛兩弟，每食必偕子二東煌、南薰。長幼數十人同居，無間言。立愛敬堂以寓友于之意，亦克承家法云。新纂。

姚丙禧，字篴秋，軀體豐偉，嗜學成癖。家饒貲財，不問生產，手圖書勿輟也。結麗澤文社，名流麕至，輒與抗衡。早廩於庠中，道光己酉科舉人。由員外郎銓發江蘇候補道。培養心田尤仁厚。己酉水災，曾捐緡錢萬串，同城兩邑紳富如郭椿、周文杰、陳錫堠、吳錦章等，相繼各出鉅萬，災氓得沾實惠，皆丙禧首先倡導，食其德焉。新纂。

吳家駒，字能千；家驥，字雲驤，均國學生。幼失怙，事繼母及祖母極孝。道光己酉、咸豐丙辰，旱潦頻仍，籌辦賑飢，率爲鄉里倡。庚申，郡城陷，有避地石佛寺者，特設施粥廠，與同里俞璋勸募，全活無算。璋家有藏書，尤通曉六書，著有《說文辨字》。新纂。

吳培穀，農家子，住鳳喈橋。性退讓，奉父無惰容。嘉慶十年，父歿，哀毀得喀血疾。病篤，顧謂子曰：「吾茲獲侍父於地下，吾志少伸。」言訖而逝。徐錫可《小蓬壺詩集》。

周晉錫，字楚江。邑庠生，住新豐鎮。樂善好施，凡修治橋梁、道路，恒身任其勞。工堅費省，衆取則焉。生平服膺《張楊園文集》，寒暑不釋手。又熟形家言，孶精邵氏《皇極數》，時有超悟。于咸豐時，知亂將作，思擇善地以避，最後得于高家埭，築數椽，攜家徙焉。粵匪至，鎮被蹂躪，而新居無恙。新纂。

張震,字養源,號蘭谷。國學生。有至性,事母蒯氏盡孝。母病篤,默禱於竈神,願以身代。母病尋愈,而震卒。新纂。

高金鑾,國子生。讀書樂善。咸豐辛亥,舉鄉飲介賓。子百齡,縣學生。庚申四月,聞蘇門警報,勸父行。父云:"恪守先祠,效死爲潔。"遣細弱,散僮僕。越宿郡城陷,焚掠及居廬,父子偕死於火。隔河三豐道院羽士親見百齡屍糜爛未盡,爲掩覆殘骸云。新纂。

陳鎬,字配京。少孤,每言及父母,或遇家祭忌日,拜跪必淚被其面,至老猶然。兄弟三人共賈,臨財推贏受絀,終身無怨言。鄉里有陳好人之目。年八十七終。新纂。

【校注】

[1] 按:"卧夏簟者,則與之席",光緒《嘉興縣志·孝義》"周以燦"條作:"冬無襦者,授之衣,夏則與之席。""卧"是"無"之誤。

文　苑

唐

邱丹,官諸暨令,歷員外郎,隱居臨平山。與韋應物、鮑防、吕渭諸牧守往還倡和。錢起、李端亦多贈言。丹有詩十一首,并聯句諸作及江南長安十二月景詞行世。《全唐詩》參《檇李詩繫》。案:《檇李詩繫》:邱丹,嘉興人,郡邑《志》皆失載。考《杭州府志》,貞元時,尚書户部員外郎邱丹退居臨平山墅。唐時,嘉興屬蘇州,臨平爲嘉興南境,故蘇州刺史韋應物《贈丹》詩云:"終當署里門,一表高陽族。"丹答詩云:"還同褚伯玉,入館乔州人"。又崔峒《送丹》詩云:"春水與寒煙,嘉禾路幾千。"據此,則丹之爲嘉興人無疑。今增入。

宋

謝炎,字化南。蘇州嘉興人。爲文慕韓、柳,與盧積齊名,時謂之盧謝。積巽懦,炎勁急,反相友善。端拱初,舉進士。補昭應主簿,徙伊闕。連知華容、公安二縣。卒,年三十四。集二十卷。《宋史》本傳。

吕渭老,字聖求。有文行,以詩名。宣和末爲朝士,歸老於家。所存詞二卷。計詩百三十餘首。同邑有錢諷,字正初,所撰《回谿史韻》,附《韻類事》若干卷。趙《圖記》。參嘉興湯《志》。

康與之,字伯可。建炎中,駕駐維揚,上《中興十策》,聲名大振。時不能用,其後擢爲臺郎。值慈寧歸養,兩宮燕樂,與之專應制爲歌詞,腴艷粉飾,世以柳耆卿比之。著有《樂府》五卷。《鶴林玉露》。參嘉興湯《志》。

聞人滋,字茂德。璪子。喜留客食,然不過蔬豆。郡人求館客者,多就謀之。蓄書,喜借人。自言"作門客牙,充書籍行,開豆腐羹店"。曾爲敕局刪定官。談經義滾滾,邃于小學。陸游《老學庵筆記》。

吕重庚,字申伯。博學能文。端平間登進士第,官至大理正。自號九山。著有《九山集》。至元《志》。

徐聞詩,字子言。資性穎悟,八歲通九經。理宗朝由童科擢紹定第。仕至惠州守。柳《志》。

陳壽,博通經史。紹興乙卯,授慶元路州學政,遷院林。建炎三年,由汴京扈蹕南渡,卜居楓涇。著有《周易附傳》《諸史辨疑》四卷、《居易集》六卷行世。後裔元季避兵安徽,至國初時復遷歸楓涇,即台州知府大溶五世祖。曹相駿《楓溪小志》。參新纂。

<h2 style="text-align:center">元</h2>

孫固,字以貞。性恬淡,好讀書。辟署華亭縣學事。與楊維楨、陶宗儀詩筒往來,酬倡成帙,嘗自題其齋曰"聽雪"。著有《聽雪齋稿》。《兩浙名賢録》。參袁《志》。

陳堯道,字宗遠,自號竹林居士。通五經。元亂不仕,與楊維楨輩相倡和。所著有《竹林集》。子約,字博文;綱,簡文;繹,思文;緝,熙文,皆以家學切磨,善言名理,爲歌詩自相師友,而約尤貫綜百氏。仕明爲大理卿,終山西布政使。有《一默居士集》。趙《圖記》。參袁、吳兩《志》。

衛培,字寧深。涇之曾孫也。涇,自有傳。性端恪,博通經史,明於典故。延祐七年,郡守以培充貢龍虎榜。賦文不起草。雖被黜,識者推之。知州王安貞聘訓導州學,號月山先生。所著文十卷,曰《遏耳集》[1]。《吳中人物志》。參劉《志》。

黃玠,字伯成。與趙孟頫、黃溍善。不喜儲蓄,有,輒貸人。晚值兵亂,益貧困,處之泰然。爲詩沖淡夷曠。後家弁山。著《弁山小隱吟録》《知非舊稿》《唐詩選纂》《韻録》行世。劉《志》。

陸景龍,字德陽。至順己巳舉賢書,官明州學正。著有《湖峰稿》。工於咏物。

龔端禮,字仁夫。祖頤正,宋時宣教郎,充樞密院編修官,嘗著《服圖》,端禮淵源有自。又復精勤參考,越十載而成《五服圖解》。至順年間,以布衣上書闕下,尤爲有心當世之士。參錢曾《讀書敏求記》、阮元《揅經室外集》。

顧深,字淵白一作文琛。元季入京,獻《燕都賦》,不得志,歸。晚年領教岳陽。同時錢大有,字明遠,發憤工詩,楊鐵崖稱其善學。以上《檇李詩繫》。

葉廣居,字居仲。與鄉人張翬、鑪堪爲文字交。仕至浙江儒學提舉[2]。晚年築室西泠橋,陶情詩酒。著有《自得齋集》。鑪堪,工文詞,善古隸。隱居魏塘,以《易》授徒。有《芝林集》。又同時有黃魯德,亦魏塘人,有詩才,邑景多其題咏。吳《志》。參《檇李詩繫》。

聞人樞,字德機。郡之望族也。嘗從鮑仲孚受業。又登江西夏日孜之門,遂通《易》學。至正癸卯中進士,授承事郎,易州同知,未及上官,以疾終。柳《志》。

黃魯德,諸生。有詩名,兼善鍼灸。無子,門人徐中傳其學。邑中古蹟題咏,大半出其手筆。邵復孺有《柬黃魯德秀才》詩,如:"蘭舟夢繞清溪曲,杜若花開白晝遲。"清溪,即指清風涇云。《魏塘詩陳》。

【校注】

[1] 按:崇禎《嘉興縣志》卷十四《詞翰》:"衛培,字寧深……所著文十卷,曰《遏耳集》。"《吳中人物志》卷七《文苑》:"衛培,字寧深。狀元文節公曾孫……所著有《遏耳集》十卷。"故"遏耳集"是《遏耳集》之誤。

[2] 按:光緒《嘉興縣志》卷二十五《列傳五·文苑》"葉廣居"條作"仕至浙江儒學副提舉"。陳基《禮經會元序》:"公裔孫、今江浙儒學副提舉(葉)廣居奉遺稿,獻之江浙行中書右丞、榮陽潘公。公命刻諸梓,且寓書俾余序其篇端。余於文康無能爲役,而於《禮》也則願學焉。既幸其後有人,又嘉潘公之樂善不倦,乃不辭而爲之書。至正二十六年,歲在丙午正月甲辰,後學臨海陳基序。"葉廣居《禮經會元跋》:"先生開府《禮經會元》四卷,凡百篇,錯綜六官,剖括郡務,其於建邦立極,敦禮崇樂之要,靡不該洽……至正二十五年八月吉日,六世孫、將仕郎、江浙等處儒學副提舉葉廣居百拜謹識。"故"浙江儒學提舉"是"江浙等處儒學副提舉"之誤。

明

張翌，一作翼。字翔南。先世建德人，徙嘉興。博極群書，作文敏捷，好爲奇語。至正乙巳薦于鄉，與金綱俱以《龍門賦》中高等。舉甬東書院山長，不就。明初徵入禮局，事竣，賜白金歸。家近陸宣公祠，庭有巨梓，因名所著曰《梓宇集》。《静志居詩話》。參《檇李詩繋》。

陶振，字子昌，自號釣鼇生。學於楊廉夫，治《詩》《書》《春秋三經》。洪武間，薦授吳江訓導。嘗坐佃官房，逮至京。進《紫金山》《金水河》二賦，得釋。改安化教諭。隱于九峰，有《釣鼇海客》《雲間清嘯》二集。《檇李詩繋》。

郭秉心，字公葵。以善詩，見推于徐一夔、唐蕭。永樂間，有姚粵，字文政，亦以詩名。與夏原吉相友善，以明經授武康訓導。有《七香詩稿》。吳《志》。參袁《志》。

王鏞，梅會里人。洪武庚戌舉人，官翰林院編修。弟鈞，字天全。有合刻詩稿，失傳。吳《志》。參《静志居詩話》。

姚繡，字廷章。宣德間布衣，御史綬之父也。擅隱居之樂，能寫山水，宗岳雪樵。工詩，日與陳顥、韓永倡和，優游自得，人以可閒先生稱之。顥，字漢昭，雲間錢博[1]稱其詩閒雅典厚，力追唐人。有《竹鄰子稿》。《檇李詩繋》。

懷悅，字用和。居相湖南，園亭詩酒之會，極一時之盛。輯有《士林詩》十卷。後有沈章，字宗玉。居苧莊，略彴相通，環以水竹，詩頗崛奇。著有《苧村集》。《静志居詩話》。參《檇李詩繋》。

王逵，字公路。永樂甲午舉人。會試不第，卒業太學，謁選得襄陽衛經歷，不就。歸，授徒自給。長于詩賦。著有《南溪吟卷》《管窺集》《雲溪遺稿》。嘉興湯《志》。參《檇李詩繋》。

包甎，字汝和。鼎弟，登成化戊戌進士。授無錫令，與項忠、金禮諸公爲耆英會，彙詩文爲一集。從子懲，字循之。以貢任湖廣訓導，陞山東教諭。人以君子稱之。吳《志》。參嘉興湯《志》。

徐文和，嘉靖丁酉舉人。任揚州通判，罷歸。究心理學，臨終語其子曰：“皇極經世之學不傳矣。”親操算子，與諸子講論，講畢而逝。著有《蜑湖詩稿》。嘉興湯《志》。參《檇李詩繋》。

彭輅，字子殷。幼穎異，才名籍甚。登嘉靖丁未進士，知新淦縣。刑部郎罷歸。時秀水有范言，以文辭與輅相頡頏。言宗韓、歐，有體裁；輅閎肆綺麗，出入《史》《漢》。各負氣，不相下。然輅不宜於人，官亦不顯。著有《比部集》。袁《志》。參《静志居詩話》。

金九成，字伯韶。父應秋，以貢諭六合，清學田，贍貧士，以文行課諸生。九成幼警敏，善屬文，九歲題詩郡齋，爲郡守龔勉所重。年十二補弟子員。萬曆丙子舉于鄉，再上春官不第，歸卧武原望虞山。著《史論》《史辨》各三十卷。又別爲《元史考誤》四十卷。詩格在高季迪、袁景文之間。五言今體，尤爲遒上。子壽明，敦行好施。孫善鎔，以藝事稱。王世貞《金九成傳》。參吳《志》。

馮元鑑，字鑑之。萬曆庚子舉人，授廬州教諭，陞涪州知州。乞歸，結廬雙溪之濱。高雅善文，尤工書法，行草及署扁皆擅絕一時。閉戶讀書，人罕覿其面。同時載灝[2]，字升之。丙午舉人，亦工書法。與元鑑齊名。《檇李詩繋》。參嘉興何《志》。

鄒衡，字汝平。憲廟末諸生。郡守柳琰延諸生曾春、平湖教諭林光修《府志》。既成，衡惜其缺略，復作《嘉興府志補》。《嘉禾徵獻錄》。

陳泰交，字穉孚。性豪舉，慷慨慕義。同里黃宮詹洪憲見而奇之。爲文高古奇崛，膚學讀之不能句。項進士鼎鉉[3]好奇文，與爲莫逆交。早卒，著有《同情先生集》。嘉興湯《志》。

徐弘澤，字春門。居春波里。少曾刲股療親疾，有孝行。家貧，逐什一之利。市聲紛呶，弘澤下簾靜坐，泊如也。工詩類元、白。畫出入子久、叔明、仲圭三家。書法吳興，尤愛張伯雨，時稱“春門三絕”。晚登峩眉，窮巖壑之勝。及歸，詩畫益工，自號竹浪老人。子柏齡，崇禎庚午舉人。任永嘉教諭，爲黃道周所重。後自甌至閩，流離困頓，歸。亦善詩畫。《嘉禾徵獻録》。參李日華《徐隱君傳》。

陳懋仁，字無功。性嗜古，節俠自喜。參軍泉州，不以簿書廢鉛槧，記泉南事多故牒所未備。足跡遍海内，晚歸。著述凡二十餘種。李維禎嘗曰：“予周覽天下五十餘年，僅得檇李陳無功一人。”著有《石經堂集》。子蓋訣，字獻可。篤行，博學精考，天文、地理、象數、聲韻，皆有師法。著有《皇極圖韻》諸書。舊《浙江通志》。參《嘉禾徵獻録》。

屠中孚，字德允。康僖公勳曾孫。攻苦好學，賦性孝友，撫孤姪，恤貧交，慕義好施，知無不爲。邑令湯齊聘修《邑志》，李少卿日華總其成，一切網羅編輯，中孚及陳邦俊爲政。未卒業，卒。子用明，復出所存故實以相佐。著有重暉堂、聯合軒、醉茗齋、鄰虛閣、愚芚館諸集及《嘉興文獻志》等書。嘉興湯《志》。參吳《志》。

聞人懋，字孟晉。攻苦下帷，數奇不售。設帳授生徒，四方從游者衆。其談道，得良知一派于姚江，爲功臣。爲文片紙落案，人争取之。著述甚富。嘉興何《志》。

莊嚴，字銘五，嗜讀書，纂録甚富。以歲貢除山陰訓導，轉靖州學正，士風丕變。卒，祀鄉賢。著有《古今詩選》《山陰倡和集》。子日思，字汝立。貢成均，攻苦績學，遠近問業者多所成就。鄉里稱其孝友。三舉大賓，祀鄉賢。著有《四書尚書説準》《白苧草》。袁《志》。

唐文選，字儒章。績學砥行，言動有法。事父母，多孝行。築室白苧墓傍，讀書教子。著有《飛虹館尚書稿》《叢桂軒》等草。子堯夫、堯岳。堯夫，以歲薦爲臨江訓導。堯岳，博綜群籍，十二補諸生，治詩古文詞，工書法，好施予。著有《剝廬集》《白苧吟》。堯岳子玨，亦有文譽。嘉興湯《志》。參袁《志》。

嚴錫命，字九華。歲貢，任衢州訓導，遷教諭。舉鄉飲賓。窮居講幄，弟子以次受業。著《天然子集》。子觀、勳、臨，並知名。袁《志》。

李貞開，字泰卿。少攻苦嗜學。以貢司訓太平，啟誘後學，津津不倦，兼長詩古文詞。膺薦，擢江西會昌令。年逾七十，罷歸，卒。著有《北征焚餘》《涉江燕游》《姑熟銷夏》《烟雨樓詩賦》七種。嘉興湯《志》。

許應培，字伯厚。少孤，有至性。精心舉子業，淹貫經史，擅古文詞。游臨川湯顯祖之門，湯重之。遣其子來禾就學，名流造請無虛日。同郡黃洪憲、陳懿典並以國士遇之。董其昌、黃汝亨輩尤以翰墨爲莫逆交。歷試南北二雍，兩中副車，齎志没。子鍊，諸生，狷介如其父。袁《志》。

沈嗣選，字仁舉。好學能文，爲諸生，有盛名。需次歲薦，以親老不赴。天性孝友，乙酉奉母避兵葭川，盜知爲老孝子，戒勿犯。生平破產聚書，嘗謂自昭明後，代各有選，而南宋缺焉。乃輯《南宋文選》百卷，未梓。著有《儉娱堂集》《尚書論語傳》等書。明人私謚曰孝貞。仲子椒衍，亦知名。袁《志》。參《檇李詩繫》。

朱治憪，字子暇。天啟辛酉舉人，選授肇慶通判。宣勞戎務，卒于官。其詩磊落嶔崎，不沿時習。《靜志居詩話》。

顧猷,字若昔。隱居教授。工詩,得中唐法。俯視流輩,烏程相欽其名,引爲布衣交。不之許。著有《桃花里集》。袁《志》。

顧玘徵,字文玉。居梅會里。諸生。履操方潔,鄉里畏服之。有《十五國風疏》《讀書臺吟稿》。《禾郡集紀》。參《梅里詩輯》。

錢應金,字而介。縣學生。以詩詞名。城破,走村居,游兵掠郊野,見殺。有《古處堂集》。《靜志居詩話》。

陳恪,字子蕭。善事母,與兄恂齊名。兵後,隱居。著《癭庵詩草》。子與權、萬荃,孫廷光,並有文行。吳《志》。參《靜志居詩話》。

包爾庚,字長明。御史節曾孫。崇禎丁丑進士,知羅定州。後棄官爲僧,終身不入城市。爾庚少有文名,爲制義,精深簡當,字字刻入。一時攻帖括者皆步趨之。著有《直木居詩文集》。《嘉禾徵獻録》。

李肇亨,字會嘉。太僕日華子。留意圖書,討論藏弄。嘗與譚貞默同主鴛社,先後賦詩者三十三人。工詩,善繪事。著有《寫山樓》《率圃》《夢餘》諸草。子新枝、琪枝,皆以詩、繪聞于時。《靜志居詩話》。參《檇李詩繫》。

鍾代英,字幼芝。嘗游九邊諸大帥幕,如李寧武、杜玟武,皆尊爲上客。有《傳舍稿》《質硯草》。其詩致深而思苦,本之工力,澤于性情。《檇李詩繫》。

褚廷琯,字研耘。博涉經史,寓目不忘。崇禎癸酉舉于鄉,甲申後杜門不仕。居角里,築學圃,讀書課子。以善書名于時。生平著述頗多,皆散佚。同時何其仁,善寫蘭,任知州,歸,甘居貧約。禾中以“褚草何蘭”爲二絕。吳《志》。參《檇李詩繫》。

史遇,字于巷。崇禎癸酉舉人,任江山教諭。與諸生屠明簡、布衣李麟友俱以詩名。麟友有《醒齋吟草》。于《志》。

案:吳《志》《文苑》門所載明人,尚有牽連書姓名附見於各《傳》中者,如聞人麟、郁遵、朱克恭、馮伯初、金慎、姚翼、陳延齡、賀麟、薛文炳、沈木、張志遠、徐淮、錢熙、戴長汎、沈章、范風仁、褚連時、蔣人、朱復諸家,並見《明詩綜》。又,朱琳、周德行、沈文輝諸家,並見《檇李詩繫》。考諸人,本無事實可紀,附存於此。

【校注】

[1] 按:是“錢溥”之誤。錢溥,字原溥。華亭人。正統四年進士,官至南京吏部尚書。

[2] 按:本《志》卷四十五《選舉二·明舉人》:“(萬曆三十四年丙午)戴灝。”光緒《嘉興縣志》卷二十五《列傳五·文苑》:“戴灝,字升之。經六世孫。”故“載灝”是“戴灝”之誤。

[3] 按:本《志》卷四十五《選舉二·明進士》:“(萬曆二十九年辛丑)項鼎鉉庶吉士。”崇禎《嘉興縣志》卷十四《儒林》“陳泰交”條作“項進士鼎鉉”。故“項進士鼎鉉”是“項進士鼎鉉”之誤。

國 朝

譚貞默,字梁生。昌言子。崇禎戊辰年進士,授工部主事。假歸,杜門著書。有《見聖編》。其間,集《埽庵詩存》《雕蟲賦》《韻史》諸書。創立鴛社,集里中諸名士相切劘,吾鄉稱文學者,自李太僕日華外,推貞默云。《檇李詩繫》。

黃濤,字觀只。侍讀學士洪憲曾孫。崇禎壬午解元,出陳子龍之門。早歲即知名四方,名士皆願與交。入國朝,爲龍游縣教諭。秩滿,擢滋陽令,未赴,卒。生平著述甚富,長于吟咏。

有《檇李古蹟詩》行世。

王翃，字介人。居梅會里。少棄舉子，工詩古文辭。慨然以起衰爲己任，與里中諸子相倡和，因有梅里派之稱。詩名著吳會間。陳推官子龍謂其有盛唐之風，序其詩詞。著有春槐秋槐堂等集，惜散佚，傳者什一。詩餘三千餘首，諸體畢備，亦多遺缺。翃本狂者，而操行高潔。張冢宰慎言、嚴司李正規先後欲官之，竟不顧。以上嘉興何《志》。

徐善，字敬可。世淳季子。太僕死難，仲子肇梁殉。長子肇森重跰燕楚，白死事狀。叔子彬置祠田，供祭祀。善，最穉。年十一值國變，避兵失恃，奔竄呼蹌。長挾書策游，棄科舉不治，從學施博，精求致知格物之學。晚作《易論》及《徐氏四易》。一《天易》，闡圖書也；二《義易》，敘八卦也；三《商易》，辨十辟也；四《周易》，明四正八交之旨也。又爲《春秋地名考》《家傳蕭谷集》《流寇紀年》《莊子注》《周髀密法》《會通弧矢》《六宗疏容》《圓寶珠網》《璇室洞詮》等書，晚作《泠然子傳》以見志。歿後，門人私諡孝靖。子觀，能詩。從子發，官運判，亦精象數。著《天元歷理》《清類亭稿》。吳《志》。參《檇李詩繫》。補採丁丁復撰《傳》。

蔣薰，字聞大。崇禎丙子舉人。順治初，授縉雲教諭，知伏羌縣。嘗申請革除濫徵夙弊。民有抗不輸者，作詩勸之。被彈，落職。歸，以著述自娛。合少壯所作詩至萬篇，手自刪汰，有《留素堂集》。同時羅開驥，烏程訓導，並善文辭。朱彝尊《蔣君墓志》。參吳《志》。

潘廷璋，字梅巖。庠生。與俞右吉齊名。有《褚山樓稿》行世。鼎革後，棄諸生，隱居教授，不與諸大老通。《檇李續詩繫》、褚鳳翔《禾事雜詠》詩注。

程泰京，字紫綃。博學能文，兼工書畫。壯游京師，歸老清輝堂，自號湖東嬾民。見同上。

袁祙，字丹六。以貢生除青田學博，引疾不赴。刻有《綺里居詩稿》。子揆變，有《凌滄閣集》。見同上。

許宗渾，字岱雲。順治壬辰進士。授松江推官，值漕運官收官兌之初，弁丁勒耗，執法惠民。以詿誤調用，拂衣歸，士民攀留。有薦引者，以七不堪辭之。著有《敬直堂草》。嘉興何《志》。

李鏡，字無塵。少肆力於詩古文詞。晚歲潛心學《易》于列史，多發明。嘗與長洲汪琬論文契合，琬爲序其集。著有《周易參義》《史論》《襲紫樓集》。李良年《行略》。

周筼，初名筠，字青士。素性嚴厲慷慨。有戴丙鬵女巨室，長，將配傔從，亟解囊贖而嫁之。采石估寄千金而溺死，爲具棺，手書招其子，傾笥還之。歲饑，出錢散米食餓者。客京邸時，貴人小妻周買自楚，詭言禾人，認筼爲叔。將出拜，峻辭之。有削三緘贈行者，曰：“挾此可得百金。”却不受。少時喜讀書，自遭兵亂，即棄舉子業，就市廛賣米。有括故家遺書，連船載以鬻者。筼買得一船，積樓下。每日中交易，箕筥斗斛權衡滿肆，撥亂書糠粃中，吟誦不輟。與同里王沄、王復旦、褚標、李麟友、金時敏、蘭谿范路輦相倡和。著有《詞緯》《今詞綜》《析津日記》《投壺譜》《采山堂詩文集》。朱彝尊《周青士傳》。參吳《志》。

周篁，字林於；簎，字弇山，俱筼從弟。林於嗜吟咏，與竹垞、藍村、演溪諸君爲詩侶。李大令集稱其詩和平衍裕，不入俗諦。與簎谷不媿塡篪之和。生平仗氣好奇，每讀《黨錮傳》，輒拍案而起。年八十餘，神明不衰，猶能鐙下作小楷。著有《寒玉樓》《鷗塘》等集。弇山性亦喜歌詩，與林於同其才氣，奔軼或過之。著有《弇山詩鈔》。

沈進，字山子。諸生。工詩，與同里朱彝尊、周筼酬和。人目之曰“朱沈”，又曰“周沈”。以“梅花高館落，春草斷垣生”句得名。一生貧而介讀書自樂。彝尊銘其墓，謂可入作者之林、獨行之傳。嘗游京師,歸,自號知退叟。著有《文言會粹》,《行國錄》,東園、藍村、半巢等稿,《退叟行吟》,《力圃蕭閒詞》,《袁溪文稿》。子翼,字寅中。歲貢生,幼承家學。爲彝尊高弟。隸書得漢人法。性孝,居喪盡哀,甘露降于堊廬者三。朱彝尊《沈山子墓志》。參吳《志》。

李繩遠,字斯年。縣學生。例入國學,考授州同知。本忠孝之族,世重儒林。又早爲昆明、牂牁、百粵之游,六年而返。所爲詩,風騷漢、魏,下逮齊、梁。著有《獺祭錄》《正字通補正》《尋鞌外言》。弟符,字分虎。少穎悟。讀書一過成誦,肆力於古。仗氣好奇,爲萬里之游。詩清空一氣,詞則盡埽科臼,獨露本色。尤工駢體。著《香草居集》。高兆屬《雲閣稿序》。參高層雲《李符墓表》。

李良年,字武曾。九齡能作文,十齡解賦。詩與兄繩遠、弟符稱“三李”。于詩格律甚嚴,嘗抄得詩中禁字一卷授學者。所作奄有唐宋,別出機杼。于詞近姜堯章、吳君特。以博學鴻詞薦,召試,灑灑千言,賦、詩皆極瑰麗。卷被落,同時無不惋惜。既倦游,歸,築秋錦山房,弟子著錄甚衆。有《秋錦山房集》。子潮偕,與朱昆田、史先震、錢是式、徐燿然、張費源、李陳常、李成大爲“漁社八子”。有《觀槿》《伴鶴》等集。朱彝尊《行略》。參《梅會詩選》。

沈騏,字鶴山。有懿行,與程定鼎扶野、尹延英樹百以文相友善。又,陳堯勳明易學,徐之福敏文辭,徐無能、于東暹並長樂府,曹三秀、吳人寶、顧清並能詩,葉紹泰、應元美、沈廷彥、錢浦皆耆儒。吳《志》。

徐無爲,字初鄰。以好客致貧,爲時所稱。查容贈以詩,有“療貧無藥病無資,嚼蠟生涯死不辭”句,蓋實錄也。吳《志》。參《橋李詩繫》。

鄭玥,字隨始。縣學生。少治《春秋》,既而嫉胡安國傳義之非,投牒更治《詩》。間擬樂府,音節出入漢、魏間。一及諸經疑義,講説紛綸,闡前賢所未發,以是問業者衆。遺稿失傳。朱彝尊《壙志》。

徐梗,字庚清[1]。梅里自二王之後,梗稱詩最早,在杜湑、周篔之前。著有《西溪詩草》。杜湑字晼寶,其詩清潔高秀,有王、孟遺音。王翃稱其得風人之旨。有《椏草堂》《廢園》《燕臺》諸集。《靜志居詩話》。參《橋李詩繫》。

繆永謀,字天自。更名泳,字于野。諸生。無意進取,遂棄舉子業。學問該博,象緯、律呂、醫巫諸學,咸究其精。嘗輯《嘉禾文獻錄》,未就。詩尚風格,與雲間相近。有《苧谿集》。弟其器,有《遙山堂集》。子啟武,以明經薦,知汶上縣。有《崖略草堂集》。李繩遠《行略》。參《梅里詩輯》。

曹山秀,字中峽。諸生。能詩,通經史。治舉子業,老而不遇。與里中吳苴、朱彝尊同學,相友善,多酬倡之作。著有《散懷錄》。朱彝尊《曹君墓志》。

高佑釲,字念祖。父承埏,嘗輯《自靖錄》,記死節諸臣。佑釲續成之。博聞強記,尤諳隆、萬以來舊事,著有《懷寓堂詩》,膾炙藝林。弟佑銅,子洪謨,並能文。吳《志》。

盛遠,字鶴江。少穎異,棄諸生,遨游荊楚,三至京師。嘗客芝陽,刺史黃家遴欽其名,與訂交。及家遴移守禾郡,遠未嘗干以私。家遴乃建瓣香閣于南湖濱,爲遠講學之所,弟子從游者衆。遠無後,祀高士之無後者,自林逋以下若而人。與同里屠廷楷、項奎結三友庵。晚築生壙,自題詩,諸名流皆銘其墓。及卒,郡人沈時等請于學使,即祀于瓣香閣。書法董其昌。詩尤膾炙人口。著有《散花錄》《瓣香閣詩集》。吳《志》。參《宜山外紀》。

張劢，字博山。布衣，工詩，善考核。游歷四方，諸巨公皆引重之，其聲價與遠等。有《木威道人集》。吳《志》。

屠廷楫，字爾濟。補諸生，棄去，詩酒自娛。以農桑課諸子。其於行也不疾時，其于詞也必拔俗。與同里盛遠、項奎稱"檇李三高士"。有《鹿干草堂集》十二卷。又，同時蔣岍，字僧果。襟懷曠遠，廷楫贈以詩有"作詩淩陶謝，學道尊張程"句，亦有名于時。《曝書亭集》。參《檇李詩繫》。

郭哀采，字龍威。順治戊子舉于鄉，知宜春縣。熟于史事，好議論古人成敗得失。喜爲詩，詩輒工，雄渾明秀。同里王翃論詩頗嚴，獨於哀采贊歎不置。有《西翠樓集》。

顧仲清，字咸三。諸生。少穎悟，工詩。凡書、畫、篆刻，靡不精究。工畫蜻，題詠至五百餘首，時稱"顧蝴蜻"。著有《讀左》《説莊》《記韻》《急就篇》《悉數録》《名畫姓氏考》《興圖韻編》《扶青閣稿》。以上《梅會詩選》。

戴鍈，字淑章。貢生。工詩古文，檢討朱彝尊深器重之。與昆田多倡和之作，四方名流如毛奇齡、潘未諸人，皆與交。築暖翠浮煙閣，一時文酒之會稱盛焉。著有《六書明辨》《笑嶂詩文集》。

徐懷仁，字元伸。梅里人。與同里王浤字上濤、鄭邁字序周，皆從檢討朱彝尊游。俱能肆力于古。懷仁著有《柘南集》，浤有《岫雲》《藝藿》等集。以上《梅里詩輯》。

朱琪，字珣叔。貢生。授衢州訓導，擢江南通判，知江都縣，以廉能稱。旋罷歸。事母以孝聞。樂善不倦，耽于吟詠。少從檢討朱彝尊游，彝尊稱其人志潔行芳，質美好學，爲作《芷閭記》以表其讀書之室。著有《東谿詩草》。《梅會詩選》。

徐真木，字士白。卓犖負奇，留心博雅，典籍靡不窺覽。詩宗唐音，尤善書法、鐵筆，世推三絕。没後，片紙隻字，人爭寶之。著有《懷古堂集》。李良年《徐士白傳》。　案：真木風雅之士，當日諸名流皆推重之。吳《志》列入《技藝》，則人以技掩矣。

趙香營，字餘村。工詩，老不得志，往往以詩自娛。同時有周福柱，字白門；何元夒，字郅音，皆以詩鳴。與香營相倡和。吳《志》。

陳昂，字書厓。官同知。家梅里，與朱彝尊父子居鄰，並《曝書亭集》有《同登澱山寺謁秦女祠分韻》詩。《笛漁小稿》有題其《納涼圖》詩云："杜甫南鄰也姓朱，柴門月夜每招呼。新來歸作詩人伴，消暑牆頭過酒壺。"其風致可想見矣。伊《志》。

李光暎，字子中。家富藏書，尤嗜金石文字，搜羅不遺餘力。嘗裒集諸家辨論，撰《觀妙齋金石文字略》十六卷。子知敬，能承家學。孫三才，著有《茹古閣詩集》。伊《志》。

郁之潤，字霖汝。康熙乙卯鄉舉，以母老不會試，著《静愓堂集》。又陸廷模，孝友能詩，嘗編《竹林詩社集》。

鄭春，字玉書。七歲能文。著《學庸要旨》《毛詩釋義》，彙《雅游草》《紀游》諸書。又儲福海、屠旭、吳元洲、張宏械，皆以詩知名。張鳳異、孫昭，亦並能文。許雲龍，少能文，棄學武。康熙庚辰武進士，選侍衛。奏對詩詞稱旨。出，歷參將，撫恤兵民，多惠政。以上吳《志》。案：吳《志》武科未載許雲龍姓名，存以俟考。

李琇，字補山。明獒子。歲貢生。授蕭山訓導，陞處州教諭。抱負恢奇，詩多傑構，海寧查侍講昇稱其窮而益工。著有《道南堂詩集》。子宣，庠生。有《燕石草》。從子之械，貢生，有《崖涘集》。《梅會詩選》。

曾安世,字濟蒼。以貢授浦江訓導,手書六則課士。浦少科目,至是多獲雋。地爲朱吕講學處,因集諸賢説爲《浦陽文紀》。生平敦孝友,多義行。爲詩長於古風,朱檢討稱爲禾中作手。著有《西隨集》。子郁,字嗣祖。有《寶松慚稿》。次子郇,字如孟。乙卯拔貢,授湖北應山令。有《秋原集》。伊《志》。

金介復,字晉民。康熙戊子副榜。嘗從朱、李諸前輩游。著述頗富,有《讀鑑》《玉合子》《一簣編》。子祖端,令泰興,有惠政。《梅里詩輯》。

戴錡,字坤釜。國學生。少耽吟咏。朱檢討序其詞,謂"兼南北宋之長"。嘗入都,一時巨公制作,多出其手。晚主麗正書院。著《麗正詩文集》《魚計莊集》二十六卷,詞二卷。《錦繡段》十六卷,《畫史》十卷,《漢穎字原訂譌説》十二卷。兄彦鎔,字貢九。以貢任會稽學博,有《聽鶯樓稿》《燕游草》《越州詩存》。《晦堂詩話》。參毛奇齡《越州詩存序》。

李宗渭,字秦川。康熙癸巳舉人,知永昌府。工詩歌,擬古,務以漢魏六朝爲宗。海寧查編修慎行推爲畏友。著有《瓦缶集》。弟宗潮,字坤四。乾隆丙辰舉人,徵試鴻詞,放歸,授廣西灌陽令。文采風流,並相推重。有《二守齋詩鈔》。《梅里詩輯》。

葛宗信,字行之。工詩,尤長於史。吴給事源起重其學,爭相延致,一時章奏多出其手。著有《安素堂詩鈔》。子洪業,庠生,精楷法。有《無隅館集》。伊《志》。

聞元晟,字茗厓。雍正癸卯舉人。攻苦力學,及門多知名士。乙卯舉鴻詞科,執政欲薦之,方固辭。而閣學吴家騏已特疏薦,終不赴。後銓選縣令,又以衰老辭。著有《竹洲詩鈔》。伊《志》。

李振鷺,字雲客,良年曾孫。志行高潔。工書,似歐陽率更。詩尤和雅。著有《剩舫行稿》。從弟雋有《樸谿剩草》。《梅里詩輯》。

徐廷棟,字枚士。雍正己酉拔貢,考授教習,銓發廣東。歷任縣令,補惠來。所至愛民勸學,治績蔚然。著有《易義微言》《廿一史纂言》《四六精華》諸書。伊《志》。

丁錦,字觀文。孝友力學,嘗纂録《諸經疑義》及《史鑑》,政治得失,丹黄標注,昕夕無間。著有《經義日鈔》《救荒書》《勤有軒文鈔》。伊《志》。

許燦,字衡紫。諸生。少工吟詠,專力于古。自漢魏六代至唐宋諸家,皆能窮源竟委,有《晦堂詩鈔》《梅里詩輯》。同時選梅里詩者有李稻塍,字耕麓。詩極流轉,有《寸碧山堂集》《梅會詩選》。鈕孝思《晦堂詩序》。參《續檇李詩輯》。

王鴻宇,字澄之。篤志好學。詩嗜温、李,上溯騷選。與朱惟鑑、陳其源及從兄湘、族弟澄並以詩名。有《蕉園詩稿》。《檇李詩輯》。

戴源仁,字守純。授徒梅里之北。從弟源潮,授徒里南。及門皆盛。里中語曰"南北學堂,戴氏染坊"。言及門無白丁也。源仁以歲貢任衢州司訓。源潮,廩貢生。伊《志》。

任繩祖,字萬斯。由縣丞陞臨川縣,以清慎稱。歲祲,捐俸倡民輸粟以賑,全活者衆。能詩。尤擅書法,行楷皆入妙,求者屢滿户外。著有《半椽詩草》。伊《志》。

曹培亨,字汝咸。乾隆戊午舉人,績學砥行,聚書於松風草堂,日事鉛槧,以著述自娱。工詩,精篆隸。有《松風堂集》。伊《志》。

楊文淳,字一齋。諸生。善吟咏及隸書。往來南北所至,皆推重之。築室曰鶴巢。著有《涵山堂集》。二女素中、素書,並工詩。有《煮石軒》《茗香樓詠物詩》等集。伊《志》。

王燮，字禮齋。縣學生。攻詩古文詞，雅慕東坡，摹《著屐圖》寄意。弟焞，字少愷。乾隆丁酉舉人，鎮海教諭。兄弟並有聲。燮有《香林詩文稿》。焞有《兩部皷吹》《玆器維則》《白華堂集》。

楊謙，字子讓。廩生，好讀陸清獻、張楊園之書。居梅會里。嘗注《曝書亭集》，刊既成，謂門弟子曰："昔放翁謂'作詩難，注詩尤難'。吾注朱檢討詩，正多遺缺。汝曹有志，宜搜補之。"

吳文溥，號澹川。歲貢生。性孝友。詩格高澹，有淵明、右丞風。足跡半天下，名公卿咸折節下交。晚客今中丞儀真阮公幕，極推重之。著有《南野堂詩集》《筆記》行世。伊《志》。

錢人杰，號薐庵。嘉慶乙丑進士，由翰林改知山東海陽縣。不二年，艱歸，不復出。家平湖，招友賦詩，徜徉山水，自號東湖釣漁師。博覽群籍，工漢隸。著有《六朝金粉編》《華陔吟館詩文集》。新纂。

李岱，字迂仙。諸生。詩學放翁，善言愁苦，尤工五言。如"老豈能忘酒，貧無可賣書"，真貧士詩也。間工畫，亦淡遠，在倪、黃之間。著有《遺安堂詩草》。時工詩者，周璐，字俶載，有《澄江》《雲間》等集。李炎，字名揚。有《耕雨草》。周秋光，字擷華。有《莘野賸草》。屠雲嶤，字望之。有《薇古吟草》。于《志》。

郭麐徵，字景升。有《西萃草堂詩稿》。周昶，字永日。有聽雨山房、漁莊等草。郭維城，號雲田。有《雲田詩存》。郭維垣，號耕隱。有《耕隱草》。郭鵬，字宏中。有《杏園詩稿》。郭鶴，字一鳴。有《弟錄集》。均處士嘯歌自適，不染塵氛。于《志》。

李佳生，字天穀。歲貢生。補新昌訓導。少有神童之目，與郭龍威齊名，人稱"李郭"。又，寧海訓導徐掄元，歲貢。沈翼，太學生。周旼，布衣。涂允陵、徐焞、徐寅，俱能詩。惜稿佚不傳，人皆惜之。于《志》。

王俠，字天友，永康訓導。著有《晚香亭稿》。同里諸生屠焯，字昭仲，有《漁莊集》。顧仲清，字咸三，有《扶青閣詩草》。史宣縉，字王言，有《苕游草》。史翼經，號頤菴，有《吹箎集》。史克泰，字左銘，有《飲綠齋遺稿》。史先震，字卯君，有《萍園詩草》。于《志》。

錢淇，字欣玆，增生。著有《容膝居詩鈔》。子械，號雲壽，嘉慶戊午舉人，武義縣教諭。一生孝友慈仁。著有《詩集》二卷，《謙福堂雜著》四卷。于《志》。

岳鏞，字東宣，庠生。方嚴自矢，動必以禮。遇有爭必爲排解，以故里中鮮訟者。著有《菊譜》四卷，《省齋詩文集》八卷。伊《志》。

朱振祖，字繩武。上舍昆田孫，桐孫子。善書法，小楷尤精。詩畫皆得其家學。著有《醽舫吟草》。同時以詩稱者，太學生鄭聯，字鶴樓，有《竹磵詩草》。李宗淮，字桐源，有《小崆峒詩稿》。許煥，字牧堂，有《牧堂集》。于《志》。

沈允坤，號竹村。澹於榮進。惟以事親承志爲樂。著有《隱嘯閣詩文集》八卷。于《志》。

汪鉉，號慕園。廩膳生。侍御孫，性端重。通經藝。書法學晉唐，手鈔《三通》《十國春秋》，不苟一字，家藏古帖，皆希世珍。于《志》。

蔣浩，字充之。庠生。性恬淡。詩宗唐賢，樂府尤駁駁入古。撰《思無邪齋詩鈔》。畫工山水、人物，尤擅松石巨障。前太守伊修志，以繪圖著。于《志》。

曹言純，字絲贊，號古香。貢生。刻苦勵學，十七史暨各種叢書、名人詩文集，摘擷菁英，屬飫之。家故貧，妻女籌燈夜紡，手一編，分光硯北，掌錄口哦，無虛夕。勤鈔纂，有刪節《水經注》

本,前後貫串,最有法。工詩畫,善倚聲。倣江文通雜體,詠唐宋各大家,品藻藝林,胸有積軸。著《徵賢堂詩》《種水詞》。吳仰賢《小匏菴詩話》。

沈潛,邑庠生。邃《易》理,宗宋儒,自程朱外,昕夕耽玩者邵子書也。爰推闡義例,旁通象數。著《周易思通圖説》。于《志》。

馮高樁,號春木。幼穎悟,稱神童。十二齡游庠,書法秀挺。嘉慶癸酉,以拔萃,廷試先得一等,覆試,報罷。歸,尋悒鬱卒。新纂。

張昌衢,字步康。嘉慶丙子舉人。勵行媚學,至性肫摯,長於考證。著有《禮記地理考》《經義巵聞》。又擅填詞,李生德郊曾刊其《春陰閣體物詞》一卷。同時諸生周槐卿、朱賢,太學生金稼田,亦俱以詩詞著名。

李貽德,字天彝。我郊曾孫。戊寅舉於鄉,入京邸,與桐鄉程同文善。習聞天下山川,阨塞形勝,以逮治河興屯諸利弊,羅列若指掌。陽湖孫星衍纂《十三經佚註》,貽德實分任之。著述甚富。有《三家詩異文釋》《詩經名物考》《十七史考異》《夢春廬詞》《攬春閣集》。《續梅里詩輯》。

馮時桂,字林友。性嗜學,才藻自喜,兼工篆刻。遊歷西江、南粵,間與名公卿相倡和。著有《歷朝閨媛詩選》,未刊行。晚寓吳江之平望,詩有《粵游》《簇錦》等集。于《志》。

薛廷文,字魯哉。年三十五始學爲詩。一以唐人爲宗,寓吳興徑山最久。善繪荷,以畫自給。著有《聽雪齋詩鈔》。于《志》。

鍾鼎,號月橋。少好遊,久客廣陵。晚結詩社於里中,有《月橋吟稿》。金蓀,字蘭友,有《香谷詩鈔》。徐蓮,字潔芳。有《一枝巢詩鈔》。于《志》。

褚鳳翔,號大愚。諸生。耽吟詠,隨帶古錦囊,盛楮墨。乾隆初,與里中汪弋高、張瓜田、篁園諸名宿作者老會。蔣布衣儀正爲繪圖,自爲記。著有《大愚詩稿》。《檇李詩繫續》。

陳向中,字書綠。副貢生。父廷煒,字昭遠,以進士知建平縣,有《二觀齋詩稿》,風雅傳家。向中,著《桐乳巢詩》十卷。桐鄉朱沛然結偶圃於鴛湖之濱,文讌極盛,與祝維誥、王又曾、錢載及偶圃五人倡和,世稱“南郭五子”。同上。

江浩然,字孟亭。庠生。有《北田詩臆》,如詠宋徽宗《白鷹圖》云:“毛羽何須誇白雪,官家曾爲着青衣。”寓意深刻。少喜竹垞詩,記覽日博,註《曝書亭集》稱該洽。又著《韻府群玉補》《杜詩注補》《鴛湖櫂歌箋註》《江湖客詞》。同上。

陳廷埰,字石泉。錢文端母舅,不事舉子業。著《執柯録》,爲牧民者良箴。詩名《思儼齋》,多考證故實。《瓶山》詩注曰:“宋韓世忠歸隱西湖,三軍撫甌懷德,壘而成山,有岷山墮淚思焉。今指爲秀州稅廢酒殘甌,缺亦習焉,不察爾。”《鬱秀》詩注曰:“元時有金氏女鬱秀者,及笄死,葬湖濱,親哀之,建浮屠於其上。俗傳夷光入吳,刺繡於此,謬矣。”同上。

盛宗楷,字紹堂。布衣。高士遠曾姪孫。著《鍾溪竹枝詞》。自序云:“乾隆戊子春,下帷糜氏垂露齋,續大父畔山《鍾溪竹枝詞》,備記古蹟、人物、風土,旁稽野史、碑碣,兼及故老傳聞,取確而有徵焉。”《詠宜山翁》詩云:“絳帷講學菴三里,爭誦旗亭百詠詩。”蓋遠設席里中三里菴,著有《旗亭百咏》。同上。

朱廣川,原名淞,字松溪。乾隆己酉舉人,大挑知縣,署福建甌寧縣、邵武府同知,有循聲。親老,改就儒官,秉鐸菰城、姚江,培養人才,訓弟子立條,諭其治經也,寢饋其中。行年八十,猶丹黄校勘,至三四易藁。著有《周易繹義》《毛詩廣訓》《春秋三傳異同考》《孫吳子輯註》《樂章律呂編》《禹貢輿圖志》《政和堂詩文集》。子嘉金,恩貢生。著有《韻學闡奧》《臞仙吟館詩詞稿》。朱緒曾撰《文集序》。

丁子復,號小鶴。貢生。古文得歸震川家法,兼工詩,平居肆力於古學,有本源。跋《徐氏二十四家文鈔》,持論精當。海昌查氏重脩新、舊《唐書》時,沈氏炳震原撰《安禄山傳》已佚,撫仿補之,兼任校勘,尤多駁正。著有《見堂文鈔》《詩鈔》。《沈愛蓮詩話》。

徐同柏,原名大椿,字壽臧。歲貢生。澍子,世居履仁鄉。性純孝,居父澍喪,哀毀幾滅性。舅氏張廷濟指授六書,通篆籀,始輯履仁鄉金石文字,記古器物銘。與海鹽張開福契交,游屐所至,凡殘碑零碣,下至井欄、橋柱、瓦當、墼磚、摩抄考證。有《從古堂款識釋文》。晚輯《竹里詩存》。新纂。

劉與權,字壽廬。邑庠生。介節自持,閉户課徒,不干預塵俗。工大小篆。畫梅花,宗金冬心。同時孫慶治,號嘯秋,歲貢生,亦善書。新纂。

徐錫可,字可叔。歲貢生。先所居邑東郊,曰碧螺灣,有讀書終焉之志。已,卜宅城居,寫景八詠,内譚墳、寒雪、項瀼、晴漪,雖閭閻,有山林氣。精篆刻,分書瘦硬通神。平生枕經葄史,學有本源,所爲詩皆古健,無時態。最受知于郡守瑞元。魏塘黄山長安濤引爲忘年交,唱和講舍間。詩分《小蓬壺》《小青籐館》《得酒趣齋》三集,雜著一卷,未梓。殁後,以其壻吳中丞昌壽貴,貤贈二品秩。新纂。

褚全德,字集齋。補弟子員,入上舍。祖大愚,父稜峰,均善吟詠。全德韻語承家學,呱角即成《群玉小草》。飢驅游楚,有《驛路行吟》《信芳草》。錢塘張孝廉雲璈雄於詩,同人酬倡簡松草堂,少許可適,偕客三湘七澤間。以篇什爲羔雁,稱莫逆。中年歸,閉門授徒,著《耕硯餘事》,教法嚴重,謂坐作應對,進退須從《小學》入門。弟子稍失儀,夏楚毋稍恕。師嚴道尊,咸推角里褚先生[2]焉。徐錫可撰《褚上舍詩集序》。

王逢辰,字芑亭。貢生。宗桓孫。居竹里。父福田,字心耕。嗜金石,與張廷濟最契。逢辰承家學,以徵文考獻爲事。前哲高承埏刻《自靖録》,因禁嚴板燬,同里沈銘彝覓得稿於福郵橋趙氏,逢辰集貲續刊之。發微闡幽,有裨名教。著有《檇李譜》《槐花吟館詩》。《自靖録考略》。

王鏽,字鹿場。貢生。工唫詠。與蔣浩、邱光華倡和春波里。所梓詩名《小鹿柴詩》。新纂。

曹秉鈞,字仲謀,號種梅,又號水雲。明經,司鐸山陰。工書畫,尤擅長韻語。著《水雲老人詩鈔》。《兩浙名畫記》。

張慶燾,字裕之。諸生。居張山之麓,因號張山樵夫。童時即耽書,凡九流百家,靡不心游目覽。工詩古文,爲人倜儻有奇氣。善水墨花卉,兼通六書,專參《文氏一燈》,雅尚秀勁。少游方樸山、諸草廬門,爲文孤高峻拔。著《苔雲詩鈔》《北征》《楚游草》,暨《玉楮文集》《群仙繪幅樓詩餘》《拙餘印譜》行世。《飛鴻堂印人傳》。

陸開誠,字漱石。諸生。喜吟詠,授徒翩口。晚境益窘,居東郭外荷花池。祖遺僅存閬閱,宿廳旁壁穿椽掛。雖風雪夜,覓句恬如也。爲車廣文荔浦入室詩弟子。吟情軒舉,綺語中有極清真處。仁和宋咸熙摘録警聯入詩話,謂"風調不減杜樊川"。著有《花南老屋詩鈔》。《耐冷談》。

江械,原名承柏。諸生。書法董華亭。兼擅水墨畫,蕭疏淡遠。豪於酒,興酣落筆,行草靈動,純是化機。庚申被賊擄,不爲屈,死之。同時有郭承勳者,布衣,工書,亦歿於難。新纂。

張以煊,字吉盦。畫名重於時。性嗜酒,列丹青於杯箸間,灑落自喜。庚申避亂梅里,無立錐地。猶提壺解憂醉,輒自恨曰:"設早習兵家言,誓隨里團殺賊,奈毛錐子安用何?"七月,賊犯里,兀坐斗室中,握卷持盃,佯爲不見賊也者。然賊知爲讀書士也,拉與行。始怒,擲以硯。賊揮刀砍之,傷痕遍體,越日潰。死事聞,賜恤。《梅里殉難錄》。

秦光第,原名廷樞,自山陽移籍來。登咸豐紀元榜,以勞績得同知,未謁選,歿。書法米、蘇,參以飛白。尤善倚聲。王壯愍守吳興時,愛其才,磨盾草檄,下筆千言。著有《行軍法戒錄》,寶山蔣敦復序之。新纂。

平鏗,字慶橋。廩監生。姿稟高超,文宗先正,授徒終其身。而崖岸自立,不隨流俗。庚申殉難,名載《忠義錄》。新纂。

朱大紳,字幼泉。廩膳生。素無恒產,藉筆耕養親,晨餐夕膳,家庭怡如也。文尚性靈,詞賦尤嚴格律。南海羅文俊視浙學,稱巨眼。每按郡,甄高才生肄業詁經精舍,大紳與焉。選刻詠漢史律詩,允推傑作。舉優行,以觳不赴試。中年遽卒。新纂。

徐錦,字蘭史。咸豐戊午解元。才華焕發,駢散文學徐青藤、王仲瞿一派。杜門讀書,世事不顧也,生計勿問也。平時弱不勝衣,劫後風餐露宿,以憂鬱卒。著有《靈素堂駢文》《詩詞稿》。新纂。

【校注】

　　[1] 按:光緒《嘉興縣志》卷二十五《列傳五·文苑》:"徐梗,字庾清。"光緒《梅里志》卷十《文苑》:"徐梗,字庾清。"故"徐梗"是"徐梗"之誤。下文"梗"亦是"梗"之誤。"庚清"是"庾清"之誤。

　　[2] 按:光緒《嘉興縣志》卷二十五《列傳五·文苑》"褚全德"條作"角里褚先生",當作"甪里"。

隱　逸

晉

韓績,字興齊。其先廣陵人,避亂居嘉興。父建,仕吳爲大鴻臚。績少好文學,以潛退爲操,布衣蔬食,不交當世士。司徒王導辟爲掾,不就。會稽内史孔愉疏薦,詔徵之,不起。

宋

謝國光,字觀夫。咸淳間,對策春官,言時事劌切。主司畏賈似道,不使登第。補太學生。入元不仕。御史程鉅夫奉詔搜賢,或薦國光,輒杜門稱疾,以經史自娛。及卒,遺命題其墓曰安節謝國光之墓。以上趙《圖記》。

張葆光,市居讀《易》,一目睛突出,乃用蕉葉熨眼,且熨且讀,遂超然有得。往見黃冕仲,冕仲曰:"如師卦六爻,長子師師,弟子興師,在師中。吉易之理,極分曉易讀。"葆光曰:"作如此説,宜其易也。"請布算於前,敷衍其義。冕仲許之。乃削簡盈箱,布算縱橫,所謂八陣圖、五花陣諸法,無一不出六爻之數,冕仲駭服。葆光隱居樂道,不求聞達,世但以葆光稱之。

顧謙，字自修。舉明經，三禮二科，拜宗城令，尋棄官歸隱。名流高其才，咸就見焉。

元

姚清，讀書通達時務。爲郡書佐，廉平慎飭，儕伍憚之。以不能矯阿取容，攜妻子處濮溪，耕田釣水，爲終焉計。暇與田夫野老倡酬，嬉遊以自適。著有《樂章》一卷行世。以上嘉興湯《志》。

顧實，字仲二。家楓涇。性樸厚，美丰鬢。當元中葉，郡縣迫之仕，自跛其足以辭。生一子，命名希逸，克承先志，自號真隱。曹相駿《楓溪小志》。

項宏度，號胥山居士。以貲甲里中，志行高潔。宋末隱居不仕，督教子孫，讀書好禮，作家規二十條。元元貞間卒。袁《志》。參嘉興湯《志》。

吳鎮，字仲圭。性高介，隱居不仕。工辭翰，善畫山水、竹石。每題詩其上，時號三絕。有勢力者求之多不得，惟贈貧士，使取值焉。作字用畫筆，如寫竹狀，饒有天趣。以愛梅，自稱梅花道人。没時，自題其墓曰“梅花和尚之塔”。兄瑱，字元璋。常從毘陵柳天驥講天人性命之學。以易數推人休咎，多警世，有嚴君平之風。吳《志》。參《兩浙名賢録》《檇李詩繫》。

錢應庚，字南金。孝廉。元末避亂，徙茜涇。邵復孺贈詩云：“美人只在含雲[1]外，破屋依然谷水西。”具見高致。曹相駿《楓溪小志》。

【校注】
[1] 按：《檇李詩繫》卷二“錢應庚”條：“應庚字南金，郡、邑志皆失載。”邵復孺《蛾術集》中有《襄南金往海鹽省母》詩，有《答南金知近寓秀水僧寺》詩，有《寄錢南金孝廉》詩，云：“美人只在寒雲外，破屋依然谷水西。”據文意當作“寒雲”。

明

沈啟隆，字昌甫。其父居吳興，元季棄妻子，游五湖。啟隆徙嘉興郡城之東，水南有園，自號南園居士。後徙思賢鄉，豁達好施。叔子禮仍處舊廬，構草亭，夏太常㫤圖其勝，并顏“東郭草堂”四字[1]，鐫石以傳。劉《志》。

吳萬六，思賢鄉人。義不仕元，隱居博學，以名德重于時。孫秉新，洪武初以人才徵，卒于京。玄孫宗生，宣、正間有隱德，陶副憲照銘其墓。嘉興湯《志》。

范昌，字延碩。建文初，由太學生考授文華殿中書，進《元宵賦》，稱旨，御書“聖主得賢臣”頌以賜之。告病歸里。靖難兵起，遂絶意仕進。同里吏部侍郎俞山書“忠隱”二字貽之，里中稱爲“忠隱先生”。著有古檜堂諸集行世。嘉興何《志》。

包馮，隱居不仕。父鼎爲池州知府，欲棄官歸，意未決。馮奉書，無他言，惟左太冲《招隱詩》而已。鼎遂歸。袁《志》。

屠孟玄，字伯玉。父應埈，自有《傳》。孟玄勵志讀書，旋棄去。角巾短節，日徜徉山水間，出入乘小舟，一編自適。公府慕其高誼，有欲見者，輒謝之。

李衷玄，字澹然。少好學，不樂仕進，高隱梅溪，以吟咏自適。游戲蘭竹，落楮人爭購之。友人以功名勸者，笑而不答。著有《蘆中吟草》。以上嘉興湯《志》。

李含章，字貞齋。以貢除雲夢教諭，遷淮藩司教，一日讀《五柳先生傳》，遂拂衣歸。卜居胥山,築春風草堂,隱居以終。捐田爲漏澤園,里人誦之。袁《志》。

戴晉,字康侯。居牆頭村。幼孤,慕陸羽爲人,終身不娶。從其叔灝至同里項氏,窺天籟閣所藏名蹟,遂工畫。後寓精嚴寺,與方外秋潭、高士殷方叔、高元雅輩交。常游金、焦、北固,閒所至,必圖其景以贈人。曾居郡城之東,構別業,築土爲丘,植松其上,曰松山。又喜鶴洲樹石,置小屋於湖濱,名蝶華居。没,遂葬其間。一生高潔,不蓄童僕。有聞名訪之者,輒閉户不納。吳《志》。參《嘉禾徵獻録》。

盛龍升,字德潛。事母以孝。聞曾爲郡吏,棄去。精賞鑑。著《存古録劄記》,凡彝鼎奇物、書繪真蹟,如周公謹《雲煙過眼録》之例。多與賢士大夫游。同邑太僕李日華爲作《盛草汀小傳》。晚築室于城中,編籬,植杞菊,更號杞菊老人。《嘉禾徵獻録》。參《紫桃軒又綴》。 案:省《志》採《紫桃軒又綴》,作盛德潛。

屠爔,字闇伯。縣學生。少孤,善事母。中歲棄舉子業,隱居教授。尤邃經學,詩亦雅正,不以風華見長。弟子從游者衆。修脯之入,輒以賑宗郦。家貧屢空,晏如也。著有《大經堂集》。從弟焯,字昭仲。諸生。以能詩通經,著有《周易大義》《輿地考》。子遽,有《誠齋詩存》。袁《志》。參王庭《屠闇伯行略》。

汪挺,字無上,一字爾陶。崇禎癸未進士,未授官而國亡。南都稱制,授工部主事。挺知事不可支,遂棄去。隱居城東,不復出。書法規摹兩晉,名流爭賞,晚歲以此自給。杜門四十年。《静志居詩話》。參《嘉禾徵獻録》。

吳志開,字丹成。諸生。甲申後入閩,流離困頓,數年始歸。儼塵而居,屏跡教授。故都御史郭都賢雅重之,每過從話舊。年八十,寄居蕭寺。歲饑,不得食,僵卧卒。《嘉禾徵獻録》。

徐白,字介白。徙居吳江,以諸生久次當貢,甲申後棄去。隱靈巖山之下沙,有園數畝,手一鎌,種蔬果以給。間作畫,亦遠俗。詩幽冷刻深,不肯襲前人一字。曾以《太湖落日賦》見賞于陳卧子。不出山者三十餘年。有《竹嘯庵詩鈔》。《嘉禾徵獻録》。參《静志居詩話》。

巢鳴盛,字端明。年二十始就塾,不歲餘,盡通其義。崇禎丙子舉于鄉。乙酉渡錢塘江,寓蕭寺以觀時事。見江東守拒失律,遂歸。即墓側構數椽,絶迹城市,隣里罕見其面。築閣可望先塋,栽橘百本,遶屋種苞,制苞尊。作五言律以自喻。妻錢氏,篝燈紡績,泊如也。持論勉忠孝,敦廉恥,仿司馬、程朱爲《家訓》。著有《永思堂集》。《静志居詩話》。參《嘉禾徵獻録》。

案:吳《志》巢鳴盛列《人物》,舊志皆入《隱逸》,今仍其舊《傳》中附載。沈麗日襄曰:"兄弟皆鳴盛弟子。"又,孫鍾瑞,少志于學,長敦六行,著《易學心符》《可人集》諸書,詳見秀水。

丁元公,字原躬。性孤潔,與俗多齟齬。畫兼山水、人物,老而秀,工而不纖。能書。精繆篆。詩有奇氣,不屑作庸熟語。後髡髮爲僧,號願庵,其胸中有不可一世者。《静志居詩話》。參《畫徵録》。案嘉興何《志》作詩僧净泗,即原躬也。

繆詩伋,字孟思。時當多故,屏跡不入城市。勤學,工詩。著有《學圃吟稿》。同時,褚醇,字瀏爲。縣學生。亦隱居不仕,其詩沈鬱頓挫,言不足而意甚長。《梅里詩輯》。

【校注】
　　[1] 按:萬曆《嘉興府志》卷二十二《隱逸》"沈啟隆"條作"並顏'東郭草亭'四字"。卷二十六收王世貞《南陔草堂記》:"叔子静庵公世濟其美,吟嘯泉石,諸名公從之遊,晚得夏太常昶圖其亭勝,並顏'東郭草亭'四字,鐫石以傳。"聯繫上文"構草亭"句,"草堂"當是"草亭"之誤。

藝　術

五　代

陸晃，嘉禾人。性疏逸，好交尚氣，沈湎於酒。善畫道像、神仙、村野人物，遇筆揮灑，出於臨時，略不預構。南唐李璟聞晃名，欲召之。侍者謂晃好縱酒歌舞，無人臣禮。璟由是疏遠之。《五代名畫補遺》。參《書畫譜》。

宋

唐希雅，妙於畫竹，作翎毛亦工。始學李後主金錯刀書，有一筆三過之法。雖若甚瘦，而風神有餘。晚年變而爲畫，故顫掣三過處書法存焉。《宣和畫譜》。

沈珪，嘉禾人。初因販繒往來黃山，有教之爲墨者，以意用膠，一出便有聲稱。後又用對膠法，墨成，堅如玉石。墨工名手自潘谷、陳贍、張谷之後，珪與金華潘衡製作精緻，不媿古人。珪爲人有信義，何薳避地嘉禾，與珪連牆而居，觀其手製，薳自謂已得大概，至微妙處，雖其子晏亦不能傳也。珪年七十餘終。晏先珪卒，其法遂絕。《春渚紀聞》。參《墨莊漫録》。

李甲字景元，工畫，作翎毛生動有奇趣。東坡嘗題其畫曰："郭恕先後一人。"劉《志》。

林鏞，字叔大。正書宗虞永興而近之。嘉興湯《志》。

元

張成、楊茂，嘉興府西塘楊匯人。剔紅最得名，其鎗金鎗銀之法，凡器用什物，先用墨漆爲地，以針刻畫，或山水樹石，花竹翎毛，亭臺屋宇，人物故事，一一完整，然後用新羅漆。若鎗金，則調雄黃；鎗銀，則調鉛粉，日曬後，角挑挑嵌所刻縫罅，以金薄或銀薄，依銀匠所用紙糊籠罩，置金銀薄在內，遂旋細切取，鋪已施漆上，新緜揩拭牢實。但著漆者自然黏住，其餘金銀都在緜上，於熨斗中燒灰，鍋內鎔鍛，渾不走矣。《尊生八箋》。參《輟耕録》。

東谷子，居春波門。用五星躔度遲留伏逆法，推人生年月日時，貴賤禍福，毫釐縷析，無有不驗。徐一夔《推命解》。

嚴子成，字伯玉。其先汴人，宋咸淳間始祖名秋蟾者來秀州，賣藥於竹林巷，遂家焉。元大德間，京師開御藥局，徵子成，不就。時趙文敏遘疾，醫不能治，子成診之，翼日即瘥。文敏喜，爲作《杏林圖》，並繪孫思邈像贈之，以子成貌相類也。自是稱藥師。性好施予，笥不留資。年八十九，忽語人曰："我將往五岳遊仙府也。"無疾而逝，子孫傳其術，稱世醫。劉《志》。

薛如鑑，挾相術遊江湖，一時名士多與之交。楊廉夫、高季迪皆有詩贈之。子月鑑、孫鑑，能世其術。《檇李詩繫》。

彭君實，工餙金，山水、人物、亭觀、花木、鳥獸，種種臻妙。《格古要論》。

盛懋，字子昭。魏塘人。父洪甫，善畫。懋世其業而尤過之。山水、人物、花鳥，種種臻妙。始學陳仲美，人謂精緻有餘，特過於巧。時以吳仲圭墨竹、岳彥高草書、章文茂筆及懋山水，稱"武塘四絕"。其姪著，字叔章，能全譜圖畫。洪武中，供事內府，有御製《盛叔彰全畫記》。趙《圖記》。參《書畫譜》。

張觀,字可觀,一作可風。武塘人,善畫。師夏圭、馬遠,尤長模倣。後與同邑盛懋、丁野夫、吳鎮遊,筆力益古勁,善鑒古器、書畫。嘉興湯《志》。參《嘉禾徵獻錄》。

朱華玉,字碧山,武塘人。與吳鎮、盛懋生同時,居同里,不欲以畫藝與二人爭勝。乃獨製銀器,隱於姑蘇皋橋,爲一時絕技。天曆間,始見賞於柯九思、虞集、揭奚斯,各令製槎杯爲壽。世所傳,至正乙酉、壬寅各槎杯是也。《輟耕錄》。參《曝書亭集》。

明

吳弘道,森子[1]見《孝義》。精醫術,每療疾愈,則令種竹一竿,尋至鉅萬,人稱其地曰竹所。洪武初,召至京師,擢御醫。子繼善,仕至黃門給事。嘉興湯《志》。

嚴貴和,字大用。修子成之業。洪武中,任太醫院官。時禾中大疫,貴和白郡守,捐資施藥,全活甚衆。

嚴樂善,永樂間人。精醫理,有弟欲毒兄,賂樂善下鴆于藥者,出金飾進之。樂善擲金,叱之曰:"我姑不發汝隱,汝若更求他醫,以殺同氣,我必訟汝于官。"踰年,其人感悟來謝。是夜燈花放光,發蓮花一朵,結爲金人,形類菩薩,跌坐蓮中,長二寸許。震澤王太史作《燈花記》,稱爲盛德所感。善能運氣及子午按摩法,年七十五卒。殮已五日,隣人有遇之於西湖者。以上嘉興湯《志》。

陳以誠,字處夢。工詩畫,尤精于醫。永樂間爲太醫院判,累從中使鄭和往西洋諸國,臨終作《辭世》詩,有"九重每進千金劑,四海曾乘萬里船"之句。吳《志》。參《畫史會要》。

嚴萃,字蓄之。初業儒,貢太學。爲廣陽江令[2],有惠政。居官八月歸,曾覽方書曰:"此吾祖業,可盡忘乎?"遂精醫理,撰《藥性》四篇,分寒、熱、溫、平之異。案:嚴氏自子成後有嚴允芳、嚴世美、嚴鐩,皆明中葉人,能世其術,茲不備列[3]。

張德剛,西塘人。父成善,髹漆剔紅器。永樂中,日本琉球購得以獻於朝。成祖聞而召之,時已没。德剛能繼父業,至京面試稱旨,授營繕所副,賜宅。復其家。時有包亮與德剛爭巧,宣德時亦召爲營繕所副。以上嘉興湯《志》。

范暈,字行式。涉獵經史,善詩歌,多藝能。凡金石款識,篆刻書畫之類。皆能著其時代,辨其真贋。工畫山水、人物,意趣幽遠。劉《志》。參《書畫譜》。

王立本,工畫山水、人物,師盛懋,臨摹逼真。子繼宗,能世其業。柳《志》。

吳瑾,字瑩之。多藏法書名畫,能作窠石墨梅。學楊補之畫,寒雀爪喙,生動不下錢玉潭。《珊瑚網》。參《圖繪寶鑑》。

高松聲,字傳谷。諸生。構水肥齋于西郊,焚香賦詩,淡如也。書法直入二王,臨摹奪真。高故王姓,有從弟淑民,字子逸,筆法子昂,與松聲頡頏。

駱文衡,字季銓。筆法宗王。與周天球、王穉登結社論書。著有《字學原委》。以上嘉興湯《志》。

董仲敬,善觀天文,諳推步之法,任欽天監挈壺正。柳《志》。

胡齋,初名浚,字元海。永樂間陶莊人,徙居魏塘,賣卜于市。受君平術於袁杞山,同游金陵。提點姚一山奇其術,以二人薦。杞山稱疾不行,齋赴召,授欽天監刻漏博士。時上新作殿,命之卜。齋曰:"某月某日午時當燬。"上怒,囚之以待。至期,倩獄卒覘視,返報曰:"午過矣。"

服毒。有頃,殿果焚。上急召齋,死矣。先是,召命初下,袁爲胡卜得乾之五爻,袁曰:"五爲君升,陽在四子,命又午矣。其錫名之慶乎! 四爲淵,而五居淵上,淵而大者乎!"以草莽之臣踐五位,終非吉兆。五爲火。丁者,壬之合也。遇火則危矣。後聞賜名齋,袁曰:"驗矣,死不遠矣。"果因殿焚而卒。子旻、昊、昱、昂,皆精占筮。嘉興湯《志》。

許敬,字孟寅。感化鄉人。世以醫名。治口齒者,許爲之最。宣德間,院使蔣主善薦入内院。英宗患喉風,更數醫勿效。敬進,絳雪噙之,遂愈。拜御醫,賜敕獎諭。著有《經驗方》三卷。袁《志》。

殳珪,字廷蕭。魏塘人。精于醫。一婦姙及八月,臥不語。珪曰:"此内經所謂瘖也,不藥當自愈。"有男子請診,珪曰:"此疾不至死,然脉無生理。過三日當投劑。"期内忽溺死,人咸異之。珪壻袁祥博洽高曠,不屑爲醫。珪以秘經授之,祥曰:"建文御極四年,不修《實錄》,忠臣死事,泯没無傳。醫經特屑屑耳。"祥有女,遂擇錢薄爲壻,使授殳術而已。薄游南都,徧尋博採,作《革除私記》四卷,《建文編年》四卷。薄精殳術,輯《醫林驗海》一編,凡四十卷。《兩浙名賢錄》。參嘉興湯《志》。

陶冶,字大冶。幼孤,事母孝。能詩。尤工畫山水、花卉,瀟灑脱俗。好畫大士像,慈嚴兼具。結茆武林靈鷲山,自號樵隱。

季如泰,字大來。鹽官人,徙居嘉興。畫山水、人物最工細。游都門,畫卷傳入青宮,貞皇帝潛龍時,一見稱賞,諭繪西湖景及牡丹數種。以上嘉興湯《志》。

談時雍,號繼巖。世嬰兒術,冠一時。晨興,遠近抱嬰兒就視者,每三五十人。酬以金,十受二三也。子孫世其術,復巖、瑞巖、宏巖皆有名。《續見聞雜記》。參嘉興何《志》。

希遁道人,嘉興僧也。深於繕身之術。又擇用日辰,可代藥餌。嘗過海州司馬韋敷,見敷鑷白,曰:"貧道爲公擇日更之。"越五六日,僧請鑷其半,及生色若鶖,凡三鑷之,髻不復變。意其術出於遁甲,故自稱希遁云。

張涣,字文甫,號雲心。畫師趙千里、趙松雪,種種逼真。以上嘉興湯《志》。

朱俸,字廉夫。工字學,精篆籀古文及漢唐隸法,倣管夫人書七十二篆《金剛經》,人珍重之。袁《志》。

董常,工畫道釋像,筆力細而勁拔。同時有唐别鳳,號岐山[4],寫照得神,擅一時絶技。劉《志》。參嘉興湯《志》。

王有禮,休寧人。爲嘉興諸生,本姓沈,精軒岐術,善治傷寒。有《尊生内編》十卷,葉向高序;《尊生外編》八卷,岳元聲序,皆行世。袁《志》。

徐名世,號觀海。諸生。其先臨清人,宋南渡來禾,累世以醫術著,尤長兒科,里人呼爲"徐小兒"。名世以醫起家,遇貧者更加意療治。著述甚富。子謙,字仲光。亦諸生。世其術。著有《仁端録》,專言治痘疹法。能補前人所未備。《嘉禾徵獻錄》。

常效先,號瀛泉。少補諸生,後棄去。攻岐黄家言,尤精痘疹,其門如市。性簡僻,賦詩娛老,自號無繫居士。著有《金鏡篇》《衍慶録》。袁《志》。

朱寶,號肖海。工書。凡古人法書名畫,臨摹逼肖。雲間董其昌亦時爲所惑。嘉興湯《志》。參《圖繪寶鑑》。

王復元,字雅賓。幼爲黄冠,得事文徵仲,因精鑒古。書學米漫士。畫山水類陳道復,寫生類陸平[5]。亦能詩,有"天寒花信少,地僻草痕齊"之句。李日華《紫桃軒又綴》。

吳秋林,歙人,寓春波里。昆季皆好修,不以貲著。秋林尤高尚,門無雜賓,時時樸被,就羽人、釋子假榻,焚香烹茗,意蕭如也。書法趙吳興,繪事宗周東村,而兼擅蘭竹。《紫桃軒又綴》。

許紳,字大紳[6]。其先嘉興人。祖昇,占籍江寧。由名醫入爲太醫院判,永樂時扈駕至京,遂家焉。紳性敏慧,究心醫術,嘉靖時屢承召對,有奇效,遷轉不次,至通政司,掌本院事。診療皇太子有功,時冊立禮成,洊陞工部尚書。卒,遣官諭祭,謚曰恭僖。嘗輯經驗方,又刻鍼灸書并銅人圖像于公所。嘉興湯《志》。

駱驤,字子龍。長水鄉駱家橋人。事後母孝。工吟咏,時與金豐村燦、范菁山言、項少嶽元淇游。尤究心岐黃之術,察脈檢方,侔於神巧,自號嬾翁,作《嬾翁歌》。兼擅水墨,白描在黃癡、倪迂間。有《言志集》行世。嘉興湯《志》。參袁《志》。

陳遵,字汝循。嘗寓吳,居城西。寫花鳥如生,賞鑑家不惜重金購之,然非其人勿屑也。暇輒皷琴自娛,陶然忘世。嘉興何《志》。

魯得之,字孔孫,號千巖。錢唐人。僑居嘉興。善書,工墨竹。由仲圭追踪文湖州,李太僕日華最重之。晚年右臂不仁,以左手畫風竹,尤有致。《書畫譜》。參《杭州府志》。

沈雪坡、林伯英,俱魏塘人。雪坡善梅竹,伯英工花鳥,皆師樓觀。趙《圖記》。

吳愛蕉,布衣。弘、正間人。畫法吳仲圭筆意。《紫桃軒雜綴》。

周續之,字朧鶴。能琴,得徐南山之傳,曾將騷選諸什譜入絲桐,聽之音,調奇古。著有《黃鐘律呂音》四卷。

褚勛,字叔銘。工書,善畫,臨摹亂真。嘗治畫縑,極纖細,非市中所有,因名褚絹。爲莫雲卿、李繼泉所重,王元佐爲之《傳》。

蔣汝成,回回種也。凡珍玩如古銅、古窰、古琴之類,或有破損,經汝成手,即完好如初,稱一時絕技。以上嘉興湯《志》。

洪髹,善造漆器,精巧絕倫,積久不敗,名擅一時。袁《志》。

【校注】

[1]按:崇禎《嘉興縣志》卷十六《方伎》:"吳森,字君茂。森孫宣,已見《孝義傳》。子弘道,能世其業。"光緒《嘉興縣志》卷二十七《列傳七·藝術》:"吳弘道,父宣。"光緒《嘉善縣志》卷二十六《藝術》:"吳弘道,父宣。"故"森子"是"宣子"之誤。

[2]按:崇禎《嘉興縣志》卷十三《鄉達》:"嚴萃,字畜之。以弘治戊午貢,授廣東陽江令。任陽江七月而政成,邑民以爲得嚴母也。未幾告歸。"光緒《嘉興縣志》卷二十七《列傳七·藝術》"嚴萃"條作"爲廣東陽江令"。故"廣"後脫"東"字。

[3]備列:當是"備列"之誤。

[4]按:崇禎《嘉興縣志》卷十四《詞翰》:"唐鳳,別號岐山"。光緒《嘉興縣志》卷二十七《列傳七·藝術》:"唐鳳,字岐山。"故"唐別鳳"是"唐鳳"之誤。

[5]按:李日華《紫桃軒又綴》卷二:"寫生仿陸叔平。"陸叔平,即陸治,字叔平,蘇州人。善行、楷書,尤善繪事,工寫生。陸平,不詳。當作"類陸叔平"。

[6]許紳,字大紳:光緒《嘉興縣志》卷二十七《列傳七·藝術》:"許紳,字大章。"當作"大章"。

國　朝

毛鳳祥，字貞所。善按脉，識病源，立起危症，尤精傷寒。年二十即知名，九十九卒。八十年中活人無算。嘉興何《志》。

李琪枝，字雲連。諸生。太僕日華孫，珂雪子。畫傳家學，尤工蘭竹。竹垞朱檢討題其畫云："前身定是梅花衲，仍占春波門外居[1]"是也。從子含渼，字南溟。山水濃郁豐潤，兼長花草。壯游南北，最知名。《曝書亭集》。參《畫徵錄》。

朱賓占，字仲立。客游江南不歸，性恬淡，與物無忤。工人物，嘗畫《凌烟閣功臣圖》，蕪關權使見之，遂攘其名以付雕。《畫徵錄》。

張鳴岐，住謝洞內。善製銅爲爐，無不精絕。項墨林見而異之，招居城中，名大著。竹垞朱檢討嘗咏之。《池北偶談》。參張煇祖《新溪雜詠小序》。

黃元吉，錫工也。所造茶具，種種精巧。其色與銀無辨，海內咸珍異之。嘉興湯《志》。

張南垣，名漣，以字行。少學畫，得山水趣，因以其意壘石成山，有黃大癡、梅道人筆意。挾術游江南，一時名園邱壑皆出其手。董其昌、陳繼儒亟稱之。吳祭酒偉業爲立《傳》。子然、熊及孫淑，傳南垣之術。康熙間，先後應召供奉內廷。凡經營位置，悉令然等董其役，屢邀恩賚。及淑没，其術遂不傳。《吳梅村集》。參吳《志》。

沈存周，字鷺雛。嘗從盛處士遠學詩。書亦有致。其所自見，則在於鍛以錫製壺，多雅馴，其形以僧伽帽爲上，次蓮花，次桃核。凡雕鏤詩句，姓氏圖印，即世工書、篆者不能過。汪上塤《范湖文鈔·沈存周傳》。

談允明，字景巖。幼喪父，哀毀如成人。事母孝，二十年如一日。讀書，精醫理，有起死功。著有《醫旨心傳》。吳《志》。

戴泓，字秋水。生於康熙乙亥年，居馹馬橋南。少應童子試不利，棄去，爲蒙師以老。嗜酒。善畫墨竹，多自題詩，字仿曹娥婢，有自題一小幅云："日暮瀟湘烟雨濛，亂枝橫幹鬪新叢。迸流贏得澄江瀬，祇恐山陰阻社翁。"風韻悠然可賞。新纂。

李无垢，錢唐人。曾爲太醫院醫士。順治中至梅會里，榜其門曰"太醫院李无垢總理內外大小十三科方脈"云云。其所注《本草經》，多發新義。朱彝尊之妻病熱，諸醫皆云不可治。要之診視，无垢笑曰："君夫人所居閣，四面俱木圍之。木生火，觸暑脈伏，無他恙也。亟以甘瓜、井水投之，不藥愈。"既而无垢客死，所著書無存。朱彝尊《李无垢傳》。

顧銘，字仲書。能詩，善畫，瀟灑不羈。檢討朱彝尊嘗贈之《序》。康熙辛亥，聖祖仁皇帝召寫御容，賜金褒榮之。時同郡沈行濮璜、鮑嘉張琦，俱以寫真名。吳《志》。參《畫徵錄》。

金陶，能琴。康熙間，直養心殿，授鴻臚寺序班。乞養歸。康熙丁亥，聖祖仁皇帝五次南巡，陶進古琴并《太平奏萬國來朝琴譜》一冊，召對良久，奏《平沙》《太平》等曲，賜金褒美。《太平奏琴譜》。

姚節，字竹友。工詩文。爲人脫略，嗜酒。醉後畫竹石小品，有逸致，醒時不及也。《圖繪寶鑑續纂》。

薛珩，字楚玉。邑庠生。隱于醫。有《醫案》諸書，刊而未竟。《檇李詩繫》。

鮑楷，字端人，號棠村。僑居維揚，工花草，師法南田。山水亦疏朗，秀潤得古人意。《畫徵續錄》。

釋永徹，字環照，俗姓吳。幼爲僧于精嚴寺之清隱房。遇一僧，秘授金針，能開瞽目。兼善蘭竹，其徒孫聽竹亦工畫，世其術。

陳恕，字子如。精醫術。著有《幼科述古》。子斯皇、銘常，世其業。以上吳《志》。

尤錫九，字亦夔。楷法董華亭，山水淡雅，復精醫理，遠近延請無虛日。製小舟，榜之曰吟舫，置茗椀書卷，嘯咏其中。著有《澹軒詩草》。《梅里詩輯》。

倪鼎，字丹成，號竹村。善人物，其鈎染衣摺，變化于古，獨出心裁。烏程呂學見之，推爲近時第一。《圖繪寶鑑續纂》。

謝登，號南屏。有至性。父没于京，登年未冠，匍匐赴京，扶櫬歸。生平精于醫，延治者日以百計。試之，無不驗。凡醫所入，輒備藥餌以濟貧病者。常集諸家疑似之説及歷試等症，著有《醫驗》二册，《醫宗彙解》《女科要略》等書。

談東巖，允明孫，世業醫。其先有繼巖者，以保嬰術稱神手。東巖繼之，時以藥濟人，不受值。子宇康，世其傳。以上新纂。

周笙，字古聲。精於醫。著有《靈素寶要》《六治秘書》。愛以墨寫罌粟花，不輕畀人。《梅里詩輯》。

錢臨，字準可。國學生。因躄棄舉子業，終身不娶。精醫術，專以濟人爲急，遠近稱良醫。纂有《立齋醫案疏》。《續梅里詩輯》。

馬行素，字介如。讀書好古，精于篆刻。陳巽介《石印譜序》。

周嬾予，性迂僻，善奕，推國手。著有《奕譜》行世。周篔《嬾予傳》。

薛廷文，字魯哉。性樸率，耽詩苦吟。擅繪事，尤工荷花，鮮妍得生趣，人以薛荷稱之。著有《聽雪齋詩稿》。《續梅里詩輯》。

郭鳳，號友桐。工詩。善畫，宗郭熙。居梅會里，茅屋數椽，栽桑種竹，日與同里許煐、金標、楊漢籌相倡和。著有《茶譜》《雪樵詩草》《衡門》等集。伊《志》。

田枌，字頡雲。居常豐里。鍵户讀書，精岐黃術。著《醫門八法》六十四卷，與方薰、薛廷文爲布衣交。詩善狀村野景物。有《忍冬書屋稿》。《南野草堂筆記》。

盛如柏，字新甫。精醫術，博究《素問》《難經》諸書。兼擅書畫、篆刻。于《志》。

項暎薇，字朱樹。檇李故事，自沈氏德符著《野獲編》，人物、風土詳已。至賓祭、婚喪、衣飾、飲食、時尚、好惡之習，未及也。暎薇續編之，曰《古禾雜識》。貢生王壽更增補附梓。新纂。

陸允治，字虞傳。元景春處士之後，世居里仁鄉東圩。數百年儒素家風，齏鹽寒冷，賣畫自給。工畫蒲桃，香生色活。康熙時，年已篤老，松江王儼齋司農延至家，欲久款之，辭曰：“山澤癯，不能厠公卿末坐也。”酬以金，不受。于《志》。

洪榮，字天樹。住篁里西圩丁字谿西洪家舍。自明時起至榮，補學官弟子者，凡十二世。家饒裕，有亭館之勝。康熙時人物阜安，與其弟棠招邀勝侶，文讌無虛日。畫花卉，極工麗。于《志》。

唐岳，字東巖。住西圩南星橋北。畫人物，奕奕如生。家貧屋窄，常安筆硯于六如庵。其後人賣卜爲活。于《志》。

胡大年，字亭山，號薌邨，又號玉峰。住東圩大中橋北。賣煙草葉爲生涯。讀書鼓琴，蕭然意遠。楷、行書，法歐陽。寫叢蘭老梅，修竹奇石，得王元章、楊補之勝趣。于《志》。

王志和，字體乾。住東圩谿南。家本士族，多聞好古，積書數千卷，積名人所鐫刻石印數百鈕。畫牡丹花，水墨設色，長卷巨幅，工麗中有生趣。于《志》。

程崑，字玉山。先世休寧人，來竹里，住西圩劉家濱。茅屋一椽，授經終老。寫花卉，清迥瀟灑，無塵坌染其筆端。于《志》。

王應奎，字彙樞，號裕堂。住西圩劉家濱。性嚴整，嗜讀書，作客江右，攬山川奇勝，詩情益豪邁。書學顏平原，作山水濃郁深湛，不落近時窠臼。于《志》。

查馨，字庭蘭，號秋佩。先世自海昌遷竹里。少多病，因作畫。有東山孝廉、梅壑老人家法。于《志》。

張錫，字百朋，號復哉。國學生。世居新篁里。幼端穎，就傅時，聽塾師講《禮記》，親有疾，飲藥，子先嘗之。哭失聲，蓋痛其父母早世也。比長，力學醫。著《素問》《傷寒論》質疑二書。乾隆辛卯夏，武原、當湖滯下病延染，治活無算。海鹽吳進士懋政撰《墓志銘》。于《志》。

祝明揚，名萬壽。居梅里。入武庠。短小便捷，精拳技。又工詩畫。時海疆不靖，縣宰司薦往金山署中。人見其貌，俱藐之。主人設酒相款，飲方半，有長大漢請與角，祝拂袖起，一擊而踣。其拳法有名，滿地雅飛者，可敵百餘人。阮宮保嘗欲拔其才，亦卒不果。至今化城庵壁梅花遺跡尚在，詩稿已不可得，惜夫。于《志》。

戴光曾，字松門。歲貢生。家赤貧。與弟光緒同精八法。緒貧不能支，賣字蘇閶渡僧橋，有達官憐才，招入署，始鈔胥，卒以筆墨保擢至河工同知。光曾耿介，不事干謁，以明經終。書法出入歐、虞，腕力清勁。遠族子弟行世煐[2]，號少逵。學問老宿，工書精醫，字推家學。新纂。

俞廷槐，字拱三。居角里街[3]。弱歲食餼，中年因人罣誤，凤躭六書。凡古文鐘鼎篆、岐陽石鼓，手自規橅。工摹印，白文宗程穆倩，朱文宗朱修能。旁通星學，推算屢中。著有《鞏山印略》。無嗣。惟一女，亦工篆刻。《飛鴻堂印人傳》。

陳元祚，字師李，號西麓，新豐鎮人。補博士弟子員。肄業暇，馳情篆刻。從崑臺徐廣文遊，得其指授。與同里曹種梅、江山毛天巖昕夕討論。求刻者屢恒滿，因裒集為《西麓印譜》。後復鄙棄之，殫力註疏，賦《自述詩》三十韻以見志。同上。

沈仁昌，字醴原。天性肫摯，築環碧草堂，觸詠其中，奉親游憩。山水、翎毛、花鳥，皆臻妙品。《兩浙名畫記》。

翟大坤，字子垕。後病耳，自號無聞子。寄居吳門。善山水，兼綜各家，於倪、沈尤合度，意致蕭散，寫生得古法。子繼昌，號琴峰。山水蒼古，兼善花卉。孫成基，能繼家學。《墨香居畫識》。參《畫林新詠》。

陳俞，字古虞。從張庚游。山水清朗，尤長寫真。子效文，能繼父業。《墨香居畫識》。

巢敬，字林可或云釋氏。寫真得僧性潔之傳，山水師辟宣。《畫徵錄》。

姚霽，與弟霈俱善人物、花鳥，兼寫照。《圖繪寶鑑續纂》。

曹勛，字輔南。善人物。《耕硯田齋筆記》。

張琦，字玉奇。曾鯨弟子，寫真推獨步。《畫徵錄》。

李鏽，字山濤。善山水，畫蘭法何其仁，能取其長，而滌其習。兼精金石篆刻。《畫徵錄》。

沈韶，字爾調。寓金山。曾鯨弟子，工寫真，人物士女，秀媚絕俗。《曝書亭集》。

沈行，字行嘉。工寫真。沈嵩，善人物，山水得石田風味。沈炳字勉齋，善山水、花卉。《畫史彙傳》。

夏大貞，字吉庵。善翎毛，巨幅屏障，不假籌思。花卉稱能品。《圖繪寶鑑續纂》。

郁榕，字蔭城，號菊農。蘭竹有揮灑自得之趣。族弟維垣，號鶴汀，亦擅蘭竹。書法蘇長公。《墨香居畫識》。

金步藺，號湘波。諸生。澹泊寡營，善書畫。父永昌，自號醉墨，與錢籜石、曹慈山諸詩老唱和。有《凝雪書屋吟稿》。寫蘭竹，高潔無俗氛。步藺繼踵，以墨蘭名。行草亦瘦勁。新纂。

仲泰，字濟川。太學生。父世俊，外科。泰博覽方書，尤深於《素問》《難經》，能洞澈藏結。同里某病瘧轉痢，切脈曰：“病入厥陰，仲景無治法。”卒如所言。楊某觸暑倒地，視之曰：“脫症也，與以回陽飲。”家人疑，以問其戚徐敬齋，徐亦精醫，批方後云：“非仲公不能書，非敬齋不能知。”急服之，應手愈。姑蘇某宦婦冬月患奇症，耳仲名，相迎。仲謂症係伏暑，因曝衣餘熱未盡，驟篋緘之，御裳時由毛孔吸入耳。投一劑即瘥。竹里朱某，舖生徒賭飯，甲過飽，悶絕，六脈均伏。仲令進參湯，半時許，腹雷鳴。俟脈復，再投消導劑即愈。一日，風阻乍川，聞哭聲，詢係難產死。仲謂產無死症，出己篋，煎灌以導其氣。逾時兒下，母甦。賦性豪邁，喜購書，講有用之學。撰《老醫一得》《痘疹仁端錄》，未刊。新纂。

胡金城，字德凝。棄儒業醫。嘗謂貧者求方，勢必萬不獲已，延請必立往。製肺露，治嗽上氣疾，名於時。子春田，承父業，精治疫。求方者農而窘，不索酬，反贈以藥。鄉里稱有隱德。德凝自撰楹聯云：“言易招尤，得意時少談幾句；書能益智，會心處多讀數行。”見道語可醫心性，非僅以術名家。撰《醫要便讀》八卷，朱觀瞀其鎮序之。新纂。

懷振熙，熟壬遁，善占候，賃居古張沙里俞富安家。晨必占課，每晴行，忽帶雨具，果無愆期。某年臘，爲富安米舖水閣前築水椿，按方位，正值年煞，同邑地師梅長鈴聞匠邪，許聲怪，詢其故，曰：“日干與富安，年庚均氣旺。能尅制，決無恙。”厥後隆興橋市集興旺，閱二十年。著作皆談象緯，惜未成書。新纂。

沙木，字青巖。精小學，考訂源流，著《藝文備覽》。子神芝，字笠甫，號鷗爽。性蕭冷，工篆隸行草，下筆中鋒，不以險僻。取勢鄧完白，書出時尚一變，然不以鄧書廢也。客居盛湖久，多結翰墨緣。新纂。

徐用錫，號晉齋。居常豐里。畫山水，宗麓臺，能爲巨幅。嗜酒，飲少輒醉，醉輒索紙，與人塗抹，興盡乃止。亦能作五七言詩。時有天籟同里陳翔鳳，字來儀，號丹霞。山水宗法王圓照鑑，下筆不苟。晚年筆意，時近沈石田啟[4]。唯目短視，又常服賈，往來舟楫間，故所作不多。新纂。參《墨林今話》。

方惟寅，字蘭陔。援例得議敘席。祖業甚豐，好結客。嫺六法，得錢塘高塏指授。晚歲有書名。新纂。

【校注】

　　［１］按：朱彝尊《李秀才琪枝墨竹》詩：“小閣爐香洗硯初，數竿墨竹最清疎。前身定是梅花衲，仍占春波橋外居。”（《曝書亭集》卷十六）故“門”是“橋”之誤。

　　［２］按：光緒《嘉興縣志》卷二十七《列傳七·藝術》：“戴世熿，字少逵。光曾族子。”故“行”是“戴”之誤。

　　［３］按：當是“居甪里街”之誤。甪里街，嘉興城東道路名，明以前即有此街。其來歷，一說因甪里先

生得名。另一説,該街東端距城六里,故稱六里街,雅稱甪里街。宋、元至清咸豐時,甪里街是嘉興城區的精華所在,園林宅第衆多。

[4]時近沈石田啟:光緒《嘉興縣志》卷二十七《列傳七·藝術》"徐用錫"條作"時近石田"。沈周,字啟南,號石田。明代吳門畫派創始人。故"啟"後脱"南"字。

流　寓

周

范蠡,字少伯。楚人。常寓檇李,倜儻有深謀。越王句踐用其計,遂報彊吳,觀兵中國,號稱五霸。范蠡既雪會稽之恥,以大名不可久居,乃乘扁舟浮於江湖。變易名姓,適齊爲鴟夷子皮,之陶爲朱公。今城南范蠡湖,其所游息處也。《史記·貨殖傳》。參袁《志》、嘉興湯《志》。

案:少伯寓禾,《越絶書》《史記》未有明文。第古蹟流傳,名湖,名宅,名橋,名陽,載在《圖經》,往往而有。幽湖有范蠡泛舟處,相傳扁舟浮海始於此。舊志列《流寓》,今仍之。

唐

裴休,字公美。濟源人。擢進士第,舉賢良方正異等。歷監察御史、兵部侍郎,領諸道鹽鐵轉運使,進同中書門下平章事。休爲人醖藉,進止雍閒,宣宗嘗曰:"休,真儒者。"然嗜浮屠,居常不御酒,日習歌唄以爲樂,當世嘲,薄之。《唐書》本傳。參吳《志》。

宋

錢顗,字安道。無錫人。以金部員外爲殿中侍御史。王安石行新法,顗極論其弊,貶監衢州稅,徙秀州,遂卜居焉。家貧母老,句貸親舊以給,怡然無謫官色。蘇軾遺以詩,有"烏府先生鐵作肝"之句。《宋史》本傳。參至元《志》。

毛滂,字澤民。江山人。政和間,守是邦,因家焉。先是,東坡守杭,滂爲法曹。坡宴客,有妓歌《惜分飛》詞,坡問誰作,妓以毛法曹對。東坡語坐客曰:"郡寮有詞人,不及知,某之罪也。"滂因此得名,著有《東堂集》。至元《志》。

李曾伯,字長儒[1]。覃懷人。丞相邦彦之孫。徙居嘉興。第進士。持繡斧,督餉運,兩分漕節,七開大閫,宦轍幾徧天下。旋起旋罷,官至觀文殿學士。卒,贈少保。曾伯初與賈似道俱爲閫帥,邊境之事,知無不言。似道嫉之,不竟其用。著有《可齋類藁》。《宋史》本傳。參至元《志》。

朱敦儒,字希真。洛陽人。以詞章擅名,能書,兼繪事。三召,皆固辭。後復以薦起,賜進士出身,爲祕書省正字,遷浙東提刑。罷歸,僑居嘉禾,搆讀書堂于南湖濱。陸放翁嘗詣之,聞笛聲自煙波間出,行者曰"此朱先生吹笛聲也"。《宋史》本傳。參《宋詩紀事》。

葉時,字秀發。杭州人。登進士甲科,歷事四朝,累官至龍圖閣學士。明性命道德之學,尤邃《周禮》。晚居嘉興。著《禮經會元》及《竹埜詩集》。卒,諡文康。柳《志》。

方誼,字賓王。桐廬人。乾道四年,侍父務德侍郎,徙居郡城。爲朱文公門人,文公集中多相與問答語。家有希賢齋扁,亦文公書。至元《志》。

姜處恭,字安禮。長山人。遷居嘉興。九歲而孤,大母、父母皆散死他州,不能葬。乃營衣食,治墳墓,收拾諸櫬,得聚葬。既而買田置屋,賙恤窮乏。雖不以科目自達,而徵[2]渡江凋落之後,奮寒士單薄之習,教二子煇、郶,皆成進士。葉適《姜處恭墓誌》。

洪芹,适之曾孫。以祖蔭入官,登進士第,歷官將作少監。屬詞臣無當上意,丞相程元鳳言當今地望無踰洪芹者,進兼翰林,直祕書少監,權禮部侍郎、中書舍人。兵興,詔書所至,聞者奮激,蓋芹所草也。遷禮部侍郎,帝銳意鄉用,竟以論罷。寓居嘉興,怡然自適。咸淳初,起知寧國府。《分省人物考》。

王明清,字仲言。汝陰人。甫十歲,朱希真、徐敦立過其父所,詢以國史中事,應之無遺。慶元間,居甥館于嘉禾。官至朝散郎。與父雪溪、兄仲信俱有史才。嘗剴切上封事。是時南渡以來,老成凋謝。明清裒集軼事,編爲《揮麈録》及《投轄録》《清林詩話》《玉照新志》。至元《志》。參《檇李詩繫》。

李鳴復,字成叔。瀘州人。嘉定二年進士。寓居嘉興。理宗朝參知政事,後爲福建安撫使。予祠,卒於嘉興。子公弁、公晉,皆典郡。《宋史》本傳。參柳《志》。

趙孟僴,字月麓。宋宗室。其先家黃巖,文天祥見之,曰:“瑚璉器也。”後天祥開閫江東、浙西,俱辟以行。及召赴闕,孟僴留吳,僅五十日宋亡。元兵執孟僴,欲官之,固辭以疾。遂去。依親友以居,絕口不談宋事,號三教遺逸。居嘉禾。天祥卒,爲文祭之。《臨終口占》曰:“王室之懿,文山之客。持此寸心,千古忠赤。”所著詩文名《湖山汗漫集》。趙《圖記》。參《檇李詩繫》。

殷澄,字公源。華亭人。家富好施,人目爲殷佛子。元兵壓境,澄保聚未下。元將楊埽地命屠其境,澄叩軍門曰:“民猶水也,水順則流,逆則激。今將軍不廣好生之德,顧欲盡剿斯民乎?”楊怒,欲斬之。澄厲聲曰:“殺一人,活千萬人,死安足惜!”楊感悟,一境獲全。丞相伯顏聞而義之,授澄軍民都總管。澄曰:“大宋之亡,吾以親故,不與俱亡。乃獨不能逸乎?”遂去。放浪九峰三泖間,號泖南浪翁。與陶菊隱、趙孟僴稱“秀州三義”。趙《圖記》。參吳《志》。

黃正孫,字長孺。慈谿人。宋宗正少卿震之孫。宋亡,絕意仕進。魏塘義士吳森聞其名,迎致之,遂徙居焉。正孫履行端粹,爲學者領袖。晚自號尚絅翁。子玠,另傳。黃潛《黃君墓誌》。參趙《圖記》。

【校注】

[1] 按:《宋史》卷四二〇《李曾伯傳》:“李曾伯,字長孺。”至元《嘉禾志》卷十三《人物》亦如此。當作“字長孺”。

[2] 徵:葉適《水心文集》卷一四、《全宋文》第二八六冊均收《姜安禮墓志銘》,作“懲”。據文意,當作“懲”。

元

顧阿瑛,名德輝,字仲瑛。崑山人。幼警敏,善記誦。喜購古書名畫,鑒賞無虛日。元季舉茂才,辟會稽教諭,不就。張士誠入吳,遂遁跡嘉興之合溪,營別業居之[1]。漁釣五湖三泖間,自稱金粟道人。所著詩曰《玉山璞稿》。在合溪有《暮雲集》諸書。殷奎《墓志》。參《檇李詩繫》。

【校注】

[1] 按:嘉慶《黃溪志》卷九《集詩上》收元顧德輝(瑛)“玉山中亭館拆毀殆盡,僅留一草亭耳。今于

嘉興合溪營一別業，頗幽絕，賦五言一首：‘我愛新居好，蕭然絕世氛。路回青草岸，水合白鵝群。野色排籩入，書聲隔竹聞。是中多野趣，難許俗人分。’”宣統《聞川志稿》卷四《園宅辯證》：“顧德輝合溪別業《府志》載之秀水，於是涇人以爲屬吾鎮，非也。德輝字仲瑛，崑山人。元末遭張士誠之亂，所居玉山館撤毀，南徙合溪，此地名頗廣，嘉興、吳江接壤處皆有斯稱，而顧別業實在吳江黃家溪小珣圩。陳繼儒《眉史》載仲瑛《與友人書》云：‘倘至平望，毋惜往駕。以黃溪在平望東南也。’《黃溪志》載顧氏詩序亦云嘉興合路，蓋五代以前嘉興轄境兼及吳江，遂沿用之耳。顧氏於合溪雖立別業，明初即隨其子元臣遷臨濠以卒。《史西村集》謂顧氏舊址已爲史氏祖塋，則黃溪之西，非秀境也。”由此，顧阿瑛遁跡之合溪屬“吳江”，非“嘉興”。顧阿瑛可不列入本《志》。

<h2 style="text-align:center">明</h2>

陳世昌，字彥博，錢塘人。力學工文，不慕禄仕。至正間，由布衣徵授翰林編修，奉敕代祀海上，值道梗，遂留嘉興。作《南湖賦》，傳誦於時。授徒養母。張士誠據平江，屢致不屈。洪武初，徵修《禮書》，授太常博士。尋以母老辭歸。卒。著有《希言集》。劉《志》。參《檇李詩繫》。

案：世昌所著《希言集》，各《志》俱作《希賢》。《檇李詩繫》注云：作“希賢”誤，今改正。

沈鉉，字鼎臣。錢塘人。元末道梗，與同邑陳世昌俱留於禾。鉉博學，邃於《春秋》。洪武初，知石首縣。《檇李詩繫》。

案：鉉與陳世昌《傳》，天啟《嘉興縣志》、康熙袁《志》俱云：洪武初，召修《禮書》，以母老辭歸。鉉著《希賢集》，世昌著《希言集》。考《檇李詩繫》及《嘉禾徵獻錄》，鉉並未徵修《禮書》，亦未載有專集。兩《志》之誤，或以同作寓公，彼此舛錯，致《傳》語亦相彷彿耳。

牛諒，字士良。東平州人。元末寓嘉興，與鮑恂、張翩諸人善。自顏其堂曰“尚友”。明初應詔，除翰林院典簿。同學士張以寧使安南，御製歌詩賜之。歷陞禮部尚書。著述甚富。《静志居詩話》。

徐一夔，字大章。天台人。博學善屬文。危素薦爲建寧路教授。元末自天台避兵徙嘉興，寓居白苧里。有屋三四楹，牖外有一大柞，因作《獨柞軒記》以見志。與義烏王禕善。洪武二年詔，纂修《禮書》，一夔與焉。明年書成，將續修《元史》，禕方爲總裁官，以一夔薦，一夔遺書不至。未幾，用薦署杭州教授。召修《大明日曆》。書成，將授翰林院官，以足疾辭。賜文綺，遣還。著有《始豐稿》行世。《明史》本傳。參《曝書亭集》。

高巽一作遜。志，字士敏。元末僑居禾郡。爲文深醇典茂，成一家言。以薦爲鄮山書院山長。洪武二年，徵修《元史》，爲翰林編修，累遷侍讀學士，未幾引退。又召爲吏部侍郎，以事去官。謫居胊山。建文間，召爲太常少卿。壬午，靖難兵渡江，巽志遁去，入永嘉雁宕山。其門人、文淵閣侍書蔣兢亦潛踪于此。巽志病卒，兢經紀其喪，葬芙蓉峰北。後諡文忠。著有《嗇庵集》。趙《圖記》。參《静志居詩話》。

蔣兢，字惟敬。宜興人，寓嘉興。建文時，詔舉人才，考授文淵閣侍書。授密旨，從黃子澄走姑蘇。至楊任所，子澄遣兢往寧波，會合知府王璉發兵守錢塘。逾海抵閩、粵，未至，成祖正位。子澄與任被誅，兢亡匿山澤，稱東海波臣。游楚、蜀二十餘年，歸。著有《瑣尾日記》《友陶軒稿》。《檇李詩繫》。

高岳，字彥高。本畏吾氏，高昌裔也。博洽有才華，儀容秀整，人望而敬之。工草書。丹藥、卜筮之術，咸究識之。洪武間，薦知雲陽縣，免官。家郡城，又嘗寓魏塘云。趙《圖記》。

案：趙《圖記》、劉《志》俱作高岳。袁《志》、吳《志》誤作邱高，今改正。

邱民，字克莊。揚州人。州被兵，攜妻子奔浙西，僑居郡中。入郡庠，訓生徒自給。至正壬寅，用流寓籍以《毛詩》就試與選。洪武初，爲松江學官，歷至禮部侍郎。《檇李詩繫》。

孫作，字大雅，以字行。江陰人。至正末，挈家避兵於吳。張士誠聞而廩禄之，謝去。後爲嘉興府學教授，遂寓居南湖。洪武六年，召修《日曆》。書成，授翰林編修。以老病乞外，除太平府教授。八年，選天下學官内任，作與焉。廷對第一，授國子助教，歷司業。爲文醇正謹嚴，勿尚異同。著書十二篇，號東家子，有《滄螺集》十卷。《曝書亭集》。參《檇李詩繫》。

孟觀，亞聖五十四代孫。祖忠厚，扈宋南渡，封信安郡王，賜第姑蘇，子孫遂爲吳人。明初，觀應人才詔，授永寧知縣，有治行，陞吳府審理副。避兵，寓嘉興之清風涇。《浙江通志》。

桑慎，字仲修。世居常州，遷嘉興。性孝友。苦行力學。洪武初爲監察御史，見事廷静，朋友有過，輒面折之。以行部海南，奏誅衛使張榮，坐不避八議罪，謫瓊州。已而召還。《兩浙名賢録》。

唐肅，字處敬。山陰人。至正十九年舉于鄉，爲嘉興學正，遂家焉。明初以薦擢爲編修，罷歸。肅文章稱大家，與上虞謝肅齊名，時號“二肅”。著有《丹厓集》。《曝書亭集》。參《檇李詩繫》。 案：肅《輓郭秉心》詩有“吾昔居秀州，友有徐一夔”句。又高啓有《送唐博士移居檇李》詩，故增入。

吳阿真，字無櫻。台州諸生，方孝孺之甥。孝孺赤族，株及姻戚阿真，避難卜居檇李之梅溪。師模道範，咸謂得正學一脈。娶婦，生二子。永樂九年，御史陳瑛密奏逋臣結死黨。下令捕之，真被逮，託次子于外家，挈長子往戍開平。嘉興湯《志》。

戴瓊，字子玉。休寧人。嘉靖間，以博士弟子入太學，試禮部，儒士第一。時分宜竊柄，引疾南還。與禾中項承芳，李衷毅、衷純輩訂交，購宅梅會里，顔曰百順堂。肆情詩酒，泊如也。卒于梅里，子孫遂占籍焉。著有《燕臺草》。《休寧縣志》。

沈應禎，其先常熟人。以武功封家于春波里。爲諸生。日往來煙水間，觴咏松下，稱隱松。子文悌，神宗朝以孝謹聞。袁《志》。

吳懷賢，休寧人，僑居嘉興。以中書舍人辦事誥敕房。楊漣奏劾魏忠賢二十四大罪，懷賢擊節稱快，加圈評旁注。工部員外吳昌期督理惠王府第，糾劾侈冒，忭瑢撤回。懷賢遺書稱之，有事極必反之語。其僕得罪於懷賢，竊其所評楊疏及遺昌期劄，密首廠衛，忠賢怒，令校尉縛懷賢及其妻邱氏、子道昇，送鎮撫司。懷賢斃杖下，昌期坐削奪。崇禎初，道昇上書訟冤，贈工部主事。嘉興湯《志》。

汪砢玉[1]，字玉水。徽州人，僑居嘉興。崇禎中，官山東鹽運使判官。留心著述，輯《珊瑚網》《鴛水月社篇》等書。《静志居詩話》。

朱一是，字近修。海寧人，徙居梅里。崇禎壬午舉人。早年名重復社，入都，欲上書言事，遭亂，絶意仕進，披緇授徒。詩文膾炙人口，與同里屠爌、范路稱三友。著有《爲可堂集》。子顓爲，字求俟。放情詩酒，有《紫薇軒存草》。嘉興何《志》。參《曝書亭集》。

范路，字遵甫。蘭谿布衣，流寓嘉興。潛心性命之學，博通今古。晚開靈蘭館，賣藥長水市。乍愚乍智，人莫測其所詣。門人私謚貞簡先生。有《靈蘭館集》。《静志居詩話》。

周宗彝，字五重。本海寧人，居硤石山。幼有至性，嘗從倪元璐游。崇禎己卯，中順天鄉試。不第，歸。時盜賊充斥，捐資設關廂水栅，爲一鄉保禦。甲申，自盡死，妻卜氏抱三歲子與妾俱躍池中，弟啓琦等闔門死者四十八人。弟瑋光，尚死守，硤石破，被數創死。

邱岳,字梁父。徽州人。諸生。崇禎末,流寓嘉興。素任俠,與刑部譚貞良善。貞良入閩,偕之行,見事不可爲,棄走山中,至潮州死。以上《嘉禾徵獻録》。

錢敬忠,字孝直。鄞縣人。自寧國守罷歸,寓居嘉興。歿後,殯于硤石之審山,查職方繼佐嘗爲之《銘》,後歸葬于鄞。初,敬忠于萬曆四十七年會試中式,以父若賡前爲臨江知府,得罪論死,繫江西獄三十七年,乃不奉廷對,跪闕下,三疏訟父冤,若賡始得釋。敬忠旋成進士,以刑部郎出守。事具全祖望所爲《玉塵錢公神道表》。伊《志》。

胡山,字天岫。宜興縣學生,僑居梅里。先世蘭谿人,父沉,有才略,嘗客項城,以奇計破流賊,有全城功。山負才兀傲,著書賣藥,舌耕以養母。詩格超邁,俯視一切。著有《葑汀》《寓廬》《東武》諸稿。《明詩綜》。參《梅里詩輯》。

國　朝

朱昇,字子旦。海寧人,徙居梅里。順治己亥進士,除東昌府推官,時有于七之獄,案連數郡,累歲不決。昇悉心研鞫,矜釋甚衆。改葭眉令,務去煩苛,與民休息,旋引疾歸。著有《蜀中草》。《梅里詩輯》。

蔣平階,初名雯階,字斧山。華亭人。爲嘉善諸生。游陳子龍之門,後避地居嘉興,久之,徙越中,卒。詩宗盛唐,常與同郡計子山、陽羨陳其年、蕭山毛大可、錢塘丁澎互相酬倡。《檇李詩繫》。

陳繼新,字澹持。錢唐人。諸生。少客維揚,慷慨任俠。嘗從史閣部軍,南都陷,避地禾中。時項子毗被禍論死,陳匿其幼子爲己子,攜之遊京師,隱於醫。久之事定,仍歸寓禾。三十餘年後,項子夭,朱竹垞檢討有詩贈之,云:"誰肯艱難全李燮,未容名姓亂韓康。"一日,有所感憤,買小舟至郡西龍淵寺,自沈於河,年已七十矣。《檽村筆記》。

戴爲毂,字季環。休寧人。因贅禾中吳氏,遂寓居焉。性孝友,念父母不逮養,終身不茹葷。祖墓在新安,地卑溼,隆冬却絮不御,曰:"先人體魄未安,敢戀輕煖乎?"後遷葬烏程羅山。偕叔兄爲秩至菱湖,舟覆,漁者援之,爲毂呼曰:"吾兄未有後,亟援之。"漁者如言拯爲秩,爲毂漂淺渚,竟得兩全。《湖州府志》。

蔡耀,字遠士。德清人,移居嘉興之梅里。國學生。天資穎悟,讀書觀大意,詩歌、書法皆有名。性疏懶,時同里朱願爲以狂自喜,人稱"狂朱懶蔡"。著有《山草堂詩集》。

浦越喬,字副工。國子監生。寧波人,移居梅里。經學湛深,尤精史傳,刊古文曰《聊宣槀》,具見根柢。生平南游滇、黔,北歷燕、代,所爲詩得江山之助。著有《啾發稿》。

許箕,字巢友。海寧人,移居梅里。品行孤高,不求聞達,行楷書瘦硬通神,人以卷册乞書者,多寫己詩應之。曹侍郎溶稱其詩格清邁,書法秀拔,論其人品,直比之嵇、阮云。著有《捫膝軒詩草》。以上《梅里詩輯》。

徐斐然,字鳳輝。歸安縣學生,僑居梅里。多聚本朝人古文,見即手抄,年及八十,兀兀鈔訂不輟,其言曰:"傅青主雅不喜歐公以後之文,曰是所謂江南之文也。黄黎洲論文以爲唐以前句短,唐以後句長,唐以前字華,唐以後字質,唐以前如高山深谷,唐以後如平原曠野,故自唐以後爲一大變,而文之美惡不與焉。然予觀自宋以後有學爲唐以前之文者,率禿吃不可讀,故知江南之文其足爲今之圭臬也,審矣。"著有《敬齋存稿》及《二十四家文選》《今文偶見》諸書。伊《志》。

宗昰,字懼聞。山陰諸生。舉鴻博,不赴。晚寓禾中。其子爲松江倅,迎養官舍。尋卒,著有《大學古本解》《弄餘草》。于《志》。

李紹祖,字述軒。錢塘人。由縣丞官至綿州直隸州知州。廉潔勤慎,興利除弊,西川人稱頌不衰。年老致仕,僑寓嘉興十有餘年。治家儉約,敦孝友,凡同善恤嫠,禦寒歲米,無不竭力夥助,其行誼洵足風焉。于《志》。

戚芸,字修潔。德清貢生,候選訓導。性介而和,處事詳慎,爲人任緩急,不受報。工詩,五言尤擅場。卜宅嘉興大奚家橋。積書數萬卷,題其室曰寶硯,且以名其集。謂寶,其大父、侍講學士瓶谷公賜硯也。子嗣曾,字以矩,增貢生。服膺朱子近周錄。起居儉約,書箴銘滿,置座隅。省試,屢薦不售。嘉慶丁卯揭曉後,首藝梓入闈墨,隻字不更易,咸謂事宜申訴,嗣曾恐興大獄,卒置不校。著《錢法志》《德清經籍志》《蟫味軒隨筆》。孫士廉、士元、士昂,先後貢成均,文詞淵懿,學有本原。士彥,入詞垣。曾孫行,亦科甲蟬聯,家聲不振。于《志》。兼採《戚氏行述》補纂。

邢澍,字雨民。甘肅階州人。乾隆庚戌進士,官長興縣,升南安知府。以病歸,寓居郡城丁家橋十餘年。行端學邃,著有《全秦藝文志》《兩漢希姓録》《金石文字辨異》《寰宇訪碑録》《舊雨詩譚》《守雅堂詩文集》。于《志》。

查元偁,海昌籍,世治鹺業。父刑部郎中世梀始遷嘉禾。元偁登嘉慶庚申京兆榜,戊辰成進士,仕至江南、福建、貴州各道監察御史。權户、禮、兵、刑四科給事中。論事侃直,以漕章劾江督暨漕河兩督。又進籌海運疏。解組,仍席故業,居東郭外奚家橋。子紹鍰,號玉彭。道光丙午舉人,援例候選郎中,以親老不仕。晨昏定省外,朔望必具衣冠拜,累世篤友愛。元偁以同產祇一女弟贅壻於家,邸舍財帛均分之。鍰亦友愛仲弟。弟受鹺務,累售己產,償所負不濟,則躬馳北直,沽親爲經紀。貲雖中落,門祚仍蕃昌焉。其族人名開、名虞昌,已入嘉善籍。錢泰吉《海昌備志》暨《查氏家乘》。

馬洵,字伯泉,號小眉。海昌籍,家梅會里。豪於貲,以報效授道銜。性耽風雅,多藏書籍,騷人墨客接引無虛日。詩筒往返,與吳榕園、郭頻伽、葉改吟倡和爲多。其游韜光,有"竹影綠僧衣"句,新麗不減晚唐。暮年詩境冲淡,一歸自然。黄安濤爲校定遺稿六卷,曰《五千卷室詩詞集》。今其曾孫已占籍嘉興入學。新纂。參孫瀜選《鷗盟集引語》。

李華清[1],號補未。原籍江蘇嘉定縣。父賡芸,守吾郡,惠政清風,口碑猶在嗣。擢福建汀漳龍道,以朱履中獄被誣自盡。逮平反冤雪,眷屬歸嘐城,又爲族衆所淩,無以自存,遂棄舊居,卜宅郡城報忠坊。楹有傳書,家無儋石,以諸生援例授鹽經歷。著《善補過齋文鈔》。子用光,籍秀水,由歲貢選授分水訓導。新纂。

相燮塈,原名清,字寅甫,仁和縣人。與從兄槐仝寓嘉郡,並噪文名。燮塈尤與平鏗、朱光菫有"文中龍虎馬"之譽。詞賦藻麗,富有才華。道光己亥膺鄉薦,旋改籍嘉興。咸豐壬子,以

進士銓部曹,假歸,不逾時卒。<small>新纂。</small>

車伯雅,字少芸。錢塘學生。父宸英秉鐸吾郡,後遂賃居學左。善文辭,雖詼諧,信口成章,駢語秀琢,逼近六朝,郡守瑞端節激賞之。子某,入嘉興籍。<small>新纂。</small>

【校注】

　　[1] 按:此條與本《志》卷五十三《秀水流寓》重出,宜刪去一處。

嘉興府志卷五十二

列傳〔三〕

秀水縣

明

呂原，字逢原。父嗣芳，萬泉教諭。兄本，景州訓導。嗣芳老，就養景州，與本相繼卒。貧不能歸葬。原奉母南旋，家益貧。知府黃懋奇其才。是時，知府得輒補生員，懋即遣原入學。正統六年，舉鄉試第一。明年，會試第二，編修。累進左春坊大學士。旋命入內閣預機務。石亨、曹吉祥用事，貴倨，獨敬原。原朝會衣青袍，亨笑曰："行爲先生易緋。"原不答。有投匿名書指曹、石奸者，上募能捕賞官，令岳正撰榜，原與正諫曰："爲政有體，盜賊責兵部，姦宄責法司。豈有天子出榜購募之理？"事得寢。尋與正列曹、石罪狀疏。會承天門災，正草罪己詔，曹、石乃摘其語，謂謗訕。上大怒，屬聲曰："正大膽敢爾！原素恭謹，阿正何也？"衆爲原懼，原曰："忠愛，分也；死生，天也，何懼爲？"已而罷正留原，與李賢同入內閣。賢通達，遇事立斷。原濟以持重，庶政稱理。遭母喪，水漿不入口三日。詔葬畢，即起視事。乞終制，不允。乃之景州，啓父兄殯以歸。哀毀羸瘠，抵家甫葬而卒。贈禮部左侍郎，謚文懿。原內剛外和，與物無競，性儉約，身無紈綺。分祿恤宗姻，歸裝惟賜衣數襲而已。有《介庵集》十二卷。《明史》本傳。參《徵獻錄》、程敏政《遺事記》。

項忠，字藎臣。正統七年進士。由刑部郎中選廣東副使，按行高州。諜報賊攜男女數百剽村落。忠曰："賊無攜家理，必掠良民也。"戒諸將毋妄殺。已，訊所俘獲，果然，盡釋之。天順初，任陝西按察使。時連歲災傷，忠發廩賑，且請輕罪納米，民賴以濟。陞巡撫。洮、岷羌叛，忠言："羌志在劫掠，盡誅則傷仁，遽撫則不威。"乃發兵據險，揚聲進討，衆盡降。西安水泉鹵不可飲，爲開龍首渠及皁河，引水入城。又疏鄭、白二渠，漑涇陽、三原、醴泉、高陵、臨潼五縣田七萬餘頃。成化四年，千戶滿俊反。俊素藏匿姦盜，出邊抄掠。會有獄連俊，有司跡逋至其家，多要求。俊怒，遂激衆亂。守臣遣俊姪指揮璠往捕。俊劫璠叛，入據石城，即唐吐番石堡城。山上有城砦，四面峭壁，中鑿五石井以貯水，惟一徑可緣而上。有衆二萬，關中震動。乃命忠總督軍務，與監軍太監劉祥、總兵劉玉率兵討之。忠與巡撫馬文升分軍七道，抵石城下，與戰，斬獲多。伏羌伯毛忠乘勝奪其西北，忽中流矢死。玉亦被圍。諸軍欲退，忠斬一千戶以徇。衆力戰，玉得出，乃列圍困之。日薄城下，焚薥草，絕汲道。賊窘欲降，邀忠與文升相見。忠偕劉玉單騎赴之，文升亦從數十騎至，呼俊、璠諭以速降。賊遙望羅拜，忠直前挾璠以歸。俊氣阻，猶豫不出。賊將楊虎狸夜出汲，被擒。忠貰其死，諭以購賊賞格。示之金，且賜金帶鈎。縱歸，使誘俊出戰，伏兵擒焉。急擊下石城，盡獲餘寇。毀其城。增一衛於固原西北西安廢城，留兵戍之而還。論功，進右都御史。巡視順天、河間、永平水災，賑活饑民二十七萬。白圭既平劉通，荆、襄間流民屯結如故。通黨李原掠南漳、房、内鄉、渭南諸縣。流民附者百萬。詔忠總督軍務。忠先遣人招諭，流民歸者四十餘萬，調土兵分八道逼之，流民歸者又數萬。賊潛伏山砦，伺間出劫。遇於竹山。乘溪漲半渡截擊，賊多溺死。復招流民五十萬，斬首六百四十，俘八百有奇，家口三萬餘人。戶選一丁，戍湖廣邊衛，餘令歸籍給田。疏陳善後十事，悉允行。忠令下，民有驅逼不前者，即殺之。有自洪武中占籍，亦在遣中。給事中梁璟劾忠妄殺，白圭亦言流民既成業者，宜隨在著籍。帝皆不聽。進忠左都御史。忠上疏言：“賊黨罪固當死，正因不忍濫誅，故令壯丁謫發遣戍。其久附籍者，乃占山四十餘里，招聚無賴千人，爭鬬劫殺。可以久居故不遣乎？臣揭榜曉賊，謂已殺千人，蓋張虛勢，非實事也。”帝溫詔答之。八年召還，掌院事。尋拜刑部尚書，轉兵部。内閣汪直黨吳綬誣忠罪，斥爲民。直敗，復官。家居二十六年，與里人梅江、戴祐、姜諒、伍芳、包鼐、湯筬、陳蒙福，教授蕭子鵬爲檇李耆英會，有《倡和詩》一集。卒，贈太子太保，諡襄毅。有《藏史居集》。《明史》本傳。參《徵獻錄》。

金鼎，字宗器。正統乙丑進士[1]。歷陞工部虞衡司員外郎。扈駕北征，死土木之難。《徵獻錄》。參柳《志》。　案舊府、縣《志・選舉門》，正統乙丑，秀水無登進士者，鼎《傳》作監生，與《徵獻錄》不符，俟考。

施奎，字漢章。正統丁卯舉人，任六安州學正。遷遼府右長史，王待以殊禮。荆州故大都，姦宄百出，本府軍校不法，嚴號令，誅首惡，一郡帖然。坐累降南安府同知。歸，南安士民數百人乞本郡牒至浙問安否，稱其持身廉謹，蒞政公勤，革弊除奸，愛民如子。俟回文，述起居，以慰百姓。卒，項忠志其墓。有《竹坡稿》十二卷。《徵獻錄》。參吳《志》。

金禮，字敬之。幼有神童之目。景泰甲戌進士。授南吏部主事，歷刑部郎中。出爲雲南參議。征鐵索橋、苦竹箐諸蠻，冒瘴癘深入，踰月賊平。病，乞歸。家居儉約，不事矜飾。郡守楊繼宗每造廬，咨政事。袁《志》。參《徵獻錄》。

姜諒，字用貞。天順甲申進士。歷南刑部郎中。出知漳州，大旱，多盜，發廩賑貸，悉歸化；捕不率者，盜遂絕。龍溪、漳浦田瀕海，築長隄障之。又濬塘渠，置社倉，作義冢，立鄉約。及田賦爲里胥飛射詭寄者，悉勘復其舊，按戶計丁，分三等，遇徭役，酌量輕重授之，民咸悦服。建宋儒高登、陳淳祠以講學。親老，歸，漳民祀焉。《浙江通志》。參《徵獻錄》。

姚俊，字用章。祖謙，有隱德。俊，天順甲申進士。歷刑部郎中。出爲廣東僉事，時苗寇不靖，御史韓雍鎮兩廣，委以軍事，協平蠻寇。方論功，而奔父喪。素羸，哀毀卒。《徵獻錄》。

梅江，字文淵。本宣城人，聖俞之後。成化己丑進士，授廬江令。擢南京貴州道御史，時儲位未定，首疏力請，上嘉納。奉命按兩廣，寬恤部伍，招撫流移。遷四川僉事，決疑獄數十案，蜀人以梅鏡稱之。《兩浙名賢錄》。參《徵獻錄》。

陸遠，字德毅。成化乙未進士。知海州，一日行部，有旋風三帀馬首，疑有冤，令吏卒邏察之。有人死樹下，折擔尺許貫喉，乃土人殺買牛者，移尸於此。密擒之，一訊而服。擢廣東按察司僉事。趙《圖記》。參《浙江通志》。

項經，字誠之。忠子。成化丁未進士。由御史出知太平府。值歲祲役繁，撫恤流亡，來歸者萬計。移治臨江，與袁、筠諸郡接壤，土寇出没其間，前有司率玩愒慮變，弗敢動。經置諸豪賊於法，一郡大治。逾年饑，有司方請賑，經曰：“民饑甚矣，必請而賑，是懸口以待斃也。賑而勿請，罪在太守。”於是發府庫金，建和糴法，民賴以濟。時監司督賦方急，經不奉命，司怒。繼而歲大稔，民入賦恐後，爲諸郡最。時劉瑾用事，經獨勿予賂。瑾授意吏部檄休致。經弟綏，爲錦衣衛指揮,征苗有功。瑾怒經,矯詔逮綏獄,戍遼。瑾誅,諸略者皆敗,臺諫薦經抗直可大用。上疏辭。以江南右參政致仕。子錫,字秉仁,號鉥山。嘉靖癸未進士,知建陽縣。恭儉愛人,遇訟者必從容開諭。建宋賢祠,集諸生講學。擢刑部主事,歷南光祿正卿寺[2]。費爲群瑠乾没,錫一意釐剔。瑠嗾外臺劾之,論降,後爲南鴻臚卿。綏子鉰,壬戌進士,官刑部郎。錫子治元,丙辰進士,官吏部郎。《檇李往哲傳》。參《徵獻録》。

施德,字克明。成化辛卯舉人。性剛直,居鄉即以鋤强扶弱爲己任。知濮州,興學勸課,洗冤滯,賑貧乏,豪右懾服,士民述其善政二十餘條梓行之。遷岳州府同知,政如治濮。引疾歸,寓情詩酒,以壽終。吳《志》。參《徵獻録》。

呂㦂,字秉之。原子,蔭補國子生,供事翰林,授中書舍人。成化辛卯,乞應順天鄉試,所司執故事不許。上特許之,遂中式。舍人得赴試自㦂始。遷禮部主客司郎中,典屬國事。㦂好學能文,諳掌故,琉球請歲一入貢,回回貢使乞道廣東歸國,皆以非制格之。進南京太僕寺少卿。故事,太僕馬數,不令他官知。以是文籍磨滅無稽。㦂曰:"他官不與聞,是也;當職者,可貿貿耶?"議請三年一較勘,著爲例。遷太常卿。輯《典故因革》若干卷。劉瑾用事,再疏乞歸。有《九柏山房稿》。《明史》。參《徵獻録》《明詩綜》。

戴祐,《選舉表》作佑。字元吉。成化丙戌進士。試御史,稱敢諫。僉事福建,浦城逋税多,令督之急,民變,臺鎮檄兵剿之。祐謂民愚,激則生事,開誠撫諭,即貼然。吳《志》。

戴經,字孟常。祐子。成化丙午舉人。歷延平、九江二府推官。居官執法,甘淡泊。六年獨處,不以家累自隨。遷泰安知州,致仕。杜門著書。有《潯陽餘稿》《雙湖集》行世。秀水前未有《志》,自經始。秀水李《志》。

朱綏,字文佩。成化丁未進士。授庶吉士、國史檢討,侍岐王講讀,遷楚府長史,尋改晉府。時王年耄,世子、世孫薨,有欲竊柄者幽王曾孫於別宮,而自請權國。綏密疏以聞,得救止。以憂去。楚王請復相,優詔進階,先後藩府二十餘年。方正不阿。秀水任《志》。參《徵獻録》。

王朴,字德純。性孝友。日記行事以自檢。成化中,以貢授廣東徐聞知縣。有珠池課,中官爲民患,請罷。又有檳榔税,佐縣官廚傳,朴首革之,著爲令。創設社學,教民鑿渠溉田。去之日,獄無淹滯,民肖像以祀。《浙江通志》。參《徵獻録》。

范瑁,字朝珍。弘治庚戌進士。授德平知縣,潔己愛人,治行第一。内召去任,僅餘俸二金。尋以病卒。歷官十五年,不克葬。關中彭澤分巡嘉湖,重其清德,爲治兆域。要郡中士大夫會葬,舟車塞途,人以爲廉吏之報。劉《志》。參秀水任《志》。

陶煦,字時和。弟照,字時明。曾祖鋌,見《孝義傳》。煦、照皆受業於伯兄熙。弘治己酉,同舉鄉試。明年,亦同登進士。煦知永豐,調溧水,入爲湖廣道御史,出知安慶府。性寬靜,喜怒不形。守禦流賊,民賴以安。遷廣西副使,改福建,卒。照,授刑部主事,録囚。蘇松地接故鄉,或援姻婭、賓客,照一執以法。以南刑部員外出爲廣東僉事。時大盜時大咨、唐大㛅起惠、潮,梁闓琛起清遠。察土兵陳時亮有才識,授以進止,逮捕悉定。遷四川參議。又值藍鄢作亂,全蜀驚擾。新都故無城,促築之。甫畢,寇不克攻而去,調威茂兵備副使,爲鎮臣所擠,引疾歸。起河南參政,監小灘漕兑,調劑出納,公私兼裕。遷雲南右布政使。平嶒峨大盜,調左四川。丁憂歸。

陳謐,字汝謀。父禧,天順中以鄉貢授常德府教授,歷瑞州府同知。謐,弘治丙辰進士。選庶吉士,改吏科給事中。上言:"國家承平日久,民不知兵。請敕兩京并天下諸司,廣詢博訪,或世冑官兵,或草澤民庶,有諳曉韜略,通識戰陣,便習弓馬。膂力過人,堪爲將領者上之兵部,考其技能、籌策,可用者奏留京營操練,其次分送邊方效用。"從之。有《東溪稿》。子瀚,嘉靖甲午舉人。授廉州府同知,改延平,再改吉安。有《言言草》《求志齋詩集》。以上《徵獻録》。

陶儼,字時莊。正德甲戌進士。授陽信知縣,遭流賊焚劫,請上官以羨金償民逋負,民賴存活。擢雲南道御史。武廟南巡,同舒芬、林大輅等一百七十七人上書極諫,下獄。已,復官。世廟立議大禮,不合,黜知太平府。調揚州,所至有聲。遷河南副使,致仕。卒之日,屬其子置義田贍族。《徵獻録》。參秀水任《志》。

張徽,字德卿。正德辛巳進士。授大理評事,時有妻搤夫吭垂絶者,徽救之,得不死。妻憤,自盡。坐妻死。徽曰:"妾救夫,非殺妻也。"出之。一少年亂隣婦,母切責,絶不與通。婦恚恨死,抵少年罪。徽曰:"致死不以奸,法安得死?"亦釋之。以議大禮,予廷杖。尋復官,累進寺正。擢知南雄府,墾荒田,釋流民,開商市,清軍屯,多著惠政。以不能浮沉取容,罷免。没,祀鄉賢祠。劉《志》。參《徵獻録》。

諸偁,字揚伯。祖忠,爲梧州守。父敦,隱居教授。偁幼失學,羈丱猶逐群兒嬉於市。有僧明欽勸敦,曰:"我相郎君,必貴顯。可讀書。"敦乃授之業。偁天資穎異,爲文鈎深抉奧,不輕下筆。正德丁丑進士。授黄梅縣。縣素號難治,一意撫綏,抑豪狡,使不妨民,民大悦。丁憂。起補大名縣,興學勸農,修舉廢墮,孜孜不倦。兩爲令,不攜家,清約如寒素。轉刑部主事,歷陞貴州按察副使。偁坦夷不設城府,角巾緰衣,人無不可近。而性嚴,一介,有請謁,必拂然見于色。歷官二十年,垂橐而歸。同年夏言頗愛重偁,當柄政,未嘗通一札也。子夏甘貧樂道,嫺詩文。書宗褚氏法。孫鎺,博士,克傳清白。《檇李往哲傳》。參《徵獻録》。

金榜,字文華。父粟,諸生。榜少孤,哀毀如成人。嘉靖壬午舉人。知寧都縣,歲大旱,疫,虎白晝食人。榜禱境内諸山,得澍雨,病者起,虎亦遯去。邑有隱糧,榜欲清其額,下令丈田,豪家以爲不便,上官尼之。調知連城,與寧都接壤,田畝糾錯亦如之。欲遂前事,奸民譁然。榜憤,乞歸,遂不復出。後有梁以衡者,來知連城,取榜所議田役者讀之,曰:"不如此,不足以定此邑之賦。"乃力行之。民爲樹金、梁德政碑。《徵獻録》。

吳鵬,字萬里。嘉靖癸未進士。由工部主事歷官雲南副使,遷福建參議。洞民陳日暉叛,親冒矢石擒之。尋以右副都御史巡撫江西,訛言起,居民逃竄。廉其人,磔諸市,民悉定。塞上多警,部議欲捐江西兵食遶餉,力持得寢。再遷兵部侍郎,督理漕河。值師尚詔反,陷歸德,擒梟將王千勔等,賊宵遁,斬獲無算。晉工部尚書,轉吏部。時墨相柄國,侵部權,廢置多出其手。鵬不能無牽制,然瑕瑜自不相掩云。《浙江通志》。參《徵獻録》。

曾雨,字文霖。父春,以文學稱。兄丙,南靖教諭,攝縣事,士民戴之。雨,嘉靖乙酉舉人。知滕縣。縣當孔道,值流賊殘破,旱蝗相仍,縣西南瀕河,沙漲數十頃,給貧民墾闢,以課償逋稅,民得甦息,流移歸業者數千。奉檄濬三泉灣,疏昭陽湖及溝渠,以通運道。疾,乞閒,改汀州教授。學使以瀕海寧化乏科目才,選王希旦等就雨學。永定患盜,令攝縣事,遣秀才劉榮説降之。薦國子監助教。《徵獻録》。

沈銓,字大衡。嘉靖乙酉舉人。授永年縣,遷磁州。政尚體要,不事煩苛,終德王府右長史。從弟鑿,字大新。乙未進士。授興化府推官,廉平不苟。巡按行部,有疑獄,輒以屬鑿。援據刑書，不妄附會。攝莆田知縣。海決，爲田患，堅築石堤以禦。陞南工部虞衡司主事，榷稅蕪湖。令商自籍其稅，即以其籍上之，胥吏不能爲奸。知興化、延平兩府。省坊里供應，積其餘以瞻驛傳，軍餉必親給之，又革舟梁之稅。陞江西按察副使，備兵饒州。卒于官。秀水李《志》。參《徵獻錄》。

賈名儒，字實齋。嘉靖丙戌進士。歷刑部郎中。時吏部尚書汪鋐黷貨，考功吏受賕事發，訊之附重比。忤鋐，出知姚安府。補汝寧。會世廟躬謁顯陵，道南陽，吏斂民貲供應。名儒爲榜，還給民。遷密雲兵備副使。年四十乞休，又四十而卒。《徵獻錄》。參《簣山集》。

屠應埈，字文升。父勳，官尚書，謚康僖，詳《平湖列傳》。應埈始徙居郡城。嘉靖丙戌進士，授庶吉士。以不附張孚敬改刑部主事。值秋決，已三覆審，復上疏請緩死，如所請。典試江西，閣臣有屬其二子者，應埈惡之。既行，夢人以酖進，覆之地。地墳，覺而嘆曰："神告我矣，受私如受酖也。"是科稱得士，調禮部，歷郎中。與同僚田汝成、王慎中、李義壯各負儁名，以古文詞相砥礪。改修撰，進諭德，移病歸。其爲文善比事，屬辭陳義類情。漁獵經史，詩汎濫諸家，無定格。有《蘭暉堂集》。《徵獻錄》。參劉《志》。

沈謐，字靖夫。父復，有厚德。謐爲諸生，即慨然慕道。一日，讀陽明《傳習錄》，有悟，即擬渡江從之游。會陽明征思田，不果。聞湛甘泉、薛中離講學京師，遂就正之，相與闡性命旨。嘉靖己丑成進士，授行人。遷刑科給事中，條上四事，一重輔臣之選，二表理學之臣，三重風紀之任，四均東南之賦。表理學者，請以吳與弼、胡居仁、陳獻章、王守仁下禮部議謚，從祀也。劾罷自宮男子二千餘人。又專疏糾輔臣張孚敬怙勢不法。出爲山東僉事，乞養歸。母憂。服闋，起江西僉事，備兵大庾，平李文彪之亂。假歸。進湖廣參議，未赴而卒。謐內行醇篤，畫地而蹈，不失尺寸。嘗建書院於文湖，祀陽明。湖在秀水縣北四十里。與錢德洪、王畿、唐樞諸人往復切磋，學者翕然嚮風，稱石山先生。入鄉賢祠。有《石雲家藏集》。《分省人物考》。參《徵獻錄》。

陶諤，字宗顯。儼子。嘉靖壬辰進士，授建德縣。調莆田，盛暑郊行，吏卒進瓜果，不食，曰："吾性頗耐暑。"按部宿村家，村民爭治供帳。召里胥曰："民暴露，處田間，乃令具幃幔，我臥能安乎！"終諤任，無追呼之患。擢四川道御史。與給事中王繼宗、蘇應文條上備邊十二事。引疾歸。起廣西御史，巡按江西。贛州盜起，設方略擒之。遷大理左丞，歸。遵父命，廣置義田贍族。子九韶，字舜卿，號葵石。嘉靖戊午舉人，巢縣知縣。不樂吏治，挂冠歸。

郁蘭，字文芳。嘉靖甲午舉人。屢躓公車，姻家吳太宰鵬謂曰："貂裘敝矣。盍及我而謁選。"蘭謝不從。及鵬罷歸，始就選，得績溪令。裁諸供億，持法公平，不肯媕阿上官。某官希執政旨，將籍没胡宗憲家，郡守以屬蘭。蘭曰："司馬有功東南，奈何欲文致之？吾官可去，法不可枉也。"遷南刑部主事。尋乞終養，家居絕跡公府，以澹泊終。以上秀水李《志》。參《徵獻錄》。

范之箴，字從教。瑾孫。嘉靖乙未進士，授行人。陞工部郎中，出知永州府。時猺賊內訌，官軍屢潰，之箴計擒之。兵備潘某欲張大其事，以爲己功，株連無辜，上其名，將戮之。之箴謁潘，紿之曰："土寇跳梁，律無貸。但人言洶洶，不開釋一二，恐爲頑梗藉口，曷付？"之箴核實，始真法。許之，遂盡釋焉。潘大怒，以爲賣己，疏劾之箴。上察知狀，罷潘，調之箴知漢陽。永州父老立祠祀。進雲南按察使，致仕。

卜大同，字吉夫。其先獲嘉人，元至正間有官三者贅嘉興楊壽六家，居蕭陳湖。明宣德間分縣，遂爲秀水人。自官三至大同，凡八世。頗爲德于鄉里。大同性孝，居親喪，三年不入閨。

嘉靖戊戌進士，授刑部主事。歷湖廣按察使僉事，按行猛俗，去民疾苦，飭封守，慎保甲，期年群盜屏息。會海寇挾倭作難，而閩爲禍首。推大同才，擢福建巡海副使。諸所興革，咸與民宜。賊知有備，終其任三年弗敢犯。著有《征苗圖記》《備倭圖記》。以上《浙江通志》。參《徵獻錄》。

吳淞，字秀東。嘉靖丙午舉人。知靖州，撫戢苗獠，使同編户輸税。會山水驟漲，民多溺死，亟懸賞格拯一人者，與十緡。又置筏濟未渡者，州人德之。佐郡九江，時湖口關值水衝，商舶多壞。曰：“寧算錐刀而傷民命乎？”請觀風使者議除之。遷福建鹽運使同知。乞歸。子熙亮，字欽吾。由明經授鉛山令，擢梧州同知，廉静不苟。撫孤姪甚摯。陸欽明志墓，稱其孝友，出處無閒。《浙江通志》。參吳《志》、秀水任《志》。

卜大有，字謙夫。嘉靖丁未進士，知無錫縣。剔蠹搜奸，執法不撓。中時忌，調簡潛山。嚴明益著，宿奸畏服。入爲南工部主事，歷禮部精膳司郎中，知尋甸州。有《監泉詩稿》《經史集要》。弟大順，字達夫。癸丑進士，知當塗縣。縣富商大賈多規免役籍，病細民，爲釐革之。擢刑部主事，凡歷四司，進吏部稽勳郎中，勾稽故籍，吏弗敢罔。有《簜泉集》。大觀，字中夫，號盥泉，大同弟，大有、大順兄也。伯、叔、季皆第進士，而仲獨不偶，入貲爲蜀藩典寶。四人友恭，無間言。大有子曰謀，字子嘉。以貢生授清流縣，居官廉介，緩催科，邑人安之。忤上官，歸。孫兆龍，諸生。有才名。《徵獻錄》。參潛山、當塗《縣志》。

周恂戀，字季實。嘉靖丁未進士。知樂平縣，苞苴屏絕，訟簡刑清。俗好鬥，至是遵約束，無敢肆。去官，父老餽金不受。進職方主事，監督朝門工，勞瘁卒。囊篋蕭然，士大夫助金以殮。女不能嫁，郡守資之奩具。後有御史龐尚鵬按郡，修其墓。《徵獻錄》。參《浙江通志》。

屠仲律，字宗豫。應埈子。嘉靖甲辰進士[3]，授弋陽知縣。寬賦省役，瘠土之民賴之。擢南京湖廣道御史。時倭寇大訌，上言禦倭五事，一絕亂源，二防海口，三責守令，四議調發，五作勇敢。又言禦倭諸將不善用兵之弊有九。又論倭寇充斥，軍餉不足，其耗破之端有六。皆下部議，行。出知廬州府。軍興浩繁，更值景府之國，郡邑騷然。仲律一意節省，費減他郡十五。歲大祲，民多逋税，出贖鍰代償。平糴積穀十萬，全活甚衆。以勞卒於官。葛麟，字後川，與仲律同領庚子鄉薦，知含山縣。築城經畫有方，而民不擾。終吉安府同知。秀水李《志》。參《徵獻錄》。

湯日新，字懋昭。嘉靖庚戌進士。髫年銳志於學，文章爾雅，所至執經問業，户屨常滿。知分宜縣，有惠政，民立祠祀之。累陞兵科都給事中。多所建畫，以通政致仕。秀水任《志》。

姚弘謨，字繼文。祖漢，襄城訓導，遷萊縣教諭。父應科。弘謨，嘉靖癸丑進士，授編修。左遷六安州判。越二年，進揚州府推官。在六安，直指使者有所恃，待弘謨倨甚。及弘謨爲推官，而直指謫處屬下，弘謨接之彌恭。累遷湖南副使，提督學政，所拔皆鴻儁士，重修《南嶽志》。楚南士子即嶽麓祠祀焉。進國子祭酒，未赴，而母李没。先是，漢在襄城，爲應科娶於李生。弘謨甫二月，而應科卒。漢乃遣李歸母家。弘謨自襁褓育於祖母曾。縣《志》作徐。稍長，每念母，輒踊地狂叫，如不欲生。既仕，乃解官溯淮，步訪襄城之李母在。相持慟哭，迎以歸。至是，乃請假歸，廬於墓者三年。歷陞吏部左侍郎，兼侍讀學士，以疾乞休，卒。贈禮部尚書。著有《寶綸閣集》。《徵獻錄》。參袁《志》。

吕程，字宗洛；吕穆，字宗文。從兄弟也，並原曾孫。同中嘉靖癸卯舉人，復同中癸丑進士。程授懷慶府推官，不樂親簿書，棄官歸，授徒以老，時稱南川先生。穆知邳州，丁憂，起補壽州。有蕭姓者，虧國儲，欲賣女以納，穆憫焉，爲代輸之。擢工部員外郎，督建三殿工，出監琉璃廠。

工竣,賜金進階。嚴嵩用事,引退。穆少學於武進唐順之,悉得其傳。晚歲著書講學,士多遠來師之。子懌祖,彭山縣丞。《徵獻録》。參吳《志》。

盛周,字文郁。元提舉轅八世孫,所居梅湖,有朱張氏稅暑亭遺址。給事沈謐構書院,講學其中。周相與提倡,從游者日衆。周年四十三,中嘉靖壬子舉人。連捷進士,知浦城縣。請託餽遺,一無所受。時以暇課士,闡性命之旨。坑場寇起,築柵守禦,以奇兵擣其穴,悉就擒。嘗懲富豪某甲不法,建寧守某潛爲入賄求解,弗聽。乃以危言挾持之,卒不動。論戍。上官以周強直不汙,交章薦。入都,尚書趙文華諷周曰:“東樓虛臺省以待,盍往過之?”謝曰:“士所以望臺省者,上思匡君,下思利民耳。今先以身乞憐相府,異日何以自立?”補南刑部主事,歷郎中,出知東昌府。郡故南北要津,輓漕乘傳,疲於支給,請撥濟、兗協辦,著爲令。以勞卒于官。著《滴露堂稿》《南曹唱和集》。袁《志》。

錢同文,字大行。嘉靖癸丑進士。弱不勝衣,而志氣矯然特立。初聘宴人女,鄉薦後其家願易婚,同文怫然不允。知祁門縣。每聽訟,了無聲色,藹然數語,剖決無不當者。褒節行,禁博徒,事事詳覈。倭寇傍邑,偵知守禦嚴,不敢犯。累遷知萊州府。

鍾一元,字太初。嘉靖癸丑進士。性介直,有吏才。知福寧州,鹽賈專利病民,却餽,力扼之。州界山海間,值倭警,預拓外城爲保障,甫竣工而寇至。丁内艱,州人涕泣挽留。墨縗禦敵,民爲立石紀績,像而祠焉。調池州,移守寧國,嚴明,有惠政。轉四川副使,乞養祖母,歸。結廬郭外,有泉石之勝。以上秀水任《志》。參《徵獻録》。

張鳳來,字禺山。嘉靖丙辰進士。歷刑部郎中。出知德安府,歲饑,值景府之國,多方調劑,民以不擾。尋遷九江兵備,改福建巡海副使,駐漳南。時月港寇張維等初授首,瘡痍未平,加意休息。廣寇洋盜並起,夙夜籌方略,踰年得平。吏卒不輕遣,月下郡縣牒不過二三。里甲供應,幬帳器用,七筯細物,悉簿籍之。臨去,給還。改江西右參政,進按察使,忤撫臣,歸。袁《志》。參《徵獻録》。

黃錝,字崇文。祖盛,成化丁酉舉人,官禮部司務。錝少孤,母張撫而教之。嘉靖丙辰進士,歷兵部武選郎中,出知安慶府。歲祲,既發廩,復請蠲被災田租之半,得允。皖故腴沃,大豪多詭敓稅以累貧氓,錝令各邑悉按國初故籍復之。遷湖廣按察副使,以安慶事詿誤,左調貴州。歸,杜門不與人事。性節儉,嘗誡子曰:“人不大節者不大廉;不薄享者不厚餘。”人以爲名言。劉《志》、袁《志》。參《徵獻録》。

王愛,字體仁。樸子。嘗從唐一庵遊,相與印證,務求實踐,動有規矩尺寸,不敢踰越。年踰五十,登嘉靖己未進士,就教順天。與諸生日夕講究,嘗曰:“學以自檢檢人,則隘;學以容人自容,則怠。”遷國子丞,擢刑部主事。有藉時相庇,譁飲禁中,逮治不少貸。尋歸,絶意仕進。性無城府,遇之如坐春風中。角巾散步,疏髯廣額,望之如神仙。病劇,神色不亂,咏《黃鶴》詩而逝。《分省人物志》。參《儒林録》。

沈啟原,字道初。謐子。嘉靖己未進士。素以資雄鄉里,甲寅、乙卯間,倭警日迫,公費不給,出千金佐之。又簡販徒有力者,給重食,使不爲盜。造飛舸于蕩,教之習水戰,以保鄉村,倭不敢犯。啟原登第,名在二甲十七。故事,第十七名爲選首得北部,前一人挾分宜勢奪之,選司持不可,卒並授南曹。仕至陝西關南道副使。林居,嘗手一編,雖醫藥、卜筮之書,靡不探討。著《麟經考》《鷇園近草》四卷,《巢雲館詩紀》《星卦論》等書,藏經籍甚富,有《存石草堂書目》

十卷。《徵獻錄》。參劉《志》。

張應治，字體徵。嘉靖壬戌進士，授行人，擢南户科給事。請正宮闈，劾遣巨璫邢保，疏革南司禮監神帛。出知九江府。明初重地各存額糧萬石，後撤去，應治請還其半，詔許焉。江右大祲，流民相攜入境，以便宜發廩賑之，全活無算。陞臨清副使。有《奏議》四卷。《浙江通志》。參《徵獻錄》。

王錫命，字天宇。嘉靖壬戌進士。歷兵部員外，福建、河南僉事，改江西右參議。年三十六，乞養歸。性恬淡，不樂仕進，杜門觀書三十餘年。太倉王錫爵爲志墓，稱其賢。《徵獻錄》。

項篤壽，字子長。幼警敏，鄭曉見而奇之，妻以女。嘉靖壬戌進士，授主事。以母老改南，歷考功郎中。丁母憂，起北車駕，調職方。張居正建馬市之議，篤壽論不協。又數裁抑權帥邊餉，益拂其意。出爲廣東參議，引疾歸。居正歿，客有論江陵者，不置一辭。人服其量。篤壽友於兄弟，其學以曉爲始。博綜今古，通達國體，惜未究其用。著有《今獻備遺》等編。二子德楨、夢原哀其章疏，名曰《小司馬奏草》，以別襄毅。《徵獻錄》。參劉《志》。

沈玄華，字瑞伯[4]。嘉靖壬戌進士，仕至大理卿。先是，爲禮曹時，使朝鮮，贈以金絲帳，却之。穆廟遣使市紅玉，上疏極諫。永順土司彭某與保靖大司某疏請開礦，駁回得寢。以乞養歸。嗜學，不治生產。凡天文、地理靡弗綜究。考古今方輿形勝要害，製圖系説。爲人謙厚，口不作雌黃。著有《竹葉軒稿》。《浙江通志》。參《徵獻錄》《檇李詩繫》。

戚元佐，字希仲。兄元輔，字希周。嘉靖癸丑進士，官撫州教授，以《春秋》名家。元佐自少與兄齊名，壬戌進士。歷禮部郎中。明制，宗室優禄秩，而不令入仕籍。藩府子孫自宗尉以下，不得出城郭，不許輒越關津行賈。其後支派繁衍，廩禄不贍，而格於祖制，束手坐困，流弊至不可言。元佐上疏議變其制，各藩不必盡授封爵，士農工商，各從其便，弛出城赴關之禁，使人人得力業謀生，庶皇上親親之誼，亦可以善其後。議格不行。陞尚寶少卿，改太常寺。乞歸。著《青藜閣集》《檇李往哲編》。馮祭酒夢禎謂宗藩一疏，深憂碩畫，不減賈洛陽。秀水李《志》。參《徵獻錄》。

葉朝陽，字文榮。嘉靖乙丑進士。清謹若書生，遇事執法，雖豪貴弗能奪。知信陽州，晉工部虞衡司郎中，司鑄錢。中貴人索例，弗與。治鐵冶，歲有羨金，毫不染指。出知常德府。有劇盜張金者，嘯聚洞庭，乃以計殲其巨魁，餘黨悉散。陞廣東參政，致仕。劉《志》。參《浙江通志》。

范希雲，府學生。好習武騎射，冠儕偶。嘉靖甲寅，倭入寇，郡守遴材士以將兵，希雲獨請往，敗倭於當湖。追及白馬堰，接戰三晝夜，力盡陷陣死，年二十有六。同時死事者，又有沈應仕，多膂力，素以膽勇稱。率鄉團兵數十人，出北關，與倭角，手刃兩三人。倭憤，短兵斫其左臂。猶力戰，殺四人。爲支解死。秀水任《志》。參《徵獻錄》。

沈本深，桃花里人。高祖履善，洪武中徵入史館，不就。本深沉毅任俠，嘉靖中上平倭策。倭寇桐鄉，以兵截之，戰没于新塍鎮之問松橋。子文秀，廬墓陽灣里，後嗣遂居新塍。秀水任《志》。

鍾庚陽，字長卿。隆慶戊戌進士[5]，授太平府推官。定當塗縣踐更法條，安慶便宜事，民甚賴之。遷大理寺左評事，歷工部郎中。出知鎮江府，開渠溉田，以廉謹聞。忤江陵相，謫丹陽縣。補知廣德州，復陞刑部郎中。著有《書傳經意》《焚餘稿》等書。子明鶴，光禄寺署丞；明麟，貢士。《徵獻錄》。參吳《志》。

夏久安,字靖原。隆慶庚午舉人。由教諭歷遷興化府同知。民感其德,乞爲守,上從之。官二十六年,囊無餘錢,僦村舍以居。有《北征》《南遊》諸草。《徵獻録》。

夏建寅,隆慶庚午舉人。知安溪縣,廉明果斷,不受私書。强之則曰僞耳,終不發封。公事行村落,蔬食自隨,不費民間一錢。《浙江通志》。參《福建通志》。

黃洪憲,字懋中。綜子。嘉靖末文體猥濫,洪憲爲諸生,獨刊落枝葉,根極名理。隆慶元年,有詔崇雅黜浮,遂舉鄉試第一,辛未會試第二,士風翕然一變。爲翰林應詔,上言:"欲正文體,必先端士習。"因陳六條,一曰去浮靡,二曰止奔競,三曰明是非,四曰禁佞諛,五曰禁黨錮,六曰禁清談。奉使朝鮮歸,述其國都形勝,曰《輶軒録》,上之。主順天鄉試,拔首輔王錫爵子衡爲解首,群議沸騰。郎中高桂首疏劾洪憲,指斥鄭國望、李鴻、屠大壯等八人,并及衡。乃覆試,衡才果優,得白。而大壯竟黜。遷少詹事,兼侍讀,掌院事。初,洪憲以制藝受知江陵。江陵敗,或誣以逆。洪憲喟然曰:"江陵誠驁,顧其輔幼主功,不當未減分宜耶。"因貽趙用賢書,反覆馮河包荒之義,遂與衆齟齬,攻者四起,不自安。乞休歸。洪憲爲文章宗匠,在朝日,四方奇士以文字贄者必樂爲獎借,終以此被議。後子承昊上書辨父冤,贈禮部右侍郎。著有《碧山學士集》等十餘種,詳《撰述門》。弟正憲,字懋客。有才不第。著《易象管窺》十五卷。《徵獻録》。

曹懋官,字濬川。萬曆丙子舉人。授肥城教諭,歷國子監助教,陞刑部主事。恤刑三晉。多所平反。擢郎中,出爲潯州知府,以病歸。嘉興何《志》。

朱儒,字宗魯。精醫藥。萬曆初,爲太醫院使。上覽方書中奇藥,及左右所進秘方,問儒,儒言:"諸藥多燥,非至尊所宜。"懇懇陳不可狀,乃止。又嘗召儒切脉,儒言;"病在肝腎,宜寬平以養氣,安静以益精。"上首肯,命記其語。沈思孝廷杖下獄,儒微服牽羊入視之。氣垂絶,儒坐地,手刳潰肉,盡割羊股,貼其股而敷之,進藥二丸。沈得起。張江陵察知之,面詰儒。儒直承不隱,張亦莫能難也。儒多隱德,遇貧病者,潛置金藥中,周其急。後子國祚登進士第一,臚唱日,儒在朝班,上指儒,顧左右曰:"此老積德所致。"儒學術靡不旁通,申時行誌其墓曰:"余與君言,每竟日不厭,色温而氣和,恂恂如也。視其息,深深如也。時或稱引典故,衡事當否,揚扢當世,婉而曲中,益知君蘊抱,蓋古有道者。贈少保、武英殿大學士。"劉《志》、吳《志》。參《家傳》《墓誌銘》。

馮夢禎,字開之,一字具區。萬曆丁丑舉南宮第一。官編修。與沈懋學、屠隆以文章氣節相勖。張江陵奪情,諷以不可,忤之,外謫廣德州判,遷南司業,歷祭酒。頗以聖賢之道激礪諸生,會部郎市撻成均生,疏論罰之,諸曹側目,誣劾免歸,遂不復出。夢禎落落世外,少仕態,嘗與布衣野衲嘯傲湖山,稽討典籍,丹黃滿几。好獎引後學,凡以藝質者,片語有合,輒推許恐後,一時秀雋風靡,後之升沈得失,曠然不繫於懷也。詩文疏朗通脱,不事刻鏤。有《快雪堂集》。《分省人物考》。參《徵獻録》、秀水任《志》。

黃正色,初名遵憲,字懋端。綜子。萬曆丁丑進士,授中書。考選南山東道御史,出按廣東。時妖人王子龍已誅,粤有同姓名者,監司欲得以媚上官。謂前所獲非是,而以其人傅會之。正色與知府孫光啟力爭,得寢。陞漳南道副使,論調歸。長子承乾,字履謐,癸丑進士。官鳳陽推官,除土豪劉澤遠。三攉兩淮鹽課,以廉最擢兵科給事中。《徵獻録》。參秀水李《志》。

屠叔方,字宗直。應埈子。萬曆丁丑進士。知宿松縣,調繁鄱陽。行取補廣東道御史,巡按甘肅、應天、江西,皆有能聲。先是,革除時遜國諸臣所屬一丁一地,分戍劇邊,一遇絶丁,輒行勾補。鄱陽胡閏爲大理寺少卿，殉難，全家被慘戮。叔方知鄱適有符勾胡閏絶丁，憤然曰：“彼死忠，何罪？其親屬又何罪？使我有言，責必爭之。”擢御史，即上疏言：“革除諸臣凡被戮、永戍及親屬連逮謫充軍衛者，乞一體赦宥，矜録子孫，修祠祀以慰忠魂。”從之。一時蒙宥者千六百餘人。京師張赦榜時，大風忽起，榜飛半天，轉輾久之，仍墮故所。鄱陽張榜亦然。無錫顧憲成爲作《英風紀異録》。外轉山東副使，論降歸。著《建文朝野彙編》，載革除事甚詳。《徵獻録》。參《橋李詩繫》。

沈自邠，字茂仁。啟原子。萬曆丁丑進士。官檢討，與修《大明會典》成，遷修撰。省親歸，卒，年三十有六。自邠性孝友恬静，雖素封早達，退然不異寒畯。無疾言遽色，與人交和而不隨。爲文辭援筆立就，不事搜討，而精意亹亹，深中尺度。不克永年，士論惜之。秀水李《志》。參馮夢禎《具區集》。

張應宿，字經野。萬曆壬午舉人。授欽州知州，時交趾莫登庸叛服，不常扶禄，富寧者握國柄窺伺，而欽之江水通交趾，揚帆瞬息可至。應宿爲城隍、樓櫓之備甚嚴，又條防禦計上撫、按，同知某以應宿虚張賊勢，妄希冒功，劾罷。未踰年寇至，州城失守，巡按御史李應魁劾某阻應宿之策致僨事，應宿始得起用，祀于欽。著《守欽蠡見》《樗里子集》。《徵獻録》。參吳《志》。

朱國祚，字兆隆。儒子。萬曆癸未廷試第一，授修撰。因災異請罷開礦，撤稅使，不報。湖廣稅監陳奉橫甚。貽書巡撫曹楷發其狀。上怒，幾逮楷，奉亦因此罷去。累擢禮部侍郎，攝部事。時皇長子儲位未定，冠昏逾期，國祚屢疏諫。戚臣鄭國泰希賢妃旨先冠昏，後册立。國祚抗言：“本朝外戚不得與政。册立大典，非國泰所宜言。請先册立，後冠昏，因名制分，因分制禮，不失其序也。”又言：“册立，初謂小臣激忤，故遲之。後群臣勿言，則曰待嫡。及中宮久無所出，則曰皇長子體弱，須其强。今又待兩宮落成矣。自三殿災，朝廷大政令率御文華殿。三禮之行，在殿不在宮。”又言：“太祖、仁宗，即位初，即建儲貳。宣宗、英宗册爲皇太子，止二歲，憲宗、孝宗止六歲，陛下亦以六歲。未聞年十九而不册立者。”國祚攝部事二年，爭國本疏至數十上。一夕遣中使召國祚，急至，則傳諭册立。時倉卒得旨，廷臣猶恐稽典需時，或致中變，國祚預定儀注以待，翼日即上之，儲位卒定。改吏部侍郎，引疾歸。光宗即位，起南禮部尚書，命入東閣，加太子太保，進文淵閣。時與劉一燝、葉向高同心輔政。先是，鄒元標侍經筵而躓，及廷推都御史，上疑其衰老。國祚曰：“元標在先朝直言受杖，故不勝久立，其人老成端恪，堪大任。”上爲動容，允之。給事朱欽相、倪思輝，御史王心一劾客氏，逮治，幾不測。以國祚言，得免。充會試總裁。倪元璐、盧象昇、黄道周、吳麟徵、徐石麒、張國維等，皆其所得士。改户部，兼武英殿大學士。魏忠賢漸干政，嘗導上内操。國祚密陳其害，忠賢深憚之。刑部尚書王紀爲忠賢所逐，國祚嘆曰：“去一大臣如小吏，國事不可爲矣。”遂請告，十三疏始允。明年卒，贈太傅，諡文恪。有《介石齋集》。同縣陸觀德，字紹泉。嘉靖甲子舉人，歷遷饒州知府。曾充壬午順天鄉試同考官，國祚出其門，人謂有知人鑒。《明史》本傳。參《徵獻録》。

姚思仁，字善長。萬曆癸未進士，授行人。遷江西道御史，出視長蘆鹽課。有吳天賞者，領南兵三千人防禦天津，侵蝕兵糧，衆揭天賞于竿，將叢射之。思仁亟論止，借鹽課以給，遂帖然。世宗朝，薊州人李昇、嵩縣人刁騰言開礦之利，乃分遣中璫崔閔等相視，而衛東軍李賢復言遼東之礦，即命賢爲礦長。至神宗朝，中人四出，害民甚酷。河南開採，民死者相枕籍。思仁巡按其地，上疏力爭，陳八大可慮，不報。乃復繪《開礦圖》二十四幅，圖著一說，極言其害，上爲動容，輟役。入掌河南道，畿南大祲，上疏請米三十萬賑飢。陞工部尚書，加太子太保，致仕。年九十一卒。著有《律例解》《京兆政略》《救荒全書》《五經疏註》《醫方考》等書。子以亮，字漢臣，知貴州都勻府事；以亨，有傳。《徵獻錄》。

盛萬年，字伯恭。周孫。萬曆癸未進士，授刑部主事。歷遷廣東參政，分守嶺西。倭寇吳川，邑故濱海，奸徒勾倭，登陸焚劫。萬年購義勇，配狼兵出戰，賊遁。倭大舉，寇雷州。萬年在高州聞報，曰："高、雷相去六百里。陸往，賊必知之，非拒則遁。從海道一日至，出其不意，必成擒矣。"乃料戰艦六十，揚帆抵雷。倭方踞民廬轟飲，官軍從市口撤屋而焚之，賊奔突不得出，殲焉。倭復寇廉州，又命遊擊拒之，俘馘五十，沈其船，倭不敢復至。時增設右江監司，萬年署賓州。柳、賓苦賊寇暴，召土司黃文輝授方略，搗其巢，賓州平。遷。江賊桀驁難制，萬年請調廣東兵二千，東會於賓，佐以本營，分路深入，俘斬二百餘，悉招降。柳州賊謂："官軍急，賓未暇及。"已，萬年別檄土司，各以計擒其渠魁，眾潰散遁。江、柳州俱平，諜報賊眾數千將夜半渡江，乃令移舟，載火具夜往，伺半渡擊之，賊大潰。自是遂無賊患。遷江西按察使，致仕。子士元，以蔭授中書舍人。有議邊一疏，莊烈帝稱之。曾孫民譽，進士。《徵獻錄》。

吳弘濟，字汝楫。萬曆丙戌進士，由蒲圻知縣擢湖廣道御史。連劾福建巡撫司汝濟、大理卿吳定、戎政侍郎郝杰、薊遼總督顧養謙，不納。詔三王並封，與同官抗疏爭。御史吳之彥之子鎮訐趙用賢悔姻事，戶部郎鄭材、楊應宿陰主鎮，行人高攀龍為用賢訟於朝，且語侵政府，奉嚴旨廷訊。弘濟與李世達、安希范、孫繼有、譚一召等上言："攀龍為君子，其論正。應宿為小人，其說邪。不宜令小人得志，君子引身。"上怒，貶二秩，調外。臺省交章訟之，上益怒，皆奪俸。弘濟竟坐削籍，歸。天啟改元，都御史鄒元標追論國本功，贈光祿寺少卿。《明史·安希范傳》。參《徵獻錄》。

黃承玄，字履常。洪憲子。萬曆丙戌進士。授工部都水司主事，出理張秋河道。時議濬泇河以濟運，承玄實經始焉。歷湖廣、山東、江西、湖南道參政。修梅林、玉峽諸道，均永新縣屯田徵額，整萬安營軍規。轉河南右布政使，裁監兌官，以息紛擾。轉陝西左布政，陝屬歲增稅額，積至十萬緡，大為民病，承玄請減額，蠲逋以紓之。入為應天府尹，歲旱，米騰貴，奏發京儲以救荒。巡撫福建，歸。卒於家。贈工部左侍郎。著《盟鷗堂集》，《北河紀略》十四卷，《安平鎮志》十一卷，《河漕通考》四十五卷。《徵獻錄》。參秀水任《志》。

項德楨，字廷堅。萬曆丙戌進士。授工部屯田主事，疏爭三王並封。又與顧允成、張納陞、岳元聲等廷詰王錫爵，有直聲。尋督易州山廠，辛卯歲星現，民間訛言司天奏易州有王氣，官兵來誅屠，紛紛逃匿，不可止，長吏懼。德楨曰："民方驚疑，未易法繩。"乃治具張樂，召客讌飲。州人偵知，稍稍復業。倭擾朝鮮，且逼遼。德楨撰《北境禦倭議》，未施用。陞山東僉事，備兵薊州。石星惑沈惟敬言議封貢，倭長小西飛自山海關闌入。德楨具疏，力言其詐。朝廷始遣將禦倭，皆德楨計也。陞四川參議，改補密雲。德楨長於兵法，功在邊陲，時謂其有襄毅風。進河南副使，兵民詣闕乞留。詔如所請。武弁安本立恃政府，私交恣橫，痛裁抑之。為政府所銜。尋轉山西參議。引疾歸。著《續名臣紀》等編，凡十有八種。子鼎鉉，字孟璜。選庶吉士。有《呼桓日紀》等編，並詳《撰述門》。《徵獻錄》。參沈思孝《墓誌》。

陶涵中，字虛來。父廷錦，見《孝義傳》。涵中，萬曆戊子舉人。知安化縣，調平江，遷岳州府同知。懶迎謁，不愜於上官，改吉王府長史，後改布政司參議。著《清酣集》。丁仕明，庚子舉人。蘭溪、無錫教諭,遷知英德。營造學宮,捐俸數百緡,一以興教作人爲事。卜二南,字南仲。癸卯舉人。臨邑、黃陂教諭,遷知臨桂,兩舉鄉飲大賓。工篆隸。著《雞肋集》[6]。秀水任《志》。參《徵獻錄》。

項良枋,字初興。五世祖序,字克循,績學砥行。入太學,歷均、陝、沂三州守,有政聲。良枋,萬曆戊子舉人。知上高縣。工詩文。有《幽湖居士集》《永和集》《敖陽集》《芝水集》。《徵獻錄》。

丁仕明,庚子舉人。蘭溪、無錫教諭。知英德,營造學宮,捐俸數百緡,一以興教作人爲事。于《志》重出。

卜二南,字南仲。癸卯舉人。臨邑、黃陂教諭,遷知臨桂,兩舉鄉飲大賓。工篆隸。著《雞肋集》。于《志》重出。

陳懿典,字孟常。萬曆丙子,以儒士應試,擬元。司臬以未入黌序疑之,直指艴然曰:“此卷豈當後人,寧遲下科,應不失第一也。”旋補博士弟子。已而,己卯果領解。壬辰成進士,官編修。時神宗皇儲未建,諭封三王,抗疏:“祖訓無元子並封之例。”又論:“宰臣依違遷就,無匡救輔弼之策。”朝論趨之。尋轉中允、諭德,册封魯藩,餽遺悉却。以目眚假歸。葉向高薦懿典負經世之才,宜大用,詔起掌院學士,不就。採輯蕭、顯兩朝有關修齊之要者,成《聖政聖學》四卷上之,書中指切宦官不得干政,以寓規諫。魏忠賢銜之。忠賢敗,得免。崇禎初,晉少詹,益遂初志。里居三十餘年,品誼清介,書無所不觀。著《吏隱集論》《孟貫義》《就李往哲傳》《左陛紀略》諸書。嗣子泰寧,諸生。著《尚書講義》。《浙江通志》。參吳《志》。

范應賓,字光父。曾祖璋,見《文苑傳》。父之京,貢生。講學得洛閩之傳,策賑濟,繕興梁,鄉里德之。應賓,萬曆壬辰進士。知商城縣,救荒有法,又置學田以贍貧士。以才調南宮,懲惡撫良,治爲畿輔第一。遷工部屯田司主事,歷吏部郎中。卒。著有《尚書璧業》。袁《志》。

陳德元,字葆初。萬曆戊戌進士,授濟南推官。擢禮部郎,代藩謀奪嫡,部議兩可,德元力持大義,卒定册立。累擢廣西巡撫,卒,予祭葬。子孟龍,負文望。吳《志》。

張南翀,字海玥。萬曆辛丑進士。由縣令歷任福建知府,居官廉謹。歸田,敝廬數椽,無異寒素。狷介之性,至老彌篤。終歲杜門,惟元旦出拜鄉里而已。秀水任《志》。

陳繼徵,字允遠。萬曆丁未進士。授昌邑知縣,值議開膠河,役甚重,力持不可。調益都,寬厚清靜,約己愛民,以勞卒於官。子萬言,義不受賄,邑人哀送者塞於途。《徵獻錄》。

陶朗先,字元暉。副使儀元孫。萬曆丁未進士,授南京都水司主事,出知登州府。時登、萊、青連歲饑,而遼東大稔,請權弛海禁,渡遼告糴,三郡得濟。在郡設書院,屬人材,置贍士、贍軍田各千畝,募民開島田七千畝,積穀本三十餘萬石。擢本省按察副使。值遼左需餉急,議開海運。以朗先備兵登、萊,從三耤牛陸運五百里抵遼甚艱,乃募人窮海島得水路,直抵蓋州套,凡三年饋遼一百八十餘萬,省陸運費二百餘萬,少府錢五百餘萬。會遼鎮乞援,青兵懼而譁,劫郡守爲變。朗先單騎往諭,即止。遼陽失守,遼人渡海者數萬,鎮臣欲拒之,朗先不可,令分屬邑給曠土使耕,其無家而獷悍者募爲兵。時朝議三方進取,三方者,廣寧爲正兵,天津、登萊爲奇兵,熊經略廷弼策也。於時登、萊設巡撫,以朗先爲之。朗先銳意規畫,三月得水陸師三萬,馬萬匹,戰艘二千餘,火器甲仗二百萬餘,冀與廷弼戮力,爲三方策應。而遼撫王化貞故異廷弼議,互相訐奏。化貞將毛文龍鎮江之捷,實僨機也,中朝以爲奇功,廷弼以爲奇禍。適朗先亦疏劾文龍,因目爲熊黨。李春煜者,魏忠賢假子也,與朗先舊有隙。高攀龍實與朗先善,高劾崔呈秀,罷職。李因説崔曰:“高之劾公,陶陰使之也。”呈秀遂劾其忌文龍,祖廷弼[7]。會廷議有“登萊水師無所用”之語,朗先於是疏乞散兵,裁撫節餉,待時請退,詔已許。璫遂授意應撫王象恒密劾朗先侵餉,遂懸坐贓銀四十餘萬兩,逮獄,三日一比。籍其家,不及千金。朗先欲置辨,而廷弼亦在獄,謂曰:“公休矣,公事璫,寧不知耶? 即辨減贓,贓均耳。公寧能輸耶? 均不能輸,何多乎四十八萬也。”遂誣服。璫又勒使噬楊、左、韓、劉諸人,受考掠,股肉糜爛,一夕被逼死。入獄時,登之人赴内外各衙門號呼營救者,不知凡幾。登兵願捐三月餉,存其家。璫既誅,子學瞻抱軍需各印册叩閽,始得免追。學瞻,崇禎己卯舉人。次子學易,未冠,朗先死,逮家屬,奮然曰:“兄留報父讐,弟拚此身,殉此案也。”在獄十八年[8],甫出,墮江死。季子學琦,亦能文,有節槩。朗先,康熙二十六年祀鄉賢。《明史》、袁《志》、吳《志》《登州府志》。參方震孺、朱一是《陶中丞傳》。

　　朱大啟,字君興。國祚從子。父國禎,諸生。事親孝,博涉群書,爲文千百言立就。大啟少國祚六歲,幼同學,並受國禎教。萬曆庚戌進士,授南昌推官。縣役周正軌法横於鄉,重按之。周益備通益妻,殺益,夜逋,遺犬於室。大啟出,犬銜隸衣,驅不去,命隨犬往于室中。掘地得尸,捕罪人至,楚獲焉。入爲吏部主事,歷考功員外。時吏垣與銓司比昵枉法,大啟輒持不可。進文選郎中。逆璫方用事,崔呈秀藉璫勢,屢請託,悉謝卻。求賢科吏列二十四人求缺,云内十六人東廠命也,叱不顧。魏忠賢奏遣内臣分鎮九邊,吏部尚書王永光率九卿公疏廷争。大啟實具草,忤璫意。又以封忠賢弟姪魏良卿等議世襲。大啟力争之,璫益恚,幾陷不測,遂因國祚葬事假歸。忠賢遣緹騎偵之,尾至淮安,無稍隙,乃去。莊烈帝即位,擢太僕寺少卿。督餉江右,有旨額外搜括。大啟言:“江右貧瘠,正額不充,安問額外?”得罷。進大理卿,歷刑部侍郎。尚書馮英被斥,自赴獄,上命攝部事。大啟上疏救英,且辭署篆,上不允。辭令英歸私邸待罪,旋以病告。大啟自爲刑官,清獄慎刑,所全甚衆。辯繫臣王三重、曹履泰之枉,論釋都御史唐世濟、巡撫錢士晉、郎中劉廷諫等于獄。三遇熱審,悉意平反,每次釋三四十人。臨去,請以熱審法通行直省,著爲令,至今仍之。性孝,既老,語及禄不逮親,嗚咽流涕。歸里後,惓惓國事。卒。贈刑部尚書。祀鄉賢祠。著有《曼寄軒集》。《浙江通志》。參袁《志》、秀水任《志》。

　　賀萬祚,字孝延。萬曆庚戌進士。歷廣西布政司參政,分守左江道,獲土寇胡扶記,招降莫敬龍所部千人,置之内地。別部帥扶黎三以兵出掠,敬龍生擒以獻,群蠻懾服。鎮安土司岑繼祥與歸順土司岑大倫爲仇,潛通安南莫敬寬,密以騎衆掩殺大倫,劫官男州印去。當時欲徼功,謀討安南。萬祚曰:“鎮安世受冠帶,一旦敢爲禍首,舍此不問,問安南,非計也。宜治鎮安以漢法,詰責安南,聽其服罪。”當時從其言,敬寬果輸服,送還官男州印。轉江西布政使,分守嶺北道。流賊方肆焚劫,圍定安,破安遠。聞萬祚至,悉引去。萬祚所至,輒以軍事顯。盡瘁以死。著《大業齋文集》。以兄子侃修爲嗣。侃修,舉人,卒亦無後。朱彝尊《祠堂碑》。參秀水李《志》。

　　沈振龍,字翼乾。萬曆癸丑進士。授泉州推官,歷守贛州。適閩寇流患,虔撫議焚郭外民居,閉城守,振龍不可。部里甲,申斥堠,寇聞有備,不敢至。時避難者雲集,軍士輒縛上幕府,指爲賊。振龍按驗開釋,以此忤上官意,劾歸家居,睦族濟貧。倡修府學。值歲饑,募粟煮賑,救死掩骸,不遺餘力,鄉人德之。没,祀鄉賢祠。吳《志》。參秀水任《志》。

　　金麗兼,字雙南。萬曆丙辰進士,授行人。累陞吏部郎中,與同榜魏給事大中、黄御史尊素以名節相砥礪,避璫燄,乞假歸。閉户十載,著《焚香録》。召補文選郎。時温體仁當國,給事中李世祺疏劾之，觸帝怒，欲追譴世祺考選時掌選郎中孫必顯。麗兼白尚書李長庚曰："考選貪懦不職，則堂司官均應連坐。若能彈劾政府，乃不負言職。司官宜賞，追處非祖宗法，當執奏。"長庚曰："如批鱗何能，獨任其責則可。"麗兼遂自上言。帝意解，必顯得輕譴；時科貢監生入貲者，得越次授職。具疏革之。帝御下嚴，於銓曹更甚，山東按察使李天經以資深題加光祿少卿，帝以不合驟陞詰問，且密令廠臣駱養性訪其有無餽遺。無所得，仍貶三秩視事。麗兼畏罪，請養歸。起南助教，復改文選，移考功郎中。卒於官。尚書史可法請恤其清節，得旨優錄。

黃承昊，字履素。萬曆丙辰進士，官大理評事。著《律例析微》《讀律參疑》《律例互考》三書。閱中外章奏，遇烈婦，悉作傳贊，曰《闡幽錄》。進吏科給事中，轉刑科。魏大中被逮，拷掠追贓，身無完膚。承昊爲助納，忠賢矯旨奪職。崇禎初，禄戶科右給事中。首請用廢籍諸臣，次請清覈經年增餉。又言："西北多曠土，請責有司開荒，以足軍餉。"又言："萬曆間加派田糧，瘠土偏受其害。如桃源、海州、郯城尤甚。請減其額。"遷工科左給事中，出爲河南鹽驛副使，累遷湖南參政，分守南瑞。病，乞休。著《折肱漫錄》，梓《薛己醫案》。薦補九江道，有安插蘄州、梅、廣間諸賊，爲江南奸民勾引，將渡江，承昊知賊黨多瑞昌人，與瑞昌令趙三薦協擒首惡張羽、王信古等千餘人，賊遂遁。陞福建海防按察司副使，有平海寇功，調廣東按察使。開釋濫獄，閱囚牘，雖病不輟。卜築吳興之杼山，自號樂白道人。因以名其集。修《縣志》及《家乘》。又有《闇齋吟稿》若干卷。以上《徵獻錄》。

姚遲，字士夫。萬曆戊午舉人。爲德化令，均屯租，除胥蠹，弭盜清獄。庭有藥木復生枝，人以爲惠政所感。作《瑞樹錄》紀之。秀水任《志》。

項夢原，字希憲。萬曆己未進士。授刑部主事，歷遷山西副使，備兵懷隆鎮。鎮密邇京師，又爲陵寢肩背。時方用武，而兵不滿三千。夢原誓死就職，至居庸關，聞有鼓噪者，令探之，答曰："宣大援遼兵不肯行，非我汛地。"夢原曰："等王事耳，何分汛地？"爲單騎往撫，衆訴衣食不給。夢原三日措給之，帖然就道。插漢與敖目、七慶、毛乞炭兄弟合衆數萬攻永寧，且及延慶。夢原率將士拒戰，復召懷來、龍門各營兵，與賊合戰數日。賊大敗，興七慶尸遁。事聞，以捷多傷亦多論降，議者欲夢原陳辨，夢原黙然歸。所著詳《撰述門》。《徵獻錄》。

陸康稷，字衷涵。寄籍吳江。萬曆己未進士。知貴溪縣，調廬陵。廉明，善決疑獄。有富民曾某毆匄者，群勾取死人尸至曾所，康稷察屍不類匄，訊之，乃斸新棺誣曾者。置匄於法。以報最，將去，當編審，爲留三月，悉心審定，然後行，民甚戴之。授武選主事，忤璫，勒罷。起稽勳主事，轉驗封考功文選，陞員外，歸。《徵獻錄》。參《江西通志》。

陸卿允，字階卿。父光岳，以歲貢選廣信府教授，卒於京。卿允奔喪，扶櫬歸，舟子欲棄。同載十餘櫬，爲理論，且厚遺之，均得歸。事母郭備孝養。以貢歷四川烏蒙軍民府通判，值流寇焚掠，解餉八千餘里無闕失。招難民，緝巨盜，斷疑獄，督撫交章薦，以病歸。有《雲起堂詩集》。子鎮鼎，鴻臚右丞。

項桂芳，號楚東。忠四世孫。貢生，選韶州通判。捕盜，減榷稅，招輯猺獞，以清肅聞。歸里後，寄興詩酒，與名流相酬唱。有《歸來草》諸集。子玉筍，貢生，有文才。著《檇李往哲續編》。爲景陵令，清操惠政，三楚稱循吏焉。以上吳《志》。參秀水任《志》。

姚以亨，字用嘉。思仁子，以蔭入太學。授南中府都事，轉太僕丞，遷南刑部主事，歷郎中。素熟法家言，至是大獄委臺者悉取決焉。出知曲靖府，雪論辟囚婦鄧氏冤。平彝、白水二衛大水,設法賑貸,多所濟。富紳繆某死,二子争財進賂,以亨置金於庭,詰而導之,兄弟愧悔遂息。歸,築別業南野,焚香誦禪以老。所著詳《撰述門》。子清,字永伯。諸生。性孝,爲祖父上疏訟冤,得追恤。甲申後,隱於頭陀。

朱大兢,字君籲。國祚子。以任官太僕,遷工部營繕司主事。魏黨梁夢環誣劾大兢丞太僕時,虧馬價,方逮問。莊烈帝即位,訟冤,補原官。出知楚雄府。絶供應,民有獻菜果者,槩勿許。時武弁倖功,每掠蠻童僰婦之迷道者,指爲間諜,鍛鍊,上之郡。廉其枉,嚴禁之。聞母訃,貧不能歸。巡撫姜思睿、督學邱名世爲治裝,乃行。百姓謡曰:“清貧太守一世難,百鳥有鳳凰有鸞。”弟大觀,亦以任官南虞衡司郎中,出知思恩府太平推官。某治獄,好株連,勾思恩數十人。大觀曰:“若輩皆貧民,跟蹌行數百里,是驅之殍耳。”拒不遣。卒於官。以上《徵獻録》。

沈希仲,字方壺。國學生。任江西推官,以勤敏稱。解宗室之難,出同官於獄,撫字寬恤,士民咸沐之。喜汲引問業者,戸屨常滿。性孝友,澤及宗黨,人稱長者。有《尚書印宗》《歸與詠》諸集。

唐從悌,字玉汝。貢生。以特用知翁源縣。縣處萬山中,地瘠民頑,從悌勤撫字,革陋規,擒妖黨,釋疑獄,民甚賴之。陞貴陽知州,致仕。以上秀水任《志》。

邵德昭,字明江。歲貢生。任朝陽令,巡海禦寇,邊境獲安。天啓初告歸,士民勒碑紀績,祀名宦。同時金陽華,字孟南,亦以貢生授含山令。流寇犯境,阻其道,捕戮之。擢兵部主事。子惟忠,任廬州通判。吳《志》。

卜萬祺,字戩甫。天啓辛酉,順天經魁舉人。歷韶州守。爲政廉平,稱治行第一。初任刑部主事,恤獄緩刑,圜扉中靡不頌其德。事親以至孝聞。秀水任《志》。

仲聞韶,天啓辛酉舉人,授六合令。歲旱,力請上官移粟賑濟。又捐俸修城,圭黍不擾於民,民感之。内擢,致仕,卒於家。吳《志》。

沈繩芳,字襲余。天啓辛酉副榜,選池州通判。時沿江多盜,設法剿捕,盜遂息。歷署建德、東流縣事,以德化民,清静不擾。兩地立碑祠焉。秀水任《志》。

張龍德,字鯤化。應宿子。天啓辛酉副榜,爲溧陽縣丞,陞和州同知。值歲饑,賑活萬人。地濱大江,盜歲劫往來船無算,設伏擒之,殲其黨,境以寧謐。復條江防十二事上之,不報。轉湖廣都司經歷,罷歸。乙酉城破,死金佗坊項氏池亭,僕從死者數人。仲子鋅負父尸,殞於金明僧舍。妻侯氏投河死。女適徐肇樑者,亦自縊。著有《玉樹堂集》。國朝乾隆四十一年,奉旨入忠義祠。《欽定勝朝殉節諸臣録》。參《浙江通志》《嘉禾徵獻録》。

沈耀辰,字君房。振龍子。天啓丁卯副榜,知三水縣。首除冒袷趙承勛等,四境肅然。催科立自限法,革耗除弊,不半載歲額全完。凡供應私稅陋習,悉罷去。海寇掠西南,薄城下,拒走之。又設法擒獲劇賊郭加正等,賊黨戒不敢犯。擢廣州知府。休官後,道路梗塞,不能行。子瞻日冒險赴粵,奉親歸。人稱其孝。吳《志》。參秀水任《志》。

項鼎鏞,字于廷。忠六世孫。萬曆乙卯、天啓甲子、崇禎庚午三科武舉,充南都撫標守備。乙亥,流寇逼陵寢,應天巡撫張國維檄守安慶,屢衂之,追至宿松縣遇寇,力戰死。年三十八。同時死事者,蘇州衞指揮同知包文達、吳淞守備朱士允、把總張其威、石電、陳瑛等。事聞,贈鼎鏞參將,賜祭,蔭子勛錦衣衞小旗,餘皆贈官有差。建邺忠祠于吳縣演武場,祀鼎鏞等一十五人。又項禹揆,字子毘。縣學生。明亡,與如皋李之椿同遇害。《徵獻録》。參《明詩綜》。

項聲國,字救公。篤壽孫。崇禎辛未進士,授雅州知州,布忱愊,厲風化,州人作《四清歌》誦之。旱,步禱得雨,歲大熟,禾有生六穗者。《徵獻錄》。

濮有容,一作有宏。字德遠,號居元。分水籍,秀水濮院鎮人。崇禎癸酉舉人。知安陸縣,流賊攻陷之,一門十九人皆死難。國朝乾隆四十一年,賜謚節愍。《欽定勝朝殉節諸臣錄》。參伊《志》。

張晉徵,字恭錫。應治從孫,受知於黃道周。崇禎甲戌進士,知閩縣,勤撫字。忤上官,歸。起補婺源,遷刑部主事。道周廷杖下獄,力為調護無所諱。歷員外,出知建昌府。流寇掠袁,震鄰郡,益藩徙樵川。晉徵堅守,擒賊首曾斗墟等,論功,擢劍南道副使。明亡歸。秀水任《志》。參《徵獻錄》。

朱大定,字君永。國祚子。蔭授中書舍人,改判成都府。張獻忠犯蜀,以計斬其豪帥,圍得解。崇禎十三年冬,聞賊渡昭河,人洶洶奔入城,薪米驟貴,蜀王及各司出錢易米,粥難民。大定夜歷諸廠,周諮勞拊,而察其踪跡可疑者別羈之。俄而賊至,大定與布政使侯安國守北門,見城下一酋,衣朱衣,跨馬巡軍,大定操強弩射之,落其胄,衆擁去。謂安國曰:“賊多而未整,可擊走也。”即偕參將率壯士八十人出戰,殺五人,俘三人,奪馬十匹。入見巡按御史陳良謨,提賊頭,血縷漉堂上。陳驚,離席,曰:“別駕貴公子,乃能手殺賊耶?”是夜賊退屯柳溝浦,大定請乘勢擊之,不朝食,提兵奮往,斬三十餘級,生擒七人,賊捲營遁。明年,以功上,攝重慶州。民苦征斂,下令曰:“我寧失官以去,不忍困爾民也。”皆感激爭輸。生母病,假歸。福王監國,起尚寶卿。上書督輔史可法,請正君心,收人望,鋤奸佞,慎名器,足兵食,通民情,凡六事。史動容,歎曰:“救時才也。”將引用,而馬士英、阮大鋮輩驟柄政,拂衣歸。明年南都亡,死於錢塘。《徵獻錄》。

朱茂暚,字子莊。國祚孫。崇禎庚辰進士,知宜春縣。請除酒亭供應,開釋矜疑罪四十餘人。時軍需,徵積遒急,上官令以新抵舊。茂暚曰:“民一年止辦一年之糧,官一任止盡一任之職。”力疏疾苦狀,得緩徵。獻賊陷長沙,逼宜春,軍將謀應賊。茂暚邏得奸細宋子鳳,斬之。又誅大盜蔡全六等。嬰城固守。飛揭請援不得,賊勢充斥,不可支。倉猝間,天井窩盜復起,遂失守。茂暚冒矢石,赴天津窩,親擒盜首,平其黨。既被論,罷,總督袁繼咸力請棄瑕錄用,不報。明亡,卒,年二十九。秀水任《志》。參《袁州府志》。

吳鑄,字鼎吾。崇禎丁丑進士,授廣信推官。廣信界浙、閩,深林邃谷,盤亙八百里,為群盜藪。時盜已蹂躪五郡,方會剿、撫、按知鑄才,檄監軍事。會陳子龍以紹興推官監浙軍,與鑄謀合攻破之。又平鉛山峒寇。撫、按敘功上,不報。善折獄,有夏言後裔及艾南英受誣事,皆為之昭雪。福王監國,將擢諫垣,馬士英尼之,改禮部祠祭司主事。南都亡,累徵不起。壽八十有五。吳《志》。參朱辰應《吳禮部傳》。

戴長治,字季修。少孤力學,年十三試,冠其曹。崇禎癸未進士,授程鄉令。值流寇臨城,親冒矢石,捍禦招撫,縣境以全。論功,進兵科給事中,未赴。歸,家居二十年。預知易簀期,沒之日,長子諸生樹聲慟哭嘔血,三日卒。吳《志》。參秀水任《志》。

朱茂時,字子葵。大啟子。以蔭補順天通判,攝宛平縣。民有與璫爭田者,直在民,上官畏璫焰,久不決。茂時片言斷歸民,莫敢抗。歷工部員外,提督張秋河道。自魚臺縣至天津衛,凡一千六百餘里,挑濬堵禦,往來稽察,不辭勞瘁。通濟閘以南五湖號水櫃,舊制,蓄水濟運,而民盜種湖田,決湖隄,積弊滋甚。茂時履勘清查,悉復舊。大旱,禱龍神祠請神,對坐烈日中,自辰及西,得大雨,漕渠水盈五六尺,人謂至誠所感。時值用兵,撥挑河夫,爲張秋修城濬濠,置義田義倉,造鎗砲練民爲兵,籌之三年,孤城賴以保。出知貴陽府。安酋餘黨未靖,阿烏謎煽動諸夷爲亂,討平之。定番州十六土司,難繩以法,知州趙德璋入洞徵銀,爲番司洪阿銀、阿夜等所劫,總督檄兵進勦,茂時止之。遣一僧持手諭往陳利害,且示以保全意,阿銀等感泣,送趙出,願歲納銀於府,事遂寢。茂時既撫輯流亡,民漸復業。乃以邊士少文學,厚其廩給,月課而季試之,拔十數人,先後登科第。以憂去,黔人祀之。歸田後,四舉鄉飲大賓。壽至八十有九。《徵獻錄》。

范奕文,字正宣。貢生。授南都兵馬司。居官清廉,能平反疑獄。米脂盜寇長安,奕文有討賊議,當宁不能用,遂拂衣歸。著有《墨兵堂集》。秀水任《志》。

張萬壽,字來範。少年卓犖,負奇氣,作文洞抉奧旨,爲宣城湯賓尹所稱。三中副榜,選淶州知州。捐俸爲民償逋,糧不足則廢家產補之。又設法賑濟,全活無數。暇即集諸生講課文藝不倦。擢寧州,未赴,遇變卒。以次子天植貴,贈少司馬。入鄉賢祠。所著見《撰述》門。吳《志》。

夏祖訓,字仲有。歲貢生。薦除雲南呈貢令。地瘠薄,民資水利爲業。沐藩莊兵雜處,久恣侵奪。立法禁之,兵始不擾。土人吾必奎叛,據楚雄土司沙定洲,陰蓄異志,沐藩檄徵,不赴。祖訓撫馭多方,德威並著,沙感愧,遣神將詣謝。後復勒兵,要請加銜,不許。襲破沐,沐走楚雄,相持年餘。呈貢要地,祖訓勢孤力盡,赴水死。僕陸、史二人殉。國朝乾隆四十一年,賜謚節愍。《欽定勝朝殉節諸臣錄》。參《浙江通志》。

項嘉謨,字君禹。初名定謨,號祖洲。高祖元汴,見《文苑傳》。嘉謨,國子生。時流寇猖獗,嘉謨以韜略薦,歷薊遼守備,尋棄職歸。乙酉城陷,束其生平所著詩文於懷,率二子翼、心及妾張氏投天星湖死。著《聽月樓詠史詩》《筠庵諸辨》《有清居詩話》《木石居雜錄》等書。國朝乾隆四十一年,賜謚節愍。《欽定勝朝殉節諸臣錄》。參《徵獻錄》、吳《志》。

張翊,字叔翰。國子生。素伉直。乙酉城破,戴巾衣襴衫,端坐觀書於廳。遊兵入,輒勸毋妄殺,笑以去。有悍卒至,與語忤,以刃睨之,不屈,遂見殺。一門二十七人俱死。其鄰秦如泉等倉猝殞之。殮畢,皆自縊。《自靖錄》。

葉森,字公榮。諸生。事親孝,課諸弟,能盡其力。乙酉大兵下江南,徽州武弁黃伯修引兵追,拒至嘉興,民苦其擾。衆以森任事敢言,推往諭之,遂被害。吳《志》。

高穎琦,字章甫。縣學生。授徒講學。乙酉城破,或促之出走。穎琦曰:“讀聖賢書,所學何事? 城亡與亡,固其所也。”飲刃而死,妻徐氏呼三女前曰:“不可留以辱汝父。”手推之,連墮於井,遂自投。有僕周龍不忍去,被殺。一門死者十二人。吳《志》。參《明史》。

張次柳,字幼緒。府學生。子玉立,縣學生。乙酉城陷,奮力巷戰以死。同時有湯成先,字明甫。與子一德並諸生。王象賢,字懷和。子諸生鯤,字伯秀。有文。兩家父子各慷慨相隨死。湯之同學有吳業昌、朱治恪,相約死。又有陳宮詹懿典之嗣孫曰�悃,字不困;曰愫,字素心,兄弟國子生,皆有文,亦相隨死。而次柳妻以縊死,悃妻蔡赴水死,鯤妾張抱幼子蓮官投井死,僕王茂從鯤死,凡皆志節可愍者。吳《志》。參《自靖錄》。

周敬濂,號慕椿。武生。當明末兵亂時,隨都督陳梧舉義守城,敬濂分守西門。城破,戰死。妻張氏匿眢井,抱幼子忍飢數日,至螞蟥纏體而不知痛。幼子在井啼哭,恐人聽聞,掩其口,致其氣塞而斃。兵退始出,即有諷張氏改適者。矢志不從,以哭夫左目失明。長子允達,年十三,遍覓父屍不得,遂赴水,以救得不死。乃以衣冠葬父,終身哀慟不已。鄉人相傳周氏一門三義云。<small>于《志》。</small>

黃子錫,字復仲。幼穎悟,張溥、陳子龍咸器之。乙酉,充選貢第二。當事將授以要職,卒不及。既家居,習弓矢劍戟以自勞。子龍有所建白,恒屬起草,每中機宜。壬寅,益不自聊,乃挈家入杍山,課子及僮僕種瓜。瓜實大如斗,味甘,遂以爲業。更以餘暇作畫,人爭購之。<small>魏僖撰《傳》[9]。</small>

邵璜,字魯重。崇禎壬午舉人。知雲南大姚縣,值寇亂,闔門殉難。著有《尚書說統》。<small>《新溪詩鈔小序》。</small>

【校注】

[1]按:查《明清進士題名碑録索引》,正統十年乙丑科(1445)無金鼎其名。本《志》卷四十五《選舉二·貢生》:“(永樂)金鼎　工部員外,秀水人,扈駕,没於邊。”

[2]歷南光禄正卿寺:當作“歷南光禄寺正卿”。

[3]按:本《志》卷四十五《選舉二·進士》:“(嘉靖二十九年庚戌)屠仲律御史、知府。”萬曆《嘉興府志》卷十八《人物·秀水縣》:“屠仲律字宗豫,應埈之仲子。嘉靖庚戌進士。”康熙《秀水縣志》卷五《先達》:“屠仲律,字宗豫,應埈子。嘉靖庚戌進士。”故“甲辰”是“庚戌”之誤。

[4]按:萬曆《嘉興府志》卷十八《人物·秀水縣》:“沈玄華,字遼伯。”康熙《秀水縣志》卷六《文苑》“沈玄華”條亦作“字遼伯”。故“瑞伯”是“遼伯”之誤。

[5]按:本《志》卷四十五《選舉二·明進士》:“(隆慶二年)鍾賡陽<small>知府</small>。”(“賡”是“庚”之誤)康熙《秀水縣志》卷五《先達》“鍾庚陽”條作“嘉靖戊辰進士”。查《明清進士題名碑録索引》(下):“鍾庚陽,浙江秀水人,明隆慶二年三甲第十四名進士。”由此,“戊戌”是“戊辰”之誤。隆慶二年(1568)是戊辰年。

[6]按:丁仕明、卜二南二人下有專條,此重出,當刪。

[7]祖廷弼:《明清史料叢書》第四册《陶中丞遺集》附《嘉興府志·陶朗先傳》:“(崔)呈秀遂劾其忌(毛)文龍,祖(熊)廷弼。”當作“祖”。

[8]按:《陶中丞遺集》附《嘉興府志·陶朗先傳》後,有陶模按語:“元暉公於天啟五年死難。奉旨查抄,至崇禎五年昭雪,計八年。《志》稱公子‘在獄十八年’,‘十’字衍。”故“十八年”是“八年”之誤。

[9]按:實是魏禧《貢士黃君墓志銘》,故“魏僖”是“魏禧”之誤,《傳》是《墓志銘》之誤。

國　朝

曹溶,字潔躬,號秋岳。明進士,爲御史。嘗劾輔臣謝陞。又,熊開元參周延儒,廷杖,疏白其冤。入本朝,以御史視學畿内,歷户部侍郎,出爲廣東布政使,左遷山西陽和道,撫綏邊徼,賑恤流亡,民咸德之。三藩叛,從征福建。丁母憂,歸。己未以博學鴻詞徵,復薦修《明史》,因疾不赴,以所輯《崇禎疏抄》《五十輔臣傳》上史館。溶文章沈思湛鬱,諸體雄駿,尺牘小簡尤精。詩原本漢魏,有氣骨,與新城王士禎齊名。晚號鉏菜翁,築室金佗里,曰倦圃。蒔花種竹,與知交置酒唱和。其中嘗以明季門户紛爭,是非失實,著《續獻徵録》六十卷。輯《學海類編》至四百餘種,其他著作別見。<small>吳《志》。參《橋李詩繫》。</small>

張天植,字次先。萬壽子。兄天柱,貢生,著《進善寶書》。天植,順治己丑進士,授編修。是科第一甲第一人黃岡劉子壯,第二人鍾陵熊伯龍,第三人即天植也。文章聲價頡頏兩鉅公。出爲河南學政,歷大理卿、兵部右侍郎。天植宅心溫厚,居家值歲歉,倡捐以賑濟。爲法司,核議庶獄，必求可生之路，全活多人。視學力挽頹風，釐積弊。所著別見《藝文》。吳《志》。參伊《志》。

黃自起，字隣直。順治己丑進士。授翰林，改刑部主事。念母老，歲一歸省。擢郎中，典山西試，督湖南學政。時長沙盜賊初平，自起曰：「治平之始，當以禮樂爲先。宣揚文化，勿可緩也。」五月按部，冒暑入山谷間，受霾瘴得疾，卒。貧不能殮，經略洪承疇賻之，得歸櫬。著有《鶴渚堂詩集》。吳《志》。參秀水任《志》。

錢江，字珥信。順治己丑進士，知瑞金縣。有劇盜陳其綸、許勝可、僧超忠據銅鉢山，聚僧兵千餘。江廉得超忠仇爲盜者，檄營將勒兵討之。佯諭超忠使助官兵擊賊，信之，以百餘騎來赴。復遣人說超忠，使偕數騎，間道疾行來謁，條畫賊情。因伏兵中路，縛之，餘黨駭散。閩賊劉方、羅承俊等率衆附勝可，嘯聚羅漢巖。江請於虔撫，大發兵剿之。江誡其帥曰：「賊據絕險，攻未易拔，當長圍以困之。」帥如誡，賊窘。江察軍中與勝可有舊者，遣往諭降勝可，欲就撫而餘黨不服。江語帥曰：「當乘其懈，疾擊之。」遂潛師夜進，擒勝可及閩賊十三人，斬馘以千計。師旋，江豫策來歲師期，密陳幕府。乙未春，虔撫出師，聲言援漳，實圖其綸，遣別將將兵直趣縣境。江會之，進兵大柏山，親部勒鄉勇攻其北，赴漳之師轉而繞其南，俘斬無算。其綸潰圍走，獲於烏橋峽。三盜悉平。歷官山東提學道，改陝西岷洮道。《贛州府志》。參新纂。

項景襄，字眉山。秀水籍，居錢塘。順治壬辰進士。由庶常歷官兵部右侍郎。遇事持正敢言，時比部欲改三流例減死者，一家皆戍烏喇。景襄謂大辟止其身，若驅一家，無罪置窮徼，非法，不可行。力爭乃止。先是，海禁未開，許濱海民以二百石船沿海捕魚，東撫欲禁其篷桅。景襄以二百石船非篷桅不行，許其捕魚，而禁其篷桅，是餌而阱之也。議得寢。溫、台有來京贖被掠子女者，主者難之。景襄曰：「此皆良民。」第驗有司，文結宜即遣。卒，賜祭葬。景襄淹通群籍，工書法。吳《志》。

沈廷勷，字子相。拔貢。知新寧縣。兵燹後，人民逃避，城中僅十數家。廷勷招來安集，教以樹藝，民漸歸附。其後，新寧裁併入梁山，遂名其故縣爲沈公村云。補樂城縣，遷商州，以疾告。撰《身易實義》一編。歿，祀鄉賢祠。《浙江通志》。

屠洪基，字濬之。祖俊，自浙東徙杭，又徙秀水。順治二年，王師南下，洪基挾策干大帥，帥奇之。試署錢塘簿，檄知上虞縣。時浙東土寇充斥，上官發巨盜五，禁縣獄，賊黨數千謀夜穴城劫之。洪基諜知，不待申報，立梟五首，懸樓櫓，大書榜，列炬火燭之，賊駭遁。八年，知陽山。賊馬寶擁數萬衆至，力拒守。賊不克攻，去。次年，復來攻，堅守如前。賊黨高必正率步騎萬餘乘城，城陷，被執，不屈死。乾隆五十七年，諭追錄殉節。後裔授恩騎尉世襲。吳《志》。參《廣東通志》《陽山縣志》、新纂。

沈焜，號星崖。邑庠生。遊幕貴州南籠府，會逆苗滋事攻城，太守邵廷銓適捐館，民心悚懼。焜具詞遣役，縋城夜出，乞援於撫軍，并捐金募鄉勇，爲固守計。身親登陴，爲飛礮傷額，踣而復起。經數月，圍始解，遂以創深而歿。事聞，賜六品職銜。于《志》。

李令聞，字平叔。順治四年，隨征楚粵，單騎降龍虎關。歷任零陵、寧遠知縣。值大兵進剿，令聞審釋俘獲無辜者數千人。改知全州，招徠西延猺洞，賑饑，修學宮。卒于官。吳《志》。參秀水任《志》。

王雲，字定遠。順治己丑武進士。初任廣東守備，病瘁，投浙江軍門，進攻耿逆于仙霞嶺，敘功，補楓嶺營參將。子浤，字景汾。康熙丙子武舉，由守備歷江西銅鼓營游擊。銅鼓爲盜藪，浤募敢死士伏莽，待其來，聚而殲旃盜以靖軍。民建祠祀焉。伊《志》。

何元英，字葊音。順治乙未進士，授行人。典試粵西，遷督捕主事。時窩盜令嚴，開宥甚衆。進户部郎中，督理大通橋糧務。尋擢雲南道御史，巡視河東鹽政。先後多所建白，有《南臺奏疏》一編。如請脩省，論考察，籌撤藩之事，寬報災之期，除榷關之弊，陳里甲之累，至於鹽法、錢法，剔蠹釐奸，凡有敷陳，輒蒙俞允。通政參議[1]，以疾歸。吳《志》。參《南臺疏序》。

曾王孫，字道扶。父本姓孫氏，贅於曾。曾無後，遂以王孫爲嗣。王孫，順治戊戌進士，授漢中司理，治獄多平反。督修棧道二萬八千丈，不辭勞勩，改知都昌縣。都昌民資新建縣湖洲之草，越境争取，搆訟二百年。王孫移文新建，先定草價，令都昌民輸銀於縣，解給之，聽採草不禁，訟遂息。歷陛部曹。視學四川，兵燹後加意恤士。著有《清風堂詩文集》，漢中、都昌等録。

吳源起，字準庵。禮部鑄子。順治辛丑進士。授洛陽知縣，時滇南告急，豫有奸民乘機爲亂，源起密擒其首，餘黨悉散。洛陽賦重，力請巡撫疏減之。行取，歷給事中。值奉詔舉博學宏詞，源起慨然曰：「行誼，本也；辭章，末也。」特疏以平湖陸隴其，薦疏言：「隴其理學入程、朱之室，文章兼韓、柳之長。」會隴其丁憂，未與試，論者謂源起得以人事君之道。尋告養歸。年踰七十，尚壯遊。著《五嶽遊記》。以上吳《志》。

杜臻，字肇余。以進士選庶常，歷内閣學士。國初，遷沿海民于内地，畫界而設之禁，故界外多棄地，而閩海流民鳖聚臺灣。迨王師收閩，金門、厦門以次列戍，海濱窵匪，餘黨相率來降，安插未有計。督臣姚啟聖請以界外地按籍給還，并弛海禁，收魚鹽之利，給軍食。疏下廷臣議，持不可。康熙二十二年，臺灣平，上諭海壖弗靖，權畫地以民遷。茲反側永清，界外田畝宜給還耕垡。會給事中傅感丁請將江、浙及粵東界外田一併招徠開墾，於是别遣二臣往江、浙，而臻及内閣學士石柱往閩、粵，相度展界。進臻工部尚書。臻巡行，自欽州之防城始，遵海以東，歷府七，州三，縣二十九，衞六，所一十七，巡檢司一十六，臺城堡砦二十一，給還民地二萬八千一百九十二頃，復業丁口三萬一千三百，定懸軍之營二十八，而廣東之疆理以復。又自福寧州西分水關始，遵海以東，歷府四，州一，縣二十四，衞四，所五，巡檢司三，關城鎮砦五十五，給還民地二萬一千一十八頃，復業丁口四萬八百，定懸軍之營三十三，而福建之疆理以復。是役也，臻往還嶺海，跋涉三萬里，勞來安集，宣布皇仁，諮諏民隱，海澨山陬，各得其所。論者謂功蓋於南國云。丁母憂。起刑部尚書，尋改兵部。時議裁各省駐防及督撫提鎮標兵額。臻謂兵冗可裁，而不可驟裁，請自今有老弱病故出闕者，槩弗補數，歲額自減。從之。轉禮部尚書，以疾告歸。上賜「煙霞耆舊」額以寵其行。臻既卒，康熙乙酉南巡，追賜額曰「眷懷舊德」。臻少貧力學，奉祖母暨父母盡孝。好宏獎人材。詩文剴切中條理。所著詳《撰述》門。《通志》。參朱彝尊《杜公疆理記》。

曹晉，字受明。拔貢。任東平州同知。詳革漕鹽陋規。戴村大壩圮，剋期鳩工。築七十餘丈，因上割地禦水之策，廣植柳以護壩基，至今賴之。梁山盜爲患，上官委晉招復之，不戮一人。引年歸。樂善好施，壽至九十有五。吳《志》。

張起文，字卓人，號緘齋。少穎異。年十三入泮，即食餼。康熙乙酉，以五經舉孝廉，補中書，出知江西宜春縣。以清慎稱，歸橐蕭然。没後，遺稿散佚。《新溪詩鈔小序》。

卜陳彝，字聲陔。康熙甲辰進士，知洛川縣。值滇黔之變，修堡砦，練鄉勇。有叛將李師膺、朱龍以衆薄城下。陳彝嬰城守,飛檄請鎮將楊某提兵至,內外策應,賊敗而遁。尋補武昌,免派歸巴腳價及協濟大兵草束。內陞,歷吏、禮二部。卒于官。伊《志》。

袁定遠,字靜公。康熙庚戌進士。授新野縣,累陞平度州,歷吏部文選郎。陳冢宰廷敬深器重之,保舉第一。終順慶知府。伊《志》。

李登瀛,號叔遠。歲貢,知梓潼縣。先是,大司馬靳輔治河,延致幕府。時河流橫決,靳持開中河,以避三百里波濤之險,爲永遠利。登瀛實贊成之。伊《志》。

沈敉功,字獻民。父乎,端方好義。敉功能承先志。以歲貢授分水教諭。陞任邱知縣,興建義學,闢治水田,歲凶賑貸,全活甚衆,民德之,建感恩坊。洎卒,復祠祀焉。伊《志》。

張龍驤,字標年。康熙丁巳舉人,知聊城縣。縣有丈量舊尺,奸胥陰截短,而誣民欺隱。龍驤較舊尺,正之。歲饑,民有鬻妻女者,給資令贖還之。伊《志》。

朱象鼎,字禹州。父麟世,從征川幕,署知夔州府。再參浙幕,時獲山賊黨,讞上,議屬族皆死。麟世曰:"律稱謀反族誅者,爲期以上言也。大功以下濫入,非律意。"因奏得末減。象鼎,康熙戊午舉人,知鄖都縣。川東饑,禁私糶,于是川、楚各屬皆遏糴,民大困。力請弛其禁,遷通政經歷。伊《志》。

朱彝尊,字錫鬯。國祚曾孫。康熙己未,以布衣舉博學鴻詞,授檢討,充《明史》纂修官。典江南試,渡大江爲文告於神,矢拔真才還都。魏尚書象樞朝衣造彝尊,再拜曰:"吾非拜君也,慶朝使之得人也。"召入南書房供奉,賜禁中騎馬,旋賜居禁垣,出入侍從,帀歲間異數頻仍。旋被劾,吏議當落職,天子宥之,鐫一級。尋復原官。歸里後,聖祖南巡,進《經義考》《易書》二種,特賜"研經博物"額。卒年八十一。高宗御製詩《題經義考首》,欽定《四庫全書提要》爲核其著作,實不愧一代詞宗。所撰諸書,詳《撰述門》。子昆田,字文益。國學生。少承家學,又克自奮發,力追古作者,京師呼爲小朱十。嘉定張雲章謂昆田詩"上窺韓、杜,下汲蘇、黃"。又稱其"睥睨流俗,踔躒古今,幾于父子之間各欲自成其不朽"。惜困于試。年四十二,先彝尊卒。所著《笛漁小稿》附父集以傳,《摭韻》未梓。伊《志》。

徐嘉炎,字勝力。贈太僕世淳孫。一目十行,下誦三遍,終身不忘。與松江夏存固、嘉善錢不識,警敏相頡頏,有三神童之目。與從父善同庚,同席研,人稱"大小阮"。康熙壬子副榜,戊午舉博學鴻詞,授檢討,充《明史》纂修官。典貴州試,歷侍讀學士。與學士張廷瓚、曹鑑倫、史夔同直南書房。召嘉炎至榻前,問:"爾《五經》《通鑑》,皆能成誦否?"嘉炎奏:"《五經》或可背誦,《通鑑》恐未能悉舉其詞。"隨問《尚書·咸有一德》,嘉炎奏明書旨,朗誦終篇。後更端問宋元祐三黨諸人是非。嘉炎數對諸人姓名、始末及先儒論斷優劣語。特賜御書臨蘇軾詩一卷。是時,詞臣未有賜御書者,拜賜自嘉炎始。尋陞內閣學士,兼禮部侍郎,充《三朝國史》及《會典》《一統志》副總裁。以疾告歸,賜御書"直西清"額及對聯、詩幅。嘉炎居家,事母孝,待昆弟群從以誠。貧不自給,典朝衣,冬夏相易,歲以爲常。伊《志》。

沈廷文,字原衡。瞻日子,京文弟。京文學有根柢,廷文師事之。康熙戊辰,以進士第一人授修撰。著有《廣居文鈔》《北征》《南歸》等集。吳《志》。

蔣鶴鳴,字聲御。出陸清獻公之門。康熙癸酉舉人,知舒城縣。舒自明以來水利弗講,故道淤塞,田多旱乾。鶴鳴相度原委,部署經費,方有成規。適歲歉,遂下令大興工,使貧者受直以執役,不三月濬河七十餘里,人不勞而事速濟。調江都,救災恤貧,慈惠一如舒。鑄學宮樂器、祭器，件繫其勉兩，著之籍。越歲，以勞卒。《浙江通志》。參《江都縣志》。

徐鳳池，字梧岡。康熙甲戌進士。初任雒容縣，調永淳。清隱糧，除私派，修城，葺學舍，以鋤強恤弱爲治。署象州，一如在永。陞戶部主事，遷刑部郎中。擢浙江道御史，巡視西城，時差務需車輛，有乘間橫索車戶者，車戶皆逃散，特疏發其奸；因公事例，止罰俸。有傾之者，竟落職歸。及沒，貧無以爲葬。其子大士在蘇州布政司鄂爾泰幕中，以母病歸省，中途聞母歿，大士遽躍入水，藉救得不死。鄂公既資大士葬，又重慕鳳池廉節，爲之立傳。《鄂文端公傳》。

杜庭珠，字詒穀。尚書臻子。康熙乙酉南巡，以太學生獻詩，命用心讀書，日後進京效用，益感激，刻志屬學。六年，入都召見，入武英殿纂修書館。庭珠詩清雅，書法遒秀，累試不得舉。纂修期滿，授臨縣知縣。歲饑，鄰境訛言有操陰符秘書者聚衆木壺臺山中，將爲亂。時議發兵剿，庭珠曰：“此必饑民蟻附耳。”力陳於大吏，止之。及遣人往偵，則數百人相聚，拾山果野蔬以爲食。訊秘書，乃句者歌詞耳。調萬泉縣，攝臨晉事。時積逋重，庭珠請分年帶徵，觸上官怒。委員督之急，以民譁，被劾歸。伊《志》。

張時泰，字昇望，號平山。官廣西上林知縣，有惠政。著《實懶齋集》。于《志》。

范長發，字廷舒。以進士謁選南城縣。縣經兵燹後，民氣凋敝，長發一意撫循，免徵耗，除派累，歲借倉穀，應時即發，使民受實惠，而以平糶收之。考最，行取，補禮部主事，晋廣西道監察御史。康熙六十年，偕同官陶彝等以上疏獲罪，蒙恩以額外主事銜軍前效力，隨都統圖臘赴征西將軍營，歷天山，涉推河，還駐歸化城。後命赴察漢新營，賦詩云：“書生慣戎服，許國敢遲留。”又云：“餘孽期朝滅，全師計日還。”可以見其忠悃矣。尋以原職休致歸，卒。伊《志》。

石杰，字裕昆。以進士知清江縣，繕廢堤以護城。縣有淫祀曰天巫神，火其像，而弊俗革。以才望內擢，未赴，丁父憂。尋以承審事誣連，久始雪。世宗憲皇帝特召見，以江南緊要缺用，賜墨刻、貂皮、香珠等物。杰感奮歸，而跪陳母前，涕交下。補泰州，攝徐州。丁母憂。總督尹繼善以徐州河防值秋汛，奏留在任守制，杰泣辭不得，踰歲乃得歸。終喪，起邳州，擢徐州府。宿遷災，舊例，次貧不加賑，杰破格請加，不待報而發米二萬石，竟得請。擢建昌道，檄勘松茂道，屬頑番罪魁，而釋其黨，進剿占對逆酋，總理軍需，移駐打箭爐。又移駐章谷，及仁連地方衝突，烟瘴三千餘里，以勞致疾。擢四川按察司，命下而卒。伊《志》。

汪繼燝，字倬雲。先世自徽州遷桐鄉，至繼燝注秀水籍。以舉人爲中書，陞兵部員外，授山西道御史，巡視西城。西城奸宄雜處，有游手數輩藉端滋事，噬陷平人。繼燝悉繩以法，不少貸，豪強斂跡。轉河南道，巡視臺灣。值漳泉米貴，設法添運臺米萬石運內地，米價頓平。未滿任，以憂去。伊《志》。

陳士鑛，字山貢。由貢生授中書，歷工部郎中。出守萊州，捐俸賑饑，改知鎮江府。府當南北孔道，往來乘傳絡繹，士鑛調度悉宜，與民無擾。以疾卒於官。吳《志》。

沈李楷，字元禮。康熙壬子舉人。由慈谿遷秀水。楷以庚辰進士選庶常，改廣元縣。行取，歷郎中，出知饒州府。十年，以儒術治郡，苞苴請謁，不至於庭。其去也，饒人祠之。著有《詩文稿》《瑣譚景行錄》《似奕編》。子祖蔭、祖修，並以詩鳴。祖蔭有《古音齋集》，祖修有《古樵詩稿》。伊《志》。

項維聰，字穎叔。舉人。知江都縣事，丈坍江地，以贏補絀，豁枯丁，令隨出運，辦核三汊河疏淺費，商減金千餘，民減夫五萬，歲著爲令。三年行取，百姓以水一器、鏡一圓送之。《江都縣志》。

張仁浹,字觀旂。天植從孫。以桐鄉籍中康熙庚子舉人,性肫篤務,爲義理根柢之學。乾隆庚午,詔舉經學,錢侍郎陳群以仁浹薦,年老未赴。郡舉鄉飲酒禮,推仁浹爲賓,致仕郎中金作楫爲僎。禮成之日,觀者皆動容興感。所輯《周易集解增釋》八十卷,精採漢後迄今約二百餘家,以己所釋附焉。精言奧論,往往闡前人所未發云。伊《志》。

諸錦,字襄七,號草廬。家寒微。父有隱德,錦生數歲孤,母氏爲擇師,日攜以就塾,力鍼黹以供脯修。錦亦自發憤刻勵,甫冠,以舉人考授內閣中書,成進士。由庶常改知縣,再改金華府教授。乾隆丙辰,以博學鴻詞授翰林編修,典福建、山西、貴州試。歷左贊善,假歸,不復出。錦於書無所不窺,於箋疏考核尤精。詩學韓、蘇,書法瘦硬如其人。著有《毛詩說》《饗禮補亡》《夏小正詁》及《絳跗閣詩文集》。伊《志》。

徐天麟,字上符。雍正甲辰進士。由庶常改部郎,以憂歸。保舉授建昌府十年,爲政清肅,拔士之秀者親爲講授,嘗言“人而圓,不可以爲人;文而圓,不可以爲文”。人以藝謁,必延之。有假此進訟牒者,立召學官予夏楚。士氣益振,決獄平允。富家有命案,賄天麟不得,百計營上游翻其案,遂被揭,公論咈然。召見,以原官用。擢慶陽府,旋內補刑部貴州司員外。引疾歸,約同里沈青崖,移居河南輝縣之百門泉。《淩大田集》。

范燦,字電文。秀水籍,寓居烏程之南潯。雍正甲辰進士,授庶常,改知大興縣。歷萊州、安慶知府,擢江南廬鳳道,轉河南布政使,調直隸。有實倉、儲理、溝洫等事疏,並允行。尋擢湖北巡撫,調安徽。入爲副都御史。時同官奏以命案、盜案之多寡,爲督撫殿最,部議已準。燦謂啟諱命、諱盜之漸,不可行,上皆是之。晉工部侍郎,告歸。高宗南巡,賜御書“松巖樂志”及“耆英介景”額。以壽終。伊《志》。

王霨,字介庵。博極群書。居官能行實政。初知祁陽縣事,祁陽本三湣鈷鉧地,甫經燹,招集拊循,民樂歸業。調靈邱,地薄。雲中,雁門塞外,俗號難治,以治祁陽治之。累擢淮安船政同知、山清外河同知,有能稱。仕至東牟知府,東牟人士請祀名宦祠。著有《偷閒集》。子璋、璣。璣另有《傳》。璋,字予圉。隨霨任,究心服官利弊,以貲丞福建興化郡,洊升同知,所至有聲。嗣以母老歸養。著有《安流舫存稿》。孫元鑑,字寅亮,號抑齋。畚歲有才名,乾隆辛未迎鑾,獻詩賦,荷恩遇,以明經終。所著《鵝溪草堂詩賦》,諸宮詹錦亟稱之。曾孫澄,字清宇,號橘堂。克紹家學,後秉鐸台、嚴諸郡,有《橘香堂稿》。《王氏家乘》。

王璣,字象天。康熙末,以例授真定縣,內陞,歷戶部郎中。出爲常鎮道,調延建邵道。擢光祿寺卿。時臨晉村堡有製器械備盜者,吏怵以罪,匿弗敢出。捕之急,益懼。更以屠戮煽惑之,鄉愚皇皇,各執器械以俟。當事謂民變,脅以兵數月矣。璣奉命至,撤兵召諭,不三日而解,繩七人法,餘盡釋。轉通政司,晉戶部左侍郎,攝江南巡撫。罷歸。乾隆辛未南巡,給鴻臚寺卿銜。著有《復初集》《燕山雜詠》等種。伊《志》。

褚菊書,字榮九。以舉人效力江南河工,授寶山縣。會大風雨害稼,海潮入城,傷民廬。菊書力請於上官,得普賑。委勘通州災,濱海民籍與竈相半,菊書議民捐賑民,竈捐賑竈,民捐不足發社倉,竈捐不足發義倉,調濟得宜,全活甚衆。以擢知滁州。政暇,與滁人講學賦詩,修前賢故事。引疾歸。著《易經象數》《臆解》《讀杜臆說》《投筆齋集》《胎產須知》《痘疹集要》等書。

盛支焯，字賁園。以舉人出爲知縣，年六十矣。試融縣、橫州，補貴縣。以憂去。補葉縣，鞫獄不刑，求必宛曲，以得其情。灄陽有實死于水而謂丁二妮毒之者，裕州有黃得都致李王氏縊死而炗不承者，支焯並爲覆勘得雪。年七十歸。以父所撰《徵獻錄》有闕漏，爲補綴之而著所自出。又輯《家乘》若干卷。伊《志》。

盛熙祚，字晴谷。支焯弟，以監生保舉，發廣東，署靈川縣。縣界交趾，深山密箐，易藏奸。熙祚爲申嚴保甲，請添設巡檢分防之。補龍川，創尊經閣，聚經史諸書以造就學者，成進士四人，蓋縣無甲榜百年矣。郡守某以熙祚無所獻納，陰列條件，送上官排之。布政甘恭恪公廉其誣，得白。未幾守卒，家被累，熙祚爲周恤其孥。連平州有疑獄，守委和平令某具讞，上臬司辭，不服，委熙祚覆勘，擬改凌遲予杖，冤始白。熙祚廉俸所入，輒分以助宗黨。卒之日，無餘資。伊《志》。

沈青崖，字艮思。雍正癸卯舉人，官至開歸道。青崖先以監司任軍儲，有掎摭之者繫獄幾數年，子敦懲訟於部，上知其冤，釋之。仍官監司。終以議論梗直，爲大吏劾罷。在獄時，著有《五經明辨錄》《綱目尚論編》。伊《志》。

金作楫，字濟庵。以進士選清溪縣，未抵黔而題補。有人攝天柱縣，縣有黃花銅廠，廠開，米輒貴。作楫封之而逐諸匪類，價頓平。攝鎮遠縣。時經略張廣泗駐鎮遠，治苗頗用重典，而作楫承審苗案，未嘗失入。擢永豐州。內陞，歷驗封司員外。引疾歸。伊《志》。

沈光曾，字士行。以幕友保舉，知長洲縣。鞫獄曲盡人情，吳人號沈青天。調山陽縣，擢高郵州。於河工漕務利害得失，廣稽曲詢，後以酌添三壩一議，爲河使所劾，改發福建。頃之，河防大決，臺臣以光曾先見露章直之，有詔詰責使者。而光曾已以足疾告家，貧如洗。所著有《安潤文獻》《夢游錄》，內分《治獄條議》《啟牘》《書問》《雜著》《閒吟》，凡六種。伊《志》。

楊時敏，字遜峰。雍正十三年，以州同投效江蘇。巡撫派令清查常熟縣積欠錢糧銀米八萬有奇。時敏一一清釐，不事敲扑，而民樂輸將。一年竣事，巡撫欲特題保用，時敏以母老且病，謝歸。伊《志》。

陳學沆，字山匏。原籍桐鄉，改秀水。康熙癸巳舉人，知湖北蘄水縣，攝蘄州，以廉能稱。時有三疑案積，不能剖，學沆悉取決焉。吳《志》。

翟堯佐，字亮工。知單縣，均徭役，除羨稅。治董家口水患，興築廢堤以禦之，人號翟公堤。子枚吉，知隨州。能詩。有《蠡洲詩鈔》。伊《志》。

馬湘，字芷鄉。知郫縣。歷署宜賓、富順、內江及打箭爐同知。在郫捐俸開嶺路，行者歌於途。有范姓兄弟奸案，上官欲駢戮之，湘以罪疑，力爭不得，遂被劾。郫人歎息送者萬計。湘好吟。著有《就園詩草》。伊《志》。

沈昌寅，字升伯。七世祖思孝，明神宗朝以直諫聞，詳《嘉興列傳》。祖德亮，拔貢生。昌寅與弟昌宇少受業於同里賀光烈。昌宇先舉雍正甲辰鄉榜，以師及兄未雋，仍共下帷讀書，不赴禮部試。丙午、己酉，以次捷，乃就計偕。明年，昌寅與弟同登進士。昌寅授刑部主事，補盛京工部主事，未久終於任。昌宇字泰叔，會試第一，廷試第二，授編修。典廣西、河南、山西試。提督廣東肇高學政。粵中前有惠學使士奇，士林尸祝之。昌宇復條列規則，使之易循，人翕然悅服，稱復得惠夫子云。昌宇兄弟素友愛，自兄之歿，抑鬱不自勝，歸不數年亦卒。伊《志》。

張敬業，字日乾。性謹厚，敦行誼。講析儒先理義以教授學者，輒成名。雍正壬子舉於鄉，考選中書,監督通州南倉,清慎自矢。除典籍,記名以部曹用。告歸。著有《篁園吟草》《拙存居文集》。伊《志》。

鄭虎文,字炳也。乾隆壬戌進士,授編修。典河南鄉試,督湖南、廣東學政。歷左贊善。歸,主徽、杭書院十數年,卒。虎文於學靡不通,衡文兼攬衆長,無遺美。少孤,竭力養母。母病,禱於神,請減算界母,竟如所禱。事兄如父,撫諸姪諸甥如子。分衣共爨,五十年如一日。素以經濟自負,嘗願爲知縣,謂:“縣令切近民,易知民間疾苦。一令賢,則一縣治;天下之令賢,則天下治。”人以爲名言。著有《吞松閣詩文集》。季子師雍,讀書過目了了,而其意邈然。視文字若糟粕者,十五舉於鄉,十七夭。伊《志》。

錢載,字坤一。父炘,性閒曠,貧至不舉炊,不知也。載自少不耐爲舉業文,爲之輒崛奇,不合時樣,故不售。載不顧,益肆力於古,漁獵百家,尤以詩爲命,獨窺古人奥,縋鑿不已。既以副榜薦博學鴻詞,薦經學,皆不獲。壬申始聯捷,年四十五矣。由翰詹累擢禮部左侍郎,充會試同考官者三,典江南、江西、廣西鄉試凡五。又視山東學,命往秦、蜀祭告,上書房行走。癸卯致仕,癸丑卒於家。載詩凌紙怪發,險入復入,橫出復出,於古不名一家。更歷萬里游,壯觀嶽瀆,吸靈奇之氣而張之,故老益肆益硬。載名自未第時已達天聽,受知遇,立朝三十年,秉正不阿,終其身食,貧不知貧,有父風。性直,常折人過,而周人急如不及。畫,其餘事,世珍之。著有《籜石齋詩文集》。伊《志》。

王又曾,字受銘。少與錢載以詩鳴里中,有錢王之目。乾隆辛未南巡,召試一等,授内閣中書。甲戌成進士,授刑部主事。未久,以疾歸,越歲卒。嘗語錢世錫:“我詩適興而已。詩家精深華妙,森嚴密栗之境,未能也。然天真爛漫,隨手拈得,頹唐中見風致,古人佳處往往在是,必以苦嚴爲森森之正味,執半山、山谷法,苟以相繩,亦刻舟矣。”其自道如此。詩曰《丁辛老屋集》,有前後二刻。子復,字秋塍。國子生。五試北雍不售,考職,歷知偃師縣。著《晚晴軒稿》,畢沅序。伊《志》。

萬光泰,字循初。乾隆丙辰舉博學鴻詞試,罷。旋舉鄉闈,後以梁相國詩正續修《通考》,延光泰董其事。卒於京寓,年三十九。述作甚富,全太史祖望盛推之,爲誌其墓。語見《經籍志》。光泰與同里錢載、汪孟鋗爲文章性命之交。汪刻其詩集,傳於世。兄光謙,字敬懷。以進士知陽山縣,撰《陽山志》,有條理。痛弟之亡,因公假省母,母歿,遂不出。伊《志》。

盛世佐,字庸三。以進士發貴州。署湄潭縣,訟牒過目不忘。授龍里縣,未任。丁憂。補發雲南,攝麗江井務,以運銅勞瘁卒於途,年三十八。生平邃於經,尤熟精《三禮》,撰有《儀禮集編》,積二千翻,依經分十七卷,不欲於一篇中橫隔也。謂《士冠禮》,自“不醴,則醮用酒”以下即記;《士相見禮》,自“士見於大夫”以下即記。凡註或連傳經,爲傳隔之類,悉爲更定。至於鄭、賈及楊氏之圖有失者,胥正之,刻《綱領》二卷。附勘正監本、石本,補顧炎武、張爾岐之闕,宋、元來說禮家未有若此之精粹者。伊《志》。

汪孟鋗,字康古。弟仲鈖,字豐玉。家故饒,至孟鋗時漸落。又兄弟不事生産,遂貧。而先世裘杼樓萬卷之藏書故在,孟鋗兄弟,蒐討其間,鋭意攻詩詞。又與錢侍郎載、王刑部又曾、萬孝廉光泰及祝舍人維誥、陳明經向中、朱孝廉麟應、陳明經經業,往復講習,爭相濯磨,極一時應求之盛。乾隆庚午,孟鋗兄弟舉於鄉,癸酉,仲鈖卒,年未及壯。孟鋗於壬午南巡召試,授中書。丙戌進士,仍官中書,轉典籍,擢吏部主事,嘗預修御批《通鑑輯略》,充方略館、一統志館纂修。

所著古文辭及經術金石雜録稿甚夥。已刻者有《厚石齋詩集》。仲紛有《桐石齋詩集》。而孟鋗詩尤精簡，刊落枝葉。卒年五十。子如藻、如洋自有《傳》。伊《志》。

朱坤，字中黃。以舉人補蕭山教諭。保舉，授博平縣，以疾歸。爲學不務詞章，服習有宋諸儒之言。私淑鄉先輩張履祥氏，校勘其遺書，稱弟子。於寧化雷公鋐常以書往復講論不已。在蕭山上書，言縣之西江塘宜改築石塘，以資捍禦；長山閘、龍口閘諸處宜修濬，以利導下流。反復數百言，洞悉機宜，未允行。後十三年而西塘潰。在博平，值南巡，縣官當治道，坤騎匹馬，從四五人往相視。而縣人已爭荷畚鍤，掃灑之具。先坤所行處，道悉平，治其民易使如此。大興朱筠誌坤墓，謂古之學者，而當世之循吏也。著有《靈泉筆記》等種。《筍河文鈔》。

賀基鞏，字裕垂。以進士授新鄭縣。治尚清净，不爭紛擾。而凡有關利害者，必竭力爲之。舊例，每年買穀數百石，納府倉，民苦之。鞏基力請于上官，得永免，期年大治。未幾，遘疾，士民爲泣禱者踵相接。及卒，縣人賻之，乃克舉喪。《新鄭縣志》。

唐淮，字晴川。少貧苦學，庚辰成進士。由翰林轉御史。時翰林保舉御史，有甫除官而列名者，疏請以三年爲限，得允行。典雲南試，以疾歸。伊《志》。

錢受穀，字黃輿。乾隆丁丑南巡召試，授中書。庚辰進士。由庶常改部，歷郎中、軍機處行走，出爲漢興道。值緬匪跳梁，毅勇公明將軍瑞兼總制督師討之，奏請受穀從事。由漢中馳抵永昌，授迤東道，調迤西。從明公軍發永昌，出宛頂，破柵十六。踰天生橋，入象孔，迷失道，鏖戰蠻化，賊益衆，明公令護案牘先行，而自殿後。明公歿於軍，受穀入關，復從經略傅公恒進兵，駐盞達，策理糧務，旋復攝迤東道，治軍需，以勞卒於官。所著詩文未梓。伊《志》。

盛百二，字相舒。熙祚子。舉人。讀書穎悟，詩文外博求天文、勾股、律呂、河渠之學，必研其故。撰《尚書釋天》一編，五易稿而成，所論説於陰陽之理，性命之旨，治亂得失之故，無不洞若觀火。嘗爲淄川令，一年以憂去，遂不仕，蓋本無宦情也。然其爲政静而不擾，簡而有要，聽訟不多言，而人自服。查覈歷城、濟陽災户，了了無遺，雖能吏莫之及。晚居齊魯間，主書院十數年，多所成就。有《柚堂筆談》等十數種。伊《志》。

沈琳，字潤輝。少受業於杭太史世駿。父雍嘉，詳《孝義傳》。琳，乾隆辛巳進士，授武選司主事。洊擢員外、郎中。琳久任選司，熟成例，吏不能奸，論事于上官，直言無隱，以故皆委重焉。改職方郎中，陞御史，轉吏科給事。以光禄寺少卿終。琳孝親如其父，事叔謹，與從弟同爨，數十年無間言。兼通醫，求診視者雖臧獲，無不應。伊《志》。

汪如藻，字念孫。舉人，考授國子監學正。值四庫館開，獻家藏書一百三十七種，得褒旨，充甲午順天鄉試同考官。以乙榜與選，異數也。乙未成進士。入翰林，出知撫州府。終山東糧道。伊《志》。

汪如洋，字潤民。孟鋗子，爲仲紛後。乾隆庚子會試、廷試皆第一，授修撰。入直上書房，典山東試，視雲南學政。年四十卒。如洋少侍所後母，不獲親孟鋗教而能自勵學，詩文雄駿無前。通籍後，學益進益沖，然不自矜。在滇弊絶風清，文無不經目者。諸生或曳敝裾袖文以謁，必爲之口講手批，反覆開導不倦。滇人士謂父師之教子弟，弗及也。著有《葆沖書屋詩詞集》。伊《志》。

錢世錫，字慈伯。侍郎載子。方數歲，冬夜温經，母張夫人蒸飯以待，無侑飯物，謂世錫曰："白飯如棗花香，無用魚肉也。"世錫欣然食。已，仍攤書坐破氈，一燈如豆，滿樓讀書聲。及冠，踔厲風發。文壓儕輩,而運不偶,九試乃得舉。又十年成進士,改庶常,授檢討。丁母憂。補官,尋以父致仕家居乞養。十年,父歿。踰年,世錫亦歿。世錫性真摯,父官貧,常館於外以佐養。遍歷燕趙、齊魯、雲朔,得山川之助,其詩豁達清快,無一字剿竊。而神理似東坡。與《蘀石齋集》性情同而面目異也。游京師,雖未第,噪公卿間。既館選,值父教習庶吉士,英文肅公廉語曰:“汝入翰林,而上命汝父教其子璟頤文章,世濟厥美,惟汝勉之。”世錫終養,後問業者屢常滿,因材誘掖,必盡其忱。著有《錢檢討集》及雜著若干卷。伊《志》。

莊肇奎,字星堂。祖籍常州,遷秀水。以舉人授教諭。俸滿,除施秉縣,陞雲南永北同知,署開化府,補廣南府,陞迤南道。以制府案牽,坐得罪,發伊犁數年。補巴里坤撫民同知,擢惠州府,移肇慶。陞惠潮嘉道,潮大水,米騰貴,發倉平糶,且請督撫以下各捐俸賑濟而親理之。尋陞按察使,再陞布政使,卒於官。伊《志》。

朱休承,字伯承。稻孫之孫。以舉人挑發,攝三水、武功及西安府清軍同知事,治案有聲。補城固,偵獲鄰省巨盜數人,例得薦,力辭之。已而署郃陽,再署富平、白水。白水瘠而貧,方請緩徵事,未允。而城固民數百人赴御史臺乞還,休承從之。會攝篆者審邪教案,株連無辜數十人。休承至,白其冤。後將以疾告,為父老攀阻者一年。比去,有步送至興安者。著有《居官隨筆》二卷。伊《志》。

吳奕傳,字紹虞。舉人。授樂至縣,不攜家,以二僕從。居官有慈惠聲,甫十月卒。貧無以斂,制府李恭勤公世傑察其賢,屬守以下助之,始克舉喪。歸之日,民送數十里,肖像文昌閣下祀之。伊《志》。

朱乾,字贊文。乾隆辛酉拔貢,館大興朱氏,故學士筠、尚書珪皆嘗受業焉。性孝,飲食必思親。暮年主講鴛湖書院。七十一齡丁承重祖母于氏艱,猶哀毀骨立。著《四書集成》《春秋纂傳》《關中雜記》《奏議選》《管子訂譌》《文選訂譌》《周禮正譌》《楚詞古音》《蓮嶽臥遊》《水經注箋》《揚雄年譜》《考定三略》《樂府正義》等書。《朱氏家乘》。

陳于上,字霽園。少力學,夏畏蚊,身披重葛,足置瓦缶中,讀不輟。舉乾隆戊辰進士,宰江西新昌縣。邑溺女,為創建保嬰堂,刊示條約,俗以丕變。巨窩許某久漏網,訪得之,盡法懲治。攝四川涪州牧,離地二十里[2]險灘名鬼龍關,開鑿縴路,即以鑿石修鼓兒城,稱為陳公路。終長壽知縣。著有《眠遲集詩》《挹青堂文稿》。《新塍瑣志》。

吳春淡,初名蔣源,字朗陵。先世杭人,後遷新塍鎮。少嗜學,讀書廣陵僧舍。秦硯泉學士索閱詩文,詫為異才。以名孝廉參贊幕府。出宰寶應縣,聽斷如神,一時奸暴號五虎、十三鷹咸為斂迹。寶應地窪下,疏通溝洫,修築隄洞,農田漕運,均利賴焉。《新塍瑣志》。

陳經禮,字慶施。元朗從子。乾隆丁丑進士,知沅陵縣。縣置郵凡五站,軍興旁午,士馬芻糧,支應費絀,輒鬻產補之,不以累民,大吏廉得其實,保陞永綏同知。于《志》。

張慶源,字崑白。乾隆壬申舉人,辛巳進士。歷任山東、河南知縣,多治績。主講江西鵝湖書院。著《四書隨課題解》。于《志》。

楊志鷟,號拙庵。由舉人挑選,補湖南益陽知縣。政事明決,平反冤獄,培植士林。委赴滇省辦銅,歿於差次。滇藩王公楚堂為作《行狀》。著有《金石釋文》及詩賦若干卷。于《志》。

何振權,乾隆壬午舉人。由教職陞陝西南鄭知縣。時川楚教匪滋事,軍書旁午,四鄉已遭蹂躪。振權招募鄉勇千餘人,嚴密堵禦,保障之功,關中稱最。調署渭南、華陰劇邑及鳳翔通判,皆著勞績。以疾乞歸,宦橐蕭然。因素精醫術,藉瞻餘年。于《志》。

盛世綺,號對宸。由縣佐軍功擢知縣,晉涿州知州。所至皆有善政,明於折獄,省會疑難案必奉委審,多所平反。性伉直,不援上,任涿州八年不調,卒於官。素工篆隸,多藏名人手蹟、碑帖。撰《所見碑銘時地考》四卷。于《志》。

朱休度,號梓廬。明朱文恪裔孫,淵源家學,該洽宏通,詩文並造上乘。著有《壺山自吟稿》《梓廬舊稿》六卷。由舉人官山西廣靈知縣,政事可傳者甚多,有循良之譽。嘉慶十二年,經山西巡撫奏,入祀名宦祠。于《志》。

汪如淵,號筆山。由翰林改御史,陳奏事件多準施行。嗣以卿貳擢山西按察使、順天府尹。嘉慶初,畿輔水旱頻仍,辦理賑務,民沾實惠。旋擢廣東布政使,上諭以素稔汝辦事勤慎,操守甚好,須始終盡心任事,察吏安民爲主。如淵至粵東,益加奮勵,未久,卒於官。于《志》。

錢寶甫,原名昌齡,後以字行。載孫。由翰林出守雲南澂江府,地苦澇,築高堤,植柳萬株,水患以息。調雲南府,審斷平允,振興學校,賑卹災黎,郡中百廢具舉。洊擢至山西布政使,所至皆著善政。以疾乞歸而卒。于《志》。

唐作梅,號北枝。由江蘇縣佐旋擢縣令。壬子歲祲,寶山飢民聚衆劫掠,大府檄權縣事。皆云須帶兵往,作梅單騎抵任,不動聲色,但執爲首五人,置之法,衆悉解散。即發廩以賑饑,築塘以防水,民情悦服。實授武進縣,興利除弊。政以化導爲先,有巨紳告子不肖,爲誦王中書《勸孝歌》,感悟涕泣而去。毘陵人至今稱述之。于《志》。

葉維庚,號兩垞。由進士改庶吉士,散館,出膺民社,初任江西新喻,又任江蘇寶應、江陰,所至皆有仁廉稱。境内水道尤勤心治理,雖逼近淮、黃,居民不至流離失所。大府薦牧泰州,已疾亟矣。平生酷好學問文章,居官稍暇,猶手執一編。所著有《紀元通考》十二卷,《鍾秀山房詩文集》若干卷,《三國地理考》若干卷,雜著十數種。于《志》。

馮事硯,字遠操。喜讀史,鑑古書,嫻琴棋,能書畫。初爲府掾吏,以文藝受知郡守袁公,後任松江府庫捕檢校,一攝海防篆,兩署華亭事,俱有政績。《新塍瑣志》引馮浩《横塘紀聞》。

金衍宗,號岱峰。嘉慶庚申科舉人,謁選得縣令。改就學博,任臨安,敬教勸學,變通全祖望尊經閣祀典,捐俸脩閣,倡祀字祖經師於已配兩廡,諸儒外增王氏弼至陸氏德明二十一人。洎教授温州,見文武廟不祭後殿,議增如制。復奉祀許、鄭二儒栗主於倉聖祠。與錢泰吉議論,孺悲不得從祀,往復千言,考核典禮,實事求是。甌地濱海,咸豐癸丑夏,颶風淫雨,奸民乘機劫米穀,民斷炊,商罷市,勸建義倉,積穀至數萬石。逮壬癸年髮逆圍城,賴有倉穀濟餉,郡人德之。咸豐甲寅,重游泮宫,後遂乞歸。己未重赴鹿鳴。蚤歲噪詩名,以《銀河篇》見賞阮學使元。晚自裒輯《思貽堂詩文稿》《甌隱芻言》《尊經閣祀典録》。子鼎燮,號小岱,由增廣生保舉訓導,辛酉署臨安學。督團力竭,殉難,郵祀昭忠祠。沈維鐈《思貽堂文序》,附新纂。

沈樸,字敦齋。嘉慶癸酉科舉人,嚴州府桐廬教諭。持身狷介。熟精三角八弧術,推步占驗,綜貫中西星學。恒登奎星閣,攜筆硯、食櫝、袖算器,梯居之。每星輝月朗,輒至夜分不下樓。道光庚戌,休沐歸,戒所親曰:"熒惑入南斗分野,應揚州域。不十年,江、浙將焦土矣。"後卒如其言。手鈔《天官書》不下十餘篋,因兵燹燬。士林惜之。新纂。

胡祥麟,字仁圃。嘉慶癸酉舉人。先世以武秩顯,自崑山改籍秀水。少游陸中丞燿幕,喜《切問齋文鈔》。講求實學,治經好深湛之思。得張惠言虞氏《易義》《消息》,衍其説,有專書。

詩學楊鐵崖、李西涯派,《詠史》諸樂府尤奇崛。性鯁直,與締交,深規過,不稍恕。錢泰吉目爲諍友。著有《省過齋詩鈔》《易消息圖説》。錢氏《曝書雜記》。

錢聚仁,字味根。嘉慶癸酉拔貢,戊寅順天舉人。充武英殿校録,期滿,議敘知縣,選授四川彭山縣,修李冰六堰門、六水門,疏張公渠故址,灌溉郡田,有功水利。出庫存社倉穀價銀,買田三百餘畞,爲濟倉田,積歲輸穀,倣常平法收斂,備水旱。整飭江源書院,課士溫經,朔望躬教督之。平時服膺漳浦黃忠端,學行繫年爲譜,隨時觀省,師法遠且大,故淡於仕進。早告歸,主講鴛湖書院。道光己酉,籌辦荒賑,尤多實惠焉。錢泰吉撰《墓表》。

沈濂,字景周。早失怙。大父范孫著有詩學汝爲,經明行修,造就濂學[3]。舉道光壬午孝廉,癸未聯捷,籤分刑部主事,補雲南司,升安徽司員外郎,歷轉山東、廣東司郎中。出守江蘇鎮江府,時讞局案牘山積,判結靡遺。巡撫李星沅廉其能,奏調江寧府。典郡五年,報最,陞署淮徐道。豐蕭邳宿間,剽掠素豪橫。濂至,鋤奸擊暴,著有威名。咸豐紀元,因豐北決口削職。自念身任河務,莫挽狂瀾,深自引責,留工效力。役竣,遂陳假歸。少噪文譽,尤精考訂,隨筆紀録。有《懷小編》,雖掇拾瑣屑,而網羅淵博,亦深寧夾漈之支流。弟洛,嘉慶丙子舉人,溫州樂清教諭。因迎養慈親,崎嶇路遠,未期告歸,先濂卒。《行述》。

朱鴻,字雲陸。乾孫。乾隆己酉充選拔,領鄉薦,嘉慶壬戌入翰林,授編修。纂《樂志》《天文志》《時憲志》,又撰《會典圖説》《欽天監典例》。於句股割圜弧、三角推步諸法,融貫中西。擢御史、給事中。請修《大清通禮》,定史館章程。在吏科偕部臣奏展選員赴任,程限皆關政體之大者。巡西城,時毀夾道,居巫覡私廟,所遺旗杆數百根,變價施悦生堂,贍老民。道光丙戌,選授湖南糧儲道,以忤巡撫康,求退不許,乃改爲候補道。權掌長沙城南書院,造就生徒,講求根柢。著有《考工記車制參解圖説》《聲音譜》《聲字薈録》《名物偶拈舉數》,並各種算學書。宦游不攜眷屬,繼妻俞氏與鴻舉案,踰月焚香茹素,終其身。罷官後,就養子舍,端坐而逝。《朱氏家傳》。

朱應元,號慎庵。鴻子,道光壬午舉人,丙戌入詞曹,散館改部。時樞密曹文正素無私誼,知應元靜默寡交。考授軍機章京,旋擢御史。辛丑充禮闈同考官,得士邊葆誠、張桐、梁國瑚、顧文彬,皆知名。咸豐辛亥,選授甘肅慶陽府,護平慶涇道。遇事機警,獲刀匪馬建品及口外巨匪號白虎者,殲渠,散脅。同治壬戌,任西寧府,值逆回馬朵三等滋事,親冒矢石,守城積勞。繼調蘭州府,病卒。秉性恬淡,不趨炎熱,故雖樞垣十載,臺省七年,寒素如故。外用後,守西寧,辭保舉,頗有聲於甘、涼。《朱氏家傳》。

盛時霖,字方仲。父善持,嘉慶丁卯捷京兆試,後客直隸遷安縣,病歿。凶耗至,時霖天性肫篤,泣血,目爲之眚。聽母氏褚教弟鐄讀,學業得不輟,弱冠歷幕燕魯、吳楚,恪守母訓“游不廢學,窮能律身”八字箴。登道光甲午鄉榜,甲辰大挑二等,署理於潛教諭,監理杭州崇文書院,兼掌文瀾閣書籍。奉母娛六橋三竺間,深以湖上校官爲樂。艱去。服闋,選金華永康縣教諭。咸豐辛亥,以孝廉方正徵召,年老辭廷試,並乞歸。庚申家破,慮先世文集散佚,編存總目以延緒餘。比聞顯廟上賓,雖避寇流離,蓄髮守制,言輒嗚咽,遭際時艱,悒鬱至壬戌秋卒。所著詩名《清芬閣稿》。《盛氏宗譜傳》。

莊仲方,字芝階。肇奎子。嘉慶庚午科順天舉人,官中書舍人。澹於榮利,愛西湖山水,以搢紳奉委管理葑田水利,瀟灑出塵。晚歲歸居甪里街,築映雪樓,藏書五萬餘卷。嘗論總集,自

《文選》以後，唐、北宋、元、明選家均有成書，惟南宋與金缺如。鄉前輩沈嗣選果堂著有《南宋文鑑》，又復僅存門目，乃裒集成之，名曰《文範》。又輯《金文雅碧血錄》《古文練要》，均稱收羅宏富。新纂。

錢爾琳，字特齋。恩貢生。平居恂恂，持躬廉儉。乾嘉間，錢氏多顯秩，爾琳授徒自給，不肯通尺書干求。館硤石蔣氏垂二十年，坐榻幾有跌痕，熟精涑水《通鑑》。歲七十，門弟子欲爲壽，堅卻之，曰："我讀溫公書歲數周，千載若旦暮耳。我年何足道！"楷法端嚴，不屑欹側，亦肖其介節也。節錢泰言撰《墓表》。

錢聚朝，字曉廷。善揚子。幼孤貧，恒煮糜供母，自啖麥餅度一日。無寒乞相，綺歲能文。中道光乙未鄉榜，大挑選授嚴州府淳安縣教諭。初秉鐸，值歙寇逼隣境，同官有捧下鄉募團檄，邀與俱者。辭曰："導我生路，意良厚也。"卒笑置之。遂移榻縣廨，與縣令陶雲升議堅守，抱疴督團。閱三年，防稍緩，乃乞假歸。又值浙西疆事棘，奔走滬淞，鬶畫齘口。然素性耿介，要人俗子有以財餌者，雖寸縑不屑落筆。崇尚氣誼，境竄，恒伙助人。房薦畢令華珍僑寓郡城，每至斷炊，重師生義，時作畫售金以供。著有《養真齋詩集》《梅邊吹笛詞稿》。《行述》。

嚴炳，字星巖。道光癸卯舉人。六歲孤，經書皆母氏指授。成名後肆力於古文，宗桐城派。有手錄《姚惜抱古文辭類纂評本》。兼精書畫。爲人和而介，杜門授徒，隻字不入官署。庚申賊氛戒嚴，炳屢勸母氏徙避，弗從。及城陷，炳急覓刃將自到，忽聞母嗽聲，心暴痛，刃遽墜地。比賊至，脅母去。炳以孝養故隨老母所至，泊常州。母病歿危城中，殯殮畢，遂以身殉。賊雅重炳名，不強加僞命，即埋棺坏土。然齎志以歿，可哀也已。子寶森，庠生。同死於難。《浙江忠義錄》有傳。

沈照，字燭門。父陳夏，歲貢生。窮經皓首，造就多人。照稟庭訓，登道光丁酉拔萃科。授平陽教諭，丁艱歸。家無宿儲，館於海寧蔣氏，仍鬶文以自給。庚申陷危城中，賊將脅之去，堅不從。平居詞氣溫溫，至是，忽瞋目罝曰："我亦職官，顧從賊乎？"殉節未踰時，旋選授新城縣教諭。事聞，乃蒙□卹襲。子應鏘，庠生。卯角時文采飛揚，決爲遠到器，亦死於難。《忠義錄》有傳。

沈昭興，字硯怡。以諸生游福康安戎幕，軍功銓發四川。時讞局有爭墓疑獄，相持百數十年。昭興謂蜀自獻忠擾後，靡有孑遺，嗣後皆客戶，奚爭焉。片言折之，兩造詞窮，獄遂息。以才洊擢，屢躓屢起，仕至瀘州知州，告歸。咸豐壬子，金陵告警。禾中耆老以協防疲缺爲憂，昭興慰之曰："兵主乎氣，賊氛雖張，劫運主之。吾西戎閱歷久矣，氣衰，賊立潰也。"果符所言。精書法，晚年猶能行楷。壽至九秩。新纂。

馬景禹，字訒庵。增貢生。壯游楚越，授經課嚴。爭賓之，爲人師。晚歸里。咸豐庚申，寇至，趣細弱出避，自恃高年無他慮，堅守蹲賓橋老屋。賊覘知爲儒，置刃於頸而礪之，脅使司書記，不屈，與妻莊氏同遇害。景禹績學不得志，論及塌屋事，骯髒不平。比聞賊熾，尤慷慨裂眥。卒殉之。事聞，賜卹襲。長白如山撰《墓誌》。

高均儒，字伯平。廩貢生。先世閩人，均儒始占籍秀水。幼奉車氏慈訓，念母劬勞，終身布衣。治經，精聲音訓詁，確守段懋堂、王懷祖六書之義。文章師法桐城。服膺葉采注《近思錄》，校刊以勸後學。咸豐間，客游兩淮。河帥楊以增、漕帥吳棠爭幣聘。屬勘書籍，請碑銘墓誌者，屢恒滿戶外。同治時，掌教杭州東城講舍，恥鶩講學虛名在塾。疾終，貧不能斂。郡守陳魯率肄業諸生經紀其喪焉。著有《可亭文稿》。新纂。

　　杜文浩，字少牧。江蘇候補道。文瀾仲弟。幼入鄂，習法家言。以議敍典史，洊保知縣，賞帶藍翎。始釋褐，署湖北孝感縣丞。駐小河，地夙椎魯，倡修雙峰書院，培植士林。署襄陽縣雙溝巡檢，講求捕務，弋獲巨憝，寘諸法。移任沔陽州判，民猶攀留。在沔陽，集團仙桃鎮，事蕆，隨大府防堵蘄、黃。調知廣濟奸民方四象應賊援，星夜計擒，單騎入村落解脅。從觀感者爭以綵絹繫馬前，遂密參軍議，留蘄州營。咸豐三年，殉難田家鎮。其死也，職司文案，非有城社之責。乃沙場喋血，骸骨無存。邮贈知府銜，入祀湖北昭忠祠。吳雲撰《墓表》。

　　朱榮恩，字少廉。廩生。父濂，舉道光壬辰鄉試第一。榮恩少孤力學，耐貧授徒。庚申，賊踞郡，士流在圍城。困乏者，賊以財餌檄令應試。聞榮恩名，將招之，懼汙僞命，匄服出城，匿避國界橋。糧盡，採桑葉嚼之。軀體素偉善飲，啖至是，餒不能自存。鄉有散賑米者，勸其婦高氏往取，婦卻之。翌日，與夫閉門同餓死。《浙江忠義錄》《梅里殉難錄》。

　　鄭觀壽，字星蓮。父士喬，幕游閩、廣，著《雪樵山人詩稿》。觀壽登道光庚子恩榜，同治癸亥，以知縣揀發福建。左恪靖伯才之，調營務文案，委讞局，獲土匪，研鞫再三，解脫免死者數十人。乙丑權寧德篆，值旱荒，請帑賑不足，捐米五百石。補仙游縣，未赴任，喀血卒，歸橐蕭然。著《滌生詩文稿》。新纂。

【校注】
　　〔1〕按："通政參議"前脫"官終"二字。
　　〔2〕離地二十里：道光《新塍瑣志·人物宦績》"陳于上"條作"離城二十里"。"地"是"城"之誤。
　　〔3〕按：本句似不通順，疑有脫文。

嘉興府志卷五十三

列傳〔四〕

秀水縣

孝　義

明

趙智,宣德癸丑進士。授庶吉士,以省親乞歸。世居白苧鄉之秀水橋。鄉之好善務本者徐存正、朱謙光、盛德材與智父四人稱莫逆交,年皆七十餘。智建四老堂以娛其親,内閣王直爲之記。吳《志》。參《徵獻録》。

陳昺,事母沈盡孝。母遘危疾,晨夕奉藥,裹侍牀褥。母忽思食鯉,乃循溪岸行,聞魚躍聲,解衣入水,得巨魚,爲羹奉母。居喪,廬墓三年。諱日祀,有一鶴從空下馴擾於庭。里人繪《二異圖》詠歌之。子孫多馴行孝謹。六世孫懿典,官詹事。劉《志》。參袁《志》。

沈本,世居永樂里。積纖起家,郡邑舉爲萬石長。正統辛酉,歲饑,有詔勸富民賑貸。本輸粟五千斛,旌爲義民。未幾,閩寇猖獗,郡守率民兵往禦,本毅然隨行。景泰癸酉,募富民納粟實邊,本供白粲數百斛。將上道,疾作,遣子淳代往。同時陶鉦,菊隱四世孫,亦輸穀、麥二千石,授七品散官。《浙江通志》。

范麟,字桂巖。鄉貢,選粵東教諭,親老不起。景泰、成化間,應詔捐粟,賜六品官,辭。以子瑾贈御史。秀水任《志》。

項綱,字立之。尚書忠弟,質之子也。忠昆弟三,仲曰質,季曰文。質字素臣,不仕。綱,成化辛卯舉人。知昌邑縣,調長葛。買陸氏宅,將徙居,破垣得藏金,急召陸,謂曰:“子有先人遺貲,何賣宅爲?”乃於中取宅價,悉所藏併宅還之。夜夢人揖笏拜於庭曰:“僕陸氏祖也,已得請於帝矣。”授一篋,啟之,三紙皆署參議字。後果驗。《徵獻録》。

夏雷,集慶里人。叔客吳門三十年,垂橐而歸。病不起。爲治喪葬,故人樂松爲怨家所搆,往來居間費數百緡。鄰婦窺雷獨寢,擲餘桃以唌之。急起,脱身走。後以義旌賜章服。《兩浙名賢録》。

項穆,字德純。元汴子。國學生。以子皋謨贈中書舍人。嘗置義田以資族人,贍府學及嘉興、秀水、嘉善三縣學之貧士,凡千餘畝,詳《學校》門。能詩,工書。著《貞元子集》。書法《雅言雙美帖》行世。季弟德明,字鑑臺。諸生。族子私售襄毅墓田,獨捐貲贖之。從孫俊卿償其直,弗受。姊二貧寡,推解不絶。能鑑別書畫,旁通術家言。著《演禽玉鏡》等篇。皋謨亦能文,著《學易堂五記》《襄毅實記》。吳《志》。

卜宗洛,思賢里人。國學生。性孝友,輕財喜施,不給者叩之即應。子四,孝友如其父。大同、大有、大順皆成進士。袁《志》。

周允文,號衍溪。褓褓時,其父賈於燕。允文侍母,喪葬畢,偕姊壻訪父京師,見人輒哭。詢一翁,語以在塞外。允文遂出關,冰霜踣頓,逾數千里,一日遇諸途。父子抱持慟哭,牽裾趣歸。色養數十年,並以壽終。子鼎隆,字道從,亦以孝聞。事兩兄友愛。補諸生。與同郡宋鳳翔文譽相埒。秀水李《志》。

屠隨裕,字君修。應埈孫。恩貢。授上林苑監丞,出爲成都府通判,鎮松潘。安苗搆亂,督餉支應不匱,隨總督朱燮元平之。與宴賞歸,事生母,扶病嘗藥,歷十年不倦。年七十母歿,執喪盡哀。《徵獻錄》。參秀水任《志》。

沈璧,字東隱。正德間,應詔輸粟助邊,授千户。弟兄五人最友善,析產推腴受瘠。代兄徭役。季弟屋燬於火,出貲營之,比沒,撫其孤如己子。

曾丙,與弟雨,天性友愛。奉母孝。詳雨《傳》。丙之子子唯,諸生。内行淳備,兄食貧,悉以田宅讓之。又償嫠妹逋三百餘緡。早卒。以上劉《志》。

項元淇,字子瞻。綱孫。性孝友,善視異母弟篤壽、元汴,讓財於季。倭人,寇嘉善,議拓城以禦。城外列肆,儈人素獲利,拓城當撤去,以故縉紳多不欲。元淇獨首撤之。閱月築城成,邑得保。性落拓,不事生產。工詩詞、草書,以貲拜上林丞。丁艱歸。食貧,親知遺贈,卻弗受。時與騷人衲子往來,唱和談名理。著《少岳山人集》。《徵獻錄》。參《浙江通志》。

項元淓,字子南。忠曾孫。早孤。遺貲萬餘金,母命寄府藏。嘉靖甲辰,歲大祲,元淓悉罄以賑飢。太守欲上其事,辭。以蔭爲衛千户西司房理刑。值分宜柄國,屢興大獄,而子婦又太宰吳鵬女也,避勢挂冠歸。子承芳,萬曆癸未進士。爲漕運理刑官。中官在淮者通賄作奸,列狀糾之。得旨逮閣,并罷中官。督漕。秀水李《志》。參《徵獻錄》。

陶廷錦,字公重。家貧,有隱行。友人坐事逮捕,暮夜持數百金授之,且告無還期,立爲緘封授婦。後友事雪,舉囊歸之,封緘宛然。族兄鑰家富厚,無嗣,戚黨議立其子,力辭。復議割腴田四百畝助之,亦不受。任饒州司理,陞鎮江府通判,俱以廉能稱。子涵中,領鄉薦。劉《志》。

黃承蒼,正色子。友人胡振芳令蘄水,全家罹寇,胡獨歸,依承蒼終其身。胡歿,鬻田葬之。子齊賢,嘗典質完人婚。著《孝史》《廣刑戒》《詩臆》。吳《志》。

萬邦彦,字濱虹,嘉靖乙卯舉人。從子壽國,字蓋卿,萬曆甲午舉人。並志行高潔,不樂仕進。閉門著書,以立身行己率後進。壽國事母孝,子孫孝友媚睦,數世同居禾中,家法推之。吳《志》。

沈束,字啟明。以貢授博士。母喪,哀毀,不爐不扇,不踰外閫者數年。袁《志》。

鍾璧,字良玉。宸濠變,三丁籍一勤王。璧年十八,三兄秀、鼎、甹,俱隸學宮,官報父端名。璧曰:"家有四子,不能免父從軍,緹縈何人哉?"遂代父行。宸濠平,得歸。孫庚陽,進士,官刑部郎。吳《志》。

劉鏜,字大聲。舉明經。資廩饌以供甘旨。弟程未娶,積束修爲締姻。人勸之仕,曰:"我不能及親而仕,今親死,爲五斗折腰耶!"杜門教子。子宗,亦以孝聞。袁《志》。

吳槐,少失怙。母病革,焚香籲天,割股肉爲羹以進,不以告人。袁《志》。

徐瓚,以功曹任廣東海陽巡檢。會開礦,聞父喪,賈人餽百金冀緩。須臾行,可亟發,倍獲利。瓚卻之,曰:"父死之,謂何而以利爲哉?"遂奔喪歸。濱海人高其義,爲立卻金碑。吳《志》。案:徐氏世居秀水,而瓚孫學周,曾孫必達,元孫世淳,吳《志》載在《嘉興列傳》,以其曾寄嘉興籍也。今仍之。

沈文鋭，國學生。萬曆十七年大旱，民饑。捐米、麥三千石，佐賑濟。後復捐田三百畝，分贍嘉興、秀水、嘉善學。又以三百畝爲秀水縣義田。議授光禄寺署丞。同時同知竇文照、國學生竇國元，賑饑，施棺，埋骼，俱題旌建坊。嘉興何《志》。

沈元昌，字鴻生。幼穎悟。年十二補弟子員。以孝聞，居喪哀毁致疾。有弟四人，食同案，出同衣。先人遺産，悉讓之。舉於鄉，兩任司教。五子九孫，耕讀孝友不替。袁《志》。

邵宗舜，字瑶光。諸生。工詩賦，善草書。父母亡，哀毁骨立。時有押運重役，罄鬻私産，爲兄弟償逋，瘁心力不悔，鄉黨重之。

葛學孔，字碩溪。性至孝，親殁，廬墓十餘年。讀書敦行，不求聞達。舉鄉飲賓。子兆魁，字孟侯。諸生。端重不苟笑，好尚論古人遇忠孝事，輒流連不已。甲申後，杜門郤掃，號完吾，以志節稱。孫天麟，亦有文行。後人登科甲不絶，鄉里以爲世德之報。以上吳《志》。

朱茂曤，字子蕃。太傅國祚孫。國學生。崇禎辛巳，餓殍滿野。茂曤鬻田葬之，不下數千。又收棄孩於路，爲粥僧院，活千餘人。日走赤日中，不自恤。謂人世大夢，録古今史傳及所見聞，凡夢兆之可徵者，爲《徵夢録》二百卷。生平和易接物，語及綱常，臨大節，赴大難，毅然有不可犯之色。《明詩綜》。參《家傳》。

姚兗，字叔信。喜吟咏。父悦，爲仇家所陷，兗代父繫獄年餘。别駕陳守義夜聞獄中讀書聲，覆勘，得昭雪。著《尚元草》。秀水任《志》。

吳天泰，字謐生。少負異才，以作者自命。性孝友。母病，籲城隍神，請減算代母。夜夢神許，延母一紀。教其弟成立。子周瑾，諸生；曰來，舉人，俱能文。天泰著有《星帶文集》。舊《浙江通志》。參吳《志》。

姚世華，字孟實。父嚴，有所譙讓，輒引咎跪請。居喪毁瘠，腴田推幼弟。當就試南畿，以母病目不肯行。督之往，得雋歸。母病疽，衣不解帶，日夜悲泣，祈以身代。母尋瘳。世華四十無嗣。卒後五日，妾舉一子。柳《志》。

高尚志，性至孝。母陸以少子死，悲哀咯血，幾絶。尚志奉湯藥，昕夕不交睫。籲天刲股，和藥以進，母尋愈。郡縣及學使者旌其廬。袁《志》。

范明泰，字長廣。登萬曆庚子應天鄉榜。事親至孝，父殁任所，扶柩遠歸，哀毁如不欲生。母病，徒步千里求醫，夜席藁牀下，聞聲即起，請減算以禱。讓宅從弟。婚嫁戚族數人。秀水任《志》。

王道立，號雲洲道人。性醇恪。父疾，調治湯藥，自浣厠牏。率婦子籲天請代。父卒，廬墓傍，哀至殞絶。母病篤，口度藥，以舌引痰。泣盡，繼以血。既葬，廬墓如父，喪且終身焉。臺臬聞之，檄府旌其閭。李日華《王孝子傳》。

姚堯允，字雲卿。諸生。博通五經諸子，肆力詩詞。時苦漕兊多費，力請直指除其弊。年饑，倡捐賑，人沾實惠。子徵巴。孫建侯，諸生；礿，舉人。曾孫祖愈，廩生。以忠厚世其家。吳《志》。

曹大田，幼孤。母苦節撫之，及長娶婦，蚤卒。大田年三十，母勸更娶。大田曰："娶婦爲後計耳，兒有子矣。"遂不復娶。教子谷成進士，官御史，贈如其官。

吳鉞，字節侯。諸生。性至孝，父有痰疾，終夜扶侍，不少倦。與兄鑄、鍔同居友愛。以上秀水任《志》。

俞振紀,性至孝。母卒,年甫舞勺。負土成墳,慈烏巢焉。里人稱孝烏冢。父壽,逾耄耋,生養死葬,皆盡禮。四旬艱,嗣續妻,李氏夢竈神告曰:"念某盡孝,已達司命。自此多男矣。"果連舉五子,仲子昱,篤學好古。著有《茗柯堂集》。秀水任《志》。參《橋李詩繫》。

徐世濬,字思于。必達子。幼負異才,孝友真篤,輕財好施,嘗以千金濟人急。食餼當貢,稱疾,讓需次者。與弟沿共營千金之宅,後讓沿,勿較也。子格究心理學,亦以孝友著。孫變元,有學行。早世。吳《志》。

吳兆華,字孟岱。淞孫,崇禎時明經,爲同里陳懿典、馮夢禎所推許。性耿介,不妄取與,有孫主事贈以金而無名,固卻之。弟奕華,字仲岱。好義,遇歲飢,首倡平糶,收育童稚,全活無算。兆華子元淳,字友玉。有文名。吳《志》。參秀水任《志》。

宋應祥,貧而有操。旅舍得遺囊三百五十金,候其人,還之。其人感泣,願酬其半。應祥謝不顧。子三,季曰承武,盡弟道,長兄性嚴急,事之曲謹,孝友敦睦,里黨重之。子瑾,有《傳》。吳《志》。

陶經,字協嘉。隱居復禮鄉。父病,割股以療,乞減己年,益父算。及親歿,茹素終身。言方行矩,里黨稱之。吳《志》。

及邦清,字鳳儀。七歲居父喪,如成人。奉母竭盡子職,母卒,擗踊廬墓,動遵古禮。年二十妻亡,不再娶。二子亦盡孝,姒娣化之,一門雍肅。郡守監司旌其廬,舉鄉飲賓。王庭爲立《傳》。袁《志》。

徐郴臣,字亦于。好奇負志節。崇禎丙子舉于鄉。有司重之,欲見不可得。庚辰,公車罷歸,已抵宿遷,聞友郁起麟病于費縣旅舍,策蹇往視之。起麟死,經紀其喪,遂染疾卒。兩櫬同歸,人稱死生交誼。祀鄉賢祠。仲子齎,方總角,張溥奇其才,以姪女妻之。季子維,以俠聞。《浙江通志》。參吳《志》。

卜年,字翁洲。崇禎己卯舉人,時當鼎革,閉門不與人事。父通,年邁,備極孝養。自奉節儉,賙恤親黨不少吝。著有《言志集》。吳《志》。參秀水任《志》。

劉謙齋[1],績學砥行,負時名。四方爭延爲師,以母病辭,不往。終日一室,母子相依,人稱劉孝子。李日華有《傳》。

姚勉,字仲堅。博覽群書,兼習岐黃家言。好周人急,有負約,悉焚其券,鄉里德之。子敬明,州守。孫宗豫,教諭;宏、賁,州佐。俱能世其家學。以上吳《志》。

張泰徵,字萍止。諸生。崇禎末,兄晉徵棄官歸,泰徵亦不復與試。兄弟偕隱,極友于之誼。其後數世同居,里人方之義門鄭氏。秀水任《志》。

沈瞻日,字仲臨。諸生。父耀辰,宦粵東。值鼎革,烽煙阻絕。冒險往尋,數瀕於死。卒奉父攜弟以歸。子京文,字彥博。品高行潔,工制藝及古文辭,以明經終。有《藏笥橐》。吳《志》。

朱茂晥,字子芾。國祚孫。崇禎初諸生,甲申後棄去,授徒以老。著錄者百人,從子彝尊與焉。故人邱岳以子託,浮海入粵,轉徙閩南而死。茂晥視若己子,爲娶婦,教之成立。詩文質而古,如其人。有《顱頷集》。《橋李詩繫》。

杜蘅,字芳洲。諸生。友于兄。兄偶病,思烏梅餅,假寐,間見一人乘小舸,雅似蘅。俄聞剝啄聲,而覺啟扉,蘅果入。袖出餅奉兄。詫喜,病遂愈。時蘅客武塘,適思兄心動而歸,不知兄病也。蘅嘗念母老,禱於神,願減算,獲一第,庶盡祿養。竟齎志。早卒。子嵋,三歲而孤,亦有至性。遭母喪,哀毁備至。周貧急難,樂善好施,終其身。著有《金臺集》《草堂雜著》。後並以嵋子臻貴,贈尚書。秀水任《志》。

戚敬,字秉肅。白苧里人。其先有名同文,五代時號正素先生,孝友傳家。至敬,母疾,刲股進,母已不能啖,痛絕復甦。將葬,掘穴尺,即湧泉。親負土,累若高陵。結茨廬側,恒望墓頓踊。吳門之陷,前鋒無敢犯者,敬瞪目起曰:"吾忍離親墓耶?"集豪右子弟,卒保里中,稱無恙。後公府聞,將賞之,不顧,終身爲文學掾,未徙官。徐一夔《記》。

【校注】

　　[1] 按:李日華《恬致堂集》卷二四《劉謙齋先生傳》:"先生姓劉,諱振宗,字丕卿。先世泰州人。有諱成者,從高皇帝起草昧,累戰功,實授水軍右衛,世襲百户。洪武廿七年,調蘇州衛。又分駐嘉興,守禦千户所,於是遂籍嘉興。"故依本《志》人物傳例,當書:"劉振宗,字丕卿,號謙齋。"

國　朝

吳三錫,順治辛丑進士。中書舍人。讓田宅與叔及弟,捐置祭田、義田以贍族。爲棗强知縣,有昆弟争産,訐訟七載,三錫以至情反覆開導,二人相對大慟,和好如初。著《勸孝録》行世。入鄉賢祠。《浙江通志》。

董士昌,字寧庵。順治進士,砥行好學。然諾不苟。媚戚中孤寡貧乏者,爲之婚娶。朋友有急,解贈無恡色。歲歉,倡捐以賑。民間婦女爲亂兵所掠,出金贖還之。知陝西平利縣,卒於官。《浙江通志》。參袁《志》。

張瀾,國子生。好施與。康熙九年水災,米騰貴。倡行平糶之舉,全活無算。施茶四十年。濬河,築橋路,皆盡力爲之。祀鄉賢祠。《浙江通志》。

孫鍾瑞,字子麟。幼以友讓稱。甲申後,精探濂洛淵源,以主静爲宗。律身嚴,擇交慎。誘迪後進,娓娓不倦。歲饑,賑活甚衆。生平周困恤喪,不勝殫述。著有《聖學大成》《可人集》《易學心符》等書。秀水任《志》。

朱彝敘,字範臣。茂時子。拔貢生。少負雋才,爲張天如、陳子龍諸人推重。奉父孝,先意承志,至老不離左右。父病,醫莫效。有方外踵門療之,旋不見,人以爲孝感。父歿時,彝敘年已七十。里人王庭題贈有云:"七十而慕純孝,何疑子建、子貢生。"著《闕里記》《儀禮喪服考》。孫丕或,進士,有文名。吳《志》。參伊《志》。

沈縉,縣學生。父廷勘,爲樂城縣。時平清河之亂,有婦女被繫者。勸父請於主將,咸得釋。祖遺祭田,倡立條議,凡讀書膏火及貧老鰥寡孤獨者給之,以親疏爲差。入鄉賢祠。《浙江通志》。

何漢偉,字君階。幼遭亂,被掠得釋,偕兄尋父骨以葬。嫡母曹病,刲股肉以小鑪就牀側煮之,曹於昏迷中聞肉香而甦,索食一啖而愈。事生母一如事嫡。嘗病,自恐不起,呼子檢諸佃逋券,焚之。又有陶宗恒,居父母喪,哀號不欲生。既葬,先後各廬墓三年。嘗有羣鳥數百,啾鳴松柏間,若助其悲哀。二子嵩、崑,爲兩兄後。子處終其身。雍正十一年,何與陶並題旌。《浙江通志》。參伊《志》。

崔上焕,字建章。父千户某,爲同僚所陷,擬戍邊。上焕年十八,走京師,五擊登聞鼓,刺指血書,冤陳當事。天寒,血凝,不得書。痛哭引佩刀斫指,指幾斷。書上,竟從輕議。事嫡母張、生母朱,皆孝謹。由吏員授思明經歷,終寧洋縣。祀鄉賢祠。伊《志》。

鄒世麒,字魯傳。考授修職郎。弱齡喪母徐,號不止。父宗仁諭以大義,始節哀。父坐臥一小樓,日夕侍奉,有乳燕數百群巢樓下,人異之,名百燕樓。父病,衣不解帶,籲天願以身代。及卒,擗踊泣血,絕而復甦。事繼母屠亦孝,迨葬,有白鶴一雙飛遶墓上。人咸謂孝感。慕義好施,終身不倦。卒時猶以捐修崇聖祠屬其子,成之。著有《西村詩草》。《浙江通志》。

婁光曜,字君政。好讀書,樂道人善而隱其過。少時嘗有寇數百人突入其村,驅婦女鐍置古溪庵。光曜與同村沈某募鄉勇逐之,出婦女,護還家。康熙乙酉,舉鄉飲賓。伊《志》。

婁承康,字安生。康熙間歲祲,屢捐粟設粥以食餓者。旱疫,則手丸藥以療之。鄉人某將鬻其先世之墓地於人,承康憫之,以金購其地,而誠子孫永保其墓。夜夢老人來謝曰:“我子孫不肖,賴君保骸骨,陰德甚大。君當大壽。”年九十,無疾卒。伊《志》。

吳天俊,諸生。家貧力學,性孝弟。乙酉被兵,時母姚病,道路梗塞,無從覓醫。乃泣禱於天,割股以進。一日盜至,奪其父卧具。俊哀求不已,盜怒,擬以刃。刃忽墜,僅持一柄,盜驚愕去。兄病廢,養之如父終其身。吳《志》。

錢國元,字瑞芝。母楊病篤,醫不效,籲天割股療之。既痊,復病,又割如初。華德禮,越人,遷禾,年十六母患心疾,藥罔效,刳股煮糜以進,乃痊。郡縣並旌之。袁《志》。參秀水任《志》。

沈惠纏,字馨聞。諸生。少喪母,哀毀如成人。鞠于祖母馮,馮病,刳臂以療,馮竟瘳。盜發其母殯,惠纏號呼于當事,頓顙出血。匍匐上下,三年而盜獲,當事從末減,不實盜重典。惠纏憤恚欲死,屬異母弟善事父,而己棄家遁。子修誠,長,乃尋惠纏歸。遭父喪,年逾,艾哭聲,人不忍聞。惠纏自母殯被發後,終身哀痛,不處內,不飲酒食肉。乾隆八年,具題旌其孝。詩文沉鬱,有《三實居士集》。伊《志》。參吳《志》及桑調元《傳》。

吳國楨,字君益。父敬源,以落拓罄其家,足成痿疾。國楨服賈,積漸饒。凡可以娛親者,靡弗至。父愛博,日置錢牀頭,以供其戲。又愛友人過談,日具酒食款留,使客不去。父乘興,意博而博,意談而談,恒嬉嬉忘其足之痿也,以是臻上壽。戚黨貧而死或無後者,國楨曰:“於我養,於我葬。”無倦容。父沒,乃遨遊名山,曰:“吾向者辛勤數十年,徒以慰父耳。今老矣,安能疲精神於阿堵中,爲子孫計哉。”後亦以壽終。伊《志》。

張作霖,諸生。刳股治母病。創未合,越一日遇道者曰:“我知汝臂痛,有藥在。”方拜受,忽不見,敷之立愈。吳《志》。

朱良,字恒夫。早孤,事母孝。家貧,甘旨必具。母喪,哀毀骨立。與兄不析箸,婦亡不再娶。讀書潛心理學,有醇儒之目。知縣王廷機旌其廬。秀水任《志》。

屠英,康熙戊子副榜。知井陘縣,遷知灤州,居官勤敏。歸田後敦本睦族,捐資修康僖公書院。吳《志》。

陳王愉,字怡靖。知府史載重修學宮,王愉首輸數百金以襄其役。族兄某負客三百餘金,代償之。助友人婚喪,必盡力。巡按王元曦具疏題旌。同時杜允陞,字道周,亦好義。里有沈某將鬻妻以養親,允陞傾橐濟之,得不鬻。吳《志》。參秀水任《志》。

鄒模,字景巖。五世同居,寬厚好善。延名師訓戚黨,子弟多成名。歲凶,出粟賑濟。其孫琛,以孝行稱。

卜玠宣，字電章。四歲遭回禄，失父所在。號呼赴烟焰中，攀其父，捧祖像以出，人嗟異之。長，工詩文，舉於鄉。著有《冷溪》《杏軒》諸集。

戴樹屏，字集宣。國學生。事父母，曲意承志。有疾，衣不解帶，嘗刲股以救父母疾。操行端謹，族黨有急必賙。著有《望杏軒文集》。子宏濤，孫露，俱有文。

曹德望，字渭公。母疾，亦嘗刲股進。諸昆弟困乏者，輒助之。

沈選文，字聞瑤。國學生。善承父志，讓財與叔，偕弟同爨，白首無間言。而持躬凜凜，不苟諧世。金士龍，字雲生。年七十時，事九十老母彌謹不怠。撫弟姪多成立，鄉黨稱之。

朱元，字子肩。諸生。七齡喪母，以失遺像，每夕冀形，夢寐積想五十年。一夕夢神謂曰："當使汝見母。"有姪淳尚幼，不知繪事。忽言夢大母，遂援筆成像，宗黨詫爲神肖。事繼母孝，撫諸弟友愛，分産推腴取瘠，諸善事力行不倦。

盛烈，字載揚，號竹坡。廩邑庠，貢成均。父孝廉藻，早殁，悲不逮養。事寡母陶氏有孝聲，勤儉起家，修宗乘，增祭産，賙族姻。康熙丁亥、戊子間，歲常歉，開困貸鄉里，不責其償。居聞湖濱，課農，暇扃戶，喜聽讀書聲。故有子七人，名多登士籍。桑調元撰《傳》。

盛支燧，字恂如。幼孤，母陸苦鞠之。貧不能從師，乃助母晝夜紡績以易米。母子依倚二十餘年，雖困甚，不受人周恤。湯之旭爲立《傳》。以上吳《志》。

葛天麟，字雯倬。歲貢生。性好義，嘗以府城水道淤塞，請於郡守佟公，倡捐開濬，民便之。生平急公類此。弟天鳳，貢生；天鵬，麗水教諭。子淳，字懷古。進士，授南康縣。有惠聲；涯，字容度。舉人，以年老特恩授國子監學正銜。吳《志》。參伊《志》。

陶德信，字季彝。父殁，終喪不離殯所。事母一如事父。知府閻堯熙嘉其行，舉鄉飲賓。吳《志》。

王孝子，失其名，字子勃，號又陶。襁褓失母，垂四十年。子勃隻身走萬里，歷諸艱，訪至陝之華亭。詢父老，得母骸骨，負之歸。任儆作《王孝子入秦記》。查昇、陳奕禧皆有詩紀其事。伊《志》。

沈修誠，字辭立。父蕙纕避家難遠遊。母高口授以經書，語及父，修誠輒飲泣，發憤力學。時母居城，祖依叔居郊外，隔十數里，往來定省無間。嘗除夕大雪，自郊外歸，陷泥淖中不能起，忽有攜燈掖之者。審視無所覩，人以爲孝感。補諸生。聞父在燕，徒步三千里，勸父歸。母病篤，籲天請代。父殁，哭至昏絶，乃甦。修誠善詩古文，慷慨有經世才，終不遇。乾隆九年題旌。伊《志》。

婁東，字載陽。父患疽，醫云毒已陷。東即以口吮，膿盡見血而疽愈。母瘋，醫示方必得天目山海風藤乃可救。藤在山巔，至難取。東即奮然往，足繭萬山，竟得藤療其母。父復病軟脚，東侍湯藥十餘年。父卒，母又病。時家失火，東從烟焰中負病母出，竟無恙。逮母故，廬墓不肯歸。或勸之，東曰："吾舍親，何適也？"既而病革，欣然曰："今而後始得長依父母矣。"方東葬父母時，天雨，東呼天哭，天爲霽。及廬墓，有鵲數千來巢墓木，人皆以爲孝感。乾隆五十年，請旌入忠孝祠。伊《志》。

陳紹賓，字茂章。父洪銓，患脚疾，危甚，刲股以療，得痊。雍正十三年九月事。伊《志》。

屠世芳，字英發。三齡失恃，事繼母張孝。父嬰疾，衣不解帶者半年，籲天願以身代。父夢道人授以服貝母法，乃得瘳。繼母殁，撫幼弟弱妹，體恤備至。乾隆九年題旌。伊《志》。

朱嘉謨,字聖言。國學生。縣之濮川人。嘗設義塾,置義田,結放生社,施棺,施棉衣,拾人之骸埋之,留人之嬰育之。於行旅,則夏蓋涼亭,冬給薑飲,孜孜如不及。每舉爲善最,樂訓其子。沈尚書德潛、陳布衣梓各爲之立《傳》。伊《志》。

沈敦懋,字禮存。順天諸生。父青崖,以官事下獄,敦懋詣部訟冤,事得白。母卒創痛,幾瀕死,家人焚楮延燒幃幬,將及棺,敦懋奮身撲救,旋撲旋熾燎。及衰絰,股體焦爛,越九日死。乾隆十二年題旌。伊《志》。

王鳴鳳、王朝陽,皆幼孤,皆農家子。鳴鳳母患乳癰,膿潰不可近,以口吮之,竟愈。後送母殯,露處殯旁,不肯歸,村人爲結屋覆焉。朝陽喪母,哀毀不欲生。將葬,命妻守家,自蓋草舍於墓旁,出耕入息,積數十年,未嘗離於是。遠近稱者,此曰“王孝子”,彼曰“王孝子”云。伊《志》。

王鏗,字鳴和。邑庠生。住恩三庄翔字圩,少孤,母黃氏患寒疾,侍榻前,恍惚聞神語曰:“汝母病,非人肉不能療治。”頓悟,焚禱,潛刲左股進,母飲,三日愈。新纂。

胡樹柟,字藹谷。諸生。少孤,事母鄭孝。鄭沒,寢食縗幃者三年,雖疾病不飲酒肉。有某售以屋,歲入賃錢若干。後某貧且老,樹柟還其券。戚族中有倚以衣食者,十餘年如一日,撫人遺孤至成立,未嘗有德色。所著有《經疑》《性理心解》等種。伊《志》。

李璜,字方玉。以南河效力,得通判銜,歷惠州府。建社倉,權本息,數年間溢穀逾萬。水旱有備。守惠八年,進南韶連道,造河橋以通行。役家故饒,璜爲置義田五頃,屬子孫善守之。刊有《祠莊規條》。伊《志》。

楊元龍,字愷若。性慷慨尚義。少貧,兄蚤世。遺孤廷甫晬,元龍撫如子。既自以賈致富,遂以其財與廷平分之。與人交,然諾不欺。有以急難告,必曲爲之籌。乾隆丙子,出粟賑饑,給州同銜。廷,字陛遴,亦孝友。工書法。元龍子建,字立三。能承父志,與廷相友愛,無間言。歲大疫,倡同人爲掩骼之會,收瘞無數。與元龍同時捐賑者有張邦琪、王維新,並貢生。伊《志》。

陳國祥,字禹銓。輕財好施。有鄭道衡者,代人貿易,主某姓,虧折本三百餘金,情急將自盡。國祥約某姓分任代償之。某諾而食其言,國祥慨然曰:“我雖貧,何忍爲,德不卒也。”盡括其貲本授之。子煐,字明上。有父風,讓產於弟,舍田作祭產,捐粟施衣,造橋修路,當事表之。以子徵餘贈六品銜。伊《志》。

沈雍嘉,字維章。少習儒業,念無以爲養,乃去而服賈,藉所入供甘旨。父患溺不下,醫罔效。或云此非藥力可治,若以人氣吸之,當愈。雍嘉即以口吸,吸至再三,溺果下,病霍然。父後又病痢,雍嘉年五十餘矣,親自澡拭,累月不懈。事繼母孝謹。友于兩弟,無間言。市米貴,傾廩米千餘斛貸鄉人,不促其償。後償及半,念餘皆無力者,併取計簿焚之。子琳,自有《傳》。伊《志》。

曹願學,事繼母魏孝。魏病篤,刲股和藥進。魏愈而願學以傷重不起。臨歿,屬妻汪氏曰:“善事舅姑,弗負我志也。”聞者悼之。年二十五。伊《志》。

朱克綏,字慰蒼。諸生。父母歿,哀毀幾滅性。授徒京師,有同里某父死邸舍,克綏以數歲所積賻其喪,某得扶櫬歸。撫弟姪修祠宇,鄉里稱長者。官給額旌焉。伊《志》。

王嘉魁,字士超。附貢生。濮院人。能詩,兼工隸。乾隆乙亥,鬻田助賑。又募人粟,得千石,全活者衆。兄景瀾,亦好施。伊《志》。

陶讓德,字遜庵。善治生。乾隆戊辰,出米六百石,減價平糶。庚午,又出糶如前數。乙亥,助賑米六百石。當官旌之。又嘗承修文廟,費白金一千五百兩,一椽一瓦,皆親理之。諸宮贊錦有《記》。王江涇之聞店橋,水漰駛。讓德獨力重建,工甚固。性儉,雖積贏萬畝,自奉粗糲,終其身。同時顧應隆,與讓德皆思賢鄉人,家亦饒。遇平糶捐賑,亦出米食。其鄉人以自保。太守旌額曰:"志存任恤。"學宮之役,隨讓德襄其事。伊《志》。

沈子章,世業農,而好善。嘗歲疫施棺槨,而尤以修橋爲己任。竭蹶寒暑,經理匠料,告募不足,輒鬻產以畢其工。遠近鄉村,凡修橋大小二百餘處,人呼爲沈佛子。伊《志》。

汪大紳,字縉年。舉人。少嘗刲臂肉療父疾。有責其非者,謝曰:"固知身體髮膚不敢毀傷,但見父病篤,冀全生我之身,不暇顧我身耳。"聞者歎服。伊《志》。

張嘉猷,字振緯。太學生。好任恤,歲饑則收養所棄之男女於道,凡里中同善同仁會,及修賢良節孝祠等舉,每任其事,不辭勞。伊《志》。

莫世洪,字對揚。本姓施。歸安人,寄籍秀水。以副榜任樂亭知縣。世洪早喪父母,無期服之親,與再從叔同居,事之如父。家事一稟于叔。終其身,無私蓄。人以爲視古人大功同財之義,而又過之。伊《志》。

陸起鳳,字宏勳。柿林人。母梁氏早世。父景宣懷才落魄,游歷都中、關外十餘年。起鳳事祖孝,嘗聚徒於鄉,距祖父母居七里,無間寒暑,每日五更,奔往問安。執爨,浣衣衾,滌厠牏事畢,復之館教讀。夜攻醫書。館穀所入,悉養祖父母。喪葬盡禮。父倦游歸,善怒。起鳳勉承色笑,必冀父喜而後已。《新塍瑣志》引馮浩《橫塘紀聞》。

沈元龍,字在田。紅墩村人。母愛少子來鳳,析爨時祖遺良田悉讓之。守瘠產不及頃,以力耕起家。弟歿時,恤其孤。鄉里有訴詈至門者,閉戶不與較。壽九十終。子繼賢,生子七,最幼曰德璋,字樹銘。繼賢歿,奉養生母李,晨餐夕膳,未嘗委諸同母兄嫂。輕財好施,道光三年水,妻兄王居法五莊正宿圩地尤低窪,田廬淹沒,德璋時家已中落,猶復月饋薪米,親串感之。《新塍瑣志》。

李溓,號春浦。乾隆癸卯科舉人。天姿穎粹,事親以孝聞。父嘗嚴冬痢下,懼中寒,蹲身舒兩臂於圍器,用資柔暖。與同里楊未孩、王碧山結愛吾廬文社。有《師竹齋稿》。參《梅里志》《檇李詩繫續》。

陳徵餘,號香圃。以舉人挑選,授遂安教諭。生平績學砥行。事父母以孝聞。友于之誼至篤,里黨稱之。于《志》。

吳耀本,住南呂字圩。年十七父故,哀毀幾至滅性。撫弟妹婚嫁。母患寒症垂危,籲天求禱,願減己算,益母壽,跪拜七晝夜不已。卒至刲股以進,母病獲瘳。有堂嫂方氏撫週歲兒守寡,不時周其薪水,方氏得以終守。母歿,哀痛一如父喪。年五十三,無病而終。于《志》。

唐桂森,庠生。事父鳳池,克盡孝道。父沒京師,聞訃,哀毀逾恒。母病痢,桂森刲左右兩股,和藥以進。母病獲愈。于《志》。

岳鑑,諸生。經五子。宋岳鄂王裔孫。至性孝友,沈毅有爲。郡西郭外舊有岳王祠,久燬兵燹。鑑父觸目愴懷,嘗以力艱興復爲憾,臨終囑鑑必復祠祀。鑑涕泣受命,一木一石,銖積寸累,歷三十餘年而祠成。又殿後建啟忠祠,傍建支祠,復官祭,置祀田,具祭器,規畫周詳,纖屑靡遺。著《金佗祠事錄》八卷。乾隆五十五年,將祖遺地三十六畝坐落秀邑藏字圩捐入普濟堂,作爲義冢,賦稅仍歸岳氏完納。嘉慶十五年,奉部議敘,道光三年具題奉旌。于《志》。

薛灝,祖君華,嗣祖君德,父體純。灝承兩支,咸得歡心。凡服勞侍疾,養生送死,俱竭心力。父歿後,隨祖客江西。祖病逆旅,灝拜禱七晝夜,有道士詣門,予以藥丸,曰:"病可療,數不可逃,服此當速歸。"服之,疾良瘳,偕歸。逾月,祖病復發而卒。人謂孝感所致。道光十年旌。于《志》。

高桂,諸生。弱歲即爲祖母沈氏舐盲目,復明。父上達,性嚴,訓諸子不稍假借。桂婉辭解慰,屢獲霽顏,門內稱順父。欲建宗祠,齎志而歿,桂竭力營辦,卒成父志。兄松早亡,事寡嫂,撫遺姪無間。道光十一年旌。于《志》。

沈廷傑,性孝友。遵父母遺命,自嗣曾祖父母以下,一身營葬兩支。凡戚黨及幼姑弟妹,鰥冞婚嫁之事,皆獨力仔肩,克慰先志。母病,籲天跪,禮經月,庭蓮結實並蒂,剖房得丸如桐子,服之而瘳。卒年七十。道光十四年旌。于《志》。

田政,號撰伯,事親曲意承志。有疾,衣不解帶。母年七十時病劇,刲股和藥以進,遂得愈。母年過九十歿,嘗繪二親遺像,供臥室中,朝夕焚香。時食必薦孺慕,至老弗衰。有弟分析後,貧不能給,時解衣推食。每云薄待我弟,即欺我親。鄉黨宗族皆稱其孝弟焉。于《志》。

卜昌,增生。幼有至性,祖母老而失明,出入扶持,不離左右。父有疾,禱於神,願減己算,以延父壽。父歿,衰毀骨立。事奉邁母,敬事寡嫂。姊歿,撫甥成立。里黨賢之。父欲修祠墓,未果。積館修所入,以完父志。族有力不能葬者,出資助之。歿後,沈侍郎維鐈爲銘其墓。于《志》。

楊伯塤,號古漁。性慷慨尚義。母病篤,刲股以救,得愈。奉養數十餘年,曲意承志,里黨稱之。于《志》。

沈連,幼失怙。母以祭墓墮水,連躍入水,救母出,得無恙。與兄某先經分析,後兄歿,家貧,教養兄子成立。並爲經營婚喪諸費。著有《綱鑒撮要》若干卷。于《志》。

顧綺,字雲高。父秉良疾,日侍湯藥。父歿數日,水漿不入口。母俞患瘍,以口吮得愈。母沒,晝夜哀哭。越五月卒。于《志》。

顧連奎,家貧不給,鬻餅餌於市以養母。負擔出外,雖遇風雨,必歸侍母側,無一日離。左右穢器,必親自澣滌。母病,輒憂惶,焚臂香以籲天,病愈。輒喜晚沽酒進食,則執板歌俚曲以娛母,有老萊子風。母歿,哀慟不釋。葬後,終歲不樂,鬱鬱以終。于《志》。

陳世楨,邑庠生。性至孝。假館於外,越數日必歸省。母疾,刲股進。時大暑不去衣,恐人知也。次年母復病,復刲,又獲愈。事嗣父母,亦以孝稱。于《志》。

吳大中,務農,誠實寡言。父疾,寢室狹隘,臥地以伴,長年不怠。病甚,割股入藥,父病頓瘳。父歿,哀毀盡禮。妹適人,家貧乏,恒飲給之。于《志》。

戴永智,幼業儒,賦性敏穎。比長,以親老家貧,輟讀就賈,供旨甘罔缺。父世臻,患足疾,延名醫胗治,不惜厚資,半載父足愈。母馬氏,驟膺目疾,虔往天目、天竺諸山,禱求獲劑而歸,母目復明。逾年兩親相繼歿,永智哀毀盡禮,並承先志,建立二戴夫子祠於北麗坊。復捐地添設新安義所房屋,又買市廛以備歲時修葺之需。卒年五十六。道光十七年旌。于《志》。

倪棟庭,事親先意承志。母病失血,甚危。日夕侍奉湯藥,衣不解帶者彌月。深夜焚香籲天,願減己算,以益母壽。逾時未愈,乃潛刲左股,和藥以進。母飲之,疾遂瘳。人咸以爲孝感所致云。于《志》。

陳振聲,字集齋。庠生。偕其弟太學生延聲,能承其祖元朗志,樂善不倦。凡郡有興建及恤嫠、普濟、掩骼等事,莫不踴躍奮義。其大者爲義莊,爲育嬰堂。堂舊在郡西門外,嘉慶三年移建於城東常豐坊,振聲等即舊堂置接嬰堂,收遺孩而送育於常豐坊。道光六年,振聲子宗栢復建爲育嬰堂,歲收嬰孩約三百口,爲人抱養爲子女者歲嘗百口。于《志》。

沈芳,性好施與。事母以孝聞,同里陳戴煐、陳兆麟、陳錦、楊應宗、沈方慎、顧渭珍皆能爲善,於鄉凡遇地方善舉,無不踴躍贊助。由族親以推於鄉里,闔鎮皆稱爲善士。于《志》。

楊汝鎏、沈維鑑,並住王江涇,道光三年捐貲助賑,奉部議敘。于《志》。

于楷,號蘭林。邑庠生。住王江涇,樂善好施。遇疫,貰爲掩骼之舉。著有《地理録要》三卷。于《志》。

王承勳,監生。住新塍鎮。凡修建橋、廟,必創首募捐,無難色。又同鎮監生許汝賢,捐賑五百兩,亦邀議敘。于《志》。

岳傳經,號半農。濮院監生,力行善事,每遇恤嫠、接嬰、同仁、惜字諸義舉,皆竭力贊成。偶值偏災,倡捐施濟。又建立宗祠,捐置祀田七百畝,藉睭戚族。于《志》。

陳栩,內閣中書。與同里陳棚、周燮俱歷次董辦賑務,並天寧寺造修工程。棚官江蘇布理問,燮官泉州通判。于《志》。

江天錫,監生。住新塍鎮。好行善事。曾獨力建二橋,曰汲水,曰南橋。冬令製棉衣施捨,歲以爲常。于《志》。

華觀光,號如陵。住王江涇。州同職銜,年百有一歲。百歲時,里人斂金爲壽,辭不受,云:"吾衣食無缺,多金無用,不若以此辦地方公事。"里人即以金修治街道,至今稱其里爲百歲街。于《志》。

王元相,字佩臣。自江蘇移籍來。少游九華山,途次拾包裹,發之,白鏹與記籍,坐待良久,有踉蹌來索者,問數,符,歸之。晚歲,勤劬如少年。未明即起,人定始息。遇水旱凶札,爲衆倡,先施與。延師教子弟,歲時伏臘,有受代者,故無曠課。爲善讀書,後人相繼登第。子恩壽,官部曹,有孝行。已請旌表。吳江沈曰富《贈序》。

盛堯春,號墨莊。以諸生保授教識。歷署新城、太平縣訓導。善牋奏,浙撫梁寶常、王植、吳文鎔辟佐幕府。同治癸亥,群盜如毛,仗義乞師,微服渡錢江,懷檄謁左帥。左允所請,乃航海歸。以勞瘁旋卒。新纂。

陳端治,號念農。縣學生。援例署武康縣教諭,濟困扶危,臨事懇懇。道光丁未,河南饑,即輦金前往開封府,設局散賑。有遺金,就祥符縣治崎嶇山路,成街道二行,旅便之。其權學官也,捐俸修尊經閣。又於己酉水災辦賑出力,累膺保擢至鹽提舉。新纂。

陳茂垣,字壽卿。栩孫。道光癸卯科舉人。內閣中書。己酉水災,散賑。邑令江忠源器重之。凡粟嫠、乳嬰、梁涉、槥露諸善舉,輒解囊,仍復隱託。歲未暮,踵門至者,絮凍哺饑,動以千計。丁未河南患旱,戊申湖北患水,均糾合萬緡,邀陳廣文端治、俞茂才汝銘前往,不欲人知。戊午、己未間,郡城至嘉善、平湖諸水路花柳歌吹,傷風敗俗,赴省稟大吏禁絕,尤爲除苛解嬈。在京供職漢票籤額外中書舍人,踰年即歿旅邸。節《陳氏家乘傳》。

沈榮,字寓谷。庠生。中年後患橐駝疾,無志功名,孳孳爲善。向有同善會,濟士族孤寡,後窮嫠日增,隨同陳中書茂垣、趙明經華恩,推廣其事。擇冷仙亭創行惜字會,朔望親自焚化。

又舉敦化、玉成兩集,凡無力從師者,每月赴集課之。幼稚溫經,成人講藝,造就者甚多。_{新纂。}

陳功安,郡庠生。原名功吉,孝子陳元朗元孫。宗祠失火,隨父往救,火勢將及,急負父出。又侍父從譚仙嶺歸,中途遇風折櫓,舟將覆,奮身入水,緊拽船舷,擱淺岸,得無恙。父病,露禱致疾。父歿,痛不欲生。越六日卒。咸豐八年請旌。_{節《題奏稿》。}

周城,字一成,號金浦。誠樸寡言,不近時趨。集先正格言曰《範身錄》刊行。_{《耘庵詩話》。}

屈有成,號慎齋。先自吳江遷王江涇,家赤貧,挈幼弟貿易荊楚。妹適沈,早寡。舅姑欲奪其志,乃迎歸,持門戶。沈時來詬詈,至遁入尼庵。爲置產贍養,後謀歸娶。會所親負逋三百金不得值,傾囊貸之。爰至三十七始娶婦劉。生子佩璋,亦篤行善。再傳至慶埔、茂垣,異母出,友愛無間。庚申避亂,猶賃屋前後以居。埔歿,垣悲哀盡禮。同治紀元,當事以懿行聞,詔旌悌弟。著有《招鶴山房詩稿》。_{新纂。}

沈德麐,字書徵,號秋圃。刲股愈母疾。居萬安橋,咸以孝稱。_{新纂。}

姜承烈,字綠堤。諸生。家世寒微,宅心和厚,苦志力學。雖暑夜不忍撲蚊,嚙甚,一拂而已,規行矩步,出入不平視,不嚬笑。母卒,不脫衰麻,茹素無言。葬即歿,年未及壯。咸豐八年請旌。_{新纂。}

楊之鐈,字怡村。少失學,爲人主租庸。性孝弟,不娶。兄弟死,贍其寡嫂弟婦。既又力葬祖父四喪,心力益瘁。庚申賊至,被六矛,匍匐以免,扶至祖祠死,得旨賜郵。_{《浙江忠義錄》。}

沈德鴻,住王江涇、吳江糟字圩。咸豐庚申賊至,鴻僅十四齡,自書塾逸出,聞父維鋘被擄,因佯裝賣餳果狀,出入賊中,幾瀕於厄,卒訪得實,迎歸奉養。同治年,奉江蘇巡撫奏旌。_{新纂。}

張淮,字錦華。粗識字,爲人收田租。父遭心疾,性嗜羊,市刲者不食,必特殺以進。思出游,則賃肩輿隨以侍,窮日而歸。及疾篤,冀刲肱療之。父卒死。_{錢泰吉作《傳》。}

張廷標,百福巷衣工,節儉所入,爲弟納婦,終身不娶。母年耄,常效市中兒嬉戲狀以娛母。一日隣家火,負母出,急遷。祀先之具,不及他器用,群歎爲合禮。_{同上。}

嚴焯,字心甫。例貢。先世長洲趙姓。嘉興嚴順吾貿易至金墅,攜其名文龍者爲繼子,居北麗坊月湄南,數傳至焯。樸誠謙謹,雖負販廝僕,與婉言,無忤色。邑北鄉梅家蕩,巨浸也,風恒覆舟,釀金築堤。冬代貧民贖棉衣。服膺李建章《願體集》閱歷所及,附刻新增,并刊力行。彙編《見聞錄》等書勸世。_{節張清泰撰《行述》。}

褚棻,字芸門。國學生。習申、韓,幕游鄂,客居麻城縣周家岡。咸豐三年,粵匪躪鄉間,棻宿草屋中,賊瞥見,曳之走,忿甚,持鋤擊賊,仆地,忽門外賊虜至,白刃交下,遂被害。事聞,詔許祔祀鄂、浙昭忠祠。甥江蘇候補道杜文瀾,受教育恩,馳封三品。_{新纂。}

陳其燿,字笛樓,署江蘇丹陽縣典史。卸事寓蘇。賊警至,奉母避川沙。城陷時,裸負母,匿蘆葦間,荊棘傷膚如刻畫,旋爲賊得,不屈,赴水死。_{《浙江忠義錄》。}

溫瑞綸,諸生。援例以巡檢候補江蘇,粵逆擾時,派查揚州府天寧門。城陷殉難,事載《揚州府志》。_{新纂。}

周邦鎮,字海樓。議敘布政司經歷。聞川鎮人。庚申夏,遇賊不屈,瘐死郡城。時其家傭朱同被擄,爲藁葬於北門官倉旁地,樹木識之。克復,朱得脫,以語其嗣作明,訪瘞處,則地已爲官屋,樹亦無存。走告於官,立石以志。_{楊象濟撰《周君藁葬記》。}

馮寶三,字子仙。祖岱,以文庠生精拳勇。再傳至寶三,幼習鎗法,結游俠。咸豐己未,薦鷹揚宴。庚申郡城陷,投三塔灣張總統玉良營,張師徒覘寇,潰退石門,寶三泅而免,往見石門守將吳再陞,復舉團練扼賊羔羊堰天花蕩。迨再陞師奔而石門潰,寶三乃潛歸鄉,仍柵浜而守,保護新塍鎮。不數月,爲鄉官誘縛送賊,賊愛其材武,釋而遣諸,許以金幣官爵,寶三歸而殺賊如故,賊銜之甚。一日,微服過陞門,爲賊覺,執而殺之。鄭鳳鏘《新塍瑣志》。

聞人塤,武生。咸豐庚申春,補試武闈,試未已,留撥操練局。二月二十八日,省城陷,陣亡。新纂。

張松元,宿字圩農民。庚申郡城陷,分踞聞川鎮。賊日抄掠,松元率衆拒於謝河橋,櫌鋤鉤戟,集田器爲武庫,相持旬餘。五月初三日,賊虜至,被縛,剚而死。新纂。

文　苑

明

陳濟,成化丁酉舉人。授應天府學訓導,遷鄭州學正,再補萬安教諭。博學有達識,談經史,元元本本,條舉靡遺。弟子聽者忘倦。終蘄州知州。《徵獻錄》。

范璋,字朝秉。成化庚子經魁,甲辰會試副榜。學問淹博,天文、地理、蓍龜、占候,靡不通曉。著有《靜遠堂集》。秀水任《志》。

范言,字孔嘉。嘉靖丙戌進士。自蒲圻令改學博,轉國子監丞,遷大理府同知,致仕。言博涉經史,善屬文,與里中彭輅以文詞相頡頏[1]。范宗韓、歐,有體裁。彭宏麗,出入《史》《漢》。各負氣,不相下,說者謂彭橫肆而范馴謹。著有《菁陽集》。劉《志》。

鄒國儒,字醇甫。嘉靖乙丑進士。愿恪有至行,喜折節下人,不談人短。以宿學授徒二十年,始獲雋。教弟子甚嚴肅,終日講席無倦容。秀水任《志》。

仲春龍,字原仁。以國學生授文淵閣中書舍人。善楷書,能詩文,與李先芳、莫如忠善。王弇州稱其詩在襄陽、右丞間。有《九山樵子集》。《橋李詩繫》。

張正鵠,字德中。祖淮,性忠實,國子生,考授嶍峨知縣。父桐,號鳳岡。少好讀書。外祖戴經無子,鍾愛桐,藏書千餘卷授之,晝夜攻苦,益淹貫。年二十七以瘵卒。正鵠母諸,同里副使偁女也。正鵠生而警敏,偁教以經史,爲剖析疑義,靡不悟。稍長,能文。中隆慶辛未進士。授太常博士,遷南兵部主事。乞終養。補刑部主事,歷郎中。《徵獻錄》。

陳萬言,字居一。繼徵子。萬曆癸卯領解,己未成進士,授檢討。爲文深思創闢,力還正始。兼通篆籀、奇壬、數學。著有《鈃園集》。《分省人物考》。參《徵獻錄》。

宋鳳翔,字羽皇。萬曆壬子順天鄉試第一。洞明經書理奧,文有根柢,一秉先正。四方以文投閱者,不遠數千里而至。操選政,與艾南英齊名。《徵獻錄》。

李培,字培之。從唐樞、王畿遊,究性命之學。以歲貢任上虞、海寧、新城學博,所至講學課士,多所造就。終龍南令。著有《水西集》。項元滄,休寧訓導,遷英山教諭,敦學行,誨人諄切,得善誘方。歸里後,弟子不遠數百里,就學其家。秀水任《志》。

沈德符,字虎臣。自邠子。萬曆戊午舉人。生稟異質。日讀一寸書,自兩宋以來史乘、別集,以及國家掌故,往往能敷陳其本末,網羅放失,勒成一家言。頗資考證。事母孝,撫姪如子。不附黨援,孜孜以汲引後進爲任。著有《清權堂詩文集》。弟鳳,字超宗。負雋才,早卒。董其昌謂自鳳亡,余書法無可傳。子克家,亦善讀書。《明詩綜》《檇李詩繫》。參吳《志》。

屠肇芳,字培之。性敦樸,文本經術,兼工書。初家貧,服賈事親。天啓丁卯舉於鄉,年踰四十矣。司教蕭山,與諸生約三條,曰根本,曰風節,曰學問,一時士敎實行。薦擢文水令。甫四月告歸。著有《四書孝弟編》《正文體說真》《寄亭臆言》《太極圖說》《周易大旨》。秀水任《志》。

項元汴,字子京。博雅好古,不習舉業。萬曆間被徵,不起席。豪貲天下,法書、名畫、鼎彝、玉石諸珍祕不脛而至。獲古琴,有天籟字,遂以顏其儲藏之閣。辨別真贗,析及苗髮。通八法六法,書出入智永、趙吳興,畫山水學黃公望、倪瓚。尤醉心於倪,得其勝趣,兼善墨竹梅蘭。同時婁東王世貞蒐羅名品,亦不遺餘力,然不逮遠甚。嘉、隆以還,宇内稱鑒賞家第一。每以私印鈐書畫,纍纍滿幅,或識其價若干於尾。又精心計嘗選匠,授意造器具,凡几榻、架櫃、匳盒之屬,鑴以銘款,皆緻巧絶人。二百年來,天籟閣所藏流散人間,往往採入内廷,屢荷天章,題其遺蹟,實異代稀覯之榮也。子德新,字復初。亦工繪事,得荆、關法,兼善寫生,流傳少,人得其片紙如拱璧。姜二酉《韻石齋筆談》。參《徵獻錄》及新纂。

項道民,字民逸。元淇子。幼韶慧能詩,長益駿發。時馮開之、李伯遠皆負盛名,道民鼎足其間。風華掩映,人方以遠到期之。忽一日,盡焚制藝,逃於禪,石磴繩牀,終朝諷唄不輟。著有《春暉堂集》。《檇李詩繫》。

項聖謨,字孔彰。元汴孫。薰習風雅,尤長畫。董其昌謂聖謨樹石、屋宇、花卉、人物皆與宋人血戰,山水兼元人氣韻,所謂士氣作家俱備也。嘗自寫行看子,自少至老,題曰《九十九變相圖》,布景各極其妙。又作《長江萬里圖》,最雄俊,朱彝尊稱之。至今流傳者,短幀長卷,上呈乙覽,輒荷宸題。兄子奎,字子聚,號東井,亦能學元人山水,兼擅蘭竹,好用禿筆水墨。有《晚鹽堂詩學》。《書畫譜》。參張庚《畫徵錄》及新纂。

卜不矜,字竽公。大有曾孫,諸生。性恬雅,隱居嘯傲,以詩文自娛。尤工曲律。著有《復瓠集》八卷併《杖頭錢》《鴛鴦扇》南北諸劇。

姚瀚,字公滌,一字北若。思仁孫。廩太學生。質直有至行,好施急友難,千金無吝色。崇禎丙子,就試南都,大會東南名士,束其文以歸。有國門廣業之選,一時稱月旦。三試不第,遂隱居著述。積書四十櫝,部分類聚,廣荆川左編,集漢至隋文爲《八代文統》。

吳元震,諸生。有品望,爲生徒模楷,舉鄉飲賓。季子治,縣學生。負文譽,貧無寸椽,寄跡蕭寺,積束修所入,以經營父葬,不以累其兄。著有《表章聖學》四卷,《筆記》六卷。又,諸生唐文選,字掄章。有文而孝友。知縣湯齊嘗表其廬。子堯岳,年十二補弟子員。博綜群籍,工詩古文辭及書法。著有《剝廬集》《白苧吟》。孫珏,亦以文學稱。以上秀水任《志》。

姚繼華,字鳳亭。諸生。性坦直。博學强記,著《書經詳解》《禹貢纂要》《九州圖說》《災祥占驗考》《諸曆纂要》等書。吳《志》。

卜世臣,字藍水。磊落不諧俗,日扃戶著書。有《挂頰言》《玉樹清商》《多識編》《樂府指南》《卮言》及《山水合譜》。孫休,有《傳》。袁《志》。

沈麐,字天鹿。少孤,母胡授之讀。及長,博通群籍。值明末,棄舉業,無進取志。戚屬皆開府,貴盛,欲表薦之,不就。時與陳繼儒、李日華諸名宿以詩酒相還往。當事聞名,造其廬,謝不見。家本饒,初,伯氏欲規估之,麐泣請於母,盡讓其膏腴,願以薄田奉母,守約終其身。後伯氏窆，且老無後。麐仍爲收瘞，曲盡其敬。尤長於填詞。康熙四十五年，命詞臣選《歷朝詩餘》，錄麐數闋。《香樹齋文集》。

朱茂暉，字子若。諸生。以祖廕授中書。好博覽經史，諸子百家，靡不兼綜。古文詞元本六藝，韻語不屑蹈襲前人，尺牘日可百函。華亭周立勳嘗云：“讀書能化臭腐爲神奇，惟禾中朱子有之。”所輯《禹貢補注》，徐孚遠謂：“當與程泰之、傅同叔並垂。”著《悔在先生集》。《静志居詩話》。

朱茂曙，字子蘥。國祚孫，大兢子。爲人恂恂儒雅，篤於孝友，取予進退，介而有節。國祚當廕一孫，以予茂曙，不受。叔某富，無子，以次當嗣，又辭之，悉以推諸弟。浙江巡撫董象恒，友壻也，勸往，不應。少善屬文，工行楷書。能畫山水竹石，爲董其昌所稱。明季棄諸生，經史外旁及天文，醫卜諸書。盡通其術。《浙江通志》。

錢龍湋，字松湋。生而穎悟，沉酣六籍。著《毛詩正義》八卷，《解歌》二卷，《臆易》三萬餘言。倣呂東萊《大事紀》、邱瓊山《世史正綱》，撰《史編》《史綱》。又著《家鄉禮節》四卷，黜浮崇古，鄉里取法焉。不事生産，好施予。生平無怒色，即非意相干，怡然也。以子江貴，贈奉政大夫。秀水任《志》。

萬祚亨，字元嘉。諸生。壽國子。博學勵行，中歲棄舉業，耽情山水。工于筆墨，杜門二十年，著有《卧隱閣集》。子人望，孫必大，並善畫。而必大子宏道，字正思，山水摹董巨筆意，人尤重之。秀水任《志》。參《畫徵錄》。

吳洪珍，字沖霄。諸生。性孝友，與人交以誠。工古文辭，後以子鑄登第，遂不應試。博考史鑑，古今人姓氏分類，成編年。臻上壽，三舉鄉飲賓。秀水任《志》。

陳泰寧，字坤益。學士懿典子。少博學，遇異書，輒手自鈔寫，積數十册。先懿典卒。著有《尚書講義》十卷。吳《志》。

項真，字不損。縣學生。兼綜古今文，爲李長蘅、聞子將所激賞。書法絶倫，有御史巡按至浙，試士子文，經、書法題外，俾作一詩。真詩就以行草縱筆寫之，御史拔第一，益自負。儻□不羈，坐事瘐死于獄。

朱茂暟，字子蓉。縣學生。擅詩文。古風豪俊，專師太白，評者比之出水芙蓉。兼工書法。著有《鏡雲亭集》及雜著若干種。以上《明詩綜》。

戚中岳，楷法與文徵仲頡頏。畫宗巨然，筆力蒼老，較之吳仲圭略減清潤耳。又朱素臣，字去塵。諸生。善寫竹，築室幽篁間，與名流觴詠其中。曹侍郎勳贈句云“道人癯似竹”，遂自號竹癯。秀水任《志》。

【校注】

[1] 頡頑：當是“頡頏”之誤。

國　朝

施博，字易修。爾志子。明季諸生。少篤學，不事進取。讀《易》至家人卦，悟聖道不離倫常。日用乃一以務本爲學，教人躬行爲重，不尚空談。遠近有志斯道者聞聲踵至，聽其講論，罔不感發。平生遠標榜，未嘗入社。著《姚江淵源語録講義》若干卷。吳《志》。參秀水任《志》。　案：《通志》作施静，誤。

俞汝言,字右吉。少孤貧,力學,具經世才。乙酉後棄諸生,嘗館鶴洲朱氏。寧都魏禧來,寓偁圃曹氏。曹,朱戚也。禧因訪汝言,與論古今人物、治亂得失,窮十晝夜,禧爲傾倒。族父某富而無子,汝言次當後。族人或覬之,遂謝去,出遊燕、趙、韓、宋、衛、閩、粵,及雲中、雁門,胸次益廣。歸而益著書,至兩目盲,猶令人日誦書,有所見,口授使記之,至老不衰。既没,禧表其墓。著《春秋平義》十二卷,《漸川集》十卷,《京房易圖》《先儒語要》《明世臣考》《寇變略》凡十數種。弟子吳之機,字達可。好學,著述亦甚富。周人急,雖屢空勿顧。吳《志》。參盛百二《文稿》。

蔣之翹,字楚穉。少工詩,採禾中先正諸咏,爲《檇李詩乘》。家貧,好藏書。明末避盜村居,收羅名人遺集數十種,選有《甲申前後集》。又嘗重纂《晉書》、校注昌黎、河東集。吳《志》。

曹之琭,字仲玉。諸生。博古力學,敦品誼,舉德行。授徒數十年,及門之士多所成就。纂有《格言》諸書行世。秀水任《志》。

蕭瑛,字荊玉。崇禎庚午副榜,教授生徒,多名士。子壎,字賡六。訓導。敦行嗜古,兼通醫理。

施永圖,字明臺。由貢生仕至鳳泗道。歸里後,著《五經四書慧解》《歷代紀異》及《醫方本草》諸書。以上吳《志》。

鍾嶔立,字宣遠。前貢生。弟于宮,字恕雯。諸生。並長于文學,有聲望。嶔立有《信志堂彙》。子淵映,字廣漢。負奇才,年三十餘,囊所舊書數十册入都,與長洲汪琬辨論六經諸史之源流,詩歌古文辭之利病,與自唐以來諸大家之門庭曲折,口呿目張,洋洋纚纚,數晝夜不休。琬欲倣以所不知,而廣漢性甚敏,識甚高。卒莫能難。越數日,廣漢暴殁,琬爲作《哀辭》。嘗欲注《五代史》,彙未成。遺著尚夥。吳《志》。參《堯峰文鈔》。

陳忱,字用宣。順治甲午副榜。少孤,力學。爲詩文質于曹侍郎溶、朱檢討彝尊,得有指歸。著《誠齋詩集》。不出户庭,録《讀史隨筆》《同姓名録》諸書。子建煒,諸生;醇謹,能文;廷煒,有《傳》。

毛延芳,字石墨。康熙庚戌進士。善書法,知新淦縣,有惠政。歸里後,恬淡自得,寄情詩酒以終。

陸泗,字秋芳。九歲能文,十歲善詩歌,聲譽出老生上。子(雨下樹),字文端。康熙乙丑進士。知榮昌縣,歲旱,捐俸以賑。

吳讓木,字交樹。樂清教諭。耿逆亂後,學宮鞠爲茂草,讓木興復,黌舍一新。遷溫州府教授。著有《石堂詩集》。以上吳《志》。

沈騅,字無期。少有雋才,從婁東吳偉業、華亭李雯遊,文譽馳遠近。以諸生教授三十年,門下皆知名士。

徐世湜,字中粹。尚書必達仲子。性孝謹,事《尚書》得歡心,訓子姪必以《禮》。讀書多手鈔。所著有《易參》及《明季本末》諸書。以上秀水任《志》。

陳彭齡,字耆庚。德元曾孫。工文章,與卜彭年相砥礪。貧而好學,蓬蓽蕭然,不改其樂。

陳鍾,字西音。貢生,博於經史,尤篤倫紀,友愛諸弟,鄉黨嘉其行。吳《志》。

嚴勳,字宸臣。與兄觀、弟臨有三嚴之目。順治辛丑進士。留心經濟,議論古今得失如指掌。著有《讀易堂文集》。觀,字質人。以貢授訓導。性孝友,績學能文。著有《禹貢輯要》。臨,字覽民。以貢授中書。五經三史能暗誦。著《醒齋集》。吳《志》。參秀水任《志》。

張雍敬，字簡庵。初名珩，縣之新塍人。多學，尤長推算。所著《定曆玉衡》，朱彝尊序之，盛有推許，語見《經籍志》。詩豪俊，曰《環愁草》。又善填曲，兼工畫。伊《志》。

宋瑾，字崐友。諸生。研覃濂洛之書，與陸清獻公隴其爲友，序其《四書大全》。授徒講學，著有《習是編》《教學圖》。又有《養正編》《識小集》《禮記集註》《治略芻言》《思位錄》。嘗遊闕里，見三教堂，駭甚，遂啟衍聖公，毀之。著《闕里紀言》。後掌紫陽書院教，闡明理學，有《會講問答》《方正學年譜》。

沈大詹，字伯遠。修撰自邠孫。與弟大遇字仲謀並有聲望。時三吳文社競起，雲間、婁上，爭相延召。大詹幾爲黨累。晚年除遂昌訓導，值耿逆亂，變服匿深山，爲邏兵所得，叛將強以冠帶，佯病不食，卒。以上吳《志》。

馬上巘，字雪倜。諸生。父呈翼，習青烏家言，著有《平洋元解》。上巘敦行通經，善說《春秋》，兼工詩。著有《詩法火傳左右編》及《詩文集》二十卷。祀鄉賢祠。子壽穀，字佺其。康熙壬戌進士，授武昌縣。著有《經書闡旨》及《瓶山唱和詩》。孫湘，有《傳》。任《志》。參伊《志》。

沈善世，字爲九。詩有雋才，尤工於集杜，藝林傳誦之。同時有孫昭，字方回，與善世相唱和，亦以詞賦擅名。吳《志》。

姚東明，原名節，字竹友。頤下有瘦，晚自號贅翁。任俠嗜酒，善畫能詩，爲朱彝尊門下士。壯遊兩川、三晉、秦楚燕趙，南及百粵，交益廣，詩益豪邁。著有《弄酒餘閒集》十四卷。吳江鈕琇令粵東，以廉吏稱，卒後，幾不克歸櫬，東明傾囊助之。弟元貞，字梅友。亦工詩。有《無可亭稿》。伊《志》。

王槩，字安節。寓居金陵，畫山水，學龔半千。善作大幅，雄快取勢，過於蒼健，而沖和不足也。善詩文，有《澄心堂紙賦》，稱於時。槩兄名著，字宓草。以花鳥擅名，得黃荃法。《香祖筆記》。參《畫徵錄》。

屠友良，字伊和。洪基子。康熙癸卯鄉試第一，庚戌進士。知扶溝縣。政務寬簡，以德化民。解組歸，四壁蕭然。舉瓶山詩會，以風雅爲倡酬，士林宗之。吳《志》。

周蘭森，字馥佩。歲貢生。工舉業，兼古文辭。駱琦，字允文。歲貢生。敦孝友，讀書寒暑不輟。琦與蘭森教授生徒，並和易，善誘人，人樂從之。又卜垣，字僧坦。居秋涇里，有學行。授徒，皆知名士。富於文，爲時傳誦。吳《志》。

卜休，字人木。少孤。十歲能賦詩。經史過目不忘，既長，博極群書，雖稗官野紀及方外藏典，靡不研究，善談論，與人辨古今治亂得失，皆獨抒己見，不少阿附。家極貧，晚喪子。每隆冬風雪洒窗，擁敗絮從容展卷，恬如也。詩宗唐音。弟子李元繡收其稿。《陳梓文集》。

盛大鏞，字匏仲。歲貢，需次訓導。好風雅，有別業在南湖旁，曰匏菴。集里中人爲竹林詩社，其詩初沿七子派，後學皮、陸，晚乃似放翁。常識錢太傅陳群于總角時。年八十三卒。伊《志》。

盛楓，字薖宸。明觀察萬年元孫。未十歲，以意爲詩文，不屬草，頃刻盈數紙。弱冠舉於鄉，出睢陽湯文正公之門。游京師諸名宿，皆折節與交。屢不第，歸而閉戶著述。念故鄉文獻無徵，搜討有明一代人文，自公卿以逮山林隱逸，各爲之傳。題曰《嘉禾徵獻錄》，本末犖然。蓋楓少師桐鄉顏鼎受，長而習聞舅氏朱檢討彝尊之論説，故學有淵源。性孝友，尚風義。補安吉州學正。嘗一攝州事，州民樂稱其德。所著尚有《文集》三十卷，《安吉耳聞》一卷，《觀瀾錄》十卷。子支焯等,有《傳》。《李穆堂集》。參伊《志》。

盛禾,字既同。天台訓導。楓弟,少游四方,足跡所至,凡川原景物,碑碣陵墓,搜奇抉奧,不厭詳考,嘗述其見聞事迹,條分件繫,積十數冊,頗資掌故。從子支炳,字虎文。以保舉授知縣,改淳安教諭。能文,尤工畫,得北宋遺意。伊《志》。

朱丕覲,字愷仲。候選訓導。年十四補學官弟子,勵學能詩,從祖檢討彝尊最賞之。檢討選《明詩綜》,開局吳之慧慶寺,丕覲襄其役。詩婉秀,不爲鈎章棘句。隸書學曹全碑,可亂檢討真。有《亞鳳巢詩稿》《藕花居詞》,從子胡考,字一峰。諸生。少穎悟,年甫壯卒。著有《椒圃詩草》。伊《志》。參《強恕齋文鈔》。

朱稻孫,字稼翁。昆田子。能以詩文翰墨世其家。太倉王相國揆爲春秋館總裁,引稻孫助。稻孫挾其家藏二百七十餘家之書以備纂修。同館有意見不合者,辨詰紛起。相國輒令稻孫平其可否。又預修《子史菁華》,書成,例得議敘。稻孫赴友人李宗渭之難于關中,比還,期已過。或云銓曹吏可商也,稻孫不肯,遂不得選。乾隆元年,相國子詹事奕清舉稻孫博學鴻詞,復不得。及纂修《三禮》,臨川李紱欲薦之,有阻之者,事遂寢。性剛介,不容物,一言非禮,雖公卿滿坐,輒慷慨義形于色。遇故家子弟零落不偶,則涕淚不自持。晚家居,好以詩文會友,齋厨蕭然,不介意。書法自成一家。所著《六峰閣詩槀》,已刻者皆少作。又有《續槀》十卷,《擬古樂府》三卷,《紀行絶句》二卷,《羅浮蝴蝶倡和詩》二卷,《烟雨樓志》四卷。盛百二《柚堂文存》。

陶越,字艾村。幼穎悟力學,喜排纂。遊曹侍郎溶、朱檢討彝尊之門。侍郎有《學海類編》一書,越因爲《續編》若干卷。又嘗搜輯遺文,撰《嘉興人物考》五十卷。所著尚有《錦帶書》《月令摘華》《吟苑編珠》《過庭記餘録》數種。詩文多散佚。伊《志》。

鄭世元,字亦亭。先世自越遷禾。雍正癸卯舉人。博學,肆力爲詩,宗少陵。與俗寡合,然朋儕子弟以業請者,輒開譬不倦。陳梓謂其燭理如照犀,處事如斷金,使其得遇當不僅以詩文見。著有《耕餘詩草》。子虎文,自有《傳》。從子炎,貧而豪于詩。才敏贍,千言立就。而琢鍊精警,時出新奇。著有《雪杖山人詩集》行世。伊《志》。

吳振武,字威中。有文名。善寫生,間作山水,得王麓臺傳授,又嘗用指頭作畫,花竹、翎毛、草蟲畢肖。舅氏朱檢討作長歌記之。曾知寶坻縣,罷歸。賣畫以自給。伊《志》。

朱德滋,字樹華。諸生。行己有繩墨,涉獵史籍掌故,勤筆不休。著《聽和軒文稿》。又,錢侍郎載之塾師曹櫃,字元栱。先世自上虞遷秀水,少孤,力學,舌耕自給。泊然與世寡營。詩學唐調,有《竹鄰小草》。餘及繪事、篆刻,兼通醫。載爲《誌》其墓。伊《志》。

賀光烈,字經三。雍正丙午舉人。考授中書,卒于官。性端重,爲諸生時,閱張氏履祥遺書,慨然曰:"爲學不當如是乎!"乃與弟光焜相砥礪,酷暑不釋衣冠,發憤窮經史,尤研《三禮》,恥託空言。自天文、河洛、律呂、宗廟、溝洫、賦役、算術、醫理,靡不殫究。著書十數種。爲文洞達理奧,辨析古今,折衷貴當。是時俗學以三代兩漢文字,馬、鄭、賈、孔註疏不近,科第屏弗視。光烈獨奮志于古人,初非笑之,既而生徒漸衆,經指授成名者,同里沈刑部昌寅、編修昌宇,錢塘沈臬使廷芳,其選也。子基鞏有《傳》。伊《志》。

張庚,字浦山。棄舉業,學詩古文。尤精繪事,晚益研求元四家,山水氣韻深厚,幾及麓臺。間涉獵史書,加以考核。客睢陽十餘年,中州人重其學。以湖北學使蔣蔚保舉,應博學鴻詞,放歸。生平遊歷公卿間,多與賢豪長者交。嘗主吳興李守。庚既去李署,其室曰浦來軒,望浦山之常常來也。其爲時所推若此，著《綱目釋地糾繆》《畫徵録》《强恕齋詩文集》若干卷。伊《志》。

祝維誥，字宣城。翼權孫。性質約。詩沖和有風度，所居緑雨莊，錢載、王又曾、朱麟應暨其甥汪孟鋗兄弟輒聚其中爲詩會。丙辰被徵，不及試。戊午舉於鄉，考授中書。既終養，補官，升典籍。著有《緑谿詩稿》。子嘉，字明甫。舉人。弱不勝衣，而好苦吟，製小律鏤句琢字，一語不輕下。著有《西澗集》。伊《志》。

嚴仔，字肩吾。弟任，字季重。並諸生。書法肖董其昌，爲查宮詹昇所許。後有譚孚先，字作周。貢生。有學行。工撥鐙結體，近元祕塔碑。里人多從受教，有《述書絶句百篇》。同時，朱源，字原長。諸生。入太學，議敘授如皋縣掘港場主簿。精摹晉唐帖，善做書，嘗縮臨《蘭亭》《聖教序》，如繩頭樣，丰神逼肖。從子振飛，字南九，亦以書名。徑寸以下，楷字尤精潔。能鑒別古帖，辯入毫芒，嘗以率更法寫李憩庵八十四法刻石，以示學者。又諸生錢德棻，字眉客。法在振飛伯仲間。行押學李北海，正書出《醴泉銘》而善變。性瀟灑，雖益無儲粟，吟間醉自若也。夏之璲，字宗彝。諸生。少後於錢，亦工書，學小歐道因碑，無一懈筆。伊《志》。

沈運宏，字蒼育。以歲貢生舉孝廉方正，爲嚴州府訓導。不隳師範，有《退翁詩稿》《息簪詞鈔》。同時沈懋德，字民滁。舉人。研覃四子。書以制藝教弟子，有榘度。除臨海教諭。子疇初，字掄元。有《青谷雜著》行世。伊《志》。

淩大田，字康伯。六齡日誦千字。雍正己酉舉鄉試第二人。以教習選臨海教諭。丁父憂。補富陽。母老，乞養歸。大田敏於文，能一日成十藝，在教習館，有求者，立使者於庭，削槁與之。著有《豐屢齋詩文集》四十餘卷。伊《志》。

王德普，字長民。好吟詩，善寫生，尤長墨竹，得洋川法。詩甚富，有《竹堂詩略》百卷，不盡經意，往往見佳句。題《朱買臣墓》云：「可憐無計留貧婦，誰料他時是貴人。」洵乎老嫗都解也。伊《志》。

鄭尚麟，字悦山。家貧，能自振拔。以舉人考授中書。有《詩問》八卷，雜著數種。子煜，字曦如。舉人，德清教諭。有《紅泉槀》及他雜纂若干卷。伊《志》。

朱麟應，字梧巢。舉人。品端而學優，以博學鴻詞舉，未赴。里中諸詩人，自錢、萬、王三家外，求其安章宅句，足爲後生楷式者，必推麟應。《擬張王樂府》尤神似。詞亦工。隸書完整而秀，得漢法。有《賴業齋詩槀詞槀》。伊《志》。

蔣德，字敬持。鶴鳴曾孫。乙卯舉人。性疏逸，不問生産。詩麗以則，無虛憍氣。刻有《秋涇詩稿》二册，門人、故學士朱筠《序》。今尚書珪爲之《傳》。伊《志》。

卜兆熊，字周望。事孀母極孝。嗜爲詩，有《藕村詩鈔》。伊《志》。

吳光昭，字翼心。恩貢生。源起孫。少孤貧，受母教，肆力於學。爲名諸生，嘗賦《銅鼓歌》一千四百言，學使李因培極賞之。顧卒不遇以老，著述散佚。惟《賦彙録要箋略》行世。伊《志》。

吳紹曾，字魯也。朱振咸，又名辰應，字載坤。均諸生，以古文名。紹曾文法歸有光、計東，一出以繩墨準尺。年幼游楚豫，即爲童子師養母，數嫁文於人，取其酬。振咸每過之，尋積金葬親，後有請者輒勿應。振咸聞而歎曰：「吾固疑魯也，非肯攫諛墓金者。」振咸少孤貧，負狂名，睥睨一切，特推服紹曾文，亦追步韓、歐。著《永訓堂文集》。程同文《密齋文集》。

朱芸，字正蕃。諸生。博學，健于詩，有雋氣。乾隆乙亥，以饑餓不能出門户，卒。有《雁聲小草》。伊《志》。

陳元朗,字星瀾。雍正己酉拔貢,入成均。聞父病,馳歸。旋遭喪,以毀卒。學使帥公念祖有詩紀之。嘉慶六年,入忠孝祠,並建坊郡城徐家埭。子姓繁盛,代有聞人。得金佗園爲別業。從子經禮,字慶旋。進士。知沅陵縣。縣置郵凡五站,值軍興旁午,士馬芻糧,支應費絀,輒鬻産補之,不以重累民。大吏廉得實,保陞永綏同知。伊《志》。

汪師曾,字省三。歲貢生。餘姚訓導。少孤力學,爲人謹呭笑,慎取與。家貧,授徒爲食。就試長安,雖屢躓,未嘗詭以求遇。伊《志》。

張星,字九野。諸生。詩清新脫俗,越其儕輩。中歲卒。有《玉李詩草》。張敬勝,字呂揚。拔貢生。少以詩賦稱,年逾八十,猶國學生。張楷,字端如。聞川人。服賈養母。耽詩,五律有清標,近唐人格。没後,友人爲録《雪泉詩存》四卷。伊《志》。

陳詩,字韻清。舉人。爲文根據經史。授徒京師,金部郎雲槐暨弟修撰榜,皆經其指授。晚主徽州書院。著時藝曰《飾眉草》,韻語曰《亦鳴草》,雜藝曰《覆瓿偶存》。伊《志》。

汪大鏞,字鳴盛。援例選曲靖府同知,調景東。以銅廠事被逮,起攝通州,歷順天府東路同知。愛風雅,雖歷處繁劇,輒吟詩作畫以自怡。刊有《綠雪齋詩稿》。伊《志》。

吳芳,字若愚,號方谷。郡諸生。幼失怙。貧而力學,思顯揚其親,值母壽七十,哀刻祝詞,爲《愛日居壽詩》。又仿朱子白雲葬法,倡舉義集,爲仁親會,行之數十年。工詩文。著《鳴春集詩稿》《印月樓文鈔》。伊《志》。

吳光酉,字豐在。甫成童,即食餼。乾隆丁巳貢成均,爲倪貢士淑則贅婿,因家平湖。生平誦法陸清獻公。食貧,砥行。訂刊《清獻年譜》。新纂。

鈕景琦,字玉海。康熙辛酉舉人。詩才鮮艷,“漁艇出桃花”五字,《春日舟行》句也,可作《桃源圖》。又《八月早寒》一聯:“小院苔乾蟲語咽,空階葉落鳥聲愁。”亦逼真晚唐。《橋李詩繫續》。

馬學乾,字行天。貢生。遨游荊襄,掌教書院。張太史問陶初學韻語,一見即許以“他日成名”。著《懷玉山人草》。《橋李詩繫續》。

李元繡,字裳吉。郡諸生。父敏芬,喜藏書,不能購者,借録勿輟。吳江姚蟄庵爲楊園張氏高第,延以訓子。元繡幼即端恪,講書義,輒穎悟。一日問:“‘餓死事小’,作何解?”答曰:“不餓死,即失節矣。”蟄庵深器之。長,益肆力於詩古文。所著簡古沖淡,有法度。尤潛心宋儒諸書。游其門者,氣質自化,故成名者多。歿後,私諡貞恪。有《澹凝堂集》。沈莘士撰《墓誌》。見鄭鳳鏘《新塍瑣志》引。

嚴文瀾,字芳湄。幼孤,力學,屢躓名場。乃閉門課子,手纂宋元以來《易》《詩》諸經解,著有《易詩異同折衷論》。詩以澹雅爲宗。子珠、璿、璣,皆聲儔黌序,有“三珠”之目。《瑣志》引《斐亭詩話》。

張輝祖,字似千。嗣伯父雍敬爲後。諸生。性耿介,嘗苦新塍事蹟廢墜,旁搜博採,著《雜咏》百餘首。有《方山詩草》。《瑣志》。

沈叔埏,號帶湖。乾隆庚子召試,授內閣中書。丁未成進士。授吏部主事,以母老告歸。沉潛經史,工詩古文,請業者戶外屨滿。撫猶子維鐈成進士,官至少司空。弟珽,號雲泉。增廣生。亦富著述。此傳應歸《嘉興》。

陳增,號梅軒。學問淵博。由進士授湖北長陽知縣。制軍畢沅委修《湖廣通志》,沅刻書籍,多與商榷。署德安府同知,以痼病改教,回籍。著有《梅軒》初、續二集。于《志》。

陳經業,字毓恬。元朗子。工吟咏,與錢、王諸詩人遊。著有《匏村集》。

陳經國,字泰揆。乾隆己卯、戊子二科副貢。候選教諭,潛心經學。著有《讀易傳義會通》《三禮證訓》《春秋四傳糾正》《閒齋思辨録》。子孝恭,號鹿苹。乾隆乙卯舉人。能文,精醫,識沈濂於未達時,操知人鑒,積有遺澤。子姓相繼登科第。新纂。

李汝章,字沁碧。性高潔邁俗。讀書不屑屑章句。家貧,服賈以養,爲醫能活人。同里錢載不輕交接,少許可,獨稱其人與詩。著有《易解谿隱稿》《灌園餘事草》。子貞木,號訥庵。以進士授山西高平縣。澹榮利,俸未滿即解組,改嚴州府教授。新纂。

王曇,號仲瞿。乾隆甲寅舉人。博通經史,旁及百家,負奇才。善道家掌中雷法,左都御史某以曇薦。會川楚匪起,方禁邪術,薦曇者夙與和珅有連,珅敗,方引避,曇亦被牽,不復振。乃落拓江湖,佯狂玩世。著有《昭明閣》《煙霞萬古樓》等集。新纂。

唐枳,號蔗圃。乾隆戊申舉人。主講上海書院,誘掖獎勸,人文蔚起,登科目者倍盛於前。肄業諸生爲之設主於朱子之側。著有《周易實義》六卷,詩文若干卷。子瑩,邑庠生。兼通醫理。著有《五運六氣指掌》《煮花軒詩集》。于《志》。

蔣元龍,號春雨。明經。口吃心敏,足不出里閈,借觀郡城藏書家,搜覽幾徧。詩格雅正,得后山之神,爲錢籜石侍郎所推賞。善鑑別字畫。以楊梅紫液畫牡丹,用草汁作葉,題曰《天然富貴圖》,爲繪事中最風韻。著有《春雨樓詩》十六卷,《桃花亭詞》一卷,《西齋過眼録》若干卷。于《志》。

張翀,字晴鶴。嘉慶甲子歲貢生。讀書過目不忘,博通經籍,兼擅古今文詞。行廉志潔。著《白湖草堂文集》十卷,《詩集》四卷,《所見偶録》八卷。于《志》。

錢善揚,號几山。郡庠生。載孫。長於金石考據,善鑑別。工書畫,書法神似董文敏,畫竹石、花卉,淵源家學,得寫生趣。至今人多珍其筆墨。著有《几山吟稿》。于《志》。

汪世樟,號寅禾。如洋季子。道光三年進士,授編修。操行清潔,惟以詩古文詞自娛。與伯仲兩兄式好最篤。九年視學楚南,十二年典試粤西,十三年分校禮闈,未撤棘而卒。年壽不永,士論惜之。著有《閱史偶鈔》《玉杯餘瀝》。于《志》。

計楠,號壽橋。廩貢生。就職訓導,署嚴州教授、安吉訓導事。工詩,初學王、孟雅淡,中年變而學蘇、陸,有自得之趣。著《一隅草堂集》十六卷,《雜著》十卷。道光三年歲祲,捐資助賑,奉部優獎。于《志》。

夏儼,號守白。邑庠生。人品高潔,詩亦如之。論者謂其富於文詞,飽於道義,絶去摩擬剽竊之習,近日之言詩者未能或之先也。著有《清琅室詩鈔》三集。弟汝爲,工繪事,精篆刻。于《志》。

沈莘士,號約安。邑庠生。少與兄渭士講學文法大家,中年客游四方,足跡半天下。與諸名彥相切劘,吟咏甚富,諸體皆擅長,五古尤勝。著有《新溪詩文集》、雜著十四種。于《志》。

朱溥,號德涵。孝子元子。讀書穎悟,有神童之目。未冠遊庠,性孝友篤實,與兩弟泫、夏閉戶攻書,不問俗事。著有《書經蒙引句解》十卷。弟泫,號禹門;夏,號晴川。皆有文名。于《志》。

朱聲希,號吉雨。庠生。早歲食貧力學,侍父疾以孝聞。受教於叔休度,詩詞皆駸駸入古。

歷游燕趙,得山川之助,以抒寫性靈,業益進。卒年六十一。著有《山礬山房詩鈔》《吉雨詞稿》,俱付梓。于《志》。

姚東升,號曉珊。世業儒,祖應龍,郡庠生。品端學粹。著有《四書五經旁訓》。父儼,諸生。著有《儀禮旁註》。東升補郡庠弟子員,孝友篤恭,資性穎異,讀書過目成誦。著有《恒象紀聞》等書,《惜陰居文稿》《吟稿》《日鈔》等集。三十餘年鍵户著書,寒暑不輟,儒林望重。旌德方維翰傳記,嘉興沈維鐈爲讚。道光十五年卒。于《志》。

俞文行,字力芟。貢生。力學著書,有《續貂性言》十六章行世,并《太平事宜》一書。俞沅,字芷岸。著有《紹德堂詩鈔》。于《志》。

朱鼎鉉,字楚正。性孝友。輯經補註,私淑陸清獻,嘗成《理學淵源録》。詩亦近唐風格,著有《豐巖詩鈔》。同上。

黃如霝,字奕山。庠生。本吳江北麻人,遷居新塍之柿林,遂占籍焉。生平精衡鑒。書學坡公,文宗熙甫,詩有高達夫之目。同上。

徐昭,字古愚。乾隆甲子舉人。著有《古愚詩鈔》。嘗手録《五經》《三傳》,周、秦、漢、唐、宋大家文數十册。晚年病痹二十餘載,卧一木榻,得詩尤多。同上。

楊景雲,字芸客。父柱,字東林。以優貢訓導宣平。有《柳村詩藁》。景雲詩學溯源漢魏,初涉筆蕭《選》,後與王又曾、祝維誥游,始變今體。殁,無嗣。友人顧列星爲選其遺詩。《耐冷譚》。

顧列星,字退飛。豪邁忘其貧,寒甚,友人贈以一裘。過書肆,見有《漁洋全集》,即脱裘換之,家人笑其迂,攤書朗誦勿顧也。著《苦雨堂集》,夏儼爲校刊。《耐冷譚》。

盛子靜,諸生。耿介性成,嘗集友人結詩文社。一日,適不能舉火,有弟子素好挎蒱,偵知之,持錢至,卻勿受。砥行立名,文酒讌中,亦徵品誼。《新塍瑣志》。

朱杰,字倫表。居葭溪。七歲居父喪,哀毀如成人。家故藏書,復得卜人木手鈔本數百卷,肆力研索。弱冠爲詩文,卓然可觀。嘗作座右銘,有"篤實沉潛,居敬持志",語蓋不欲以詞章自域者。惜不永年。陳梓《傳略》。

沈游,號葭士。貢生。爲錢文端器重,妻以女孫。性情恬退,嗜吟詠,與計秀才漁溪結蘭言社。所居耆英堂,饒圖書花木之勝,嘗仿永和舊事,倩戴秀才樹滋作《耆英堂雅集圖》,凡二十二人,錢塘吳菊圃重爲作《記》。撰有《耆英堂集》。《續橋李詩繫》。

汪大經,號西村。廩生。僑居泖上,爲贅茸城。從沈沃田學詩,清新俊逸,裘杼樓之後勁,輯有《江湖故人集》《嚌味集》及《詞雅》諸選。所著詩曰《借秋山居》。同上。

汪雲,字雪谷。布衣。終身不娶,寄居蕭寺。詩筆操縱自如,於爻山人、梅溪叟外,獨標一幟。有《借春閣稿》。同上。

金汝潮,號西樓。由孝廉官山西澤州同知。時方伯謝好華飾,見汝潮衣敝裘綆,下妥如旒,諷以改造。爰歸,就燈下薰去蒙戎者。翌日,晉謁,鞠躬曰:"今竟何如?"同官以其戇,手撼止之。謝不罪也。嗣出使旁邑,題詩野廟中,有"軫恤民艱"語,中丞初公見之,曰:"此好官,道途猶不忘民隱。"屬監司善視之。著有《西樓詩鈔》。《石瀨山房詩話》。

王家英,庠生。績學能文。所著《冰壑寒林館集》,錢塘陳文述稱賞之。工鐵筆,善寫蘭竹,刊有《鴛湖漁唱詞》四卷,風調不減杜樊川。《耐冷談》。

曹大經，號海槎。布衣。隱於梅花涇，詩筆蒼老，尤工隸書。詠落葉有"早識榮枯憑造化，更誰茵溷判仙凡。"允推見道之言。所著曰《吟秋館集》。同上。

章全，字益齋。歲貢生。訓導天台縣學，汲古勤劬。影鈔宋本《樂書》全部，總千有二百餘葉，閱兩載告成。以潛說友《臨安志》缺碑目一門，偶經市肆，得《天下碑目》鈔本，亟錄臨安金石，自周迄宋，以補潛《志》之缺。吾禾老宿勤鈔纂者，夙推陸瓠尊筠，以全繼之，可稱雙絶。錢泰吉《曝書雜記》。

虞光祖，號角山。嘉慶甲子舉人。臨海教諭，熟精舉業。所居鄰賣餅家。將揭曉，與隣預約，置粉餌，隣伴諾，不爲意。迄報者至，猝無以應，里人傳爲故事。謂命中若操券，可以勵後學，緄袍方履，嚴於跬步。善擘窠書。畫本採入《墨香居畫識》。新纂。

殷樹栢，號雲樓。附貢生。書法遠師柳誠懸，近參汪退谷。畫尤高潔，凡瓶罍樽壺之屬，位置寸縑尺幅，中別具雅致。家西郭外，自號西疇桑者。同時王湘，字秋帆。諸生。錢采，字禮園。均畫山水，隱居城市間，不染塵俗。新纂。

文鼎，字後山。布衣。咸豐初徵舉孝廉方正，力辭不就。富於收藏，如商仲彝、周象觶、漢元延銷、褉帖五字不損本原搨、婁壽碑，眼學精絶，畫青綠山水宗文待詔派。著有《五字不損本室詩稿》。諸暨周杖撰《墓誌》。

董榮，字樂間，自號梅涇老農。畫受石門方薰指授，山水、人物、花鳥、草蟲，各稱精妙，尤喜寫蔬果，點染生新。書法顔、褚，兼愛祝允明行草。暮年搆嘉會堂，濡毫吮墨。著有《畫學鉤元》。得其傳者，諸生陳銑，號蓮汀，蒼勁秀逸，著名濮川。新纂。

唐塤，字益庵。綠谿山莊後人。由增貢生保授富陽縣學訓導，赴任，因病卸篆，熟游閩省，掌教臺灣崇文書院。刻有《通俗字林辨證》，著《蘇庵詩餘》五種。新纂。

周錫蕃，字椒邱。由江西南豐改隸秀水。幼稱神童，以書生熟金穀，林文忠撫吳時參贊奏議，林器重，恒呼先生而不名。性友讓，豐邑田産悉數歸弟，俾奉祭祀。遷浙無恒産，七旬餘猶掌度支，應當道聘。著有《佐治續編》。新纂。

包鋆，號午橋。道光辛巳科舉人，由教習選江西德興縣知縣，宦囊蕭然。主講嚴州壽昌書院，服習語錄，兼通釋老。新纂。

沈之珽，字寶之，號寶樹。先世自潯溪遷禾，隸籍秀水。弱冠應童試，詠《各簪一花》題，有句云："一朵當頭分綠鬢，兩邊齊帽插烏紗。"張霽山縣令大加歎賞。嘉慶戊辰舉于鄉，屢上春官不第，歸。與二三知己，月夕花晨，飛觴拈韻，有旗亭畫壁風。善墨繪，於梅蘭竹尤精絶。客居邗江者十載，藉舌耕養母。詩益工，衷然得六巨册。生平梗概具見集中，晚年删定爲二十二卷。題曰《雲暢樓詩草》，海鹽朱方增《序》之，未梓。新纂。

朱榮，字欣甫。道光丁酉登拔萃科，選金華縣學教諭，束身繩墨。婺郡士風本尚理學，榮躬行倡導，受業者變化氣質，允推人師。新纂。

龔璜，字宜園。小試三冠曹，偶由廩貢任溫州永嘉教諭。歸，闢幽居於北郭外殿基灣。藜杖清游，好施與鄉里。間精行楷，雖暮年腕顫，屏幛扇幀，不吝人求。詩本性靈，有《蠟屐亭懷古》《八詠樓晚眺》諸作，傳播藝林。新纂。

鍾樑，號山橋。增生。終身不娶，取與極介。有女弟名惠珠，能繪事，適張熊，畫家、老宿，居郡城斜橋。樑或歲暮信宿，亦不時至。搢紳爭延之，一入館，如家焉。工駢儷。新纂。

姚仁瑛,號子白。狀魁偉,學行純篤,壯歲有聲黌序。長白瑞元守禾時,目仁瑛爲高才生。居郡庠西偏,擅園林小築,有"懷芬堂",額猶存竹垞手蹟。家中落,橐筆遨游,庚申避滬,歿。有《懷芬草堂詩稿》。節楊象濟撰《懷芬草堂詩序》。

計光炘,字曦伯。性高尚。厭舉業,孝事二母,雖挐蒱迷藏之戲,亦舉以娛親。親疾,即戚容,稱水量藥必手檢。慕石田、南田,品高志潔,自署其齋曰"二田"。藏書六千餘卷,校刊族祖《菉村遺集》,爲里人錢彥曜刊《脉法》一書。風雅主持,又喜搜藏畫帧。遐方文士造訪者,群集小滄浪,重結詩社,有《守彞齋詩詞集》。子飴孫,力學,貢成均。有《辛畬書屋詩稿》。見《計氏家傳》。

周閑,字存伯。居范蠡湖。先世皆武秩,閑援例知江蘇新陽縣事。性簡傲。罷官後,賣畫餬口,不干要人。壯歲留心掌故,府、廳、州、縣志書,搜羅過半。諮詢遺獻,争造其門。垂老無聊,託詩見志。著《范湖草堂詩文稿》。新纂。

鄭瑞清,原名熊光,號霽山。廩貢生。藏書宏富,目睇手纂,留心象緯,兼參西學。中年目擊時艱,講求經世,撰《平賊略》長篇,惜無上之當道者。有《求是齋易説》《雜文》《詩集》《松風閣詞》各若干卷,《北窗雜誌》《天星一覽》諸稿。新纂。

王相,號雨卿。祖銈,字銈邪,性恬澹,巡檢歸仁,遽拂衣退。父某,幕江南北,晚設質肆於桃源,遂家宿遷。相,少棄舉業,爲詩古文辭。以經濟客諸侯,倦游歸。營百花萬卷草堂,閉户嘯歌。有《無止境存藁》。新纂。

隱　逸

明

郁從周,字泰初。幼神骨清爽,吟詩鼓琴。登嘉靖己酉鄉榜。再上春官不第,即棄去。嘗遊南嶽,遇異人,有所指授。後張紫陽授大丹訣,乃還武林,賣藥市中,人無識者。《浙江通志》。

周履靖,字逸之。萬曆中布衣。築舍鴛湖之濱,種梅百餘株,呷唔其下,人呼爲梅顛。與妻桑偕隱倡酬,劉鳳爲作《貧士傳》。訂金石篆隸,及所著詩文,皆有根柢。袁《志》、吳《志》。參《檇李詩繫》。

戴鳳儀,字次泉。諸生。兄鳳翔,官吏垣,未嘗以寸牘謁當事。隱居白苧村,杜門絶俗,研究理學。著《詩經纂義》。秀水任《志》。

朱崇儒,初愛老莊,已而潛心程朱。爲博士弟子,尋棄去。遊戲筆墨間,入神品。爲人豪宕,有簡兮玩世風。吳《志》。

殷仲春,字方叔。隱居教授,兼岐黃。葭牆不蔽風雨,與禾中高士高谷傳、姚叔祥、郁伯承、王子逸、釋秋潭爲詩酒之侶。遇顯者,輒引避。所著有《醫藏目録》《棲老堂集》。子志伊,亦有學識。袁《志》。

陳邦俊,號白石子。諸生。負才好客,多與名流往還。晚遁跡西郊,茅屋數椽,孤松片石,擁書自娛。聘修《縣志》,有懷金求作傳者,峻拒之。著有《見聞紀異》《雨窗雜録》《廣諧史》《明代異人傳》《歲時記》。惜多散佚。秀水任《志》。

陳堯德,字安甫。卜舜年,字孟碩。皆負異才,相友善。爲人豪宕不羈,隱居放言,世以狂生目之。堯德有《安甫小草》。舜年兼善書畫,有《雲芝集》。秀水任《志》。

吳麟玉,字稚貞。少負才名,放浪詩酒。家有小圃,栽竹萬竿,搆數椽,隱居其中,題爲琅玕社。與陳繼儒、釋智舷倡和。晚喜種梅調鶴,自號澹雪翁。有《醉月軒閒吟草》。《浙江通志》。

鍾晉英,字麗璠。博通經史,以泉石自娛,喜汲引後進。吳中名士多以詩藝就正。秀水任《志》。

吳統持,字巨手。弱冠餼于庠,文名藉甚。崇禎中與妻項偕隱鴛湖,焚香讀《易》,饘粥不繼。嘗賣卜,徧遊齊、魯、燕、趙,稱胥山樵子。著《典林》十卷,《明月樓集》。項名佩,淑且才,有《藕花樓集》。《浙江通志》。

朱之佐,字子襄。九歲應試。少孤苦,事母以孝聞。歲饑,出力勸賑,閭里德之。崇禎癸未進士,例得選,不赴。日藝竹栽花,陶情詩酒。有《和陶》《硤遊》諸集。秀水任《志》。

顧鳳正,字聖徵。副貢生。礪行績學,天啟中辟賢良方正,不就。聞國變,失聲痛哭,病遂不起。有《濟荒書》《榮樹堂集》。仲子瑛,繼其志,以詩畫隱。詩出入陶、韋。畫山水,宗北苑。花草翎毛,有黃荃、徐熙筆意。吳《志》。參秀水任《志》。

高澍,字公鑑。諸生。性好積書,几案間雜陳法書名畫,尊彝古硯,摩挲玩賞,幾忘寢食。乙酉後,貧甚。籜冠荔服,屢斷炊煙。與長子履日染翰臨摹,怡然自得。有《藝苑雕雲》《松繞廬》諸集。秀水任《志》。

國　朝

陳恂,字子木。明季舉人,名注復社。鼎革後,杜門奉母,薦舉不出。爲浙西四孝廉之一。著《餘庵雜鈔》。子莢,字堯夫。諸生。康熙己未,薦博學鴻詞,未赴試。著有《秋雪集》。

鄭光祚,字四維。原籍餘姚,遷秀水。善天文。明末時隱居梅花涇。友人招,赴省試,作《老女辭》見志。授徒教學,不履塵市,自號碩果山人。年八十卒。子典,字子韶。孝友。工詩。著《廡下吟》《幽湖集》。嘗有《廣陵古跡詩》,爲王尚書士禎所賞。

項觀國,字子賓。潛心理學,鍵戶著述,造就弟子,多成器。項以淳,字長孺。棄舉業,避地以詩自娛,號古村老圃。有《郼居集》《蠹餘草》《洗硯篇》《秋水倡和詩》。

張鴻,字遵渚。隱居九里村,教授生徒,皆知名士。姪楨,字端士,亦力學敦行。以上吳《志》。

沈起,字仲方。明末諸生,説經不沿傳註。每自出意解,聞者解頤。後入東禪寺爲僧,名銘起。嘗擬譔《明書》,謂明不亡于流寇,而亡于廠衛,自成化十二年秋始,至設西廠止。又著有《大易測》《詩選》《春秋經傳引》《四書慎思録》及《學園集》。《靜志居詩話》。參吳《志》。

吳從龍,字九生。素精韜略,從總督張存仁征閩,授參軍,爲水路先鋒,攻仙霞,破建寧有功。張既移節去,從龍辭歸,躬耕田間,不復出。著有《蕪香橐》。吳《志》。

錢應梅,字玉崖。市隱賣漿,晚年宰肉韭溪橋,或賣卜七星橋。人與談詩,輒閉肆下簾,竟日不倦。有同在郡城能詩者郁心哉,字秋堂。時往乍浦以沽菽乳爲業,自稱粗糲腐儒。徐熊飛《錦囊集》。又見《檇李續詩繫》。

張岳鎮,號晴麓。布衣。家貧,愛栽花室中,釜鐺外無長物,常語人曰:"少殊自負,今老且無子,花而風焉,將逍遥於是鄉矣。"因號風然居士。風然者,仙花名也。著有《二欲齋詩鈔》。同上。

陶瑄,字梅石。菊隱裔。居長虹橋東甸上。出門不數武,烟波萬頃,遠樹遥村,盡供詩情繪境。嘗攜友,櫂舟小滄浪,觴咏爲樂。握管寫生,步武南田,秀韻獨絶。著《緑蕉山館詩集》。李王猷《聞湖詩續鈔》。

藝 術

明

滕雲鶴,號道軒。沈懋孝有《贈滕醫士序》云:"歲辛卯夏,余女弟忽患寒熱,日沉瞑,雜投不效,七日幾絶。急迎道軒至,木强已三日矣。察之曰:'此乃風入太陽,痰迷心竅,病名曰痙,《靈樞》論之詳矣。其症當角弓反張,其初必于産中受風邪,入血脉,數年始發,必曾微見顛眴狀。'詢之,乃知自産後閉月事者七年。今歲三月,忽仆地而遽醒,越宿,果反張舌强齒,噤藥不下咽。則以牛黄、硃砂等微從鼻孔進,拒不入。再三進,乃入,僅涓滴。三日目始瞬,七日口微開,手足始蠕動。旬日外微出聲,知痾癢,漸進藥液,竟得活。於是一時傳以爲神。"《浙江通志》。

陳詩,字鳴唐。世精岐黄,每投藥,輒與主人約某甲某日愈,某乙某日愈,皆不爽。以術活人,不望報,雖宴人下隸,未嘗靳往也。

石涵玉,字啟秦。治痘有奇效。一小兒痘不起,面青腹痛,涵玉憂之。夜夢大士曰:"何不用白芍?"乃悟,白芍能于土中瀉木,面青腹痛,木乘土也。如法治之,效。一女痘陷,眼白色,紅面如灑脂。涵玉曰:"内潰,不治。"取紙礙一,令其父燃耳畔,驚之,痘盡起。衆問之,曰:"内潰,以通竅爲主,驚則心竅開,痘不伏矣。"平居,長齋放生,施棺買地,置廣孝阡以葬無力者。子楷,諸生。益精舊業,名動公卿間。

黄鼎,字雲公。性穎異,博涉群書,遇道人與講《羲經》祕旨,遂精錢卜,多奇中,羽衣籛冠,翛然自適。著有《占驗録》《五行總裁》。以上秀水任《志》。

王應芳,字蟾采。隱居種梅,善治匏器。每語人曰:"破匏爲尊,太古制也。"自號太朴山人。後有周五峰,治匏器亦工,每歲種匏,霜落後摘置几案間,樽爐餅椀,相其質制之,色瑩香清,天然可愛。同里陳處士莢作《匏器歌》,曹侍郎溶和之。袁《志》。

國 朝

馮蘊古,生明季。穎悟絶倫。順治初,忽習醫卜術。每出游,歲終而退,咸未之奇也。康熙壬戌春,徧詣戚屬,拜别云:當以八月八日辭世。遂自營窀穸,及棺槨、衣衾、衰麻之類,並與僧道雜役訂期,先予之。值群疑其癲,至七月果病,如期而逝。《琐志》引馮浩《横塘紀聞》。

施濟,字汝舟。恬雅以畫名。杜宗伯臻巡視閩、粤海疆,屬濟繪圖以進,名益重。子蘭,字楚求。得其傳。同邑姚敏修,字遜公。亦善山水,亞于濟。秀水何《志》。參《畫徵録》。

許慧,字念因。業醫,善花草,用意在山泉、舜畢間,而自成一家。每寫長草葉,好作一轉,若結者,頗有别致。

周銓,字巨衡。工花鳥,尤長荷鷺,人號周荷。弟況,字叔黨;覽,字元覽。皆工畫。覽,天資穎異,童時與仲兄況伺。伯兄出,潛取其所臨古圖稿本焚之,曰:"畫須自出手眼,何蹈襲前人爲?"每畫必對花寫生,曲盡娟妍之致。以上《畫徵録》。

　　周困，字廷三。銓子，亦工繪事，宗南宋畫院派。性耿介，家雖貧，非知交，購其畫不易得也。伊《志》。

　　劉尊光，善岐黃。相傳遠祖業醫，故俗有火藥劉之號。自南宋時，因御呼得名，言用藥如火之神速也。尊光孫堯，字祝三，克世其業。能治奇症。乾隆間有司屢旌之，年八十六無病卒。伊《志》。

　　沈江，字岷源。官太醫院，以母疾告歸。貧者延之，輒徒步往，遇疑難症，每中夜不寐，設法治之。善自修養，晚號抱元子。預知死期，與親友訣別，沐浴逝。著有《奇症匯》等書。伊《志》。

　　朱英武，名德昌，以字行。年十六，不知所往，數載歸。精太乙壬遁之術，嘗授徒陳氏。盜夕至，英武以術禦之，盜自相殺而退。後夜遇盜於荒冢間，突出，戳以鎗，傷鼻，人因呼爲朱爛鼻。居新塍鎮，不娶，不茹葷，灌圃終其身。英武與人談，必勸以孝友。求其術，不答。年八十，無病卒。卒之頃，出白金三十兩，付其鄰曰：“待我嗣子來，與之。”翼日，未殮。嗣子至，鄰出所付金，而匿其三之一。忽張目曰：“何不盡與之？”及舉棺，棺若空，人以爲尸解云。伊《志》。

　　章魯璠，字上珍。隨父往西鄉診視，遇農老，與言，知精醫者。叩，授數秘方，且誡曰：“醫養親濟人，非牟利。若利令智昏，能洞澈人癥結乎？”詢姓名，不答。後技精。療寶學使光鼐疾，爲書額志恒堂，踵門以贈。著《保幼心法》《慎疾要略》兩書。孫廷楷，字維楨。少孤。患痘，母懼，觸忌飲井水，成血臌。長知之，禱神求方，神賜咒，誦百日孝感，愈母疾，且世其業。

　　錢經綸，號彥矔。住王江涇。性狷介，精醫理，深得古良醫奧旨，多著奇效。遇貧乏不能具禮，輒造之，數往無倦容。倘非其人，雖多金不能致也。歿後，里人立小祠祀之。著有《脈法須知》三卷。于《志》。

　　姚掞，號書城。父敏修，工繪事。掞能世其學，善人物、花木。父子俱載《畫微錄[1]》。于《志》。

　　周之璜，號西範。廩膳生。工岐黃術，治疾多奇效。延診者不計值，遇貧者每卻其貲，兼賙以藥。事親孝，父沒，事母益謹。兄弟友愛，弟玗多逋負，皆爲代償，不使親知。著有《壺隱詩鈔》六卷。于《志》。

　　周以濟，號魯安。國學生。由嘉善遷籍秀邑，住王江涇。精岐黃術。凡劇病，他醫束手，獨能奏效。於時感尤能應手速愈，有半仙之稱。于《志》。

　　錢善繼，號成甫。邑庠生。精醫，工詩。著有《卓齋詩詞稿》。于《志》。

　　陳球，字蘊齋。諸生。家貧，以賣畫自給。工駢儷，喜傳奇，嘗取明馮祭酒夢禎敘寶生事，演成《燕山外史》，事屬野稗，才華淹博。《墨香居畫識》稱其善山水。新纂。

　　徐世網，字鈍庵。諸生。人物得陳洪綬逸致，亦擅山水、花卉。書法篆、隸兼能。《蜨隱園書畫雜綴》。

　　吳球，字禹錫。畫師藍瑛，摹子久小景，頗云入室。吳鈞，號墨隱。山水得井西老人法。通醫理，善靜養。《畫史彙傳》。

　　吳履，字竹虛，號瓦山。少不甚知書，壯游山左，歸，能詩，多奇句。字學鄭燮。精篆刻，工繪事，涉筆蕭遠，尤長於竹。嘗作《背立圖》，謂我看不得人，人亦看不得我。其玩世傲物如此。在山左，與黃株穀齊名。著有《苦楮庵詩》。《新塍瑣志》。

　　朱彝鑑，字千里。彝尊弟。善畫，精篆刻。朱振祖，字繩武。彝鑑曾孫。指墨花卉，生動可觀。楷書宗歐陽。度曲自諧音律。《畊硯田齋筆記》。

周封,字于邠。廩生。博學工文,善丹青。《墨香居畫識》稱其《秋山聽瀑圖》筆墨蒼秀。阮文達視學兩浙,文藝外間試六法,封輒冠曹偶,魄力雄厚最,以巨幅見長。《石瀨山房詩話》。

范安國,字冶堂。祖籍廣陵,僑居郡城韭溪橋。旋補博士弟子員,即食餼,名雋一鬉。凡琴棋八法,方診堪輿,悉能心領神會。鐵筆尤動與古合。晚遇親串委代,理財持籌,歲久不欺一錢。其親感激,至願分潤,乃富購書籍,有坐擁百城之樂。《飛鴻堂印人傳》。

曹均,字大同,號平階。先由上虞籍遷來。幼孤露。母吳通經籍,能詩文,以十指供家給,教之成立。餼於庠,復舉優行。嗜金石,工八法,見舊石刻及前賢墨蹟,雖無資,必質衣易歸。昕夕臨摹篆刻,宗秦漢,無時俗纖媚習。同上。

金學堅,字成峰。山水宗元參宋,私淑王翬,貧而能守,不爲豪勢所屈。《畫徵錄》。

許慧,字念因,號笑仙。寫意花卉,合山泉、舜泉而成家,疏老可嘉。每寫長草葉,作一轉,若結者,頗別致。《畫徵續錄》重見。

夏穎,字稼民。布衣。蘭竹天趣橫生,筆勢超逸。兼善花卉。工吟詠,能鼓琴。《蜻隱園書畫雜綴》。

陶淇,原名紹原,號錐庵。畫法二王,字宗文翬。遨游漢陽、滆濆間,得江山之助,詩境蒼莽。有《忠孝堂集》。題跋尤得蘇、黃神髓。傳弟溶,號鏡庵,善翎毛草蟲。同時王坤,號瘦石。性傲兀。畫法王翬,得淇指授,益進。新纂。

朱熊,字夢泉,晚號墨禪居士。精篆刻,善花卉。性孝志潔,庚申避地茸城,舟居,鬻畫以自給。《墨林今話》。

計芬,字儋石。善六法,人物師金農,花卉出入白陽、南田,奇橫處神似青藤。其里人沈玉垣師之,玉垣尤工山水,雄厚絕倫。字夢仙,著《白紵山人稿》。新纂。

楊九牧,字蓮峰。江蘇南匯縣人。本姓龔,少孤,受撫於楊。楊乏嗣,遂承龔楊,雙姓。得異人秘授,以岐黃濟世,有瞽者求治,取鍼開之,撥轉瞳神,光明如故。尤擅長瘋瘵臌膈雜症,故汾、泖以東,老幼婦孺就醫者踵相接焉。雍正間,設同善堂藥肆於禾城北郭外。時錢太傅陳群足患疾,投藥酒,廖,贈聯云:"功深九轉丹成鼎,病卻千人藥在囊。"乾隆年,龍虎山天師張存義身患偏枯,療之,贈"人世天醫"額。天師精堪輿,命立石佛楷前以鎮宅。嗣後遠鄉就診者,遂以石佛爲記識。嘉慶年入籍秀水。今其曾孫、增貢生奎,克繼其業。新纂。

黃石,字秋浦。居謝洞里。山水仿陳白陽。家縈貧,以筆墨自給。故所畫皆佛像,藏僧、道家爲多。《新塍瑣志》引《新溪雜詠》。

陳其殷,字拜璜。居福德坊之祥里。善畫蘆雁。金石文亦蒼古,館蘇范氏。歿後,篆刻墨蹟,吳門極有珍藏之者。同上。

王斌,字師周。寫真筆意澹遠。子肇基,字鏡香。花卉禽鳥,秀韻天成,兼工寫真。《畫徵續錄》。

沈紀,字聿修。從曾鯨學寫真。子松年,字季申。寫真兼山水,篆刻圖章皆自鐫古紐。《畫徵錄》。

朱廣陽,住園田,挾富貲。膂力絕人。延計彥如爲師,計得少林派,無嗣,老於朱氏,故廣陽盡得其傳。嘗以一掌劈牌坊柱石立斷,人呼爲朱石柱云。《瑣志》引屠汾《新溪備考》。

朱孟堅,字兼白。府庠生。精醫理,與同里陳孝廉鹿苹合註《天士臨診指南》。痘科尤擅名,所用藥物非果蓏葉即珍饈,吐棄《本草》恒品。以時流治瘵疾多誤用北沙參,《涼味辨論指迷》治痘貴察色。自中年省闈被黜,飲泣目盲,用手摩挱,即決吉凶無爽。壽至九旬。有《三痘科醫案》及《詩集》,均燬於兵燹。新纂。

俞浩明,字超英。紹人。住甘科衖。父虧帑項,積逋,窘甚,卜諸日者,勸習岐黃。苦乏修脯,從師乃涉獵方書,急售術,輒驗,蓋天生也。生平遇二祟症市心衖朱姓,昏迷七晝夜,室燈暗如豆,俞至,病魔若遠避,投清心劑即愈。春波坊業酒嫗譫狂擲器,衆莫敢前。俞切脉佯退,借鄰家,書"虎威吸鐵石,羚羊角,淘鵝油作餅餡"。食之,頓下塊血二,豎患遂息。北鄉李姓頭骨嶄然起如角,肢體漸倦,係腎氣外洩。用鹿茸爲君藥,骨遂平。鄉婦兩乳忽長尺許,症名乳卸。陽明虛法用歸芎,乳縮如故。先是,鄞人吳浩然醫集衆長,住北郭外,聲名噪甚,在城出邀者,每導令赴俞,曰:"吾與若技均於是,有城裏吳浩然之目"。新纂。

張彪,字翰如。少結游俠,精拳勇。能騰身貼壁,或頭足着兩几,中空而鼾睡。設酒肆塘灣街,糧艘水手使酒,踞櫃坐,張佯以巾作拭櫃狀,坐者已摽出門外去。他人治傷,尚藥力,張純以巧勝。一婦弓鞋滑足從梯初桄墮,傷環跳穴。避嫌難用手,乃令端坐,狹木橙背以栲栳仰承之,拍肩使翻身團坐,骱已合筍。少年被毆傷腎,囊膚全脫。宰雞取黃,以冷水澆病者頂,噤則丸縮,伺縮半,急以黃裹之藥敷口,即膠合。若折脛斷臂,尤見本領。有陸禹門者,跂脚坐旁有囊苣。疾趨者,脫肩。壓其股,膝骨下垂。又有肋骨受傷十二年,捫之,痛徹心,漸彎向內,均以生平運鍊柔克以治之。性慷慨,且存救世心,不受酬,故較城中嚴氏接骨尤陰行善云。新纂。

郁文普,號正飛。布衣。住南張浜。聞村學究訓蒙,字音不分陰陽清濁,乃舉五經字,依三十六字母,分別部居,作《子母字彙字母証》。新纂。

姚鑑,字鏡侯。王江涇人。學醫於妻父朱聲雷。朱多蓄宋元以來諸家書,鑑盡發而讀之,故治病能據經典,依古法,多有爲時人所不知者。卒年六十餘。著有《傷寒合璧》二卷,《集方》一卷。

【校注】

[1] 畫微錄:當是"畫徵錄"之誤。

流　寓

明

施懋,字以德。應天人。能詩文,書法學東坡。以鄉貢授龍泉教諭,改北畿武學訓導,陞孝豐縣。致仕,官無餘資,挈妻子寓秀水之醋坊橋。懋嘗從侍郎戴簡庵學,乃與其子經爲忘年交,往來益密,遂相依而居。秀水李《志》。參《浙江通志》。

康太和,字原中。莆田人。少負才名,嘉慶乙未進士[1]。官翰林三十年,歷南京少宗伯。及大司空致政歸,避倭僑寓禾郡,與吳太宰諸公遊。有《禾城集》。《浙江通志》。

【校注】

　　[1] 按：康太和"避倭僑寓禾郡，與吳太宰諸公遊"，表明其爲明代人。但明代沒有嘉慶年號，清代嘉慶沒有乙未年。《明清進士題名碑錄索引》："康大和，福建莆田人。嘉靖十四年（1535）二甲九名進士。"嘉靖十四年，是乙未年。又，民國《莆田縣志》卷十二《選舉·明進士》："嘉靖十四年乙未韓應龍榜　康大和。"故"嘉慶乙未進士"是"嘉靖乙未進士"之誤。

國　朝

　　王益朋，號鶴山。仁和人，卜居秀水之秋涇。乙未二甲進士第一人，授庶常，改給事中。時鎮臣潛通海外，爲心腹莫發其奸。益朋密疏，請檻致以正軍法，直聲震於時。擢掌吏科，值大計，嚴絕餽遺。陞太僕少卿，卒于官。著有《詩文集》《黃門奏議》。秀水任《志》。

　　陳祚昌，字奕大。由仁和遷秀水。乙未進士。歷任刑部郎，恤刑畿輔，申雪冤滯，調知揚州。有惠政。

　　宋星，字懼聞。紹興山陰布衣。康熙戊午，舉博學鴻詞，不赴。遷居秀水。極貧，有故人爲制府，勸之仕。謝曰："星只願讀書耳。"徒步謁孔林歸，作詩十章。年八十卒。以上吳《志》。

　　陳潢，字天一。錢塘人，寓郡城。有經濟才，參總河靳輔幕，議改築清水潭隄，議移南北運口以防淮決黃淤。又議鑿中河，俾往來舟楫，去險就安。凡數大舉，皆潢策也。會上巡幸江南，閱河以得人，爲問輔，奏潢名，敘其功，特授贊理河務僉事。道盡瘁而歿。秀水任《志》。

　　潘瀚，字起濤。越人，寓于禾。少工篆刻，長嗜書。窮日夜流覽，又善吟咏。嘗手選楊誠齋詩，序之，出入懷袖不置，蓋其專好也。年三十餘卒，友人陳梓爲作《傳》。又，潘佳晴，字快雪。松江人。寓金明寺三十年，卒于僧舍。詩學義山，書蒼秀得蘇、米法。伊《志》。

　　沈用濟，字方舟。國子生。自錢塘徙禾，南海梁佩蘭爲賦《鴛湖別業》詩。用濟足跡半天下，詩多邊塞之作，一時名流莫與抗。行將老，遷去。長洲沈德潛序其遺詩，凡十卷。伊《志》。

　　陳梓，字俯恭。餘姚人，遷濮院。不習舉業，嘗私淑張氏履祥之論說，撰《四書質疑》以教授學者。通六書，作草字學懷素，小楷用意處乃絕古雅。詩與北地李隱君鍇齊名，有"南陳北李"之號。伊《志》。

　　金德瑛，字汝白，號檜門。祖籍休寧，遷杭州。入仁和邑庠。爲秀水汪氏壻，讀書金佗園，遂家焉。雍正丙午舉於鄉，旋舉鴻博。乾隆丙辰廷試第一，授修撰。入直南書房，分校北闈者一，典試江、閩者四，視學江西、山東、順天者五，充殿試讀卷、會試總裁者各一。初任江西時，奉旨金德瑛操守甚好，取士公明，著再留任三年。嘗奏請加賑鄒、滕飢民；徐、兗水災，宜復黃河故道。上曰："德瑛不欺。"皆奉旨允行。德瑛性孝友，置義田，建宗祠，創立休寧會館于京師，鄉人至今德之。官至左都御史。卒，祀鄉賢。著有《檜門詩存》。伊《志》。

　　陸燿，字朗夫。原籍吳江，遷秀水。乾隆壬申舉人，考授中書。歷郎中，出知大理府。母老陳情，調登州，陞西寧道。又請奉母入京供職。特調山東運河道。講求行水成法，輯《運河備考》六卷。創嵩庵書院以祀張爾岐。壽張王倫作亂，河督率兵助剿，燿守濟寧，募鄉兵及義勇千餘，擇里人統之，授以方略。或議閉城守，燿曰："鄉村皆赤子，何忍棄之城外？"乃洞開重闉使入，而身坐門間稽察之。賊偵知有備，不敢近。擢按察使，盡心斷獄。著《濟南信讞》四卷，及《急救方》《洗冤錄節要》《甘薯錄》諸書。攝藩司事，奏停加捐分發之例。尋乞養歸。服除，命監辦運河隄工,補山東布政使,旋擢湖南巡撫。請定各官終養例,以杜規避而廣孝治。又請廣嶽麓、城南兩書院肄業名數。又湖南有社倉,未納穀者三十餘處,民僻阻山水,力不能輸,請停收,免民累,並允行。時方倚重,遽以疾卒。少勵學,中年棄詩弗為。政暇博涉經史百家言,廣採本朝各家文,取議論深切、有補人心世務者,為《切問齋文鈔》三十卷,《大學合鈔》《切問齋集》十六卷傳於世。伊《志》。

陳淀,字揚對,號鐵巖,又號養素居士。海寧人。年十一,善屬文,筆意端重。乾隆辛酉舉於鄉。史文靖薦授國子監助教,京察當以直隸州用,不就。戊辰成進士,改庶吉士。授編修,充武英殿提調、國史館纂修、通考館纂修官,陞右中允,轉左,晉侍讀。左遷。復保舉御史,引見記名。以繼母熊春秋高引退。母病篤,時公年七十,率諸弟姪侍奉,中夜必數起。居喪,哀毀倍常。庚子南巡,駐蹕安瀾園,賜陳氏子姓各緞疋,公獲加賜雙端。以父闇齋所輯《賦彙題註》進呈,蒙恩嘉獎。性溫厚,少受業顧侍講小崖之門,理學專家,深相契治,因盡發其祕。卜居郡治,與二三至好蒔花種竹,官吏絕不往來。年七十五卒。所著有《清餘堂詩文集》。次子愻,字高翼。太學生。續學工文,為曹劍亭副憲婿,當曹參劾和珅時,奉旨赴熱河面訊,親友無一肯往,愻隨行往還跋涉。曹卒於京,子幼,為經紀其喪。歸里,所受分田產為伯兄耗盡,無幾微怨色。課徒度日,丹黃不倦。年八十二卒。于《志》。

方潔,號治庵。台州黃巖人,僑居禾中。折節讀書,工詩善畫,尤精竹刻,見者歡賞,以為必傳之技。張孝廉廷濟為作《傳》。于《志》。

江涵燉,原名秋,號筆花。歸安人,僑居禾中。嘉慶戊辰進士,官廣東會同知縣,以疾歸,貧乏不能自存。素工岐黃術,仍以醫道餬口。著有《醫鏡奉時旨要》。于《志》。

蕭瀚,號潛齋。江蘇丹徒人,徙居秀邑。銓發廣東鹽知事,親老不赴。性仁厚,喜施與。郡城有善舉,皆與焉。周困乏惟恐不及。躭黃老之學,深通玄理。著語錄數千言。于《志》。

徐懋學,號竹牕。德清庠生,援例就鹽運司通判。嘉慶元年,僑居禾郡。平生敦族誼,慎交遊,專精史學。郡中諸善舉,皆與其列。子彝承,號石琴。詹事府主簿,稟承庭訓,讀書儲經濟。道光壬寅海氛熾,郡城騷動,上防夷策五條。尤嗜讎校《史記》、前後《漢文選》及蘇詩,均有評本。於許氏《說文》多所心得,段註未安處,補正若干條。他若書畫金石,文房古玩,賞鑒款跋,稱精當。餘事工圍棋、度曲。時或引商刻羽,放浪湖山以為樂。癸卯修築郡城并澂浦碶臺,捐緡錢,親奮捐利濟,鄉里交口賢之。孫傳經、傳政,亦能世其業。于《志》兼補纂。

孫世澧,號月航。杭州人,寄居秀邑。工行楷,善古文。由河工議敘,官河南孟縣知縣。以軍功擢陳州府通判,頗著循譽,人以為無忝簪纓世胄云。于《志》。

陳崇禮,字敦厚,號梅亭。海寧州人。嘉慶元年,以州同投效湖南軍營,委解軍餉,往來辰、沅間,不避艱險。事平,奏請議敘,以原銜簽發四川試用。教匪事起,調赴達州,軍需總局,時相國托津以副都統總理糧餉,延入幕府,勷辦諸務。借補寧遠府經歷,仍留達州,升珙縣知縣。甫下車,廉知有生員廖某為姪誣陷,沈獄中十二年。訪確,即予出獄,并為請復衣頂,一時有青天之目。調署安岳縣事。有武生廖洪,以軍功恃符滋事,詳請斥革。書院久經廢圮,基址狹隘,捐俸添置旁地,重為修葺。調任鄰水,旋署眉州直隸州。重修三蘇祠宇,清理老泉墓界,令其後裔世守。陞石砫直隸同知,向為明土司秦良玉地,被教匪滋擾,為修祠宇,清祭產。署江北同知,丁父憂。服闋,補雜砫同,州即古維州地。甫蒞任而阿蘇拉野番滋釁,奉調赴寧遠督辦。旋陞寧遠知府。地鄰滇省，五方雜處，凡滇省銅、鉛皆由此採辦，廠丁人衆，多偷漏。嚴督廠員，銅額無虧。會果洽克夷匪蠢動，調辦總理軍需。事平，奏聞，賞加道銜，調成都府。不一年，特擢建昌兵備道，旋授長蘆鹽運使司。裕課恤商，授直隸按察使。矜慎庶獄，陞直隸布政使，特調福建布政使。抵任未兩月，以足疾復發，乞病回里。道光十八年八月，卜居郡治姚家埭。于《志》。

李華清，號補未。原籍江蘇嘉定縣。父廣芸，守吾郡，惠政清風，口碑猶在。嗣擢福建汀漳龍道，以朱履中獄被誣自盡。逮平反冤雪，眷屬歸嶍城，又爲族衆所凌，無以自存，遂棄舊居，卜宅郡城報忠坊。楹有傳書，家無儋石。以諸生援例授鹽經歷。著《善補過齋文鈔》。子用光，籍秀水。由歲貢選授分水訓導[1]。新纂。

張建謨，字嘉言。吳江庠生，砥行劬學。喪偶不再娶，造就弟子。舉業外兼論古體文，及門沈曰富尤以古文辭名世。始寓金陀園，昭文蔣霞竹爲繪《倦圃讀書圖》。喜爲詩，有《鴻閣》《聖雨齋》《問花樓》各著，經燹燬，惟仲湘刊《留爪集》存其詞。子書紳，字孟彬，持躬樸實，授徒教以誠，敬爲宗，詩附梓《留爪集》。道光年，占籍秀水，入邑庠。新纂。

馬承惠，字麟洲。江南吳縣籍，寓聞川。父病，刲股得延父壽十年。咸豐八年題旌。《徵信録》。

【校注】

[1] 按：“李華清，號補未……由歲貢選授分水訓導”一段與本《志》卷五十一《嘉興流寓》重出，宜刪去一處。